中国农业机械化年鉴

THE YEARBOOK OF AGRICULTURAL MECHANIZATION IN CHINA

主管　中华人民共和国农业部
主办　农业部南京农业机械化研究所

2017

中国农业科学技术出版社

图书在版编目 (CIP) 数据

中国农业机械化年鉴．2017 / 陈巧敏主编．—北京：中国农业科学技术出版社，2017. 12

ISBN 978-7-5116-3302-6

Ⅰ．①中…　Ⅱ．①陈…　Ⅲ．①农业机械化－中国－2017－年鉴　Ⅳ．①F323.3-54

中国版本图书馆CIP数据核字(2017)第251888号

责任编辑　姚　欢
责任校对　马广洋

出 版 者　中国农业科学技术出版社
北京市中关村南大街 12 号　　邮编：100081
电　　话　（010）82106636（编辑室）　（010）82109704（发行部）
（010）82109709（读者服务部）
传　　真　（010）82106631
网　　址　http://www.castp.cn
经 销 者　各地新华书店
印 刷 者　南京四彩印刷有限公司
开　　本　889mm×1194mm　1/16
印　　张　20.75　彩插　4 面
字　　数　900 千字
版　　次　2017 年 12 月第 1 版　2017 年 12 月第 1 次印刷
定　　价　320.00 元

中国农业机械化年鉴编辑委员会

编辑说明

一、《中国农业机械化年鉴》是我国农业机械化综合性行业年鉴，旨在逐年记载我国农业机械化发展的历史进程，提供农业机械化经济技术资料与统计数据，服务现代农业，促进行业发展，为政府决策提供发展借鉴与依据。

二、《中国农业机械化年鉴》2017年版设领导报告与论述、农业机械化论坛、农业机械化政策法规及规章、农业机械化工作、农机工业与流通、农业机械化统计资料、农机社团组织、机构与负责人、大事记、附录、索引等栏目。

三、《中国农业机械化年鉴》由中华人民共和国农业部主管，农业部南京农业机械化研究所主办。中国农业机械化年鉴编辑委员会由农业部农业机械化管理司、各省（自治区、直辖市）农业机械化主管部门、有关农业机械化企事业单位和高等院校领导与专家组成。《中国农业机械化年鉴》编辑部设在农业部南京农业机械化研究所。

四、《中国农业机械化年鉴》采用分类编辑法编辑，类目下设分目，年鉴以条目为记载资料的基本单元。

五、《中国农业机械化年鉴》的类目、分目、条目标题使用不同字体、字号，类目标明于页眉，以便于检索，条目标题均为黑体字加【 】号。

六、《中国农业机械化年鉴》所采用的稿件来自农业部、各省（自治区、直辖市）农业机械化主管部门、有关农业机械化企事业单位和高等院校，条目、数据、事实等经过有关部门反复核对。

七、《中国农业机械化年鉴》的各项全国统计数字均不含香港特别行政区、澳门特别行政区和台湾地区。

八、为便于读者查阅，《中国农业机械化年鉴》卷首有目录，卷末有大事记和索引，全书的信息资料可通过目录、大事记、索引3个检索渠道查阅。

九、由于编排格式的需求，《中国农业机械化年鉴》中的农业机械化发展报告、领导报告与论述、农业机械化论坛等栏目文章略去了“参考文献”内容，在此深表歉意。

十、《中国农业机械化年鉴》的编辑工作得到中国农业科学院、各级农业机械化主管部门、农业机械化企事业单位和有关高等院校的大力支持，在此深表谢意。

目　录

领导报告与论述

全国农业工作会议农机专业会

在全国农业机械化工作会议上的讲话

（2017 年 1 月 16 日 · 北京）

中华人民共和国农业部副部长　**张桃林**

这次会议的主要任务是，学习贯彻中央农村工作会议和全国农业工作会议精神，分析研究当前农业机械化发展的形势任务，总结交流 2016 年工作，部署安排 2017 年工作。

一、充分肯定 2016 年农业机械化工作成效

2016 年是“十三五”开局之年。各级农业机械化主管部门认真落实中央新发展理念和农业部决策部署，紧紧围绕“提质增效转方式、稳粮增收可持续”的工作主线，凝心聚力、砥砺奋进、开拓创新、苦干实干，推进农业机械化“全程、全面、高质、高效”发展，取得良好的成效，为农业农村经济发展实现“十三五”良好开局提供坚实支撑。主要表现在以下 6 个方面。

（一）突出抓好农机购置补贴政策实施，农机装备水平持续提升。各地紧紧围绕“缩范围、控定额、促敞开”改革方向和绿色生态导向，加大重点机具敞开补贴力度，着力提高生产急用机具的有效供给；启动农机新产品补贴试点，着力推动新产品新技术的应用；完善操作程序，强化信息公开、违规联查联动、绩效管理考核，着力促进政策高效规范廉洁实施。2016 年补贴实施进度同比明显加快，补贴购置农机具 263 万台（套），受益农户数达 230 多万户，带动农户投入 500 多亿元。补贴政策实施工作在财政部组织的第三方绩效考核中，获得“政策实现度高”的最高等级评价。在政策和市场的带动下，全国农机装备总量持续增加，高性能机械及绿色环保机具增长迅速。2016 年农机总动力达 11.44 亿千瓦，同比增长 2.4%。大中型拖拉机、联合收获机、插秧机、烘干机保有量增幅分别达到 7.4%、8.2%、6.0%、19.5%，新增秸秆还田离田、固液分离、残膜回收等绿色环保机具 18 万台（套），装备结构持续优化。

（二）突出抓好主要农作物生产全程机械化推进行动，农机作业水平再创新高。深入实施全程机械化推进行动，着力强化行政推动、机制建设、典型引路和技术支撑，制定发布全程机械化示范县评价指标体系，公布首批 28 个示范县，在全国新布局 75 个创建县，成立推进行动专家指导组开展巡回指导，探索完善一批全程机械化生产模式。各省农业机械化主管部门将中心工作向全程机械化聚焦，开展了系列示范推进活动。江苏、吉林、浙江等省及一些地市以政府名义发布整体推进全程机械化的意见，全程机械化推进行动正在由部门行为上升为政府行为，各部门共促全程机械化的热情高涨，工作力度加大，成效凸显。2016 年全国主要农作物耕种收综合机械化率超过 65%，同比提高约 2 个百分点；水稻种植和玉米、油菜、马铃薯、棉花收获机械化率增幅均超过 3 个百分点，主产区秸秆处理、高效植保、产地烘干能力明显增强。甘蔗生产全程机械化推进工作得到汪洋副总理的充分肯定。

（三）突出抓好深松整地等关键作业，农机社会化服务水平显著提升。农业部制定发布《全国农机深松整地作业实施规划》，围绕落实《政府工作报告》“增加深松土地 1.5 亿亩”的目标任务，及时制定工作方案，落实任务，明确责任，强化督导，抢抓农时，共完成深松整地面积 1 亿公顷，整村整乡规模化推进和作业服务组织化程度明显提高，取得了政府满意、农户欢迎、地力改善、机手增收等多重效果。特别是大力推广普及深松作业信息化检测监管技术，保障了深松作业质量和补助资金安全，获得广大农民机手和财政、审计等部门的好评。2016 年重要农时农业机械化生产有力有序，特点鲜明：一是抗灾保丰收主力军作用彰显，长江中下游各省市农业机械化主管部门积极应对夏季洪涝灾害，迅速组织农机投入抗灾复产，力保水稻颗粒归仓、能种尽种。东北地区在秋粮作物成熟期推迟一周的情况下，保质保量完成了粮食抢收和深松整地任务。二是新技术新机具应用力度加大，保护性耕作、玉米籽粒机收、油菜机直播等新技术示范应用步伐加快，“机收＋秸秆还田离田＋机种”等“一条龙”作业模式广泛应用，农机作业服务效率和作业质量明显提升。三是信息化手段充分应用，“跨区直通车”、手机 App 等“互联网＋”农机服务方式开始普及，供需对接顺畅有效，全国冬小麦集中收获时间同比缩短一天。四是农机服务规模化、全程化、品牌化水平持续提高，以规范化建设为导向，全国新推出 203 个农机合作社示范社，农机合作社数量超过 6 万个。农机社会化服务在保障农业生产进度、推动规模经营发展、促进农民增收中发挥了不可替代的重要作用。

（四）突出抓好创新驱动，农机科技水平有了新提升。农业部与工业和信息化部、国家发展和改革委员会制定发布《农机装备发展行动方案》，明确今后 10 年农机装备转型发展的重点方向和配套措施，描绘建设农机制造强国新蓝图。农业部配合科技部启动“十三五”国家重点研发计划“智能农机装备”重点专项的 36 个项目，农机研发由低层次向高水平转变。组织成立谷物联合收获机械、饲草料生产机械和设施农业装备 3 个科技创新联盟，进一步构建了政府引导、以企业为主体的创新机制。增加现代农业产业体系农机岗位科学家近 1 倍，已启动 10 个农业机械化重点学科实验室、4 个科学实验站和 2 个科学试验基地建设，新规划布局建设 33 个，进一步壮大创新人才队伍，改善创新条件手段。加强新技术试验验证，开展“田间日”等参与式、体验式推广，创新了技术推广方式。适应新的发展需求，集中修订发布一批部级推广鉴定大纲，进一步强化部级推广鉴定能力建设。地方政府及骨干农机企业研发投入力度加大，山东省投入 8 300 万元财政资金，扶持了 67 个农机装备研发项目，科技成果转化率超过 90%。广东投入 1 000 万元，搭建产学研试推平台。江苏投入 1 800 万元，实施农机新技术、新机具、新模式“三新工程”等，创新驱动农业机械化发展正在成为共识。

（五）突出抓好免费监理落实，农机安全生产形势持续好转。各地认真贯彻落实国务院免征农机牌证和安全检验等行政事业性收费的决定，协调抓好资金落实、政策宣传、制度完善等工作，创新安全监管机制，免征规费近 10 亿元，进一步密切与农民群众的关系，提升农机安全监管效果。举办农机事故应急处置演练，锻炼队伍、检验了机制。深入开展安全生产大检查，加强安全隐患排查，组织安全生产月和安全生产咨询日活动，全面停止为“变型拖拉机”登记上牌，促进全国农机安全生产形势平稳好转。完善质量安全标准，开展农机打假维权服务，组织插秧机等在用农机质量调查，切实维护机手合法权益，促进了农业机械化安全发展。2016 年，累计发生在国家等级公路以外的农机事故起数、死亡人数、直接经济损失，与上年相比均有较大幅度下降，国务院领导在全国安全生产电视电话会议上对农机安全生产工作予以充分肯定。

（六）突出抓好政策创设，农业机械化发展环境进一步优化。国家“十三五”规划纲要明确建设 500 个全程机械化示范县，将农业机械化列入农业现代化重大工程。《全国农业现代化规划》对农业机械化提档升级作出了全面部署。国务院将耕种收综合机械化率纳入粮食安全省长责任制考核。刚刚发布的《全国农业机械化发展第十三个五年规划》，明确了今后一个时期农业机械化发展的行动纲领。《农业科技创新能力条件建设规划》《农业生产安全保障体系建设规划》加大农机科研和农机安全生产基础设施建设投入。农机具“场库棚”列入高标准农田建设投资支持范围，这些决策部署为推进农业机械化进一步发展奠定了坚实基础。各地积极研究和创设“利当前，管长远”的政策措施，江苏省、湖南省设立全程机械化示范县奖补资金，调动地方政府抓农机、促全程的积极性。重庆在全市范围开展田块宜机化改造包干奖补试点，为破解丘陵山区农业机械化发展难题探索现实路径。吉林、山西、甘肃、陕西、云南、贵州等省安排专项资金，重点扶持新型农机服务主体建设。安徽省人民政府推进农机农艺农信融合，在全省建立 30 个全程机械化示范县、50 个“互联网＋”农机合作社，助力全程机械化发展。“互联网＋金融服务”在很多地方得到支持应用等等，农业机械化发展的政策体系日趋完善。

过去一年全国农业机械化各项工作亮点纷呈，为农业转方式、调结构和农民持续增收做出重要贡献，得到社会广泛好评。这是党中央国务院和地方各级党委政府重视发展农业机械化的结果，是各级农业机械化主管部门共同努力、专家科学指导、农民群众辛勤劳动的结果。

二、准确把握当前农业机械化发展的形势和任务

当前，我国农业生产已经全面进入机械化作业为主的新阶段，农业机械化渗入农业生产的方方面面，融入农业产业链条的广泛领域。推进农业供给侧结构性改革，加快农业现代化建设，对农业机械化提出了新的要求。新一轮科技革命所带来的制造业技术和农业技术创新，以及智能化、信息化技术的广泛应用，为农业机械化的发展提供了新的机遇。农村深化改革，构建农业产业体系、生产体系、经营体系，推进农业管理体制机制改革创新，对农业机械化的发展提出了新的挑战。农业机械化发展的内外部环境正在发生深刻的变化。主要体现在以下三个方面。

（一）农业机械化需求结构在发生深刻变化。产业方面，主要大宗作物生产人工成本的占比均超过 40%，农业机械化成为降低生产成本、提高比较效益、增强竞争力的现实选择。对农业机械化的需求，已经从主要粮食作物的耕种收环节向植保、烘干、秸秆处理延伸；正在从粮食作物快速向棉油糖等经济作物扩展，向养殖业、加工业拓展，农业产业各领域各环节迫切需要加快“机器换人”。区域方面，北方平原和旱作区等农业机械化水平较高的地方，正在加快提档升级，需求向大马力、高性能、复式作业机具转变；南方水田地区、丘陵山区等发展相对滞后的地方，需求正在快速上升，迫切需要改变种植制度、改善宜机条件、增加适用机具有效供给，加快农业机械化步伐。主体方面，合作社、家庭农场等新型经营主体加快发展，规模经营土地面积占比已经超过 30%，农业机械化与规模经营相互促进、相得益彰，由产中向产前、产中、产后全程配套。新型经营主体对农机的需求，由关注价格向注重品牌和质量转变，更加注重以机械化降低生产风险、提高作业效率，更加注重获取全程机械化解决方案。技术方面，农业绿色发展、安全发展理念深入人心，提高农业投入品和资源利用率、缓解农业资源环境压力、治理面源污染，迫切需要农业机械化技术和装备的支撑。高效节本、绿色环保、智能安全正在成为农机技术创新、研发制造、

推广应用的基本导向。

(二)农业机械化供给结构在发生深刻变化。从技术上看,农业机械化科技创新由大田作物向农业全领域拓展,由耕种收向产前产后延伸。农业品种选育把机械化适应性列为审定标准,籽粒机收品种等育种攻关加快推进,绿色高产创建攻关将农业机械化作为重要平台,轻简栽培正在成为农艺改进的基本趋向,品种、栽培和机械装备加快配套,为农业机械化发展开辟了更广泛的空间。但是,农机科技创新不足、成果转化不多、农机农艺融合不够,依然是亟待解决的问题。单项农业机械化技术比较多,集成配套和系统解决方案研究刚刚起步,农业机械化技术的储备和研发还不够,必须进一步加大技术创新力度,全面提升农业机械化科技的有效供给能力。从产品上看,近年来,农机装备制造水平明显提升,品种不断增加,产品性能不断提高,“十二五”期间农机品种增加了100多种,农机工业总产值位居世界前列。智能技术、信息技术在农机装备上应用步伐加快,大型跨国农机企业纷纷登陆国内市场。但是,农机工业大而不强,农机装备有效供给不足,缺门断档和中低端产能过剩并存,机具的可靠性、适用性有待提升,结构性矛盾仍旧突出。必须更加重视引导和促进农机工业的转型升级,增强中高端、全产业链装备的研发生产,提高农机装备制造水平。从服务上看,随着农机拥有量快速增加,合作社、家庭农场等新型主体发展壮大,农机社会化服务由大范围的跨区作业向周边规模化服务、合作型服务、自用型服务转变;由传统的耕种收“老三样”服务向集中烘干、集中育秧、统防统治转变;由遍布千乡万村的小门店服务,向农机4S店、农机电商、远程诊断维修等新型服务方式转变。但是,农机服务产业化程度不够,机制不灵活,服务质量效益总体还不高;农机合作社等新型主体人才缺、观念旧、用地难、融资贵等矛盾还比较突出,对农业机械化公共服务提出新的要求,必须进一步提高农机推广、鉴定、监理和培训等公共服务的能力,促进作业市场、维修市场、流通市场的健康发展。

(三)农业机械化管理方式在发生深刻变化。管理主体上,随着社会分工的细化和跨界融合的深入推进,原来单靠一个部门就可以管好的工作越来越需要多个部门的协作,越来越需要发挥行业协会等社会组织和事业单位等方面的作用。管理对象上,由传统农户为主逐步向新型经营主体扩展,越来越需要创新管理方式,增强管理的精准性、科学性、指导性。管理权责上,随着“放、管、服”改革的深入推进,越来越多的管理事项下放,省市县的调控空间增大,地方承担更多政策落地、项目落实的管理责任。部省层面更多的转向规划引领、顶层设计、统筹协调,发挥牵头抓总作用。管理手段上,随着市场化、信息化、城镇化、国际化加快推进,传统的管理服务模式已难以适应发展要求,必须创新方式方法,更多地运用市场化、信息化手段,运用法治方式、典型模式和制度安排推动工作。推进工作的重点上,由过去的争资金、批项目、催进度,更多地转向政策创设、标准制定、信息引导和事中事后监管。

总之,随着农业机械化发展环境和形势的深刻变化,农业机械化工作对象、内容、领域等也在发生深刻变化。必须以变应变、顺势而为,主动打破思维定式、路径依赖和工作惯性,适应发展新形势,不断创新工作理念和方式方法,创新引领添活力,凝心聚力促融合,攻坚克难补短板,提质量,加快培育农业机械化发展新动能,展现农业机械化在稳产能调结构、降成本增效益、添绿色可持续等方面的新作用。关键是要更加注重创新驱动和“三个融合”。

一是更加注重创新驱动。落实创新驱动战略,把创新引领作为农业机械化发展的第一动力。着力推进技术创新,优化资源配置,形成创新合力,提升创新能力,多出成果,出大成果,快出成果,快推成果,引领推动农业机械化供给侧结构性改革,切实改变不同程度存在的“无机可用、无好机用、有机难用”的局面。大力推进农业机械化管理创新,加快完善适应创新驱动的政策环境和制度导向,不断提高管理效能,破除新技术、新产品、新模式发展障碍,激发市场活力和社会创造力。

二是更加注重农机农艺融合。以农业机械化引领作物品种改良和耕作制度变革,促进良田良种良法良机配套,破解主要作物和关键生产环节机械化难题,提高机械作业适应性,大力拓展农业机械化的发展空间,释放农业机械化发展的潜能。适应农业机械化需求结构深刻变化,强化农机农艺部门间相互协调、科研单位联合攻关、推广机构相互协作,破解体制机制障碍,促使农机农艺融合发展,为农业机械化的发展注入新的动力。

三是更加注重农业机械化与适度规模经营融合。充分发挥农业机械化在推动规模经营中的作用,充分发挥新型经营主体在引领农业机械化技术集成示范、人才教育培训、农机服务方式创新等方面的作用,促使机械化与多种形式的适度规模经营相互适应、相互促进,推进农业技术的集成化、劳动过程的机械化、生产经营的信息化。加快推进农机服务规模化,引导农机服务主体向农村二、三产业发展,推动农业机械化向产前、产中、产后延伸,拉长农业产业链,提高农业生产的整体效益。

四是更加注重农业机械化与信息化融合,促进信息化与农机装备、作业生产、管理服务深度融合,以信息化培育新动能,推动新发展。着力推进农业机械化大数据应用,提升农机试验鉴定、技术推广、安全监理信息化建设水平。着眼提高农机社会化服务的效率效益,支持鼓励开展市场供需对接、机具调度、服务保障等方面的信息化服务平台建设,“让信息多跑路,让农机多干活”,促进农业生产节本增效。

三、着力做好2017年农业机械化重点工作

前不久召开的中央农村工作会议,将深入推进农业供给侧结构性改革作为2017年农业农村工作的主线,全国农业工作会议明确推进结构调整、推进绿色发展、推进创新驱动,推进农村改革,稳定粮食生产“四推进一稳定”的工作布局。各级农业机械化主管部门要深入贯彻落实中央农村工作会议、全国农业工作会议精神和部署,强化五大发展理念,坚持稳中求进、服务大局,着力推进农业机械化供给侧结构性改革,优化管理、增添动能、补齐短板、壮大主体,加快“机器换人”,推动农业机械化提档升级,为农业农村经济发展提供有力支撑。要着力抓好“五围绕五推进”。

(一)围绕农业结构调整,推进农业生产全程机械化。继续以主要农作物生产全程机械化推进行动为抓手,充分发挥农业机械集成技术、节本增效、推动规模经营的重要作用,助力稳定粮食生产和农业结构调整。一是加快突破瓶颈,集成技术,进一步提升粮棉油糖大宗作物生产全程机械化水平。加大机插秧、玉米机收等薄弱环节技术推广力度,提升植保、秸秆处理、烘干等环节的机械化水平,加快构建区域性标准化的粮食生产全程机械化技术体系。着力突破油菜、甘蔗机播机收作业瓶颈，加快马铃薯机收、花生机收、棉花机采等技术的推广应用，进一步推进大宗经济作物生产全程机械化。二是积极主动作为，强化示范，着力拓展农业生产全程机械化领域。积极开展“镰刀弯”和北方农牧交错带等地区玉米青贮、玉米籽粒收获、牧草收获、马铃薯收获等机械化技术示范，发展大豆、马铃薯、饲草料生产全程机械化。加强设施农业、养殖业及丘陵山区机械化技术研发和示范推广，为重点地区农业结构调整提供有效支撑。三是强化行政推动，典型引领，进一步营造推进农业生产全程机械化的良好氛围。积极争取政府重视和各部门各方面支持，抓好主要农作物生产全程机械化示范项目实施及专家巡回指导，搞好农机农艺融合，形成联动共促全程机械化的有效机制。大力推进粮棉油糖等大宗作物生产重点机具购置敞开补贴。创建推出100个左右率先基本实现全程机械化的示范县，支持引导基础较好地区整市整省推进。分品种、分区域总结提炼出一批可复制、可推广的全程机械化解决方案，加强宣传，形成以点带面、典型模式推动的工作氛围。

（二）围绕绿色发展，推进高效节约的农业机械化技术推广应用。农业机械化在农业投入品减量化、农业废弃物资源化利用方面具有不可替代的重要作用。要紧紧围绕“一控两减三基本”目标，扩大绿色环保、高效节约机械化装备和技术的推广应用，促进农业面源污染防治和农业可持续发展。一是突出抓好深松整地，力争完成深松土地1亿公顷以上，扩大深松作业信息化监测比例，确保作业质量，充分发挥深松在蓄水保墒、改良土壤、抗旱排涝等方面的积极作用。二是加大农机购置补贴政策支持力度，强化绿色生态导向，对深松整地、高效施肥、秸秆还田离田、残膜回收等绿色高效机具实行敞开补贴。三是加强技术的试验示范，适时发布一批“一控两减三基本”农业机械化技术方案，依托农机合作社、家庭农场等新型经营主体，打造一批技术应用样板，加大技术培训、宣传力度，加快示范推广。四是推进农机报废更新，扩大报废更新补贴实施范围，加快淘汰能耗高、污染重的老旧机械，推广应用符合“国Ⅲ”标准的动力装备，促进农机节能减排。

（三）围绕“五区一园”建设，推进农机作业服务转型升级。建设“五区一园”是今年农业农村工作的重要抓手。农业机械化是园区建设的重要支撑和重要标志。园区建设也为农业机械化的发展提供了良好的机遇。各地农业机械化主管部门要主动入位，以发展便捷高效的农机社会化服务为切入点，积极参与园区规划，投入园区建设，服务园区发展。一是培育园区农机经营主体，支持引导合作社、农机手入园创业，探索“机农合一”经营新模式，开展规模经营，延伸产业链条，提升经营效益。二是探索新型的农机社会化服务模式，依托园区，推进“互联网＋订单作业”、托管作业、承包作业等服务模式，扩展服务内容，创新利益联结机制，打造一批服务品牌，示范带动农机作业服务提档升级。三是打造农业机械化技术推广服务新高地，积极争取园区建设投入向农机倾斜，加强机耕道、场库棚、烘干仓储等配套设施建设。推进农业机械化资金、项目、技术、人才向园区聚集，支持园区现代农业建设。依托园区推进农机农艺融合，建立高标准示范基地，展示推广农机精准作业、卫星导航服务、自动驾驶作业、智能化工厂种养等方面的先进技术和作业模式，打造新型技术推广和作业服务的样板，引领农业机械化技术和作业服务升级。

（四）围绕提升农机有效供给能力，推进农业机械化科技创新。瞄准“产业急需、农民急用”的农机装备研发和推广应用，着力推进技术创新和成果转化。一是强化需求引导，搞好需求分析，加强统筹规划，通过发布需求目录，提出重大项目建议等方式，引导技术创新。二是落实项目投入，扩大“智能农机装备”国家重大研发计划项目实施范围，抓好《农机装备发展行动方案》“农机农艺融合专项”启动实施，加快建设国家水稻、甘蔗、棉花等全程机械化科研基地，积极争取地方重点科技研发计划支持，推进重大科技攻关。三是推进协同创新，以市场为导向，以企业为主体，构建分工协作一盘棋、上中下游一条龙、多学科集成一体化的科技创新组织模式，建立完善联合攻关、技术融合、资源共享、利益分享机制。四是促进成果转化，加大农机购置补贴政策支持科技创新成果转化力度，扩大新产品补贴试点。推进农机试验鉴定检测结果数据公开、农业机械化新技术新成果试验验证信息公开，及时向企业和科研单位反馈相关信息，引导农民选用新技术新产品，加快农业机械化科技创新成果转化应用。

（五）围绕提升公共服务能力，推进农业机械化管理改革创新。着眼于发挥市场配置资源的决定性作用和更好地发挥政府作用，从解决农民和企业最关心、最直接、最现实的问题着手，推进农业机械化管理“放管服”改革，提升农业机械化公共服务能力。一是进一步简政放权，切实减少和下放农机购置补贴实施、农机安全监理、农机试验鉴定中的管理事项。推进拖拉机驾驶证、联合收割机驾驶证“两证合一”和新机免检。探索特殊特定区域农机购置补贴差别化实施，研究扩大省级补贴产品分类分档自主权。全面推行农机维修网点审批“先照后证”，突出便民利民。二是推进管理服务信息化，加快推进农业机械化管理信息系统互联互通、数据共享。全面推进推广鉴定证书相关信息网络公开，方便企业和农民查询和应用鉴定结果。推广应用农机驾驶技术网络教育平台，方便农机手学习。启用“变型拖拉机信息查询系统”，有效开展交警和农机监理联合执法。加快普及“互联网＋农机服务”，提高供需对接效率。三是强化事中事后监管，加强在用农机产品质量调查和质量投诉监督。改进农机推广鉴定证后监督，全面推行“双随机、一公开”抽查。加强农机购置补贴违规联查联动，让失信违规主体寸步难行。四是加强协同管理，注重与发改、财政、科技等有关部门沟通，推动农业机械化政策设计和发展规划衔接落实。注重在政策创设、制度修订、项目谋划等重大事项中，加强与种植、养殖、加工等行业部门的沟通协调，广泛听取基层和事业单位的意见建议。注重依托新型经营主体开展农业机械化技术推广、安全教育、人才培训、生产组织等工作。注重发挥行业协会作用，引导企业诚信自律、公平竞争，提升管理效能。

其他会议

在全国农机试验鉴定站长会议暨农业机械化质量工作座谈会上的讲话

（2016 年 3 月 25 日 · 北京）

中华人民共和国农业部副部长　**张桃林**

在“十三五”开局之年，在全国各行业认真学习贯彻两会精神之际，农机鉴定系统在北京召开会议，对“十二五”的工作进行回顾总结，对当前的形势进行分析，尤其是围绕“十三五”我国农业农村经济、农业现代化建设中心任务，对农机鉴定行业的工作进行研究部署。

一、充分肯定“十二五”期间农机试验鉴定的工作和成效

“十二五”期间，我国经济社会发展取得巨大成效，其中农业为全局和整体发展提供有力支撑，农业机械化成为我国农业发展的突出亮点。2015 年，农作物耕种收综合机械化率达 63%，超过“十二五”规划目标 3 个百分点，为保障粮食产能持续增强、农业农村经济持续向好做出重要贡献。农业机械化工作取得这样的成绩，与农机鉴定系统的工作是分不开的。农机质量直接影响到农业机械化质量，进而影响到现代农业发展质量和水平。“十二五”期间，农机鉴定、维修、职业技能鉴定等机构的工作成效显著，发挥重要的技术支撑作用，主要表现在以下几个方面。

（一）法规政策体系更加完善。加强部省两级试验鉴定相关制度建设，发布《全国农业机械试验鉴定“十二五”规划》，制发《农业部关于进一步加强农机试验鉴定工作的意见》，为农机鉴定系统开展工作明确思路方向和重点，提供了指导。制定鉴定大纲管理、证后监督检查等规范性文件，发布相关的实施细则、作业指导书及服务市场主体的办事指南；制修订 60 个部级推广鉴定大纲，占现行部级有效大纲数量的 70%，为规范性开展工作提供依据。2015 年，为落实中央简政放权、转变政府职能的精神，加强顶层设计，围绕精简内容、简化程序、减低成本、服务实体经济，对《农业机械试验鉴定办法》及《农业机械推广鉴定实施办法》进行修订，分别以部令和部公告发布，强化新形势下鉴定机构主体责任，赋予鉴定机构更大的自主权和更充分的信任，增强鉴定针对性、开放性、规范性。

（二）鉴定规范化水平明显提高。推进鉴定工作全程规范化建设，制定完善鉴定受理、实施、发证、证后监督、换证等各个关键环节的规范性文件。自 2012 年起，连续 4 年共对 31 个省级农业机械化主管部门和鉴定机构进行推广鉴定专项监督检查。通过发布通报、公布检查结果、责令不规范的部门和机构限期整改，有效促进有关制度的完善和规范实施。鉴定机构需增强忧患意识和责任意识，建立廉政风险防控机制，坚持从严管理、分工负责，保证经常性业务工作规范化。加强政务信息公开，对通过鉴定的产品，在相关网站公布，接受社会监督。加强人才队伍建设，对鉴定、检验人员实行资质管理，每年开展培训，提高规范化意识及规范化实施的能力素质。

（三）条件能力大幅改善。农业机械化主管部门和农机试验鉴定机构抓住建设重点，积极争取支持，增加投入，更新设备、改善设施、扩建场地。发挥系统整体资源优势，扩大部级鉴定能力认定范围，具备部级鉴定能力的机构由 5 家增加到 30 家；部级鉴定产品种类范围达 65 项，省级鉴定产品种类范围达 130 项。完成部省两级农机推广鉴定任务由“十一五”期间的 19 000 余项，增加到“十二五”期间的 27 000 余项，增加 40%以上。

（四）服务支撑作用明显。鉴定机构积极围绕农业机械化发展提供技术支撑和服务保障。在弥补维修短板方面，各地农业机械化主管部门结合本地实际，采取针对性措施，加强农机维修网点建设，制定相关标准，加大投资力度，促进农机维修能力的提高。在职业技能开发方面，积极争取把农业机械化相关职业纳入到国家职业大典；探索政企联动、校企联动、社企联动、职教集团等培训形式，开展农机驾驶操作、维修等近 20 个工种的职业技能鉴定，55 万人次获得职业资格证书，为推动农业机械化发展提供实用人才保障。在质量调查方面，依法履职，根据投诉反映的问题和农业生产需要，开展玉米收获机、大中型拖拉机等主要粮食作物机械的质量调查，公布调查结果，督促企业整改，促进主推机具产品质量的提升。2015 年玉米收获机的用户满意度比 2012 年提高近 10 个百分点。

回顾“十二五”，农机鉴定等农业机械化工作成绩突出、保障有力，为保障政策落实、推动技术进步、优化装备结构、推进提质增效、保障安全生产、维护消费者权益、推进农村土地流转改革和农业生产模式创新做出积极贡献。

二、进一步明确“十三五”工作的形势和任务

“十三五”是我国传统农业向现代农业转变的关键期，也是农业机械化加快发展的机遇期，更是农业机械化供给侧结构性改革“攻坚、拓展、升级”的窗口期，必须紧紧抓住机遇、乘势而上，千方百计攻克瓶颈制约，站位高远拓宽发展领域，综合施策提升发展质量、发展效益，在“创新、协调、绿色、开放、共享”五大发展理念指导下，围绕中心、服务大局，加快打造中国农业机械化升级版。为贯彻落实中央农村工作会议精神、全国农业工作会议部署要求，2016 年 1 月，召开全国农业机械化工作会议，明确提出“十三五”我国农业机械化发展的总体思路和主要目标，指出要推动农机装备、服务组织和作业水平向数量质量效益并重转型升级，促进农业机械化全程、全面、高质、高效发展。力争2020年主要农作物产前产中产后全程机械化、种养加全面机械化取得显著进展。这要求农机试验鉴定等工作要能够适应新形势新要求，努力支撑和引领农业机械化发展。全国农业机械化行政主管部门及农业机械化质量工作相关单位要全面贯彻落实十八届五中全会精神，紧紧围绕“十三五”我国农业机械化“全面、全程、高质、高效”发展目标任务，牢固树立五大发展理念，抓住机遇、依法履职、积极作为、科学谋划、提升能力，为进一步提高农业机械化发展质量提供更有力支撑。重点是要强化“四个意识”，实现“四项优化”。

一要强化责任意识，优化行业工作作风。进一步弘扬勇于担当、狠抓落实之风，核心是“法无授权不可为，法定职责必须为”。农机推广鉴定是鉴定系统的主体职能，担负着为农民和农业生产经营组织选购先进适用农业机械提供信息的重任，工作效果直接影响着补贴政策的实施，与农机安全生产紧密相连，与农民的切身利益息息相关。按照新修订的《农业机械试验鉴定办法》要求，农机试验鉴定的发证主体和责任主体已经明确转移到农机试验鉴定机构。这要求大家强化责任担当意识，以更严的标准和更实的作风做好各项工作。要发扬农机鉴定系统的优良传统，履职尽责、积极作为、敢于担当、敢于负责，正确面对困难和挑战，不因噎废食，不回避矛盾，不推卸责任，齐心协力抓好工作落实。

二要强化改革创新意识，优化公共服务能力供给结构。农业“提质增效转方式、稳粮增收可持续”和加快农业机械化供给侧结构性改革，迫切需要加强农机产品的创新力度，改革和完善农机试验鉴定等公共服务。特别要适时调整农机推广鉴定业务发展重点，逐步优化农机鉴定服务供给结构，为农机新产品的开发和农机购置补贴等公共政策实施提供更加有力的技术支撑，发挥更大的引领作用。要逐步减少低端服务项目供给，扩大有效和中高端服务项目供给，重点发展“产业急需、农民急用”的中高端农机装备的鉴定能力，增强农机试验鉴定公共服务供给结构对需求变化的适应性和灵活性，增强持续发展动力。

三要强化服务意识。优化农业机械化质量服务工作方式。农机试验鉴定系统以及与农业机械化质量相关的公共服务机构要抓住“十三五”发展机遇。按照“放、管、服”三管齐下的要求，增强服务意识，逐步调整工作方法，转变工作方式。尤其要坚持育人为本，以人才队伍建设为重点，提升农业机械化质量管理人才、科技人才和实用人才素质。要强化标准引导，加强事中事后质量监管，营造更加公平的竞争环境。强化信息化手段，推进政务公开，把“互联网＋”全面运用到农机试验鉴定、质量监督、维修管理、职业技能开发、标准化等各项农业机械化质量工作中去。要坚持市场化改革取向，不包办、重引导、促开放，更多吸引检验检测、培训机构等方面的社会资源共同参与，不断提高公共服务能力。

四要强化风险防控意识，优化行业管理机制。要持续开展从业人员教育培训，增强纪律意识，尽快适应社会监督新常态。要落实党风廉政建设“两个责任”要求，把廉政风险防控作为各项工作的重中之重来抓。明确工作纪律负责人，向社会公开监督方式，制定实施切实可行的责任追究制度。放权不等于放任，各级农业机械化行政主管部门要继续加强对农机试验鉴定等工作的监督指导，实现监督指导工作常态化、制度化。

三、切实做好2016年农机试验鉴定等各项工作

当前，农机试验鉴定工作正处于改革发展的新阶段，还存在一些急需解决的问题：一是与两个“办法”配套的规范性文件制定相对滞后。两个“办法”发布实施后，相应的鉴定大纲、收费标准、实施细则等制定工作还需加快进度。二是鉴定能力方面不能完全满足企业需求，需加快研究解决。三是鉴定针对性、规范性、开放性不足。尤其是如何利用社会资源弥补鉴定能力不足等问题还需要加快破解。这些方面希望大家积极探索，为行业发展提供更多的范例和经验。

2016年，全系统要深入学习贯彻中央农村工作会议和农业机械化工作会议精神，以调整公共服务供给结构为主线，深化农机试验鉴定改革，坚持问题导向，强化依法履职，补短板、优服务、提效能，为农业机械化发展提供有力支撑。重点是做好以下四个方面的工作。

一要继续深化农机推广鉴定改革。2016年的农业机械化工作会议上，加强农机鉴定管理作为当年农业机械化9项重点工作之一，要求农机试验鉴定必须依法履职、积极作为。2016年是农机试验鉴定改革落实年。各级农业机械化行政主管部门及鉴定机构要深入贯彻落实农业机械化工作会议精神，按照农业部新修订的《农业机械试验鉴定办法》和《农业机械推广鉴定实施办法》，加快出台相关配套工作制度和推广鉴定大纲并规范实施。

二要认真做好改革过渡期的推广鉴定工作。农机推广鉴定工作备受政府重视、企业关切、农民关心。过渡期，容易出现意想不到的问题，全国农机试验鉴定机构更要积极作为，确保鉴定工作不停、鉴定任务不推、改革劲头不松，强化部省两级农机鉴定机构协调配合，确保过渡期的农机推广鉴定工作有效、有序、规范开展。

三要推进各项服务保障工作创新发展。着眼发挥市场作用，创新思路、方法，促进维修主体建设，解决维修难的问题，提升农机维修社会化服务水平。强化农业机械化实用人才队伍建设，积极争取政府支持，加大培训力度，确保“好用”的农机能够“用好”。做好农机质量投诉、质量调查和质量认证工作，加强结果运用。强化农业机械化标准引领作用，研究提出“十三五”标准发展重点，优化标准体系，推进标准应用。增强国际标准制定话语权，占领制高点，服务“一带一路”及农业、农机走出去战略。统筹服务保障工作信息化建设，积极探索运用“互联网＋”、物联网解决方案，提高农机试验鉴定、质量监督、维修管理、职业技能开发、标准化等工作的信息化水平，提高工作效率。

四要加快提升公共服务能力。各级农业机械化行政主管部门要根据农业机械化发展要求，加强对农机鉴定能力建设的指导和支持，积极争取将公共服务条件能力建设纳入“十三五”基本建设规划，重点发展短板型、区域性农机装备的鉴定能力。按照新的推广鉴定实施办法，积极推进合作鉴定。要不断拓展科技人才和管理人才培养渠道，优化行业从业人员知识结构，打造专业化、职业化人才队伍。全国农业机械化行政主管部门和农机试验鉴定系统紧紧抓住“十三五”我国农业机械化发展的历史机遇，认真践行“三严三实”，坚持依法履职尽责，切实转变工作作风，真抓实干、攻坚克难，为农业机械化“全面、全程、高质、高效”发展提供更有力支撑，为“十三五”农业供给侧结构性改革，切实提高农业的发展质量、效益、竞争力和可持续发展能力做出更大贡献。

在全国农业机械化安全生产工作会议上的讲话

（2016 年 5 月 17 日 · 广西南宁）

中华人民共和国农业部副部长　张桃林

这次全国农业机械化安全生产工作会议，是在“十三五”全面建成小康社会决胜阶段的开局之年召开的一次重要会议，主要任务是：贯彻落实习近平总书记、李克强总理等中央领导关于安全生产的重要指示以及全国安全生产电视电话会议精神，总结交流“十二五”农机安全生产和“平安农机”创建工作，研究部署“十三五”农机安全生产重点工作，进一步推进农业机械化持续健康发展。

2016 年 5 月 17 日上午，现场观摩农机事故应急处置演练活动，参观全国“平安农机”示范县邕宁区创建工作成效。南宁市邕宁区“平安农机”示范区工作扎实、成效显著。广西、江苏等 7 个省区市交流了农机安全生产工作的典型经验和做法。

一、总结经验，充分肯定“十二五”农机安全监管工作成绩

“十二五”期间，在各级党委和人民政府的领导下，在安监和公安等部门的积极支持和配合下，各级农业机械化主管部门及其监理机构坚持“安全第一，预防为主，综合治理”的方针，强化红线意识，善于作为、敢于担当，农机安全生产工作取得了明显成效，突出表现在五个方面。

（一）安全监管法规体系不断完善。“十二五”期间，农业部制修订《拖拉机登记规定》《拖拉机驾驶证申领和使用规定》《联合收割机及驾驶人安全监理规定》《农业机械事故处理办法》4 个部门规章、《农业机械事故处理文书规范》等 4 个规范性文件《拖拉机安全操作规程》等 29 项标准。黑龙江、山西、云南等 13 个省（区、市）制修订 20 个地方性法规。农机安全监管法规和标准体系基本形成，为规范农机安全执法、强化依法依规监督管理奠定基础。

（二）安全监管体制不断创新。2015 年底，全国共有县级以上农机安全监理机构 2 867 个、监理人员近 3.1 万人，监理机构参公管理步伐加快。监管体系不断向乡村两级延伸，监管网络不断完善。例如四川强化乡镇政府农机安全管理责任，宁夏在村镇建立安全联组，内蒙古和新疆等设立乡村安全协管员，青岛等地推进农机监理服务进社区。各地深入开展“为民服务创先争优”创建活动，共推出 216 个部级示范窗口和 781 个示范岗位标兵，监理人员服务意识和能力水平明显提升。

（三）“平安农机”创建活动不断深化。“十二五”期间，农业部和国家安监总局继续组织开展“平安农机”创建活动，共创建 509 个全国“平安农机”示范县。各级党委政府对农机安全生产工作更加重视，多部门协作机制更加完善，农机安全工作基础更加夯实。如广西壮族自治区党委政府高度重视并充分肯定农机安全生产工作，对在安全生产工作中有突出贡献的 30 个单位、40 名监管人员分别记集体和个人二等功，支持创建的“平安农机”示范县占到全区总县数的 45%。江苏等省区市下沉工作重心，积极推行送检、送考、送安全知识下乡、一站式服务等便民措施，让农民在更多的获得感中接受安全管理。

（四）监理惠农政策实施范围不断扩大。全国共有 807 个县开展农机安全监理减免费试点，北京等 12 个省（区、市）和计划单列市实现了减免费管理全覆盖；陕西等 14 个省、山东等 17 个省、内蒙古自治区等 30 个省（区、市）结合各自省情分别开展了农机保险保费补贴、报废更新补贴、安全防护性能提升试点；甘肃省建立农机燃油补贴与牌证管理衔接工作机制。惠农政策的实施，减轻农业生产企业和农民负担，密切了与农民群众的关系，提升农机安全监管效果。

（五）安全监理文化建设形式不断丰富。各地积极推进农机安全生产文化建设，宣传形式不断创新。广西组织开展“农机安全文化乡村行”、江苏和安徽通过“平安农机通”信息平台宣传农机安全知识、云南开展“小手拉大手”等活动，形式新颖、效果明显，受到群众欢迎。各地通过编印安全宣传教材、举办培训班、开展知识和技能竞赛等多种形式，积极开展农机“安全生产月”“安全生产咨询日”活动，宣传教育不断深入，受众面不断扩大，广大机手安全意识不断增强，形成各具特色的农机安全监理文化。

“十二五”期间，全国农机安全生产形势明显好转。2015 年农机事故起数、死亡人数和受伤人数与 2010 年相比，分别下降了 27.6%、37.9%和 49.6%。拖拉机“三率”（上牌率、持证率、检验率）综合水平超过 70%，比“十一五”末提高 30 个百分点，农机安全监管水平大幅度提升，为构建和谐社会做出积极的贡献。农业部农业机械化管理司、山西省农机局分别被国务院安全生产委员会评为全国“安全生产月”活动先进组织单位。今天国家安全生产监督管理总局副司长赵瑞华、中华人民共和国公安部交通管理局副巡视员王强参加这次活动和会议。

在取得成绩的同时，各级农业机械化主管部门及其农机安全监理机构大胆探索，勇于实践，积累了许多宝贵经验。

一是必须坚持依法监理。农机安全监理工作是行政执法工作，必须做到法定职责必须为、法无授权不可为。“十二五”期间，各地坚持依法行政，进一步完善工作制度，理清了行政权力清单，公开办事流程，规范执法行为，依法及时纠正和制止部分地区给变型拖拉机发放牌照的违法行为。坚持依法监理，更好地维护农机安全生产和监管秩序。

二是必须坚持优化服务。各地践行群众路线教育实践活动，秉承“五民”（以民为本、为民服务、帮民解难、助民增收、保民平安）理念，不断优化服务措施，通过送检下乡、宣传到村、服务到户等方式，帮助农民解决实际困难，提高农民群众遵章守法的自觉性和主动性。只有坚持寓管理于服务之中，才能更加密切与农民群众的关系，推动农机安全监理工作顺利开展。

三是必须坚持政策引导。一系列惠民政策的实施，深受广大农民群众的欢迎，促进“三率”水平大幅提高，减少违法违规等现象，消除安全隐患，化解事故风险。实践证明，做好农机安全监理工作，必须争取并实施好农机安全的优惠政策，充分发挥法律和政策双重作用，将执法与疏导、便民与惠民结合起来，才能有效引导和促进农业机械化安全发展。

四是必须坚持综合治理。农机安全生产是一项系统工程，必须在各级党委和人民政府的领导下，加强与安监、公安、交通、质监等部门的协调配合，构建"政府主导、农机主抓、部门配合、群众参与"的长效机制，运用法治、经济、文化等多种手段，努力构建农机安全宣传教育、源头管理、执法监控三大防线，才能有效预防和减少农机事故，保障农机安全生产。

二、分析形势，准确把握新时期农业机械化安全发展新要求新理念

"十三五"是我国传统农业向现代农业转变的关键期，也是农业机械化加快发展的机遇期。农机安全生产工作面临新的机遇和挑战，我们必须认清形势，坚定信心。

（一）安全生产红线意识不断强化，对做好农机安全生产工作提出了新要求。党的"十八大"以来，中央领导对安全生产作出一系列重要指示。习近平总书记指出，人命关天，发展决不能以牺牲人的生命为代价，这必须作为一条不可逾越的红线。要求必须坚定不移保障安全发展，狠抓安全生产责任制落实；必须深化改革创新，加强和改进安全监管工作；必须强化依法治理，着力提高安全生产法治化水平；必须坚决遏制重特大事故频发势头，推动安全生产关口前移；必须加强基础建设，提升安全保障能力。"十三五"规划纲要中提出要建立责任全覆盖、管理全方位、监管全过程的安全生产综合治理体系，构建安全生产长效机制。农机安全生产作为全国17个安全生产重点行业之一，必须按照中央领导的指示精神和国务院统一部署，以对党和人民高度负责的精神，统筹谋划、精心组织、加强监管，切实担负起保障农机安全生产的历史重任。

（二）简政放权优化经济发展环境，对做好农机安全生产工作赋予新内涵。中央加快转变政府职能、深化行政体制改革的步伐，国务院作出推进简政放权、放管结合、优化服务的工作部署，要求在减环节、优流程、转作风、提效能、强服务方面取得突破性进展。各级农业机械化主管部门及其安全监理机构进行了积极响应和主动探索，取得初步成效。例如，有些地方在拖拉机和联合收割机登记、驾驶证申领、安全技术检验工作中，依然存在责任主体不清、程序复杂、项目繁多等问题。需要进一步转变职能，优化服务，使农机安全监管工作更加便民高效。

（三）新型农机经营组织快速发展，给做好农机安全生产工作带来了新机遇。企业是安全生产的第一责任人。过去农机生产的主体是千家万户的个体农机手，点大面广，安全监管难度很大。随着现代农业发展和农业机械化全程、全面、高质、高效步伐加快，机械智能化、经营规模化、服务社会化的特征日益明显，家庭农场、农机合作社等新型经营主体蓬勃发展，农机生产从业者的内在结构不断优化，给我们精细管理带来了新的机遇。农机安全监理工作必须适应新形势、新情况，把握新趋势、抓住新机遇，转变监管方式，突出监管重点，加强动态管理和精细管理。

（四）我国农业机械化发展转型升级，给做好农机安全监管工作带来新挑战。当前，农业机械化发展正处在转型升级期，老问题仍然存在而且都是硬骨头，新情况层出不穷而且没有经验可循，给安全监管提出新课题。一是农机手安全意识普遍不强，无牌行驶、无证驾驶等违法违规现象依然大量存在。二是老旧农业机械不符合国家安全技术标准，淘汰更新速度较慢。三是新机具和大型复式机型不断出现，但对其安全性能认识和监管措施相对滞后。四是投入不足，安全监管手段薄弱，监理装备建设滞后。因此，各级农业机械化主管部门及其安全监理机构，必须坚持问题导向，进一步加大安全宣传教育培训力度，加强隐患排查和违章治理，加强安全标准的宣贯力度，加快报废更新步伐，争取财政投入，改善装备条件，提高监管能力和水平。

综合判断，"十三五"期间，农机安全生产工作的任务更重、要求更高、挑战更大。我们必须准确把握行业内外形势发展的深刻变化，以新发展理念引领农机安全生产的发展方向。

（一）坚持创新发展添动能。农机安全监管工作要不断适应农业机械化发展新要求，创新工作思路、创新体制机制、创新监管手段和服务方式，推动农机安全监管工作不断迈上新的台阶。

（二）坚持协调发展促全面。农机安全生产要顺应农业机械化全程、全面、高质、高效发展的需要，树立全面统筹、协调推进、综合治理的系统观，补齐短板，缩小差距，夯实基础，努力实现全面发展。

（三）坚持绿色发展增效益。农机安全生产要围绕发展资源节约型、环境友好型机械化，扩大报废更新试点范围，加快老旧农业机械报废更新步伐，淘汰落后机型；加强机务管理技术指导与服务，改善机械的技术状态，提高利用效率和生态效益。

（四）坚持开放发展聚合力。农机安全生产涉及社会方方面面，必须转变"就监理论监理"的封闭式思维方式，开放式积聚安全监理资源和社会力量，积极争取政府支持，尤其是加强与安监、公安、交通等部门的密切协作，形成合力，构建齐抓共管的工作格局。

（五）坚持共享发展惠"三农"。共享安全发展成果是农机安全监管工作的重要目标，必须坚持管理与服务并重，在加强监管为广大农民群众创造安全有序的生产生活环境的同时，积极推行惠民政策和利民措施，让广大农民和机手共享安全和谐的发展环境。

三、明确任务，努力推动农机安全生产工作再上新台阶

"十三五"期间，农机安全生产要坚持以新发展理念为引领，牢固树立安全发展观念，以预防和减少农机事故、提高农业机械化安全生产水平为中心，以依法行政、文明监理、优化服务为主线，以建立安全责任体系、完善政策法规、创建安全文化、加大隐患治理、提升监管能力为重点，深化"平安农机"创建活动，转变监管方式，改善监管手段，提升监管效果，坚决遏制重特大农机事故发生，推动农机安全生产形势持续稳定向好，为推进农业现代化提供有力支撑。

"十三五"期间，全国农机安全生产力争达到以下目标：农机事故减少10%以上，严格控制重特大农机事故发生；拖拉机、联合收割机"三率"水平提升5%以上，监管覆盖面进一步扩大；每年创建100个左右全国"平安农机"示范市县和岗位标兵，"平安农机"创建活动进一步深化；农机安全生产法规体系进一步完善；基层农机安全监管网络进一步健全；农机安全生产监管和服务能力进一步提高。

实现上述"十三五"目标，要重点抓好以下几项工作：

（一）着力健全责任体系，推进主体责任落实。按照"党政同责、一岗双责、失职追责"和"管行业必须管安全、管业务必须管安全、管生产经营必须管安全”的要求，强化政府、行业、生产经营单位农机安全生产责任落实。建立责任全覆盖、管理全方位、监管全过程的安全生产综合治理体系，构建安全生产长效机制。把农机安全生产列入安全生产的目标考核内容，纳入各级安全生产和农业机械化发展规划。层层落实各级农业机械化主管部门及其安全监理机构的监管责任，推动农机安全生产与农业机械化协调发展。通过签订安全生产责任书等方式，落实农机合作组织、家庭农场、农机大户、农民机手等生产经营者的主体责任，健全农机安全生产责任体系。

（二）着力落实惠农政策，推进免费安全监理。管理就是服务。各地要积极创设和争取扶持政策，大力推进安全监理减免费政策落实，让农民得到更多实惠。2016年国家将18项行政事业性收费的免征范围，从小微企业扩大到所有企业和个人，这其中就包括农机牌证费和安全检验费5项内容。这是继购机补贴政策以后，中央出台的又一项惠及农民机手的重大举措，各地要积极协调财政部门做好经费保障，确保这一政策落到实处。2016年起，农机报废更新补贴试点工作将扩大到所有省份，各地要通过试点不断总结经验，加快报废更新速度，促进农机结构调整、节能降耗和安全发展。要研究探索具有农机特色的保险补贴制度，积极争取将农机保险纳入农业政策性保险，提高农机户、农机作业服务组织的风险保障能力。要继续开展农机防护性能提升试点，减少安全隐患，增强事故防范能力。

（三）着力完善法规体系，推进全面依法监管。按照深入推进依法行政、加快建设法治政府的要求，统筹兼顾、突出重点，制修订农机安全规章、规范和标准，不断提高农机安全法规建设质量，健全农机安全法规体系。当前，要按照简政放权、放管结合、优化服务的要求，修改完善拖拉机、联合收割机登记规定和驾驶证申领使用规定。坚持改革创新，按照分类管理、简化内容、优化程序和提高效率的原则，改革现行的农机安全检验制度，探索研究新机免检的实现途径。要严格依法办理农机安全监理各项业务，公开办事流程，规范执法行为，不断提高依法履职水平。

（四）着力构建长效机制，深化“平安农机”创建。农业机械化管理部门要与安监等部门紧密合作，继续抓好“平安农机”创建工作。创建活动要突出“创建平安农机，推进农业现代化”这个主题，提高创建标准，丰富创建内容，扩大创建范围，夯实创建基础，提升创建效果。进一步健全基层特别是乡村两级农机安全监管网络，夯实基层基础，解决最后一公里问题。创建一批代表性强、示范效果好、经验可复制的“平安农机”示范市（县）和农机监理示范岗位标兵。要按照农业部和国家安监总局关于“十三五”平安农机创建工作方案的要求，因地制宜抓好创建工作，将该项活动打造成平安创建的一大品牌。

（五）着力开展宣传教育，提升机手安全素质。要结合“十三五”规划纲要提出的“全民安全素质提升工程”的实施，广泛开展群众性安全文化活动，推动农机安全知识、安全常识在广大农民群众中普及。创新方式方法，积极组织“安全生产月”“安全生产咨询日”等活动，大力宣传农机安全法律法规，普及农机安全生产和驾驶操作知识，增强农机从业人员安全意识，营造良好的农机安全生产氛围。借助新型职业农民培育工程，开展从业人员安全教育培训、岗位练兵、专业比武、技能竞赛等活动，提高农机从业者的实际操作水平和安全素质。

（六）着力保障安全投入，提升监管服务能力。要切实加强对农机安全生产工作的领导，积极争取各方面支持，依法保障农机安全投入。加强农机监理装备建设，积极争取农业生产安全保障工程和农业执法监管能力建设工程，配备必要的安全检验、执法车辆、事故勘查、培训考试等设备。加强农机监理信息化建设，进一步推进农机监理和互联网的深度融合，加快建设全国统一的农机安全监理信息管理系统和农业机械登记信息数据库，推广应用农机安全移动执法终端设备和微信客户端，实现农机安全监管与服务信息化。积极开展应急演练，切实提高突发事故的应急处置能力。加强农机监理队伍建设，强化农机监理人员的政治理论、业务技能和职业道德教育培训，加强廉政风险防控机制建设，打造一支履职尽责、敢于担当、为民服务的农机监理队伍。

各级农业机械化主管部门及其农机安全监理机构要抓住机遇，迎接挑战，改革创新，攻坚克难，努力开创农业机械化安全生产工作新局面，为推动我国农业机械化科学发展、和谐发展、安全发展，建设现代农业和全面建成小康社会做出新的更大贡献！

在全国主要农作物生产全程机械化推进行动现场会上的讲话

（2016年6月3日·江苏常州）

中华人民共和国农业部副部长　**张桃林**

在全国“三夏”小麦跨区机收大会战全面展开之际，农业部在江苏省召开全程机械化推进行动现场会，既是对各地“推进行动”实施以来的一次经验交流，也是对“推进行动”取得成效的一次实战检验，具有特殊重要的意义。上午观摩了江苏省常州市小麦、水稻以及油菜生产全程机械化的作业现场；江苏省徐鸣副省长介绍了江苏省的许多宝贵经验，6个单位进行了典型发言，总结交流了实施全程机械化推进行动的做法与成效，各有侧重。这些做法和经验，为今后各方面的工作提供了借鉴和启发。

一、全程机械化推进行动开局良好

2015年1月，在全国农业机械化工作会议上，对全国主要农作物生产全程机械化推进行动进行了部署，各地积极响应。2015年8月，农业部常务会议专门研究并审议通过了《农业部关于开展主要农作物生产全程机械化推进行动的意见》，进一步明确了推进行动的目标任务、主要内容和保障措施。2016年中央一号文件也将全程机械化纳入了现代农业建设的一项重点内容，强调要“提升主要农作物生产全程机械化水平”。各级农业、农业机械化主管部门认真落实文件精神，积极争取各级领导重视，努力加大项目经费投入，以全程机械化示范县(区)创建为引导，以突破薄弱环节为切入点，以发展全程机械化装备为支撑，以发展农机社会化服务为途径，大力开展全程机械化技术模式探索与创新，不断推进主要农作物生产全程机械化，有力地促进了农机装备水平和农业综合生产能力的提高。目前，全国农作物耕种收综合机械化率超过 63%，基本普及了各类作物机耕、小麦玉米机播、稻麦机收，平原地区单季稻机插秧、玉米机收问题也基本解决。

盘点和总结各地推进全程机械化的工作成效，主要有 3 个方面的特点：

(一)行政推动力度明显加强。江苏省、广西壮族自治区人民政府办公厅分别印发了关于加快推进水稻等粮食作物生产全程机械化的意见，吉林省委、省人民政府将全程机械化推进行动纳入了《吉林省率先实现农业现代化总体纲要》，山西省人民政府将玉米、马铃薯生产全程机械化纳入政府考核指标，将全程机械化工作由部门行为上升为政府行为，在全省层面推动落实。一些市县政府也都相继出台了关于加快推进粮食生产全程机械化的意见，明确了推进措施、部门责任、考核目标等。其中，江苏省常州市、山东省临沭县，就是其中的典型代表，市政府、县人民政府主要负责同志亲自挂帅，主抓全程机械化，值得充分肯定。内蒙古、安徽、河南、湖北等省农业机械化主管部门专门印发了实施全程机械化推进行动的实施方案，将全程机械化纳入本地“十三五”农业机械化发展规划的重中之重。山东、甘肃、青海等省召开了推进全程机械化的启动会或现场会，对这项工作进行专题动员和部署。总的来看，大力推进全程机械化，已经成为各地加快现代农业建设的新抓手。

(二)投入扶持力度不断加大。农业部、财政部继续发挥农机购置补贴政策的导向作用，今年决定将中央财政补贴资金重点用于主要农作物生产关键环节，要求各地加大对保护性耕作、深松整地、秸秆还田等绿色增产技术所需机具的补贴力度，力争做到应补尽补、敞开补贴。甘肃等省财政还安排专项资金，对关键机具进行省级累加补贴，不断夯实全程机械化的装备基础。紧盯全程机械化的薄弱环节，中央和地方财政都持续加大投入力度。为推动农机深松整地作业，2015 年中央和地方财政共投入农机深松作业补助 15.4 亿元，实施补助面积达 4 200 千公顷；为推动农作物秸秆还田，江苏省财政 2016 年预算安排 8.8 亿元省级补助资金，同比增加了 4 000 万元；为推动水稻栽插和烘干机械化，广西壮族自治区财政今年预算安排 5 000 万元建设工厂化育秧中心与烘干中心；为扶持全程机械化新型经营主体建设，吉林省设立省级农业机械化建设资金，每年省财政拿出 2.2 亿元，按照“一乡一合作社”的原则来布局建设；河北省将农作物全程机械化项目纳入了省财政 2016—2018 年新增的重大改革和政策支出事项，每年投入专项资金 1 700 万元。山东、河南、福建、江西、宁夏等省加大地方财政投入，整合农业项目资金，全力以赴支持全程机械化的机具研发、燃油补助、服务体系建设等，取得了良好的成效。总的来看，大力推进主要农作物生产全程机械化，已经成为各级财政支持“三农”发展的新重点。

(三)示范县(区)建设取得阶段性成效。从 2014 年起，农业部启动实施主要农作物生产全程机械化示范项目，3 年累计投入 7 810 万元，支持 159 个县(区)创建全程机械化示范基地，打造了一批可看、可学、可复制、可推广的典型。各个项目区农机管理部门坚持农机农艺融合，定位于水稻等九大农作物，聚焦于耕作、播种、收获、植保、烘干、秸秆处理等六大环节，探索具有区域特色的全程机械化技术模式、装备配套方案和生产经营模式，为大面积推广应用奠定了良好基础。经农业部批复同意，江苏省、吉林省成为首批粮食生产全程机械化整体推进示范省。各地以实施部级示范项目为契机，积极争取地方投入，建立了一批省级、市级全程机械化示范基地，形成了多层次创建全程机械化示范区的良好格局。农业部印发了《县域主要农作物生产全程机械化评价指标体系(试行)》，有效地激发各地创先争优的工作热情。在各省推荐审核的基础上，公布了首批 28 个全国基本实现主要农作物生产全程机械化示范县(区、市)，标志着全程机械化推进行动取得了初步成果，有了良好开局。希望首批示范县再接再厉，充分发挥示范引导作用，以点带面，引领周边地区全程机械化水平不断提高。总的来看，积极创建全程机械化示范县，已成为各地农业机械化工作的新亮点。

俗话说，行百里路半九十。虽然推进行动取得了良好开局，但我们还要清醒地看到，各地贯彻落实推进行动的工作进展还很不平衡。特别是一些省农机部门在认识上、在行动上不到位，还存在等一等、看一看的想法，甚至有些省还没有出台具体的实施方案。今天，我们召开此次现场会，就是希望大家学习借鉴各地的好经验、好做法，统一思想，振奋精神，明确目标，进一步促进全程机械化推进行动的深入开展。

二、提高认识，切实增强推进全程机械化的紧迫感和责任感

当前，我国正处于传统农业向现代农业转型跨越的关键时期。党的十八届五中全会和《国民经济和社会发展“十三五”规划纲要》对现代农业的发展提出了明确的战略部署，指出必须加快转变农业发展方式，着力构建现代农业产业体系、生产体系、经营体系，提高农业质量效益和竞争力，走出一条“产出高效、产品安全、资源节约、环境友好”的农业现代化道路。《国民经济和社会发展“十三五”规划纲要》明确强调，加快发展农业机械化，提高农业生产力水平，推进主要作物全程机械化，促进农机农艺融合，并将农业机械化纳入农业现代化重大工程规划，要求“十三五”期间全国建设 500 个全程机械化示范县，主要农作物耕种收综合机械化率达到 70%左右。

中央关于发展农业机械化特别是推进全程机械化的具体部署，各级农业机械化主管部门和广大农业机械化工作者要准确领会、坚决落实。具体来说，我们要充分认识全程机械化在“稳产能、降成本、转方式、促升级”4 个方面的重要作用。

(一)全程机械化是实施“藏粮于技”战略，稳固粮食等主要农产品综合产能、调整农业结构的重要保障。确保谷物基本自给、口粮绝对安全，以及棉花、油料、糖料等主要农产品供给稳定，根本在于巩固提升产能，出路在于强化技术装备支撑。从长远来看，随着国家工业化、城镇化的推进，受农村劳动力大量向第二、第三产业转移和新生代农民择业意愿的影响，如果没有机械化生产全面替代，一些劳动用工量大、劳动强度高的传统农业产业很难稳固。解决主要作物产能的问题，迫切需要通过以机械为先进农艺技术载体，挖掘增产潜力，需要发挥机械化植保、机械化烘干的高效优势，增强抵御病虫害或极端天气等自然风险的能力，减少产中产后损失。因此，有了全程机械化之“技”，农机这支生产“铁军”关键时候冲得上去、顶得住用，粮食产能才会有坚实基础，农业结构调整才能有充足底气。

（二）全程机械化是降低农业生产成本，提升我国主要农产品市场竞争力的关键举措。玉米、水稻、小麦、油菜、大豆、马铃薯、花生、棉花、甘蔗是我国种植面积最多的 9 种大田作物，2014 年播种面积合计超过 12 000 千公顷，约占全国农作物总播种面积的 3/4，关乎国计民生，地位十分重要。近年来农产品的生产成本"地板"抬高和市场价格"天花板"挤压矛盾日益凸显，特别是人工成本上涨迅速，农忙季节一天 100 多元都请不到人。据有关调查统计，目前我国这 9 种作物的劳动成本占比高达 30%到 60%，而美国均在 10%以下。我国农产品市场竞争力不强，一个很重要的原因是由于机械化整体水平不高造成的劳动成本高、生产成本上涨、比较效益下降，迫切需要提高农作物生产全程机械化水平来节本增效、稳定生产。

（三）全程机械化是推动适度规模经营，促进可持续发展，转变农业发展方式的现实选择。构建现代农业经营体系，必须发展多种形式的适度规模经营。农业规模经营，机械化生产是前提。只有全程机械化，规模化生产才能得到更好保障，特别是农业机械化本身各作业环节形成有机整体，发挥整个机械化的系统效能。农业生产的标准化、科技化、规模效益也要运用机械化才能得到更好保证，才有更多的新型主体和社会资本愿意搞规模经营。农业可持续发展，机械作业同样是重要手段。只有依靠先进适用机械，土地深松、水肥药精准高效利用、秸秆等种养业废弃物资源化处理及农业清洁生产技术，才可能广泛推广，"一控两减三基本"目标才可能大范围实现，转变农业发展方式才能取得扎扎实实的成效。

（四）全程机械化是补齐短板，拓展领域，促进我国农业机械化发展转型升级的必然要求。"十二五"时期，我国农业机械化取得长足发展，但要清醒地认识到，农机作业还存在不少薄弱环节和明显短板。从机械化率的数字看，马铃薯种植与收获、棉花采摘、油菜种植与收获、花生种植与收获、甘蔗收获、双季稻区插秧的机械化率仍然较低，大都在 30%以下，甘蔗收获机械化率甚至还不到 5%，粮食产后烘干基本上处于刚刚起步阶段，亟待重点突破。需要将农业机械化结构调整与农业的结构调整相协调，而且在一定程度上要起到引领作用。从机械化的质量上看，农机农艺结合不够紧密，农机作业方式总体比较粗放，精准化、标准化、高效化程度比较低，田间植保大多还是采用简易背负式植保机械，亟待整体提升。传统意义的农业机械化工作范畴，面向经济作物、林果业、现代畜牧业、农村能源环保方面的机械化还比较薄弱。可以说，农业机械化是运用机械不断提高农业生产质量和农业综合效益的动态过程，农业机械化永远在路上。全程机械化每一个短板，都是当前农业机械化发展主要矛盾所在、巨大潜力所在，是农业机械化工作目标所向，农业机械化发展道路也要越走越宽广。今后一个时期，我们必须坚持问题导向、目标导向，从薄弱短板环节入手，加快推进农作物生产全程机械化，促进农业机械化向全面机械化、高质高效机械化转型升级。

实施主要农作物生产全程机械化推进行动，事关农业领域"稳产能、降成本、转方式、促升级"目标任务的实现，可以说，中央文件有部署、农业发展有要求、工作开展有基础。正如韩长赋部长批示指出的："全程机械化推进行动是加快现代农业建设的一件大事、好事"。

各级农业机械化主管部门要把思想和行动统一到中央关于发展全程机械化的部署上来，切实增强责任感、使命感，将推进行动作为"十三五"农业机械化重中之重的工作来布局，措施手段要围绕推进行动来强化，资源条件要围绕推进行动来集中，成效亮点要围绕推进行动来体现，不断开辟全程机械化发展的新局面。

三、把握重点，进一步深入开展全程机械化推进行动

"十三五"时期，各地要按照《农业部关于开展主要农作物生产全程机械化推进行动的意见》的部署，结合本地实际，找准工作定位，聚焦薄弱环节，明确主攻方向，确定发展目标，深入开展全程机械化推进行动，全力以赴抓好落实。

在具体工作中，要突出抓好以下五个方面：

（一）抓组织领导，力求高位推进。各地要认真落实中央文件精神，把推进主要农作物生产全程机械化作为加快现代农业发展的一项重点工作来抓，积极争取纳入地方经济社会发展"十三五"规划的重点内容，摆上农业大县的政府重点议事日程。各省级农业机械化主管部门要抓紧制定和细化推进行动的实施方案，排出时间表、路线图，积极争取专项投入，确保目标明确、任务落实、措施配套。特别是农业厅（局）分管农业机械化工作的负责同志，要亲自组织协调，确保有序有力推进。各农业大县要争取成立政府领导牵头的工作机构，组织协调有关职能部门以及农业系统各相关单位，统一认识、整合资源，形成高效的工作推动机制。有关农机购置补贴、农机作业补助、农业技术示范、新型农民培育工程等资金和项目，应向全程机械化的重点区域倾斜。尽量把各项资金集成在一个示范区，做出典型，带头实现全程机械化。强化对农机大户、农机服务组织的金融支持和信贷服务，积极探索发展大型农机金融租赁服务。充分发挥财政资金的引导作用，引导鼓励社会资金以不同形式参与到全程机械化推进工作中来。

（二）抓紧密协作，力求联动共促。全程机械化是个系统工程，需要制造与使用结合、农机与农艺融合、机具改进与地块改造配合，需要上下联动、多方协作，合力推进。农机部门作为推进全程机械化的牵头部门，要积极争取参与当地高标准农田建设方案设计、工程验收等工作，以提高全程机械化作业适应性为目标，引导规模经营主体开展田块整治，为大型农机作业创造便利条件。要面向全程机械化发展的重大需求，加快农业机械化领域科技创新，抓紧攻克关键核心技术，研发薄弱环节急需机械。加强农机制造与生产应用的沟通互动，积极推进农机工业实施《中国制造 2025》，促进我国农机装备从量的积累向质的飞跃、点的突破向系统能力提升迈进，夯实全程机械化的装备基础。要有机结合绿色高产高效创建等重点项目，加强农机作业与种植模式的适应性研究，推动农机农艺融合，加快新机具、新技术示范推广。目前农业部成立了全程机械化推进行动专家指导组，并按作物设立 9 个专业组，希望各位专家充分发挥专长，积极主动参与、支持推动全程机械化工作。同时，各级农机部门要大力支持专家开展决策咨询、技术指导、培训交流、验收考核等工作，提供更好的工作条件与平台，更好发挥专家在推动农业机械化转型升级中的技术支撑作用。基层农机、农艺推广机构要紧密协作，共同做好技术集成、培训指导、对比试验等工作，围绕主要农作物品种、耕作、栽培、植保等内容，探索熟化机艺适应的机械化生产技术路线，形成可复制可推广的全程机械化生产模式。鼓励农机企业等社会力量、农机合作社、农机科研推广机构合作建设示范农场，探索具有区域特点的全程机械化整体解决方案。

（三）抓薄弱环节，力求跨越提升。就全国来说，当前一个时期全程机械化以九大作物、六个环节为重点。总体上看，粮食作物机械化是老重点，耕种收是老三样，各地都有较好的基础，水平也相对较高，但从量的增长到质的提升，仍有很大空间，还需要各地加大粮食生产农机装备结构更新优化力度，重点推广高性能机械和探索高效生产技术模式。经济作物全程机械化是新重点，机械化高效植保、秸秆处理和烘干处理是新三样，大多数地方还处于起步阶段，发展潜力巨大。各地要与推进规模经营相结合，以专业化作业服务组织为重点，下大力气突破经济作物生产的薄弱环节，兴建产地粮食烘干中心，更新换代植保机械，鼓励支持机械化秸秆还田作业和收集打捆作业。各地要把与"提质增效转方式，稳粮增收可持续"关系最密切、最急迫、最薄弱的环节作为优先主攻方向，从补短板、降成本、提效益方面切入，集中资源持续用劲，用几年时间提升水平，实现全程机械化整体跨越发展。

（四）抓主体培育，力求精准发力。全程机械化靠分散经营的小农户、小农机，是难以实现的。各地必须把农机合作社、家庭农场等农业规模经营主体和服务主体作为推进全程机械化的主要依靠对象，采取支持政策优先倾斜、项目任务优先安排、长期跟踪指导帮扶等有效措施，使之成为新技术新机具集成的试验田、全程机械化新模式的展示场、新机手新农民的训练营。要积极培育多元化的农机社会化服务组织，大力推进跨区作业、订单作业、托管服务、租赁经营等农机社会化服务，切实提高主要农作物生产的组织化程度。农业部还将深入开展全国农机专业合作社示范社创建活动，"十三五"期间重点培育一批具备较强全程机械化服务能力的农机合作社示范社，烧旺一炉火、照亮一大片。各地要大力引导工商社会资本投向农机作业服务，以农机作业服务专业化、规模化、产业化带动农作物生产的全程机械化。

（五）抓样板打造，力求引领示范。全程机械化不是一天实现的，是一个循序渐进的过程。各地要先选择现代农业示范区、粮棉油糖生产大县作为建设示范重点，努力打造一批模式优、机制好、效果佳的全程机械化亮点，典型引路，先易后难，由点及面，整乡整县，梯度推进，支持基础较好的地区整市、整省推进。优先推进主要粮食作物生产全程机械化，积极推进大宗经济作物主要环节生产机械化。争取加大主要农作物生产全程机械化示范项目财政投入力度，每个项目县建成之后，要总结探索一套分作物的全程机械化生产模式，建立一定规模的全程机械化示范田，扶持若干个承担全程机械化作业的农机服务组织，树立可复制、可推广的典型，带动提高周边地区主要农作物生产全程机械化水平。要引导各地对照《县域主要农作物生产全程机械化水平评价体系》的要求，一手抓新机具购置、机械化作业等硬件建设，一手抓技术支撑能力、组织保障能力等软件建设，积极创建全程机械化示范县。农业部将定期组织专家对条件成熟的县市进行测评，成熟一批推出一批，力争到2020年全国建成500个基本实现全程机械化的示范县。各地要及时总结推进行动中的好做法、好经验、好典型，集中发布推进主要农作物生产全程机械化的技术成果、工作进展等，开展主题突出、形式多样的宣传报道，为全程机械化推进行动营造良好舆论氛围。

在全国农业机械化安全生产工作会议上的讲话

（2016年5月17日·广西南宁）

农业部农业机械化管理司司长　李伟国

全国农业机械化安全生产工作会议上，张桃林副部长作重要讲话，充分肯定了农机安全监理工作取得的成绩，深刻分析了当前农机安全工作面临的新形势，对"十三五"工作进行了部署。张桃林副部长的讲话主题鲜明、内容丰富、分析透彻、要求明确，是指导当前和今后一个时期农机安全生产工作的行动纲领，需结合各地实际情况，认真学习领会，深入贯彻落实。一是要进一步深入总结"十二五"农机安全监管工作成绩和经验，切实增强工作信心。"十二五"期间，各级农业机械化主管部门及其监理机构强化红线意识，农机安全生产工作取得了明显成效，创造和积累了许多好做法、好经验。各级农机部门要把成绩化成动力、经验化成思路，在新的起点上再创新的佳绩。二是进一步深入分析农业机械化安全生产面临的新形势、新要求，切实树立发展新理念。"十三五"期间，农机安全生产工作的任务更重、要求更高、挑战更大。必须准确把握行业内外形势发展的深刻变化，坚持以"创新、协调、绿色、开放、共享"新发展理念引领农机安全生产的发展方向。三是进一步深入理清农机安全生产工作思路、目标任务和工作重点，切实抓好推动落实。"十三五"期间，农机安全生产要坚持以新发展理念为引领，以预防和减少农机事故、提高农业机械化安全生产水平为中心，进一步补短板、抓重点、促提升，推动农机安全生产上新台阶，为农业机械化持续健康稳定发展保驾护航。

在谋划好"十三五"农机安全生产工作的同时，各地需认真组织好近期农机安全生产工作：

（一）切实抓好"三夏"农机安全生产工作。"三夏"农业生产高潮即将由南到北梯次展开。"三夏"跨区机收是全年农业机械化生产的重头戏，也是农机系统的名片和品牌，必须全力抓紧抓好，力争为全年粮食丰收奠定坚实基础。"三夏"农机生产活动密集，是农机事故多发、高发期，大规模跨区作业也可能对交通安全特别是农村地区的交通安全带来较大压力。对此，各地务必高度重视，采取有效措施，加强安全监管。要组织农机技术人员深入乡村，指导机手做好机具的检修和保养，避免带病上路作业。各地农机部门要加强技术培训和安全教育，提高农机手的驾驶操作技能和安全生产意识。要加强跨区作业的服务管理，提醒机手注意自身生命财产安全，帮助机手解决实际困难。特别是在组织调度应急抢收抢种时，要把安全生产放在第一位，避免只管进度忽视安全。各地农机部门要深入开展安全检查和隐患排查，尤其要对田间场院等重点作业场所、新机手等重点驾驶操作人员、联合收割机等重点机型，开展安全检查督导，排查隐患，落实责任。农机部门要加强与安监、公安、交通等部门密切合作，做好跨区作业机具的疏导工作，切实维护安全生产秩序。

（二）认真组织好农机“安全生产月”“安全生产宣传咨询日”活动。提高广大生产者安全意识是做好安全生产的基础和前提。6月是“全国安全生产月”，6月16日是“全国安全生产宣传咨询日”。各地要按照国务院安委会和农业部有关工作部署，组织开展好农机“安全生产月”“安全生产宣传咨询日”活动。2016年的活动要突出“强化安全发展观念，提升农民机手安全素质”这个主题，开展形式多样的农机安全生产宣传教育和咨询活动。要积极组织主题宣讲、警示教育、督导检查、应急演练、送安全下乡、“平安农机”创建等活动，提高农机手安全生产意识和驾驶操作技能。

（三）严格禁止超标准违规发放拖拉机牌证。依法规范拖拉机牌证管理是农机安全监理的基本要求，不能上有政策下有对策，更不允许有例外。农业部已多次开展拖拉机登记专项整治工作，通过整治绝大多数省份规范了拖拉机牌证发放工作，但仍有个别省份以“变型拖拉机”“多功能拖拉机”的名义违规发放拖拉机牌证，扰乱了机动车和农业机械的安全监管秩序，增添了安全隐患。据统计，“变拖”已成为南方省份城乡结合部发生交通事故最多、死伤人数最多的农用机型。4月29日贵州兴义市发生一起死亡13人的农用车意外事故，车辆使用的是农用号牌、驾驶人使用的是拖拉机驾驶证。血的教训警示我们必须严格拖拉机牌证管理。对于“变形拖拉机”管理的原则、态度和要求，农业部和安监总局、公安部是一致的、坚决的、一贯的，就是坚决不允许超标准发放拖拉机牌证，必须采取果断措施立即纠正违法违规行为。在坚决杜绝“变拖”增量的同时，农业部农业机械化管理司将于近期开展“变拖”存量的联网登记工作，为各地专项治理“变拖”假牌、套牌提供依据。各地特别是南方地区要将变拖专项治理作为农机安全监理工作的重中之重抓紧抓好，抓出成效。

国务院决定从2016年5月1日起，对所有企业和个人免征包括4项农机牌证费和1项安全检验费在内的18项行政事业性收费，这是惠及广大农机手的重大举措。对各地各级农机安全监理部门来说，既是机遇，也是挑战。各地需高度重视，积极主动协调财政部门列入预算，确保惠农政策的落地实施，确保安全监理工作持续推进。

在全国农机购置补贴政策实施情况座谈会上的讲话

（2016年5月25日·浙江杭州）

农业部农业机械化管理司司长　李伟国

一、农机购置补贴政策实施总体顺利

2016年以来，各地认真落实农业部、财政部关于补贴政策调整完善的决策部署并根据实际情况细化形成实施方案。特别是“缩范围、控定额、促敞开”工作思路提出后，得到各省积极响应，各省补贴范围更加精准，补贴标准更加科学，补贴操作更加规范，日常监管更加严格，老百姓对政策的感受、反映更加良好，给予充分肯定。2016年补贴政策启动实施情况较好，很多省都已启动，即使没进入实质性启动的，基本上也没有影响农民购机用机。随着补贴政策持续改革创新和调整完善，关于农业购置补贴政策的意见越来越少，着力推动的“先购机后补贴”与重点机具敞开补贴措施配套实施后，补贴政策实施常态化有了良好开端。多数省份的农民可以根据农业生产的需要，不用申请指标就可以购机，过去反映较多的3、4月份春耕大忙还不能购置补贴机具的问题基本得到了解决。这是共同努力的结果，进一步坚定推进补贴政策常态化实施的信心。

二、全面系统地理解当前农机购置补贴政策实施的基本思路

（一）关于政策基本属性和目的。农业产业具有基础性、弱质性特征，农业机械化在整个农业发展中具有十分重要的支撑作用。为弥补农业的基础性、弱质性，中央财政设立农机购置补贴专项资金，以转移支付的方式，专项支持各地促进农业机械化发展。目前，国家已将“良种补贴、农资综合直补、种粮补贴”三补合一，使其逐步成为一种支持农业发展的综合性转移支付政策，但农机购置补贴不在整合范围内。从这个角度看，农机购置补贴的专项属性非常明确，主要用于促进农业机械化发展，而且主要是解决中央关注的重大问题，解决事关全局的问题，但并不是也不能够解决所有的问题。农业机械种类很多，品种范围很广，不可能每种产品都要补、每台机具都要补，也不可能出一种产品就补一种产品。如果所有产品都补，资金远远不够，也不符合政策初衷。充分理解和认识农机购置补贴政策的这个属性和目的，有助于科学把握政策走向，科学制定政策措施。

（二）关于补贴机具种类范围。当前，我国农业农村经济发展处于传统农业向现代农业加快转变的关键时期，农业发展方式要由原来的拼资源和追求产量为主，转向稳定产能、提高效益、促进可持续发展并重，这对调整优化补贴机具种类范围提出了新的更高的要求。补贴机具种类范围是相对固定还是缩小，都是为了更加聚焦现代农业发展需要。当前看，应坚持相对稳定、稳中有减，把一些低端、低值、需求量小和监管难度大的机具品目剔除出补贴范围；长远看，要与农业发展主要需求相适应，2015—2017年是137个品目，2017年以后，可以进行必要的调整。对自选品目，由于过去的诸多问题，暂时取消。如确有必要，可以再次考虑，甚至可以考虑进一步扩大各省确定补贴机具种类范围的自主权。总体来讲，补贴机具种类范围要力求精准，要围绕农业发展大局、适应农业发展方式转变新要求，并结合资金规模和管理能力予以统筹确定。

（三）关于补贴标准。补贴方式采取过项目制、比例补贴，目前是以定额补贴为主，2016年部分地区开始尝试定额和比例双控方式。这是个发展的过程，是在现实条件下的一种比较选择，具有明显的阶段性特征。定额补贴的初衷是同类同档产品在一定区域内实行统一的补贴标准,以实现相对公平。补贴标准的依据是以往的补贴基础数据,方法是按一定比例测算,但30%不是一个红线,也不是一个标准,只是补贴标准的一个测算依据。既然补贴标准是依据前几年(或2015年)同类产品的市场平均价格测算,是一个中间值,所以倒推出来的具体产品补贴比例高于30%、低于30%都是正常的。并不是指30%就是个红线。从实践看,补贴标准不是越高越好。为更好提高机具的利用效率,更好引导农民理性购机,要适当降低标准,在补贴十多年后,部分机具已趋于饱和,在这种情况下适当降低部分产品的补贴标准是科学的。2015年正式文件称"控定额"的初衷就是针对有些补贴标准偏高的情况,进一步提高资金利用效率。因此,测算比例不能简单地就控制在30%,有些产品也可以按20%来测算。今后,如有些产品确实对农业产业发展至关重要,确需政府加大引导力度的,在测算比例上也可以适当高于30%。农机产品复杂多样,相同品种的产品性能差距也很大。因此,在具体实施中要加强监控。对归档产品连定档基本性能都达不到,很容易出现补贴比例畸高,要对企业的申请资料进行审核,及时进行处理。不应该限制因技术进步带来成本降低后出现的补贴比例适当升高情况。

(四)关于补贴产品归档。对同类同档产品实行统一的定额补贴,必须要分档。分档和补贴标准确定后,政策制度设计就完成了。而现在又出现归档,归档实质是企业自主投档,企业认为自己的产品是哪种档次,就投到哪个档。自主投档是建立在诚信基础上的企业行为,是企业参与补贴政策实施应当承担的责任和义务。主管部门组织帮助企业整理投档结果,包括审核、公示等,方便县乡基层工作操作、方便农民了解具体产品补贴价格,以便提高政策实施的精准性。投档主体一定是企业,责任应由企业承担,如某企业的收割机喂入量达不到10千克却以10千克上报这种问题被发现,企业就要承担责任。

(五)关于"缩范围、控定额、促敞开"工作思路。要全面理解和正确认识补贴政策规定整体把握"缩范围、控定额、促敞开"工作思路,切忌孤立、片面理解。这9个字,是结合以往补贴政策实施中出现的问题,有针对性地提出的阶段性调整完善思路,并不表示若干年以后仍是这个思路,不能片面理解为补贴范围越小越好、补贴标准越低越好。从长远来看,补贴范围要更加聚焦现代农业发展要求,补贴标准要更加合理,补贴受益面要更广,既能调动农民购买、使用农业机械的积极性,又不产生市场扭曲、影响企业正常的市场竞争,尽可能做到有限资金规模下的普惠。

三、准确把握农机购置补贴政策实施的新要求

农机购置补贴政策实施已有13年,需要根据外部环境变化不断完善。当前,社会环境和农业农村经济发展进入新阶段,审计监督、财政管理、廉政建设、纪律要求等更加规范和严格,更加强调依法行政,依法履责,这些都对我们组织实施这项政策提出新的要求,需要深入探索、努力完善,加快实现"三个转变"。

(一)指导工作由原则性思路要求逐步向精细化实施管理转变。比如,要做到促敞开,必然要对资金需求、补贴标准等进行统筹测算,之后才能确定补贴机具种类范围,而且这些机具要能够满足我国农业农村经济发展的主要需求。要达到这个效果,就需要实施精细化管理,需要做好基础性工作。从近几年的情况看,主管部门工作难度最大的就是分类分档和补贴标准确定,做好这些关键环节工作,需按照精细、精准的要求,既要组织专家研判,也要加强实施跟踪管理。工作实践中,很可能有的产品专家根本没见过,仅凭企业申报的材料、图片来审核,很容易出现误差。因此,在科学建立起涵盖补贴、推广、鉴定、监理等各个方面专家队伍、依靠专家力量的同时,切实发挥基层农机部门的作用,加强日常的跟踪监管,及时进行会商研究,及时进行纠错。

(二)补贴政策实施由碎片化应急性管理向系统性常态化管理转变。多年来,针对补贴政策实施发过一些文件,有不少是应急性的,碎片化特征比较明显。根据国务院办公厅关于行政法规部门规章和文件清理工作的部署,我们已经提出清理补贴政策实施管理文件的清单。补贴政策实施以来,在各个关键环节工作上,我们都积累了宝贵经验,阶段性的大方向和实施思路已经成形,实践中的一些做法也趋于稳定成熟,推进补贴政策常态化实施的基础条件基本具备。下一步,要尽快把各关键环节工作梳理清楚、规范到位。比如,对实施方案,一定时期内只做小调整,以保持政策的稳定性和连续性;对异常情况处理,要有相应的应对机制;对监督管理,要有重点监管环节和方法等等。

(三)违规行为查处由案例化处理向程序性、规范化处理转变。处理农机企业违规参与补贴政策实施行为的法律依据不足的理解是片面的。从职责上看,行政主管部门,在行业范围内有行政管理职责;从补贴政策实施看,并不要求农机企业必须参与,企业参与政策实施的前提是自愿,既然自愿参与,就要遵守政策规定。对农机企业的违规行为,根据政策规定处理完全合法。要着重提升违规行为处理的程序化和规范化水平。一是处理流程要清晰。遇到违规,按照什么样的程序处理?在全国层面要有个基本的流程,明确处理的基本步骤和要求;在省级层面,也要有符合本省管理实际的处理流程。二是处理标准要相对一致。对违规行为表现形式进行分类,根据不同行为,规定相应的处理方式。哪种行为应该暂停补贴、取消补贴,哪种情形是取消一个产品,哪些则要取消全部产品等等,要有一个相对一致的处罚标准。希望各省结合实际先行探索,我们将加快组织制定这样的办法或通知。三是处理技术措施要强化。违规行为得到处理后,要采取一些技术措施强化处理效果,最重要的就是及时公开处理信息。信息不公开,就没有威慑力。通过公开,可以更加公正公平地处理问题,也可以对其他企业形成震慑。

四、共同做好农机购置补贴政策实施管理工作

参会同志都是各省补贴政策制定和组织实施工作的主要参与者或决策者,政策实施效果好坏与大家密切相关。进一步做好这项工作还需要共同努力。

一要注重政策学习。不仅要学习农机购置补贴政策相关规定,还要学习其他农业政策,特别要加强对中央"三农"工作政策部署、财经纪律、行政法规的学习,不断提高执行政策的水平和能力。二要加强调查研究。要加强对本省农业农村发展和补贴政策实施情况的了解和调研,确保政策制定更加贴近实际,更具可操作性。同时,也要允许各地根据自身实际,进一步创新完善政策具体操作方式,不断提高政策实施的有效性和针对性。三要严格监督管理。不断强化政策实施的日常监管和跟踪了解,严厉查处违规行为。充分发挥典型案例警示作用,对不法产销企业形成强有力的震慑。四要强化探索创新。要加强新情况、新问题的研判,不仅善于发现问题,还要善于提出解决问题的办法。针对有些问题还可以开展一些探索性的试验,为政策创新完善积累经验。

在全国农机推广站长会议上的讲话

（2016 年 10 月 10 日 · 陕西西安）

农业部农业机械化管理司司长　李伟国

2016 年 10 月 10 日，全国各地省级农机推广站的站长们，齐聚宝鸡，交流工作、分析形势，研究探讨“十三五”农业机械化发展和农机推广工作。

一、关于当前农业机械化发展形势

经过多年的发展，我国农业机械化事业取得了长足的进步，正处于由中级阶段向高级阶段跨越的转型升级期。2015 年，我国农机总动力达到 11 亿千瓦，农机装备结构显著优化，高性能农机具占比持续提高；先进、适用农业机械化技术得到大范围推广，农作物耕种收综合机械化率达到 63.8%，小麦、水稻、玉米三大粮食作物耕种收综合机械化率分别达到 93%、78%、81%；农机社会化服务向产前产中产后全环节纵深发展，农业机械化作业服务组织达到 17.5 万个；高效、精准、节能型装备研发制造取得重大突破，农机工业主营业务收入达到 4 500 多亿元；农机安全生产形势持续向好，拖拉机、联合收割机“三率”水平超过 70%。农业机械化成为我国农业现代化发展的突出亮点，为保障粮食产能持续增强，农业农村经济持续稳定健康发展做出了重要贡献。

当前，我国已经进入传统农业向现代农业加快转变的关键时期，农业机械化发展的内外部环境正经历着历史性深刻演变。加快转变农业发展方式，提高农业质量、效益和竞争力，走产出高效、产品安全、资源节约、环境友好的农业现代化道路，迫切要求农业机械化先行发展。构建现代农业产业体系、生产体系、经营体系，加强农业供给侧结构性改革，提高农业供给体系质量和效率，必须强化物质装备和技术支撑。农村人口的非农化、城镇化转移，多种形式适度规模经营步伐的加快，推进农业标准化、规模化、专业化、组织化和社会化生产，破解成本地板和价格天花板双重挤压困局，必须加快农业机械化发展。新一轮科技革命所带来的制造业技术和农业技术的创新以及智能化、信息化技术的广泛深入应用，农村深化改革所带来的农业经营体系创新和农业生产方式、组织方式创新，也为我国农业机械化发展带来新的机遇。

在我国农业现代化进程中，机械化引领和主导农业生产方式变革的地位在进一步增强。现代农机装备已不仅仅是替代人工劳动、减轻劳动强度的生产工具，更是农业科技和支农政策的物化载体。机械化程度将直接影响生产成本和农民种植意愿，影响各类生产要素的配置，影响先进农业技术的标准化广泛应用，影响农业投入品合理使用和废弃物有效利用，影响农业结构调整和农业生产经营方式变革。

当前，我国农业机械化发展不平衡、不协调、不可持续的问题仍存在，农业机械化装备、技术、人才、政策、服务等有效供给不足的矛盾日益突出，严重制约着农业机械化功能作用的充分发挥，深刻影响发展后劲。一是发展不平衡的局面亟须打破。主要农作物生产存在机械化薄弱环节，产业、区域之间机械化发展严重不平衡，低水平粗放式发展特征十分明显。如马铃薯种植与收获、棉花采摘、油菜种植与收获、甘蔗收获等环节机械化率均在 30%以下。畜牧业、渔业、农产品初加工机械化仍处在初级阶段。南方水田区，特别是西南丘陵山区机械化发展严重滞后，11 个典型丘陵山区省份农作物耕种收综合机械化率普遍低于 50%。二是技术供给结构不合理的局面亟须扭转。农机装备技术存在诸多短板甚至空白，中低端产品多，高端产品缺乏。动力机具多、配套机具少、配套比不合理的问题明显，大中型拖拉机配套农具比仅为 1 ∶ 1.57。粮食作物以外的农业生产关键环节普遍缺乏适用机械，难以满足现实生产需求。农机产学研推关联度不高，农机科研人才短缺，科研条件平台建设滞后，研发扶持力度不强，科技创新缺乏有效激励机制。面对扑面而来的信息化浪潮，农业机械化各领域技术储备整体不足。三是服务能力不适应的局面亟须改观。新形势下农机试验鉴定、示范推广、安全生产、教育培训、信息宣传等公共服务能力仍显不足，熟练机手及高素质的合作社领头人紧缺，农机社会化形式、内容和机制尚不完善，服务质量效益亟须提高。四是资源环境约束的局面亟须改变。农机排放约束越来越紧，一些高能耗高排放老旧农机仍在超期服役，千家万户购买小型、低技术含量农业机械的情况仍然存在。农机作业用油成本持续攀升，局部地区部分种类农机具相对饱和，单机作业规模和效益递减态势明显。农机存放、粮食烘干仓储、机具维修保养等设施建设制约因素仍然较多。部分地区机耕道、桥梁难以满足大中型机械通行要求。

《国民经济和社会发展第十三个五年规划纲要》明确提出，推进农业现代化，要加快推进农业机械化，加强农业与信息技术融合，发展智慧农业，提高农业生产力水平；要提升农业技术装备水平，推进主要作物生产全程机械化，促进农机农艺融合。《国民经济和社会发展第十三个五年规划纲要》把“农业机械化”列为农业现代化重大工程之一。《“十三五”全国农业现代化规划》《“十三五”国家科技创新规划》等都对农业机械化发展提出了相关要求。因此，我国农业机械化发展任重道远，我们要从国民经济和农业产业发展战略高度，对新时期农业机械化功能定位进行再认识，对其内涵外延进行再丰富，发展方式和道路进行再创新。

二、关于“十三五”农业机械化发展的目标和任务

“十三五”是农业机械化加快发展新的机遇期，更是农业机械化供给侧结构性改革“攻坚、拓展、升级”的窗口期，必须以党的“十八大”和党的十八届三中、四中、五中全会精神为指导，深入学习贯彻习近平总书记系列重要讲话精神，按照创新添动能、协调促全面、绿色增效益、开放聚合力、共享惠“三农”的发展理念，坚持农民主体地位、坚持供需两端发力、坚持科技创新驱动、坚持分类梯度推进、坚持各方合作发展，以提质增效转方式、稳粮增收可持续为中心任务，以改革创新为动力，以供给侧结构性改革为切入点，以农机农艺融合、机械化信息化融合为路径，推动农机装备、服务组织和作业水平向数量质量效益并重转型升级，促进农业机械化全程、全面、高质、高效发展，加快打造我国农业机械化发展升级版。

2016年以来，结合《全国农业机械化发展第十三个五年规划》的制定，对未来五年我国农业机械化发展的目标、主要任务、区域重点、行动计划和保障措施等进行了深入研究。总体目标是，到2020年，主要农作物产前产中产后全程机械化、种养加全面机械化取得显著进展；基本形成技术装备先进、结构布局合理、全程全面推进、数量质量效益并重、区域协调共进的农业机械化发展新格局；有条件的省份率先基本实现农业机械化。主要包括以下5个方面：一是农机装备水平全面提升。农机总动力达到12亿千瓦左右，高效、高性能、节能机械显著增长，农机装备结构明显改善。二是农机作业水平全面提升。农作物耕种收综合机械化率达到70%左右，其中三大粮食作物耕种收综合机械化率均达到80%以上。粮棉油糖等大宗作物育、耕、种、管、收、运、贮等全程机械化生产模式全面形成，农机作业质量效率显著提高。畜牧业、渔业、农产品初加工、果蔬茶、设施农业机械化水平有显著提高。三是农业机械化科技水平全面提升。大型拖拉机、复式作业机具、大型高效联合收割机等高端农业装备质量性能明显提升。节水灌溉、精准施肥施药、秸秆处理、残膜回收、畜禽养殖废弃物利用机械化技术广泛应用。农机装备信息收集、智能决策和精准作业能力显著增强，基于互联网+、大数据和信息化的监管服务体系初步构建。四是农机社会化服务水平全面提升。农机大户、农机合作社、农机作业公司等新型农机经营和服务主体占比显著提高，农机合作社规范化建设有新进展，农机销售、作业、维修、租赁等社会化服务更加便捷高效，机具使用效益显著上升。五是农机安全生产水平全面提升。创建“平安农机”示范县500个以上。拖拉机和联合收割机上牌率、检验率、驾驶操作人员持证率达75%以上。智能化信息化检验检测和事故勘察处理装备有效应用，拖拉机联合收割机万台死亡率持续下降。

实现上述目标，重点是要解决以下几个方面问题。

一是针对发展不平衡的问题，坚持问题导向，着力解决农业产业、区域间农业机械化发展不平衡，以及机械增长与效率效益不协调的问题。要加快推进主要农作物生产全程机械化，在粮棉油糖主产区全面推进耕整地、播种、施肥、植保、收获、烘干、秸秆处理等环节机械化作业成龙配套，形成全程机械化解决方案和技术体系。同时，着眼不同区域，既发展大马力、高性能、复式农业机械，也发展中小马力、轻便型、智能型、经济型农业机械，提高农机装备供给全面性；既重视主要农作物生产机械化，也要协调推进畜禽养殖机械化、牧草生产加工贮运机械化、果茶桑生产现代化、设施农业自动化、重要农产品初加工机械化，提高农机作业领域的全面性。特别是适应“十三五”农业结构调整生产方式转变，加强区域农机作业需求分析，着眼短板环节、薄弱产业、滞后区域，提高农机装备利用率，因时、因地施策，力求促进均衡发展。

二是针对技术供给结构不合理的问题，坚持目标导向，破解“无机可用”和“有机难用”的困局。抓住国家实施《中国制造2025》的历史机遇，有效整合产业链系统资源，推动农业机械化政产学研推用机制体制创新。加快突破关键环节机具及关键零部件制造技术的“瓶颈”制约，改变粮食作物生产装备不优不全，经济作物、规模养殖生产装备短缺落后的状况。开发应用先进蔬菜、林果等设施园艺机械，加快农业机器人和智能装备研发应用步伐，全方位提高我国现代农业装备供给能力。坚持机艺融合，提高与良种、良法配套的农业机械化生产集成技术供给能力。

三是针对服务能力不适应的问题，坚持改革导向，发展农机社会化服务，促进壮大农业生产性服务业。大力发展以农机合作社为主的多种农业经营服务主体，通过联耕联种、代耕代种、土地托管等多种形式，开展便捷的社会化服务，带动先进农业技术推广应用和适度规模经营发展，实现互利共赢。支持培养农机作业能手、维修能手、经营能手，扩大农业机械化就业创业空间。加快提高农机推广、鉴定、监理、信息、培训等公共服务能力，合力推进农机作业市场、维修市场、流通市场发展壮大。牢固树立安全生产红线意识，全面落实安全生产责任，进一步健全“政府负责、农机主抓、部门协作、群众参与”的农机安全生产长效机制，提高农机安全生产公共服务质量。

四是针对资源环境约束的问题，坚持节约环保优先，充分挖掘农业机械化助力农业可持续发展的潜力。完善农机报废更新补贴政策，推广应用符合环保标准的农业动力装备，加快淘汰能耗高、污染重、性能低的老旧机械。教育引导农机手加强机具保养和使用管理，提高农民接受和应用资源节约型、环境友好型机械化技术的积极性、自觉性。围绕“一控两减三基本”目标和任务，加快深松整地、保护性耕作、节水灌溉、精准施药、配方定位施肥、秸秆还田收贮、残膜回收、病死畜禽无害化处理及粪便处理等机械化技术的推广应用。结合高标准农田建设等，加强机耕道、场库棚、烘干仓储、维修保养等农业机械化基础条件建设。

三、关于进一步发挥农机推广工作的作用

农业机械化技术推广机构是现代农业科技创新推广体系和农业社会化服务体系的主要力量，是推进现代农业建设的重要依靠。农业机械化技术推广也是国家扶持推进农业机械化和农业现代化的重要措施和手段之一。各级农业机械化技术推广机构要着眼于现代农业和农业机械化发展大局，进一步增强责任意识，强化使命担当，深入贯彻《中华人民共和国农业技术推广法》，围绕实现“十三五”农业农村经济发展目标，全面提升农业机械化技术推广创新、转化、支撑和服务能力，进一步发挥好技术推广在农业机械化发展中的先导引领、桥梁纽带和支撑服务作用，加快提升农业机械化水平，促进现代农业发展。

（一）坚持试验验证先行，发挥好技术推广的先导引领作用。贯彻落实《中华人民共和国农业技术推广法》关于先进性、适用性和安全性验证的规定和要求，加强农业机械化技术验证工作规范化建设，明确验证的原则、内容、方法、程序、监管等要求，建立完善验证工作制度和程序机制，实现信息公开，强化推广人员责任，防范工作风险，提高试验验证工作水平和推广效能，切实提高技术的先进性。要把主要农作物生产全程机械化技术推广作为主攻方向，大力开展主要农作物生产机械化模式研究遴选、验证示范，形成区域化、标准化、配套化的全程机械化技术体系，引领支撑主要农作物生产全程机械化。围绕“一控两减三基本”的要求，充分发挥试验示范工作的技术验证、集成、转化、优化等功能，大力开展节水灌溉、精准施肥、高效植保、畜禽粪便处理、地膜回收、秸秆综合利用等节本增效新技术、新装备、新成果试验示范。开展保护性耕作技术集成创新，以粮食主产区为主，推广应用“翻”“松”“旋”“免”结合轮耕、秸秆还田利用、土地休耕等地力保护技术，开展不同土壤质地、不同栽培制度条件下耕作模式与技术规程研究。当前，特别要注重农业结构调整的农业机械化技术要求，积极开展“镰刀弯”玉米种植面积调减地区、粮改饲地区、生态修复地区等适宜作物生产机械化技术试验示范、集成应用和模式规模探索。着力突破一批制约我国主要农作物以及养殖业、设施农业、林果业、草业等领域全程机械化生产的关键技术瓶颈，探索形成一系列技术成熟配套、可复制、可推广的全程机械化生产模式，建设一批全程农业机械化生产示范区。力争实现增产增效、资源节约、环境友好、安全可靠的农业机械化技术广泛应用，支撑绿色发展的能力显著提高。

(二)坚持成果转化为主，发挥好技术推广的桥梁纽带作用。充分发挥农机推广在技术、人才和体系上的优势，在政府与企业、政府与农民、企业与农民间搭建起畅通、信任、高效、便捷的桥梁和纽带，大力推动农业机械化科技创新，加强“产业急需、农民急用”的中高端农机装备中试熟化，促进产业全链条装备技术集成配套，推进我国农机产品供给侧结构性改革迈出扎实步伐。特别要注重研发制造和推广使用两个领域发力，帮助和引导农机制造企业利用长期积累和技术储备，加强先进适用机具研发供给，切实解决“有机可用”。推进“互联网+”农机推广，建设农业机械化技术验证信息公开服务平台，为产、学、研、用各环节提供有效公共信息服务。加强对新型农业经营主体的联系和指导，在政策宣传、技术普及、成果转化、人才培养、规范化建设等方面，搭建起公益性服务平台，创建一批集农业生产与农机服务于一体的机械化家庭农场、专业合作社和作业公司，引导科研单位、学校、企业、社会化服务组织共同开展农业机械化技术推广服务，推进公益性推广和多元推广服务有机结合，实现供给多样化和功能互补。农业机械化技术推广机构要加强与育种、土肥、农艺等科研推广机构紧密协作，实现农机作业、作物品种、栽培模式相互适应、深度融合。一方面，农艺措施要多考虑能否适合农机的要求大面积推广，能否进行机械化作业；另一方面，农机的科研和使用更加注重与先进农艺的有机结合，提高农机的科技含量，进一步考虑到种子、农药、化肥和植保等与农机的匹配，促进技术的集成应用。

(三)坚持围绕中心工作，发挥好技术推广的支撑服务作用。全国农业机械化技术推广机构要坚持公益性职能定位，围绕农业机械化中心工作，发挥好技术支撑和公共服务作用。要积极配合行政农业机械化主管部门落实好农机购置补贴等农业机械化扶持政策。加强调查研究，及时提出政策完善建议。加强农机购置补贴数据的分析，及时了解农民购机需求的变化，为主管部门加强宏观调控提供科学依据。积极协助和配合主管部门做好投诉受理、补贴产品经营违规行为调查、政策宣传、机具核实、信息收集等工作。强化廉洁自律意识，公开、公正、公平地为补贴政策落实搞好服务。要积极参与做好深松作业补助、秸秆机械化还田作业补助、农机具报废更新补贴、农机政策性保险、农机金融租赁等政策实施。农业机械化重大项目是体现国家农业机械化战略目标、集成资源、实现重点领域跨越发展的重要抓手，“十三五”要积极争取扩大农业机械化技术试验示范资金规模，加快新技术、新机具应用。农业机械化技术推广机构要勇于作为，积极承担和参与各类农业机械化示范推广、基本建设、科技创新等项目，通过项目带动，促进惠农政策的落实、适用技术的应用、新型职业农民的培养。要立足创新，建立完善农业机械化技术推广培训需求导向机制、配合协作机制、参与体验机制、“互联网+”机制，加大对主要农作物生产全程机械化技术培训、推广人员培训和新型经营主体培训，为促进农业机械化技术推广应用和农业机械化升级发展提供强有力的技术支持和人才保障。

2016年是“十三五”开局之年，是全国农业机械化第十三个五年规划实施的第一年，做好“十三五”农业机械化技术推广工作，任务艰巨、使命光荣。各级农机推广工作者要进一步增强紧迫感责任感，真抓实干，勇于创新，推动农机推广工作再上新台阶，为实现农业机械化“十三五”发展目标做出新的贡献。

在2016年全国农业机械化科技创新座谈会上的讲话

（2016年10月12日·新疆昌吉）

农业部农业机械化管理司司长　李伟国

这次会议是在“十三五”开局之年和我国农业机械化向全程全面、高质高效迈进的关键阶段召开的一次重要会议。会议主要任务是：贯彻落实全国科技创新大会精神，总结“十二五”农业机械化科技创新工作成效经验，分析农业机械化科技创新面临的形势要求，研究“十三五”农业机械化科技创新工作。4个省(区)的代表作了典型发言，分别介绍了开展科技创新工作的主要成效、经验和工作计划。部分全国农业机械化科技创新专业组组长结合多年的研究从不同的产业或环节分别介绍了农业机械化科技创新的有关情况和需要重点关注的问题，提出了针对性的工作建议。

一、认真总结农业机械化科技创新的成效和经验

“十二五”期间，推进农业机械化科技创新取得了明显成效，为农业机械化发展提供了强有力的支撑。

(一)科技创新体系进一步完善。在科技人才队伍方面。截至2015年，全国有75个省地级农业机械化科研院所，50多所高校设置了农业机械化学科，农业机械化科研人员队伍保持稳定并得到加强。农业部成立了农业机械化科技创新战略咨询专家组，并按农作物生产环节和种业、林果业、养殖业、精准农业等成立了11个科技创新专业组。大部分省(区、市)都建立了各自专家队伍，江苏等地还组建了本省的科技创新中心、

科学技术委员会、生产机械化技术专家组。在科研条件建设方面。目前，农业机械化领域有国家重点实验室 2 个，国家工程实验室(技术研究中心)3 个，国家工程技术研究中心 8 个。“十二五”期间，农业部布局建设了“现代农业装备”“设施农业工程”两个学科群，建成了 14 个综合性重点实验室、专业性/区域性重点实验室、8 个科学观测实验站。在国家现代农业产业技术体系中，设置了 24 个农业机械化与设施农业装备功能研究室。初步形成了以国家重点实验室、国家工程实验室(技术研究中心)、农业部现代农业装备与设施农业工程学科群为核心的农业机械化科技创新平台。在机制创新方面。推动产学研推联合，通过组建国家农业科技创新联盟、现代农业装备技术创新联盟、农用航空技术创新联盟等方式，形成了一批由科研机构、院校、企业牵头的创新联盟，促进了创新机制的建立完善，实现了条件、人才和信息的联合共享。

(二)科技创新领域不断拓展。“十二五”期间，在推进主要农作物机械化科技创新的同时，积极拓展创新领域，通过实施设施园艺、畜牧养殖、农产品初加工等科研项目，加快农业机械化科技创新由以大田作物为主向农业全领域拓展，由耕种收为主向产前产后延伸。机械化生产技术体系不断完善，我国农机产品品种增加了 500 种左右，达到了 4 000 多种。在粮食作物方面智能化、信息化、精准化农业机械化技术开发与应用步伐加快；大功率拖拉机、大型复式作业机具、大喂入量联合收获机等技术和装备填补了国内空白。主要粮食作物水稻精量旱穴直插技术取得重大突破，玉米精量播种、收获技术日益成熟，马铃薯机械化技术与装备研发加快推进。在经济作物方面，主要经济作物棉花、甘蔗、花生、油菜、胡萝卜等收获技术与装备加快研发，油菜毯状苗移栽、花生联合收获、棉花生产机械化取得突破，经济作物生产机械化技术快速发展。花生机收面积增加近 60%，油菜机收面积增加近两倍，棉花机收面积增加近 3 倍。在设施园艺方面，室内育苗、栽培、水肥药一体化和环境控制自动化、智能化等装备技术研发与推广应用加快，设施园艺生产能力和科技水平有了大幅度提升。在畜牧业方面，畜禽设施养殖工艺、饲喂、环控、废弃物资源化利用等工程技术装备更加完善配套，集约化养殖环境持续得到改善，牧草种植、收获、加工机械化技术取得一批科研成果。在农产品加工方面，突破了光电智能分选技术，研制了小麦、杂粮、茶叶等分选装备，选净率达到 99.6%。水产养殖业、林果业、种业方面农业机械化科技创新也在不同程度的加快推进。各地围绕农业机械化薄弱环节，加大资金投入，加快农业机械化科技创新步伐，山东、湖南、湖北、甘肃、新疆等省(自治区)积极研发适合当地农业生产特点的农业机械化技术和装备。

(三)农机农艺加快融合。农业部印发了《关于加强农机农艺融合加快推进薄弱环节机械化发展的意见》，并先后发布了小麦、水稻、玉米、大豆、马铃薯、油菜、花生、棉花、甘蔗等机械化生产技术指导意见。各地农业机械化主管部门认真落实农业部要求，结合本地实际，细化技术内容，制订作业规范，抓好试验、示范和推广。目前，品种、栽培、土肥、植保、养殖等各方面专家对农业机械化技术越来越重视，农业技术应用主体对农业机械化技术需求越来越迫切，农业机械化科技创新中农机农艺融合的氛围更加浓厚，农业、农机部门的联合协作更加紧密，农业机械化专家在作物品种审定、主推技术推广等方面的参与度更高，农业机械化科技创新的社会环境持续向好。“十二五”时期，制修订农业机械化国家标准 2 项，农业行业标准 90 项，地方标准 380 余项。截至 2015 年底，现行农业机械化领域国家标准达到 12 项，农业行业标准达到 297 项。农业机械化标准工作的有力推进，为农机科技创新和成果转化提供了强有力的技术支持和服务。

回顾“十二五”农业机械化科技创新工作，我们始终把农业机械化科技作为农业科技的重点领域和薄弱环节来谋划，始终把科技创新作为农业机械化发展的第一动力来推动，积累了宝贵经验：一是必须突出问题导向。集中优势资源，主攻薄弱环节，才能增强创新的针对性和有效性。二是必须强化协同创新。加强政产学研推和不同学科的联合、联动、协同、协作，加强农机农艺融合，才能凝聚共识、形成合力，实现高效创新。三是必须增加投入。主动争取多方支持，推动政府、企业、社会力量增加投入，才能改善创新条件、凝聚创新人才、提升创新能力、开创创新的新局面。四是必须改善宜机条件。把农业机械化科技创新作为一个系统工程，统筹土地规模、种植模式、品种多方面研究，才能使创新工作有效开展。

二、进一步增强农业机械化科技创新的紧迫感和责任感

当前，农业发展进入转方式、调结构的新时期，农业机械化科技创新面临前所未有的机遇和挑战。

(一)加快农业机械化科技创新是推进农业供给侧改革、推动农业产业结构调整的迫切需要推进供给侧结构性改革、推动农业产业结构调整，增加有效供给，对农业机械化提出了新的、更高的要求。推动粮食作物、经济作物“二元结构”向粮食作物、经济作物、饲料“三元结构”转变，一些领域和产业链条上，农业机械化技术还处于空白，需要加快科技创新，增加技术装备品种。发展种养加一体化经营，需要加快种植、养殖、加工工程技术与装备研发与集成配套。一、二、三产业融合，需要推进农产品加工储运、清选包装、检验检测等机械化技术的创新发展。总之，随着我国现代农业的发展，对农业机械化技术和装备门类需求越来越多，对农机装备集成性、配套性要求越来越高，迫切需要加快研发适合我国现代农业生产要求的农业机械化技术与装备，不断优化区域化、标准化、系列化的农业机械化技术体系。

(二)加快农业机械化科技创新是提高农业生产比较效益和农产品竞争力的迫切需要。现在，我国大部分农产品价格普遍高于国际市场，国外农产品价格普遍低于国内。其中一个重要原因是农业生产机械化水平不高，劳动生产率低。主要农产品生产人工成本已占到总成本的 40%以上，稻谷、小麦、玉米生产成本年均增长 10%以上，导致农业生产比较效益下降。虽然全国主要农作物耕种收农业机械化率已经超过 60%，但不平衡、不协调、不可持续等矛盾仍较为突出。丘陵山区以及经济作物、林果业、养殖业等产业的关键环节机械化技术还未得到有效解决。总体上，农业机械化技术的有效供给不足，还难以满足农业生产和农民群众对机械化日益迫切的需求。因此，“十三五”期间，必须围绕农业机械化科技短板和制约因素，加大科技创新的工作力度，增加有效技术供给，提高农业劳动生产率、土地产出率、资源利用率，为提高农业生产效益和竞争力提供强有力的支撑。

(三)加快农业机械化科技创新是推动农业绿色发展和建设美丽乡村的迫切需要。当前，我国农业可持续发展和新农村建设面临严峻挑战。高强度、粗放式生产方式导致农业生态系统结构失衡、功能退化。耕作层变浅、有机质含量降低、肥力分布不均等耕地质量下降等问题突出。化肥农药用量大，农业投入品利用率低，农业内源性污染严重，化肥、农药利用率不足1/3，农膜回收率不足2/3，全国9亿吨秸秆有效利用不高、年产的38亿吨畜禽粪便有效处理率不足50%。农村垃圾、污水处理严重不足，农业农村环境污染呈加重态势。农业的标准化主要靠机械化，秸秆、畜禽粪污资源化利用率也取决于农业机械化技术。“十三五”期间，迫切需要围绕生态建设、可持续发展，加大地力保护、废弃物资源化利用、投入品精准化减量化使用等方面的机械化技术创新，为实现“一控两减三基本”目标，推进农业资源永续高效利用和生态环境改善，促进农业绿色发展和美丽乡村建设提供技术装备供给。

（四）国家创新驱动战略需要更加重视农业机械化科技创新。大众创新，关键是要调动各方面积极性，进一步增强科技创新动力、激发创新活力、提高创新效率。农业机械化创新可大可小，要防止两个倾向，既要防止贪大，也要防止舍小。农业机械化科技创新是一个长期过程，要久久为功，积小成大，积少成多。各省可根据自身产业发展需要，开展针对性创新，做出特色。《中国制造2025》将农机装备列为重大发展领域之一，既是推动农机工业的转型升级的迫切需要，也是加快推进农业机械化的现实需求。因此，要调动各方面创新积极性，加大农业机械化科技创新的力度，加快科技创新步伐，为完成“十三五”农业机械化发展目标奠定基础。

面对新形势新要求，农业机械化科技创新还存在一些问题：一是创新能力不强，基础薄弱、投入不足、力量分散等问题还不同程度存在。二是机制不完善。产学研推用结合不够紧密，协同创新机制还未完全形成。三是农机农艺融合度不够。机械化生产技术体系仍不完整。四是科技成果转化率低，技术装备适用性、可靠性有待提高。

“十三五”期间，要增强农业机械化科技创新的紧迫感和责任感，全面贯彻落实“五大”发展理念和创新驱动发展战略，以提高土地产出率、资源利用率、劳动生产率为目标，以农机农艺结合、良种良法配套、增产增效并重、生产生态协调为基本要求，以支撑农业机械化的供给侧结构性改革为主要任务，坚持自主创新、集成创新、引进消化吸收再创新相结合，坚持技术创新、制度创新、机制创新并举，聚集优势资源、强化创新基础、推进联合协同、提升创新能力、主攻薄弱环节、推进集成配套，增强先进适用、安全可靠、绿色环保、智能高效农业机械化技术的有效供给，为农业机械化全程全面、高质高效发展和建设现代农业提供有力的科技保障。

三、努力开创农业机械化科技创新工作新局面

农业机械化科技创新工作关系到农业机械化发展全局，关系到农业科技的整体进步，做好农业机械化科技创新工作，任务繁重。我们要敢于担当，真抓实干，努力开创新的局面。

（一）高度重视，加强领导。各级农业机械化主管部门，要进一步提高认识，将推进农业机械化科技创新工作列入重要议事日程，精心组织，狠抓落实。要加强与农业、科技、教育、工信等部门沟通协调，争取支持，解决农业机械化科技创新中遇到的困难和问题。要加强农业机械化科技创新的顶层设计和统筹规划，立足于农业、农村，立足于各地的主导产业、特色产业需求。农业部主要考虑大产业，地方主要考虑地方特色。要将农业机械化科技创新融入国家和地方科技创新部署。以需求为导向。分作物、分地区梯度推进。

（二）完善创新机制。一要农机农艺联合攻关。通过现代农业产业技术体系等创新平台，加强品种、栽培、农业机械化技术融合，推进技术集成创新。二要发挥企业主体作用。通过组建产学研推创新联盟等，把握好企业与应用的关系，引导企业的产品创新和开展技术推广活动，实现协同创新。三要推进资源优化配置。优化区域布局，分工协作，形成若干个具有区域、专业优势、特色鲜明的科技创新团队。四要建立完善共享机制。推进国家创新中心、重点实验室、科学观测站等科研资源和信息的共享共用。

（三）争取扩大投入。一是争取专项投入。要按照科技计划管理改革要求，组织好重大科技选题遴选、可行性咨询论证等工作，通过各种渠道推荐，争取国家和地方重点研发计划项目的支持。二是利用现有的财政专项。支持开展农业机械化技术试验、示范、验证等工作，加快重大技术集成创新，推进一体化技术应用。三是用好购机补贴。通过补贴政策的调整完善，开展新技术新产品补贴试点，为农业机械化科技创新创造优越环境。四是加强条件建设。要多方面争取农业机械化科技创新平台建设的投入，加强应用基础研究，加强基础数据积累，改善创新条件。总之，要把现有资金渠道用好，把有限的资金用在刀刃上。力争未来五年在农业机械化科技创新出一批成果。

（四）重视人才队伍建设。要更多地依靠全国农业机械化科技创新专家组开展工作，各地也要建立多元化的专家队伍，强化农机科技发展决策咨询、重大创新项目论证评估、关键共性技术跟踪研究。积极推荐国家现代农业产业技术体系、地方农业科技创新团队农业机械化岗位专家，增加数量、优化结构。要主动协助人才主管部门实施农业科研人才培养计划，推荐和遴选农业机械化高层次领军人才或团队，让优势科研人才和团队获得稳定和持续支持。要加快农业机械化科技创新青年人才培养和人才引进交流，培养农业机械化复合型人才，不断增强农业机械化人才队伍活力。

（五）加快技术引进吸收。我国农业机械化发展、起步晚，大多数技术装备是引进和借鉴的。今后农业机械化的发展还要“引进来与走出去”相结合紧密跟踪、及时了解国外农业机械化科技进展情况、发展动态，加强技术引进、消化、吸收再创新。在加快技术引进的同时，更要重视原创，实现从跟跑到领跑。

（六）加快成果转化。支持和鼓励科研教学单位建设试验示范基地、创办科技型企业，以技术转让、技术入股等方式转化技术成果。加强农机试验鉴定技术研究，创新检验检测及评价方法，完善农机推广鉴定大纲和程序，提升检验检测鉴定水平。推进检测结果数据公开，及时向企业和科研单位反馈相关信息，促进研发、生产、推广。创新农业机械化技术推广方式方法，加强农业机械化新技术、新成果的试验验证，建设验证信息公开服务平台，推进互联网+农业机械化技术推广。支持引导科研院校、农机企业开展农业机械化新技术的试验验证和转化推广，加快农业机械化科技创新成果转化应用。

“十三五”农业机械化科技工作任务十分艰巨。各级农业机械化主管部门和科研教学单位要认真贯彻落实好这次会议精神，牢固树立创新意识，坚定信心，求真务实，真抓实干，不断开创农业机械化科技创新的新局面，为推进农业机械化、建设现代农业做出新的更大的贡献！

农业机械化论坛

着力推进农业供给侧结构性改革

韩长赋

一、准确把握推进农业供给侧结构性改革的总体要求

学习贯彻总书记重要讲话精神，扎实推进农业供给侧结构性改革，关键是要做到“四改善、四创新”。

一是改善供给体系，推进产品创新。当前农业供给侧最突出的问题，就是生产还没能很好地适应市场需求变化，“买难”与“卖难”并存。推进农业供给侧结构性改革，要把市场需求作为“导航灯”，调整优化农业生产结构和产品结构，增强农产品供给结构的适应性和灵活性，创新产品供给，为消费者提供更丰富、更优质、更适销对路的产品。

二是改善要素使用，推进科技创新。水、土、肥、药、技、机等，是农业生产的主要投入要素。这些年，水、土要素已经绷得很紧，肥、药使用过量，机械、技术支撑能力与发达国家相比仍有较大差距。必须大力实施科技创新战略，尽快推动农业发展由依靠物质要素投入驱动向依靠科技进步驱动转变，提高农业全要素生产率。

三是改善资源配置，推进制度创新。目前我国农业资源配置不合理的问题较为突出，生产区域布局结构与资源禀赋条件不尽匹配，资源循环利用不够，农作物秸秆、农膜回收利用率和畜禽粪污有效处理率都较低，一些地区还将水土等资源配置到产销不对路的产品生产上。要坚持市场取向改革，加快完善农产品价格和收储、农业补贴、金融保险、流通贸易、生态环保等政策，促进农业资源有效配置。

四是改善经营方式，推进管理创新。推进农业供给侧结构性改革，关键在人。要充分调动各类经营主体积极性，加快构建以农户家庭经营为基础、合作与联合为纽带、社会化服务为支撑的现代农业经营体系，大力培育新型经营主体和新型职业农民，发挥其在推广新技术、开拓新市场、打造新业态等方面的引领作用，鼓励其成为推进农业供给侧结构性改革的主力军。

推进农业供给侧结构性改革是一场硬仗，任务重、难度大，在推进过程中要处理好以下四个关系。一是加法和减法的关系。增加绿色、有机等优质农产品和特色农产品供给，适当调减滞销品种生产，减少一般、过剩农产品供应，减少无效和低端供给。二是政府和市场的关系。政府的主要职责是营造良好的市场环境，加强对农业的支持与保护，调什么、怎么调则应由农民和各类新型农业经营主体根据市场情况自主决定。三是当前和长远的关系。既要着眼当前突出问题，更要抓住提高农业质量效益和竞争力这一长期目标不动摇，抓紧补齐农业生态环境恶化、设施装备落后、科技创新不足等短板。四是力度和节奏的关系。农业供给侧结构性改革要统筹兼顾，有力有序推进，加强科学指导，有保有压，稳中求进。

二、进一步明确推进农业供给侧结构性改革的重点任务

推进农业供给侧结构性改革，党中央、国务院已作出全面部署。落实这些部署安排，要突出抓好“六优化、一巩固”。

一是以扩大有效和中高端供给为重点，优化产品结构。适应市场需求，调优、调高、调精农业生产结构，增加适销对路的农产品生产。品种上，重点是调减玉米产量、增加大豆产量、提升牛奶质量，鼓励杂粮杂豆和马铃薯生产。品质上，重点是抓好质量提升和品牌创建，大力推进农业标准化生产，建立健全质量安全监管和追溯体系，打造和培育一批农产品品牌。

二是以延长产业链、提升价值链为重点，优化产业体系。发挥一、二、三产业融合的乘数效应，发展壮大新产业、新业态，提高农业效益。积极发展农产品加工业，特别是大力支持主产区发展精深加工，加快消化粮食尤其是玉米库存。大力发展农产品电子商务、休闲农业和乡村旅游，推进农业与旅游、教育、文化、健康等产业深度融合，使农民获得更多增值收益。

三是以推进节本增效为重点，优化生产体系。在农产品价格很难提升的背景下，节本就是增效，就是增收。要强化农业科技创新，推进农业机械化、信息化，发展现代种业，加快农业科技推广应用。当前重点是推广节本增效技术，集成节肥、节药、节水、节种、节油等适用技术，提高农业投入品利用效率，降低生产成本，提高经营效益。

四是以提高资源环境匹配度为重点，优化区域布局。立足各地环境容量和生态类型，发展水土资源匹配较好的主导产品和支柱产业，形成分工合理、比较优势充分发挥的区域布局。加大生态脆弱区域的生态建设力度，重点调整“镰刀弯”地区玉米种植、南方水网地区生猪养殖、长江流域湖泊水库和近海水产养殖。但要注意的是，目前全国主要农产品优势产区已基本形成，优化区域布局要更多地微调、适调、精调，从当地实际出发，避免大折腾、“翻烧饼”。

五是以发挥适度规模经营的引领作用为重点，优化经营体系。支持发展土地流转、土地托管、土地入股等多种形式的适度规模经营，培育农业社会化服务组织，发展生产性服务业，重点推介土地托管方式，让分散农户搭上规模经营的“快车”。鼓励引导农民自愿通过互换或流转等方式解决承包地细碎化问题，探索农户土地承包经营权依法自愿有偿退出政策。

六是以治理和修复农业生态环境为重点，优化资源利用方式。要通过农业供给侧结构性改革，从根本上破解农业资源环境两道“紧箍咒”的制约。着力打好农业面源污染防治攻坚战，抓好湖南重金属污染区综合治理试点，扩大东北黑土退化区治理试点范围，稳妥推进耕地轮作休耕制度试点。大力发展生态循环农业，创建农业可持续发展试验示范区，探索生产生态相协调的路径和体制机制。

七是以粮食生产功能区和重要农产品生产保护区建设为重点，巩固提升产能。坚持把建设好粮食生产功能区作为确保口粮安全的根本举措，把建设好重要农产品生产保护区作为稳定棉油糖自给水平的重要手段。大力实施“藏粮于地、藏粮于技”战略，加快划定永久基本农田，大规模开展高标准农田建设，集中打造产能稳固的粮食和棉花、油料、糖料等重要农产品生产基地，确保只要市场有需要，就能产得出、供得上。

三、完善推进农业供给侧结构性改革的保障措施

推动农业供给侧结构性改革，当前重点是发挥好政策“指挥棒”“导航仪”的作用，完善强农惠农富农政策，解决农业资源要素的错配扭曲问题，形成支持有力、保障有效的政策体系。

完善农业补贴政策。加快建立与转方式调结构相适应的补贴政策体系，发挥补贴对农业供给侧结构性改革的促进作用。进一步加大“三补合一”力度，支持耕地地力保护和粮食适度规模经营。积极争取新增农业生产成本补贴、新品种选育补贴、标准化生产补贴、资源保护和环境治理补贴等，探索建立粮食生产功能区、重要农产品生产保护区的利益补偿机制。

完善农产品价格形成机制。农产品价格是引导生产、调节供求最直接、最管用的杠杆和信号。要根据市场供求关系，增加政策调整弹性，分品种施策，渐进式推进。继续执行主要粮食品种最低收购价政策，完善大豆、棉花目标价格试点政策，玉米要按照市场定价、价补分离的原则，实行“市场化收购＋补贴”，让价格回归市场，同时保护农民利益。

完善金融保险政策。进一步推动金融资源向农业农村倾斜，破解贷款难、贷款贵、保险少等问题。加快建立健全覆盖全国的农业信贷担保体系，组建并运营全国农业信贷担保联盟，优先支持新型农业经营主体发展适度规模经营。完善农业保险政策，逐步实现粮食生产功能区、重要农产品生产保护区和产粮大县谷物保险面积全覆盖，逐步实现新型经营主体和适度规模经营全覆盖。

完善贸易调控政策。要统筹利用好国际国内两个市场两种资源，健全与国内生产、需求相适应的农产品贸易调控机制，控制结构性过剩农产品进口，促进农产品优进优出。加强国内产业安全保护，尽快完善重要农产品贸易损害补偿制度。加快推动农业“走出去”，建立农业“走出去”扶持政策体系。

（韩长赋，农业部部长；文献来源：《求是》）

以科技创新引领现代农业发展

陈萌山

一、实现农业现代化关键在于科技进步

中国要强，农业必须强。改革开放以来特别是党的“十八大”以来，在中央强农惠农政策推动下，我国农业现代化建设成效显著，农业综合生产能力大幅提高，为国民经济发展全局提供了有力支撑。2016年，我国粮食总产稳定在6亿吨以上，主要农产品综合生产能力迈上新台阶；耕种收综合机械化水平达到65%，农田有效灌溉面积占比超过52%，农业物质装备技术水平显著提升；农业科技进步贡献率超过56%，主要农作物良种基本实现全覆盖，科技对农业发展的引领和支撑能力不断提升；农民收入实现新跨越，人均可支配收入达到12 363元，城乡居民收入差距缩小到2.72∶1；多种形式的适度规模经营比例明显上升，现代农业产业体系逐步建立，农产品加工业增加值与农业总产值比上升到2.2∶1。总体上看，我国农业现代化已进入全面推进、重点突破、梯次实现的新阶段。

但要清醒地认识到，随着农业现代化深入推进，我国农业发展面临的深层次问题更加凸显。这突出表现在消费结构升级和农产品供应结构性失衡、资源环境约束趋紧与发展方式粗放、国内外农产品市场深度融合与农业竞争力不强、经济增速放缓与农民增收渠道变窄、发展动力转换与科技创新成果供给不足等五个方面。这些问题在当前和今后一段时期集中交织，成为我国农业现代化进程中亟待破解的难题。习近平总书记指出：“农业出路在现代化，农业现代化关键在科技进步。我们必须比以往任何时候都更加重视和依靠农业科技进步，走内涵式发展道路。”习近平总书记的讲话立足农业现代化发展规律，深刻洞察农业科技进步对于推动现代农业发展的决定性作用，为破解我国农业现代化进程中遇到的难题指明了方向。

目前，全球新一轮科技革命和产业变革方兴未艾，基础科学、生命科学、信息科学、材料科学、先进制造与智能控制等领域产生的最新科技加速向农业渗透，催生了颠覆性的农业科学技术,对农业产生了革命性影响,推动了生物种业、食品产业、生物质能源产业等战略性新兴产业的兴起和发展。"十二五"期间,我国农业科技突破了一批重大基础理论、方法和核心关键技术,集成推广了高效、节能、绿色等大批配套生产技术,数字农业、智能装备制造等方面也取得了积极进展,整体科技水平大幅跃升,呈现出领跑、并跑、跟跑"三跑并存"的局面,对现代农业发展提供了有力支撑。但与发达国家相比,我国农业科技仍有较大差距,农业科技工作中仍存在不少体制机制问题,制约着农业科技创新及其成果的转化应用。2017 年中共中央国务院一号文件(简称中央一号文件,全书同)明确了当前我国农业科技创新的目标任务,农业科研院所要紧紧围绕现代农业发展全局,大力推进体制机制创新,加快构建符合国情的现代农业科技创新体系,努力成为国家创新体系的一支生力军。

二、准确把握创新驱动农业现代化的重点任务

习近平总书记在山东考察时强调,走中国特色现代化农业道路,要给农业插上科技的翅膀。农业现代化是用现代发展理念引领农业、用现代科技改造农业、用现代经营体系推进农业的过程。在"四化同步"发展背景下,加快农业现代化步伐,必须构建以科技创新为主的动力机制。

现阶段我国农业科技创新面临两大历史性战略任务。一是顺应国内农业现代化规律和要求,坚持产业发展导向,加强重点领域的科技创新与成果应用,紧紧依靠创新驱动农业现代化。二是应对国际农业竞争和农业科技竞争,在战略必争的基础和前沿技术领域创新一批理论和方法,在受制于人的核心技术领域突破一批关键技术,大幅度降低技术对外依存度,建设创新型国家。把握科技发展大势,应对国际农业科技竞争,今后我国农业科技创新工作的思路是:按照创新驱动发展战略部署和农业现代化建设要求,认真落实创新、协调、绿色、开放、共享新发展理念,紧紧围绕提高质量效益和竞争力这个中心和推进农业供给侧结构性改革这条主线,大力推动自主创新、原始创新,充分激发各类主体的创新活力,着力构建以产出高效、产品安全、资源节约、环境友好为方向的现代农业技术体系,不断提升土地产出率、资源利用率和劳动生产率,强有力地引领和支撑现代农业发展。

具体来说,"十三五"时期,我国推进农业科技创新要突出以下重点。一是针对资源环境约束趋紧的客观现实和守住口粮绝对安全的底线要求,进一步加强动植物新品种培育和绿色增产增效模式创新,力争打破大动物品种和高端设施园艺作物品种长期被国外垄断的局面,有力支撑粮食及重要农产品生产发展。二是针对需求"量质双升"、食品安全隐患多、供求结构失衡的突出矛盾,进一步加强农产品优质化、安全化和营养化全产业链科技创新,有效引领农产品提质增效。三是针对生产成本和农业污染居高不下的突出问题,进一步加强绿色化、低碳化、生态化技术的研发和集成应用,降低资源利用强度,提高循环利用效率,引领和支撑资源节约型、环境友好型现代农业发展。四是针对组织化和规模化发展的现代农业发展趋势,加强农业信息化、机械化关键技术创新,探索适合小规模条件下的智能作业,智慧农业,一、二、三产业融合的发展模式,提高农业生产效率和主要农产品国际竞争力。五是针对全球农业转型升级加快和农业新兴产业异军突起的外部挑战,系统部署基础和前沿技术领域的原始创新,加强基因资源高通量规模化发掘和利用技术、农业大数据与云计算技术、农业新材料技术、农业机器人等创新研究,不断取得理论、方法和技术的重大突破,有效降低农业技术的对外依存度,发挥科技在现代农业发展中的引领作用。

为落实上述农业科技创新重点任务,当前农业科研院所要以推动我国现代农业科技自主创新为目标,深入组织实施一批现代农业科技行动。一是"藏粮于地""藏粮于技"科技行动。加快建设高标准农田,部署建设农业领域的国家实验室和科研中心,加强高光效育种、绿色投入品、智能作业机械等农业技术研发,为农业结构优化和转型发展奠定基础。二是优质农产品质量安全科技行动。加快优质安全农产品生产技术、农产品质量安全风险控制等成果转化和技术应用,提高农业生产标准及其生产覆盖面,确保农产品优质化和百姓"舌尖上的安全"。三是绿色化生产科技行动。落实"一控两减三基本"部署,集中集成应用一批耕地有机质提升、新型智能肥料、纳米农药、节水控污、生态养殖、废弃物循环利用等技术,促进农业的绿色化和效益化转型。四是养殖业提质增效安全科技行动。加强大动物品种、水产动物品种选育和重大疫病防控等核心技术研发,加快优质牧草资源开发、秸秆饲料开发、水产健康集约养殖等技术体系研发,大力发展畜牧水产品精深加工技术,促进养殖业持续健康发展。

三、深入持久地推动农业科技创新

不断强化农业科研院所的创新主体地位。农业科研院所是推动我国农业科技创新的主导力量。要进一步明确各级农业科研院所的职能定位,国家级农业科研单位重点承担全国基础性农业科学技术和共性关键技术的研究任务,解决我国农业发展中方向性、全局性、关键性重大科技问题;省级农业科研单位侧重区域性农业重大关键技术创新,并做好中试熟化与产业服务工作;地市级农业科研单位侧重区域性关键技术中试、新品种示范、推广服务以及科技培训与转化等工作。中央、省、地三级农业科研机构,要通过农业科技创新联盟这一平台,形成一个富有效率的创新体系。

持续加大农业科技创新投入力度。农业科技创新的基础性、公益性、长期性基本属性决定了各级政府应承担投资主体责任。要继续加大农业科技创新的投入力度,确保财政对农业科研投入的增长速度不低于同期财政支出的增长速度,继续提高农业科技经费总投入在 GDP 中的比重;着力健全中央与地方激励相容的财政机制,鼓励和支持地方财政加大对省级、地市级农科院的投入力度,提升区域性农业科技创新主体的地位和作用;优化投入结构,增加科研机构事业费,提高科研人员待遇水平,确保科技人员安心于农业科技创新。

(陈萌山,中国农业科学院党组书记;文献来源:《黑龙江粮食》,2017 年第 4 期)

聚焦重大问题　推进农业机械化供给侧结构性改革

李安宁

近年来，随着农村劳动力加快转移、农业生产人工成本不断攀升和农民劳动观念深刻变化，农业生产各领域加快推进“机器换人”提效率、稳生产、降成本、增效益，农业机械化渗入到农业生产的方方面面，融入到农业产业链条的广泛领域，向全程化、全面化迈进。2016年，全国农作物耕种收综合机械化率超过65%，发展成效斐然。但总体上看，农业机械化相对于农业生产的迫切需要和农民的强劲需求，还存在产业间、区域间机械化发展不尽平衡，农机与农艺、产中与产前产后各环节机械化配套不够协调，机具增长与利用率提高不能同步等结构性问题，表现为许多方面不同程度存在的“无机可用”“无好机用”“有机难用”问题。主要原因在于机具技术、作业组织、宜机条件和公共服务等方面的供给不足，农业机械化供给侧的能力、质量和效率有待提升。当前和今后一个时期，农业农村工作以推进农业供给侧结构性改革为主线，对农业机械化发展的速度、结构、质量和效益提出了新的更高的要求。我们必须顺应新形势新要求，全面贯彻落实“五大”发展理念和创新驱动发展战略，以推进农业机械化全程、全面、高质、高效发展为目标，以供给侧结构性改革为切入点，聚焦重大问题，着力改革创新，补齐发展短板、优化促进机制、增添发展动能、提升供给效能，提高供给质量更好适应需求，创新供给结构创造引领需求，着力提升农业机械化供给端能力、质量、效率，改进农业机械化的产业结构、区域结构、技术结构、服务结构，进一步提高农业机械化发展水平和服务能力，为推进农业供给侧结构性改革、建设现代农业提供坚实有力的物质技术支撑。

一、聚焦科技创新　全力增加农机技术装备有效供给

农机新技术新装备有效供给不足，是当前农业机械化发展的最大“短板”和“瓶颈”！目前我国农机产品品种4 000多种，刚超过世界农机种类的一半，中高端产品不多、产能过剩与缺门断档并存、机具适应性可靠性有待提高以及农机农艺融合不够、技术集成配套不足等结构性矛盾突出。“工欲善其事，必先利其器”！我们要聚焦科技创新，以农机农艺结合、良种良法配套、增产增效并重、生产生态协调为基本要求，瞄准农业绿色发展、产业结构调整、规模经营和全程机械化需求，以推进作物品种、栽培技术与机械装备集成配套和生产全过程各环节机械化技术配套，构建标准化、区域化、规模化的全程机械化生产体系为牵引，解决“有没有”与解决“好不好”并重，以短板机具、高端产品、智能装备为主攻方向，自主创新、集成创新、引进消化吸收再创新结合，全力推进农机化科技创新，多出成果、出大成果，快出成果、快推成果，大力增加高效、节本、绿色、智能机械的有效供给，提升技术集成配套和推广应用水平。

推进农机化科技创新，重在发挥市场在配置资源中的决定性作用，坚持市场引导、企业主体、协同创新，实现以产品创制及其产业化为目标的高效创新；坚持技术创新、制度创新、机制创新相结合，建立完善联合攻关、技术融合、资源共享等机制，促使政产学研推用各方面密切结合，形成合力，以制度创新、机制创新支撑、推动技术创新。要支持、推动企业以市场需求为导向，开展技术创新和产品创制，不断推出新成果、新产品、新机具。要改革创新科研项目立项、实施和成果评价机制，确立企业在项目实施中的主体地位，汇聚科研、教学、推广单位力量，促使项目创新成果加速转化为产品和推广应用。要引导、支持企业以问题为导向，以技术创新为目标，以利益分享机制为支撑，搭建分工协作“一盘棋”，上中下游“一条龙”、多学科集成“一体化”的科技创新组织模式，提高创新效能。要用好现代农业产业技术体系、科技创新联盟、协同创新中心等平台，推动品种栽培装备多学科、产前产中产后各环节联合、联动，实现协同、协作技术创新和成果转化推广。要围绕全面提升农业机械化技术推广服务能力，大力推进推广主体多元化、推广技术集成化、推广领域全面化、推广重点全程化、推广服务多样化，转变推广方式，强化体系支撑，优化服务供给，加速新成果新机具的验证示范和新技术集成配套推广。

“十三五”期间，国家高度重视农业机械化科技创新工作，《中国制造2025》将农机装备列为重大发展领域之一，出台了《农机装备发展行动方案(2016—2025)》。国家重点研发计划启动实施“智能农机装备”研发专项。国家现代农业产业技术体系大幅度增加农机岗位专家数量，实现了全部50个产业体系全覆盖。《农业科技创新能力条件建设规划(2016—2025)》将农机化重点实验室、科学观测站和科研基地建设列为重点建设领域。《全国农业机械化发展第十三个五年规划》将“加快农业机械化科技创新步伐”列为主要任务，明确实施“农业机械化科技创新驱动计划”重大行动计划。这些决策部署，既为农机化的科技创新提供了良好的机遇，也对加快农机化科技创新提出了新的更高的要求。各地农机化主管部门要把推进农机化科技创新列为当前和今后一个时期的重要任务，认真贯彻党中央国务院关于科技体制改革和推进科技创新的决策部署，在国家统筹布局的基础上，结合本地区实际，着力推进农机化科技创新。一是做好需求分析。通过发布科技规划、制定公布科技需求目录、提出重大项目建议等形式，引导推动科技创新。二是争取资金投入。组织好重大科技选题和项目遴选，争取地方财政资金、科技重点研发计划列项支持，创新资金项目实施管理机制，加强科研条件建设，加快“产业急需、农民急用”的重大技术创新和产品创制，推进技术集成配套。三是促进成果转化。提升农机新产品的试验鉴定供给能力，强化农机化新技术、新成果与新产品的试验验证和集成示范，加快技术标准和应用规范制修订步伐，加大农机购置补贴、技术示范推广资金对新产品、新技术的支持力度，加快农机化科技创新成果转化推广。

二、聚焦组织方式创新　大力提升农机作业服务供给效能

机具作业服务，是农业机械化的实现形式和最终体现。作业服务的组织方式，直接决定了机具的利用率和作业效率效

益。目前我国农机化作业服务组织 18.7 万个，从业人员 208 万人，占乡村农机从业人员 4%。其中农机合作社 6.3 万个，从业人员 145 万人，作业服务面积占全国总作业服务面积的比例在 10%左右。全国机耕机播机收作业面积中，跨区作业的占比现在不足 8%，最高年份在 12%左右。单位耕地面积农机动力投入在 5.7 千瓦/公顷左右，高于已经实现机械化的国家，如美国的 1.05 千瓦/公顷，日本的 4.95 千瓦/公顷。总体讲，当前农机作业仍以农户自用为主，社会化服务仍以单项作业为主，农机作业服务组织化、产业化程度还不高，机具利用率、服务配套性尚不够。大力提升农机作业服务供给效能，是推进农业机械化供给侧结构性改革要解决好的重大问题。

提升农机作业服务供给效能，包括扩大农机作业服务范围和规模、提高农机作业服务质量和效率效益、增强农机作业服务能力和影响力等方面，需要从农机作业服务组织的组织方式创新和农机服务作业的组织方式创新两个方面发力。一方面，要在加快发展农机合作社、农机作业服务公司、农机大户等专业服务组织的同时，创新合作、运行、利益机制，发展新型农机作业服务组织，积极探索发展多元化、多业态、多模式的社会化农机作业服务组织形态，如农机合作社联社、农机租赁公司、农机＋农事服务综合体、农业产业化龙头企业＋农机作业服务联合体、农机作业服务＋农机维修、供应、培训、信息服务、金融保险融合体等等，做大做强农机作业服务组织；另一方面，要大力推行订单作业、联耕联种、一条龙作业、代耕代种、土地托管、承包作业、“互联网＋供需对接”等各种作业组织对接方式和服务模式，推进农机作业服务组织与其他农业新型经营主体、社会化服务组织 、农业公益服务机构、农机生产销售企业的联合合作，扩展服务内容，创新利益联结机制，增强供需对接的有效性、组织调度的精准性、作业保障的可靠性，降低交易成本，提高作业服务效率，增加经营效益，增强农机作业服务活力。

《全国农业现代化规划(2016—2025)》明确，当前和今后一个时期，要以多种形式适度规模经营为引领推进农业现代化。2017 年中央一号文件强调，要大力培育新型农业经营主体，扶持培育农机作业、农田灌排、统防统治、烘干仓储等经营性服务组织，支持农机等系统发挥为农服务平台作用。中央办公厅和国务院办公厅印发了《关于加快构建政策体系培育新型农业经营主体的意见》，出台了系列政策举措。这些决策部署，为农机作业服务的转型升级指明了方向，提出了新的要求，也为提升农机作业服务供给效能、推进农业机械化供给侧结构性改革提供了新的动能和机遇。我们要坚持农民的主体地位，尊重农民的首创精神，坚持市场决定、政府引导、因地制宜，以推进组织方式创新为牵引，着力提升农机作业服务供给效能。重点做好 3 篇文章。一是明确路径抓指导。以推进“三个融合”提效能、强供给、促发展。大力推进机械化与多种形式适度规模经营融合，既发展土地流转＋全程机械化“机农合一”的土地集中式规模经营，又发展规模化农机服务＋土地托管、订单作业、代耕代种等“机农联姻”的服务集中式规模经营，促使机械化与规模经营相辅相成，相得益彰。大力推进农机农艺农事融合，促进品种栽培装备集成配套，生产资料供应、机械作业服务、产品烘干仓储加工一体化供给，形成全程机械化解决方案和配套作业服务运营机制，提升农机作业服务配套化、产业化水平。大力推进机械化信息化融合，促进信息化与农机装备、作业生产、管理服务深度融合，着力打造“互联网＋”和移动通讯条件下农机作业服务调度监管、维修配件服务、供需对接、天气路况服务等要素集成的新模式、新业态，提高农机作业和社会化服务的效率效益。二是落实政策抓扶持。认真落实中办国办《关于加快构建政策体系培育新型农业经营主体的意见》确定的财政税收、基础设施建设、金融信贷服务、保险支持、项目人才培养引进等各方面的相关政策措施。特别是要加大农机购置补贴政策支持力度，对包括农机作业服务组织的各种新型农业经营主体购机应补尽补，解决好他们在机具存放、烘干仓储、育秧冷藏等基础设施建设中的用地用电问题，落实好跨区作业、税费减免、项目承接等方面支持政策，加快构建配套完善的政策体系，扶持培育各种农机作业服务组织加快发展，做大做强。三是培育典型抓引领。深入开展农机合作社示范社创建活动，积极开展其他新型农机作业服务组织培植工作，注重发掘“三个融合”组织方式创新典型，大力开展农机新型经营主体带头人培训，加强各种组织形态的农机服务组织运行发展情况监测，及时发现、总结可复制可推广的典型模式和好做法、好经验，组织宣传推广，以点带面，引领农机作业服务向更高水平发展。

三、聚焦管理改革创新　着力提高农机化公共服务供给水平

推进农业机械化供给侧结构性改革，重中之重是补短板，根本途径是体制改革和机制创新。所谓短板，主要是一些事关全局、长远，具有基础性、根本性，由于以往做得不够、做得不好的工作。既包括因所处发展阶段、发展水平局限带来的硬短板，如适应机械化的品种、栽培方式不多，宜机化的农田基础设施不够，适应需求的机具技术有效供给不足等，也包括由体制机制的障碍带来的软短板，如政策体系不配套，简政放权不到位，公共服务不充分等等，这其中的许多工作，都与农机化管理体制机制中的问题所带来的公共服务供给不足密切相关。增加公共服务的供给，提升公共服务水平，既是供给侧结构性改革的重要内容，也是推进供给侧结构性改革的重要手段。我们要聚焦农机化管理中的基础性、全局性、根本性问题，立足于发挥市场在资源配置中的决定性作用和更好发挥政府作用，深入贯彻落实国务院“放管服”改革的精神要求，着眼于更多地运用市场化、法治化、制度化、信息化手段推进工作，着力制度创新供给和公共服务能力建设，提升农机化公共服务供给水平，为农业机械化供给端补短板、添活力、促改革、提能力提供有力支撑。

第一，推进宜机化制度创新。由于体制等方面原因，农田基本建设、育种、栽培等与农业机械化分属不同部门。当前我国农业生产方式虽然已经由人畜力为主进入到以机械化作业为主的新阶段，但许多地方，农田条件、种植体系仍还停留在适宜人畜力阶段。特别是广大丘陵山区，土地细碎分散，农田道路缺乏，成为“机器换人”的巨大障碍。我们要打破传统思维模式和工作定式，树立良种、良法、良田、良机“四良”结合推进农业机械化的理念，主动发声，积极进位，努力协调，推动促成有关方面达成“宜机”共识，促使机械化适应性成为品种选育、栽培方式改良、种植制度改革、农田基本建设、土地整治等工作的必要考量和必要目标，既重源头控制，又重过程管理，在政策、规划、项目、标准、规范、考核等各种制度性安排中，确保“宜机”制度供给，创造良好“宜机”条件，促使“四良”配套，拓展农业机械化发展空间，释放农业机械化发展潜力和活力。当前特别要推进丘陵山区宜机化土地整治建设，加大与发展改革、财政、国

土资源等部门的沟通协调，促成有关方面充分考虑适应机械化作业服务的需要，改革完善高标准农田建设、农业综合开发、土地整理等方面的规划建设目标、工程设计标准、建设施工规范，做出“宜机”制度安排，推动丘陵山区耕地宜机化整治建设，使土地由小变大、由乱变顺、由坡变梯，田成方、地成块、渠相连、路相通，为丘陵山区农业机械化发展奠定良好基础。

第二，加快农机试验鉴定工作改革创新。农机试验鉴定提供的试验测试技术服务和产生的检测数据、鉴定结果等信息，支持指导农机科技创新、产品生产，引导促进农机化新技术示范推广，支撑服务农机购置补贴政策实施等工作，是重要的农机化公共服务产品。农机试验鉴定工作既是农机化管理的一项基础性工作，也是农业机械化供给体系的重要组成部分。近年来，由于体制机制原因，试验鉴定供不足需的矛盾特别是创新产品鉴定难问题比较尖锐，鉴定公共服务信息化不够的短板日渐突出。补齐创新产品鉴定和鉴定服务信息化供给不足等短板，提升农机试验鉴定供给能力，是推进农业机械化供给侧结构性改革的重要一环。我们要坚持目标导向、问题导向，改革创新，做好减并鉴定分级、减少鉴定种类和简化证书管理方式等“减法”，做好增强创新产品鉴定、吸收社会机构参与检验检测、加强事中事后监管等“加法”，做好理顺实施管理关系、获证产品信息公开、“互联网＋”农机鉴定管理服务等“乘法”，着力转变鉴定方式，优化鉴定供给，推动农机试验鉴定工作迈上新台阶。

第三，提升农机化公共服务的信息化水平。信息化是当今促进公共服务发展的重要手段，也是公共服务的重要内容。经过一段时期的建设，我国农机化公共服务信息化发展取得了良好成效，全国农机化管理部门和推广、鉴定、安全监理等业务系统的网站近600个，开发了农机跨区作业服务、购机补贴管理等一批应用系统，覆盖农机化公共服务的诸多方面。但发展中还存在不同业务系统难以互联互通、信息资源流动性较差、大数据开发开放尚待起步、信息服务水平有待提高等问题。我们要把提升公共服务信息化水平列为推进农业机械化供给侧结构性改革的重要内容和有力举措，深入贯彻落实国务院促进大数据发展、推进“互联网＋政务服务”等决策部署，加强统筹规划，推进互联互通，加快信息资源开发，打造开放共享平台，提升公共服务的供给效能。一要着力建设实体政务大厅、网上办事大厅、移动客户端、自助终端等多种形式相结合、相统一的公共服务平台，在农机监理牌证发放、购机补贴产品投档与补贴申领、农机鉴定证书申领发放，以及有关行政许可审批、政策业务咨询等方面，提供更加方便快捷的多样化服务。二要充分运用大数据的理念、技术和资源，大力挖掘开发农机化统计、试验鉴定、安全监理、购机补贴、技术试验示范等方面沉睡的丰富数据价值，利用大数据加强宏观决策，改进指导监管工作，支持推动公共服务精准化。三要积极推进跨部门、跨地区、跨业务系统的信息互通共享，例如试验鉴定、安全监理、购机补贴3个业务系统的网络联通与信息共享，打破“信息孤岛”，依托“互联网＋”实现信息共享与业务协同，管理服务事项相互支持、检验核对，变“群众奔波”为“信息跑路”，减少重复劳动，提升监管效率，优化公共服务。

（李安宁，农业部农业机械化管理司副司长；文献来源：2017－07－17中国农业机械化信息网信息中心）

农业机械化信息化融合研究

姚春生　何丽虹　陈谦　王心颖　彭彬　吕占民　余利坚　林立

党的“十八大”报告指出，要促进工业化、信息化、城镇化、农业现代化同步发展，让广大农民平等参与现代化进程，共同分享现代化成果。农业机械是发展现代农业的物质基础，是农业科技的物化载体，是用现代工业文明成果武装农业的技术手段。农业机械化是农业现代化的重要标志，是实现农业现代化的必由之路。信息化是培养、发展以计算机及网络为主的智能化工具为代表的新生产力，并使之造福于社会的历史过程。广泛深入地运用信息化手段，大力推进农业机械化与信息化融合，对于转变农业机械化发展方式，提高农业机械化发展质量和效益，加快实现农业现代化具有十分重要的意义。

本课题组结合工作实践，分析总结了全国农机行业信息化的融合现状，提出了对农业机械化信息化融合发展的总体思路、基本原则和发展目标的初步建议，梳理了当前农机行业信息化发展应着力加强的几项工作，并对促进农机行业信息化发展需进一步加强的保障措施提出对策建议，供有关部门和领导及业界同行参考。

一、农业机械化与信息化融合的范畴及研究意义

1. 农业机械化与信息化融合的范畴

农业机械化：《中华人民共和国农业机械化促进法》中描述“农业机械化是运用先进适用的农业机械装备农业，改善农业生产经营条件，不断提高农业的生产技术水平和经济效益、生态效益的过程。”

信息化：《2006—2020国家信息化发展战略》描述：“信息化是充分利用信息技术，开发利用信息资源，促进信息交流和知识共享，提高经济增长质量，推动经济社会发展转型的历史进程。”

信息技术：利用电子计算机、遥感技术、现代通信技术、智能控制技术等获取、传递、存储、显示和应用信息的技术。

化：是过程，化的过程是信息技术应用的过程。

农业机械化与信息化融合：是指农业机械化进程和信息化进程互相依存、互相渗透、共同发展的方式，其主要内涵是要用信息技术来改造传统农业机械化的科研、教育、生产、流通、监督、管理、服务、装备等方面，做到信息化带动农业机械化，农业机械化促进信息化，进而促使农业机械化又好又快发展。就两化融合来说，他的本质是需求牵引，主要是农业机械化需求牵引，信息技术驱动。除了农业机械化牵引之外，还有来自改善民生、社会进步、国家粮食安全的需求。在两化融合范畴里，解决这个本质问题对于做好两化融合非常重要。

2.农业机械化与信息化融合研究意义

(1)转变农业机械化发展方式的重要手段。我国正处于从传统农业向现代农业转变的关键时期，农业机械化迎来了加快发展、结构改善、质量提升、领域拓展的黄金发展期，2015 年全国农作物耕种收综合机械化水平达到 63%，农业生产进入机械作业为主的新时代。随着农业机械化不断地向广度和深度发展，对信息化的需求和依赖日显突出，包括政府部门提升农业机械化管理效能的需求，农民、农机户对农业机械化政策信息、作业信息的需求。用信息化促进农业机械化发展已成为我国农业机械化发展的新亮点和抓手，以农业机械化为基础、信息化为载体，利用信息化推动和促进农业机械化的发展，实现农业机械化与信息化有效、多元的融合，使信息化真正成为推进效益农机发展的重要手段、引导农民参与市场竞争的纽带、提升农机服务质量的重要载体。

(2)提升农业机械化发展质量的重要举措。近年来，随着我国农业机械化事业得到快速的发展，必然要求淘汰传统、落后的生产及管理方式，高效应用信息化等先进、科学的技术和手段，促进农业机械化各领域与信息化的融合发展，最大限度发挥信息的引导效应，提高农机使用效率和水平，已成为当前农业机械化发展过程中非常迫切而重要的任务。通过农业机械化与信息化融合发展，改善农业生产服务条件，才能有效提升农业机械化发展质量和技术水平，进一步调动农民参与农业机械化生产的积极性，提高农民收入，增强农业综合生产能力，促进我国农村经济平稳较快发展。

(3)贯彻国家“三农”政策的需要。近年来，党和国家发布的一系列大力发展农业、农村信息化的法规和政策，为农业机械化领域发展信息化创造了良好的政策环境。党的“十八大”提出“四化同步”发展战略；2015 年李克强总理在十二届全国人大三次会议上的政府工作报告中提出的“互联网+”；同时中央提出“中国制造 2025”，提出主线是两化融合，主攻方向是智能制造，其中农机装备也是发展的十大领域之一。国家对于用信息化推动农业现代化给予了很高的期望和要求。用信息化促进农业机械化发展已成为机化发展的新亮点和抓手，为农业机械化与信息化融合发展提供了良好的政策环境。中央一号文件、《中华人民共和国农业机械化促进法》、《全国农业机械化发展第十二个五年规划》《农机工业发展政策》等法律和相关政策中，以不同的视角提出了农业以及农业机械化的发展必须与信息化结合的要求，都将用信息化推进农业以及农业机械化各领域建设与发展作为今后工作的重点。

二、农业机械化信息化融合现状及取得的成效

信息化已经渗透到我国经济、社会生活的方方面面，也渗透到我国农业和农业机械化发展的各方面。近年来，随着农业机械化事业的快速发展，我国各级农机部门主动适应农业发展新形势、新任务的要求，把加强农业机械化与信息化融合建设作为强化农业机械化公共服务建设的一个重要举措，进一步健全农机信息化工作体系，不断提高农机信息化水平。按照党的“十八大”提出的“新型工业化、信息化、城镇化、农业现代化”四化同步发展的要求，推进农业机械化与信息化融合，以计算机和网络通讯技术等为主要内容的信息技术不仅在农业机械化政务领域起到了积极地促进作用，也在农业机械化生产管理与服务、农机技术推广、农机安全监管等领域开始得到应用，农业机械的智能化、自动化水平逐步提高。总的看来，我国农业机械化信息化建设近年来取得了一定的成效。

1.农业机械化信息化融合发展现状

(1)农业机械化政务管理与信息化融合发展现状。经过近 10 多年的发展，在各级政府的高度重视和全国农业机械化管理部门的共同努力下，我国农业机械化政务管理信息化工作逐步推进，为推进农机信息服务社会化和农业机械化发展发挥了重要作用。依托中国农业机械化信息网平台，从 2005 年至今，已经建立了 10 多个的全国性农业机械化业务管管理系统，涵盖了农业机械化政务、推广鉴定、安全监理、统计、质量投诉、维修、职业技能鉴定、信息公开、宣传、信息服务等各个方面，推进了农业机械化行业工作流程电子网络化，增强了农业机械化管理工作的开放性、透明度和效率，大幅度提高了农业机械化部门决策、管理和服务“三农”的能力与水平。

农业机械化信息网络基础设施逐步完善。农业机械化政务信息的发展最突出的表现是农业机械化政府网站的快速发展。1999 年农业部农业机械化管理司委托总站建设并承办了中国农业机械化信息网，中国农业机械化信息网作为农业机械化政府行业网站领头羊，他的建设运维带动了各省农业机械化政府网站建设。2000 年后，福建、陕西、河北、新疆、广东、江苏、吉林、浙江、辽宁等十多个省陆续建立了农业机械化政务信息网。广西、安徽、山东、吉林等全部建立了地市网站。目前，农业机械化电子政务网络建设初具规模，形成了以部管中国农业机械化信息网为龙头，中国农机质量网、中国农机监理网和中国农机推广网三大行业网站为支撑，各省级农业机械化信息网为骨干，一大批地县级农业机械化信息网为补充的农业机械化管理信息网络体系。同时，相关企事业单位都在搭建自己的网络平台，社会资本也争相涌入。据不完全统计，我国农业机械化相关网站已经超过 6 000 余家，一个以政府网站为龙头，多方面、多层次的农业机械化信息服务网络正在快速发展，在农机社会化服务中发挥了积极作用。作为全国农业机械化政务管理和信息服务的重要门户网站，中国农业机械化信息网 2015 年工作日平均点击量达到 205 万次，访问量稳居农业部各行业网站首位。

全国性农业机械化信息网络平台不断拓展，应用范围不断扩大。“全国农机跨区作业服务直通车”的开通标志着农业机械化电子政务和信息化建设进入一个新的时期，此后全国农业机械化政务直报系统、农机购置补贴信息管理系统、全国农机跨区作业服务直通车、全国农业机械化统计系统、国家支持推广的农机产品目录申报系统、农机安全监理系统、农机维修技术合格证信息管理系统、农机质量投诉信息管理系统、部级农机推广鉴定监管系统等全国性农业机械化公共管理服务平台陆续上线运行，这些系统的运行，推进了农业机械化行业工作流程电子网络化，增强了农业机械化管理工作的开放性、透明度和效率，大幅度提高了农业机械化部门决策、管理和服务“三农”的能力与水平。

地方农业机械化电子政务建设步伐加快。吉林省市、县两级农业机械化信息网建设实现全覆盖。浙江、山东、上海、江苏等地农业机械化主管部门积极推进电子政务建设，以“一站式”服务为目标，努力实现网上政务公开、网上办公和网上监督。目前有 10 多个省开发了农业机械化远程教育培训平台，实现“农业机械化培训+互联网”。江苏省农业机械化主管部门组织开发了“江苏平安农机通”应用系统，可为全省农机手提供农机跨区作业信息服务、农机安全监理、加油、维修、农机购置补贴政策咨询、道路交通违章信息查询等多项农机信息服务。山东、江苏两省还分别建设了各自的全省农业机械化视频会议系统，投入运行以来，有效提升了工作效率，节省了行政成本。上海、青岛、山西等省市将信息化融于农机购置补贴工作，从申请补贴、机具审核、汇总结算信息、实时监管等实现全程网络化操作，大大提高了工作效率。浙江省依托农民信箱，建设了集农机资讯、农机作业、农机交易、农机技术服务、农机维修等于一体的一站式管理服务——农机综合信息服务平台。

农业机械化新媒体和移动互联服务正在悄然兴起。为适应移动互联的需要，更好地为社会服务，农业部农业机械化管理司建设了中国农业机械化信息网网页版、APP版，开通了中国农业机械化微信公众号。北京、青岛、新疆、内蒙古、广西、安徽、浙江、浙江省宁波市、河北、甘肃、山东、江苏等地建立了农业机械化微信公众号或微博。宁波市开通了“农机安全e路通”向机手发送安全警示、通知参加年检年审，通过宁波农机网办理拖拉机、联合收割机牌证审批业务等。

(2)农业机械化生产管理与信息化融合发展现状。农业机械化生产作业调度信息化发展取得一定进展。每年春耕、三夏、双抢、三秋等重要农时季节，全国都数十万台各类农业机械进行跨区作业，从而产生海量的农机作业进度和作业供需信息。如何为农机作业提供信息服务、调节供需矛盾、营造市场环境、组织应急救灾等成为农机部门的重要任务。

2005年起，农业部农业机械化管理司依托中国农业机械化信息网组建的全国性农业机械化生产信息管理服务平台——农机跨区作业服务直通车开始通过PC客户端为农机管理部门、农机服务组织、农机手、农户等主体提供小麦、水稻、玉米等作物的跨区机收作业信息查询与发布服务。为加大跨区作业的应急调度，2014年，农业部农业机械化管理司还组织开发了农业机械化生产服务管理信息服务系统。这2个系统目前同步运行，数据适时共享。系统的运行促进了机手和农户在网上进行机具的供需对接，有效地培育了农机作业市场，引导农机跨区作业有序开展。2006年，农业部农业机械化管理司与福田雷沃重工股份公司联合建立全国“三夏”跨区作业信息服务中心，为跨区作业机手提供麦收进度、机具需求、作业价格、维修知识等一站式信息服务。

近年来，部分地区为满足农机作业过程中各类农业机械化生产经营主体的信息需求，开始陆续启动农机作业信息服务平台建设。湖北省构建了“农机通”短信平台，用于给指定农机户或群体发送农机作业相关短信；安徽省在全省推广使用“农机通—农业机械远程控制管理与农业机械化信息服务系统”，以农机信息服务和跨区作业应急调度为重点，通过与农业机械化公共服务信息网、农机手手机客户端等平台的信息互联与共享，实现快捷、有效的农业机械化信息服务；河南省开发了农机跨区作业信息网络设施和智能调度管理服务平台，免费为参加跨区作业的5 000多台联合收割机安装GPS定位系统，对“三夏”跨区作业的精细化组织和信息化管理；黑龙江为投资额达到千万元以上的全省800多个现代农机专业合作社的大型农机设备安装了卫星定位设备，建立了农机作业指挥管理系统，实现了语音通话、信息查询和信息发布功能，可以对机车作业质量、作业进度进行监控和指挥调度。

农机作业信息化发展正在起步。2011年宁波率先开展了农机物联网系统、农机GPS管理系统、视频会议系统、WEBGIS地理信息系统和统一的智慧农机展示平台等建设，充分应用现代信息技术成果，通过集成应用计算机与网络技术、物联网技术、音视频技术、传感器技术、无线通信技术及专家智慧与知识平台，逐步建立了农业信息服务的可视化传播与应用模式，实现农业生产环境可视化远程诊断、远程控制、灾变预警等智能管理、远程咨询、远程会诊，提升农机管理部门科学管理水平；天津、安徽、山东、吉林等地建立了深松作业监测系统，用于土地深松与激光平地等农业生产环节机械化作业的实时监控，利用全球卫星定位技术，实现政府补贴机具监管、财政补贴项目作业种类，作业面积监控。江苏省有关市县农机部门紧跟“互联网+”发展潮流，积极推进新一代信息技术与农业机械化跨界融合，扬州、淮安、宿迁等市取得了显著的成效。2016年全省共推广安装智能管理终端5 050台。从目前应用情况看，初步实现了市级对县区、县级对各乡镇(合作社)、各乡镇(合作社)对农机手的农机具作业情况进行实时监控、作业面积统计、作业质量核查等功能。目前，无人驾驶、北斗定位、农业物联网、拖拉机自动驾驶、无人飞机植保等“智慧农机”应用技术已在农机示范(园区)基地、农机专业合作社等实施载体，得到一定程度应用。宿迁市研发了“宿迁市秸秆机械化还田作业信息化管理系统”，通过该系统对还田质量监管和跨区作业调度。

部分国有大型农场农机作业指挥调度信息化建设发展迅速。黑龙江红星农场与国家农业智能装备工程技术研究中心联合开发了机车视频监控系统、农机作业监控管理系统。实现了机车统一调度指挥、核算，使种植户和机车驾驶员对机车田间作业质量、机车收支核算、机车维护与保养技术、机车作业调度指挥及农业生产等情况在网上及时进行了解，把当日的新动态、新技改等农机新信息，以短信的方式传递到驾驶员手机上。饶河农场投资500万元建设了农机信息管理系统配套工程，实现了农机实时监控、机具信息管理、作业信息管理、机手管理、机手农机作业实时指挥调度等功能。

(3)智能化农机装备研发和应用发展现状。进入新世纪以来，国内一些骨干农机科研院所、高等学校和大型农机企业密切跟踪发达国家智能化农机装备发展趋势，在智能装备控制与导航技术、农业机器人、农业物联网技术、设施农业生产信息技术等关键技术环节进行了卓有成效的研究工作，在一些重大关键技术上取得了突破，形成一批实用化的技术和产品，并通过关键技术的集成和示范应用取得了一定的成效。

智能装备控制与导航技术研发和应用取得一定进展。广泛应用计算机技术、传感与检测技术、信息处理技术、控制技术和导航定位技术，研发了激光平地机、拖拉机自动驾驶导航系统、小麦/玉米播种监控装置、变量施肥机、精量喷药机等一批先进实用的技术装备，并在黑龙江农垦、新疆生产建设兵团等规模化农场推广应用。近年来江苏省推广无人植保飞机近20架，在全省10多个农机合作社进行示范推广，每年作业面积近6.67千公顷次。另外，江苏省部分农机生产企业也在积极研制开发推广智能化、精准化的农业机械，同时各地也在加快精细设施农业技术的推广，如温室栽培、大棚栽培、无土栽培、畜禽养殖及草场建设等，利用电子信息技术、自动控制技术等新技术可实现精准播种和施肥、自动控温(光)、自动微灌、自动监测病虫害等作业目标，从而达到增加农产品产出、提高农产品品质、保护生态环境的目的。

农业机器人研究取得积极进展。在果蔬采摘收获机器人研发方面，中国农业大学研发的温室智能黄瓜采摘机器人部分性能指标达到国际先进水平，浙江大学和江苏大学研发柑橘采摘机器人、华南农业大学研发菠萝和荔枝采摘机器人均取得积极进展。在田间管理机器人方面，中国农业大学研制的智能锄草机器人，采用机器视觉伺服技术控制锄草刀进行株间锄草，大田试验的平均除草率达到 90%以上，伤苗率小于 5%。在育苗及移栽机器人方面，国家农业智能装备工程技术研究中心研发的蔬菜自动嫁接及智能移栽机器人，可针对瓜茄类作物种苗进行嫁接，作业效率达 800 株/小时，已在北京、新疆、海南等地推广应用。在农产品自动分选机器人方面，中国农业大学研发的双通道智能果蔬分选系统和浙江大学研制的水果品质智能化实时检测与分级生产线，均可照国家分级标准对果品的大小、形状、色泽和果面缺陷等外部品质进行自动检测和分级，生产率均达 3～5 吨/小时。

设施农业生产信息自动采集、辅助决策和智能管理水平不断提高。连栋温室环境自动控制技术应用率达到 50%，灌溉施肥自动控制技术达 30%以上。无线传感、智能灌溉、能源管理系统、自动生产物流、作物生长监测等一大批温室生产信息化技术装备相继问世。积极运用 GIS/GPS、信息采集与处理技术、智能控制算法、专家系统、组态技术、GPRS/3G 通讯等技术，实现了设施灌区信息的自动采集，远程传输，不断提高设施节水灌溉与用水管理自动化水平。一批设施智能管理装备得到示范应用，直插式嫁接机器人嫁接作业成功率达到 90%以上，设施农业移动式智能小型植保喷药设备、除草机器人、温室移动机器人等样机开发成功，垄作草莓采摘机器人无损采摘成功率大于 90%。人工光环境调控、水耕栽培营养液精确管理与控制、系统控制与智能化管理等植物工厂关键技术开始在国内试验示范。

2. 基本成效

(1)农业机械化政务管理信息化发展有效提高了农业机械化行政效能，促进了政务公开，方便了群众监督。目前，全国 31 个省级行政区中已有 27 个建立了省级农业机械化信息网。全国农业机械化系统 70%以上的公文实现了电子流转，依托全国农业机械化政务信息直报系统基本形成了上情下达、下情上报、横向互通的农业机械化政务信息报送网络。国家支持推广的农机产品目录申报系统上线运行后，审核一个省份申报目录产品的时间过去的 7～10 天缩短为 2～3 天。依托各级农业机械化信息网推进部、省、市、县四级农机购置信息公开专栏建设，督促地方农业机械化主管部门公开补贴实施方案、补贴额一览表、支持推广目录、补贴经销商名单、操作程序、资金规模、实施进度、受益农户及投诉举报电话等内容，确保群众举报有门、信息畅通。

(2)农业机械化生产管理信息化的发展有力地培育壮大了农机作业服务市场，增强了农业抵御自然灾害的能力，增加了农机手作业收入。“全国农机跨区作业服务直通车”每年发布和配对农机跨区作业供求信息数十万条。由农业部农业机械化管理司与福田雷沃公司联合建立的全国“三夏”跨区作业信息服务中心在“三夏”麦收作业期间每年受理用户来电 12 万多个，其中用户咨询信息 8 万多个、用户求援信息 2.6 万多个，同时呼出电话 8 万多个。一些粮食主产省农业机械化主管部门也积极搭建区域性农机跨区作业指挥调度平台或农机手短信平台，通过信息化手段科学调度机具，促进了农机跨区作业的健康发展。“三夏”期间，安徽省各级农业机械化主管部门充分运用信息化手段科学调度机具，仅用了 6 天时间，就完成了全省 2 000 千公顷小麦的机收任务，实现了“龙口夺粮”。各地农机部门采用信息化手段科学调度机具，有效促进了机具有序流动，大大提高了农机利用率，降低了农业机械化经营成本，增加了农机手收入。

(3)大批智能化农机装备投入农业生产，大幅度提高了机械化作业质量和工作效率。一些运用卫星导航及自动驾驶技术的装备夜间也能作业，提高了机械利用率，缩短了作业期，为农场抢播抢收作出了贡献。利用激光控制平地技术平整土地，劳动时间减少 50%，灌水时间减少 75%；智能型播种机，比一般播种机省种 30%～50%，而且保证了出苗率，并可节省 60%的化肥；精准变量施肥机可提高肥料利用率 40%～50%，粮食产量提高 30%，减少由于不合理施用化肥给环境造成的污染；使用拖拉机自动驾驶导航系统后，农机作业标准化程度大幅度提高，千米直线度误差不超过 2.54 厘米，降低了驾驶员的劳动强度。以温室娃娃为代表的温室环境监测系统，测量精度高且价格低廉，打破了荷兰普瑞瓦、以色列爱尔达等国际知名品牌的垄断，市场份额逐年提高。集成网络技术、视频监控技术、通讯技术等信息技术手段，构建设施作物病虫害预警信息平台，在宁夏等地推广应用，节本增效显著，投入产出比达 1∶98。

3. 存在问题

(1)智能化农机装备研发滞后。智能化农机装备研发技术储备严重缺乏，适用品种少、水平低、而且可靠性差，还不能适应现代农业生产发展的需要；农业机器人技术研究总体上处于跟踪模仿发达国家技术和试验室开发样机阶段，缺乏成熟可靠的商业化产品；农业智能装备数字化设计与测试技术尚未得到广泛应用；设施农业装备智能化水平低，信息化集成难度大，在温室环境控制、人工智能、网络信息技术应用等方面与发达国家存在较大差距。

(2)缺乏统一规划和指导。缺乏全国统一的农机行业信息化发展规划，导致农业机械化生产管理和政务信息化建设缺乏全国统一指导，各地自行建设的系统平台相互间难以实现数据共享，各自为战，缺乏协同，形成“信息孤岛”；由于缺少统筹规划，智能化农机装备研发与全国农业机械化生产管理信息化发展实际相脱节，生产管理信息化缺乏可靠实用的装备技术支撑，智能化农机装备研发过程中网络通讯和信息接口标准不统一，装备协同性、系统兼容性差。

(3)行业信息化建设投入不足。农机行业信息化建设资金仍以政府财政投入为主，不仅资金总量不足，绝大多数省份都缺乏专项资金用于必要的工作经费和各应用系统后期维护升级，而且投资结构不合理，市场机制的力量尚未得到充分发挥，多元化投融资体制机制不完善。不少地区农机信息化基础设施建设滞后。绝大多数省份都缺乏农机行业信息化建设的专门机构和专职人员，现有人才队伍专业知识储备不足，广大农村也严重缺乏使用智能化农机装备、应用农机管理信息系统的实用人才。

(4)行业信息化管理水平不高。很多地区对农机信息化发展重视不够，地区间发展不平衡，建设和管理水平参差不齐；各地很多已建、在建的业务信息管理系统都存在重硬件轻软件、重建设轻管理、重技术轻应用等情况；一些地区的业务信息系统设计缺乏科学规划,设计不合理,对技术前瞻性、系统兼容性、数据共享性等考虑不够;绝大部分农机专业合作社内部管理信息化建设滞后,制约管理效率和经营规模的提高。

三、农业机械化信息化融合发展总体思路、基本原则和发展目标的建议

1. 总体思路

聚焦农业机械化生产和管理实际需求,坚持统筹规划、突出重点、协同推进,促进信息化与农业机械化的深度融合,着力提升农机装备智能化水平,建立健全运转高效、调度便捷的农业机械化生产管理信息化体系和高效透明、快捷便民的农业机械化政务管理信息化体系,加强农机信息化基础设施和服务体系建设,全面提升农业机械化发展质量和效益。

2. 基本原则

(1)坚持政府引导。强化顶层设计,进一步加大投入力度,充分利用政策支持、项目带动、典型示范等手段,鼓励和引导社会力量积极参与。

(2)坚持市场拉动。充分发挥市场在资源配置中的决定性作用,坚持以产业发展和业务需求为导向,充分发挥企业在农机信息化发展过程中的主体作用,积极探索可持续发展机制。

(3)坚持统筹协同。建立高效协调的工作机制,立足当前实际,统筹利用各类资源,把握关键问题,科学设置建设任务,避免重复建设和资源浪费,实现信息资源共建共享、信息系统互联互通、业务工作协作协同。

(4)坚持自主创新。在引进、消化吸收发达国家先进装备技术的基础上,立足我国国情和农业机械化发展实际,切实加强自主研发,逐步扭转关键技术受制于人的局面,努力培育更多具有自主知识产权和自主品牌的智能化农机装备产品,构建完善适合我国国情的农业机械化生产和管理信息化平台。

(5)坚持突出重点。充分发挥信息技术优势,优先发展现代农业生产急需的关键智能化农机装备,优先解决制约农业机械化生产和管理效率提高、质量改进的热点、难点问题。在重点突破的基础上,强化示范带动,坚持循序渐进,促进全面发展。

(6)坚持便民安全。围绕农民群众的迫切需求,突出便民高效,提高服务质量,降低使用成本,强化信息系统和网络安全技术保障,提供广大农民用得上、用得起、用得好的农机信息化技术装备和运行环境。

3. 发展目标

(1)农业机械化政务管理信息化方面。建成全国统一的农业机械化电子政务信息平台,基本满足农业机械化政务应用需要;整合资源,开发农业机械化大数据。进一步完善覆盖农业机械化政务管理和公共服务主要领域的重要政务信息系统,支撑面向农业机械化生产的决策管理和公共服务,农业机械化政务公开水平、依法行政水平和公共服务能力明显提升;基本建成全国农业机械化网络与信息安全技术体系,网络与信息安全保障作用明显增强。

(2)农业机械化生产管理信息化方面。基本建成兼容移动终端、北斗/GPS双模车载终端、PC终端等多种终端的全国农业机械化生产管理信息服务与应急调度平台,并在全国范围内推广应用。推动社会资本针对农业机械化经营主体的个性化需求,开发出品种丰富的内部信息管理和智能决策支持应用软件。信息化应用深度融入农业机械化生产管理与经营中,基于移动终端、PC终端的农业机械化生产管理与经营应用全面普及,农业机械化生产管理信息化体系趋于完善,农业机械化生产管理信息化产业基本成型,相关政策、机制、体系不断完善,科技与人才保障能力明显增强。

(3)智能化农机装备研发和应用方面。在农机自动导航与控制、农机变量作业与系统控制、农产品自动分选、设施园艺生产智能化管理、设施健康养殖等方面形成一批具有自主知识产权、可靠性较高的成熟技术装备,并在规模经营程度比较高的地区推广应用。农业机器人研发突破若干重要的技术瓶颈,形成一批成熟的产品投入农业生产实际应用。推动物联网技术在农机大田作业和设施生产等方面广泛应用。植物工厂关键技术研发与应用水平明显提高。

四、当前农机行业信息化发展应着力加强的几项工作

1. 全面提升农业机械化政务管理信息化水平

完善全国农业机械化电子政务信息平台,强化农业机械化业务应用系统建设,增强网上办公、在线服务、互动交流等功能,进一步推进中国农业机械化信息网与各省农业机械化网站和相关系统之间的互联互通和信息共享。完善农业机械化基础政务信息资源数据库,推动农业机械化政务公开。完善农业机械化电子政务安全保障体系,健全安全评测和信息安全等级保护制度,确保网络和信息系统安全。

(1)在政府网站建设方面。建设以中国农业机械化信息网为龙头,中国农业机械化质量网和农机推广网、农机安全监理网作为信息网的子网的国家级农业机械化政府网站群;加大中国农业机械化信息网在线服务和互动功能建设。建议下步在中国农业机械化信息网改版时,将中国农业机械化质量网和农机推广网、农机安全监理网作为3个子网站,统一纳入规划建设。

(2)在应用系统建设方面。全国性的农业机械化业务系统要逐步实现统一规划、统一标准、统一平台,并且与中国农业机械化信息网实行一体建设和统一管理,逐步实现网络资源和数据资源的共享共用。同时做好与省级相关业务数据交换接口建设和相关接口标准的制定工作。加强信息化新技术整合应用水平,提升农业机械化电子政务信息分析处理能力和应用系统移动端建设,推进各农口部门数据共享。

(3)在数据库建库建设和利用方面。加快建设全国农业机械化数据库中心,建设完善农业机械化基础政务信息资源库,逐步实现政务信息资源的公开共享。要继续完善农业机械化生产、农机维修、农机推广鉴定数据库、农机补贴数据库、农业机械化统计基础指标数据库、农机政务信息资源库,农机安全监理等相关基础数据库。建立确定基础信息采集、更新维护机制,做好农业大数据特别是农业机械化大数据分析、加工和利用等。

2. 大力推进农业机械化生产管理信息服务与应急调度平台建设

(1)加强基础服务数据库建设。以位置服务为核心,建设包括加油站、农机维修点、农机经销点、农机合作社、专业农机户、农机服务机构等在内的基础服务数据库,为农业机械化生产相关的用户提供便利的查询服务。

(2)加强农业机械化作业进度采集系统建设。建设兼容PC终端和移动终端的重点农时农业机械化作业进度信息采集系统。县级信息采集员可快捷向系统输入区域作物种植面积、区域动态作业面积等信息，通过这些信息的汇总处理，可以快速掌握全国农机作业进度动态信息，为各级农机主管部门进行机具应急调度、发布预警信息提供依据。

(3)加强农业机械快捷调度及预警服务系统建设。利用手机定位技术或卫星定位技术，通过获取农机户、农机手的随身手机以及跨区作业农机的随车北斗/GPS终端的位置，进而掌控农机户、农机手和跨区作业农机的具体位置和区域分布，同时结合作业进度信息进行机具饱和预警。

(4)加强跨区作业管理信息系统建设。为跨区作业队提供基于位置服务的机具管理、机手管理、作业管理、财务管理等信息管理服务，让跨区作业队组织者快捷掌握作业队的机具和机手位置、机具属性、机手完成作业量等信息。

(5)加强农机作业市场电子商务系统建设。为农机作业信息供求双方提供基于PC互联终端和移动互联终端的信息发布与查询服务，同时根据农机户、农机手和跨区作业农机的位置信息，实现作业信息与农机信息的智能匹配，并将匹配的作业信息自动推送到农机户、农机手的随身手机上以及跨区作业农机的车载终端上。

3.积极推进农业机械化经营管理信息化建设

(1)加强农机专业合作社管理信息系统建设。针对以维修和作业中介为主、以提供一个或多个环节作业服务为主、以土地托管为主、以承包土地自主生产为主等多种类型或混合类型的农机专业合作社，鼓励社会力量开发出针对性强、品种丰富的农机专业合作社管理信息系统。

(2)加强农业机械装备最优配置决策支持专家系统建设。基于区域自然条件、农艺模式、经营规模、人力资源、机具资源等要素约束，为种植大户、农机专业合作社、各级农机主管部门等主体提供技术模式选择、机具选型、本区域(农场)农机装备最优配置或机具作业日程最优安排的智能决策支持。

(3)加强农机装备常见故障诊断知识数据库及专家系统建设。建设基于多媒体技术的主要农机装备常见故障知识数据库，并建设初步的农机装备常见故障专家诊断系统。

(4)加强农业机械化技术数据库建设。建设基于多媒体技术的农业机械化技术数据库，为农机户、农机专业合作社等农业机械化作业主体提供技术查询服务。

4.努力加强智能化农机装备研发与应用

加快组建以企业为主体、产学研密切协作的智能化农机装备技术创新战略联盟。开展农业信息快速获取技术与农业智能传感器研究，开展基于北斗卫星导航系统的定位与导航控制技术装备研究，开展农机物联网技术研究，开发大田作物全程智能化农机精准作业装备。研发基于物联网技术的设施环境远程监测与自动控制系统，实现设施生产全过程自动化控制。加快农业机器人关键部件设计理论和方法研究，形成一批具有自主知识产权的成熟产品。积极发展农机物联网技术，开展现代农业装备作业参数信息获取与智能控制一体化、农机协同作业技术研究，完善农机作业智能监控与管理服务平台系统。在黑龙江和新疆垦区开展农机物联网集成技术示范。在黄淮海及长江中下游粮食主产区，以大型农机合作社为依托，开展主要农作物全程机械化精准作业集成装备技术示范。在有条件的地方建设国家级或区域性设施农业信息化技术示范中心。

五、农机行业信息化发展需进一步加强的保障措施

1.加强组织领导，做好顶层设计

农业机械化信息工作是农业机械化工作的重要组成部分，要将推进农业机械化电子政务作为贯彻落实党的"十八大"精神的重要举措，牢固树立信息化引领支撑现代农业发展的观念，加大农业机械化与信息化融合进程。成立全国农业机械化信息化领导小组，统筹协调农业机械化行业信息化工作，研究制定农业机械化电子政务发展战略和规划，推进信息化基础工作，为整合农业机械化电子政务资源、信息共享和业务协调协同铺平道路，以推动信息技术在农业机械化发展中的广泛应用，有效提高农业机械化电子政务水平。

2.加大投入力度，确保建设质量

建立健全投入保障机制，逐步形成稳定的农机信息化投资渠道。充分利用现有各类资金渠道开展农机信息化建设，加强项目前期调研和方案策划，积极争取发展改革部门支持农机信息化基础设施建设，争取财政部门支持设立农机信息化专项工作经费，确保相关工作正常开展。建立健全农机信息化工程项目和资金统筹机制，切实避免重复投入，提高资金利用效率。充分调动大型骨干农机企业、电信运营商、IT涉农企业、科研院所等社会力量的积极性和主动性，逐步形成政府引导下的投资主体多元化、运行维护市场化，合力推进农机信息化的良好局面。利用好农机购置补贴、作业补贴等政策，对农民群众购置先进适用的智能化农机装备产品加大补贴力度，鼓励农机合作社运用智能化农机装备组织作业。

3.鼓励协同创新，加强试验示范

进一步加大支持力度，加快组建农机行业信息化技术创新战略联盟，支持产学研用协同创新与联合攻关，鼓励建立省际科研及创新基地，培养科研领军人才和创新团队。充分利用各类培训资源，强化对基层农业机械化行政管理人员、农机合作社及农机手的培训力度，不断提高应用主体的信息素养。各地农业机械化主管部门要积极鼓励当地农场、农机合作社、农机大户等积极示范应用现代信息技术，着力探索适合当地实际的农机信息化发展模式和可持续发展机制，打造一批农机信息化发展典型。充分发挥先进典型的引领和示范作用，带动全国农机信息化水平整体提升。

4.重视标准建设，维护信息安全

加快研究制定农机行业信息化数据标准、技术标准、服务标准、安全标准等相关标准体系，建立健全相关工作制度，大力推进标准应用和实施，夯实信息系统互联互通基础。加强网络与信息系统安全基础设施建设，强化信息网络监测、管控能力建设，提高风险隐患发现、监测预警和突发事件处理能力。要强化安全防护设施同步规划、同步建设、同步运行，确保农机信息化网络和重要信息系统安全。

(特别感谢课题组成员宋英、朱礼好、董洁芳、王扬光、崔敏、王明磊、蒋纪楠、张传胜等对本研究所做出的贡献。)

(第一作者单位：农业部农业机械试验鉴定总站；文献来源：《中国农机化学报》，2017年第8期)

耕作技术与农业绿色发展

王国占

我国具有5 000年的农耕历史，素以“精耕细作”闻名于世。随着农业现代化的快速推进，我国正处于传统农业向现代农业转型的关键时期。然而，受我国国情、资源禀赋和传统农耕文化影响，不同区域的耕作制度和生产习惯差异大，传统耕作技术和现代耕作技术并存。先进的耕作技术能够改善农田土壤结构，提升地力，减少环境污染，促进粮食稳产、增产，实现农业绿色发展。不合理的耕作技术重用轻养、作业粗放，化肥施用量大，造成土壤结构破坏、耕层变浅、有机质下降、农业面源污染加剧等。截至2014年，我国退化耕地面积占耕地总面积的40%。

农业绿色发展是建立在生态环境容量和资源承载力有限条件下，将环境保护作为实现可持续发展重要支柱的一种新型发展模式。农业资源和生态环境是农业生产的重要物质基础和条件，其合理的开发利用有利于我国农业的绿色发展。耕作技术作为农业生产中重要一环，涉及农业资源节约、投入品的合理施用以及机器系统的优化配置，其先进性、适用性与农业绿色发展息息相关。

党的十八届五中全会提出“创新、协调、绿色、开放、共享”五大发展理念，绿色发展在五大理念中占有核心地位，是关系未来的长远大计。由于我国农业耕作制度差异大，各地的机械化发展也不均衡，因此需要因地制宜，针对不同区域特点，提出现代土壤耕作技术的构建方法，形成不同土壤类型、适应不同种植结构的合理耕作方式，系统解决土壤耕层“浅实少”、有机质分布不均等问题。即：从农业生产的技术供给端入手，改进农业技术装备条件，提升耕作质量，依靠科技进步促进农业绿色发展。

一、耕作技术与农业绿色发展的基本内涵

绿色农业是以维护和建设产地优良生态环境为基础，以绿色生产为核心，以协调人与自然关系为重点，充分利用先进科学技术、先进农业装备和先进管理理念，以促进农产品安全、生态安全、资源合理利用和提高农业综合经济效益的协调统一为目标，以倡导农业标准化为手段，推动人类社会和经济全面、协调、可持续发展的农业生产模式。

2016年中央一号文件强调，要“加强资源保护和生态修复，推动农业绿色发展”。绿色农业发展已成为农业“调结构、转方式”的必然要求。一方面，绿色农业要求有良好的作物品种与生长环境、新鲜的空气、洁净的水源以及肥沃的土壤，其生产过程要求清洁化，产出的农产品无污染、无公害，农业资源环境是可持续；另一方面，绿色农业与传统农业并非是对立的，而是与传统农业和现代农业的有机结合，是以高产、高效、生态、安全为目标，要求在农业生产过程中具备机械化、信息化、智能化。

耕作技术是指通过农机具的机械力量作用于土壤，以调节土壤水分、空气、温度和养分状况的农业技术措施，是世界上最早发展和实现机械化的农田土壤管理技术。我国的机械化耕作主要分为耕层构建、表土处理、播种施肥和中耕管理，内容包括保护性耕作、深松、深翻、犁翻、旋耕、秸秆还田、残膜回收、激光平地、耙地、镇压、作畦起垄等技术。耕作技术是农业生产和机械化技术中最为关键的一个环节，不仅关系到农作物栽植和产量，也涉及土壤保育、水资源节约、农业投入减量和作业成本降低等多方面，在绿色农业发展中起基础性、长期性、先导性作用。

针对不同地区不同作物，选择合适的耕作技术，能够实现肥沃土壤、降低成本、增产增效的目的。科学的耕作技术能够合理调整耕层三相比，改善土壤结构，调节土壤微生物活性，为农作物生长创造良好生态环境。秸秆还田是秸秆综合利用的最直接最经济的途径、能够增加土壤有机质含量、降低化肥施用量；覆盖减耕能够节约农业用水，防止土壤侵蚀、冲刷；间隔深松可打破犁底层、创造深厚的耕层有利于蓄水保墒；深翻农作物秸秆根茬和肥料深施，能够提高土壤有机质和肥料利用率；精量免耕播种能够减少作业工序、降低能源消耗；旋耕作业动力要求低，操作简便、作业效率高，作业成本低；激光平地可大幅度减少农田用水量等。由于机械化耕作技术模式多样，农民在选择过程中往往更多考虑的是技术的经济性和作业效率。因此，全国无论土壤类型、水田旱田、丘陵平原大都采用旋耕、翻松、免耕及其他耕作方式，没有优化组合，连年旋耕作业导致耕层变浅；秸秆还田无参照指标，秸秆覆盖地表增加了农田草害、虫害的风险，农药施用量增加；在种植模式上，农机、农艺脱节，玉米种植平作、垄作缺乏科学的系统论证，农药、化肥等化学品的大量使用，农业可持续发展压力增大。

农业绿色发展是我国农业未来发展的方向。不同的耕作技术对农业绿色发展有不同的影响，耕作技术模式的合理性与水平高低是农业绿色发展的关键。绿色农业直接关系机械化机器系统的配置，也是机械化耕作发展的本质要求，两者相互依存、相互促进。近几年，虽然我国农业机械化程度有了大幅度提高，机械化耕作已基本实现，但技术水平仍然很低，不同区域、种植制度的机械化耕作模式尚不完善，轻简化、集成化、标准化技术缺乏，能耗高、资源利用率低。因此，必须通过研究不同耕作方式对土壤结构和作物生长的关联影响，根据我国各农业区域特点合理选择耕作方式，才能实现农业绿色发展和促进农民增收。

二、耕作技术促进农业绿色发展现状

我国耕作技术发展历史悠久。自然经济时期，传统耕作技术发展缓慢，只能依靠人力、畜力完成耕作，农民一般将收获后的作物秸秆用于饲喂牲畜、炊事燃柴、搭盖房屋等、农家肥还田，基本实现物尽其用，体现了我国传统农耕文化的精髓。传统的耕作模式，对缓解人多地少的矛盾起到巨大的作用。

新中国成立以来，我国机械化耕作技术发展大体经历了

3个阶段。

第一阶段，1949年中华人民共和国成立后至改革开放前。随着国民经济建设的全面展开，以空前的规模开垦荒地和开展土地改良，通过扩大耕地面积提高农作物产量，随着“大跃进”的展开，全国出现了毁林开荒、开垦草地、围垦湿地、湖区，耕地面总体上虽呈现扩大的趋势，但农田生态环境遭到了的损坏，农业的耕作系统处于变革初期阶段。当时，机械化耕作主要以履带拖拉机深翻作业为主，作业模式单一，农家肥施用量大、化肥用量小，除草主要依靠人工，单位面积产量低。

第二阶段，改革开放以后至20世纪末。农村实行家庭联产承包经营，农民逐渐购买小型农业机械，大型农业机械逐步退出，农田耕作大部分以旋耕为主，部分采用铧氏犁翻耕，耕层底部因犁体多次挤压形成了坚硬的犁底，严重影响作物根系的下扎、地下水分的上升和降雨后的蓄水，化肥农药用量逐年加大，水资源日益紧张，农田生态系统退化，农业可持续发展遇到瓶颈。

第三阶段，从本世纪初开始，我国北方地区推广保护性耕作。通过引进消化吸收国外技术，集成创新适应不同类型旱作区、具有中国特色的保护性耕作技术，基本满足了我国北方地区土地经营规模小、经济条件较为落后的农业生产技术需求。保护性耕作与以往传统的耕作方式相比，主要的不同点是对农田实行免耕或少耕，把作物秸秆残茬覆盖地表，使用免少耕播种机播种，采用除草剂与浅松机具来清除杂草，可以有效地防止水蚀、风蚀，从而达到保护耕地和农业生态环境的目的。2016年，我国保护性耕作面积已达10 266.67千公顷，并形成了东北平原区、东北西部干旱风沙区、西北黄土高原区、西北绿洲农业区、黄淮海两茬平作区、华北长城沿线区等六大类型区保护性耕作技术模式，并配以深松深翻、秸秆还田等技术，耕作技术进入了创新和全面发展的阶段。

据河北省的监测数据，该地区实施保护性耕作技术与秸秆还田技术后，覆盖在地表的秸秆残茬起到了缓冲和吸附水分的作用，有效降低地表径流60%左右，提高土壤含水量6.3%以上，减少水土流失13%以上，每亩节省灌溉用水约4 000立方米，有利于保护和节约水资源，提高农田保墒抗旱能力；秸秆分解后有利于培肥地力，平均增加土壤有机质含量0.3～0.5克/千克；免耕、少耕播种减少了作业工序，简化了生产流程，平均节约农机作业费用420元/公顷，灌溉费用225元/公顷，平均增产330千克/公顷左右，有力地促进农业增产和农民增收；有效抑制了秸秆焚烧与大风扬沙的现象，减少了农田环境污染，具有明显的生态环境保护作用。

近几年，随着国家对大气污染防治力度的加大，国家相继出台了秸秆综合利用试点项目，一些省份也围绕秸秆禁烧、秸秆离田还田进行了政策扶持，江苏省政府秸秆还田投入资金达8亿多元/年。同时，农业系统主动应对农业气候变化和可持续发展问题，实施了农田有机质提升项目，鼓励开展农作物腐熟还田和过腹还田；实施了西北旱作农业技术推广项目，对双垄沟播耕作进行补贴；中央财政在农机购置补贴中安排一定比例资金用于农机深翻作业补贴。2016年，围绕“一控两减三基本”，农业部还开展了果蔬茶有机肥替代化肥行动，农田休耕轮耕补贴等，国家和地方各个层面都加大了耕作技术方面的投入，农业绿色发展的态势越来越好。

但从全国范围来讲，农业绿色发展对不同农业区域、土壤类型、种植制度对耕作方式的需求不同，应对的技术模式和政策需要区别对待，不能搞“一刀切”和“单打一”。目前，东北黑土地创新与利用创新联盟正在研究适宜保护性耕作的适宜区域，以积温和降雨量来划分耕作模式；西北地区也在试验地膜覆盖与秸秆覆盖的经济生态差异，在推进机械化残膜回收的同时，寻求更为科学的耕作方式；黄淮海地区，正在试验一季免耕还是周年多年免耕，实行多年间隔深翻、深松、旋耕、免耕组合模式，扩大保护性耕作应用；南方两熟制地区已经从轻简化、清洁化考虑农业生产的工艺系统，在秸秆直接还田、腐熟还田、免耕栽培、间套作等方面开展了多种耕作技术试验示范；西南丘陵山区，围绕有机肥施用、水土保持、农田整治也在探索高效率、低成本的机械化耕作模式。因此，应该从宏观、中观、微观3个层面来统筹，充分调动政府、企业、农民3方面积极性，系统解决耕作技术与农业绿色发展中的关键问题和矛盾。通过体制机制和科技创新，推动耕作技术与绿色农业协调发展，提高资源利用效率，使耕作技术在农业绿色发展发挥更大作用。

当前，耕作技术与农业绿色发展中存在的主要障碍和问题：一是研究基础薄弱。基础数据积累不够，土壤、作物和机器互作机理研究不足，现代农业生产工艺设计理论缺乏，原创性重大突破少，难以满足我国地域多样性、作物多元化、农艺复杂性和农业绿色发展的需求。二是农机农艺融合不够，在秸秆还田、病虫害防治、土肥利用、精量播种等方面的配套技术尚有欠缺。三是自主创新能力弱。农机企业对耕作机械质量的提高、自主研发创新能力建设上投入力度较小。四是地区发展不平衡。我国农机购置补贴政策多向大中型高性能机械倾斜，而小型机具补贴受限，这就使得新疆、东北等地区的机械化耕作技术水平远高于西南丘陵山地地区。小型耕作机械的匮乏使得西南等地耕作技术发展缓慢，土壤理化结构不合理、缺少有机质，甚至出现盐碱地而无法继续耕种，造成土地资源的浪费。五是农民在耕作环节上不科学施肥现象仍比较普遍，中耕管理施肥少。六是不同农业区域与不同作物的秸秆还田量尚未明确定量，不合理的覆盖量增加了农田病虫害、草害潜在的成灾风险等。

三、耕作技术推进农业绿色发展的措施

“农业的根本出路在于机械化”。农业机械化是农业现代化的重要基础，是提高农业质量效益和竞争力的必然选择。以绿色发展新理念，提升农业机械化的耕作技术水平是一项系统工程，需要从我国农业长远发展的战略高度统筹谋划，综合施策，分区域、分步骤加以推进。

1.加强应用基础研究

“先进技术进步必须有先进的理念和理论指导”。围绕农业绿色发展，转变发展观念，积极争取国家科技项目对机械化耕作技术研究的支持，开展不同耕作方式对土壤质构和作物生长的关联影响研究，阐明机器与土壤、作物互作机理，研究机械化耕作技术体系构建和评价方法，为提出不同区域、不同土壤类型，适应不同种植结构的合理耕作方式奠定理论基础。

2.加强技术创新

以农机化技术骨干牵头，广泛吸收土壤、栽培、水肥、植保等多方面专家，通过加强农机农艺融合、产学研推结合，提出并完善适合各农业区域特色的机械化耕作模式与技术体系，研究制定机械化耕作技术标准和农艺规范。同时，围绕当前和今后

一个时期耕作技术的重点和难点问题，加强适宜我国国情的质优价廉的省时、省力、节能的耕作机械研发，实现关键技术与装备重大突破，不断优化机器配置系统。

3. 加大国家投入

根据区域性差异的特点，分区域开展耕作技术集成研究与示范，加强保护性耕作示范基地建设。以保护性耕作技术为基础，以现代土壤耕作技术推广为重点，丰富技术内容，创新推广方式，引导社会力量参与，充分调动农机生产企业、农业龙头企业、合作社积极性。同时，加强技术培训，注重培养基层推广人才，引导现代农业产业技术体系、科研院所、大学，多渠道开展技术推广活动，加快科技成果转化步伐。

4. 加强宣传力度

针对我国处于由传统农业向现代农业的过渡期，传统耕作理念根深蒂固，部分地区农民对耕作技术意识淡薄，要加大宣传力度，使农业经营者转变观念，让农业生产的生态保护意识深入人心，让绿色生产、安全生产贯穿于整个农业生产，形成技术、环境、经济的和谐、可持续发展。绿色发展关乎千秋万代，绿水青山就是金山银山。加快制定绿色农业发展与机械化耕作技术的相应政策，正确把握政府引导和农民主体地位关系，为绿色农业的推行提供法律法规支撑，建立发展机械化耕作技术的长效机制。

四、结语

土壤的肥力是有限的，不合理的机械化耕作、对土壤掠夺式生产只会降低耕地质量，轻则破坏土壤结构、降低肥力，重则出现土壤沙化、石漠化。发展绿色农业的重要目标之一是可持续发展，可持续发展的重要条件是要有好的土质，对于土质的恢复除休耕外，还应采用适宜的耕作方式。在继承和发扬传统农业精耕细作基础上，改革传统耕作的弊端和缺陷，以保护性耕作为基础，借鉴保护性耕作技术研究、示范和推广的经验，以新发展理念，针对不同区域、不同作物、不同种植制度，逐步构建和完善现代土壤耕作技术体系，对于实现农业绿色发展、调整农业结构和增加农民收入都具有十分重要的意义。

（王国占，农业部农业机械化管理司；文献来源：《中国农机化学报》，2017 年第 8 期）

“改地适机”是丘陵山区农机化发展的治本之策

刘小伟

经营适度规模化、生产全程机械化，是当前和今后一个时期我国农业现代化发展的主攻方向，在用工成本高企的今天，规模化、机械化这两者互为条件、相互促进。同品质农产品的核心竞争力在于更低的成本，否则相关产业难免萎缩之势。人们使用机械的根本动力在于相比人工获得更高劳动生产率和取得更好的经济效益，企业研发制造新型农机的根本动力在于有好的市场预期、投资回报。在这些市场化机制面前，平原地区如此，丘陵山区也不具有特殊性。

我国丘陵山区地貌占比大，粮油糖作物也有不小比重，更是果桑茶等特色作物主要产地，农业发展对于满足当地粮食自给、特色产业增收具有重要意义，因此全国农业现代化不能忽视丘陵山区。作为农业降本增效的直接手段，丘陵山区迫切需要农业机械化。此前，很多人认为只要研发推广各类小型耐用的机械，再加大些机耕道建设力度，丘陵山区机械化问题就迎刃而解，但事实证明，“以机适地”是治标之策，建机耕道也只能缓解地块外的通达问题，丘陵山区农业机械化仍存在很多问题。

一、丘陵山区农业机械化存在的问题

1. 农机装备水平低

丘陵山区农机研发难、利润薄、单型号机具市场规模小，有实力的农机企业不愿涉足，缺乏高质量的农机装备供给。就丘陵山区保有量最大的微耕机而言，虽然基本做到每户一机，但微耕机的效率低、震动大，解放了牛，没解放人，四千元左右的机器用上几年就不能用了，既没起到提高劳动生产率的作用，从长远来看也会造成很大程度的资金浪费。

2. 农机作业水平低

这些年，我国平原地区农业机械化突飞猛进，而丘陵山区机械化仍然发展缓慢。虽然通过发展微耕机基本普及机耕，但多数地区机种、机收环节没有大的进展，综合机械化率与平原地区的差距普遍在 30 个百分点以上。

在丘陵山区，农民有自给自足的种植习惯，除了微耕机及茶叶采摘机械，其他机械的应用情况乏善可陈。前人通过对丘陵山区县的问卷调查发现，约一半的县级农机部门预测，未来 10 年内，现有地块条件下，当地综合机械化率每年只能提高 1 个百分点左右，丘陵山区机械化之路任重道远。

3. 农机社会化服务水平低

现阶段我国丘陵山区的农机社会化服务体系尚未建立，服务效果不佳。近年来，农机服务组织偏好用大中型机械在平坝相连地块服务，俗话说的“开农机打转的鸡窝地”，出高价也难以获得相应服务。

二、推进丘陵山区农业机械化的对策

1. 重庆改地适机的实践经验

“以机适地”为主的工作思路并不能解决现阶段丘陵山区农业机械化面临的问题，“改地适机”才是治本之策。

2015 年起，重庆市已实现了工作思路的大转变，基于多类型地貌开展了可行性试验，利用财政资金引导规模经营业主开展耕地宜机化改造 4 000 公顷。总体看，试点工作取得了初步成功，主要表现在：第一，立地条件迅速改善，改造地块坡度变缓、作业死角减少、机械行进路线拉长，农业生产机具从使用微耕机为主，升格为使用大型拖拉机、种肥同播机、多种收割机机型，这些装备之前仅在黄淮海平原地区使用；第二，多方农民受益，田埂减少增加了可用耕地面积，机械化的高效带来了业主用工成本的显著降低，原本撂荒的耕地因为宜机化，增加了流转的价值，地方特色作物产业化有望提速；第三，探索出可复制的长效机制，一次性耕地宜机化改造地貌条件不恶劣的地块，用时 2 个月，成本约 30 000 元/公顷，摊到 10 年，每年3 000～4 500 元/公顷，辅以适当补助，基本可做到“当期可承受，未来可持续”；第四，实施效果立竿见影，很多规模经营业主观摩现场后，参与积极性高，有利于推广。

2. 充分利用宜机化改造的利好条件

现阶段，推进丘陵山区耕地宜机化改造有诸多有利条件。第一，各类规模经营主体增多，其眼光相对长远，充分认识到未来用工难、用工贵的事实，希望通过机械化作业降低成本，宜机化改地的愿望迫切；第二，挖掘机等工程机械保有量充足，改地的成本和改地的效率可控；第三，有机质培肥、土地深松等循环农业技术比较成熟，可迅速恢复地力，改地后可做到不降产量；第四，地方政府统筹使用高标准农田建设等相关涉农资金的自主权加大，宜机化改造获得资金支持的可能性高；第五，土地确权逐步到位，地方一户一块田的土地互换、联耕联种、确股不确地等模式探索成功，农民因担心没有明确界线而失地的顾虑减少，以规模经营主体、村集体（村小组）为单位，先易后难，先旱地后水田，集中连片的宜机化改造可行性增强。

三、结束语

丘陵山区农民具有自给自足的种植习惯，随着怀有土地情结的老一代农民干不动了，而机械化的生产方式又发展不到位，经济价值不高的传统作物种植业将会萎缩、凋敝，果桑茶的竞争力也会被削弱。“改地适机”是能够切实推进丘陵山区机械化的治本之策，乃百年大计。在拥有更多适宜机械化作业耕地的基础上，解决无机可用、有机难用、社会化服务不发达等问题会容易得多。

没有耕地的宜机化，就没有丘陵山区的农业机械化、农业现代化，重庆的实践经验值得国内其他类似地区推广复制。通过解放思想、统一认识、合力推进、久久为功，期望重庆“改地适机”的星星之火可以在同类型地区呈燎原之势，实现丘陵山区农业机械化的跨越式发展。

（刘小伟，农业部农业机械化管理司；文献来源：《中国农机化学报》，2017 年第 7 期）

中国蔬菜产业转型升级对策探讨

张真和

一、全国蔬菜产销概况

1. 蔬菜总量有余品种丰富

据国家统计局数据，2015 年全国蔬菜和瓜果的总播种面积约 25 000 千公顷，总产量 8.84 亿吨。其中蔬菜约22 000 千公顷，产量 7.85 亿吨（图 1）；瓜果 2 549.53 千公顷，产量 9 895.5万吨。

据农业部蔬菜生产信息体系监测数据，2016 年蔬菜播种面积 23 131.3 千公顷，总产量 8.25 亿吨，同比分别增长 0.6%和 0.3%。其中设施蔬菜播种面积 4 973.1 千公顷（图 2），产量 2.62 亿吨，同比分别减少 5.7%和 5.1%。据上述监测数据和西甜瓜产业体系预计数据匡算，2016 年全国蔬菜瓜果总产值首次突破 2 万亿元，同比增长 13.8%；瓜菜人均占有量 664.4 千克，其中蔬菜人均占有量 596.4 千克（图 3），而且品种丰富，应有尽有。但是，依然存在着季节性、区域性和品种结构性不平衡，供给侧结构性改革仍需强力推进。

预计今后若干年，新型现代蔬菜经营主体将进入快速发展期，蔬菜产业规模仍将保持小幅增长势头。

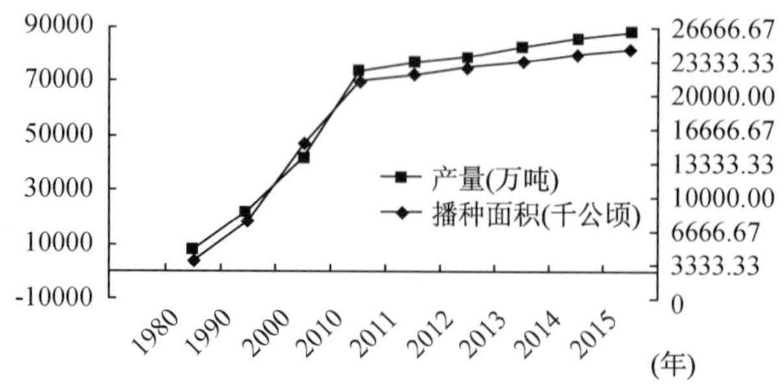

图 1 全国蔬菜和瓜果产量及播种面积

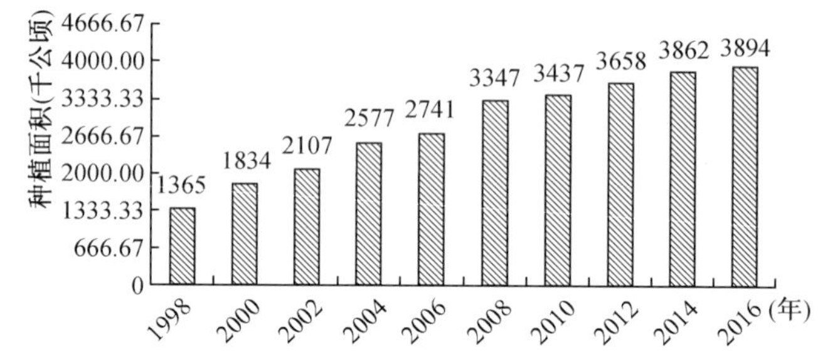

图 2 全国设施蔬菜种植面积

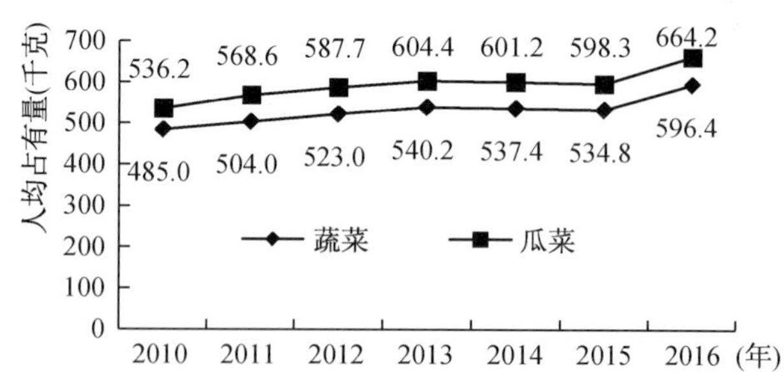

图 3 2010—2016 年全国蔬菜人均占有量

2. 近 22 年各种瓜菜增幅大

1994—2016 年，绝大多数蔬菜的播种面积累计增幅在 1～11 倍、年均增幅在 5%～12%，产量累计增幅在 1～12 倍、年均增幅在 5%～13%（表 1）。

3. 农残合格率总体保持良好

2008 年以来，全国蔬菜农药残留的例行抽检合格率已经连续 9 年稳定在 96%以上（图 4）。这表明，我国蔬菜的农残合格率总体保持良好，质量安全还是有保障的。

表1 1994年与2016年蔬菜播种面积和产量比较

种类	播种面积(千公顷)		年均增长率(%)	产量(万吨)		年均增长率(%)
	1994	2016		1994	2016	
辣椒	411.33	2 139.60	8.2	910.5	6 472.3	9.8
西瓜	867.20	1 870.67	3.7	1 713.2	7 755.0	7.5
大白菜	571.33	1 845.33	5.7	3 034.0	8 493.3	5.0
普通白菜	297.07	1 363.27	7.5	756.2	3 462.9	7.5
番茄	253.20	1 361.00	8.3	1 084.3	7 686.1	9.8
黄瓜	266.13	1 214.00	7.5	1 256.1	6 789.5	8.4
萝卜	358.80	1 111.13	5.5	1 216.4	4 362.9	6.3
大蒜	281.20	959.80	6.0	493.9	1 998.0	6.9
茄子	212.67	869.80	6.9	758.9	3 714.6	7.9
结球甘蓝	253.60	829.73	5.8	880.4	3 235.1	6.4
菜豆	159.27	691.53	7.2	359.5	1 853.1	8.1
芹菜	132.13	684.13	8.1	617.0	2 962.6	7.8
菠菜	105.53	613.33	8.7	324.0	1 574.9	7.8
豇豆	116.13	611.00	8.2	261.6	1 705.0	9.3
大葱	142.60	602.60	7.1	563.0	2 438.0	7.2
莴苣	121.00	575.13	7.7	347.1	2 007.8	8.7
甜瓜	168.47	486.00	5.2	305.7	1 610.0	8.2
胡萝卜	100.40	437.00	7.3	305.3	1 649.9	8.4
韭菜	124.40	411.60	5.9	473.6	1 457.4	5.5
花椰菜	79.60	402.80	8.0	231.2	1 268.2	8.4
莲藕	27.33	337.40	12.7	103.8	904.8	10.9
冬瓜	61.87	323.73	8.2	265.0	1 527.1	8.7
南瓜	56.40	253.87	7.4	176.4	776.0	7.3
芥菜	113.00	228.27	3.4	351.5	700.4	3.3
姜	39.60	212.00	8.3	97.3	758.0	10.3
蕹菜	42.73	182.93	7.2	148.5	488.8	5.8
芋	66.00	155.00	4.2	111.2	395.6	6.2
丝瓜	12.67	135.07	11.9	39.7	465.8	12.4
苦瓜	21.73	132.33	9.0	52.4	380.6	9.9
洋葱	91.60	108.40	0.8	302.4	496.0	2.4
草莓	15.40	93.93	9.0	29.6	393.5	13.1
其他	1 144.93	8 034.47	9.7	1 118.1	6 509.2	8.8
合计	6 715.20	29 276.87	7.3	34 672.5	24 7847.0	9.8

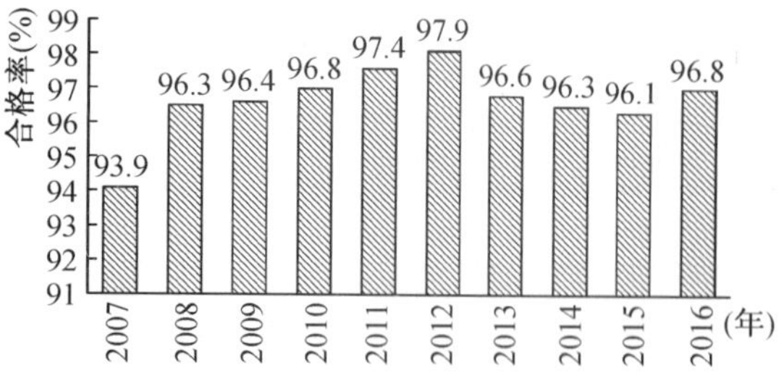

图4 2007—2016年蔬菜质量安全例行监测合格率

4.市场供应均衡度尚好

2013年以来，全国气候变化较大，加之蔬菜产业抗灾生产能力不足，以及大量菜农尚未充分认准生产自己应有的优势产品，盲目跟着市场价格跑，蔬菜市场价格波动较大。首先是这期间经历了两个暖冬年（2013—2014年冬春和2016—2017年冬春）、一个冷冻年（2015—2016年冬春）和一个气候超常好年景（2014年），从而出现了36个蔬菜产品2014年的年均价比2013年下跌了11.9%，2016年的年均价在2015年恢复性上涨10.5%的基础上再涨12.3%，且2月的月均价达到创历史的7元/千克（图5），可是2017年1—3月月均价，除1月同比涨4.5%外，2月和3月同比分别下跌21.7%和26.8%（图6）。若是2017年度气候明显好于常年，那么2014年蔬菜价格全年低迷的情景又将重现。

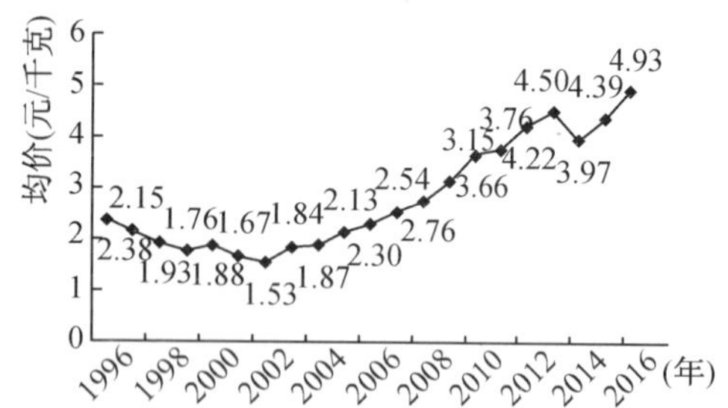

图5 1996—2016年36个蔬菜产品年均价变化

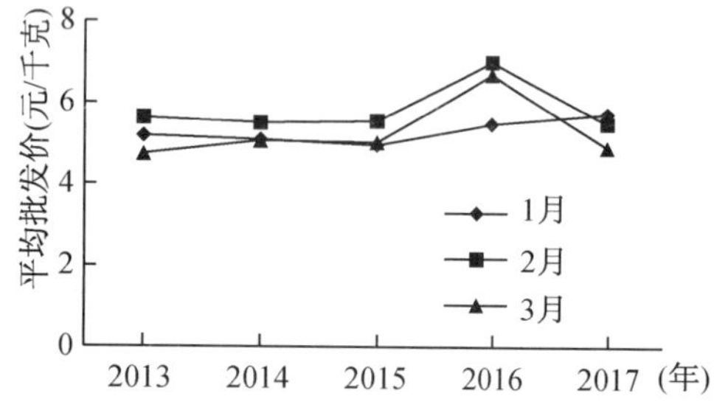

图6 2013—2017年36个蔬菜产品1—3月均价变化

不过，尽管如此，2013年以来，每年淡旺季蔬菜价格的波动幅度大多在0.5～0.7倍，即便是波动幅度最大的2016年也不足1倍（图7和表2），周年供应的均衡度仍属尚好水平，并且12月至翌年4月的月均价都相对稳定运行在较高的价位区间（图8）。

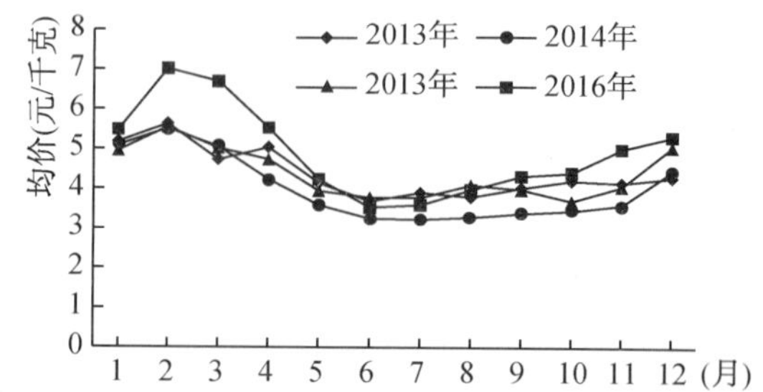

图7 2013—2016年36个蔬菜产品月均价变化

表2 蔬菜价格波动幅度比较（1996年及2012—2016年）

年度	波动幅度	1996年	2012年	2013年	2014年	2015年
1996	1.2					
2012	0.8	−0.4				
2013	0.5	−0.7	−0.3			
2014	0.7	−0.5	−0.1	0.2		
2015	0.5	−0.7	−0.3	0.0	−0.2	
2016	1.0	−0.2	0.2	0.5	0.3	0.5

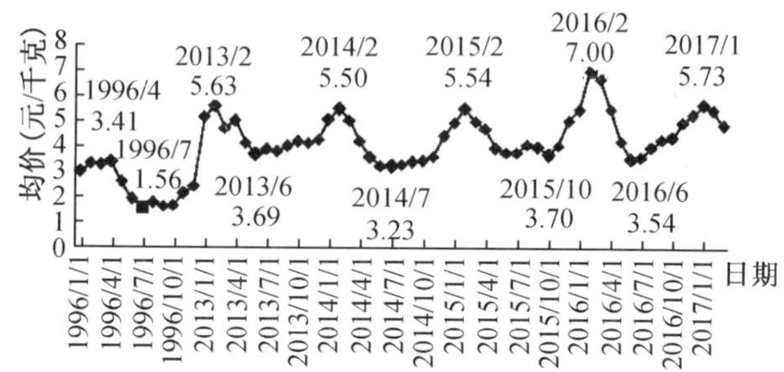

图8 36个蔬菜产品季度均价走势（1996年及2013—2016年）

5.国际贸易保持大顺差

世界金融危机以来，蔬菜进出口贸易顺差总体呈波动增长之势，仅在2012年和2015年出现了同比负增长的情况，近4年一直保持110亿美元以上的顺差（图9和图10），在平衡我国农产品国际贸易中的作用十分突出。

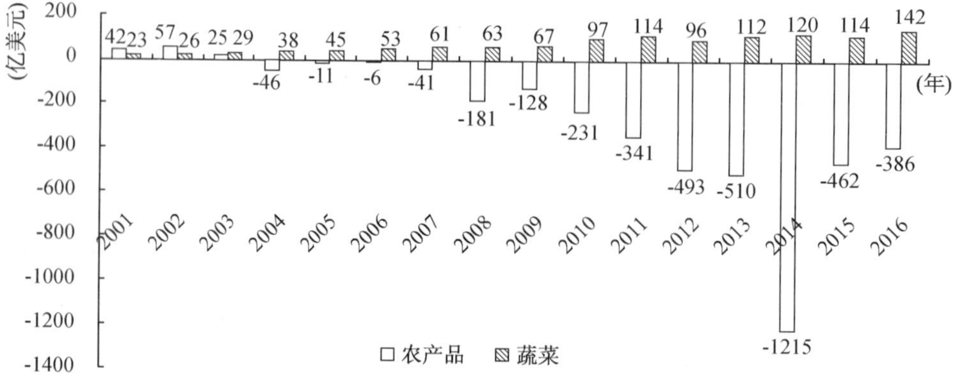

图9 2001—2016年农产品及蔬菜的国际贸易顺差

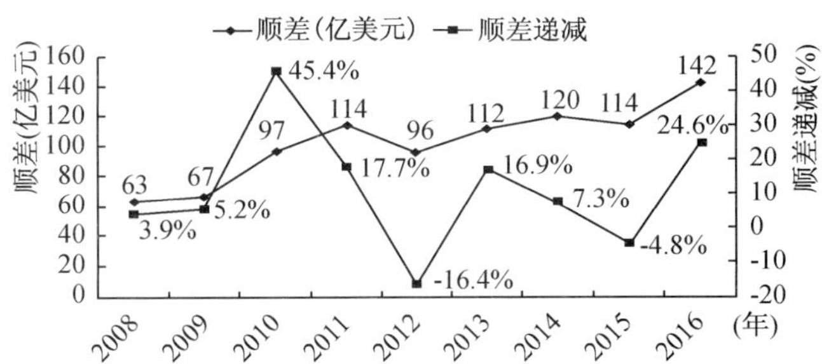

图 10　2008—2016 年蔬菜的国际贸易顺差及其增幅

二、中国蔬菜产业的国际比较

1. 生产规模世界无与伦比

由表 3 和表 4 可知，2014 年，在 FAO 统计的各国蔬菜收获面积≥667 千公顷和产量≥1 000 万吨的国家中，中国内地的蔬菜生产规模无与伦比，分别占世界蔬菜收获总面积的 24.6%、总产量 32.1%；比位居世界第二的印度收获面积多 1.4 倍、产量高 2.7 倍。

表 3　2014 年各国蔬菜收获面积及其占比（≥666.67 千公顷）

地区	收获面积（千公顷）	占比（%）
全球	96 630.13	100.0
中国内地	23 780.53	24.6
印度	10 049.33	10.4
尼日利亚	9 242.87	9.6
埃塞俄比亚	1 267.67	1.3
印度尼西亚	1 228.67	1.3
土耳其	1 205.67	1.2
越南	1 201.53	1.2
科特迪瓦	1 119.73	1.2
阿曼	1 083.73	1.1
俄罗斯	975.2	1.0
美国	889.8	0.9
伊朗	850.4	0.9
喀麦隆	827.93	0.9
埃及	808.27	0.8
墨西哥	788.73	0.8
菲律宾	754.53	0.8
加纳	731.27	0.8

注：表中的数据来源于 FAO

表 4　2014 年各国蔬菜产量及其占比（≥1 000 万吨）

地区	产量（万吨）	占比（%）
全球	184 008.9	100.0
中国内地	59 101.7	32.1
印度	12 560.5	6.8
尼日利亚	6 144.9	3.3
美国	3 424.8	1.9
土耳其	2 852.3	1.6
伊朗	2 149.1	1.2
埃及	1 962.0	1.1
越南	1 820.1	1.0
俄罗斯	1 715.0	0.9
西班牙	1 433.7	0.8
墨西哥	1 424.6	0.8
意大利	1 387.0	0.8
巴西	1 202.4	0.7
韩国	1 149.4	0.6
印度尼西亚	1 133.5	0.6
乌兹别克斯坦	1 100.8	0.6
日本	1 078.0	0.6

注：表中的数据来源于 FAO

2. 出口规模位居世界第一

由表 5 和表 6 可知，2011—2013 年，在 FAO 统计的世界出口量≥100 万吨和出口额≥10 亿美元的国家中，中国内地均居首位。

表 5　2011—2013 年出口量≥100 万吨的国家

地区	2011 年	2012 年	2013 年
世界	5 215.0	5 223.7	5 398.2
中国内地	799.2	763.1	782.9
墨西哥	549.1	566.3	593.2
西班牙	496.3	521.0	555.1
荷兰	529.4	516.5	507.2
美国	268.8	273.2	294.1
意大利	274.9	271.8	282.5
印度	222.8	270.7	259.7
比利时	190.0	193.0	202.3
土耳其	135.8	136.2	134.7
波兰	102.1	122.0	127.6
法国	111.6	112.6	115.4

注：表中的数据来源于 FAO，单位为万吨

表 6　2011—2013 年出口额≥10 亿美元的国家

地区	2011 年	2012 年	2013 年
世界	548.29	530.20	584.48

（续表）

地区	2011 年	2012 年	2013 年
中国内地	85.57	72.92	77.28
西班牙	61.12	62.16	69.33
荷兰	64.39	64.02	66.91
墨西哥	52.99	52.95	59.01
美国	33.29	33.40	37.29
意大利	32.65	30.91	34.37
比利时	22.71	22.40	24.06
法国	16.56	15.95	17.58
印度	14.48	13.80	16.59
加拿大	12.44	11.99	14.56
波兰	11.17	12.06	13.39
土耳其	11.57	11.44	12.61
德国	10.21	10.05	11.07

注：表中的数据来源于 FAO，单位为亿美元

3. 生产力水平相对较高

据 FAO 统计，2014 年中国内地的蔬菜平均单产为 24.9 吨/公顷，在蔬菜收获面积≥666.67 千公顷的 18 个国家中列第三位；在产量≥500 万吨的 30 个国家中排第十二位（表 7 和表 8），生产力处于相对较高的水平。

表 7　2014 年蔬菜收获面积≥666.67 千公顷国家的单产比较

地区	收获面积（千公顷）	产量（万吨）	平均单产（吨/公顷）	排序
美国	889.80	3 424.8	38.55	1
伊朗	850.40	2 149.1	25.20	2
中国内地	23 780.53	59 101.7	24.90	3
埃及	808.27	1 962.0	24.30	4
土耳其	1 205.67	2 852.3	23.70	5
世界	96 630.13	184 008.9	19.05	6
墨西哥	788.73	1 424.6	18.00	7
俄罗斯	975.20	1 715.0	17.55	8
越南	1 201.53	1 820.1	15.15	9
加纳	731.27	931.6	12.75	10
印度	10 049.33	12 560.5	12.45	11
印度尼西亚	1 228.67	1 133.5	9.30	12
菲律宾	754.53	665.8	8.85	13
埃塞俄比亚	1 267.67	855.3	6.75	14
尼日利亚	9 242.87	6 144.9	6.60	15
喀麦隆	827.93	494.7	6.00	16
科特迪瓦	1 119.73	654.8	5.85	17
阿曼	1 083.73	34.8	0.30	18

表 8　2014 年蔬菜产量≥500 万吨国家的单产比较

地区	收获面积（千公顷）	产量（万吨）	平均单产（吨/公顷）	排序
荷兰	85.20	502.5	3.93	1
西班牙	352.27	1 433.7	2.71	2
韩国	284.00	1 149.4	2.70	3
美国	889.80	3 424.8	2.57	4
乌兹别克斯坦	303.07	1 100.8	2.42	5
摩洛哥	182.33	544.7	1.99	6
意大利	491.00	1 387.0	1.88	7
日本	394.67	1 078.0	1.82	8
波兰	221.60	601.3	1.81	9
阿尔及利亚	271.93	703.6	1.73	10
伊朗	850.40	2 149.1	1.68	11
中国内地	23 780.53	59 101.7	1.66	12
埃及	808.27	1 962.0	1.62	13
土耳其	1 205.67	2 852.3	1.58	14
巴西	521.67	1 202.4	1.54	15
世界	96 630.13	184 008.9	1.27	16
墨西哥	788.73	1 424.6	1.20	17
俄罗斯	975.20	1 715.0	1.17	18
乌克兰	586.07	969.6	1.10	19
越南	1 201.53	1 820.1	1.01	20
加纳	731.27	931.6	0.85	21
印度	10 049.33	12 560.5	0.83	22
巴基斯坦	524.87	611.1	0.78	23
哈萨克斯坦	483.47	550.5	0.76	24
缅甸	475.07	505.0	0.71	25
印度尼西亚	1 228.67	1 133.5	0.62	26
菲律宾	754.53	665.8	0.59	27
埃塞俄比亚	1 267.67	855.3	0.45	28
尼日利亚	9 242.87	6 144.9	0.44	29
科特迪瓦	1 119.73	654.8	0.39	30

4.生产者价格竞争优势显著

按照FAO的统计口径，在表9至表18所列的蔬菜产品中，2014年中国内地的生产者价格均处在数百美元/吨的第二阵营，与第一阵营低一个数量级，且按高低排序大都相对靠后，低成本竞争优势显著。

表9 2014年部分国家的黄瓜生产者价格及其国际排序

地区	生产者价格（美元/吨）	排序
挪威	2 773.9	1
日本	2 448.4	2
澳大利亚	1 902.9	6
俄罗斯	1 616.2	12
沙特	1 453.3	13
法国	890.7	24
以色列	819.1	29
保加利亚	759.5	30
德国	692.6	38
南非	659.1	39
西班牙	617.5	47
荷兰	571.1	49
美国	538.0	50
加拿大	501.1	56
中国内地	424.0	62
伊朗	380.7	67
肯尼亚	298.0	78
秘鲁	228.4	82
玻利维亚	155.1	86

注：表中的数据来源于FAO

表10 2014年部分国家的胡萝卜与萝卜生产者价格及其国际排序

地区	生产者价格（美元/吨）	排序
冰岛	3 391.4	1
日本	862.7	12
美国	597.0	24
菲律宾	567.2	27
以色列	533.7	28
澳大利亚	488.6	33
西班牙	386.9	45
德国	375.5	47

（续表）

地区	生产者价格（美元/吨）	排序
阿根廷	345.3	51
俄罗斯	299.1	60
加拿大	284.6	61
南非	281.4	62
中国内地	280.1	63
保加利亚	270.9	67
法国	256.2	69
秘鲁	188.4	77
荷兰	160.6	83
伊朗	149.1	85
埃及	97.5	89

注：表中数据来源于FAO

表11 2014年部分国家的蕃茄生产者价格及其国际排序

地区	生产者价格（美元/吨）	排序
委内瑞拉	4 543.4	1
日本	2 284.2	9
俄罗	1 510.3	21
巴西	1 366.4	26
德国	1 285.6	28
澳大利亚	969.0	40
意大利	921.7	41
美国	915.0	42
荷兰	808.3	52
西班牙	689.2	61
保加利亚	672.1	62
中国内地	444.7	78
墨西哥	411.7	82
南非	380.2	85
菲律宾	288.5	91
伊朗	189.2	100
突尼斯	147.3	104

注：表中数据来源于FAO

表12 2014年部分国家的花椰菜和西兰花生产者价格及其国际排序

地区	生产者价格（美元/吨）	排序
巴巴多斯	33 362.0	1

（续表）

地区	生产者价格（美元/吨）	排序
瑞士	2 306.4	5
丹麦	1 430.7	9
美国	1 098.0	10
罗马尼亚	1 071.9	11
荷兰	907.8	18
以色列	901.5	19
加拿大	782.3	23
澳大利亚	688.7	27
德国	620.9	35
菲律宾	618.4	36
南非	553.4	40
西班牙	509.6	42
中国内地	347.0	50
肯尼亚	266.0	56
埃及	100.3	60

注：表中数据来源于 FAO

表 13　2014 年部分国家的莴苣和菊苣生产者价格及其国际排序

地区	生产者价格（美元/吨）	排序	
特立尼达和多巴哥	4 978.7	1	
佛得角	3 449.4	4	
以色列	1 930.1	11	
罗马尼亚	1 860.2	12	
荷兰	1 848.4	13	
法国	1 289.1	19	
日本	1 228.9	22	
澳大利亚	1 039.3	25	
菲律宾	760.1	33	
加拿大	732.1	35	
美国	538.0	41	
伊拉克	449.4	42	
西班牙	443.3	43	
南非	416.2	45	
中国内地	298.4	48	
秘鲁	281.8	51	

（续表）

地区	生产者价格（美元/吨）	排序	
伊朗	148.2	58	
埃及	63.2	59	

注：表中数据来源于 FAO

表 14　2014 年部分国家的洋葱和青葱生产者价格及其国际排序

地区	生产者价格（美元/吨）	排序
瑞士	4 430.5	1
希腊	1 005.1	9
日本	934.4	12
以色列	897.0	13
西班牙	896.9	14
厄瓜多尔	778.4	15
约旦	651.7	16
泰国	625.6	17
中国内地	561.2	21
菲律宾	551.1	22
葡萄牙	411.4	23
伊拉克	363.6	24
墨西哥	311.5	25
德国	305.1	26
突尼斯	176.7	30

注：表中数据来源于 FAO

表 15　2014 年部分国家的蘑菇和块菌生产者价格及其国际排序

地区	生产者价格（美元/吨）	排序
新加坡	10 455.6	1
澳大利亚	4 770.3	3
以色列	4 192.4	4
加拿大	3 367.2	7
奥地利	3 316.8	8
美国	2 734.0	14
罗马尼亚	2 529.0	15
泰国	2 371.0	17
德国	2 352.3	18
保加利亚	2 044.5	19

（续表）

地区	生产者价格（美元/吨）	排序
荷兰	1 784.0	24
西班牙	1 508.8	27
南非	1 445.4	30
法国	1 229.4	34
中国内地	1 060.2	35
不丹	1 059.8	37

注:表中数据来源于FAO

表16　2014年部分国家的青豌豆生产者价格及其国际排序

地区	生产者价格（美元/吨）	排序
日本	10 222.3	1
以色列	3 348.6	2
西班牙	2 489.9	6
菲律宾	1 821.8	7
中国内地	819.2	20
肯尼亚	697.9	21
秘鲁	545.3	27
保加利亚	542.8	29
墨西哥	504.6	30
南非	418.7	34
美国	405.0	35
加拿大	361.3	40
澳大利亚	255.1	42
埃塞俄比亚	158.8	43

注:表中数据来源于FAO

表17　2014年部分国家的茄子生产者价格及其国际排序

地区	生产者价格（美元/吨）	排序
日本	2 803.3	1
荷兰	1 142.4	7
沙特	1 138.7	8
以色列	764.3	16
西班牙	691.0	20
伊拉克	527.4	27
墨西哥	514.5	28
中国内地	422.2	30
菲律宾	418.0	32

（续表）

地区	生产者价格（美元/吨）	排序
秘鲁	407.9	34
伊朗	265.6	43
埃及	122.6	47

注:表中数据来源于FAO

表18　2014年部分国家的南瓜(含葫芦)生产者价格及其国际排序

地区	生产者价格（美元/吨）	排序
佛得角	2 633.2	1
日本	1 561.2	4
土耳其	1 016.6	11
伊拉克	896.2	12
以色列	802.6	13
美国	688.0	19
澳大利亚	617.8	22
罗马尼亚	558.3	24
西班牙	507.5	27
南非	426.4	32
中国内地	329.6	40
加拿大	295.3	43
菲律宾	219.1	49
秘鲁	184.9	51
摩尔多瓦	61.8	54

注:表中数据来源于FAO

三、蔬菜产业发展中的突出问题

1.产业化组织发展严重滞后

改革开放以来,我国对蔬菜产业化组织发展不够重视,蔬菜生产的组织化程度和社会化服务水平很低。主要表现在以下几个方面。

(1)生产主体仍以散户为主。目前,全国蔬菜生产中,小规模经营的散户占比仍高达80%～90%,导致生产零散、无序、随意,物质技术装备差,生产成本高,缺乏标准化批量商品优势,难以实现订单上产,买菜难时有发生。

(2)农事托管型社会化服务缺失。小麦、玉米、水稻等作物种类茬口单一、种植方式规范统一的非鲜活农产品生产,在土地耕整、作物播种或育苗移栽、病虫害防治、收获等作业环节已有专业的社会化服务组织提供承包服务,近年来还出现了从种到收的全程农事托管型社会化服务。但蔬菜作物种类繁多,栽培茬口多样,种植方式与技术复杂多变,尤其是要及时采收销售现货的产品器官,难以组织开展农事作业环节社会化服务,更没有提供从种到收全程农事托管型社会化服务组织。

(3)蔬菜专业合作社大都有名无实。目前各地虽然统计出了数量可观的蔬菜专业合作社,大都是有特定社会背景的人领办的对上截流优惠政策、对下盘剥菜农利益的组织,并非与菜农风险共担、利益共享的名副其实蔬菜专业合作社。

(4)销售服务的主力军是经纪人、个体运销户。改革开放已 39 年,但目前活跃在蔬菜销售服务领域的仍然是类似 20 世纪 80 年代、90 年代的经纪人和个体运销户,具有现代企业制度和营销方式的蔬菜销售服务企业极为罕见。

2. 产业基础差抗灾能力薄弱

(1)菜田基础设施薄弱,土壤有机质含量低。随着城镇化的快速推进,那些基础设施完备、土壤肥沃的老菜田已荡然无存;现有蔬菜主产区,基本上都是由适宜蔬菜生产粮棉基地改建的,农田基础设施薄弱,排灌条件差,土壤有机质含量大都在 2%左右,远不能满足蔬菜生产的要求。

(2)温室制造业落后,保护设施结构性能差。现有的中国本土温室制造商总体弱小,研发能力严重不足;国产的现代化温室,与国外同类产品比较,结构性能差距较大。

(3)进口设施造价高,能耗高,生产效益差。譬如,在北京地区,要想保证现代化连栋温室冬春茬黄瓜的优质高产,能耗大约需要 300 元/平方米,冬春茬番茄也要 150 元/平方米左右。

(4)老旧、劣质设施比重大,改造升级难度高。就全国而言,现有的日光温室和塑料大棚中,老旧、劣质设施的占比高达 70%~80%,导致低温冷害、冻害、风雪灾害频发。由于老旧、劣质设施的规模大,改造升级不仅需要投入巨额资金,而且各地既能通晓合理采光时段原理和异质复合蓄热保温体原理,以及合理轴线方程等棚室设计理论,又能根据生产实践经验对棚室结构性能进行科学优化设计和建造质量把关的专业技术人才奇缺,故推动老旧、劣质棚室设施改造升级的难度极大。

3. 质量安全隐患难以消除

(1)生产的分散性。如前所述,目前我国的蔬菜生产仍以散户为主,在这种状况下,质量安全监管难以到位。一些不法药商擅自添加违禁剧毒高毒农药,菜农常在不知情的情况下使用了添加此类违禁成分农药。也有的菜农缺乏职业道德,不顾消费者健康,违规超限使用高度高残留农药。

(2)监管的随意性。对投入品的监管时紧时松,地区间在产地准出和市场准入的制度上宽严不一的问题较为普遍。

(3)流通的粗放性。在蔬菜流通环节,发达国家都是专用的蔬菜冷藏车运输,我国则是简易多用图车辆运输,导致蔬菜在运输过程中损耗很大。为了降低损耗,一些不法商贩会用违禁药剂保鲜,比如近年来媒体曝光的大白菜用甲醛、大葱用硫酸铜防腐等,让市民提心吊胆,对蔬菜消费信心不足。

(4)追溯的虚无性。市场上,不少蔬菜产品都贴有可追溯二维码,但是真正用手机一扫,发现大都是没内容、做样子的。

4. 成本攀升比较效益滑坡

(1)劳动力结构劣化、价格持续上涨。从调查情况看,许多大城市郊区的菜农,平均年龄在 60 岁左右;在粮棉等作物改为蔬菜种植的地区,菜农的平均年龄 55 岁左右,且大都是妇女。同时,劳动力成本持续上涨,劳动力成本在蔬菜生产企业总成本中的占比已达 40%~60%。

(2)综合机械化率非常低。如图 11 所示,目前,三大粮食作物的综合机械化率为 73.1%~93.7%,而蔬菜生产的综合机械化率仅为 20%。由于机械化程度低,劳动力价格上涨对蔬菜比较效益的影响最大。

(3)资源消耗高、利用率低。蔬菜生产的单位面积水、肥、药消耗量远高于大田作物,其利用率比大田作物更低,节水、减肥、减药的潜力巨大。

(4)生产力水平不高。由表 19 可见,中国内地的蔬菜生产力水平虽然显著高于世界平均值,但与荷兰、西班牙、美国、意大利、日本等发达国家相比,仍有显著差距。

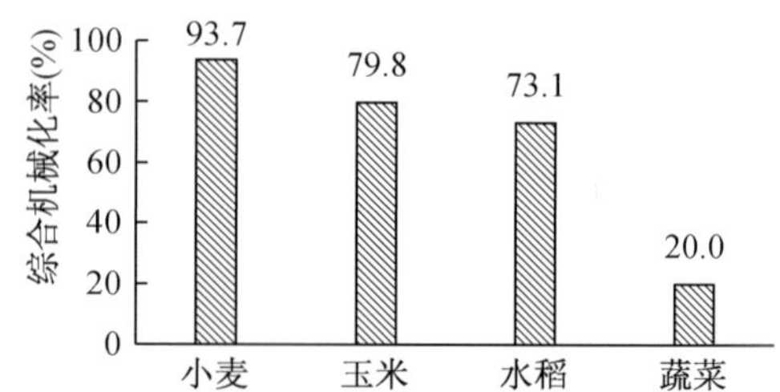

图 11 四类农作物的综合机械化率

表 19 2014 年蔬菜生产的国际间比较

国家	面积(千公顷)	产量(万吨)	单产(吨/公顷)	单产比较(%)
中国内地	23 781	59 101.7	24.90	100.0
世界	96 630	184 008.9	19.05	76.5
荷兰	85	502.5	58.95	236.7
西班牙	352	1 433.7	40.65	163.3
美国	890	3 424.8	38.55	154.8
意大利	491	1 387.0	28.20	113.3
日本	395	1 078.0	27.30	109.6

四、蔬菜产业转型升级对策

1. 着力抓好全产业链经营

(1)链式烦恼

吃菜人的烦恼:当今,各地市场上有机蔬菜、绿色蔬菜、无公害蔬菜满目都是,但在蔬菜质量安全事故时有发生的时代背景下,广大消费者质疑,当真都是安全无污染的吗?哪里能买到真正安全健康的蔬菜?有哪个品牌蔬菜的质量安全无需质疑?

卖菜人的烦恼:在各地农产品质量安全事故责任追究力度不断加大的情况下,各大批发市场注册经销商也在扪心自问,我经营的蔬菜都能达到绿色、健康、安全、放心吗?数量、品质和卫生安全都有保障的蔬菜货源那里有?所以也是诚惶诚恐、烦恼不已。

种菜人的烦恼:蔬菜种植者也很恼火,买的农资是流通链的末端,价格最贵;产出来的蔬菜则为流通链的始端,卖价最便宜,买菜难的问题时有发生;蔬菜卖给谁?价格多高?优质优价何以实现?自己毫无话语权。

农资供应商的烦恼:蔬菜种类繁多,季节茬口复杂,地域性强,单位面积产值高,农资销售商的售后服务难以到位;同质化恶性竞争愈演愈烈;终端客户都是弱势群体,解决农资质量纠纷时的基本原则时同情弱者,菜用农资质量纠纷的赔偿风险大。所以,农资供应商也有道不尽的烦恼。

(2)链式烦恼催生全产业链经营

解决上述链式烦恼,必须创新蔬菜全产业链经营理念与模式。

树立反向供应链的经营理念:首先要打破传统的产销观念和模式,由先种后卖转变为先卖后种,就是先找到买家,按照买家的质量要求和采收上市的时间节点与数量订单,去组织落实规模化蔬菜生产基地,构建专业化蔬菜生产供给链、定制化农资供应链和一站式科技服务支撑保障专家团队。

实行全程质量安全管控制:创制完善的蔬菜生产制度和流程,对蔬菜全产业链各环节的质量安全风险进行严格管控,并建立全程可追溯的质量安全保障体系和品牌化直销、配送渠道,带动蔬菜产业向优质安全生态高效层级跃迁。

创建优质优价市场机制:要把消费者对蔬菜质量和卫生健康的需求及其变化,及时反馈到种植环节,制定从投入品采购、农艺流程规范、采后商品化处理标准、全程质量安全管控信息可追溯到完成产品数量质量精准交易的优质优价市场机制,实现生产与消费的真正对接,带动菜农增收,保障消费者健康,促进蔬菜产业永续发展。

(3)逆向打通蔬菜全产业的关键节点

蔬菜全产业链经营环节很多,但专业化品牌化销售、组织化规模化标准化生产和定制化农资供给三大环节最为关键,逆向打通这三大关键环节,是我国蔬菜产业由传统型迈向现代化的必然选择。

按照经销商需求布局蔬菜生产基地。针对专业化蔬菜批发商对货源要求数量大、质量大众化、供货有保障等特点,在不同的农业气候区域选定大规模、专业化、季节性蔬菜生产基地,为其提供个性化、全方位服务,打造区域性名优大品牌。

积极发展面向高端市场的直销配送。针对直销配送蔬菜商对货源产品标准、卫生安全要求严,对品位及新鲜度要求高、包装特异和绝对保障供给等特点,选定质量安全意识强,组织化、标准化水平高,采后商品化处理和保鲜条件好的蔬菜生产基地,为其提供个性化、全方位服务。

着力培育优秀生产商。提高组织化程度;做好市场定位和产品定位;完善标准化生产技术体系;建立质量安全保障体系及其可追溯体系;实行订单生产;提供一站式技术服务。

(4)优选良种实行农资定制服务

按照生产基地的气候条件、土壤状况、季节茬口、栽培技术水平和主要病虫害,优选良种;依据选定良种的特性选择具有核心技术的配套农资服务商,提供专用肥、水溶肥或缓控释肥,特效药,集约化育苗技术,水肥一体化技术,优质农机具,经济实用的功能膜等定制化服务。

2. 积极推进机械化智能化

现行的蔬菜生产,仍以手工操作为主,广大菜农长年累月面朝黄土背朝天的艰辛劳作方式,是80后的年轻人最不愿意传承和接受的。要让80后的年轻人回归蔬菜生产,必须推进机械化和智能化,让年轻人通过机械作业和计算机键盘或智能手机操控来完成蔬菜产销。

(1)耕整机械化

就是用机械替代人力和牲畜进行土地耕翻、施肥、作畦(起垄)、开沟、覆膜等农事作业(图12、图13、图14),作业质量和效率大幅提高。

(2)育苗播种机械化

如图15所示,利用穴盘轻基质育苗精量播种流水线替代人工,完成基质装盘、精量点播、盖种、浇水等一系列作业,不仅作业效率高,而且实现了全流程的精准控制和标准化生产。

图12 耕翻机械和宽垄精整机械

图13 作畦机械和起垄覆膜机械

图14 高垄精整机械

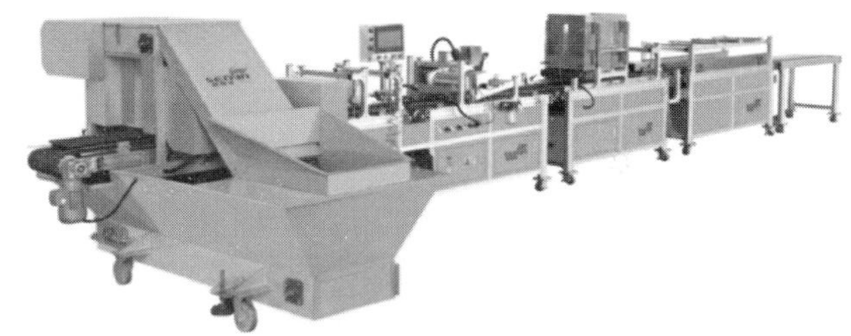

图15 穴盘轻基质育苗精量播种流水线

(3)移栽机械化

为了便于苗期集中管理,培育壮苗,抗御自然风险;精确衔接茬口,提高土地利用率和提早上市,蔬菜大量采用育苗移栽。但传统的人工定植,既费时费力,又面临巨大劳动力成本压力。所以,必须因地制宜地示范推广图16所示的机械化移栽技术装备。

(4)肥水一体化智能化

发达国家的蔬菜生产已经普遍采用了肥水一体化和智能化水费管理技术装备(图17),欧美发达国家的化肥利用率为50%~80%,我国大田作物为30%~40%,蔬菜还显著低于大田作物。我国主要粮食作物的水分生产力为1千克/立方米,大致相当于发达国家的1/2;而蔬菜的水分生产力常规灌溉的为12千克/立方米左右,相当于发达国家的1/3~1/2,但水培蔬菜的水分生产力也可达到发达国家100千克/立方米的水平。所以我们必须将目前大量采用的畦灌、沟灌和膜下暗灌和化肥随水冲施等传统的水费管理方式逐步改为肥水一体化,并积极研发示范推广肥水智能调控技术与装备,迈向蔬菜肥水一体、远程智能管控的新时代,大幅度提高肥水利用率。

图 16　部分移栽机械

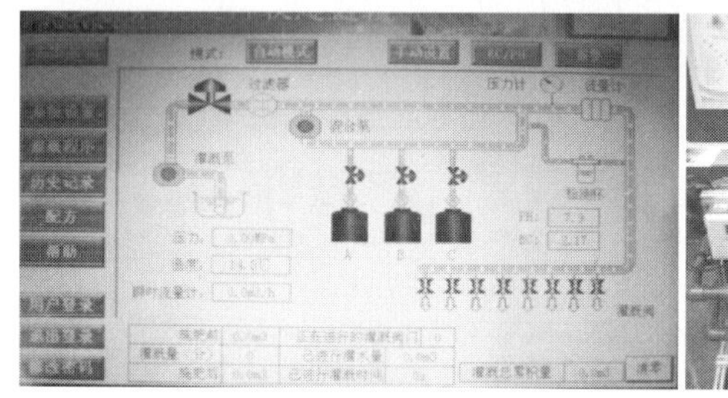

图 17　肥水一体化智能化控制系统

(5)田间管理机械化

蔬菜的田间管理不仅用工多，而且中耕、培土等农事作业的劳动强度大、效率低，应大力研制示范推广蔬菜田间管理机械(图 18、图 19)，把劳动力从繁重肥的田间管理作业中解放出来。

图 18　除草松土施肥机械

图 19　培土机械和温室专用轨道作业车

(6)采收机械化

蔬菜是以可食用的鲜活器官为产品的，产量高，人力采收用工量大、体力负担重、工作效率低、请工成本高且难。必须大力推行以机械化作业为主的采收农艺流程(图 20)。

(7)生物垃圾处理机械化

蔬菜园区的复种指数高，田园清洁工作不彻底是许多病虫害滋生蔓延之根源。长期以来，老黄病叶、病残烂果、衰败老化的茎蔓残株、尾菜等菜田生物垃圾，主要采取工清除沤制农家肥或地头道边丢弃、自然干燥后焚烧等方式处理，乱丢、乱堆、乱扔现象普遍存在，容易成为病虫害传染源。近年来，北京市植保站与有关厂家合作研发推出的菜田生物垃圾快速处理技术装备(图 21、图 22)，对菜田生物垃圾进行臭氧高效处理后直接还田，既快速又安全，值得推广。

(a)马铃薯采收

(b)鸡毛菜采收

(c)西兰花采收

图 20　不同蔬菜的机械化采收方式

(8)采后处理流通机械化冷链化

包括采后商品化处理流水线、负压预冷、短期冷藏保鲜、冷藏转运等一系列技术装备(图 23、图 24)，实现蔬菜采后处理流通机械化冷链化，确保蔬菜品质，大幅度减少流通损耗。

图 21　移动臭氧生物垃圾处理装备

图 22　太阳能臭氧生物垃圾处理站

图 23　采后处理流通机械

(a)真空预冷装备

(b)差压预冷装备

(c)冷藏运输车

图 24　采后处理冷链装备

(9)环境调控智能化信息化

主要采用精准可靠的农用传感器和智能监控系统,对设施生产过程中的光热水气肥和采后流通过程中的温湿度等环境因子进行科学智能调控,为栽培中的蔬菜作物和储运流通中的蔬菜产品提供适宜的环境条件(图 25)。

图 25　智能化与信息化环境调控

(10)病虫草害防治机械化

为了确保病虫草害的防治效果和效率,应坚决淘汰那些手动施药器械,推广高效机动施药器械(图 26、图 27)。

图 26　机械化施药

图 27　机械化除草与培土

3.强力推进高标准菜田建设

现有菜田,大都是由生产大田作物的基本农田改种蔬菜的,无论是农田基础设施,还是土壤肥力,都达不到优质菜田的要求,必须强力推进高标准菜田建设。

(1)高标准菜田概念。高标准菜田就是一定时期内,通过土地整治形成的集中连片、设施配套、高产稳产、生态良好、抗灾能力强,与现代蔬菜生产和经营方式相适应的基本农田。

(2)高标准菜田要求。土地平整。根据整治区实际地形地貌,结合土地翻耕和土壤培肥措施,局部找平,尽可能保护原有耕作层。田块规模要根据地形条件、耕作方式等综合确定,通常要求集中连片的菜田面积须达到:平原≥133.33 公顷,山区≥3.33公顷。耕作层不足 25 厘米的,应通过覆盖客土、有机质提升等措施,提高耕作层厚度。土壤有机质应逐步达到 4%以上。

旱涝保收。以地表水为主,地下水为辅,严格控制开采深层地下水,禁止使用未经无害化处理的污水灌溉;充分利用水资源,灌溉保证率≥95%;以管道输水灌溉为主,减少灌溉管道级配,合理确定田间灌溉管道布局和密度;在沥涝严重或具备承泄区的地区可设置强排水系统。

道路便利。田间道的路面宽度 3～6 米为宜,村与村之间的主要道路、与交通干线连接的田间道应采取硬化路面;田间生产通道的路面宽度≤3 米,可采用素土路面;田间道路应尽量减少占地面积。路面高出地面的高度不超过 30 厘米,常年积水区可适当提高。

生态友好。菜田防护应与蔬菜生产相结合,结合整治区的菜田实际,实施必要的防洪、防水土流失等防护措施。菜田防护林走向应与田、路、渠、沟有机结合,树种的选择和配置,应以乡土品种和适合当地条件的树种为主。

4.全力推行病虫害绿色防控

质量安全,是品牌蔬菜生产和销售主体生存与发展的生命线。绿色防控,是质量安全的根本保障。规模化、专业化蔬菜生产主体,必须把病虫害绿色防控技术措施化、指标化,强制推行,严格督查、监测,坚决执行基地准出制度。为此,须按照不同目标食品的产地环境标准先行评估和定期复查产地环境,对污染物超标地块,坚持先治理修复,然后再恢复蔬菜生产,依法、科学、及时划定蔬菜禁止生产区域。

(1)综合应用农业防治措施

抗病品种:针对当地蔬菜生产中的主要病害,选用定向免疫或高抗多抗良种。

耕作改制:尽可能实行远缘轮作,有条件的地区应优先采用定期水旱轮作制度。

优化农田生态:就是因地制宜调整播期,避开病虫为害高峰;嫁接换根,培育适龄壮苗;深沟高畦,严防积水;地面全覆盖、微灌或暗灌,设施微环境调控;合理配置株行距,优化群体结构;利用秸秆和秸秆源肥料改土肥田;水、肥、气、热、光协调促控等,促进蔬菜健壮生长,最大限度减少病虫害的发生与蔓延，减少农药用量。

(2)综合应用物理防治措施

设施防护：采用薄膜避雨棚、遮阳网棚室、防虫网棚室等设施进行蔬菜生产，加强对病虫害的有效防控(图 28、图 29)。

图 28 防虫网棚室栽培

图 29 温室大棚的遮阳降温防暴雨覆盖

诱杀驱避：利用黄板、蓝板、频振杀虫灯、黑光灯、高压汞灯、双波灯、糖醋酒液诱杀，覆盖银灰膜、银灰网避蚜等(图 30、图 31)。

图 30 诱虫板

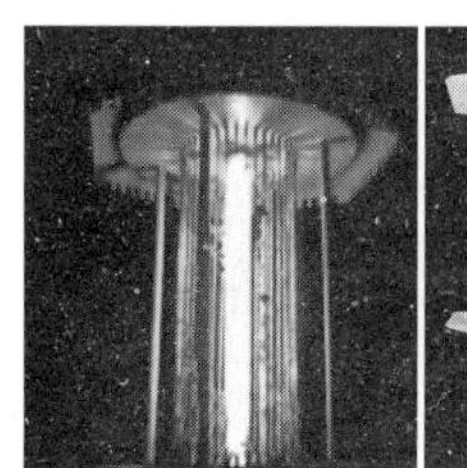

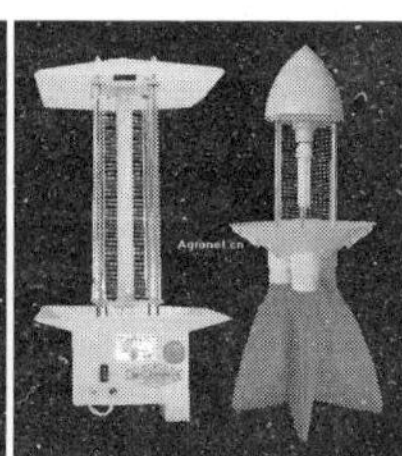

图 31 杀虫灯

物理消毒：温汤浸种、高温闷棚、高温消毒、高频消毒、土壤连作障碍电化学处理等(图 32、图 33)。

(a)微波土壤消毒设备

(b)热水灌注消毒

图 32 两种土壤消毒设备

图 34 为 3DFC—450 型温室电场防病促生系统，每套价格 4 800 元，安装费每套 300 元另计，调控面积 300～500 平方米，对气传病害的预防效率 70%～90%，并可促进生长、延长采收期。与二氧化碳同用可带来生物产量倍增效应。图 35 为紫外线杀菌设备，用于防治气传病害，也可用于棚室蔬菜定植前的消毒处理。

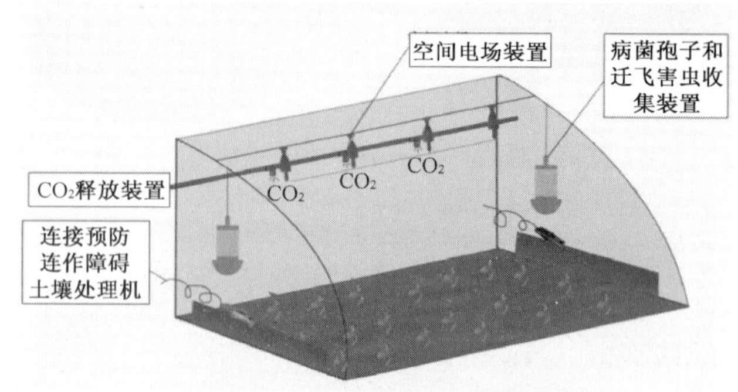

图 33 物理植保技术示范

图 34 温室电场防病促生系统

图 35 紫外光杀菌设备

图 36、图 37 和图 38 为土传病虫害的防控装备。其中图 36 为 3DT—500 型土壤连作障碍电处理机，能够一次性处理 240 平方米以内的土壤，对枯萎病和根结线虫病的预防有特效。每套价格 8.8 万元。配上顺序控制器可以一机同时控制 0.93 公顷。

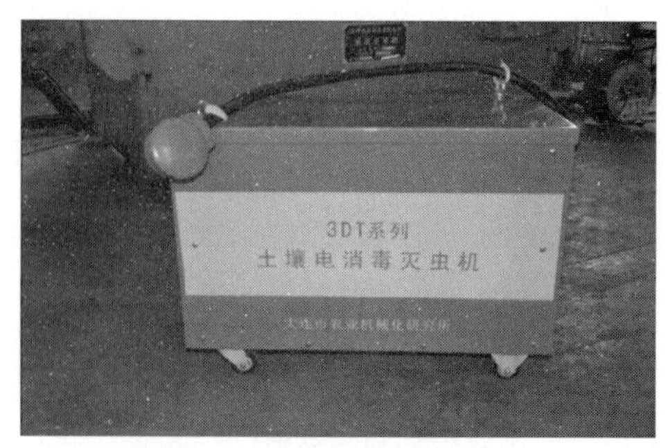

图 36 土传病虫害的防控装备

(3)积极采用生物防治措施

天敌利用：包括赤眼蜂、丽蚜小蜂、七星瓢虫、中华草蛉、食蚜瘿蚊、智利小植绥螨、捕食螨，白僵菌、绿僵菌、轮枝菌，苏云金芽孢杆菌、地衣芽孢杆菌、杀螟杆菌、青虫菌、荧光假单胞杆菌、粉虱座壳孢菌，专化性核型多角体病毒、颗粒体病毒等。

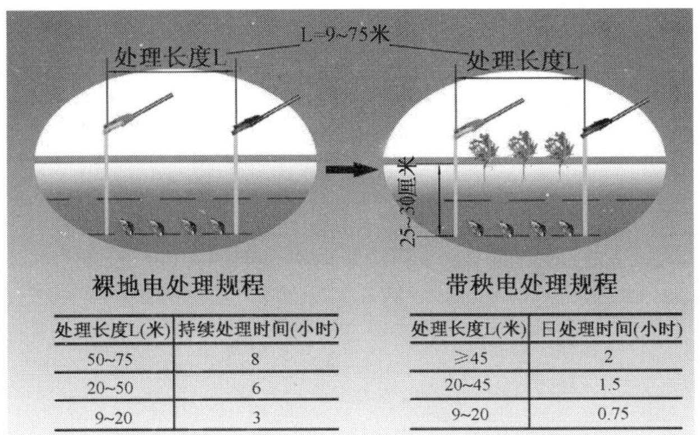

图 37　3DT—90 型土壤连作障碍电处理机全程处理规程

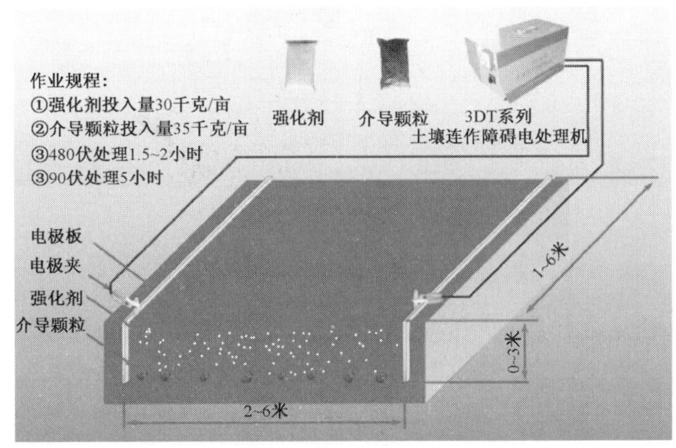

图 38　育苗土 3DT 系列机电处理规程

抗生素利用：包括春雷霉素、多抗霉素、井冈霉素、中生菌素、链霉素、多杀菌素、阿维菌素、浏阳霉素等。

植物源农药利用：包括辣根素、印楝素、苦皮藤素、天然除虫菊素、苦参碱、鱼藤酮类等。

昆虫激素利用：包括几丁质合成抑制剂类、保幼激素类和蜕皮激素类等。

性诱剂利用：因地因时制宜选用表 20 所列的性诱剂，在害虫成虫交配产卵前将其诱杀之（图 39）。

图 39　性诱剂的应用

表 20　常见性诱剂及其诱杀对象

性信息素	诱杀对象
小菜蛾	引诱雄蛾
斜纹夜蛾	引诱雄蛾
甜菜夜蛾	引诱雄蛾
豆荚螟	引诱雄蛾
蓟马	引诱雌雄成虫
斑潜蝇	引诱雌雄成虫
烟青虫	引诱雄蛾
棉铃虫	引诱雄蛾
瓜绢螟	引诱雄蛾
小地老虎	引诱雄蛾

（4）合理使用化学防治措施

发现和使用化学农药，是人类科技进步的重要标志。化学药不是洪水猛兽，不应当把化学农药妖魔化以至误导蔬菜等食用农产品产销管理部门、生产者和消费者，而应该科学合理地利用其为增进人类社会福祉服务。合理使用化学药主要应从以下四个方面入手：

优选农药：选用高效低毒低残留农药，优先选用粉尘剂和烟雾剂（设施内），尽可能少用水剂，禁止使用高毒、高残留农药。

优选药械：选用雾化度高的药械，提高防治效果，减少用药量；选用高质量药械，杜绝跑、冒、滴、漏。

适时对症用药：应在做好病虫害预测预报和正确诊断的基础上，适时对症用药防治。

严格安全间隔期：应严格按照农药使用说明要求的安全使用间隔期用药，并严格按照安全间隔期采收产品。

5. 大力发展集约化企业化育苗

集约化企业化育苗，是蔬菜产业现代化和标准化的迫切要求。每年全国育苗移栽蔬菜的种苗需求量在 6 800～7 300 亿株，目前集约化育苗供苗量近 1 000 多亿株。每个蔬菜重点县都应建设蔬菜集约化育苗示范场，推动蔬菜育苗向专业化、商品化、产业化方向发展。现阶段应大力示范推广传统的穴盘育苗（图 40），同时加快研发潮汐灌育苗、碳晶发热板加温育苗以及水培育苗、方体基质育苗（图 41、图 42）等集约化育苗新装备、新技术。

图 40　传统穴盘育苗

图 41　水培育苗

图 42　方体基质育苗

集约化育苗对种子质量要求很高，蔬菜种业应加快现代种子检验、加工、处理技术装备（图 43）引进、研发和应用，尽快缩小与蔬菜种业发达国家的差距。

图 43 现代种子技术

为了保证集约化育苗质量，还应加强育苗设施的温光调控手段，主要包括采用电热风机或全自动热风炉加温（图 44、图 45）、高透光高散射的功能膜或玻璃（图 46）、植物生长灯补光（图 47）和夏季遮阳降温技术装备与设施。

图 44 电热风机辅助加温

（a）全自动燃油热风炉　　（b）全自动燃气热风炉

图 45 全自动热风炉

（a）高透直射光薄膜　　（b）高透散射光薄膜

图 46 高透光（左侧）与高散射（右侧）覆盖材料对比图

6. 有效提升蔬菜抗灾生产能力

一是鼓励引导大型老旧、劣质蔬菜园艺设施升级改造，优化其结构性能，增强抗御极端严寒、暴雪灾害能力，便于机械化作业。二是大力加强设施蔬菜园区的排涝工程建设，保证在10 年一遇的暴雨量级别下，做到雨水不倒灌、园区不出现大面积积水。三是新建的大型设施蔬菜园区，务必科学规划设计和权威专家论证后方可开始兴建，确保设计科学合理，建材选用正确、施工质量优良。四是鼓励发展高标准现代化温室制造业，研制示范推广超低能耗的现代化智能温室及其配套装备与技术，大幅提升设施产能（图 48、图 49）。

图 47 植物生长灯补光

图 48 超低能耗现代化智能温室设计

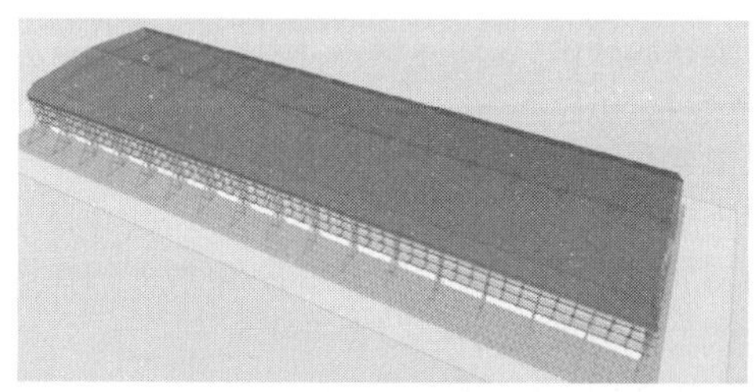

图 49 现代化智能温室遮阳除雪一体化设施

7. 加快发展规模化标准化无土栽培

鉴于无土栽培是消除连作障碍的根本途径之一，只有让菜农成为体面的职业，才能吸引年轻人回归蔬菜产业，消费者对蔬菜品质和食用安全的要求越来越高，无土栽培技术越来越成熟。我国应当加快发展蔬菜无土栽培。

（1）无土育苗：大力推广穴盘育苗，加快研发无土育苗新技术。

（2）无土栽培：因地制宜、积极示范推广包括岩棉培、营养液膜栽培、深液流水培、潮汐培、水雾培、椰糠培、基质槽培等无土栽培模式（图 50、图 51、图 52）。

8. 积极发展都市微型植物工厂

通过科学性、新颖性、趣味性、观赏性、可食性和安全性设计与现代金融与物流配送服务，让有条件的都市居民足不出户即可体验农耕生活，享有智能氧吧、优美植物景观和健康美味蔬菜瓜果（图 53），增加生活乐趣，提高生活品味，这将成为未来都市居民的时尚生活选择。

图 50 浮板毛管水培

图 51 圆池深液流水培

图 52 岩棉培

图 53 都市微型植物工厂

（张真和，全国农业技术推广服务中心；文献来源：《中国农机化学报》，2017 年第 8 期、第 9 期）

我国蔬菜生产概况及机械化发展现状

肖体琼 崔思远 陈永生 何春霞

我国的蔬菜生产量和消费量均居世界第一。改革开放以来，我国蔬菜生产迅速发展，种植面积和单产不断增长，目前已经超过粮食成为第一大农产品，蔬菜产业从家庭种植逐渐转变成了支撑农业农村经济发展的支柱型产业。我国蔬菜产业区域布局特色化，品种布局多样化，蔬菜大生产、大流通、大市场的格局为农机化发展创造了条件，但蔬菜生产面临价格波动、质量安全、单产水平不稳、生产技术落后等突出问题，严重制约了蔬菜产业及机械化的发展。我国蔬菜生产机械化发展起步晚，机械化水平尚处于初始机械化阶段，必须通过农机科技创新实现蔬菜生产方式的转变。本文对国内外蔬菜产业发展概况进行了分析，摸清了我国蔬菜生产面临问题及蔬菜生产机械化水平现状，为深入研究蔬菜机械化生产方式的技术途径奠定了基础。

一、我国蔬菜生产总体概况

1. 我国蔬菜产业在世界上的重要地位

根据对 FAOSTAT 数据分析可见，1961 年以来，我国和世界蔬菜产量持续增长，世界蔬菜年总产从 1990 年的 1.403 58×10^8吨增长到 2012 年的 2.698 52×10^8吨，23 年增长了92.3%；我国蔬菜年总产量从 1990 年的 6.07×10^7吨增长到 2012 年的 1.6×10^8吨，23 年增长了 163.6%，增速高于世界平均水平（图 1）。

1961 年以来，我国和世界蔬菜收获面积持续增长，世界蔬菜年收获面积从 1990 年的 1.040 3×10^7公顷增长到 2012 年的 1.896×10^7公顷，23 年增长了 82.3%；我国蔬菜年收获面积从 1990 年的 3.13×10^7公顷增长到 2012 年的 9.65×10^7公顷，23 年增长了 208.3%，2010 年以来收获面积保持稳定（图 2）。

我国蔬菜单产水平高于世界平均水平，1961 年以来，我国蔬菜单产不稳定，1978—1993 年单产波动加剧，1993 年后单产呈下滑趋势。1961 年以来，世界蔬菜单产总体呈缓慢增长态势，1984 年之后出现小幅波动。2012 年我国新鲜蔬菜单产为 16 580.3 千克/公顷，世界新鲜蔬菜单产为 14 233 千克/公顷，提高蔬菜单产是蔬菜生产中的重要任务（图 3）。

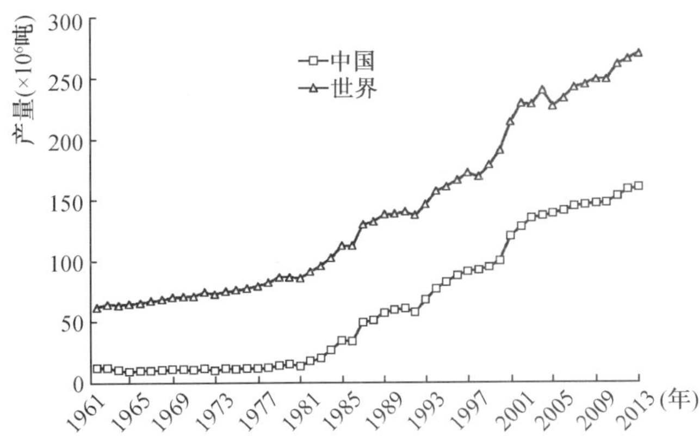

图 1 1961—2012 中国与世界新鲜蔬菜产量对比

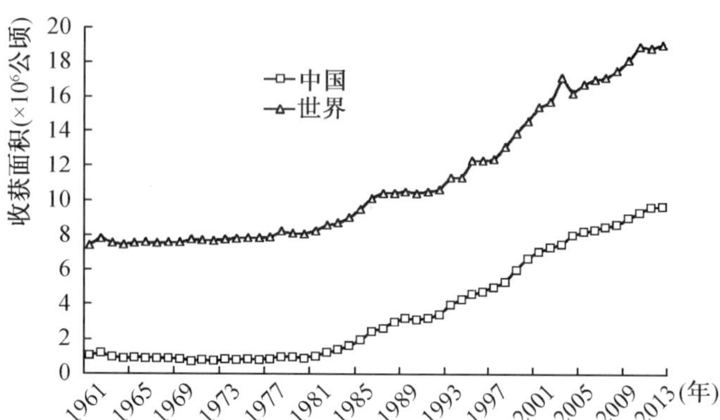

图 2　1961—2012 中国与世界新鲜蔬菜收获面积对比

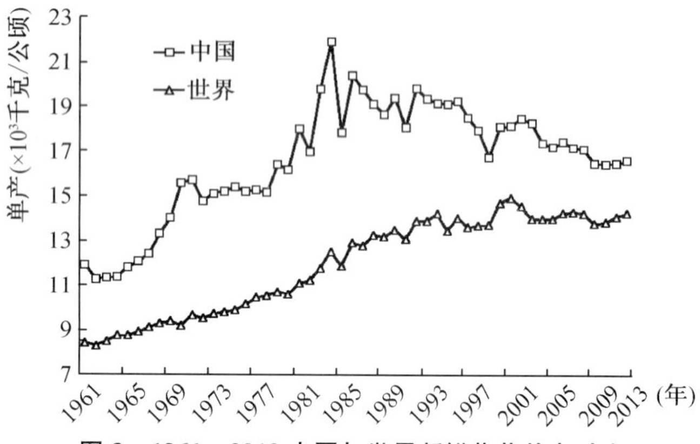

图 3　1961—2012 中国与世界新鲜蔬菜单产对比

2. 我国蔬菜生产规模效应明显

随着社会经济的发展，蔬菜生产已成为农业生产的重要组成部分，根据对国家统计局数据分析，得到 1978—2013 年我国蔬菜种植面积、产量和单位面积产量的变化情况(图 4、图 5、图 6)，1995 年以来，我国蔬菜面积增加了 113.9%，蔬菜总产量增加了 175.5%，单产水平逐步提高，增加了 28.8%。2004 年以前，蔬菜面积增长率明显高于单产增长率，蔬菜生产处于面积扩张型和土地密集型阶段；2004 年后，蔬菜单产水平有所增长，但年均增长仅维持在 1%左右，仍低于面积的年均增长速度(3%左右)。

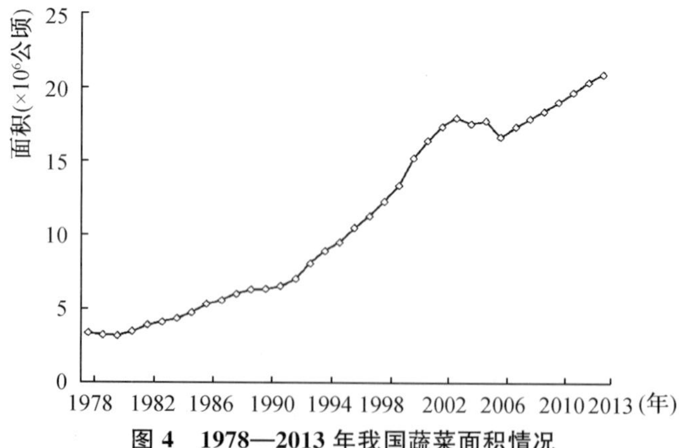

图 4　1978—2013 年我国蔬菜面积情况

这表明我国蔬菜规模效果明显，种植面积的增加为蔬菜总产量的持续增长作出了主要贡献，我国蔬菜总产量的增加主要依靠面积的增加。1978 年我国蔬菜种植面积仅 3.331×10⁶ 公顷，到 1989 年增长到 6.292×10⁶ 公顷，2003 年迅速增长到 1.795 4×10⁷ 公顷，2004—2008 年间种植面积小幅波动，直到 2009 年回升到 1.839×10⁷ 公顷，2009 年之后种植面积持续增加，2013 年上升到 2.089 9×10⁷ 公顷，比 1978 年增加了 5 倍多。目前我国蔬菜单产水平高出世界平均水平约 17%；1980 年我国蔬菜单产 26 249 千克/公顷，1989 年 28 076 千克/公顷，1995 年 27 034 千克/公顷，2003 年 30 095 千克/公顷，2012 年 34 827 千克/公顷，比 1980 年增长 33%。

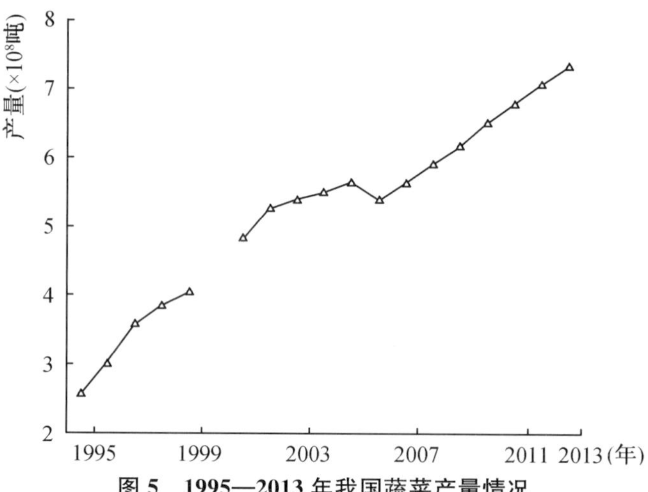

图 5　1995—2013 年我国蔬菜产量情况

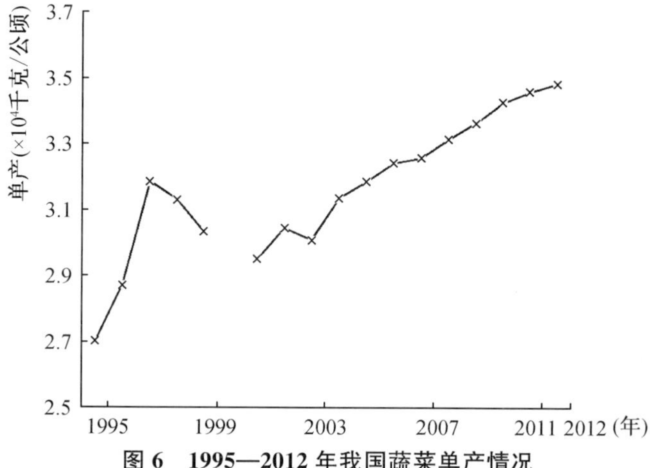

图 6　1995—2012 年我国蔬菜单产情况

3. 我国蔬菜生产区域及品种布局

我国蔬菜生产区域布局随着蔬菜产业的发展不断演变，目前我国的蔬菜生产划分为六个优势区域，包括长江流域冬春蔬菜、黄淮海与环渤海设施蔬菜、华南与西南热区冬春蔬菜、北部高纬度夏秋蔬菜、云贵高原夏秋蔬菜、黄土高原夏秋蔬菜。《中国农业年鉴》2012 年统计数据显示，我国各类蔬菜种植面积和总产量中，叶菜类、茄果菜类、块根、块茎类稳居前三，水生菜类最小。叶菜类的种植面积最大，为 5.150 5×10⁶ 公顷，茄果菜类次之，为 3.339 4×10⁶ 公顷，块根、块茎类第三，为 2.881 5×10⁶ 公顷；叶菜类的总产量最大，为 1.935 28×10⁸ 吨，茄果菜类次之，为 1.178 54×10⁸ 吨，块根、块茎类第三，为 9.927 5×10⁷ 吨；水生菜类的种植面积和总产量均为最小，分别为 3.934×10⁵ 公顷和 1.148 4×10⁷ 吨。在叶类菜中，种植面积和总产量最大的是大白菜，分别为 2.607 6×10⁶ 公顷，1.100 95×10⁸ 吨；在茄果菜中，辣椒(含柿子椒)的种植面积最大，为 1.230 4×10⁶ 公顷，蕃茄的总产量最大，为 4.805 7×10⁷ 吨；在块根、块茎类蔬菜中，萝卜的种植面积和总产量最大，分别为 1.217 9×10⁶ 公顷和4.206 6×10⁷ 吨。

二、国外蔬菜产业发展概况与经验

1.美国蔬菜生产概况

美国的自然气候条件适宜发展蔬菜产业,50个州中有37个州从事蔬菜生产,加利福尼亚州的蔬菜生产处于领先地位,2015年加利福尼亚州蔬菜生产面积(含瓜类)占全国46%,产量占58%,产值占51%,佛罗里达州、亚利桑那州、佐治亚州、纽约州的面积、产量和产值依次位列第二、第三、第四和第五;2015年美国产量前三的蔬菜是洋葱、生菜和西瓜,占全国36%;产值前三的蔬菜是蕃茄、结球生菜和长叶生菜,占全国29%。根据FAOSTAT统计,1961—1978年美国新鲜蔬菜收获面积在波动中增长,1978年以来下降明显,从1.53×10^5公顷下降到2013年的1.07×10^4公顷;1961—1978年美国新鲜蔬菜产量在波动中增长,1978年以来下降明显,从3.68×10^6吨下降到2013年的8.31×10^5吨;1961—1999年美国新鲜蔬菜单产持续增长,从1961年的23 494.9千克/公顷增长到1999年的57 292.5千克/公顷,2000年美国新鲜蔬菜单产迅速增长,达到78 821.5千克/公顷,2000—2013年美国新鲜蔬菜保持平稳高单产水平,2013年单产为77 871.6千克/公顷。

2.日本蔬菜生产概况

日本国土南北狭长,地形以山地为主,四季分明,雨量充沛,土质肥沃,气候条件适宜发展蔬菜产业,但日本人多地少,蔬菜产业发展受到人均资源的制约。根据FAOSTAT统计,1961年以来,日本新鲜蔬菜收获面积缓慢下降,从1.76×10^5公顷下降到2013年的1.18×10^5公顷;1961年以来,日本新鲜蔬菜产量在缓慢波动中下降,从3.55×10^6吨下降到2013年的2.77×10^6吨;1961年日本新鲜蔬菜单产为20 199.7千克/公顷,2013年为23 553千克/公顷,始终保持平稳水平。

3.欧盟蔬菜生产概况

欧盟拥有多样化的气候和地形条件,蔬菜种类非常丰富,欧盟是全球主要的蕃茄产地之一。欧盟南部成员国以露地生产为主,温室生产为辅,荷兰或比利时则是以蔬菜周年温室生产为主。根据Eurostat统计,2014年欧盟28个成员国的蕃茄产量为1.68×10^7吨,其中2/3来自意大利和西班牙;2014年欧盟胡萝卜产量为5.5×10^6吨,洋葱产量为6.4×10^6吨;胡萝卜产量最高的是波兰和英国,两国胡萝卜总产量占欧盟的比例超1/4,波兰为14.2%,英国为14.9%;2000—2014年,波兰和英国的胡萝卜产量保持相对稳定,为0.7×10^6~0.8×10^6吨;荷兰和西班牙是欧盟的主要洋葱生产国,2014年两国洋葱总产量占欧盟的比例为46%。蔬菜是欧盟有机农业的重要内容之一,2014年在欧盟的38 000个有机农业生产商中,从事水果和蔬菜的占比为18.5%。

4.发达国家发展经验

从蔬菜产业发展角度分析,国外典型模式可概括为以下几种:一是美加模式,大生产、大流通,生产布局区域化。机械化技术选择走资源集约化和机械化道路,蔬菜生产趋向全程机械化、高技术、多功能、大型化、自动化。二是海岛模式,小生产、大流通,生产布局"分散生产、集中供应"。机械化技术选择以提高劳动效率,减小劳动强度为目标,蔬菜生产趋向设施化、小型配套机械化。三是欧洲模式,以欧盟各国为范例,通过规模化使蔬菜生产走向现代化。在规模扩大进程中,政府扶持成效显著,在蔬菜产业宏观管理方面,欧盟依托共同的农业政策,引导各国蔬菜产业协调发展。

三、我国蔬菜产业问题及解决途径

改革开放以来我国蔬菜生产快速发展,播种面积和产量大幅增长,蔬菜产业已成为农业支柱和优势产业,但是并没有从根本上解决生产规模偏小的问题。近20年来我国蔬菜产业发展的主要方式是简单的数量扩张,无序化的发展模式难以适应当前人工成本急剧增加的形势,蔬菜生产急需完成从小规模以人工为主的方式向集约化以机械为手段的标准化生产方式的转变。

1.生产方式落后,需通过农机科技创新降低人工成本

我国城镇化发展推动了农村青壮年劳动力大规模向城市转移,致使农业生产人工成本大幅上涨,成为蔬菜产业发展的瓶颈。通过对历年《全国农产品成本收益汇编》的数据分析得出,1998—2012年,我国大中城市蔬菜每公顷总成本增长了189.9%,占比最大的每公顷生产成本从18 106.5元增至49 989.6元,增长了176.1%;每公顷生产成本中人工成本从7 410.75元增至29 507.25元,增长了298.2%,占生产成本的比重约为59%;每公顷雇工费用从446.85元增至6 355.95元,增长了1 322.4%,从图7可见,劳动力成本对蔬菜产业的制约日益加重。

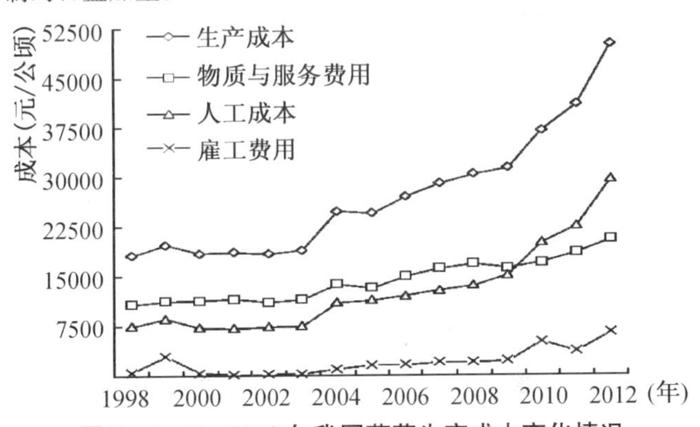

图7 1998—2012年我国蔬菜生产成本变化情况

此外,土地成本不断上涨,1998—2012年,每公顷土地成本从749.85元增至4 681.2元,增长了524.3%。从蔬菜生产成本的构成分析,蔬菜成本大幅度攀升的原因在于各类成本均持续上涨,而人工成本的上涨尤为迅速,已经成为蔬菜生产最重要的部分,占蔬菜生产总成本的比重1998—2012年平均45%。1998—2012年,我国大中城市蔬菜产值和总成本增长最为迅速,分别为154.7%、189.9%,而单产水平和净利润增长相对缓慢,分别为29.4%、115.8%,从图8可见净利润从2010年起一直呈下降趋势。尽管蔬菜产量、产值、成本和利润均持续上涨,但成本利润率始终变化不大甚至有所下降,这表明受成本上涨等因素影响,蔬菜的种植效益并没有得到明显增长。

2.产业竞争力弱,需通过农机科技创新保障种植收益

我国传统农业产业比较效益持续降低,蔬菜种植效益不稳定,蔬菜生产的科技含量急需提高。根据《全国农产品成本收益汇编》1998—2012年的统计数据可以看出,蔬菜生产的成本利润率最高为2001年,最低为2012年,分别是107.09%、67.36%(图8),这说明蔬菜市场价格波动大和生产成本增加等因素增加了蔬菜收益的不稳定性,蔬菜生产的盈利能力不增反减。人工成本是构成我国蔬菜生产成本的

重要组成部分，目前人工成本占蔬菜生产成本的比重已接近60%，随着经济发展水平的提高，劳动力日工价还将不断攀升，这必然会加剧蔬菜生产成本的增加，进一步挤占蔬菜生产利润，对蔬菜产业产生更大的制约和不利影响。因此降低蔬菜生产的人工投入量是降低成本的关键，这就需要大力推进蔬菜机械化生产技术创新，推广农机与农艺密切融合的轻简化、标准化生产技术体系。

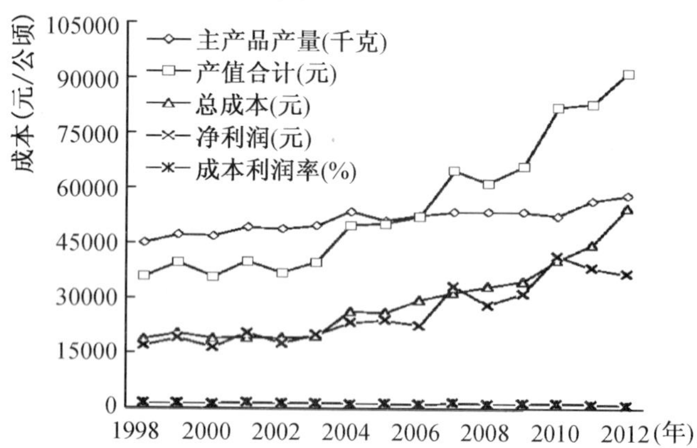

图 8 1998—2012 年我国蔬菜成本收益变化情况

四、我国蔬菜生产机械化现状及问题

1. 远低于主要农作物生产机械化水平

我国蔬菜生产机械化水平远低于大宗粮食作物，《中国农业机械化年鉴》统计数据显示，2012 年年底，我国农作物耕种收综合机械化水平为 57.17%，小麦综合机械化水平为93.21%，水稻综合机械化水平为 68.82%，玉米综合机械化水平为74.95%，蔬菜类作物机械化水平却少有统计。马铃薯在主食化战略实施前属于蔬菜大类，从马铃薯综合机械化水平仅为 32.34%的现状进行推测，蔬菜生产机械化水平远远低于该水平。此外根据对我国各地基层农机推广部门骨干人员的问卷调研结果，以及在全国典型蔬菜种植地区的实地调查情况可见，在我国经济水平与农业机械化发展水平都较高的地区，蔬菜生产机械化水平也明显落后于粮棉油作物，其蔬菜生产机械化作业主要应用在耕整地和田间管理环节，种植、收获等环节的机械化率基本为零，在其他经济与农业机械化发展水平都较落后的区域，蔬菜生产机械化水平普遍更加薄弱。

2. 蔬菜生产机械化发展不均衡

我国作为蔬菜生产和出口大国，经过多年发展逐渐形成了大生产、大流通、大市场的产销格局，由于生产技术落后，利润空间越来越小，我国政府主管部门、农机科研院所、农机生产企业等在蔬菜生产机械化的产、学、研、推等方面做了大量工作，但目前蔬菜生产的机械化水平仍然相当落后，大田蔬菜生产机械化水平则更低。农业机械化的发展一般分为初始、初步实现、基本实现和全面实现四个阶段，目前我国设施种植业综合机械化水平为 26.62%（含设施蔬菜），蔬菜生产综合机械化水平不足 25%，这远比农业机械化发展初级阶段的相关指标低，可见我国蔬菜生产还处于初始机械化阶段，具体表现为在种植地区、生产环节间、农机使用者和农机购置补贴政策等几个方面的差异较大，机械化发展不均衡严重制约蔬菜产业的发展。

五、结论

我国蔬菜生产政策经历了统购包销体制阶段、产销体制改革阶段和市场化大发展阶段，改革开放以来进入了快速发展期；我国蔬菜生产布局划分为六个优势区域，品种布局多样化特征明显，叶菜类、茄果类、根茎类蔬菜的种植面积和总产量位居前三；蔬菜大生产、大流通、大市场的产销格局为农业机械的应用创造了条件，但蔬菜生产机械化水平仍然非常落后，与蔬菜生产大国的地位极不相符；我国蔬菜生产机械化发展基础差、起步晚，蔬菜生产区域发展不平衡、自然条件各异、技术模式复杂，这决定了蔬菜生产技术路径必须结合国情选择；农业机械化水平影响着农业现代化发展进程，决定着农业产业竞争力强弱，我国蔬菜生产人工成本剧增，以劳动密集型为特点的蔬菜种植收益的比较优势明显下降，通过农机科技创新实现蔬菜生产方式的转变，是促进蔬菜产业可持续发展的必然选择。

（第一作者单位：农业部南京农业机械化研究所；文献来源：《中国农机化学报》，2017 年第 8 期）

农业全程机械化生产要素集聚特征及发展策略

黄玉祥 张庆凯 李卫 朱瑞祥

探索农业全程机械化生产模式，是新时期国家促进现代农业向资源高效配置和综合集成方向发展的重大决策，已引起社会的广泛关注。要素集聚模式是探索农业全程机械化发展路径的重要内容之一。农业全程机械化生产要素集聚是指通过汇集人力资源、技术、资金、装备、信息、管理等要素，促进新型农机经营主体等要素集聚体的建立，加速产业的有效集聚，提升区域农业全程机械化生产要素集群的竞争力。农业全程机械化生产要素集聚不仅是生产资源、技术和管理方式的现代化，而且是多方社会主体和要素科学组合与配置的系统性问题。一个地区农业全程机械化生产要素集聚水平的高低，直接影响该地区农业机械化发展的效率和效益。

实现要素的科学集聚和有效调控，不仅有利于提高农业全程机械化生产系统的运行效率和效益，促进农机经营主体节本增效，而且可以通过优化要素配置结构，充分发挥要素集聚模式在推动农机农艺融合、促进现代农业发展方面的优势作用。现代农业是广泛应用现代科技、现代工业提供的生产要素和科学经营管理方法进行的社会化农业生产，生产要素投入集约化是其基本特征之一。现代农业正朝着高产、优质、高效方向发展，这对农业全程机械化生产要素集聚系统提出了更高的要求。本文在分析要素集聚特征基础上，探讨要素集聚的发展策略，试图为认识和理解农业全程机械化生产要素集聚问题提供决策依据。

一、农业全程机械化生产要素集聚的特征

农业全程机械化生产要素集聚系统受到众多因素的影响，既有“资金、技术、装备”等硬性指标，也包含个人特征、农户或组织的生产特征（如土地经营规模）、传统农耕思想及民风特点、政策支撑力度及方式等软边界，还受到区域特征（如区域经济发展水平、地形地貌）的影响。农艺技术、生态多样性等因素也对农业全程机械化生产要素集聚系统产生重要影响。同时，不同因素对该系统产生不同的影响，会呈现多种发展状态，使得要素集聚的效率和效益有较大差异。因此，农业全程机械化生产要素集聚问题是个复杂的系统工程。

1. 以区域现代农业发展需求为切入点

我国不同区域农业生产的自然生态条件、耕作制度、社会经济基础、农业机械化发展水平等存在较大差异，对农业全程机械化生产要素集聚系统的需求也不尽相同。从装备的需求看，农业机械化水平较高的地方，装备需求正在向大功率、高性能、复式作业机具转变，丘陵山区等发展相对滞后的地方，迫切需要改善农机具工作条件、增加适用机具的有效供给；从作业需求看，农机作业正由产中向产前、产中、产后拓展；从地域看（以陕西为例），果业是陕西重点发展的农业产业，在“十三五”期间，陕西对果园作业机械化技术与装备的需求十分迫切。因此，不同地域、不同作物对农业机械化生产要素的需求均不同，这就要求要素的配置和集聚应以满足区域现代农业发展的需求为切入点，科学配置装备、人力、技术、资金、管理等要素，提升农业生产的集约化水平，进而提高要素配置效率和效益。同时，以区域现代农业发展需求为切入点，以新型农机经营主体为依托的要素集聚模式利于获得各级政府在政策、信贷、基础设施等方面的支持，进而为装备、技术、基础设施等要素的有效集聚提供便利条件。

2. 以追求经济效益为发展起点

经济效益反映了农业全程机械化生产活动中各种耗费与成果的对比，它是促进农业全程机械化生产要素集聚的必要条件。要素集聚模式对农机经营效益产生重要影响。传统的要素集聚方式侧重于实现人力、装备、技术、资金等要素的简单组合，整体资源配置效率不高，不能满足效益最大化的目标。通过要素的有效配置和调控，可以提高农业全程机械化生产要素集聚体的效益。例如，在中小型农场，发展以机械共享为特点的农机作业服务组织可以提高农场主的经济效益，降低农场的经营成本和风险；农户积极参与不同类型的农机作业服务组织，不仅提高了当地农机的社会化服务水平，而且有效降低农户使用农机的成本，提高了农户的收益。农业全程机械化生产要素集聚的直接结果是形成多个要素集聚体（农机经营主体），进而形成要素集群，提升农业全程机械化要素集群的竞争力。因此，无论是单个要素集聚体，还是要素集群，都应以追求经济效益为发展起点，确保各参与方效益的最大化。只有这样，才能在提高农业生产效率的同时，减少农机经营主体的经营风险，形成规模效益，促进农业全程机械化生产要素集群的持续快速发展。

3. 以协调发展为特色

高度发达的现代化农业不是一个以牺牲环境为代价、以追求短期利益为目标的组织模式，而是科学配置各类资源、多目标综合决策、实现社会、经济、生态三大效益相统一且良性循环的新型农业体系。农业全程机械化生产要素集聚系统内部各组成要素之间，以及其与外部诸多要素之间不断进行物质流、能量流、信息流等的交换，系统结构功能不断增强，最终形成要素集聚系统发展的驱动力，进而发挥要素集聚效应。要素集聚模式不仅直接影响农机经营主体等要素集聚体的发展质量，而且对农业全程机械化发展方式的转变产生重要影响。在内外环境约束下，要素集聚系统结构不断调节与之适应，不断进化，这些适应和进化就是农业全程机械化生产要素集聚系统在不同共生方式下的自适应调整。该系统是经济、社会、资源、环境等子系统之间不断协同、相互促进，由不协调到协调，循环往复的动态变化及其过程，其目标就是追求系统的协调发展。因此，农业全程机械化生产要素集聚系统不应该只从单一生产要素考虑，更应是所有生产要素融合统一、相互协调综合发展。

二、农业全程机械化生产要素集聚策略

1. 要素资源向新型农机经营主体集聚，形成产业集群

农户的经营管理能力直接影响要素集聚的效率和效益。在现代农业生产中，农户需要更多地从市场获得生产要素和面向市场组织生产，所以组织与经营管理的能力至关重要。与普通农户相比，新型农机经营主体具有创新经营的理念，他们面向市场需求，能够充分考虑与农户、政府等公众之间的关系，通过有效配置劳动力、资本、装备、管理、信息等各项生产要素，开展经营活动，可以显著提高经营效益。同时，新型农机经营主体获取市场信息的来源广泛，通过信息的共享和灵活应用，利于获得竞争优势。

新型农机经营主体的培育过程，也是农业全程机械化生产要素集聚和调整的过程。实践证明，农机合作社、家庭农场等新型农机经营主体在经济利益的推动和诱导下，可以有效整合农业全程机械化生产要素，推动农业生产由粗放经营向集约化经营、由兼业经营向专业化经营、由分散经营向组织化经营的转变。此外，国家先后出台了系列政策措施扶持培育新型农机经营主体，使得他们更容易获得来自政府、科研院所、信贷机构的支持，从而加速装备、技术、人力、信息和管理等要素资源的集聚。

在促进新型农机经营主体发展的同时，应努力促成产业集群，争取更高层次的规模经济。产业集群的形成，能够高效利用农业机械化生产的基础设施与公共服务，降低生产成本，推动农业机械化向产前、产中、产后延伸，拉长农业产业链，提高农业全程机械化生产要素集聚的整体效益。产业集聚还促进了农户、家庭农场、农机专业合作社等个体的联合，有助于共享技术和信息资源，发挥规模经济的优势，形成更大的影响力。同时，产业集群在引领农机化新技术新机具的推广应用、人才教育培训、农机服务方式创新等方面具有重要的推动作用。

2. 发挥政府支持和引导作用，提升要素集聚效益

农业全程机械化生产要素集聚的过程离不开政府的支持与推动，政府在要素集聚过程中扮演着推动者、引导者和监督者的角色。通过法律法规、政策引导、人才教育培训等多种方式促进要素集聚向符合市场需求方向发展，不断提升要素集聚效益。

第一，政府在继续加大农业机械化投入强度的同时，应不断优化资源投入结构，鼓励要素以满足产业发展需求为导向，立足自身特点和优势，加强相互合作，投入重点向关键要素倾斜，避免对不同要素“撒胡椒面”，引导和鼓励要素资源向优势

农机经营主体集聚，提升产业集群竞争力。第二，政府应制定符合区域现代农业发展实际的农业全程机械化生产要素集聚策略。在要素集聚度较高的地区，应注重要素的合理配置，引导要素在区域内、外的转移，提升要素利用率；对要素集聚度较低的地区，政府在加大投入强度的同时，应重点提高要素集聚度。第三，政府通过财政补贴、信贷等扶持制度保护新型农机经营主体等要素集聚体的农业生产活动，鼓励支持其推广应用现代农业技术与装备，提高农业全程机械化生产的专业化、科技化和组织化水平，增强要素集聚体的市场竞争能力，保证其经营收入处于较高水平。

3. 促进土地的适度规模经营，为要素集聚创造条件

长期以来，受到耕地分散、细碎等客观因素的制约，农业全程机械化生产要素集聚效率和效益亟待提升。党的十八届五中全会提出，发展多种形式适度规模经营，发挥其在现代农业建设中的引领作用。这是针对农户土地经营规模小、市场竞争力弱所作出的重大决策。土地是最基本的农业生产要素之一。实现农业全程机械化生产要素的科学集聚，需要土地、人力、资金、技术、装备、信息等生产要素的优化配置，以提升要素资源利用效率和农业生产经营效益。

土地的适度规模经营是实现农业全程机械化生产要素有效集聚的必要条件。贺振华认为完善的土地流转市场以及健全的土地调整制度能够提高土地配置效率，进而改善农业要素配置不均的问题。发展适度规模经营，必须不断创新农地流转及其相关制度，促进土地经营权流转和集中。为此，国家也出台了《关于引导农村土地经营权有序流转发展农业适度规模经营的意见》，鼓励种粮大户、农机大户和农机合作社开展土地全程托管或主要生产环节托管，实现统一耕作、规模化生产，这为农业全程机械化生产要素的集聚创造了有利条件。

在促进土地的适度规模经营过程中，应充分发挥政府的作用，通过系列政策措施的实施，加快土地资源由细碎化向规模化集中，向新型农业经营主体集聚，不断提高土地的集约度，降低农业生产经营成本。

4. 加强要素协同，不断创新要素集聚模式

目前，我国农业全程机械化生产模式还处于探索阶段，成熟、先进的要素集聚模式尚未形成。需要创新要素集聚方式，形成科学合理的要素配置结构，以提升要素集聚效率，推动农业全程机械化生产模式发展。同时，应充分发挥不同要素的优势，加强要素的协同，依托区域现代农业发展特色与优势，不断吸引各要素向新型农机经营主体流动，形成有利于产业发展、创新能力增强的要素集聚网络，实现区域农业全程机械生产要素的高效集聚。

虽然要素配置效率问题已得到国内外学者越来越多的重视，但对于农业全程机械化生产要素集聚问题的认识还需不断深入。需要构建完善的农业全程机械化生产要素集聚的理论分析框架；通过实证研究和长期的定点观测，分析比较不同类型农业全程机械化生产要素集聚体的效率和效益变化规律及其影响因素，进而提出针对性的措施和建议，为农业全程机械化生产要素集聚提供决策依据。

三、结论与思考

农业全程机械化生产要素集聚是重组生产要素、创新农机经营方式和转变农业机械化发展方式的过程。成熟先进的农业全程机械化生产模式是农业生产要素科学配置、优化组合的集中体现。如何发挥要素集聚效应，实现要素的科学集聚，是探索农业全程机械化生产模式的难点之一。

本文的研究表明，以区域现代农业发展需求为切入点、以追求经济效益为发展起点、以协调发展为特色是农业全程机械化生产要素集聚遵循的基本特征。为了促进农业全程机械化生产要素的科学集聚，提出以下措施和建议。

(1)以组织化程度低、结构松散、资源配置不合理等问题为导向，引导要素资源向新型农机经营主体集聚，形成产业集群，不断提高产业竞争力。

(2)政府对农业全程机械化生产要素集聚产生重要影响，通过加大投入力度、政策引导、信贷扶持等措施，发挥政府的支持和引导作用，提升要素集聚效益。

(3)土地的适度规模经营有利于农业全程机械化生产要素的集聚，应通过多种措施的实施，加快土地资源由细碎化向规模化集中，不断提高土地的集约度，为要素集聚创造条件。

(4)农业全程机械化生产要素的集聚过程是个系统工程，需要加强要素协同作用，创新要素集聚模式，增强要素集聚的自协调、自适应的演化发展能力，从而发挥要素集聚的创新效应。

(第一作者单位：西北农林科技大学；文献来源：《中国农机化学报》，2017 年第 8 期)

我国农机保险发展现状及对策建议

赵野　马姝岑　白艳

农机保险作为一种风险管理手段和措施，不仅可以在农机事故发生后补偿农民的经济损失，而且在事前有积极的安全教育、预防作用，同时具有稳定社会、保障农机化发展的重要意义。近年来，国家大力支持各地探索发展多种形式和种类的农机保险，取得了阶段性成果，基本确立了具有中国特色的发展之路，农机保险的“护农”作用日益凸显。但总体判断，我国农机保险尚处于试验和探索阶段，还存在一些突出问题亟须深入研究，妥善解决。

一、农机保险发展现状

1. 发展模式多元化

目前，我国主要形成了 3 种各具特点的农机保险发展模式：强制性保险、政策性保险和互助保险。2004 年实施的《中华人民共和国道路交通安全法》和 2006 年实施的《机动车交通事故责任强制保险条例》将上道路行驶的拖拉机交通事故责任保险纳入强制管理(以下简称“拖拉机交强险”)，拖拉机交强险成为唯一在全国范围内强制施行的农机保险。2005 年，在农机保有

量快速攀升，农机拥有者对农机保险需求不断增强的背景下，上海率先探索实施了农机政策性保险。2008 年、2011 年，江苏和北京分别借鉴上海经验，试点实施了农机政策性保险。经过多年实践，农机政策性保险的条款设计、投保机制、理赔程序不断完善，试点省份不断增多，逐渐成为当前主要的农机保险发展模式。2009 年，在中央一号文件"鼓励在农村发展互助合作保险"的政策指引下，陕西率先在农机领域大胆尝试非盈利性的互助保险。2010 年以来，湖北、湖南、河南驻马店借鉴陕西发展经验，先后实施了农机互助保险，成效明显。2013 年实施的《农业保险条例》(以下简称《条例》)，进一步明确了农业互助保险组织的合法地位，使农机互助保险成为极具发展潜力的农机保险模式。不同农机保险模式特点如表 1 所示。

表 1 不同农机保险模式特点

保险模式	覆盖范围	典型地区	显著特点
强制性保险	全国	—	强制施行，市场运作
政策性保险	部分省区	上海、江苏、北京	政府补贴，市场运作
互助保险	部分省区	陕西、湖北、湖南	农民互助，非营利性

2. 保险种类多样化

农机种类的多样性和保险模式的多元化，促使农机保险的种类呈现出多样化的发展趋势。在保险种类方面，各地在强制实行拖拉机交强险基础上，实施的农机政策性保险和互助保险基本都设置了农机损失保险、机上人员责任保险和第三者责任保险，保险种类由单一的"保他人"转变为"保机、保己、保他人"的全方位保险。有的地区还结合农民实际需求，对险种进行了延伸或细化，如陕西农机损失保险，单独增加了收割(获)机自燃保险、玻璃单独破碎保险、农具或拖车损失保险等特约险种。在保险标的方面，保险农机范围由单纯上道路行驶的拖拉机逐渐向其他危及人身财产安全的农机具扩展。例如，北京农机政策性保险的标的为从事田间作业的拖拉机和联合收割机(分青贮收割机和非青贮收割机两类)。陕西农机互助保险的标的包括拖拉机、收割(获)机和其他 4 类 13 种农业机械，几乎涵盖了当地危及人身安全的所有农机具种类，为农民提供了更加全面化、精细化、人性化的农机保险服务。典型地区农机保险险种对比如表 2 所示。

表 2 典型地区农机保险险种对比

保险模式	保险标的	保险险种
强制性保险	上道路行驶拖拉机	拖拉机第三者责任保险
北京农机政策性保险	从事田间作业的拖拉机、联合收割机(青贮收割机和非青贮收割机)	农机损失保险、农机具机上人员责任保险、联合收割机第三者责任保险
陕西农机互助保险	拖拉机、收割(获)机和其他农业机械(机动植保机械、插秧机、微耕机、田园管理机);机动脱粒机、饲料饲草粉碎(揉切)机、铡草机、卷帘机;清粪机、沼液(渣)清运机;小型挖掘机、挖坑机、推土机	农机损失互保、驾驶人意外伤害互保、第三者责任互保、收割(获)机辅助作业人员责任互保、驾驶人意外伤害医疗互保、收割(获)机自燃损失特约互保、玻璃单独破碎特约互保、农具或拖车损失特约互保、维修保养作业意外伤害与医疗特约互保

3. 政策扶持范围越来越大

自 2003 年以来，国家相继出台了涉及农机保险的法律法规 6 部、政策性文件 17 个，有的地区也将农机保险写入了地方性法规。特别是《条例》将农机保险纳入涉农保险范畴，鼓励地方采取财政补贴等措施支持发展农机保险，在国家层面为农机保险补贴确立了法律依据。

在此背景下，各地积极开展农机保险补贴，不仅给予政策性保险补贴，有的地区还对互助保险、拖拉机交强险进行了补贴。例如，上海给予农机保险 50%保费补贴；北京自实施农机政策性保险之初，便确立了市级财政给予 50%保费补贴，各区(县)累加 20%～40%补贴的资金扶持政策；陕西省财政给予农机互助保险给 30%保费补贴，市县财政累加 10%补贴；江苏给予兼用型拖拉机和运输型拖拉机交强险不低于 50%的保费补贴，经济条件较好的地区补贴比例超过了 80%。这些政策、资金等方面的扶持为农机保险持续健康发展提供了强有力保障。

4. 保障作用越来越明显

我国已基本形成了"补贴＋补偿"的农机保险机制，农民逐渐成为保险的最大受益者。据有关部门统计，2012 年，全国拖拉机交强险赔付超过 10 亿元。2011—2014 年，北京农机政策性保险投保农机 4 275 台次，市财政补贴 150 万元，区(县)补贴 86.9 万元，农户自付保费 62.8 万元，理赔事故 68 起，赔付金额超过 300 万元。2015 年，实施农机互助保险的三省一市共发展会员 12.59 万户，发生事故 4 439 起，赔付2 300多万元。特别是伴随农村土地适度规模经营和新型农业经营主体快速发展，农机具向着大型化、高值化方向迈进，农机保险的保障作用更加凸显。例如，2013 年北京某合作社为价值 220 万元的大型青贮收割机发生了机械严重损毁的单方事故，由于事先投保了农机政策性保险(合作社缴纳保费2 760元，政府补贴 11 040元)，最终获得赔偿 125 万元，农机保险极大地补偿了事故给合作社造成的经济损失，为新型农业经营主体健康发展提供了重要保障。不同模式农机保险运营情况如表 3 所示。

表 3 不同模式农机保险运营情况

保险模式	年度	地区	补贴比例(%)	保费总额(万元)	赔付总额(万元)
强制性保险	2012	全国	—	106 000	103 000
政策性保险	2011—2014	北京	70～90	299.7	319.1
	2014	江苏	50～80	5 703	—
	2015	上海	50	—	—
互助保险	2015	陕西、湖北、湖南、河南驻马店	陕西 40	3 889.4	2 300

数据来源：有关部门统计数据。

二、存在主要问题

1. 交强险进退两难

伴随社会进步和农机化快速发展，拖拉机的主要功能是从事农田作业，上道路行驶的几率大幅减少，农民投保交强险的积极性不断下降。同时，由于拖拉机保险费率水平偏低，经营风险较高，且业务相对分散，保险公司在网点、人员等方面不相适应，对拓展此类业务的积极性并不高，拒保或变相拒保的问题突出，拖拉机交强险逐渐陷入了“国家强制施行，农民不愿投保，保险公司不愿承保”的两难境地，投保率长期保持在较低水平，严重阻碍了拖拉机交强险的发展和保障作用的发挥。

2. 保险覆盖面狭窄

虽然农机保险的保障范围拓展很快，但与农机化快速发展、农机保有量快速攀升相比仍严重滞后，难以满足广大农民群众的实际需求。从区域来看，除了拖拉机交强险，全国范围内全面实施其他种类农机保险的地区仍然较少，大多数地区尚处在空白或试点阶段。农机手在生产作业过程中面临的风险，由于缺乏系统风险管理和保险服务，人身伤害和财产损失没有保障，已成为一个严重的农村经济社会问题。从险种来看，现行的农机保险保障的农机具以实行牌证管理的拖拉机和联合收割机为主，其他危及人身财产安全的农机鲜有相应的险种供农民选择。例如，微耕机近年来成为农机事故的“重灾区”，却缺乏农机保险保障，农民不得不选择保费较高的人身意外商业保险。

3. 保险赔付率过高

从各类农机保险的收支情况看，保险的赔付率均比较高，保险运营大都徘徊在亏损和收支基本持平之间，严重影响了农机保险发展的可持续性。例如，2012 年，全国拖拉机交强险保费收入 10.6 亿元，赔付 10.3 亿元，赔付率 97.2%。2012—2014 年，北京农机政策性保险保费收入 299.7 万元，赔付 319.1 万元，赔付率高达 106.5%。2015 年，实施农机互助保险的三省一市共筹集保费 3 889.4 万元，扣除运营成本、经纪公司管理费和赔付支出，收支基本相抵。据有关保险公司统计，农机保险赔付率最高时接近 300%，即使调整了保费，扩张了总量，赔付率也保持在 120%左右，面对居高不下的赔付率，保险公司难以为继，很可能再次走上拒保或变相拒保的老路。

4. 配套措施待健全

各类农机保险的条款主要是借鉴农业保险和机动车保险确立了一般性条款，很少综合考量农机本身具有机动性、从事生产具有季节集中性，以及农机保险主体是农业机械设备的使用者、拥有者和第三人，经济水平较低等因素，建立科学的运行机制，制定合理的配套措施，导致农机保险机构和相关部门“单打独斗、各行其是”，服务的质量和效率不高；保险费率相对农民而言仍显偏高；保险周期一般以年为单位，投保方式不够灵活；从事跨区作业的农机缺乏保险保障，投保理赔困难等问题还很突出。特别是农机集中作业期间发生轻微农机事故，农民为了争抢农时，往往等不及保险机构响应而选择自行处理，使保险失去了应有作用，很大程度影响了农民投保积极性。

三、发展对策建议

农机保险本质上是一种市场产品和服务。我国现阶段农机保险的消费弹性较大，农民不愿参保和保险公司不愿承保的现象共存。要想破解发展难题，必须要遵从市场规律，理顺供求关系，采取有效措施提高承投保双方的积极性，才能促进农机保险向持续更高水平发展。

1. 加大政策扶持力度

政府扶持是促进农机保险发展的基本保障。农机保险供给和需求问题导致了保费价格无法同时满足农户和保险公司的要求，只有通过政府的扶持，才能使保费价格达到双方的均衡点。建议在政策方面，研究制定《条例》实施细则，引导各地结合实际，将农机保险纳入地方性农业法规，并按照“政府引导、市场运作、自主自愿、协同推进”的原则，建立健全市场准入、保险合同、经营规则、法律责任、监督管理等制度规范，确保农机保险在法制下运行、阳光下操作。在资金方面，研究出台国家层面的农机保险补贴政策，建立拖拉机交强险补贴制度，推进拖拉机交强险制度的有效实施，同时给予其他农机保险一定比例补贴，带动更多地区实施农机保险，鼓励经济条件允许的地区，进一步提高补贴范围和比例。

2. 扩大保险覆盖范围

扩大范围是促进农机保险发展的内在动力。首先，要充分利用政策拉动，实施好当前已经确立的农机保险，提高拖拉机和联合收割机的投保数量，科学运用“大数法则”将保险费率厘定在合理水平。其次，进一步扩大保险农机范围，逐步将凡界定在法律意义“农业机械”范围内的机械设备列入保险范围，特别是要将《农业机械安全监督管理条例》中提到的 7 种危及人身财产安全的农机以及各地确定的对人身财产安全可能造成危害的其他农机纳入保险范围，为农民提供更加广泛全面的保险保障。

3. 完善保险配套机制

完善机制是促进农机保险发展的重要手段。要从农民的实际需求出发，结合农业生产特点，提升农机保险服务质量。探索建立农机、财政、公安交警、保险机构等有关部门信息互通机制和跨区域协作机制，进一步完善机械投保、事故勘察、事故认定、赔偿处理工作程序，形成安全监理、风险管理、事故救援、现场定损和维修服务“一条龙”的服务模式。要探索建立按季度或月为周期的弹性投保机制，增加农民投保自主性，提高投保积极性。借鉴机动车事故快速处理经验，建立农机保险快速理赔机制，使得农忙时节发生的一些轻微农机事故及时得到处理与赔偿，避免因“小事”挫伤农民的积极性。

4.强化农机保险宣传

强化宣传是促进农机保险发展的有效途径。要以新型农业生产经营主体为重点，统筹农业（农机）部门、保险监管部门、保险机构等多方力量，结合春耕、“三夏”“三秋”等农忙季节，充分利用新闻媒体、网络媒介、会议培训等形式对农机保险政策法规、保险条款、办理程序等进行广泛宣传，进一步扩大农机保险的社会影响力。尤其要注重大力宣传成功理赔的鲜活案例，切实让农民感受到投保农机保险的益处，引导他们积极参与到农机保险事业中来，提高风险意识，增强投保热情，变被动保险为主动要求保险。

（第一作者单位：农业部农业机械化技术开发推广总站；文献来源：《中国农机化学报》，第7期）

农业机械化政策法规及规章

农业部部门规章及文件

【农业部关于贯彻国务院《政府工作报告》部署切实做好2016年农机深松整地工作的通知(农机发〔2016〕1号)】 为贯彻落实2016年国务院《政府工作报告》部署,切实完成好2016年"增加深松土地1.5亿亩"的目标任务,农业部于2016年3月25日发文要求各级农业机械化主管部门明确目标任务,建立考核制度、加强装备支撑、开展作业补助、强化质量监控、加强组织领导。同时,做好深松整地作业基本结束后的总结工作和作业补助落实情况统计工作。

【农业部关于印发《全国农业机械化发展第十三个五年规划》的通知(农机发〔2016〕2号)】 为贯彻落实《中华人民共和国国民经济和社会发展第十三个五年规划纲要》和《全国农业现代化规划(2016—2020年)》的部署,农业部部编制了《全国农业机械化发展第十三个五年规划》,并于2016年12月29日印发,要求各级农业机械化主管部门结合实际,认真贯彻执行。

【农业部办公厅关于做好2016年农机安全监理工作的通知(农办机〔2016〕1号)】 为深入贯彻落实习近平总书记、李克强总理关于安全生产的重要指示批示精神和国务院召开的全国安全生产电视电话会议精神,切实加强农机安全生产监督管理,保障人民群众生命财产安全,农业部于2016年1月12日发文要求各级农业机械化主管部门进一步提高对农机安全工作重要性的认识,认真落实农机安全监管惠农政策,精心编制农机安全生产"十三五"规划,深入推进农机安全监督管理法治化,深入开展"平安农机"创建活动,深入开展农机安全隐患排查治理,扎实开展农机事故处理和应急救援,扎实做好农机报废更新补贴试点工作,大力开展农机安全宣传培训。

【农业部办公厅关于严禁违规发放"多功能拖拉机"牌证的通知(农办机〔2016〕3号)】 为维护道路交通安全和农业生产安全,促进经济社会健康发展和保护人民群众生命财产安全,经商公安部、国家安全监管总局,农业部于2016年2月16日发文,责成福建省农业厅本着对安全生产高度负责的精神,采取果断措施,立即停止给不符合安全标准的"多功能拖拉机"办理牌照,并积极协助政府协调有关部门做好相关工作,切实维护道路交通和农业生产安全监管秩序,依法做好农机安全监理工作。

【农业部办公厅关于2015年农机事故情况的通报(农办机〔2016〕4号)】 按照《农业机械安全监督管理条例》和《农业机械事故处理办法》规定,农业部于2016年2月18日发文,通报2015年全国农机道路外事故情况、农机道路交通事故情况。各级农业机械化主管部门要认真落实安全生产责任制,加强事故预防工作力度,提高事故处理工作能力,切实做好事故统计报告工作。要继续深入开展"平安农机"创建活动,加强农机安全生产隐患排查和治理,努力提高农机上牌率、检验率、持证率"三率"水平,减少农机事故发生,确保农机安全生产形势持续稳定好转。

【农业部办公厅关于深入开展农机合作社示范创建活动的通知(农办机〔2016〕5号)】 为贯彻落实农业部等九部委《关于引导和促进农民合作社规范发展的意见》(农经发〔2014〕7号)和农业部《关于开展主要农作物生产全程机械化推进行动的意见》(农机发〔2015〕1号)精神,进一步提升农机合作社的发展质量和整体水平,大力推进农机社会化服务,农业部于2016年3月22日发文,在全国范围内开展新一轮农机合作社示范创建活动。各级农业机械化主管部门要明确创建活动工作目标,开展示范社推荐申报,加强创建活动组织领导。

【农业部办公厅关于做好当前农业机械推广鉴定有关工作的通知(农办机〔2016〕6号)】 为贯彻落实《农业机械推广鉴定实施办法》,顺利推进推广鉴定改革,促进先进适用农业机械推广应用,农业部于2016年3月29日发文,要求各级农业机械化主管部门及其推广鉴定机构做好农业机械推广鉴定大纲制修订期间的衔接工作,明确排放标准升级后证书信息变更原则，加强国家质量监督抽查不合格产品推广鉴定证书管理，积极主动承担鉴定工作任务等。

【农业部办公厅关于2015年下半年各地农机购置补贴产品经营违规行为查处情况的通报（农办机〔2016〕7号）】 2015年下半年，各地各级农业机械化主管部门按照农业部办公厅、财政部办公厅《2015—2017年农业机械购置补贴实施指导意见》（农办财〔2015〕6号）及其他相关规定，组织查处了94家企业在参与农机购置补贴政策实施中的违规行为，取消或暂停了这些企业的产品补贴资格或经销补贴产品的资格，将8家企业及其法定代表人列入农机购置补贴产品经营黑名单，取消了6名购机者若干年内享受农机购置补贴政策的资格。农业部于2016年3月29日发文进行集中通报。

【农业部办公厅关于开展农用植保无人飞机专项统计工作的通知（农办机〔2016〕9号）】 为全面掌握农用植保无人飞机发展情况，根据有关部门统一部署，农业部于2016年5月6日发文，决定开展农用植保无人飞机专项统计工作。要求各级农业机械化、种植业（植保）主管部门共同组织开展，要突出重点、规范流程、密切协作、加强指导，保障专项统计工作顺利进行。

【农业部办公厅关于做好2016年“三夏”农机跨区作业管理和服务工作的通知（农办机〔2016〕11号）】 为有力、有序、有效地组织好2016年“三夏”农机跨区作业大会战，努力夺取夏粮丰产丰收和全年农业有个好收成，农业部于2016年5月12日发文，要求各级农业机械化主管部门加强组织领导，明确目标任务；立足抗灾救灾，及早谋划部署；加强信息引导，平衡市场供需；加快作业进度，提高作业质量；做好后勤保障，维护市场秩序；广泛开展宣传，营造良好氛围。

【农业部办公厅关于2015年农业机械质量调查结果的通报（农办机〔2016〕14号）】 2015年，农业部依据《农业机械化促进法》和《农业机械质量调查办法》，对部分在用的大中型轮式拖拉机和自走式玉米收获机产品进行了质量调查。农业部于2016年5月27日发文通报调查情况，要求问题产品企业认真组织整改，省级农业机械化主管部门加强整改督导、强化质量调查。

【农业部办公厅关于公布全国首批基本实现主要农作物生产全程机械化示范县（市、区）名单的通知（农办机〔2016〕15号）】 为提升全国主要农作物生产全程机械化水平，加快推进农业现代化，根据《农业部关于开展主要农作物生产全程机械化推进行动的意见》（农机发〔2015〕1号）等文件精神，2015年以来，农业部组织开展了全程机械化示范县创建活动，并于2016年5月30日发文公布全国首批基本实现主要农作物生产全程机械化示范县（市、区）名单。希望各级农业机械化主管部门认真总结全程机械化示范县（市、区）的做法和经验，加强宣传，扩大影响，以点带面，深入开展主要农作物生产全程机械化推进行动，为促进农业现代化建设作出积极贡献。

【农业部办公厅关于成立农业部主要农作物生产全程机械化推进行动专家指导组的通知（农办机〔2016〕16号）】 为贯彻落实《农业部关于开展主要农作物生产全程机械化推进行动的意见》（农机发〔2015〕1号），充分发挥专家在决策咨询、技术指导、培训交流、验收考核等方面的支撑服务作用，经研究，农业部决定成立农业部主要农作物生产全程机械化推进行动专家指导组，并于2016年5月30日发文通知有关事宜，公布专家指导组成员名单。

【农业部办公厅关于2016年上半年农机事故情况的通报（农办机〔2016〕18号）】 按照《农业机械安全监督管理条例》和《农业机械事故处理办法》规定，农业部于2016年8月16日发文，通报2016年上半年全国农机道路外事故情况、农机道路交通事故情况。各级农业机械化主管部门要认真落实安全生产责任制，加强农机安全生产宣传教育，开展农机事故应急处置演练，大力排查农机安全隐患，做好事故预防和处理，提高农机事故统计报告工作水平。要继续深入开展创建“平安农机”活动和农机安全生产“打非治违”专项整治，加强隐患排查和治理，努力提高农机上牌率、检验率、持证率“三率”水平，减少农机事故发生，确保农机安全生产形势持续稳定向好。

【农业部办公厅关于做好2016年“三秋”机械化生产工作的通知（农办机〔2016〕19号）】 为贯彻落实农业部党组关于“提质增效转方式、稳粮增收可持续”的部署，高质量、高效率地组织做好2016年秋收、秋种、秋整地机械化生产，农业部于2016年9月14日发文，要求各级农业机械化主管部门明确目标，切实加强组织领导；提前谋划，抓好机具人员准备；科学调度，组织开展跨区作业；多措并举，积极推进深松整地；强化宣传，营造良好工作氛围。

【农业部办公厅关于公布2017年拖拉机检验合格标志式样的通知（农办机〔2016〕21号）】 根据《拖拉机联合收割机牌证制发监督管理办法》，农业部于2016年10月16日发文，公布2017年全国拖拉机检验合格标志式样，要求各省、自治区、直辖市农机安全监理机构统一与定点生产企业联系定制，并严格按照《拖拉机登记规定》和《拖拉机登记工作规范》予以核发。

【农业部办公厅关于印发主要农作物生产全程机械化示范县评价指标体系（试行）和评价办法（试行）的通知（农办机〔2016〕22号）】 根据《农业部关于开展主要农作物生产全程机械化推进行动的意见》（农机发〔2015〕1号）要求，农业部研究制定了《主要农作物生产全程机械化示范县评价指标体系（试行）》和《主要农作物生产全程机械化示范县评价办法（试行）》，并于2016年10月18日发文，要求各级农业机械化主管部门结合本地实际，认真贯彻执行。

【农业部办公厅关于公布2016年全国农机合作社示范社名单的通知（农办机〔2016〕23号）】 为推动构建新型农业经营体系，引领打造农机合作社升级版，加快提升农机社会化服务质量水平的重要举措，农业部在全国开展创建农机合作社示范社工作。根据《农业部办公厅关于深入开展农机合作社示范创建活动的通知》（农办机〔2016〕5号），在各省级农业机械化主管部门推荐基础上，经审核与公示，农业部于2016年10月18日发文公布北京兴农天力农机服务专业合作社等203个合作社为全国农机合作社示范社。

【农业部办公厅关于印发《农业机械试验鉴定机构部级鉴定能力认定实施细则》的通知（农办机〔2016〕24 号）】 根据《农业机械试验鉴定办法》（农业部令 2015 年第 2 号）和《农业机械推广鉴定实施办法》（农业部公告第 2331 号），农业部制定了《农业机械试验鉴定机构部级鉴定能力认定实施细则》，并于 2016 年 11 月 30 日发文要求各地农业机械化主管部门和农业部农业机械试验鉴定总站遵照执行。

【农业部办公厅关于印发《2016 年度各省（区、市）主要粮食作物耕种收综合机械化率发展指标》的函（农办机函〔2016〕4 号）】 根据国家发展改革委、中央编办、农业部、国家粮食局等 13 个部门和单位联合印发的《关于开展 2016 年度粮食安全省长责任制考核工作的通知》（发改粮食〔2016〕1426 号）精神，农业部牵头负责第 9 项指标"主要粮食作物耕种收综合机械化率"的考核工作，并于 2016 年 8 月 15 日发函，印发"2016 年度各省主要粮食作物耕种收综合机械化率发展指标"，请各省（区、市）人民政府相关部门据此开展自查评分。

地方性法规、规章及文件

【天津市农业机械局　天津市财政局关于优化农机购置补贴程序的通知（津农机计〔2016〕109 号）】 为进一步优化管理模式，创新公正便民服务措施，根据《农业部财政部 2015—2017 年农机购置补贴实施指导意见》精神，围绕现阶段"缩范围、控定额、促敞开"的农机购置补贴政策新思路，天津市于 2016 年 9 月 8 日发文，决定按照《市农机局市财政局关于印发天津市 2015—2017 年农业机械购置补贴实施方案的通知》（津农机计〔2015〕35 号）的总体原则，自 2016 年 10 月份起在全市范围内实行"自主购机、带机审核、定额补贴、区级结算、直补到卡"的新型农机购置补贴操作程序。

【山西省人民政府办公厅关于推进电动农机发展的实施意见（晋政办发〔2016〕94 号）】 为贯彻落实《山西省人民政府关于 2016 年新实施强农惠农富农补贴政策的通知》（晋政发〔2016〕10 号）、《山西省人民政府办公厅关于加快推进电动汽车产业发展和推广应用的实施意见》（晋政办发〔2015〕115 号），切实推进山西省电动农机的发展，山西省于 2016 年 6 月 27 日发文，就推进电动农机发展提出实施意见。此意见包含总体要求、发展思路与推进方法、重点任务及部门分工、保障措施。

【山西省人民政府办公厅关于做好农机深松整地工作的通知（晋政办发〔2016〕95 号）】 为切实做好 2016 年及"十三五"期间农机深松整地的目标任务，山西省于 2016 年 6 月 27 日发文，要求各地区、各部门明确任务目标，狠抓责任落实；建立考核督查机制，开展创先争优活动；优先保证机具补贴，加强农机装备支撑；持续开展深松作业补助，强化示范带动效应；运用物联网新技术，强化作业质量监控；加强组织领导，创新服务模式。

【吉林省人民政府办公厅关于开展全省粮食生产全程机械化整体推进行动的实施意见（吉政办发〔2016〕65 号）】 为加快发展现代农业，提高粮食综合生产能力和市场竞争力，促进农业提质增效，力争到 2020 年基本实现粮食生产作业现代化，吉林省于 2016 年 8 月 17 日发文，就开展全省粮食生产全程机械化整体推进行动提出实施意见。此意见主要包含充分认识开展粮食生产全程机械化整体推进行动的重要意义、总体思路、基本原则与发展目标、主要任务、推进措施、组织保障。

【江苏省人民政府办公厅关于加快推进粮食生产全程机械化的意见（苏政办发〔2016〕24 号）】 为深入贯彻习近平总书记重要讲话精神，落实好粮食生产全程机械化整省推进试点要求，全面提升农业机械化水平，推动现代农业建设迈上新台阶，江苏省于 2016 年 3 月 17 日发文，就加快推进粮食生产全程机械化提出实施意见。此意见主要包含准确把握推进粮食生产全程机械化的总体要求、加快推广粮食生产全程机械化装备和技术、积极开展粮食生产全程机械化示范创建、制定和落实促进粮食生产全程机械化的扶持政策、切实加强组织保障。

【江苏省农业机械管理局　江苏省财政厅　中国保险监督管理委员会江苏监管局关于进一步推进农机保险工作的通知（苏农机法〔2016〕18 号）】 为进一步贯彻落实好《农业保险条例》和江苏省委、省政府关于做好农业保险工作的有关精神，更好地发挥保险对促进农机安全生产，提升农机化发展水平的积极作用，江苏省于 2016 年 12 月 8 日发文，要求各地和各有关部门充分认识开展农机保险的重要意义，调整完善农机保险保费补贴政策，切实规范农机保险操作实务，加强工作协调、宣传引导、绩效考核、探索创新。

【浙江省人民政府办公厅关于加快推进农业领域"机器换人"的意见（浙政办发〔2016〕19 号）】 为加快提升农业设施装备水平，提高农业劳动生产率，促进农业发展方式转变，根据《国务院办公厅关于加快转变农业发展方式的意见》（国办发〔2015〕59 号）精神，浙江省于 2016 年 2 月 17 日发文，就加快推进农业领域"机器换人"提出实施意见。此意见主要包含总体要求、发展重点、推动农业设施装备科技进步、加快农业设施装备推广应用、提升农机社会化服务能力、加强农机行业管理、加强政策支持和组织保障。

【安徽省人民政府办公厅关于印发推进农机农艺农信融合发展实施方案的通知（皖政办〔2016〕58 号）】 为认真贯彻落实《中共安徽省委　安徽省人民政府关于落实发展新理念加快农业现代化实现全面小康目标的实施意见》（皖发〔2016〕1 号），深入推进农机农艺农信融合发展，助力农业现代化推进工程，安徽省于 2016 年 10 月 12 日发文，印发推进农机农艺农信融合发展实施方案，要求各地、各部门认真组织实施。此方案主要包含总体要求、重点任务、保障措施。

【福建省农业厅　福建省财政厅关于做好省级特色农业机械购置补贴市场化改革试点工作的通知(闽农计〔2016〕217号)】　为进一步贯彻《中共福建省委 福建省人民政府关于落实发展新理念建设特色现代农业实现全面小康目标的实施意见》(闽委发〔2016〕1号),福建省在总结部分特色农业机械省级补贴和4个品目市场化改革试点工作基础上,决定进一步扩大范围,开展省级特色农业机械购置补贴市场化改革试点工作。福建省于2016年10月14日发文,要求相关地方和部门认真做好省级特色农业机械购置补贴市场化改革试点工作。

【福建省农业厅　福建省财政厅关于印发《福建省2016年农机新产品购置补贴试点方案》的通知(闽农计〔2016〕243号)】　为鼓励农机生产企业加强研发创新,引导市场主体使用先进适用农业机械,充分发挥农机购置补贴资金导向作用,福建省于2016年11月21日发文,印发《福建省2016年农机新产品购置补贴试点方案》,要求各地和各相关部门认真执行。此方案主要包含试点品目和试点品目产品资质、试点区域及试点品目补贴额一览表、资金规模和试点期限、补贴申请、试点风险防控与处置措施。

【江西省农业机械化管理局关于规范农机购置补贴产品配套发动机标志标识的通知(赣农机综〔2016〕7号)】　为加强农机购置补贴产品监管,保障购机者利益和财政资金安全,江西省于2016年2月1日发文规范农机购置补贴产品配套发动机标志标识,主要包括发动机铭牌、发动机出厂编号、发动机合格证等。

【河南省农业机械管理局　河南省财政厅关于印发《河南省2016年农用航空器示范工作实施方案》和《河南省2016年农业机械购置累加补贴方案》的通知(豫农机计文〔2016〕103号)】　为进一步推进主要农作物生产全程机械化和解决农作物植保过程中费工费时、劳动强度大、对人体危害大、药效利用率低等问题,根据《河南省2015—2017年农业机械购置补贴实施指导意见》(豫农机计文〔2015〕17号)和《河南省农业机械管理局 河南省财政厅关于进一步做好2016年农机购置补贴工作的通知》(豫农机计文〔2016〕39号)精神,河南省于2016年10月17日发文,印发《河南省2016年农业机械购置累加补贴方案》和《河南省2016年农用航空器示范工作实施方案》,要求各地相关部门认真组织实施。

【湖南省人民政府办公厅关于加快推进农业机械化的通知(湘政办发〔2016〕40号)】　为深入贯彻党的"十八大"和党的十八届三中、四中、五中全会精神,全面落实创新、协调、绿色、开放、共享发展理念,加快农业现代化进程,湖南省于2016年5月24日发文,就加快推进农业机械化有关问题发出通知,要求各地、各部门认真贯彻执行。此通知主要包含总体要求、工作重点、支持措施、组织领导。

【湖南省农业机械管理局关于新进补贴机具实行现场演示评价制度的通知(湘农机产发〔2016〕18号)】　为规范实施购机补贴政策,准确掌握新进补贴机具的基本构造和功能,湖南省于2016年4月13日发文,对新进补贴机具实行现场演示评价制度,要求各地区农机局和有关农机生产企业认真贯彻落实。

【湖南省农业委员会　湖南省财政厅关于实施洞庭湖区农业机械化提升工程的通知(湘农联〔2016〕265号)】　为加快推进农业现代化步伐,湖南省人民政府决定于2016—2017年在洞庭湖区实施农业机械化提升工程。湖南省于2016年11月20日发文,就洞庭湖区农业机械化提升工程提出实施方案,要求各地相关部门切实提高思想认识、具体明确建设内容、全面落实职责任务。

【广西壮族自治区人民政府办公厅关于印发广西推进"双高"基地生产全程机械化实施方案(2015—2020年)的通知(桂政办发〔2016〕3号)】　为贯彻落实《国家发展改革委农业部关于印发糖料蔗主产区生产发展规划(2015—2020年)》(发改农经〔2015〕1101号)、《中共广西壮族自治区委员会广西壮族自治区人民政府关于加快转变农业发展方式促进农业农村可持续发展的若干意见》(桂发〔2015〕3号)、《广西壮族自治区人民政府关于促进我区糖业可持续发展的意见》(桂政发〔2013〕36号)精神和自治区有关"双高"基地建设的部署要求,加快"双高"基地生产全程机械化发展,广西壮族自治区于2016年1月7日发文,印发《广西推进"双高"基地生产全程机械化实施方案(2015—2020年)》。此方案主要包含总体思路、工作目标、标准要求、推进措施、组织领导、保障措施。

【甘肃省农牧厅关于印发《甘肃省扶持发展一乡一农机专业合作社建设试点方案》的通知(甘农牧发〔2016〕37号)】

为进一步转变农业发展方式,提高农机社会化服务水平,着力构建新型农机社会化服务体系,加快推进农业机械化进程,甘肃省于2016年2月19日发文,印发《甘肃省扶持发展一乡一农机专业合作社建设试点方案》,请定西市农机局遵照执行。此方案主要包含指导思想、试点范围和目标、试点内容、申报条件及程序、保障措施。

【甘肃省人民代表大会常务委员会关于修改《甘肃省农业机械管理条例》的决定(甘肃省人民代表大会常务委员会公告第43号)】　《甘肃省人民代表大会常务委员会关于修改〈甘肃省农业机械管理条例〉的决定》由甘肃省第十二届人民代表大会常务委员会第二十五次会议于2016年7月29日通过并公布,此决定自公布之日起施行,《甘肃省农业机械管理条例》根据此决定作相应修改后,重新公布。

农业机械化工作

各地工作要览

北京市

【概况】 2016年，北京市农机部门在农业部农业机械化管理司指导和北京市农业局党组领导下，全市农机部门立足“农业机械化向全程全面发展提速，向高质高效转型升级”总体目标，推动农业机械化装备水平、作业水平、科技水平、安全水平、社会化服务水平提升，为促进全市农业调转节、服务产业发展作出贡献。

【禁烧农作物秸秆】 2016年，北京市按照全市《综合施策杜绝农作物秸秆和园林绿化废弃物焚烧工作方案》要求，市区两级农业、农机部门共同努力，在“调结构”“严监管”尤其是发挥本职职能做好“全利用”方面做很多工作并实现突破。

【攻克难点】 2015年到2016年两年来，北京市涉及山区的七个区针对9千公顷不适宜机械作业的秸秆禁烧难点区域，通过农业支持保护补贴政策引导和推进种植结构调整，共调减山区玉米种植面积6.53千公顷，结构调整的比例达73%。

【保障禁烧】 2016年，北京市推广秸秆粉碎还田、收集加工青贮、收集加工黄贮、收集制作有机肥、收集加工膨化饲料、收集加工制作压块能源、收集加工制作菌棒七种处理利用模式，实现秸秆综合利用全覆盖。市级农机购置补贴资金共投入2 228万元购置农作物秸秆综合利用相关机械310台套，为北京市农作物秸秆综合利用提供装备支撑。全市16.67千公顷小麦秸秆已全部实现肥料化和饲料化利用，全市66千公顷玉米秸秆有95%以上实现肥料化、饲料化、能源化、基料化利用，全市农作物秸秆综合利用率达98.1%。

【探索农业废弃物综合利用新途径】 2016年，北京市农机部门针对蔬菜废弃物处理和山区秸秆出路难题，通过采取政府购买服务、处理利用补贴等方式，打造顺义农业废弃物综合利用模式和怀柔山区秸秆利用模式，为全市秸秆综合利用保障禁烧提供可借鉴、可推广样板。中央电视台对这两种模式进行专门报道。

【通过强督导确保看护到位】 2016年，北京市环保部门、区环保部门、城管部门、园林部门建立“定期会商、联合执法、情况通报、督促整改”新机制。围绕“第三届全国都市现代农业现场交流会”和全市“大气污染执法年”等重点活动，结合春耕、“三夏”和“三秋”生产，农业部、城管执法部门、环保部门联合开展秸秆禁烧重点督查，仅市级就开展联合执法周五周，各区都分别建立完善联合工作机制，开展联合执法检查活动，各区共开展各级农作物秸秆禁烧督导检查1 210次，实现村级看管全覆盖。

【落实农机购置补贴资金】 2016年，北京市共落实中央及市级农机购置补贴资金合计1.7亿元，其中深松作业补贴580万元。围绕全市农业调转节和都市农业产业带建设，共购置节水、生态、籽种、“菜篮子”、果业等方面机械2 437台套，简易保鲜储藏设备4.45万平方米，完成农业部下达的深松作业任务7.73千公顷。

【推进粮经作物全程机械化】 2016年，北京市农机部门按照农业部《关于开展主要农作物生产全程机械化推进行动的意见》要求，打造粮经作物全程机械化示范区（县），通过农机购置补贴为全程机械化示范区（县）更新和新增拖拉机、联合收获机、喷灌机、秸秆处理等机械近200台套，确保耕整地、播种、植保、收获、秸秆处理等作业环节全部机械化作业。顺义区成为全国首批28个基本实现主要农作物生产全程机械化示范县之一，谷子、甘薯等经济作物全程机械化生产加工模式形成，为山区农业结构调整提供装备技术支撑和模式借鉴。

【推进设施农业生产关键环节机械化】 2016年，北京市农机购置补贴资金的31.9%（5 424.5万元）用于支持设施农业生产，共购置卷帘机、田园管理机、22.05千瓦拖拉机、52.73千瓦大棚、农产品初加工等机械设备1 653台套，简易保鲜储藏设备4.45万平方米，减轻农民劳动强度，提高产品附加值，增加农民收入。

【推进露地蔬菜生产全程机械化】 2016年，北京市打造延庆露地甘蓝生产全程机械化生产模式，通过高精尖农机装备和配套机艺融合技术的集成示范解决露地蔬菜生产全程机械化瓶颈，探索出可行、可学、可复制的蔬菜生产全程机械化路径，取得新突破。房山"马铃薯—胡萝卜"粮菜轮作全程机械化新型种植模式实现种养加结合，一、二、三产融合发展，实践可行，为平原地区农业结构调整提供模式借鉴。

【推进畜牧种业、观赏渔业工厂化生产】 2016年，北京市农机部门围绕全市种牛、种猪、蛋种鸡等种业生产和观赏渔业生产，通过配备工厂化饲养设备、水循环净化处理设备，重点打造房山工厂化养牛、养鸡、密云工厂化养猪、大兴工厂化养鱼示范点，为全市畜牧、渔业工厂化生产提供模式借鉴。

【果园机械机械化水平提升】 2016年，北京市农机部门与北京市园林绿化局联合印发《2016年果业农业机械购置补贴实施方案》，以此为指导，为全市12个标准化果园配备包括植保机械、废弃物处理机械在内的果业机械107台。

【落实农机深松整地作业任务】 2016年，北京市农机部门根据农业部办公厅关于印发《全国农机深松整地作业实施规划（2016—2020年）》通知要求，在房山、顺义、延庆、大兴、通州五个区落实深松作业任务7.73千公顷。

【农机科技创新推广能力增强】 2016年，北京市农机推广系统以农业机械化推广工作全面拓展、农业机械化科技支撑全程跟进、农业机械化技术人才全能培养、农业机械化技术全时服务"四全"为主要任务，通过青饲收获机预警、超低压子午线轮胎节能减排、自动驾驶、作业质量自动监测、日光温室3D农机作业平台等一大批高精尖农业机械化技术和装备引进、试验、示范、推广。全年共试验示范先进农业机械化技术10余项，示范推广先进农机装备近400台套，完成农机产品推广鉴定、委托检验及农业机械化标准制修订14余项。

【农机安全生产形势稳定】 2016年，北京市农机安全监理系统按照依法行政、规范管理、深化服务的指导思想，强化农机安全监管责任，加强农机安全执法检查，深化农机行政审批规范化建设，推进农机安全检验，农机监理法规建设和农机安全生产标准化建设工作取得进展，依法监管力度加强，执法数量和质量双提升。深化京津冀区域性农机安全监管联动，推进农机跨区作业安全的高效管理和全程服务。北京市共发生国家等级公路以外一般农机事故15起，伤3人。

【农机合作社服务能力提升】 2016年，北京市农机社会化服务主体"提质减量"。全市个体农机户25 998个，同比减少7 293个。全市农机专业合作社166个，同比增长5个，以农机专业合作社为代表的农机服务组织农机作业覆盖率占全市80%以上。

【农机专业合作社转型升级力度加强】 2016年，北京市农机部门农机专业合作社加快转型，服务领域从传统的耕种收向产后加工和农业废弃物综合治理拓展，经营模式由传统的单一流转向托管、订单等多种模式并举创新，在引领农业结构调整，发展适度规模经营，促进一、二、三产融合等方面的作用和效果日益凸显。

【推进农机专业合作社规范化建设】 2016年，北京市农机部门推进全市农机合作社规范有序发展，开展北京市农机合作社示范社创建和农业部农机合作社示范社推荐申报工作。7家农机合作社被评为2016年度北京市农机合作社示范社，北京兴农天力农机服务专业合作社和密云河南寨农机服务专业合作社被评为2016年度农业部农机合作社示范社。房山金利农机合作社、密云河南寨农机服务专业合作社和北京万顺旺农机服务专业合作社被新评为国家农民合作社示范社。密云河南寨农机服务专业合作社理事长陈向阳被评为全国十佳农民。

天津市

【概况】 2016年，天津市在农业部关心指导下，在天津市农村工作委员会党委、天津市农村工作委员会领导下，全市各级农机部门学习贯彻党十八届六中全会精神，增强"四个意识"，贯彻习近平总书记系列重要讲话精神，以"三个着力"重要要求为统领，开展"两学一做"学习教育，落实、推进市委决策部署要求，农业机械化各项工作取得效果，保持协调推进态势。

【抓秸秆综合利用】 2016年，天津市围绕年度目标任务，加大秸秆处理作业环节补贴力度。配合天津市人民代表大会起草《天津市农作物秸秆综合利用和露天禁烧的决定》草案，将秸秆处理纳入法制化管理轨道。抓技术指导和宣传培训，为开展秸秆综合利用工作奠定基础。通过技术手段、经济手段和行政手段"三结合"，促进秸秆综合利用政策目标和管理目标实现。完成2016年年初制定综合利用率分别达95%以上目标。

【推动土地深松作业任务落实】 2016年，天津市农机部门加大实施深松整地作业力度，深松作业补贴标准从2015年375元/公顷提高到450元/公顷。通过优化顶层设计、细化工作步骤、分解工作任务、落实工作责任、加大宣传力度、抓作业质量、督促检查、强化风险管控，保障作业任务开展。完成深松作业57.77千公顷，提前超额完成农业部53.33千公顷年度作业任务。完成9.33千公顷农田残膜回收作业补贴试点年度任务。

【实施农机购置补贴政策】 2016年，天津市农机部门结合"一减三增"农业结构调整需要选定购机补贴范围，扶持引导农民购置使用大型、高性能、复式作业机具及粮食生产、设施农业、畜牧水产养殖所需机具。通过完善操作流程、强化正风肃纪、推进信息公开、加大监督检查、开展警示教育、延伸绩效考核等措施，实行"先购后补贴，去经销商化"新程序，提升政策实施针对性、公平性和安全性。

【农机购置补贴情况】 2016年，天津市完成中央购机补贴资金9 586.89万元、市财政补贴资金1 292.51万元，新增各类农机具7 936台，使4 637户农户直接受益。天津市农机办连续四年被农业部评为"强农惠农富农政策落实优秀单位"。

【强化农业机械化生产管理服务】 2016年，天津市贯彻农业部关于主要农作物生产全程机械化推进行动实施意见要求，结合重点农时，从机具检修、物资储备、信息引导和机手培训等方面抓各项服务保障措施，组织做好农业机械化生产工作。春耕、"三夏"和"三秋"农机生产呈现出机具投入充足、组织调度有序、作业模式优化、农民乐于接受新特点。

【综合机械水平提高】 2016 年，天津市小麦机播率、机收率均接近 100%；玉米机收率约 90%，同比提高 2 个百分点；水稻机插率达 90%，同比提高 4 个百分点；水稻机收率达 95%，同比提高 6 个百分点。

【推广农业机械化先进适用技术】 2016 年，天津市农机部门围绕农业结构调整对农业机械技术装备需求，突出技术服务，组织市级农机科研、推广、鉴定等单位与区县对口部门密切配合，开展科技下乡服务，实施农机科技项目 11 项、中央财政项目 2 项、市财政项目 11 项，引进示范推广新技术 15 项，提升天津市农作物植保、设施农业、畜牧种养殖、设施林果方面机械化技术应用水平。完成农机产品定型鉴定 45 项、市级推广鉴定 41 项。组织科技下乡专题活动 17 项，科技人员参与人数达 1 571 人次，受益农民 5 107 人次。

【农机科技帮扶工作取得进展】 2016 年，天津市农机部门强化对技术帮扶工作督促检查，帮助 7 个困难村争取项目 6 项，申请经费 60 万元；帮助困难村解决农业生产中多项技术难题。

【提升农机从业队伍素质】 2016 年，天津市农机部门以实施"百万技能人才培训福利计划"和培育新型职业农民工作为重点，创新教学模式，提升办学能力，改善教学环境，增强培训效果，使农民参加培训热情和满意度提高。两个专项培训任务均超额完成年度指标，有 9 046 人经过培训取得国家职业技能鉴定证书。组织开展天津市第二届农机修理工职业技能竞赛，宣传展示农机职业技能培训效果。

【推进农机合作社向经营服务型方向发展】 2016 年，天津市开展市级和市级示范农机合作社创建，从加强基础设施建设方面对新认定 24 个农机合作社予以扶持。推动全程机械化示范农场创建，36 家全程机械化农业机械化示范农场挂牌。组织农机合作社之间、合作社与相关农机企业之间学习、交流、对接活动，先后召开"社企联合"座谈会、农机合作社多种经营经验交流会，组织农机合作社参加农业部相关培训活动，引导农机合作社拓展服务领域，开展多种经营。

【提高农机安全监管水平】 2016 年，天津市农机部门推进农机安全网格化管理，加强农机安全监管方式创新，新建 10 个基层服务点，把日常安全管理、牌证业务向乡镇延伸，筑牢安全监管机制。全市 13 个农机安全监理服务窗口全部完成提升改造，行政服务功能完善。检验拖拉机 14 476 台，检验收割机 6 134 台。完成拖拉机、联合收割机注册登记 2 521 台，核发驾驶证 656 个。

【加强农机安全检查力度】 2016 年，天津市农机部门组织开展农机安全生产大检查、"打非治违"和专项治理行动，防范农机事故隐患。共排查各类农机安全生产隐患 545 起，现场下发责令整改通知并进行跟踪整改，整改率达 100%。全市累计发生农机事故 6 起，受伤 4 人，死亡 2 人，直接经济损失 2.4 万元，农机安全生产形势平稳。

【推进信息化技术农机物联网建设】 2016 年，天津市农机部门组织开展农业机械化生产物联网指挥调度和监控平台软、硬件建设。农业机械化信息管理可视监控系统 33 个点位已全部安装调试完毕，投入使用，实现实时监控驾驶员考核、农业机械化培训教学、农机购置补贴操作等功能。引进新型农机深松整地作业智能化监测装备 70 台套，在宝坻、武清、静海 3 个区进行安装和使用，促进和保障深松整地作业监管效能。

【借重首都资源推进京津冀协同发展】 2016 年，天津市与北京、河北等华北五省区签订《京、津、冀、晋、蒙农机安全监管联动合作协议》，与北京市、河北省农机推广和鉴定部门草拟完成《京津冀农机化技术推广工作协同发展方案》和《京津冀农机产品试验鉴定工作协同发展方案》。在宝坻区和静海区，组织实施完成保护性耕作示范项目和玉米生产全程机械化示范项目。与中国农业机械化科学研究院和中国农业大学合作，实施完成农机作业质量监测与管理系统关键技术研究及装备开发、高秆作物植保机械化技术引进示范项目。

河北省

【概况】 2016 年，河北省农机部门贯彻全国农业机械化工作会议精神，按照河北省农业厅党组总体工作部署，对各项工作认真组织实施，抓好落实，重点农机工作稳步推进。

【农机装备水平提高】 2016 年，河北省落实农机购置补贴资金 12.76 亿元，累计补贴各类农机具 11.3 万台(套)，受益农户达 91 205 户，全省耕种机综合机械化作业水平达 76.2%，提高 1.5 个百分点，玉米机收率达 80%，提高 5 个百分点，投入深松作业机具 1.35 万台，完成作业面积 631.33 千公顷。

【开展农机合作社示范社创建活动】 2016 年，河北省按照农业部"十三五"期间开展农机合作社示范创建活动的要求，遵循《全国农机合作社示范社申报条件》，从 2016 年起，在全省范围内开展创建"五有"型农机合作社活动。有 50 家农机合作社被评为 2016 年省级农机合作社示范社。选 7 家合作社参加全国评选，获得全国农机合作社示范社荣誉称号，打造农机合作社升级版。

【开展全程机械化示范县创建活动】 2016 年，河北省利用农业部全程机械化示范项目 50 万元和省财政专项资金 1 200 万元，在全国 28 个农业机械化示范县之一的赵县以及栾城区和涞水县开展全程机械化创建。经县级农机部门机具选型和试验示范，在耕、播复合作业、籽粒收获、田间管理(水、肥、药管控)、粮食烘干、秸秆还田 6 大作业环节上，技术路线和作业模式基本形成。2016 年 9 月 13 日，河北省全程机械化主要作业环节现场演示会在赵县全国全程机械化示范基地召开。

【推进农业机械化与信息化融合】 2016 年，河北省贯彻落实农业部部署，推进"互联网＋"农机，按照农业部农业机械化管理司的统一部署，河北省农业机械化管理局启动"农机直通车 · 全国农机化生产信息服务平台"推广应用年活动，开展专项培训，在县级农机主管部门、农机合作社以及种植户、作业经纪人、合作社、农机手3个层面，推广使用"农机直通车"手机APP系统。"农机直通车"互联互通"精准作业系统"在农业部全程机械化示范县赵县试验成功。

【加快转变】 2016年，河北省决定利用三年时间，投入1 000万元实施智慧农机项目，加快推动农机大省向农机强省的转变。2016年，河北省农机部门利用省财政专项资金300万元，谋划建设集信息化、智能化、可视化于一体、综合性的"智慧农机决策管理信息平台"，开启"互联网+"农机先河。

【建立农机作业智能管理服务子平台】 2016年，河北省初步实现农机作业时的定位导航、远程监管、优化调配、数据采集、高效保障等功能，提升管理服务水平，减少机车空耗和人力浪费，增加机手收入。

【建立农机深松作业智能监管子平台】 2016年，河北省农机部门解决深松作业面积统计难、质量监管难等问题，实现科学管控，省去人工测量成本。安装深松检测设备5 453台，实施智能监测作业333.33千公顷，占比53%以上；建成简捷实用的农机安全监管业务网络系统，从单机版升级为网络版，提升服务水平和效率。

【农机购置补贴政策公开】 2016年，河北省农机部门提升各级农机购置补贴信息公开专栏设置率。河北省农业机械化管理局统一设置省、市、县三级农机购置补贴信息公开专栏，于9月中旬上线运行，省、市、县三级农机购置补贴信息公开专栏设置率达100%，实现部、省、市、县互联互通和补贴信息全省实时公开。

【加强专栏建设维护监管工作】 2016年，河北省从强化信息制度建设入手，出台《河北省〈农机购置补贴信息公开专栏〉维护管理制度(试行)》，加强专栏建设维护监管工作。2016年以专栏信息和热线服务电话为重点共开展3次专项抽查，结合部级专项抽查情况予以通报。

【接受群众和社会监督】 2016年，河北省各县级农机部门严格落实农机购置补贴项目全县范围内公示不得少于7天的规定，在补贴软件操作系统中做出设置，公示期达不到7天，不能办理补贴后续手续，促进农机购置补贴政策公开、公平、公正实施。

【推进农机深松作业】 2016年，河北省在《河北省2015—2017年农机深松作业补贴实施指导意见》基础之上，以河北省农业厅、河北省财政厅两厅名义下发《关于下达2016年农机深松作业任务的通知》，出台"三允许"深松新政策：即各地可结合实际，允许适当调整省级制定的农机深松项目操作程序、允许适当调整深松作业周期、允许开展深松作业机具融资租赁试点。

【推行农机政策性保险】 2016年，河北省采取多种形式组织调研座谈，了解全国农机保险开展情况，走出去实地学习考察。8月份向河北省人民政府报送关于对农机保险实施政策性补贴的请示，河北省财政厅已在2017年预算中协调安排1 600万元专项资金。河北省农业厅、省财政厅、省保监厅制定契合河北省实际的农机政策性保险实施方案，明确对拖拉机交强险及拖拉机、联合收割机综合险进行补贴，省级财政补贴比例为40%~50%，省市县三级财政累计补贴比例不超过80%，农户承担比例不低于20%。

【落实免征收费政策】 2016年，面对免征农机安全监理行政事业性收费，河北省有46个县农机监理部门属差额或自收自支单位的严峻局面，对上请教寻良策、对下调研摸情况。经过协调，河北省财政厅下发通知，要求各市县财政部门将包括"农机牌证照制作及管理工本费"在内的32项重点专项工作经费列入预算，为各项重点政策顺利实施提供财力支撑。

【保证监管工作经费】 2016年，河北省明确自2016年5月1日起全省农机牌证照制作工本费，由省级财政按照实际需求全额保障，省级农机监管工作经费足额保障。要求各级财政合理测算农机监理相关业务经费需求，列入本级人民政府预算予以保障。

【解决农机员的遗留问题】 2016年，河北省农业机械化管理局牵头解决原乡镇(公社)农机员、农技员、基层兽医历史遗留问题，提出《关于为原乡镇(公社)农机员、农技员、基层兽医发放生活补贴的实施方案》，作为市县解决三员问题的全省统一要求。11月28日，以河北省农业厅、省财政厅、省人力资源和社会保障厅名义向省人民政府呈报《关于尽快研究部署为原乡镇(公社)农机员农技员基层兽医发放生活补贴工作的报告》，建议由河北省人民政府办公厅牵头组织尽快召开专题会议，统一安排部署这项工作，尽快推进原乡镇(公社)农机员农技员基层兽医发放生活补贴工作的落实。

山西省

【概况】 2016年，山西省各级农机部门在农业部农业机械化管理司以及山西省委省人民政府领导和支持下，以"兴农机、强农业、富农民"为工作出发点和立足点，以转变农业机械化发展方式为主线，凝心聚力、砥砺奋进、开拓创新、主动作为，推动全省农业机械化发展。

【农机装备水平提高】 2016年，山西省农机总动力达1 744万千瓦，同比增加42万千瓦。其中，36.76千瓦以上大中型拖拉机、玉米联合收割机同比分别增加3 000台和1 900台，增幅6%和9%，保有量分别达5.6万台和2.3万台。畜牧、设施农业、林果及农产品加工机械发展，全省农机装备结构得到调整。

【农机作业水平提升】 2016年，山西省农作物耕种收综合机械化率达66.6%，同比提高1.4个百分点。其中，小麦机收面积666.33千公顷，耕种收综合机械化率达89.2%，同比提高0.4个百分点；玉米、薯类全程机械化作业面积达1 012.67千公顷和92千公顷，同比分别增加17.33千公顷和5.93千公顷，增幅1.7%和6.9%。

【农业机械化经营效益增加】 2016年，山西省农业机械化经营总收入达91.1亿元，农机户经营纯收入达42.8亿元，为全省粮食增产、农民增收、农业增效、农村劳动力转移提供保障。

【农机安全生产形势稳中向好】 2016年，山西省共发生2起农机事故，造成2人重伤，直接经济损失10多万元，低于山西省人民政府农机安全生产考核指标，农机安全生产形势稳定。

【开展农业机械化综合示范创建活动】 2016 年，山西省投入 2 500 万元专项资金，扶持 20 个农业机械化综合示范县、3 个国家农业机械化示范县、2 个马铃薯机械化示范县、126 个示范乡和 502 个示范村开展创建活动。示范县共建设机耕道 155 千米，机库棚 1.3 万平方米，培训技术和管理人员 2 000 多人次；安装 GPS 设备 800 多台（套），引进先进适用机具 140 余台（套）。25 个示范县主要农作物耕种收综合机械化率达 77%以上，超出山西省平均水平 10 个百分点以上。

【推进电动农机奖补试点工作】 2016 年，山西省电动农机奖补试点工作被写入山西省人民政府工作报告，作为山西省人民政府 2016 年新实施十项强农惠农富农政策之一，安排 5 000 万元专项资金。

【组织开展座谈会】 2016 年，山西省与中国农业机械化科学研究院、山西农业大学等有关专家学者就山西省电动农机发展进行座谈，研究全省发展电动农业机械可行性、主要制约因素、对策和建议。

【明确电动农机发展思路】 2016 年，山西省农机部门以省人民政府办公厅名义出台《关于推进电动农机发展的实施意见》，明确今后一个时期全省电动农机发展思路。

【增加专项资金投入】 2016 年，山西省投入 170 万元专项资金，用于小型电动拖拉机、电动小绿叶蔬菜收割机、山区小型电动谷物播种机等 7 种机械引进、研发与试验。

【创建示范点】 2016 年，山西省整合各类项目资金 247 万元，在太原、大同、忻州等 7 个市 12 个县创建 13 个电动农机技术装备应用示范点。

【增加奖补产品名录】 2016 年，山西省印发《关于生产企业申报电动农机新产品的通知》，共有 26 个农机生产企业申报 71 个电动农机新产品，经第三方评审机构评审，确定 54 个电动农机新产品列入山西省 2016 年电动农机奖补产品名录。

【分类分档奖补】 2016 年，山西省制定出台《山西省 2016 年电动农机新产品奖补工作实施方案》，将 21 个农机生产企业生产的 54 个电动农机新产品分为 11 个大类、23 个小类、37 个分档进行奖补。

【确定电动农机奖补试点县】 2016 年，山西省农机部门按照《竞争性确定电动农机奖补县试点县办法》，通过逐县汇报、专家评审、量化打分等程序，确定 20 个电动农机奖补试点县。

【举办展演活动】 2016 年，山西省农机部门在晋中、晋城等地多次召开电动农机技术装备现场展演示活动，展出全省企业研发电动播种机、微耕机、设施农业用电动机具、喷雾机等新型电动农机装备。

【推进丘陵山区和高效设施农业机械化发展】 2016 年，山西省在调研、研究基础上，组织起草《山西省推进丘陵山区农业机械化发展五年规划》《山西省推进高效设施农业机械化发展五年规划》，征求山西省财政厅、省发展和改革委员会、省经济和信息化委员会等 12 个省直有关部门意见和建议，修改完善后印发。

【推进农业机械化试点工作】 2016 年，山西省整合各类项目资金 315 万元，在 12 个县开展丘陵山区农业机械化推进试点工作。

【加强农业机械推广】 2016 年，山西省在全省建设标准型设施农业机械化示范区 50 个，智能型设施农业机械化示范园区 2 个，推广电动旋耕机、电动转运车、节水灌溉设备、环境调控设备、空间电场、土壤消毒杀虫机等。

【建设服务基地】 2016 年，山西省依托大型农机装备服务企业人才优势、技术优势、装备优势，在全省培育建设 5 个设施农业机械化技术装备服务基地。

【组织召开演示活动】 2016 年，山西省农机部门在晋中、太原等地组织召开丘陵山区和高效设施农业机械化技术装备现场展演示活动，展出省内外多家企业研发多种适用丘陵山区农业机械技术和装备。

【推进"1+6"主要农作物全程机械化】 2016 年，山西省农机部门结合全省实际，示范推广小麦、玉米、马铃薯、高粱、胡麻、莜麦、谷子等作物机械化生产主要环节急需机具和技术。完善玉米、马铃薯、高粱、胡麻、莜麦、谷子等作物全程机械化示范推进方案，在全省建设全程机械化示范点 70 个。

【主要农作物全程机械化水平提高】 2016 年，山西省新增玉米播种、田间管理和收获机械 6 806 台，完成玉米全程机械作业面积 1 012.67 千公顷；新增马铃薯播种、田间管理和收获机械 997 台，完成马铃薯全程机械化作业面积 92 千公顷；新增高粱、胡麻、莜麦、谷子播种、田间管理和收获机械 1 060 台，完成高粱、胡麻、莜麦、谷子全程机械化作业面积 46.53 千公顷。芮城县成为全国首批 28 个基本实现主要农作物全程机械化示范县之一。

【落实农机购置补贴政策】 2016 年，山西省共落实中央财政农机购置补贴资金 3.962 亿元。按农业部要求，对全省 2015—2017 年农机购置补贴额一览表进行重新调整，将补贴品目由 57 个缩减为 46 个，集中资金补贴山西省主要农作物全程机械化以及丘陵山区农业机械化发展所需机具。鼓励有条件市、县将补贴机具核实任务和补贴资金受理工作下放到乡镇进行，为购机户提供方便。

【"实名制 AB 角"管理系统】 2016 年，山西省农机购置补贴辅助管理系统实行"实名制 AB 角"管理，做到权责明确、互相监督。

【农机购置补贴双控法】 2016 年，山西省农机部门对同类同档农机购置补贴额度采取最高补贴额与补贴比例（不超过 30%）双控方法，补贴额就低不就高，防止部分产品补贴比例过高。

【加大查处力度】 2016 年，山西省农机部门规范农机购置补贴产品产销、购买与核实行为，加大对违规企业查处力度。共对 29 家产销企业进行处理通报。

【加强培训】 2016 年，山西省农机部门组织培训班对农机购置补贴管理人员和具体操作人员进行培训，提高管理能力和业务素质。全省已使用中央农机购置补贴资金3.8亿元，补贴5.9万户农民购买各类农机具6万台(件)。

【抓农机深松整地作业】 2016年，农业部下达山西省农机深松整地作业任务为213.33千公顷，省财政投入2 500万元实施深松整地作业补助面积66.67千公顷。

【部署实施方案】 2016年，山西省农机局印发《山西省农机深松整地作业实施规划(2016—2020年)》，对“十三五”期间全省农机深松整地作业指导思想、基本原则、发展目标、实施区域及技术要求等做部署。

【加强补助资金兑付情况检查】 2016年，山西省农机部门督促检查2013—2015年全省农机深松整地作业补助资金兑付情况，对部分市县作业补助资金兑付不及时等问题进行约谈，提出具体要求和改进意见。

【组织召开培训会】 2016年，山西省农机部门组织召开全省农机作业网络监控系统培训会，邀请北京智能装备中心等7个生产厂家进行现场演示和培训。

【抓农机深松整地作业任务落实】 2016年，山西省以省人民政府办公厅名义印发《关于做好农机深松整地工作的通知》，明确要求各地人民政府成立以分管市、县长牵头领导机构，将农机深松整地作业任务完成情况纳入政府工作绩效考核内容。

【加强农机深松整地作业进度监管】 2016年，山西省启动农机深松整地作业进度月报和作业集中期周报制度。各市、县每月报送《农机深松整地作业进度统计表》，从9月份开始到秋季深松作业基本结束，每周报送作业进度及相关工作动态。山西省农机局将各地农机深松整地作业情况整理汇总，打分排队，定期向各市人民政府通报当地农机深松整地作业进展情况。全省完成农机深松整地作业面积227.47千公顷，其中实施农机深松整地作业补助面积80千公顷，同比增加13.33千公顷，增长20%。

【培育新型农业机械化主体】 2016年，山西省以“诚信、规范、创新、共赢”为发展理念，采取健全组织机构、完善章程制度、资金项目倾斜、创建农业机械化示范社场户等措施，加强新型农业机械化经营主体培育和规范化建设。全省新发展农机专业合作社93个、农机大户211个，农机专业合作社和农机大户分别达2 450个和7 271个。在全省培育农机示范合作社41个、示范家庭农场35个、示范农机大户62个。

【组织农机相关活动】 2016年，山西省农机部门举办省农机手大赛和“五征杯”第三届中国农机手大赛北方联赛，组织农机手、农机专业合作社以及农机合作社理事长参加“全国农机手大赛”“全国农机合作社示范社评选”“全国20佳农机合作社理事长评选”等活动，长治市屯留县农机手王旭东荣获全国农机手大赛季军，12名农机操作手被评为“全国百强机手”，9个农机专业合作社被农业部认定为全国农机示范合作社，山阴县泰和农机专业合作社理事长陈永和被评为全国20佳理事长。

【强化农业机械化新技术新机具示范推广】 2016年，山西省农机部门加大保护性耕作、秸秆综合利用、高效植保、物理农业、果园机械化管理、水稻机械化生产、杂粮生产加工等农业机械化新技术新机具示范推广力度。全省共组织各类技术培训班201期，各类新技术新机具现场演示培训活动160次，培训农机技术人员、农机操作手以及农民3.6万人次。

【强化农业机械化新技术新机具科研开发】 2016年，山西省组织4GM—200型牵引式柠条饲料收获机、4LN—200自走式柠条饲料联合收获机、柠条饲料制粒智能化温控系统研究、9FC—60型柠条破碎机、9KLH—55型柠条颗粒饲料压制机等五个项目通过省级科技成果鉴定。山区小型电动拖拉机装备研究被列入2016年山西省重点研发计划(一般项目)(农业)项目。马铃薯全程机械化生产技术示范推广项目获得农村技术承包二等奖。山西省农业机械化技术推广总站获得全国农业技术推广成果三等奖。2名农业机械化技术推广人员获得全国农业技术推广贡献奖。

【组织春耕春播期间农业机械化生产】 2016年春耕春播期间，山西省共投入各种农业机械58万台件，完成机械化耕整地1 778.67千公顷，机械浇灌地460千公顷，机械播种1 592.67千公顷，其中机播玉米面积1 313.33千公顷，机播马铃薯、豆类等杂粮面积279.33千公顷。

【组织三夏期间农业机械化生产】 2016年“三夏”抢收抢种期间，山西省共投入各类农业机械40余万台，完成小麦机收面积666.33千公顷，机收率达98%；完成玉米、大豆机械复播面积390千公顷，机播率达93.3%。农业机械承担和完成全省90%以上“三夏”农业生产任务。

【组织三秋期间农业机械化生产】 2016年“三秋”作业期间，山西省全省共投入各类农业机械43万台，其中玉米联合收获机1.9万台，薯类收获机4 895台，完成玉米、薯类全程机械化作业面积1 078千公顷和112千公顷，同比分别增加82.4千公顷和25.8千公顷，增幅8.3%和29.9%。

【组织农机安全生产专项活动】 2016年，山西省农机部门按照安全生产“党政同责、一岗双责、失职追责”和“管行业必须管安全、管业务必须管安全、管生产经营必须管安全”要求，开展农机安全生产大检查、打非治违专项整治、“反对违章指挥、违章作业和违反劳动纪律”专项行动，共发送“一信三书”2万多份，排查拖拉机、联合收割机1.5万多台次，排查整改各类隐患2 742项。

【抓农机安全生产】 2016年，山西省农机部门组织开展农机安全生产月和咨询日活动。自5月1日起，免征拖拉机号牌费、行驶证费、登记证费、驾驶证费和安全技术检验费等5项收费，免征农民农机监理费330多万元，为农民节省往返路费和车辆燃油费用上百万元。太谷县被评为省级“平安农机”示范县，原晓红等6名同志被评为“为民服务争先创优”示范岗位标兵。全省新注册登记拖拉机、联合收割机1.4万台，检验5.3万台，新训新考驾驶员5 333人，期满换发驾驶证3 678人。

内蒙古自治区

【概况】 2016年，内蒙古自治区农业机械化工作围绕转变农业机械化发展方式、提升发展质量效益这条主线，以调整优化装备结构布局、主攻薄弱环节机械化、推广先进适用技术为重点，落实完善农机购置补贴政策、培育壮大农机服务组织、推进农机社会化服务，推进农机试验鉴定、技术推广、安全监理、科技教育、信息宣传、质量监督等各项重点工作。

【农机装备总量增长】 2016年，内蒙古自治区农机总动力达4 003万千瓦，同比增长5.2%。14.71千瓦以上拖拉机保有量达76.7万台，同比增长5.9%；联合收获机械保有量达3.3万台。畜牧、设施农业及农产品加工机械有增长，农机装备结构得到调整。

【机械化水平提高】 2016年，内蒙古自治区农作物机耕、机播、机收水平分别达92.6%、86.6%和65%，综合机械化水平达82.5%，同比提高1.1个百分点。主要作物玉米、马铃薯机收水平达62.7%和71.8%。

【推广农业机械化新技术】 2016年，内蒙古自治区完成保护性耕作技术推广面积1 342.47千公顷；机械深松整地956.4千公顷；机械化精量播种、节水灌溉、秸秆根茬还田等新技术推广面积扩大，分别达4 411.33千公顷、1 697.33千公顷和1 841.33千公顷。

【农机社会化服务水平提升】 2016年，内蒙古自治区农机专业合作社增长218个，达2 087个。以农机专业合作社和农机大户为主力的社会化服务占整个农机作业服务比重超39.1%，同比提高6.4个百分点。

【农机安全生产形势保持平稳】 2016年，内蒙古自治区发生农机事故28起，受伤16人，死亡13人，造成经济损失67.05万元；2016年完成拖拉机和联收机年检39.92万台，注册登记农机5.88万台，新考驾驶员2.84万人。

【加大农机购置补贴资金投入】 2016年，农业部安排内蒙古自治区中央财政农机购置补贴资金13.879亿元，同比增加1.079亿元；内蒙古自治区财政安排6 441万元用于牧区牧民购置畜牧业机械累加补贴。按照农业部统一部署，压缩补贴品目，控制补贴额度，突出补贴重点，推进关键环节机具敞开补贴。

【实施农机购置补贴政策】 2016年农机购置补贴政策实施过程中，内蒙古自治区农机部门简化工作程序，推进信息公开，印发《关于加强旗县农机购置补贴信息公开专栏规范化建设工作的通知》；强化监管职责，制定并印发《2016年内蒙古农机购置补贴政策落实延伸绩效管理实施方案》；加大监督检查力度，以问题为导向，严惩违规行为，在内蒙古自治区范围内取消3家生产企业涉及3个型号农机购置补贴产品资格。补贴政策向农机大户、农机专业合作社、规模化经营组织以及畜牧业和经济作物生产关键环节倾斜，提高农牧业综合生产能力。内蒙古自治区共有9.1万户农牧民受益，补贴购机10.5万台套。

【组织农业机械化生产】 2016年，内蒙古自治区农机部门履行部门职能，制定生产方案和应急预案，组织农机科技人员深入生产第一线，指导和服务农牧民。做好信息发布、机手培训、机具维修、后勤保障、应急调度等各项服务，加强作业市场调控引导，科学调度机具，搞好农机跨区作业服务，发挥农机主力军作用，指导和推进机械化生产。

【农业机械化生产有序进行】 2016年"春季"期间，内蒙古自治区投入农机具164.4万台，完成机械化耕整地5 949.73千公顷，机械化播种6 882.2千公顷。"三夏"期间，投入联合收获机6 036台，完成机收小麦557.13千公顷。"三秋"期间，抓农机深松整地作业、玉米机收和马铃薯抢收工作，完成机收玉米2 013.2千公顷、机收马铃薯391.87千公顷。

【加大农机服务组织培育力度】 2016年，内蒙古自治区农机部门引导合作社进行规范化管理，提升发展质量，增强服务能力，扩大服务范围，将服务内容在耕、播、收机械化作业基础上，向农机销售、维修等经营业务方向延伸。

【开展农机合作社示范工作】 2016年，内蒙古自治区开展农机合作社示范创建活动，印发《关于内蒙古农机合作社示范创建活动实施方案的通知》，提升农机合作社示范创建标准，采取措施引导和促进农机合作社规范发展。重要农时作业期间，农机专业合作社推行订单作业、承包作业服务模式。

【考察畜牧业机械化发展情况】 2016年，内蒙古自治区掌握畜牧业机械化发展情况，深入牧区进行调研考察，部署畜牧业机械化工作。通过听取盟市、旗县农机管理部门工作情况汇报，实地走访牧机大户、牧机合作社、养殖大户，完善畜牧业机械化发展思路。

【推动畜牧业机械化工作】 2016年，内蒙古自治区农机部门结合牧区家庭牧场建设，围绕养殖小区建设及棚圈建设，发展牲畜饲喂环节机械化装备。政策引导农机科研单位、生产企业开发新产品、新技术，特别是饲喂环节机械取得新突破，推动内蒙古自治区畜牧业机械研发进步，填补畜牧业机械化急需产品空缺。2016年8月中旬，内蒙古自治区组织召开全自治区草原畜牧业机械现场演示会，推动畜牧业机械化工作。

【抓农机深松整地为主新技术推广】 2016年，国务院将农机深松整地技术推广任务列入对各级人民政府考核指标，下达内蒙古自治区946.67千公顷目标任务，内蒙古自治区将任务分解到各盟市，其中安排190千公顷深松整地作业补助试点工作，完善深松整地作业补助试点工作方案，制订内蒙古自治区深松整地"十三五"规划。组织召开"全区农机深松整地作业补助试点工作推进会"，进行不同类型深松整地机械现场作业演示，检验各个生产企业深松检测仪性能。

【开展农机深松整地督导】 2016年，内蒙古自治区农机部门开展农机深松整地督导，交流试点工作，完善工作措施，部署下一步机械深松推广工作。实行农机深松整地工作进展情况周报月报制度。

【规范农机市场秩序】 2016年，内蒙古自治区净化农机市场，确保农牧业生产安全，规范农机市场秩序，组织开展"3·15"农机质量维权宣传活动，发放宣传资料11.41

万份,出动执法人员 4 640 人次。

【加强农机产品质量监管】 2016 年,内蒙古自治区组织召开自治区农机地方标准宣贯会,就国务院和自治区关于标准化工作改革、地方标准修订程序等问题进行学习研究。组织畜牧业机械化发展论坛,听取专家见解,了解国内外先进做法,丰富和完善内蒙古自治区畜牧业机械化发展思路。开展农机补贴产品质量调查,监督自走式玉米收获机、大中型轮式拖拉机质量状况。

【营造农机安全生产良好氛围】 2016 年,内蒙古自治区农机部门组织开展农机"安全生产月"活动,加强农机安全法律法规和农机安全生产知识宣传力度,普及农机安全知识,抓源头、查隐患、防事故,防范和遏制农机重特大事故,保障农牧业安全生产。召开内蒙古自治区农机安全生产工作会议,部署新形势下农机安全监管工作改革创新工作,以呼伦贝尔市为试点,开展农机安全生产监管工作实现途径。

【推进农机监理工作】 2016 年 5 月 1 日起,内蒙古自治区实施免征农机监理收费政策,组织专门力量赴广西壮族自治区、江苏省两地进行考察,学习先进经验。与内蒙古自治区党委农牧办组成联合调研组深入呼伦贝尔市、鄂尔多斯市、巴彦淖尔市进行农业机械化情况调研,将农机监理工作作为研究重点,形成调研报告,向内蒙古自治区人民政府提出农机监理工作政策建议。2016 年底开展全自治区性农机安全生产大检查。

辽 宁 省

【概况】 2016 年,辽宁省农机部门广大干部职工贯彻农业部和省委省人民政府关于"三农"工作的各项部署,加快农机供给侧结构性改革,发展农业机械化,推进农业发展方式转变,完成农业部和省政府确定的各项任务,实现"十三五"农业机械化发展良好开局。

【农机装备结构优化】 2016 年,辽宁省农机部门在农机购置补贴政策引导下,农机装备结构优化,重点作物关键环节机械的大型化、复式化、配套化以及节能环保和节本增效发展趋势明显。大中型拖拉机保有量达 23.66 台,水稻插秧机达 3.52 万台,联合收割机达 26 046 台,秸秆综合利用机械设备达 1 191 台套。

【农机作业水平提高】 2016 年,辽宁省主要农作物耕种收综合机械化水平达 78.3%,同比提高 0.3 个百分点。耕种收综合机械化水平达 90.2%,同比提高 0.2 个百分点;耕种收综合水平达 81.6%,同比提高 0.5 个百分点。

【重大技术应用扩大】 2016 年,辽宁省新增深松作业面积 519.73 千公顷,完成农业部确定的 513.33 千公顷(含大连 13.33 千公顷)目标任务;完成保护性耕作面积 492.87 千公顷;机械插秧478.13 千公顷;玉米机收 1 456.8 千公顷;完成秸秆还田 855.47 千公顷,新增秸秆还田 296.13 千公顷。

【农机服务能力增强】 2016 年,辽宁省农机专业合作社达 2 902 个,入社成员 50 215 人,服务农户 116 万户,农机服务面积 2 107.67 千公顷。目前,被农业部命名为"全国农机合作社示范社"的农机合作社达 56 个,被评为"2016 年农民合作社省级示范社"的有 20 个。从事农机作业农机户达到 56.3 万户,拥有农机原值 100 万元以上的农机大户 983 个。在全国农机手大赛中,辽宁省大连市参赛选手取得全国第一的好成绩。

【农机安全形势稳定】 2016 年,辽宁省农机部门以"打非治违"、农村道路交通安全集中整治、农机安全生产大检查等为工作重点,加大宣传力度,注重事故预防,强化源头监管。共检查拖拉机 27 万台次,排查一般事故隐患 2.67 万起,整改率 100%。

【调整补贴范围】 2016 年,辽宁省农机部门按照农业部"缩范围、控定额、促敞开"工作思路和有关要求,补贴机具种类由 2015 年 11 大类 32 小类 89 个品目,缩减为 10 大类 26 小类 57 个品目,对列入补贴范围机具降低补贴定额并实行全面敞开补贴。

【突出补贴重点】 2016 年,辽宁省农机部门以绿色生态为导向,以粮食作物生产关键环节和保护性耕作、深松整地、高效植保和秸秆综合利用等先进适用、节能环保、复式高效机具作为重点,推行"先购后补"的操作方式,满足农忙季节购机需求。

【加强监管服务】 2016 年,辽宁省农机部门首次将补贴操作与农机经销企业脱钩,鼓励将办理地点下放到乡镇公共服务大厅,更加突出便民利民。加强绩效管理,强化信息公开,定期督导检查,严肃违规处理。

【开展农机新产品补贴试点】 2016 年,辽宁省争取中央财政资金 7.4 亿元,其中,用于农机购置补贴资金 6.2 亿元,截至 12 月 31 日已实施资金 5.95 亿元,实施率 95.9%。带动农民投入 21.37 亿元,补贴推广机具 5.4 万台套,直接受益农户 3.9 万户。

【组织制定全年农业机械化工作要点】 2016 年,辽宁省农机部门签订农机工作目标任务书,注重技术服务,加强督导检查,强化绩效考核,重点组织实施三项作业补助政策,促进农机深松整地等重大农业机械化技术的推广。

【实施深松作业补助政策】 2016 年,辽宁省使用中央财政农机购置补贴 15 750 万元(公顷补助 450 元),实施深松作业示范面积 350 千公顷。采取"深松检测系统"开展作业核查工作,提高项目的管理水平、实施质量和实施效果。

【实施保护性耕作作业补助政策】 2016 年,辽宁省在沈阳和辽西北地区省级财政投入专项补助 6 000 万元(公顷补助 450 元),示范推广面积 133.33 千公顷,推动农机耕作制度改革,促进农业可持续发展。

【实施秸秆全量还田作业补助政策】 2016 年,辽宁省级财政投入专项补助 6 000万元(公顷补助 900 元),在沈阳、铁岭、锦州和昌图实施作业面积 66.67 千公顷。全省组织检修机具 95 万台次,调度农业机械 88.5 万余台套参加作业。举办各类农机培训班、现场会 980 余场次,发放资料 3.1 万(份),培训农机手 12.9 万人次。

【开展全程机械化推进行动】 2016 年,辽宁省围绕转变农业发展方式总要求,以提高主要农作物生产全程机械化水平为目标，以推广先进适用农业机械化技术及装备、培育壮大农机服务市场主体、探索全程机械化生产模式施为重点内容，开展农业部主要农作物全程机械化示范县创建，构建上下联动、协调推进农业机械化的新机制。“辽宁省开原市2015年水稻生产全程机械化示范项目”通过部级验收；沈阳市辽中区成为全国28个首批主要农作物生产基本实现全程机械化示范县(市、区)之一。

【出台全程机械化推进意见】 2016年，辽宁省贯彻落实《农业部关于开展主要农作物生产全程机械化推进行动的意见》，制定《辽宁省关于开展农业全程机械化推进行动的实施意见》，明确推进农业全程化基本原则、工作目标、发展布局和工作重点。

【加强项目组织管理】 2016年，辽宁省北镇市、昌图县和阜蒙县被农业部列为“2016年农业技术试验示范(农机)项目区”。制定推进工作方案，会同各级农机推广部门，加强过程管理，做到政策培训到位、技术服务措施到位、资金规范使用到位、任务目标完成到位。使用中央财政资金150万元，带动农民投入1 358.5万元，建立水稻、玉米和花生全程机械化示范点12个，完成示范面积3.57千公顷，耕种收综合机械化水平达100%，发展壮大农机专业合作社12个，同时也分区域、分作物形成适合本地区的全程化技术模式。

【组织项目申报】 2016年，辽宁省按照农业部有关要求，结合实际，与现代农业示范区和绿色高产高效粮油创建项目结合，组织各地认真申报。辽中区、法库县、本溪市、东港市、北镇市、黑山县、灯塔市、盘山县8个县(区、市)申报“农业部2017年农业技术试验示范与服务支持(农机)项目”任务。

【整合农业机械化项目和资源】 2016年，辽宁省实施的深松整地、保护性耕作和秸秆还田作业补助政策，均在农机合作社等新型农机服务组织内实施。通过实施上述三项作业补助政策，辽宁省带动7 350余个农机合作社、农机大户和种粮大户参加作业，受益农户102.9万户。

【引导开展引进专业人才活动】 2016年，沈阳农业大学农业工程学院有近100名本科生、研究生、50名教师和辽宁省的24家农机合作社建立合作关系，已有2名本科毕业生到农机合作社就业任职。

【推进农机专业合作社规范化建设活动】 2016年，辽宁省农机部门引导规范内部管理、完善运行机制，培育一批规模大、机制活、服务好、能力强的农机合作社。新增农机专业合作社321家，被评为全国农机合作社示范社9家，分别是康平县汇老农人、喀左县鼎晟、盘山县太平凯地、铁岭县新台子镇西万鑫、大洼县长财、昌图县大四家子镇祥瑞、开原市金沟子镇峰威和昌图县盛泰等农机合作社。

【加强农机安全管理】 2016年，辽宁省印发《关于加强全省农机安全生产监督管理工作的意见》，对全省农机安全生产监督管理工作进行安排和部署。

【加强专项整治工作】 2016年，辽宁省印发《关于全面开展农机安全生产大检查，深化“打非治违”和专项整治工作的通知》，以牌证规范化管理为重点，组织各地开展检查和自查活动。按照农业部统一部署，组织开展全省农机安全宣传月活动。

【加强农机监督检查】 2016年，辽宁省印发《关于对全省农机安全监理开展监督检查工作的通知》，组成14个检查组，分别对各地农机牌证行政管理工作和农机安全监理机构牌证办理业务工作进行专项检查，提高农机牌证管理和办理的规范性。组织开展全省农机安全事故应急演练，提高农机事故应急响应和应急处置能力。

【进行补贴机具质量跟踪调查】 2016年，辽宁省共对享受政府补贴的18个型号270户田园管理机、10个型号440户玉米收获机、6个型号50户粮食烘干机产品，开展经济性、适应性、可靠性和安全性的调查。

【开展农机推广鉴定证监管工作】 2016年，辽宁省农机部门组织辽宁省农机监管机构对10个型号的耕整地机械、10个型号粮食烘干机及铡草机和10个型号播种机及玉米脱粒机产品展开检查。查处伪造、冒用、涂改、转让、超范围使用推广鉴定证书和标志的违法行为。

【规范农机试验鉴定】 2016年，辽宁省按农机鉴定有关规定，规范鉴定管理、严肃鉴定程序。受理推广鉴定任务部级32项，完成27项；省级136项，完成98项。开展农机维修网点专项检查。出动农机执法人员3 336人次，检查农机维修网点2 410个，农机经销点2 847个，农机配件56 342件(套)，查获假冒伪劣及“三无”农机配件462件(套)。

吉林省

【概况】 2016年，吉林省农业机械化工作围绕2016—2025年吉林省率先实现农业现代化总体规划确定的战略任务目标，以加快推进全程机械化为主线，以调结构、转方式、促发展为主旋律，提升农机装备能力水平。

【农机装备水平提升】 2016年，吉林省农机装备能力、装备水平和农业机械化作业水平提升，全省主要粮食作物耕种收综合机械化水平达84.5%。其中，机耕水平、机播水平、机收水平分别为96.26%、87.74%和65.64%，同比分别增长0.32%、0.66%和15.38%。水稻机插水平为79.59%，同比增长5.15%；水稻机收水平为86.13%，同比增长4.12%、玉米机收水平为64.84%，同比增长21.52%。

【推进农机社会化服务】 2016年，吉林省各类农机合作组织、农机大户发展壮大，农机生产的组织化程度提高，农机大户和农机专业合作组织通过承包服务、订单作业等形式开展农业机械化生产，实现一定程度的规模经营。

【农机购置补贴政策有效实施】 2016年度中央财政下达吉林省补贴资金160 510万元，其中用于农机购置补贴152 510万元，用于机械化深松补贴8 000万元。根据各补贴实施单位申请，全年分六批次将中央财政资金全部下达各补贴实施单位。截至2016年12月31日，全部补贴资金实施完毕，受益户数48 870户、机具数量64 776台。

【农机装备结构优化】 2016年，吉林省农机总动力达3 101.25万千瓦，拖拉机保有量达118.65万台，同比增加3.19万台，增长1.51%。2016年大中型拖拉机保有量达55.6万台，增长6.64%；水稻插秧机新增1.27万台，保有量达6.40万台，同比增长23.25%；水稻联合收割机新增0.35万台，保有量达2.27万台，增长14.71%；玉米收获机新增0.83万台，保有量达5.02万台，增长15.67%。配套农机具新增4.82万部，保有量达278.53万部，增长1.76%。其中，大中型配套农机具89.8万部、小型农机具188.74万部。

【实施农机补贴工作方式改革】 2016年，吉林省农机部门实施"七项脱钩，七项挂钩"农机购置补贴方式改革并一年一步到位。补贴工作实现全面去经销商化，取消经营商在机具购置办理过程中的话语权，切断经销企业与补贴操作环节关联，切断管理机关与经销企业补贴操作关联，在管理和实施上制度上建立起防火墙。

【内部监察严格管理】 2016年，吉林省农机部门为全面落实农机购置补贴政策，在全系统组织开展落实农机购置补贴政策"不走样、不缩水"专项活动，保障补贴政策全面落实。同时在外部监管防控上积极行动不放管。

【强化补贴操作顶层设计】 2016年，吉林省农机部门从完善补贴操作系统入手，强化补贴操作顶层设计，防范基层补贴操作管理风险。实施补贴操作完全去经销商参与管理制度，建立唯一性的由生产企业操作的补贴产品信息管理制度和操作措施，对企业录入产品信息实施"录入时间管理"机制，力争消除"多方参与、多头操作"引发的"套机、倒机"等隐患，形成监管制度壁垒。

【实施补贴机具对比识别监管制度】 2016年，吉林省农机部门对在全省三年内已经实施的补贴机具，实行补贴操作系统自动识别监管，严防"一机多补""套补""骗补"等违纪违法行为。

【建立农机企业诚信管理制度】 2016年，吉林省明确在省行政区域内的销售补贴产品的经销企业，由其农机生产企业自主确定并向社会公布，农机生产企业对其所确定的补贴产品经销企业的经销行为承担相应责任；生产企业要将经销企业和产品信息录入补贴系统，并对录入系统内的信息要承担主体责任；对违法、违规、违纪销售补贴机具的已列入黑名单的经销企业不允许参与补贴活动，所销售的产品不能享受农机购置补贴政策。

【建立补贴信息公开制度】 2016年，吉林省农机部门实施农机购置补贴三公开制度，实施阳光操作。一是建立经销商公示制度，由农机生产企业将其确定的省经销企业，自主录入公示到全省补贴公示信息专栏。二是建立补贴产品公示制度，由农机生产企业将其销售的补贴产品，自主录入公示到吉林省补贴公示信息专栏。三是对购置补贴机具对象实施信息公示，健全完善公示操作方式，通过补贴系统对购机补贴对象实行核机后，即时公示操作管理，强化社会监督。

【推进粮食生产全程机械化】 2015年11月，农业部确定吉林省为"全国粮食生产全程机械化整体推进示范省"。吉林省委、省人民政府高度重视，吉林省出台《吉林省人民政府办公厅关于开展全省粮食生产全程机械化整体推进行动的实施意见》，为全程机械化发展奠定政策基础。

【定种类，聚环节，明确主攻方向】 2016年，吉林省农机部门定位两大作物种类：以水稻、玉米等主要农作物为重点。聚焦六个生产环节：以提高耕整地、种植、植保、收获、烘干、秸秆处理等主要环节机械化水平为重点。明确一个主攻方向：提升主要粮食作物生产全程机械化水平，重点是巩固提高深松整地、精量播种、水稻机械化育(插)秧、玉米机收等环节机械化作业水平，解决高效植保、烘干、秸秆处理等薄弱环节的机械应用难题。

【探索全程机械化生产模式】 2016年，吉林省农机部门根据主要粮食作物的优势产区、种植模式和全程机械化特点，确立推进各个主要粮食作物生产全程机械化的主要内容，分作物、分区域建成一批率先基本实现生产全程机械化的示范区(县)。

【创建全程机械化示范区】 2016年，吉林省粮食主产县，按照"一乡一个示范区"的布局，创建全程机械化示范区。每个示范区面积不低于200公顷。示范区建设与新型农业经营主体农机装备建设、高标准农田建设、科技示范推广等项目相衔接相结合，集成优势，结成合力，共同发展。

【现代农业重点工程】 2016年，吉林省建设现代农业的重点工程为全程机械化新型农业经营主体农机装备建设。共投入资金3.2亿元，扶持全程机械化新型经营主体农机装备建设，优先安排榆树市、农安县、永吉县、敦化市、公主岭市、梨树县、梅河口市、洮南市、东辽县、前郭县、德惠市、双阳区、九台区、洮北区、乾安县、长岭县、扶余市等国家现代农业示范区和全省率先实现现代农业示范县、全省粮食生产全程机械化先行示范县等17个县(市、区)开展全程机械化新型农业经营主体农机装备建设项目，另外农安县和双阳区实施秸秆捡拾打捆作业主体农机装备建设试点。

【扶持农机装备建设项目】 2016年，经项目实施县(市、区)农机、财政等部门联合检查验收，吉林省完成建设任务并符合项目资金补助要求，实际扶持全程机械化新型农业生产经营主体农机装备建设项目215个和10个秸秆捡拾打捆作业主体农机装备建设试点项目，共购置机具5 619台(套)，购置机具资金总额67 791.033万元，新(扩)建库棚面积24.4万平方米，实施省级补助资金32 319.568 6万元。

【机械化保护性耕作技术示范推广】 2016年，吉林省投入保护性耕作补贴资金7 500万元，完成保护性耕作补贴作业面积200千公顷，保护性耕作作为绿色、生态、环保、效益和可持续发展的现代农业耕作技术效果明显。

【依托新型农业经营主体实施作业任务】 2016年，吉林省依托2015年省评选出的新型农业经营农机装备建设主体优先承担，剩余部分由其他农机大户、家庭农场、农机合作社承担，原则不向耕地规模较小的分散经营的农户落实任务。同一实施补贴作业的地块连续安排补贴作业任务。统一秸秆覆盖还田免耕播种作业模式和高留根茬还田免耕播种作业模式的作业补贴标准。

【农机补贴作业任务落实】 2016年，吉林省农机部门确保机械化保护性耕作补贴作业任务落实与机械化深松补贴作业相衔接。承担机械化保护性耕作补贴作业任务地块，要首先在近三年内实施过机械化深松作业的地块面积内落实。新的机械化深松补贴作业，优先安排在近三年内没有实施过的承担机械化保护性耕作地块面积内。

【强化技术指导】 2016年，吉林省农机部门成立由农机、农业、土肥、工程等来自科研、院校、技术推广、生产制造的10名专家组成的专家组；通过专家论证通过，制定《玉米机械化保护性耕作技术规程》；制作《玉米机械化保护性耕作宣传挂图》，并与《玉米机械化保护性耕作技术规程》各印1万本。

【农机安全监理能力加强】 2016年，吉林省农机安全监理工作，坚持“安全第一、预防为主、综合治理”方针，遵循“以人为本、预防事故、保障安全、促进发展”的原则，完善规章制度、规范执法行为、提高服务能力、落实惠农政策，促进农机安全生产形势的持续稳定和农业机械化的快速发展。按照吉林省《2016年农机监理工作要点》要求，明确2016年全省农机安全监理工作目标，层层落实“三率”指标，落实各级农机监理机构责任。

【农机装备作业水平提高】 2016年，吉林省在籍拖拉机、联合收割机75.65万台，其中2016年新注册登记拖拉机、联合收割机3.15万台，注册率达61.5%，同比提高0.7个百分点；新增拖拉机、联合收割机驾驶员2.24万人，驾驶员持证率达86.5%，同比提高0.5个百分点；检验拖拉机、联合收割机64.7万台，检验率达85.5%，同比同期提高0.5个百分点。

【农机金融租赁试点推进】 2016年，吉林省农机部门推进农机金融合作助农工作，与中国工商银行吉林省分行和中国农业银行吉林省分行合作，解决农业机械化发展“融资难”“融资贵”问题。其中，中国农业银行对376家农户实施农机抵押贷款户，贷款额度5 388万元；对1家农机合作社开展农机租赁业务，资金459.5万元；中国工商银行对农机合作社开展抵押贷款4家，贷款额度293万元。

黑龙江省

【概况】 2016年，黑龙江省委、省人民政府高度重视农业机械化发展工作，在农业部农业机械化管理司指导和支持下，全省上下贯彻全国农业机械化工作会议和省委农村工作会议精神，以两大平原现代农业综合配套改革试验为统领，以现代农业建设和主要农作物全程机械化为主线，以构建新型农业经营体系为重点，围绕创新发展方式、服务农业生产、促进农民增收的目标，认真谋划，真抓实干，在宏观环境趋紧、经济增速放缓的情况下，农业机械化工作保持健康发展势头。

【坚持“缩范围、控定额、促敞开”】 2016年，黑龙江省遵照国家指导意见，重新梳理补贴范围，确定补贴6大类11小类24个品目的机具，同比减少1大类5小类12个品目。为使购机补贴标准更加科学合理，组织相关专家按照国家分类分档标准进行论证，对补贴额进行调整，对农机产品进行两次分类归档，共归档3 267个农机产品，实现补贴额与补贴机具挂钩，对12个品目和类型的农机具实行敞开补贴。

【加大政策公开力度】 2016年，黑龙江省农机部门在省主流新闻媒体进行补贴政策宣讲和解读，各县通过电视、网络、报纸、乡村公告等方式在县域范围内宣传补贴政策。利用黑龙江省农业委员会信息资源整合的契机，省市县三级建设农机购置补贴信息公开专栏，覆盖率达100%。

【强化监督管理】 2016年，黑龙江省明确县级农机管理部门在补贴政策实施管理中的主体责任，发挥就近就地监管优势，建立健全违规查处联动工作机制，查处农机生产企业违规1起，暂停违规产品的补贴资格，促进补贴政策规范、有序、高效、安全实施。

【制定工作方案】 2016年，黑龙江省农机部门围绕主要作物耕地、种植、收获、植保、烘干、秸秆处理等六个重要环节，推进全程机械化示范县建设工作。按照农业部的统一要求，在深入调研的基础上，组织专家制定《黑龙江省关于开展主要农作物全程机械化新技术提升行动方案》，以水稻、玉米、大豆、马铃薯、小麦等农作物为对象，突破农业机械化新技术集成及其优化装备配置，探索全程机械化生产模式。

【明确工作目标】 2016年，黑龙江省全面实现主要农作物全程机械化的总体目标是：到2020年，全省农作物综合机械化水平达96%以上，玉米收获和马铃薯耕种收机械化提升；机械植保能力达80%，实现病虫害防治作业低喷量、精喷洒、高防效；粮食烘干能力达70%，满足粮食生产要求；秸秆处理机械化水平达80%，机械化秸秆还田率达50%以上，秸秆综合利用率提高，减少环境污染，提高地力。

【加快建设示范基地】 2016年，黑龙江省农机部门依托现代农机合作社，实施粮食生产全程机械化提升行动，探索总结全程机械化的技术路径、技术模式、机具配套、操作规程及服务方式，形成可复制、可推广的典型，每年建设一批万亩示范基地，2016年全省有15个县提前实现主要农作物全程机械化。

【农业机械化水平提高】 2016年，黑龙江省耕种收综合机械化水平达95.3%，同比增长0.2个百分点。其中玉米机收达86%，同比提高3.3个百分点，马铃薯耕种收机械化水平达81.04%，同比提高0.2个百分点；高效机械植保能力60%；粮食产地烘干机械化能力60%；农村秸秆处理机械化水平82.7%，秸秆还田33.8%，各项指标全部超出年度全程机械化计划预期。

【推进农机新技术推广体系建设】 2016年，黑龙江省以农业机械标准化技术为重点，加快农机农艺融合和集成创新，完善黑龙江省全程机械化技术体系。制定《全省农机化推广机构建设规范（草案）》，坚持利于指导、有效管理和公益性职能的原则，指导各地设置基层农机技术推广机构。完善“专家定点联系到县”为主要形式的工作机制，推行“专家+农机技术人员+科技示范户+辐射带动户”的技术服务模式，解决推广服务“最后一公里”的问题。

【强化农机技术培训的时效性】 2016年，黑龙江省农机部门组织开展人员培训，开展秸秆机械化还田、水稻机插侧深施肥、水稻钵育机插、粮食烘干塔等多项先进新技术培训，提高推广人员的业务素质。同时通过召开项目启动会、举办培训班、组织科技大集等形式，对全省农机合作社、农机大户及广大农民进行新技术培训，累计培训30万人次。

【重点突破全程机械化难点】 2016年，黑龙江省农机部门组织实施国家基层农机推广体系改革与建设补助项目，重点示范推广水稻侧深施肥、玉米秸秆全量还田、水稻钵育摆栽、旱田和水田机械化保护性耕作技术。在10个试点县进行水稻侧深施肥试验测试，为大面积推广应用提供数据支撑和技术依据。在25个示范县建立53个秸秆还田示范点，落实示范面积0.93千公顷，录制作业模式专题片，推广覆盖、松耙碎混和翻埋3种技术模式的示范，2016年全省秸秆还田面积3 333.33千公顷，呈现出显著经济效益、社会效益和生态效益。

【完善鉴定工作程序】 2016年，黑龙江省落实《农业机械推广鉴定实施办法》，规范开展农机鉴定工作。发布实施《黑龙江省农业机械推广鉴定管理办法》《黑龙江省定型鉴定管理办法》《黑龙江省农业机械鉴定大纲管理办法》，同时制定相应测试检验收费标准，为开展农机鉴定工作提供法律依据。

【调整农机推广鉴定指南】 2016年，黑龙江省农机部门根据需求情况及推广鉴定能力，调整《黑龙江省农业机械推广鉴定产品种类指南》，新调整47种省级推广鉴定农机产品。

【开展农机鉴定工作】 2016年4月29日，黑龙江省发布《关于开展2016年黑龙江省农业机械推广鉴定申请受理工作的通知》，启动停止1年半的省级推广鉴定工作。全年共受理部级推广鉴定项目108项，受理省级推广鉴定项目79项。

【制定生产方案】 2016年，黑龙江省围绕春耕、“三秋”等重点农时，组织农业机械化生产。下发《2016年农机化春耕生产指导意见》和《关于做好农机化秋收秋整地工作的通知》，组织各地抓住主要农时，发挥农业机械在农业生产中的作用，全年完成整地14 425.84千公顷，机播13 908.8千公顷，机收13 589.88千公顷。

【组织开展机具检修】 2016年，黑龙江省各地在农闲期间，开展机具检修，做好配件供应准备，全年共维修拖拉机86万台，检修农具114万台套，避免因维修不及时造成的农时延误，确保秋收、秋整地工作进展顺利。

【推进深松整地】 2016年，黑龙江省人民政府在秋季组织召开全省秋季农业生产暨秸秆禁烧现场会议和全省农业重点工作推进紧急电视电话会议，各地积极组织，快速行动，把秋季整地和秸秆还田任务分解，倒排工期，各级主要领导深入生产一线，推进深松整地工作。2016年全省农村完成深松整地2 385.45千公顷，其中691.67千公顷达深松30厘米的补助标准。

【创新审批程序】 2016年，黑龙江省农机部门按照县申报、市审批、省备案的操作流程，将农业机械化建设资金砍块下拨到市(地)，由市(地)确定建设资金投入规模。新建现代农机合作社129个，总投入9.09亿元，其中财政投入5.45亿元，同比分别增加1.44亿元和0.85亿元。

【开展规范社创建】 2016年，黑龙江省按照农业部的要求，下发《黑龙江省创建国家农机合作社示范社实施方案》和《关于深入开展现代农机合作社示范社和规范社评比活动的通知》，推荐15个国家级示范社，评选75个省级规范社，全省规范社和示范社总数达190个。

【分类指导合作社发展】 2016年，黑龙江省农机部门根据发展实际，按照不同的经营方式，将合作社分为生产型、服务型和综合型，全省1 224个农机合作社中，生产型367个，服务型469个，综合型388个。在科学分类的基础上，坚持“树典型，推模式，可复制”原则，选树峰岭、五岳等5个合作社典型，分类引导全省现代农机合作社发展。

【创新机务管理工作机制】 2016年，黑龙江省以农机安全为主线，健全安全生产责任制，完善安全监管网络，强化安全生产措施。以“五级四号”保养制为基础，针对合作社装备特点，重新制定《黑龙江省现代农机合作社机务管理办法》，采取“班次保养＋定期保养”的新机制，全省组织两期培训班对合作社机务管理、作业标准业务骨干进行培训，市(地)组织辖区内的农机合作社培训，为机务管理规范化提供支撑。

【完善农机监理数据】 2016年，黑龙江省农机部门组织开展全省农业机械和驾驶人普查工作，对各地上报数据进行录入、汇总，为科学研判农机安全生产形势提供支撑。2016年新增3个试点县，全省农机报废更新试点县达7个，报废更新农机具336台，投入补贴资金813.5万元。

【推进“平安农机”创建工作】 2016年，黑龙江省农机部门与公安交警、安监等部门联合开展“打非治违”专项行动，及时消除事故隐患。有4个县通过省级“平安农机示范县”验收，其中2个县申报国家级“平安农机”示范县。

【推进农机质量投诉体系建设】 2016年，黑龙江省推进农机推广和农机质量投诉监督体系建设，促进农业机械化与信息化融合，提高农业机械化公共服务能力。完善农机质量投诉监管体系，实地指导各地农机质量投诉分站建设。全年共接到质量投诉3件，受理并解决质量投诉2件，办结率66.7%，农机投诉涉案价值达30余万元，为用户挽回直接经济损失5万余元，维护用户和企业的合法权益。

【推进农机推广体系建设】 2016年，黑龙江省基本形成以省农机技术推广机构为主导，基层农机推广组织为基础，农机科研单位和涉农企业广泛参与的新型农机技术推广体系。

【推进互联网＋农机平台建设】 2016年，黑龙江省批准建设5个市级、33个县级农机指挥调度中心，实现省、市、县三级全覆盖。在全面实现深松整地补助面积信息化远程监测的基础上，对秸秆还田监测仪进行现场考察演示，2016年秋季在7个县进行试验，检验这套装置的适应性和成熟度，为推广奠定基础。

上 海 市

【概况】 2016年，上海市农业机械化工作围绕"整建制创建国家现代农业示范区"建设，落实强机惠农政策，调整优化装备结构，增进农机农艺融合，推进粮食生产全程机械化，强化农机服务保障能力，提高农机综合服务水平，农业机械化工作取得成效。

【落实购机补贴政策】 2016年，上海市下达补贴资金计划19 886万元，其中中央资金9 407万元，市级资金10 479万元。全市共约930个农户或者农业生产服务组织享受补贴资金购置各类农业机械8 100余台套。其中，购置51.47千瓦以上拖拉机564台，占全年购置数量693台的80%以上。购置水稻种植机械416台。购置粮食烘干机204台，增强粮食生产抗灾能力。

【加强购机补贴政策落实情况监管】 2016年，上海市在全市范围开展农机购置补贴专项整治工作，核查保鲜冷库、拖拉机、联合收割机等主要机具在位情况，以及补贴工作责任制、补贴指标审批、补贴资金结算等补贴实施过程规范性。严格实地核机流程，明确区级农机管理部门对达到一定规模以上购机行为必须进行逐台实地复核，落实签字确认工作责任制度。

【全程机械化进程加快】 2016年，上海市农机部门坚持机插秧与机直播同步发展思路，利用农机购置补贴政策，对水稻种植机械等实行敞开补贴，满足所有购机者需求，全市主要农作物综合机械化率达87%。在全市范围内建立20个水稻机械化种植高产创建示范点，优化完善作业技术路线，改进生产作业机械，加强农机作业人员技术培训，全市水稻机械化种植面积达60千公顷，机械化种植率达63%，同比提高7%。其中机插秧30.67千公顷，机械穴直播达29.33千公顷。

【机械化水平提升】 2016年，上海市闵行、宝山、嘉定、松江和光明集团已实现全程机械化，金山、青浦区水稻机械化种植水平提升，同比分别提高18.7%和17.4%。举办"水稻全程机械化媒体宣传日活动"，中央电视台、农民日报、解放日报等主流媒体作专题报道，宣传典型经验，营造舆论氛围，增强示范作用。

【发展短板破作业瓶颈】 2016年，上海市郊区农机部门克服2016年不利气候条件，推广二麦机条播，举行现场演示会，选型适用机械，落实示范点，机种面积比例超过25%；推广自走式高地隙喷杆式植保机械，形成水稻高效植保和绿色防控技术路线和作业规范，全市建立15个高效植保示范点，示范面积达1 000公顷。

【加强部门间协调合作】 2016年，上海市结合全市设施农用地布局规划编制，修改完善粮食烘干设施和农机库房布局专项规划，会同规土部门出台粮食烘干与农机库房设施建设用地标准。会同市财政局联合下发《中央现代农业生产发展资金——上海市2016年粮食主导产业农机装备能力建设实施方案》，召开"粮食生产农机装备能力建设工作推进会"。

【基础设施保障能力增强】 2016年，上海市农机部门加强项目规划用地、资金扶持和申报审批等协调督导，已落实粮食烘干能力6 549吨，新增烘干能力3 050吨，在建1 500余吨，全市粮食烘干能力达16 550吨。下拨中央粮食烘干能力建设专项资金4 600万元，推动项目落地和开工建设。

【加强蔬菜机械化示范点建设】 2016年，上海市农机部门以推进绿叶菜主要环节机械化示范为突破口，加强市级蔬菜机械化示范点建设，会同上海市蔬菜工作领导小组办公室遴选出17个绿叶菜机械化生产示范点，开展机械化播种、移栽、收割等技术作业试验。成立专家指导小组，优化完善示范点机具配置方案，指导细化作业计划任务。

【举行生产现场会】 2016年，上海市农机部门举行"2016年绿叶菜机械化生产推进工作会议"和蔬菜机械化生产现场会，围绕耕整地播种、起垄移栽、收割灭茬、施肥植保等环节，演示新型作业机械，展示近年来推广应用的成熟机械。

【抓部分新型农机建设】 2016年，上海市编制印发《本市示范点绿叶菜机械化生产技术建议方案》和《蔬菜机械化生产示范点关键环节农机具建议目录》，对部分未进入补贴目录的新型农机引导各区县通过绿叶菜奖补资金给予支持。

【推荐科技兴农项目】 2016年，上海市农机部门利用科技兴农项目，引进适用小型棚室叶菜收获机械，在生产示范点试验示范大型设施菜田和露地菜田低密度大颗类蔬菜移栽。利用蔬菜机械化示范基地，开展鸡毛菜、小青菜、油麦菜、广东菜心等绿叶菜机械化技术试验示范，拓展叶菜机械化生产新模式。

【加大政策扶持力度】 2016年，上海市联合上海市发展和改革委员会、市财政局、市环境保护局等部门制定新一轮农作物秸秆综合利用政策及实施方案，实施范围扩大到水稻、二麦、油菜和茭白秸秆，还田补贴增加到750元/公顷，还田外综合利用补贴增加到300元/吨。修改完善综合利用政策申报操作流程和第三方核查要求，开展新政策操作流程专题培训。

【秸秆综合利用水平提高】 2016年，上海市农机部门加强秸秆禁烧宣教，实施网格化管理。加大秸秆禁烧巡查力度，联合环保部门、警航大队、城管执法大队等部门开展督导检查。加大还田机具配置力度，共配置秸秆粉碎还田机、铧式犁、圆盘犁等各类机具1 400台，市级投入资金182万元。全市秸秆综合利用率达93%。

【拓展秸秆利用新途径】 2016年，上海市在有机肥加工、食用菌基料、饲料等领域实现产业化，加工生物质燃料等能源化利用得到发展，用于沼气生产、粮食烘干、设施农业供热等方面技术基本成熟。

【创新经营服务机制，拓展社会化服务范围】 2016年，上海市推广浦东新区农机合作社标准化建设等典型经验做法，嘉定民欣和浦东耀临农机合作社荣获"2016年全国农机合作社示范社"称号，发挥标杆示范作用。适应家庭农场发展，培育机农合一、农机互助合作等新型服务形式，推行"大机互助化、小机家庭化"农机配置和使用模式，已建立机农互助点 106 个，发展机农一体家庭农场 576 户，作业服务覆盖面达 87%。

【创新农机服务模式】 2016 年，上海市以上海市宏烨农机合作社“维修、培训、销售、处置”四位一体新型农机 4S 店为典型示范，完善和提升区域性农机维修服务网络建设，构建“大修进店、小修找点、抢修到田”新格局。推广订单作业、复式作业、代管承包等农机服务形式，全市农机社会化服务覆盖面达 70%。

【注重管理制度化建设，公共服务能力增强】 2016 年，上海市利用科技兴农项目，开展蔬菜生产机械、粮油生产机械、秸秆还田机械和果树专用设施及水肥一体化技术等研发，提高科技创新水平；以新型职业农民培育为目标，发挥农机教育培训基地作用，开展农业机械化管理、科技和服务队伍建设，举办第四届上海市农机职业技能竞赛，增强人才支撑作用；深化“平安农机”示范创建，监督指导 18 个点的创建和验收。

【加强农机产品质量监管】 2016 年，上海市农机部门落实农机安全生产责任制，开展非法改装联合收割机专项整治，加强对园艺场等非粮食生产区域农机作业安全监管力度，农机安全生产形势处于受控状态。

【提高农机生产水平和产品质量】 2016 年，上海市农机部门举行“上海市 3·15 农民维权暨放心农资农机下乡现场会”，制定出台《上海市农业机械推广鉴定实施细则》，明确相关工作制度并规范实施。制定下发《2016 年农机产品质量安全监管工作方案》，组织开展农机质量监督检查、补贴农机具质量调查督导和农机质量“双随机、一公开”抽查。

江苏省

【概况】 2016 年，江苏省农机部门在省委、省人民政府的领导和农业部农业机械化管理司的支持下，围绕“补短板拓领域促发展，调结构提质效转方式”总体思路，以启动实施粮食生产全程机械化整省推进示范工程为重点，明确目标任务，落实工作举措，为实现“十三五”良好开局奠定基础。

【农机装备数量增长】 2016 年，江苏省新增拖拉机 1.66 万台，新增水稻插秧机 9 204 台，新增水稻育秧流水线 565 台套，新增各类联合收割机 1.99 万台。全省麦秸秆机械化还田面积达 2 720 千公顷，还田率超过 52%；水稻机插秧总面积超过 1 657.33 千公顷，机插率超过 75%；纯作玉米机播、机收水平分别增长到 85%、78%。农机社会化服务能力稳步增强，全省农机合作社总数达 7 544 个，其中 90%以上农机合作社已由单一的作业服务向生产经营拓展。

【稳中趋新】 2016 年，江苏省新增 55.125千瓦以上拖拉机 1.43 台，占拖拉机新增量的 86%；新增乘坐式插秧机 5 540台，占插秧机新增量的 60%，苏南地区 9 成以上新增插秧机为乘坐式。新增高性能植保机 2 199 台，为 2015 年新增量的 2.1 倍；新增谷物烘干机 5 768 台，为 2015 年新增量的 1.9 倍。从区域发展情况看，苏北、苏中后发优势明显，苏北地区新增拖拉机、联合收割机、插秧机分别占全省新增总量的 74%、81%、55%以上。

【稳中向好】 2016 年，江苏省新型农机经营服务主体开展秸秆机械化还田、水稻机插秧作业服务的面积分别达 1 400 千公顷、1 000 千公顷以上，分别占秸秆机械化还田和机插秧总面积的 70%、60%左右，单机作业服务面积比全省平均水平高 10 个百分点。

【农机安全生产形势向好】 2016 年，江苏省发生道路外事故 75 起，死亡 26 人，实现“双下降”。农机人才队伍建设得到加强，组织开展市县农机局长、基层农机服务人员、农机科技人员等系列培训，成功举办第三届江苏技能状元大赛农机修理工竞赛暨第五届全省农机职业技能竞赛。江苏省共完成各类农机实用人才培训 20 万人次，其中农机职业技能获证奖补 1.98 万人次。

【坚持行政推动】 2016 年，江苏省农机部门落实农业部《关于开展主要农作物生产全程机械化推进行动的意见》，江苏省人民政府印发《关于加快推进粮食生产全程机械化的意见》(苏政办发〔2016〕24 号)，先后出台《2016 年度省粮食生产全程机械化整体推进示范县建设申报指南》《江苏省粮食生产全程机械化市、县(市、区)考核评价办法(试行)》等具体配套制度，明确实施办法、申报流程和验收考核等相关环节要求，形成粮食生产全程机械化创建工作的制度体系。徐州、南通、连云港、淮安、盐城、扬州、宿迁等地都以市人民政府名义出台实施意见。

【坚持技术促动】 2016 年，江苏省成立由中国工程院院士张洪程教授领衔的省级粮食生产全程机械化技术指导专家组，开展决策咨询、技术指导等相关工作，为全程机械化创建工作提供智力支持。

【开展“技术巡诊”活动】 2016 年，江苏省农业机械管理局组织专家组亲赴苏南、苏中、苏北农业生产一线，指导各地组装集成稻麦周年、小麦玉米周年生产全程机械化作业工艺路线，加快探索机械化条件下的高产创建模式，提高专家技术指导的针对性。

【强化“以会促建”】 2016 年，江苏省农机部门先后组织水稻机插秧、高效植保机械化、“三秋”机械化生产和机务管理等系列现场会，重点展示演示粮食生产全程机械化各个环节的新技术新装备，促进农机作业水平提升。

【坚持项目带动】 2016 年，江苏省农机部门经省人民政府同意，“十三五”期间省财政将安排专项资金 4.44 亿元，用于粮食生产全程机械化整体推进示范县建设。创新管理方式，江苏省农业机械管理局召开粮食生产全程机械化整体推进示范县建设竞争性立项评审会议，探索公平竞争、择优立项的项目管理新形式，从参与申报的 22 个县(市、区)中评审出常熟、江都等 15 个首批建设示范县，省财政调剂安排 4 000 万元，用于支持首批示范县建设。

【落实农机购置补贴政策】 2016 年，江苏省各地围绕“缩范围、降比例、促敞开”的总体思路，以推进粮食生产全程机械化为重点，科学选定补贴机具品目和补贴标准，农机购置补贴政策平稳有序实施。江苏省共实施中央和省级农机购置补贴资金 15.76 亿元，补贴各类机具 9.85万台套，受益农户 7.85 万户。

【强化制度建设】 2016 年，江苏省农业机械管理局修订完善《江苏省农机补贴监督管理与责任追究制度》和《江苏省农机购置补贴投诉信访管理细则》，规范补贴程序，加大责任追究力度，确保农机购置补贴政策廉洁高效实施。

【强化调控引导】 2016 年，江苏省农机部门按照农业部、财政部两部文件精神，实行“大稳定、小调整”，发挥补贴政策在补短板、调结构中的导向作用，从补贴机具数量来看，重点机具需求强劲，生产急需的高速插秧机、烘干机、高效植保等高性能机械保持增长，为全程机械化提供装备支撑。

【强化全程监管】 2016 年，江苏省农机部门严格按照程序要求，推行阳光政务，实行农机补贴组织管理、申请受理、公示核查、投诉处理等全过程公开，主动接受社会监督。加强绩效管理，做到绩效考核和政策实施同安排、同检查、同落实，确保补贴政策落实到位。

【加强农机社会化服务能力建设】 2016 年，江苏省各地抓住发展农业规模化经营这一契机，加强主体建设，创新服务模式，完善管理机制，通过行政推动、政策扶持和宣传引导等措施，提升农机合作社发展质量和服务水平。

【开展农机合作社示范社创建】 2016 年，江苏省组织实施新一轮省级农机合作社示范社创建活动，引导支持农机合作社向“五有”型发展，推行订单式、托管式、联耕联种等农机社会化服务，提升农机合作社全程机械化服务能力。2016 年，江苏省共创建国家级农机合作社示范社 15 家、省级农机合作社示范社 200 家。

【强化政策扶持】 2016 年，江苏省通过项目带动，引导农机合作社加大基础设施建设，提高服务能力。省级财政安排 2 500 万专项资金，扶持建设 200 个农机合作社机库和 50 个维修点。各地加强与国土部门的沟通协调，统一规划布局，分步推进实施，逐步缓解农机合作社场库用地难问题。南京、泰州、宿迁等市积极落实财政资金，加强仓储、农机库、烘干间建设。

【加强金融支持】 2016 年，江苏省农机部门与民生银行南京分行、中国邮政储蓄银行江苏省分行战略合作之后，又借力国内知名“互联网＋农业金融”平台，“农分期”首次推出农机贷款产品，为信用良好的农机合作社提供快速高效、无抵押、利率优惠的定制金融服务，目前已在全省 10 个市开展信用贷款，授信额度达 1.78 亿元，其中徐州超过 5 600 万元。南通、宿迁、淮安、兴化等市也结合实际，加强与金融部门沟通协调，通过出台扶持措施，缓解农机合作社等经营主体融资难的问题。

【开展专项整治行动】 2016 年，江苏省农机部门组织开展农机“打非治违”、农机安全隐患排查整治和农机安全生产大检查，实现专项整治全覆盖，确保安全隐患“不留死角”。2016 年，全省共开展联合执法检查 3 342 次，检查农机 5.7 万台次，排查事故隐患 7 423 个。

【加强农机监理装备建设】 2016 年，江苏省级财政安排 900 万专项资金，扶持建设 17 个农机安全监理装备项目，支持市县农机安全监理执法软、硬件建设，提高基层农机安全监管水平。

【开展农机综合保险试点】 2016 年，江苏省在推行农机政策性保险的基础上，省农业机械化管理局与保险行业协会联合出台《江苏省农业机械综合保险条款费率（试行）》，选择盐城、泰州、南京等 7 个市试点实施农机综合保险，为农机手筑牢农机安全成产的最后一道防线。2016 年，全省投保农业机械超过 10 万台，保费总额超过 5 500 万元。

【加强信息平台建设】 2016 年，江苏省优化升级“平安农机通”服务功能，在关键农时季节，依托短信平台开展安全宣教、作业市场等信息服务，发布各类信息 958 万条次，增强农机安全宣教的及时性和针对性。“平安农机通”平台在网用户达 32 万户。

【加强宣传教育】 2016 年，江苏省各地开展“安全生产月”“安全咨询日”等活动，全省共开展安全宣传活动 351 场、发放宣传资料 15 万份。组织开展农机质量投诉监督“3·15”、农机打假和农机放心消费创建等系列活动，开展以烘干机、秸秆还田机等为主的质量调查和评价工作。

浙 江 省

【农业“机器换人”意见】 2016 年，浙江省争取省人民政府办公厅支持，出台《关于加快推进农业领域“机器换人”的意见》（浙政办发〔2016〕19 号），以 2020 年为时间节点，提出农业“机器换人”总体要求、发展重点、主要措施以及加强政策支持和组织领导等方面新要求。

【制定“十三五”规划】 2016 年，浙江省研究制定《浙江省农业机械化发展“十三五”规划》，总结“十二五”农业机械化发展成效，分析面临形势和要求，提出“十三五”发展目标、任务、重点和保障措施等。

【农业“机器换人”推进行动计划】 2016 年，浙江省农机部门围绕贯彻省人民政府办公厅意见和“十三五”农业机械化发展规划，研究制定《农业“机器换人”推进行动计划（2016—2018 年）》，将农业“机器换人”各项工作整合成一项系统工程，提出政策促进、科技促进、服务促进、管理促进、改革促进、队伍促进等六大举措。

【农业“机器换人”示范工程】 2016 年，浙江省印发《关于组织实施农业“机器换人”示范工程的通知》，制定《农业“机器换人”示范县、示范乡镇（园区）、示范基地建设规范》，明确推进农业“机器换人”载体抓手。首批确定 15 个县、118 个乡镇（园区）、321 个基地进行示范创建。

【抓政策创新】 2016 年，浙江省争取农业部支持，将浙江省列为农机新产品补贴试点省，将单轨运输机、自走式方草捆打捆机、热泵型谷物烘干机等 3 个品目列入补贴范围。争取省财政支持，研究制定《浙江省省级农业机械购置补贴实施办法》，出台省级农机新产品补贴政策，将水平自动控制系统、食用菌料装瓶（袋）机、食用菌料制备设备（混合机）、自走式大豆采摘机、多用途履带式耕作机等 5 个品目列入补贴范围。将农机保险正式纳入省地方特色险种，为各地争取地方财政补贴政策创造良好条件，全省 32 个县出台保费补贴政策。将农业机械免费实地安全检验纳入省人民政府公共服务采购目录。

【抓科技创新】 2016年，浙江省农机部门组织开展农业机械化技术需求调查，共收集机械装备需求及农机新产品研发项目50余项，草拟《浙江省农业机械产品需求与科研导向目录》增补内容。争取浙江省科学技术厅支持，将《浙江省“智慧农机”资源库开发与研究》列入2017年度重点研发计划项目。协调浙江省农业机械学会、路桥区人民政府，筹建农机科技协同创新基地。

【抓管理创新】 2016年，浙江省农机部门推进农机管理信息化建设，一些地方探索利用卫星导航管理和调度农业机械，利用远程视频会议系统开展远程监控管理和技术指导，提升农机管理服务效率和质量。开发“浙江省农机购置补贴产品自助归档系统”，在全国率先推行由生产企业“自担责任、自主归档”做法。

【落实购机补贴政策】 2016年，浙江省农机部门落实农机购置补贴政策，引导农户购置应用先进适用农机装备。全省累计使用补贴资金2.54亿元（不含宁波），其中中央资金2.07亿元，省级资金0.17亿元，市县资金0.3亿元，新增各类农机装备6.49万台（套）。

【落实报废补贴政策】 2016年，浙江省落实中央农机报废更新补贴和省农机报废补偿政策，引导农户报废淘汰老旧、性能差农业机械。全省累计使用中央报废更新资金273万元，省级报废补贴资金837万元，地方配套资金792万元，报废拖拉机7 030台、联合收割机64台，更新拖拉机314台、联合收割机190台。

【落实扶持项目】 2016年，浙江省农机部门落实农业机械化促进工程项目和农业部主要农作物生产机械化示范项目，其中农业机械化促进工程项目资金达1 200万元，涉及相关县市15个；农业部主要农作物生产机械化示范项目资金100万元，涉及相关县市3个。

【农机农艺融合】 2016年，浙江省农机部门加强与农艺部门、科研单位沟通合作，建立健全农机和农艺科技协作攻关机制，推进水稻、油菜、茶叶、畜牧等重点产业农机农艺融合示范区建设，完善农机农艺融合技术体系，改善机械化作业条件。全省新建各类农机农艺融合示范点55个。

【试验示范推广】 2016年，浙江省、市、县三级联动，通过举办现场会、培训班、专题讲座、科技下乡等多种形式，宣传和推广先进适用农业机械化技术装备，加快农业机械化科技成果转化和应用，提高农机覆盖面和渗透力。组织举办马铃薯生产机械化作业现场会、粮食产业“机器换人”现场会、蘑菇轻简化生产技术现场观摩会、丘陵山区作物“机器换人”现场会等。

【关键重点突破】 2016年，浙江省农机部门围绕推进粮油生产全程机械化，突出水稻栽植、粮食烘干、油菜机收等关键重点环节，加大补短板工作力度。全省共推广水稻机械化栽植面积215.27千公顷，增长6.1%；推广油菜机械化收获面积16.2千公顷；批次粮食烘干能力达8.2万吨，稻麦烘干率提高3个百分点，达48%；水稻耕种收综合机械化率提高0.52个百分点，达74.02%。路桥区、余姚市列入全国首批28个基本实现主要农作物生产全程机械化示范县（市、区）名单。

【农机专业合作社】 2016年，浙江省抓农机专业合作社扶持培育，推进合作社规范化建设，以专业化、产业化、品牌化为导向，引导合作社改善基础设施条件，延伸服务链条，打造服务品牌，提高服务效率和效益。全省新增示范性农机合作社66个，杭州快杰农机专业合作社等5家合作社获全国农机合作社示范社称号，宁波市鄞州创宁粮机专业合作社、嵊州三界永明农机专业合作社获全国三十佳优秀创新示范农机合作社称号。

【农机综合服务中心】 2016年，浙江省农机部门推进“2+N”（“2”即作业、维修功能，“N”即培训、销售、产后加工等功能）农机综合服务中心建设，引导开展农机作业、维修、培训、销售、加工、储藏等综合性服务，健全和壮大新型农机社会化服务体系。全省新增农机综合服务中心38个。

【农机实用人才队伍】 2016年，浙江省农机部门实施农机高技能人才培养工程，依托农业教育培训中心、大学院校、农机产销企业、农机服务主体等教育资源，开展农机职业技能教育培训和技能竞赛活动，培养农机经营管理、驾驶操作、维修保养等技术人才，满足机械化生产需求。全省共培训各类农机实用人才3.2万人次，省级层面专门培训合作社理事长210人，组织开展农机修理工职业技能竞赛。

【生产管理】 2016年，浙江省农机部门围绕春耕备耕、夏收夏种、秋收冬种等重要农时季节，开展农机具组织调度、机具维修保养服务、农业机械化技术培训服务以及机具、油料等要素保障服务等，确保农业机械化生产有序开展。全省累计发布各类作业信息11.68万条，组织1.35万人次技术人员开展技术指导服务，检修保养各类农机具19.24万台（套），落实农机作业专项用油5.6万吨。

【安全管理】 2016年，浙江省农机部门落实农机安全生产责任，巩固深化“平安农机”建设，开展农机“安全生产月”“打非治违”、隐患排查治理、外省籍拖拉机整治等专项活动，推进危及人身财产安全农业机械登记和免费实地检验，夯实农机安全基础。

【强化农机安全监督检查】 2016年，浙江省新建省级平安农机示范县3个、示范乡镇20个，示范合作社30个，累计开展执法行动7 604次，检查各类农业机械11.66万台次，纠正违章行为2.28万起，查治隐患1.57万个，排摸造册变型拖拉机8.53万台，遏制农机事故特别是较大以上事故发生。全省发生拖拉机道路交通事故243起，死亡107人，同比相比分别下降13.5%、上升10.3%，发生道路外农机事故4起，死亡2人，分别下降33.3%和50%。

【质量管理】 2016年，浙江省以“农机质量月”为载体，开展农机质量宣传、质量调查、打假护农和投诉处理等各项工作，提升农机质量水平，保障农机各方主体权益。全省累计开展宣传咨询活动183次，发放宣传资料3.8万份，发送宣传短信12万条，悬挂（设置）横幅、展板等766条（幅）。组织调查2015年度享受财政补贴粮食烘干机561台，占2015年全省新增量62.7%，涉及25家企业，结果显示总体较好，21家满意率超过80%。

安徽省

【概况】 2016 年，安徽省农机部门贯彻全省农村工作会议、农业工作会议和农业机械化工作会议精神，落实强农惠农富农政策，推进农机农艺农信融合，农业机械化取得发展。

【装备水平与作业水平提升】 2016 年，安徽省农机总动力 6 867 万千瓦，同比增长 4.35%，比全国增幅高出近 2 个百分点。农作物耕种收综合机械化水平 73.5%，同比提高 1.9 个百分点，高出全国平均水平 8.5 个百分点。

【服务水平提升】 2016 年，安徽省各类农机社会化服务组织 8 509 家，新增 663 家。其中农机合作社 3 887 家，新增 439 家。全年农业机械化经营服务总收入 585.6 亿元，同比增长 5.9%。

【科技水平提升】 2016 年，安徽省增产增效型、资源节约型、环境友好型农业机械化新技术应用面积增加。机械化免耕播种、精少量播种面积分别达 976.4 千公顷、2 064.93 千公顷，同比增加 42.47 千公顷、26.4 千公顷，水稻机械化种植、油菜机收面积分别达 1 013.87 千公顷、276.6 千公顷，同比增加 64.87 千公顷、57.27 千公顷，机械化秸秆还田、化肥深施、高效节水灌溉面积分别达4 639.53 千公顷、1 337.87 千公顷、1 331.47千公顷，同比增加 282.6 千公顷、24.8 千公顷、75.4 千公顷。

【安全形势稳定】 2016 年，安徽省农业机械化安全生产形势稳定。共发生农机事故 34 起，伤 14 人，直接经济损失 61.23万元，无死亡事故发生，农机安全生产形势平稳。

【推进农机装备能力建设】 2016 年，安徽省各地按照“缩范围、控定额、促敞开”的政策导向，出台《安徽省农机购置补贴产品产销企业违规行为处理规范（试行）》和《安徽省农机购置补贴机具分档定额及投档审核工作办法（试行）》。2016 年安徽省共补贴机具 11.1 万台，受益农户 8.1 万户，拉动农民和农业生产经营组织投入 43.7 亿元。安徽省新增大中型拖拉机、联合收割机、水稻插秧机、烘干机分别为 2.64 万台、2.17 万台、0.2 万台、0.3 万台，保有量达 24.65 万台、19.58 万台、2.95 万台和 0.95 万台。

【推进全程全面机械化生产】 2016 年，安徽省组织开展农机跨区作业，做好机手培训、机具检修、技术指导、信息发布、跨区作业证发放、跨区作业秩序维护等各项服务，推动机械化生产高效开展。“三夏”期间，针对连续阴雨天气，启动抢收应急预案，落实区域合作、南机北援、点对点帮扶等举措，加强机具调度，全省小麦实现颗粒归仓，机收率达 98.5%。

【制定示范项目】 2016 年，安徽省在推进全程机械化上，出台推进主要农作物生产全程机械化的实施意见，制定 30 个全程机械化示范县创建计划，启动实施全程机械化推进行动。蒙城县入选全国首批 28 个基本实现主要农作物生产全程机械化示范县。在休宁县、淮北市杜集区实施设施农业装备与技术示范项目，在岳西县、太湖县和池州市贵池区实施山区优势特色农产品初加工机械化项目，加快设施农业和山区农业机械化发展。广德县农机下田与农机上山协调推进，建立毛竹生产示范区 2 个、毛竹机械化加工示范点 2 个，板栗生产示范片 1 个，茶叶生产示范基地 6 个，主要山区特色农作物形成山上种植、山中加工、山下销售的生产格局。

【推进先进适用技术应用】 2016 年，安徽省人民政府办公厅出台《推进农机农艺农信融合发展实施方案》。打造农机农艺农信融合暨农业机械化技术示范应用平台，着手启动综合性全程农事服务中心（农机大院）建设。1 月 16 日，农业部副部长张桃林在全国农业机械化工作会议上对安徽省推进农机农艺农信融合发展的做法给予点名表扬。

【加强农业机械化技术推广】 2016 年，安徽省出台农业机械化新技术推广工作指导意见、水稻种植机械化工作指导意见等，举办农机推广人员培训班、春季农业机械化生产技术培训班、设施农业装备与技术培训班。召开油稻连作生产全程机械化演示推进会、稻茬麦机械化播种工作交流会，抓水稻、油菜、玉米等主要作物示范县建设，潜山县连续 5 年召开水稻机插秧技能大赛，以竞赛的方式进行水稻机插秧技术推广，水稻机插率突破 50%。

【机械化种植面积】 2016 年，安徽省水稻机械化种植面积 1 013.87 千公顷，机械化种植率 45.4%。其中，机插秧 685.8千公顷，机插率 36.1%。全省机收油菜 276.6 千公顷，机收率 52%。机收玉米 692.2 千公顷，机收率 78.5%。

【推进农业机械化信息化融合】 2016 年，安徽省推广应用“农机直通车·全国农机化生产信息服务平台”及手机客户端，全省“农机通”用户达 18.1 万人。在阜阳、亳州、六安等市的农机合作社开展试点，推动“互联网＋”等信息化技术在农业机械化生产经营中的应用，推进农业机械化生产管理信息化。

【推进农机社会化服务发展】 2016 年，安徽省农机部门坚持增数量扩规模、提质量促规范，培育扶持以农机专业合作社为重点的农机社会化服务组织，在购机补贴、作业补贴等项目与资金上优先安排，指导开展跨区作业、订单作业，以及流转土地等，提高作业效率和经营效益。

【加强从业人员培训】 2016 年，安徽省农机部门组织农机合作社理事长参加农机“互联网＋”信息化技术、农机合作社规范化发展以及农业机械化生产信息平台知识培训、新型农业经营主体带头人轮训等，提升经营管理能力，推进合作社规范化建设。

【开展合作社示范社创建活动】 2016 年，安徽省新创建全国示范社 12 个、总数达 65 个，新创建省级示范社 51 个、总数达 438 个。安庆市人民政府对 2016 年认定为国家级、省级示范合作社分别奖励 30 万元、10 万元。合肥市利用秸秆禁烧综合利用奖补项目，奖补 70 个农机作业服务组织，每家奖补资金 10 万元。

【推进农机深松整地作业】 2016 年，安徽省围绕农业部下达 406.67 千公顷农机深松整地作业目标任务，以农机合作社为依托，发挥其社会化服务能力的优势，推进农机深松整地作业，落实作业任务，明确工作责任，加强技术指导，严格监督检查，共完成深松作业面积 456 千公顷。

【推广深松作业信息化监测技术】 2016 年，安徽省共有 406 家农机合作社 4 910 台(套)机具安装信息化监测装置，做到农机深松作业信息化监测全覆盖，保障作业质量和补助资金安全。

【推进质量监管与安全生产】 2016 年，安徽省农机部门坚持把农业机械化法律法规作为开展工作的基准，做到依法治机、依法管机。修订《安徽省农业机械推广鉴定实施办法》，发布省级农机产品鉴定范围、农机推广鉴定产品种类指南，以及《农产品保鲜组合冷库》等 4 项安徽省农业机械推广鉴定大纲，完成农机产品推广鉴定 592 项。做好农机产品质量跟踪调查工作，完成农业部农业机械化管理司交办的 100 台水稻插秧机质量调查工作任务。

【加强执法队伍建设】 2016 年，安徽省农机部门举办农机执法资格认证培训和考试，345 人取得执法资格。加强安全宣传，开展农机“安全生产月”和“安全生产江淮行”活动并承办全国农机安全生产宣传咨询日活动。

【加强“变拖”安全监管】 2016 年，安徽省农机部门联合安徽省公安交警总队开展拖拉机变型运输机道路安全专项整治。合肥市、芜湖市积极开展农机事故应急演练，提高农机突发事故应急处置能力。宿州市强化安全生产检查，共开展农机安全生产检查 152 次，检查农业机械 11 884 台，消除事故隐患 810 起。坚持依法治机，实现违法行为依法查处率 100%、隐患整改率 100%、法律适用和执法程序正确率 100%、事故按期结案率 100%、典型违法案件公开率 100%。

【农业机械化教育培训工作】 2016 年，安徽省农机部门培训农民机手 26 余万人次；推进芜湖农业机械产业集聚发展基地建设，向农业部申报国家农机装备重点实验室项目；实施设施农业及山区特色农产品机械化生产加工项目；创新办学思路与办学模式，局属两所中职学校主动融入农业机械化发展，深化教育改革焕发发展活力；组织调研论证，制定农业机械化“十三五”发展规划。

福 建 省

【概况】 2016 年，福建省农机部门贯彻落实中央、农业部、省委省人民政府的决策部署，改革补贴政策、示范推广先进技术、培育规范新型主体，主攻农业机械化发展的重点地区、薄弱领域和短板环节，提升全省主要农作物生产全程机械化水平。2016 年使用农机购置补贴资金 2.5 亿元，农机具拥有量突破 360 万台(套)，主要农作物耕种收综合机械化水平达 48%，同比提高 3 个百分点，水稻耕种收综合机械化水平达 60%，同比提高 5 个百分点。

【落实农机购置补贴政策】 2016 年，福建省按照农业部农机购置补贴“缩范围、控定额、促敞开”的总体要求，通过“抓改革、扶特色、强督导、促公开”，促进农机购置补贴政策的落实，全年补贴购置农机具 10.22 万台(套)，同比增长 15.8%。

【抓改革】 2016 年，福建省扩大补贴产品市场化改革试点品目，将试点品目从 2015 年的 4 个扩大到 31 个；开展农机购置补贴新产品补贴试点，对食用菌料装瓶(袋)机、有机废弃物干式厌氧发酵装置 2 个品目开展新产品补贴试点。开展省级农机推广鉴定改革试点，对农机推广鉴定中的产品性能检验及安全性评价、农机产品定型鉴定试行社会化服务，使更多先进适用的农机产品更快列入补贴范围。

【扶特色】 2016 年，福建省农机部门向农业部争取，将适合福建省丘陵地区使用的农业机械最大限度地纳入中央资金补贴机具种类范围。福建省中央资金补贴机具种类范围为 55 个品目；扩大省级资金补贴特色农业机械种类范围，省级资金补贴特色农业机械种类范围为 19 个品目，逐步实现全省特色农业机械补贴全覆盖。

【强督导，促公开】 2016 年，福建省农机部门定期督查与不定期督导相结合，通过实地督查、分片负责、电话督导、进度通报、函件督促等方式，促进各地落实农机购置补贴政策。福建省推进各地农机购置补贴信息公开专栏建设，实现补贴程序、补贴产品信息、购机者购买信息、资金使用情况、产品鉴定推广信息、投诉咨询方式等补贴信息全公开，通过公开防范资金和廉政风险。

【水稻机械作业面积】 2016 年，福建省水稻机插、机收、机耕面积达 148.07 千公顷、421.67 千公顷、730.4 千公顷，同比分别增长 10.7%、12.1%、3.2%。

【开展示范基地建设】 2016 年，福建省级财政资金安排 1 800 万元，在全省建设 45 个水稻生产全程机械化示范基地，安排 200 万元，在全省建设 7 个旱地作物(马铃薯、甘薯、花生、油菜)机械化生产试验示范基地，示范推广先进适用农业机械化技术与农业机械。

【主推粮食生产机械化重点农机具】 2016 年，福建省补贴政策对部分重点农机具给予省级累加补贴，通过现场演示会、推广会等宣传推广水稻插秧机、谷物烘干机等重点农机具，为粮食生产机械化提供装备支撑。

【培育农业机械化专业人才】 2016 年，福建省安排 500 万元培训补助经费，培育新型职业农民(农业机械化专业人才) 5 000 人以上，为粮食生产机械化提供人才支撑。

【强化技术服务保障】 2016 年，福建省完善优化全省农业机械化技术专家库，专家库成员达 152 名，发挥专家团队作用，为粮食生产机械化提供技术服务。

【壮大农机专业合作社】 2016 年，福建省农机专业合作社超过 500 家，拥有农机具 2.5 万多台(套)，资产总值达 4.3 亿元。

【项目建设】 2016 年，福建省水稻生产全程机械化示范基地和旱地作物机械化生产试验示范项目主要由农机专业合作社承担，提升合作社农机装备水平、改善合作社基础设施。

【示范社创建】 2016 年，福建省农机部门印发《福建省农机合作社示范创建活动实施方案》，全年评选省农机合作社示范社 100 个，通过以评促建，推进全省农机专业合作社规范化发展。

【开展全程农机社会化服务】 2016 年，福建省农机部门引导农机合作社通过订单式、托管式、承包式等服务形式，开展育秧（苗）、机插（播）、机耕、植保、收获、烘干等全程农机社会化服务，发放农机跨区作业证 300 本以上，保证农机跨区作业有序开展，福建省农机合作社作业服务面积 200 千公顷以上。

江 西 省

【概况】 2016 年，江西省农机部门围绕建设现代农业强省的总目标，改革创新，落实农机购置补贴政策，推广先进适用机具，抓农机安全生产，加强自身队伍建设，取得“两升两稳一创新”的良好成效。

【农机装备水平提升】 2016 年，江西省农机总动力达 2 201.62 万千瓦，同比新增 212.6 万千瓦，增幅达 10.69%。全省新增乘坐式插秧机 971 台、烘干机 2 795套，均多于 2016 年前历年新增量总和；新增无人植保机 523 架，相当于 2016 年前拥有量的 40 倍。

【机械化作业水平提升】 2016 年，江西省主要农作物综合机械化率达69.23%，同比增长 2.71 个百分点。其中水稻耕种收综合机械化率达 74.16%、同比增长 3.16 个百分点，水稻机插率达 26.38%、同比增长 6.38 个百分点，机械烘干率达 29.12%、同比增长 9.12 个百分点。

【农机购置补贴资金使用量稳中有增】 2016 年，江西省共完成农机购置补贴资金 6.993 亿元，同比增加 400 多万元；已结算资金6.778亿元，结算率达96.92%。补贴机具超过 12 万台套，受益农户达 10.34 万户。

【农机安全生产形势稳中向好】 2016 年，江西省共发生农业机械事故 3 起、同比减少 9 起，受伤 3 人、比 2015 年减少 2 人，事故零死亡。

【标准机库棚建设】 2016 年，江西省农机部门率先通过“以奖代补”形式扶持建设标准机库棚 13.34 万平方米，为解决农机“住房难”探索江西经验。

【调整补贴方案】 2016 年，江西省农机部门落实“缩范围、降定额、促敞开”方针，调优方案、规范实施和强化监管，确保补贴政策实施的针对性、公平性和安全性。修订《江西省 2015—2017 年农业机械购置补贴实施方案》，缩减水帘降温设备等 5 个品目，增加耕整机（水田、旱田）、水稻（水旱）直播机等 2 个品目，适当调低手扶步进式水稻插秧机（6 行及以上）等部分机械的补贴额。

【开展去经销商化】 2016 年，江西省农机部门引导各县（市、区）建立农机购置补贴“一站式”服务大厅，将由农机经销商在农机购置补贴系统中的所有操作改由县级农机部门办理。南昌、泰和、余江、进贤、贵溪、乐平等县（市）更是将“一站式”服务大厅建在农机大市场或农机销售集中地。

【强化补贴信息公开】 2016 年，江西省农机购置补贴信息专栏建设率 100%，信息公开率超过 95%，实现各地资金使用进度和补贴收益对象无障碍查询。

【严格监督管理】 2016 年，江西省开展农机系统干部及亲属违规插手补贴农机具经营专项清理活动，制定《江西省农机购置补贴违规处理流程》，建立健全违规处理工作机制，加大对违规行为的查处和曝光力度。全年共处理违规农机生产企业 8 家。对各县（市、区）补贴实施情况实行月通报制，加大资金使用督查。

【提升农业机械化作业水平】 2016 年，江西省农机部门组织参与省（部）粮油全程机械化示范区创建活动，以突破农业机械化生产薄弱环节为重点，提升农机装备和机械化作业水平。

【抓农业机械化生产示范区建设】 2016 年，江西省强化部门协作，加大资金整合、措施帮扶，开展品种、栽培、机具和加工等技术集成探索，推进农艺农机融合，形成粮油全程机械化生产推广合力，13 个全省粮油生产和农业机械化工作综合示范区及 4 个部级水稻全程机械化试验示范区、1 个水田保护性耕作试验示范区成效明显。

【主攻农业机械化生产薄弱环节】 2016 年，江西省争取相关部门出台对机插、机烘和机械植保等水稻机械化生产薄弱环节进行叠加补贴。邀请并支持罗锡文院士团队在江西省开展水稻机械化精量穴直播试验示范与科研合作，全年培训相关人员 800 余人，11 个县（农场）机械直播试点面积 0.2 千公顷。

【推重要农时农业机械化生产活动】 2016 年，江西省农机部门组织农业机械投入春耕春种、夏季双抢、防灾减灾等关键时令的农业生产活动，发挥农业机械在农业生产和防灾减灾中的重要作用。据不完全统计，在重要农时，全省各级农业机械化主管部门共组织 112.3 万台套耕作、播种、收获和排灌等机具投入生产，组成农机维修服务小分队 100 多个，进村入户帮助和指导农机手保养、调试和检修大中型拖拉机、插秧机等主要农机具 34.2 万台次。

【强化政策引导和扶持】 2016 年，江西省农机部门加大对农机专业合作社带头人和农机手的培训，为农机专业合作社做好相关服务工作，农机专业合作社等新型经营主体农机作业面积和服务水平提升。

【强化培训】 2016 年，江西省农机部门推进农机专业合作社带头人队伍建设，培养打造一批职业素养高，掌握农机作业、服务、经营、管理等的带头人。共举办 3 期农机专业合作社带头人培训班，培训 211 人；新增农机合作社 120 余个。

【强化示范】 2016 年，江西省农机部门组织开展示范社创建活动，新干县青铜农机专业合作社等 5 家被农业部评为“全国农机合作社示范社”，高安市久洋农业机械专业合作社荣获“精耕杯”全国三十佳优秀创新示范农机合作社。

【强化扶持】 2016 年，江西省农机部门开展农机社会化服务财政补助试点，推动农机合作社加强基础设施建设。争取省财政专项资金 2 000 万元，通过“以奖代补”试点，扶持农机专业合作社等建设标准机库棚 13.34 万平方米，为解决农机“住房难”探索江西经验。

【强化服务】 2016 年，江西省农机部门对接全国农业机械化生产信息管理平台，协助办理高速公路免费通行"绿色通道"通行证，支持农机跨区作业。全年跨区作业的机具突破10 000台次，台均纯收入近5万元。

【维护农机安全生产形势】 2016年，江西省农机部门坚持把加强农机安全生产放在突出位置，开展农机安全执法、农机"安全生产月"等专项活动，推动"平安农机"示范创建，全省农机安全生产形势稳中向好。

【落实安全责任制】 2016年，江西省农机部门按照"党政同责、一岗双责、失职追责"的要求，层层签订农机安全生产责任书，明确各主体责任和目标，做到工作有目标、事情有人做、责任有人担的良性循环。

【开展专项活动】 2016年，江西省农机部门开展农机"安全生产月"和"打非治违"，印发农机安全生产科普知识宣传手册4.8万份，送农机安全文化下乡86场次，发送农机安全知识短信109.8万条。农机监理和交管部门联合开展变型拖拉机道路交通安全专项治理，从5月1日起，实现农机免费监理全面覆盖，共计减免农机手费用357万元，江西省拖拉机、联合收割机登记入户和新机上牌率达100%。

【推动农机报废更新】 2016年，江西省农机部门开展农机报废更新补贴试点，加快淘汰安全性能低、事故隐患高的老旧农机，夯实农机安全生产基础。2016年共报废农机2 644台。

【营造农业机械化事业发展氛围】 2016年，江西省农机部门坚持加强自身建设，增强勤政、廉政、善政意识，打造一支担当有为、务实创新的农机干部队伍作为加快农业机械化事业发展的重要抓手，强化学习，强化宣传，营造农业机械化事业发展良好氛围。

【深入开展"两学一做"学习教育】 2016年，江西省农机部门开展"两学一做"学习教育与农业机械化工作紧密结合，加强农机党员干部思想政治教育、廉政风险教育和专业培训教育，推行公开、透明、高效、廉洁的补贴政策，农机系统干部业务能力和服力水平得到提高。

【举行农机"一赛一会一展"活动】 2016年，江西省将活动以赛代训，将竞赛与农机发展座谈会、农机展融合举行，增进农机发展共识，营造农机发展氛围，交流提升机手技能，扩大江西农业机械化的影响力。

【加大农业机械化信息宣传力度】 2016年，江西省农机部门实行全省农业机械化信息发布数量考核机制，提高各地做好信息宣传的积极性，奉新、会昌、靖安等县信息量排名全省前列。农业机械化信息网点击率超300万次，发布信息3 500条、同比增长60%；人民网、新华网、农民日报、江西日报、江西广播电视等集中报道业机械化发展成效70余次。

山东省

【概况】 2016年，山东省农机系统在农业部指导支持下，围绕农业机械化转型升级和供给侧结构性改革这条主线，解放思想，真抓实干，开拓创新，农业机械化各项工作取得进展，农业机械化发展实现"十三五"良好开局。全省大中型拖拉机达57万台，联合收获机29万台，农作物耕种收综合机械化率达82%。

【三夏三秋农业机械化生产概况】 2016年"三夏"期间，山东省小麦机收率达98%，玉米机播率97.1%；"三秋"期间，玉米机收率达85.2%，小麦机播率97.5%。

【装备高端化】 2016年，山东省新增73.53千瓦以上拖拉机1.1万多台，其中110.29千瓦以上拖拉机1 453台；新增小麦联合收割机0.9万台，玉米联合收获机1.2万台，其中4行以上玉米联合收获机1 105台。一批带有倒车影像、卫星导航、作业计量装置联合收获机、玉米籽粒直收机、宽幅气吸式精量播种机等新型高端机械由点到面，投入农业生产。

【生产系列化】 2016年，山东省推行小麦机收、机械干燥、秸秆还田、玉米贴茬直播和玉米机收、机械干燥、秸秆还田、土地深松、小麦免耕播种两个"一条龙"系列化生产模式，实现收播同步、压茬进行，提高作业效率，加快作业进度。

【调度信息化】 2016年，山东省各级农机部门推广"农机通"手机APP，借鉴"滴滴打车"模式，实现农机手和农户快捷免费对接，使机手订单增加、路线高效、作业收益提高。"三夏""三秋"通过该平台实施作业面积达666.67千公顷。利用"农机直通车信息服务平台"，为农机手及时提供农机作业进度、机具需求、加油和维修站点位置等信息服务。临沭县等地农机部门建立精准作业与服务调度信息化平台，实现农机精准管理、科学调度。

【政策扶持】 2016年，山东省实施土地深松深耕1 067.33千公顷，超额完成国家下达任务。围绕深松整地，从国家农机购置补贴资金中拿出2.05亿元，其中在16个市80个县(市、区)开展333.33千公顷深松作业补助试点，每公顷补助600元；青岛市5个县(市、区)开展100千公顷深松作业补助试点，除从国家农机购置补贴资金中拿出500万元外，市财政安排专项补助资金4 150万元，每公顷补助农机手450元。利用财政项目进行带动，通过全省粮食高产创建平台建设项目实施深松深耕113.33千公顷，通过农作物秸秆综合利用试点实施深松深耕22.33千公顷，东营、潍坊、淄博、枣庄等市财政拿出一定资金，用于高产田深松深耕和地力提升。

【优选作业模式】 2016年，山东省农业机械管理局制定出台《深松机械作业质量评价技术规范(试行)》，使机手深松作业有章可循，农机部门检查验收有据可依，确保深松作业质量。在棉花、花生等一年一作区，开展冬春季深松，主推单一深松或深松+旋耕模式；在小麦、玉米一年两熟区，夏季主推贴茬深松+玉米分层施肥播种复合作业模式，秋季主推玉米收获秸秆还田后深松+小麦分层施肥播种复合作业模式，实现农机农艺深度融合。

【技术保障】 2016年，山东省从实际出发，统筹推进农机深松深耕，在秸秆量过大或土质不适宜深松地块，实施25厘米以上深耕，实现打破犁底层、改良土壤目的。强化科技监测，全省农机深松整地智能监测设备保有量达7 100多台套，同比增长115%，实现作业情况全程记录、自动监测，为农机深松整地提供技术支撑。

【行政推动】 2016 年，山东省将1 046.67 千公顷深松作业任务分解到市、县，细化到乡、村、户，层层落实责任，传导压力。严把作业合同签订关、作业主体选定关、作业面积确定关和作业质量核查关，防止虚报作业面积、降低作业标准现象发生。省、市农机部门成立督导组。通过督导，及时了解情况、发现问题、研究解决，确保农机深松整地顺利进行。全国秋季农机深松整地工作督导情况总结交流活动在山东省举办，山东省介绍经验。

【补助资金增加】 2016 年，山东省在财政增收放缓、财政专项普遍压缩情况下，争取农机装备研发创新资金 8 000 万元，同比增加 2 000 万元。

【研发领域拓宽】 2016 年，山东省确定扶持项目 67 个，同比增加 8 个，把大蒜、大葱、林果、茶叶、蔬菜等经济作物机械研发纳入扶持范围。

【研发成效显现】 2016 年，山东省已通过验收 14 个项目中，玉米籽粒收获柔性脱粒技术、智能深松整地联合作业机等 13 项达国内领先水平；即将验收 32 个项目，已申报专利 44 项。研发成果实际应用转化率达 90%以上，山东省在全国农业机械化科技创新座谈会上作典型发言。

【扶持建设创新示范基地】 2016 年，山东省落实农业机械化创新示范工程项目资金 750 万元，扶持建设省级农业机械化创新示范基地 40 多处，范围涵盖粮食干燥、花生联合收获、马铃薯、水稻、大蒜、生姜、棉花、林果、茶叶、中药材、油用牡丹、日光温室控制及露天蔬菜生产等各个方面。

【示范推广加强】 2016 年，山东省加大技术推广力度，围绕粮食生产提质增效，推广保护性耕作、高效植保、小麦深松分层施肥精量播种、玉米缓控施肥种肥同播、玉米青贮收获等机具技术；围绕突破经济作物生产瓶颈，示范推广花生、马铃薯生产全程机械化技术和机采棉种植模式。

【农业机械化技术骨干培训】 2016 年，山东省向省人力资源和社会保障厅争取“专业技术人才知识更新工程”专项，组织开展“主要粮食作物全程机械化生产技术高级研修班”，一批具有中高级职称农机技术骨干得到培训提高。

【农业机械化实用技术培训】 2016 年，山东省争取省财政专项经费 210 万元，组织开展农业机械化实用技术培训，培训 7 000 人次。培训拖拉机驾驶员 6.1 万人。

【农机合作社带头人培训】 2016 年，山东省依托新型职业农民培育工程，争取省财政专项经费 450 万元，首次开展农机合作社带头人培训，完成培训 1 500 人次。注重通过开展竞赛活动选拔培养农机技能人才。与山东省人力资源和社会保障厅、山东省总工会先后联合成功举办全省拖拉机驾驶员和全省农机维修工技能竞赛。在第三届中国农机手大赛全国总决赛中，山东省有 23 名选手进入百强，4 人跻身前十。

【强机惠农政策实施取得新成效】 2016 年，山东省落实农机购置补贴资金19.37 亿元，补贴各类机械 19.49 万台，直接受益农户 18.13 万户。山东省被农业部评为强农惠农富农政策落实(农机购置补贴)延伸绩效管理优秀单位。

【突出补贴重点】 2016 年，山东省农机购置补贴范围由 35 小类 79 个品目缩减为 11 大类 34 小类 70 个品目，将一些低端、低值、需求量少、监管难度大产品剔除，将玉米联合收获机、大功率拖拉机等纳入补贴重点，对深松机、粮食干燥机、免耕播种机、水稻插秧机、棉花收获机、花生联合收获机及青饲料收获机实行敞开补贴。

【加强监督检查】 2016 年，山东省在全省组织开展两次农机购置补贴督导检查，电话抽查购机农户 1 875 户，委托第三方对补贴信息公开专栏和咨询、投诉电话进行抽查。

【严查违规】 2016 年，山东省农机部门针对农户投诉集中和工作中问题，约谈 21 家农机生产企业，暂停 4 家生产企业和 2 个经销商补贴资格。建立违规信息查处联动机制，一地发现问题，多地受到警醒，全省开展联查。在 36 个县(市、区)开展农机报废更新补贴试点。全省落实报废更新补贴 19 274 万元，同比增长 15%，共补贴报废拖拉机 17 405 台、联合收割机 1 622 台，更新拖拉机16 651 台、联合收割机 2 376 台。

【扶持农机合作社建设】 2016 年，山东省注重农机合作社规范建设和创新发展，争取规模化作业推进工程专项资金 600 万元。在治理结构上，推进由个人治理向法人治理转变；在利益分配上，推进由按劳分配为主向按劳按资分配结合转变；在产权管理上，将合作社所有资产全部量化到成员名下，做到产权明晰。

【农机合作社建设水平提升】 2016 年，山东省农机合作社发展到 7 100 个，其中 4 500 个达规范化建设标准。全省开展土地托管、流转等规模化经营农机合作社 1 500 多个，面积达 466.67 千公顷，占全省土地流转规模经营面积 1/3，其中流转土地 66.67 公顷以上、全托管土地 666.67 公顷以上农机合作社 350 多个。山东省在全国农机合作社规范建设和示范创建研讨会上作典型发言。

【健全农机安全生产责任体系】 2016 年，山东省先后下发《关于迅速开展农机大排查大整治行动的紧急通知》《关于贯彻鲁政办发明电〔2016〕93 号文件精神切实加强农机道路交通安全工作的通知》，与山东省公安厅交通管理局联合下发《关于开展变型拖拉机联合整治行动的通知》，清查出变型拖拉机牌证 60 641 副，涉及 9 个市 41 个县(市、区)，全部录入变型拖拉机信息登记系统，累计收回号牌 2 509 副。制定《山东省农业经营服务组织安全生产管理规范(试行)》。依法实施拖拉机驾驶培训资格认定，颁发培训许可证 26 个。

【农机推广服务能力提升】 2016 年，山东省争取财政专项资金 800 万元，在 40 个县实施基层农机推广体系改革与建设补助项目，实现农业县(市、区)全覆盖，遴选科技示范户 181 个、技术指导员 167 个。

【科研工作成效】 2016 年，山东省农机部门完成 294.12 千瓦 PTO 试验台预验收，200 千牛牵引负荷车和喷雾机试验台通过省级科技成果鉴定，植保机械综合试验室建设取得进展。

【推进农机质量监管工作】 2016 年，山东省农机部门受理农机质量投诉 7 起，全部处结，涉案金额近 100 万元。完成部省级鉴定 145 项，产品质量监管能力增强。严格依法核发农机维修技术合格证，开展区域性农机维修中心建设和星级文明网点创建活动，新建区域维修中心和 4S 店 68 家。制定《山东省农机维修质量纠纷调解工作规范(试行)》，调解农机维修质量纠纷 13 起。

【推进农机职业技能开发】 2016 年，山东省农机部门开展职业技能鉴定 8 700 人次。山东省在全国农业机械化质量工作座谈会上作典型发言。

河 南 省

【概况】 2016 年，河南省在省委、省人民政府领导及农业部指导下，全省各级农机系统按照"提质增效转方式、稳粮增收可持续"总要求，以加快农业机械化供给侧结构性改革为重点，以转变农业机械化发展方式为主线，以全程机械化推进行动为抓手，主攻短板环节、薄弱地区，落实完善政策，加快培育新型主体，优化公共服务，强化依法监管，调整优化装备结构，主攻薄弱环节机械化，推广先进适用技术，提升农机装备水平、作业水平、科技水平、服务水平和安全水平，圆满完成年度各项工作任务。

【农机装备结构优化】 2016 年，河南省大中型农业机械保持快速增长态势，农机装备结构优化。全省农机固定资产总值达 941 亿元，同比增加 65 亿元；农机总动力达 1.26 亿千瓦，增加 600 万千瓦；大中型拖拉机发展到 42.6 万台，增加 2.5 万台；收获机械达 25.6 万台，增加 1.3 万台，其中玉米联合收获机达7.2 万台，增加 7 850 台。

【农机作业水平提高】 2016 年，河南省主要农作物耕种收综合机械化水平达 79.1%，同比提高 1.6 个百分点。小麦机播、机收水平均稳定在 98%以上；玉米机播率 91.4%，机收率为 79.3%、同比提高 5 个百分点；机收水稻 589.33 千公顷，水稻机收率达 90%；农业机械化生产方式的主导地位增强。

【薄弱环节机械化取得新突破】 2016 年，河南省水稻机插加快发展。全省共完成水稻机械化育插秧面积 196 千公顷，同比增加 10.67 千公顷。实施"花生联合收获技术装备提升与试验示范项目"，提高花生生产机械化水平，共完成花生机收 413.33 千公顷，机收率达 39%，同比提高 5 个百分点。其他关键、薄弱环节机具发展取得较快发展。新增烘干机 228 台，秸秆压捆机 853 台，秸秆还田机 6 383 台。

【农机管理工作加强】 2016 年，河南省农机管理、农机培训、农机产品质量鉴定、安全监理、新技术推广、农机购置补贴、农机作业组织等各项工作进展顺利。农机安全生产形势稳定好转，万台拖拉机死亡率控制在 0.175 以内，未发生一起死亡 3 人以上的较大农机事故。做好农机产品质量鉴定、质量监督检查和投诉受理工作，全省农机市场经营环境改善，用户合法权益得到保护。

【实施农机购置补贴政策】 2016 年，中央和省财政共安排河南省农机购置补贴资金 20.243 亿元，其中中央资金19.143 亿元，省级资金 1.1 亿元。按照农业部"缩范围、控定额、促敞开"补贴工作要求，压缩补贴范围、降低补贴标准，实行限额与比例双控，为敞开补贴创造条件。2016 年共确定补贴范围 10 大类、25 小类、63 个品目，比 2012 年减少 2 大类、17 小类、59 个品目。同时，选择深松机、免耕播种机、秸秆综合利用机械、水稻插秧机、作物收获机械、粮食烘干机、高效植保机械等机具品目实行敞开补贴。从整体实施情况来看，效果良好。全省共补贴农机具 106 211 台(套)，受益农户 79 134 户，带动农民投入 44.7 亿元。促进高效植保机械、粮食干燥机械、打捆机械、插秧机等重点农业机械的发展。

【组织"春耕"期间农业机械化生产】 2016 年，河南省农机部门共组织农机具 136 万台投入春耕生产，完成耕整耕地 580 千公顷，其中深松整地 24 千公顷，春播面积 333.33 千公顷，积机械化植保 1 866.67 千公顷次。针对春季局部干旱，组织机械 50 余万台，完成抗旱面积 1 266.67 千公顷次。

【组织"三夏"期间农业机械化生产】 2016 年，河南省共组织各类农业机械 406 万台投入三夏生产，其中联合收割机 18 万台，完成小麦机收面积 5 330 千公顷，机收率达 98.1%；完成夏播 5 657.33千公顷，其中机播玉米 3 092 千公顷、花生 672.67 千公顷；小麦秸秆粉碎还田、秸秆打捆收集、玉米铁茬灭茬播种等综合机械化技术大面积应用。

【组织"三秋"期间农业机械化生产】 2016 年，河南省共组织各类农业机械 410 多万台(套)投入三秋生产，其中玉米收获机 7.3 万台，完成玉米机收面积 2 534.67 千公顷，同比增加 80 千公顷，机收率达 76.8%；完成玉米秸秆还田 2 858.67 千公顷；完成小麦机播面积 5 326.67千公顷，机播率 98%。

【推进主要农作物生产全程机械化行动】 2016 年，河南省根据农业部《关于开展主要农作物生产全程机械化推进行动的意见》(农机发〔2015〕1 号)精神，结合全省实际，聚焦主要作物品种和重点生产环节，开展主要农作物生产全程机械化示范县(市)建设。三秋来临之际在商丘市召开主要农作物生产全程机械化推进行动现场会，对近年来全省主要农作物生产全程机械化推进情况进行总结，公布新密市等 11 个县(市、区)为全省首批基本实现主要农作物生产全程机械化示范县。对全省主要农作物生产全程机械化推进工作进行动员部署。

【抓农机深松整地工作】 2016 年，河南省在组织专题座谈、征求基层意见的基础上，制定《河南省 2016 年农机深松整地工作实施方案》，分解目标任务，提出工作要求；与河南省财政厅联合下发《河南省 2016—2017 年农机深松整地作业补助试点工作方案》，明确试点办法，补助标准定为 450 元/公顷。整合资源，政策倾斜。在落实农机购置补贴政策中，优先补贴大功率拖拉机、深松机、联合整地机械等，扩大机械数量，提高作业能力。突出重点，大力推动。召开专题工作推进会议及作业现场会，把农机深松整地作为全程机械化的重点内容进行安排部署。各地以农机合作社为载体，组织深松作业，全省共完成深松整地

765.97千公顷，占农业部下达任务的104.45%。

【推进农机专业合作社建设】 2016年，河南省从引导农机合作社开展机制创新、示范培训、政策扶持、开拓市场和管理方式创新入手，促进巩固提升，上档升级。发挥省财政500万元扶持资金引导作用，促进农机合作社健康发展。抓好农机合作社示范社建设，通过筛选评审，有15个农机合作社被命名为全国示范社，98个农机合作社被命名为省级示范社。围绕高标准粮田建设开展规模化农田作业服务，全省农机合作社参与高标准粮田建设的达75%，而焦作市参与率达100%。在小麦机收、玉米机收、水稻机收、深松整地等重点作业环节，农机合作社承担和组织开展的跨区作业量均在80%左右。全省农机合作社达6 405个，同比增加482个，入社社员13.84万户，服务农户535.6万户，作业服务面积6 447.33千公顷，合作社资产总额144.6亿元。

【抓水稻机插推广】 2016年，河南省对水稻插秧机实行省级财政累加补贴，推动插秧机发展，新增插秧机965台，保有量达4 940台，增长24%。全省共完成水稻机械化育插秧面积196千公顷，机插率达31%。

【推进保护性耕作技术应用】 2016年，河南省投入保护性耕作技术示范推广资金260万元，在全省建立保护性耕作示范县25个，其中部级示范县2个，省级示范县23个。重点开展保护性耕作技术创新与集成试验示范、技术应用效果监测和技术示范推广活动。全省保护性耕作实施面积达612千公顷，同比增加25.67千公顷。

【开展机械化试验示范】 2016年，河南省在正阳县、商丘市和南阳市开展的花生生产全程机械化技术示范试验；在全省建立5个薯类收获机械化技术示范区，实施“薯类收获机械化技术示范推广项目”；实施“玉米生产机械化技术试验示范”。为此类机具的推广奠定技术基础和实践基础。

【推广体系建设】 2016年，河南省抓农机推广体系建设，实施基层农机推广体系改革与建设补助项目，全省补助资金共1 200万元，对年农作物播种面积13.33千公顷以上、县级农机技术推广机构、队伍、财政供给符合要求的112个县（市、区）农机推广体系建设进行补助，建立试验示范基地面积1.65千公顷。

【提高农业机械化公共服务能力】 2016年，河南省推进农业机械产品质量鉴定改革，落实“谁发证谁负责”。抓农机检测鉴定工作，提升农机检测鉴定能力，共完成推广鉴定113项。加强农机产品质量、作业质量、维修质量和服务质量的监督管理，开展补贴机具质量保障督导，及时处理农机质量投诉，促进农机产品质量的改进和服务水平的提高，维护企业和消费者的权益。抓农机教育培训工作，依法对拖拉机驾驶培训行使管理，办理18所拖拉机驾驶培训机构变更的审批，注销拖拉机驾驶培训机构10所，提升办学机构质量。组织农机职业技能开发，共完成农机职业技能鉴定2 136人。

【做好农机安全监管工作】 2016年，河南省围绕保障农业机械化安全发展这一核心目标，加强农机安全知识宣传、监理队伍监管能力建设，提升农机安全监管水平，保障农机行业安全生产平稳态势。以推进“平安农机创建”“安全河南创建”工作为抓手，加大监管力度，初步形成农机安全监管长效机制。结合农机安全生产月、打非治违、三查三保等安全活动，在全省范围内开展农机行业安全生产大检查活动。自2016年5月1日起，严格落实拖拉机号牌费等5项收费项目免征政策，减轻广大农民经济负担。

【加强农机安全应急处置能力】 2016年，河南省为提升监理队伍应急处置能力和水平，11月1日，首次在驻马店市正阳县举办全省农机事故应急处置演练，应急预案启动后，公安、消防、农机、医院等部门紧急处置，妥善处理后续工作。演练取得圆满成功，强化监理队伍农机安全意识，加强农机安全应急管理制度化创建工作，提升全省农机事故应急防控和应急处置工作，增强各部门协调配合能力。

【抓党建工作】 2016年，河南省坚持党要管党原则，履行全面从严治党主体责任。年初制定印发《2016年省农机局直属机关党的工作要点》，组织开展所属党支部换届工作，夯实党建工作基础。组织开展“两学一做”学习教育活动，印发《关于在全局党员中开展“学党章党规学系列讲话 做合格党员”学习教育实施方案》的通知》，组织开展干部职工赴红色教育基地红旗渠参观学习、建党95周年书法展及“手抄党章100天”活动、收看收听建党95周年习近平总书记讲话、纪念红军长征80周年庆典、十八届六中全会、省第十次党代会实况直播等项活动，提高全体党员规矩意识、大局意识、看起意识。

湖 北 省

【概况】 2016年，湖北省农机部门适应经济发展新常态，围绕“提质增效转方式、稳粮增收可持续”的农业发展目标，以深化全面全程机械化示范创建为抓手，以深化全面全程机械化示范创建为主线，以规范执行农机购置补贴、报废更新补贴政策和农机深松整地作业补助政策为抓手，以强化农机安全生产监管为重点，扎实工作，砥砺前进，实现“十三五”农业机械化发展的良好开局。

【农机装备结构优化】 2016年，湖北省农机总动力达4 600万千瓦，同比增加132万千瓦。拖拉机、插秧机和联合收割机保有量分别达133万台、6.6万台和9.8万台，报废淘汰老旧农机4 702台。

【农机作业水平提升】 2016年，湖北省主要农作物耕种收综合机械化水平达67.18%，油菜机耕、机播和机收面积三项指标均居全国第一位。粮棉油、种养加、果茶桑和农产品初加工机械化呈现全面推进之势，农机农艺融合、农业机械化与信息化互促共进的局面正在形成。

【农机服务组织规模扩大】 2016年，湖北省农机作业服务组织达8 200多个、农机专业合作社达2 200多家，其中有30家合作社被评为省级农机合作社示范社，10家被评为全国农机合作社示范社。

【农机监管力度加大】 2016年，湖北省发生农机事故340起，死亡4人，受伤31人，农机事故四项指标全面下降，没有发生较大以上农机事故,农机安全生产态势平稳。

【部门作风建设推进】 2016年,湖北省各地按照“两学一做”、党风廉政、履职尽责的要求,强化主体责任和监督责任的落实,将业务工作与各项政治学习活动紧密结合起来,以学习促业务工作,以学习促能力提升,部门作风持续改进。完成农业部下达的100千公顷农机深松整地作业任务,主要农作物秸秆机械化综合利用率超过80%。《农民日报》对湖北等4省开展的抗灾救灾工作进行专题报道,张桃林副部长做出批示:“李伟国同志:这组报道生动展现了农机人在农业抢险救灾,保生产中的铁军形象,看了很感动、很受鼓舞!”

【抓谋篇布局】 2016年,湖北省制定发布《湖北省农业机械化发展“十三五”规划》,对全省“十三五”时期各项农业机械化重点工作提出指导意见。按照农业部最新政策和精神,及时印发关于做好湖北省2016年农机购置补贴政策实施工作的通知,修订完善农机购置补贴实施方案、农机报废更新补贴工作方案,制定农机深松整地作业补助试点实施指导意见,将深松整地机具安装北斗监测仪,对作业过程实行全程监控。

【开展全面全程机械化示范创建活动】 2016年,湖北省在提升农业机械化水平上,创新工作思路,在全省范围内开展全面全程机械化示范创建活动,建立省级农业机械化项目储备库。为提高农机部门应对自然灾害能力,制定农业机械化抗灾救灾应急预案,建立5个抗灾救灾应急贮备基地。

【强化便民服务】 2016年,湖北省围绕农机购置补贴、农机报废更新补贴和农机深松整地作业补助等3项政策,按照“先购后补”原则,推行购机、开票、申请、核机、喷号、拍照、培训和办证等“一站式”服务,前移服务窗口,方便农民选机购机。

【优先补贴重点机具】 2016年,湖北省农机部门对水稻插秧机、油菜直播机、粮食烘干机、秸秆综合利用机械、深松机械、大型植保机械和大型联合收割机等重点机具敞开补贴。

【强化监管】 2016年,湖北省加强政策执行绩效考评与监督管理,确保国家补贴资金发挥应有效益;加强违规问题查处,严肃补贴工作纪律。2016年,湖北省农机局已约谈9家农机生产企业负责人,取消1家农机生产企业购机补贴资格,暂停3家农机生产企业补贴资格,列入黑名单1家,封闭40多款产品的补贴办理,注销2家专业合作社,对麻城、随县2家企业的套补资金进行追缴;规范农机报废更新程序,提高规范执行的程度。

【抓全面全程试点】 2016年,湖北省在继续办好16个省级全面全程机械化试点的同时,全面全程机械化示范创建,鼓励各地结合本地实际,探索适宜本地作物和区域特点的农业机械化技术路线和生产模式。成立“湖北省全程机械化推进行动专家组”,指导全省农业机械化工作。各地筹措资金5 000多万元,兴办各类全面全程农业机械化示范点49个,组织举办全面全程现场推进活动83场次。

【农机农艺信息三融合】 2016年,湖北省联合湖北省油菜办公室、中国农业科学院油料作物研究所、湖北省农业技术推广总站、湖北省果茶办公室等种植业单位在油菜机械化、再生稻、马铃薯、小麦和茶叶机械化方面,开展机艺融合研究和技术推广活动。联合湖北省测绘地理信息局在北斗导航农用化方面开展试点。

【抓主体培育】 2016年,湖北省重点扶持农机合作社等新型经营服务主体,从省级农机公共服务能力与体系建设专项中拿出550万元,采取“公开招标立项”和“以奖代补”的形式,扶持30家农机合作社和10家农机维修网点建设。一批市县如荆州、荆门、襄阳、孝感、天门、潜江等市及县农机部门争取有关部门支持,整合项目资金支持开展秸秆综合利用、农机金融、租赁、机库棚、机耕道建设,已成为农业机械化新技术新机具集成的试验田、全程机械化新模式的展示场和新型农民的训练营。

【抓质量安全】 2016年,湖北省在春耕、“三夏”“双抢”和“三秋”等重要农时季节,开展百万机手大培训、百万机具大检修和百万农机闹春耕等农机“三个百万”活动及农机安全生产监督检查。通过签订安全生产责任书、落实安全生产责任制,开展“平安农机”创建、安全生产隐患排查、“变形拖拉机”移交管理等工作,提高农机持证率、挂牌率、年检率等水平。

【抓履职尽责】 2016年,湖北省农机部门按照“两学一做”、党风廉政、履职尽责的要求,强化主体责任和监督责任落实,将业务工作与各项政治学习活动结合起来,以学习促业务工作,以学习促能力提升。湖北省农机局加强对购机补贴、深松整地督导和农业机械化项目的检查,各地积极配合,确保重点工作完成。

湖南省

【概况】 2016年,湖南省在省委省人民政府和省农业委员会领导下,全省农机系统攻坚克难、务实创新,推进各项农机工作,全省农业机械化保持快速发展态势。湖南省人民政府年初下发《关于加快推进农业机械化的通知》,年中又安排2亿元实施洞庭湖区农业机械化提升工程,为加速湖南省农业机械化现代化注入强劲动力。

【农机装备水平提高】 2016年,湖南省实施农机购置补贴资金7.63亿元,农机总动力达6 100万千瓦,同比增加200万千瓦;主要农作物综合机械化水平增长2.5%达45%,水稻耕种收综合机械化水平增长2.2%达70.6%,其中机插率26.2%,同比增长2.23个百分点;机械化高密度直播油菜306.67千公顷,完成旱土机械化深松作业72千公顷;实现农机工业产值240亿元,同比增加12亿元。

【购机补贴政策实施规范有序】 2016年,湖南省按照农业部“缩范围、控定额、促敞开”思路,适度压缩补贴范围,适量下调补贴标准,强化机具监管,压实生产企业责任,取消经销商信息录入权限。湖南省创立“一办两组三结合”工作机制和新进补贴机具演示评价制度,启动实施农机报废更新补贴工作,为各乡镇配发机具核查摩托车,与中国邮政储蓄银行湖南省分行签订协议为购机农民提供贷款,制定出台农机购置补贴机具标牌标识规范文件，加强对购机补贴违法违规行为的查处，严肃处理2015年果蔬烘干机补贴畸高问题，保障购机补贴政策的规范有序实施。全年实施补贴资金7.63亿元，补贴机具20.52万台，受益农户和农机服务组织17.65万户。

【扶持建设现代农机合作社】 2016年，湖南省争取省委省人民政府领导重视，实施扶持建设现代农机合作社“千社工程”，在前两年完成1 000家现代农机合作社的扶持建设任务的基础上，2016年共扶持建设现代农机合作社471家。

【加强现代农机合作社建设】 2016年，湖南省农机部门加强对全省农机合作社的系统培训，按新五有的标准组织开展省级农机示范合作社评选活动，农机合作社发展呈现出高速增长态势。全省经工商注册登记的农机合作社共计3 511个，同比增加1 027个，增长41.3%，农机合作社作业覆盖率达53%。现代农机专业合作社成为湖南省最具实力最有活力的新型农业经营主体，“农机千社”工程成为湖南省现代农业闪亮名片，被农业部推为2016年全国农业工作会议典型。

【水稻生产全程机械化水平提升】 2016年，湖南省紧扣水稻生产全程机械化重点，通过印发绩效考核管理办法和加强督促检查等多种方式，突破机插、植保、烘干等机械化薄弱环节，全省水稻生产全程机械化快速推进。

【推进机插秧发展】 2016年，湖南省抓为机育秧、大户购机、办点示范、技术指导四个环节，分片区轮训为机育秧技术骨干1 200人次，派出专门力量巡回督导，全省机插秧发展态势喜人。全省发展机插秧1 074.67千公顷，同比增长8.6%，其中早稻机插533.33千公顷、中稻246.67千公顷、晚稻294.67千公顷，全年水稻机插率达26.2%。推广机械植保、机械转运、机械烘干和秸秆处理机械化技术，全省烘干机保有量超6 000台套，建成区域烘干中心500多个，全省拥有植保飞机近1 000架。

【发展油菜等经济作物机械化】 2016年，湖南省农机部门推广油菜机械化高密度直播技术，通过设立示范点、编印《湖南省油菜生产全程机械化技术要点》、召开油菜机械化播种现场演示会等途径，在全省掀起油菜机械化生产高潮。油菜机耕面积1 020千公顷、机播面积306.67千公顷、机收面积520千公顷、油菜生产综合机械化水平达52.6%，同比增长3.6个百分点。

【发展林果业机械化】 2016年，湖南省农机部门立足推动农业机械覆盖农业生产的主要环节和方面，组织开展石灰播撒、石灰颗粒化、秸秆移除、秸秆编织、山地转运、林下垦复等机具设备的研发制造和推广使用，选择开展花生、茶叶、黄花菜、金银花等特色经济作物生产和加工机械化示范推广，经济作物及山地林果业生产机械化若干技术瓶颈得以突破，全省花生、蔬菜、棉花等8种主要农作物机械化水平接近45%。

【推进农机科教质量工作】 2016年，湖南省农机部门提升农机教育培训服务能力，对15个县农业机械化学校的基础设施建设给予财政扶持，培训拖拉机驾驶培训教学人员300多人，分期举办机插秧技术培训班和无人植保机技术培训班，首次组团赴湖南省外企业开展“政企社联动”培训，全年共培训农民10.6万人次。

【推进农机试验鉴定推广工作】 2016年，湖南省规范农机试验鉴定工作，修订省级推广鉴定大纲28个，完成成果鉴定68项、推广鉴定110项、各类检验202项。抓实农机产品质量监督管理，开展履带自走式旋耕机质量调查，率先全国对2家企业各1批次存在质量缺陷的玉米脱粒机进行召回。完成双季水稻钵苗摆栽机械化技术引进示范项目，推进南方水田保护性耕作模式研究、机械化秸秆综合利用、茶叶生产机械化技术推广示范、双季水稻机插规格化育秧成本试验等项目，为大面积推广应用奠定基础。

【推进农机安全生产行动】 2016年，湖南省农机部门争取省安全生产监督管理委员会重视和支持，在对各市州安全生产考核中将农机安全生产与烟花爆竹、非煤矿山等高危行业同等对待，考核分值由原来的1分增加到2分。联合湖南省安全生产监督管理局印发《湖南省全面推进“平安农机”建设方案》，开展“平安农机建设年”和农机安全“监管执法年”活动，开展农机安全生产“大排查大管控大整治”行动。

【农机安全生产形势稳定向好】 2016年，湖南省农机部门共开展警示教育活动1 600多场次，印发警示教育资料67万多份，排查一般安全隐患13 401项、重大隐患132项。终止变型拖拉机注册登记，清理上牌变型拖拉机档案。落实村级农机安全员制度，开展拖拉机反光警示标识试点。全年新创建全国“平安农机”示范县6个、农机监理优质服务示范窗口10个。全省未发生较大及以上农机事故。农机互助平稳发展，全省参保机具49 500台，理赔互助保险事故900多起。

【农机产业发展亮点纷呈】 2016年，湖南省实施《农机产业千亿规划》和“引入高端企业、嫁接适用科技、整合上市融资、拓展国外市场、收编机电友军”五大战略，联合湖南省发展和改革委员会、湖南省经济和信息化委员会推动湖南省农机产业园和长沙、益阳、衡阳、汨罗、双峰的农机制造业发展。湖南省农机产业园展示交易中心一期建成并投入运营，成功举办湘博会和第五届中南农机机电产品展示交易会，共签订交易合同、合作项目近4亿元，现场交易额超过1.3亿元。

【研制农机产品，组织农机合作研讨会】 2016年，湖南省成功研制秸秆压块成型机、稻草自动编织机、石灰制粒机、林下垦覆机、水稻插秧同步精量施肥机、抛秧机等国内首创农机产品。配合湖南省商务厅拟订农机企业走进东盟活动方案，组织中印经贸农业农机合作研讨会，推动湖南农机“走出去”。全省全年农机工业产值达240亿元，同比增加12亿元。

【抓农机标准化工作】 2016年，湖南省率先全国制定并发布实施《多旋翼遥控飞行植保机》，全年共发布实施国家、行业、地方标准4个，组织修订《履带自走式旋耕机》《秸秆制肥机》《前置微耕机》10个标准。

【开展“两学一做”学习教育】 2016年，湖南省根据中央、省委有关要求，制定实施方案，开展书记讲党课、主题讲座及专题研讨活动，领导干部相互谈心交流和互提意见，多层次开好严肃认真的民主生活会，推进"两学一做"学习教育。抓党风廉政建设，加强干部队伍建设，学习贯彻《中国共产党廉洁自律准则》《中国共产党纪律处分条例》开展系列主题活动和"雁过拔毛"式腐败问题专项整治。

【开展扶贫工作】 2016 年，湖南省按照省农业机械管理局党组研究确定的"有机可乘、特色种养、引企壮社、打造品牌"的精准扶贫思路，驻永顺上坪村扶贫工作队组织农民特别是贫困户抱团入社，与湖南龙虎生态农业科技有限公司湘悦农机公司、蛟麟农机合作社合作，开展"稻油"轮作，优质稻加优质油菜模式已在当地推开，"万亩油菜示范片"一年建成，林下种养殖土鸡、土鸭、土猪已成气候，还建成年加工量 2 000 吨的粮油加工合作社，注册"永顺尚品"农产品品牌并上网营运，得到农业部、国务院扶贫办和湖南省委湖南省人民政府以及州、县、乡村好评。

广 东 省

【概况】 2016 年，广东省各级农业（农机）部门贯彻落实党的"十八大"、十八届四中、五中全会和中央农村工作会议、全国农业机械化工作会议和全省农业工作会议精神，树立"创新、协调、绿色、开放、共享"的发展理念，贯彻落实农业部、农业部农业机械化管理司有关工作部署，围绕"主要农作物全程机械化"，以主攻水稻生产全程机械化、推动设施农业和特色农机发展为重点，以落实政策创新、培育农机服务组织、优化公共服务、强化安全监管、加强人才队伍建设为抓手，推动全省农业机械化各项工作发展。

【农业机械化工作推进】 2016 年，广东省农业机械化工作进展顺利，取得成效，农机总动力增加，农业机械化水平提升，农机安全形势良好，农机购置补贴政策稳妥推进。全省各地共受理农机购置补贴申请 1.69 亿元，完成 2016 年资金量的 87.11%，补贴机具 9.72 万台（套），受益农户 4.99 万户，带动农户直接投入 5.9 亿元。2016 年全省农机总动力达 2 390.5万千瓦，农作物耕种收综合机械化水平 45.91%，水稻耕作收综合机械化率 69.28%。完成农业部下达的农机深松整地作业任务指标 20 千公顷、水稻耕种收综合机械化率指标 69%要求。

【落实购机补贴政策改革调整】 2016 年，广东省农机部门落实农业部购机补贴政策关于"控定额、缩范围、促敞开"的改革要求，成立"广东省中央财政农机购置补贴分类分档与补贴额核算专家组"，召开 2016 年广东中央财政农机购置补贴分类分档及补贴额核算专家评审会，改革优化广东省农机购置补贴政策。

【推进农机深松整地作业】 2016 年，广东省创新深松整地工作机制，精准、合理分配工作任务，提高补助额度，制定《广东省 2016—2020 年农机深松整地作业补贴实施方案》，推进农机深松整地作业。到 12 月 10 日，全省共完成农机深松整地作业面积为 20.83 千公顷，超额完成 2016 年任务。

【明确主体】 2016 年，广东省落实《农业部关于修订农业机械试验鉴定办法的决定》和新颁发的《农业机械推广鉴定实施办法》要求，明确广东省农业机械试验鉴定站为省农业机械推广鉴定证书颁发和公告的主体。

【加强农机监理】 2016 年，广东省落实《财政部、国家发展改革委关于扩大 18 项行政事业性收费免征范围的通知》的改革要求，转发《通知》并明确要求各地农机监理部门严格遵照执行，对涉及拖拉机的 5 项收费（号牌、驾驶证、行驶证、登记证、安全检验）实行免费监理，并筹措资金，为基层配备部分拖拉机号牌。

【水稻生产机械化技术推广】 2016 年，广东省贯彻落实《农业部关于开展主要农作物生产全程机械化推进行动的意见》，围绕主要农作物开展农业机械化技术推广。在水稻生产机械化方面，3 月初，突出春耕生产，组织农机下乡开展现场推广和作业演示会；8 月份，在雷州东西洋举办水稻生产全程机械化现场会；11 月在肇庆举办全省区域性（肇庆市）稻谷烘干机械技术培训班；以广东省农业机械技术推广总站举办的水稻产业大会为契机，现场展示、演示有关水稻生产全程机械化环节机具。

【甘蔗生产全程机械化技术推广】 2016 年 1 月、3 月和 12 月，广东省举办 3 次现场会，推广甘蔗生产全程机械化技术。推广和应用农机深松整地技术，全省深松整地任务的 85%左右在甘蔗产区推进，促进甘蔗产量的提升。12 月 21 日，组织甘蔗生产全程机械化暨深松技术座谈会，邀请省内外专家对甘蔗生产全程机械化参加，探讨甘蔗生产全程机械化的新模式新思路。

【特色产业机械化技术推广】 2016 年，广东省分别在广州、珠海、恩平举办蔬菜育苗机械化、新型水产养殖机械化技术推广活动、冬种马铃薯生产机械化现场会。

【加强拓展农机推广】 2016 年，广东省农机部门组织开展山地丘陵农业机械化发展现状专题调研，探索丘陵山区农业机械化技术推广新模式。利用广东现代农业博览会、广东种业博览会等平台，组织农机装备展览展示，拓展农机推广形式。

【加强项目管理建设，发挥示范引领作用】 一是加强对农业部主要农作物生产全程机械化示范项目的管理，组织指导广东省 2015 年承担的水稻生产机械化和甘蔗生产机械化两个示范项目的验收总结，顺利通过农业部的验收评审。二是指导广东省 2016 年承担的水稻生产机械化和甘蔗生产机械化示范项目规范实施。三是指导珠海市斗门区申报并获得农业部"全国首批基本实现主要农作物生产全程机械化示范县（市、区）"称号。四是部署对 2014 年省级农业机械化项目的验收，印发《关于开展 2014 年省级农业基础设施建设专项资金（第二批）项目验收工作的通知》。五是组织实施 2016 年省级社会化服务体系项目和设施农业专项，组织 2017 年农业机械化发展专项资金项目入库评审工作，推进省级农业机械化发展专项规范建设。六是组织申报国家级农作物生产全程机械化示范县初步计划和 2017 年农业部主要农作物生产全程机械化示范项目。

【加强农机政学研联合，推进特色农机研发】 2016 年 6 月 24 日，广东省组织高校、农机科研机构前往山西省农机局、山西农大开展农业机械化"政产学研推"协同发展方面的学习交流。

【推进特色农机研发】 2016年，广东省华南农业大学、广东省现代农业装备所等机构，围绕岭南特色农业生产急需的关键环节进行农机装备研发，加快对传统技术优化提升，在植保新技术装备、规模化健康养殖技术装备、智能控制、设施农业装备等方面的研发取得新进展。农用植保无人机、种鸡测定设备、农情信息一体化采集装置、无舵船舶的自动化航向控制系统、太阳能干燥温室等技术日益成熟。广东省加大投入，安排专项资金，用于提升全省现代农业装备产业技术创新能力。

【培育农机合作社】 2016年，广东省宣传贯彻《农民专业合作法》和《关于引导和促进农机合作社规范发展的意见》。引导家庭农场、农机大户、合作社等经营主体开展农机社会化服务，培育农业机械化社会化服务群体，支持引导农机合作社承担全程机械化示范试点项目和农机深松作业服务，成为推进主要农作物生产全程机械化的重要力量。

【推进农机社会化服务发展】 2016年，广东省培养农机社会化服务领头羊，扶持建设10家区域性大型农机合作社，引导农机合作社做强做大，开展农机、农艺、科技、统防统治社会化服务，提升农机社会化服务水平。

【引导农机合作社示范社创建】 2016年，广东省转发《农业部办公厅关于深入开展农机合作社示范创建活动的通知》并组织全省开展创建活动，汕头市潮阳区顺杰农机种养专业合作社等4家农机合作社获"2016年全国农机合作社示范社"称号。廉江市良垌兴旺农机专业合作社社长全王新获得"2016全国20佳农机合作社理事长"称号。截至目前，全省拥有农机合作社1 019家，其中，国家级农机合作社示范社18家，省级农机合作社示范社60家。鼓励引导农机合作社开展跨区作业服务，发放农机跨区作业证1 330张。

【抓安全监理，保障农机安全发展】 一是强化农机安全生产主体责任制的落实，与各市农业部门签订农机安全生产责任书。二是加强农机安全生产检查督查工作，在关键农时，派督查组到汕头、梅州等12个地市对重点区域农机安全生产进行大检查，排查安全隐患。三是完成农机重点区域安全生产攻坚整治任务。截至11月底，湛江雷州市、徐闻县等8个重点区域移交低速载货汽车档案6 840份。

【保障农机安全发展】 2016年，广东省举办以"强化安全发展观念，提升农机手安全素质"为主题的"2016年广东省农机安全生产、农机购置补贴政策暨丘陵山区农机技术推广宣传咨询日活动"。印发《转发农业部农机化司关于开展变型拖拉机信息登记的通知》（粤农办〔2016〕452号）及《变型拖拉机信息管理系统信息录入手册》，完成全省"变拖"审定和信息提交工作。

【配备事故处理设备】 2016年，广东省投入专项资金180多万，为10个地级市农机监理机构配备农机事故处理设备；为基层农机监理机构订制一批农机牌证档案袋及农机安全生产法律法规宣传栏海报；为基层山区定制村头村尾农机安全宣传警示牌。

【建立考核工作】 2016年，广东省农机部门配合省农业综合行政执法监督局开展农机安全生产应急演练现场会、制定全省农机风险点危险源排查整治专项行动工作方案；配合完成国务院对省人民政府、省人民政府对省农业厅2015—2016年安全生产责任考核工作。完成全省农机（拖拉机、联合收割机）牌证管理系统的招投标工作。

【加强农机质量跟踪管理】 2016年，广东省印发《2016年广东省补贴农机具质量跟踪调查工作实施方案》，以2012年至2014年间享受补贴的插秧机为重点，开展2016年农机质量跟踪调查，组织指导市、县农业机械化部门开展农机质量调查和重点检查，督促农机产销企业落实"三包"责任。

【加强质量投诉处理工作】 2016年，广东省农机部门妥善处理农机质量投诉案件，维护购机者的权益。农机质量投诉数量程逐年下降的趋势。

【加强农机维修管理】 2016年，广东省农业厅在湛江市等五地举办5期全省农机维修技能人才和管理培训班，培训农机技术人员超400人。

【规范农机试验鉴定工作】 2016年，广东省贯彻落实《农业部关于修订农业机械试验鉴定办法的决定》和《农业机械推广鉴定实施办法》，加强对推广鉴定工作的指导和监管。7月，组织开展2016年广东省农业机械推广鉴定证书有效期内产品监督检查的工作，重点开展通过推广鉴定的企业和产品监督检查工作。10月份，组织对广东省农业机械试验鉴定站制、修订的《甘蔗收获机》等21个大纲进行审定。

【提升试验鉴定水平】 2016年，广东省农机部门组织学习新修订的《农业机械试验鉴定办法》等法律法规，提升人员素质。

【提高农业机械化人才队伍素质】 一是制定《2016年广东省农业机械化培训工作实施方案》，开展对农业机械化管理、技术推广、实用人才三支队伍培训，共计1 200人次。二是创新培训模式，选拔农机监理队伍一线骨干，培养成为农机监理"三员"培训师资。分别在广州、高要等地举办12期全省农机安全监理员培训班，累计培训农机监理人员800多人次。三是探索省市县三级联动培训机制，依托新型职业农民培训工程，整合资源，加大对县级农机驾驶、维修、新购机农民及农机合作社带头人的培训力度，全年培训30 000人次。四是指导、培育广东省农机总公司等3个广东省农机职业技能鉴定站工作站，推动"社企共建"，促进区域性农机行业技能人才培训工作的开展。五是部署8个2016年农业机械化发展观测点，按时按质上报有关农业机械化统计数据。六是召开全省农业机械化统计与信息化工作会议，培训各级农业机械化统计员、信息员共170多人。

广西壮族自治区

【概况】 2016年，广西壮族自治区农机部门贯彻落实中央和自治区关于加快推进农业机械化发展的部署要求，重点推进水稻、甘蔗全程机械化，推进其他优势特色农产品机械化，农业机械化发展向好，农机装备结构优化，农机社会化水平提升，薄弱环节机械化水平得到提高，为全自治区农业提质增效、农民就业增收、农村繁荣稳定做出贡献。

【农机装备总量增加】 2016 年，广西壮族自治区农机原值达 320 亿元，农机总动力 3 527 万千瓦，大中型拖拉机拥有量 4.7 万台，同比分别增长 6.37%、5.7%和 12.5%。联合收割机拥有量 3.29万台，同比增长 8.5%；水稻插秧机拥有量 1.84 万台，同比增长 5.4%。新增各类拖拉机 12 000 台，其中大中型拖拉机增加 5 411 台；新增水稻联合收割机、甘蔗收获机共 2 400 台；新增水稻插秧机、甘蔗种植机共 1 000 台。

【农机作业水平持续提升】 2016 年，广西壮族自治区农作物耕种收综合机械化水平达 53%，其中：水稻 74.32%、甘蔗 57.11%。全自治区完成水稻机耕面积 1 948 千公顷、机插面积 573.33 千公顷、机收面积 1 785.33 千公顷，机耕、机插、机收水平同比分别提高 0.82、3.94、5.73个百分点。86.67 千公顷"双高"基地机收率达 11%，同比提高 3.2 个百分点。广西壮族自治区共完成农机深松整地作业面积 45.14 千公顷，占全年任务 46.67 千公顷的 96.72%。

【农机社会化服务能力增强】 2016 年，广西壮族自治区农机社会化服务组织 1 万多个，从业人员 5.3 万人；农机户达 230 万户，从业人员 305 万人；农机专业合作社 1 814 个，入社成员 2 万人，作业服务面积 564.67 千公顷，年度总收入 7 亿元。农机维修点 4 407 个，从业人员 10 017 人。

【农机购置补贴规范推进】 2016 年，广西壮族自治区农机部门中央农机购置补贴资金 4.4 亿元，自治区农机购置补贴资金 4 500 万元。全自治区使用中央农机购置补贴资金 4.21 亿元，完成全年任务的 95.68%。

【农机安全生产形势稳定】 2016 年，广西壮族自治区农机部门完成拖拉机年检 18.99 万台，办理新机入户 7 096 台，新增驾驶人考试合格 8 849 人；发生农机事故 2 起，死亡 1 人、受伤 2 人，同比事故起数下降 33.3%。2016 年全国农机事故应急处置演练在南宁成功举办。

【农机质量监督新进展】 2016 年，广西壮族自治区制订、修订甘蔗联合收割机等 19 个推广鉴定大纲，自走式粉垄深耕深松机等 20 个产品推广鉴定能力通过认定，完成产品试验、检测鉴定 102 项，是 2015 年的 2 倍；起草 3 项广西地方标准，完成 15 项国家标准、38 项行业标准确认及归档工作。

【技术培训新进展】 2016 年，广西壮族自治区在扶绥启动广西大型甘蔗机械试验检测鉴定基地建设；在武鸣启动广西机电工程（农机）职业学院建设；开展农业机械化新机具新技术培训工作，全年培训农机手 10 万人次，开展市县农机局长、农机监理人员、农机推广和质量监督人员等系列培训班，参训人数超过 5 000 人次。

【严管控】 2016 年，广西壮族自治区农机部门及时调整《广西 2015—2017 年农业机械购置补贴实施方案》，深入推行"自主（全价）购机，定额补贴，县级结算，直补到卡"补贴方式，加强风险防控，强化实施监管。严格做到补贴系统谁操作谁负责；补贴信息全部上网公布，公开透明，接受社会监督；补贴资金统一调剂，加快结算进度。

【拓渠道】 2016 年，广西壮族自治区农机部门提高中央补贴资金总额的最高限额，即规模种植大户由 100 万元提高到 200 万元，农民合作社、家庭农场由 300 万元提高到 500 万元，农业企业由 500 万元提高到 1 000 万元。推进农机深松整地作业补助试点工作，对蔗地、香蕉地等的深松整地作业给予补助。

【重督查】 2016 年，广西壮族自治区农机部门开展绩效考评和购机补贴反腐倡廉警示教育培训，年中岁末分两次进行全自治区农机购置补贴督查，对设区市农机具购置补贴项目指标绩效管理工作进行督查、考评。

【提高重点作物关键环节机械化水平】 一是印发《全区水稻工厂化育秧中心建设指导意见》，2016 年，广西壮族自治区农机部门指导各市县农业机械化主管部门重点实施水稻育插秧"百千万"工程，投入水稻生产机械化示范推广项目资金 1 000 万元，从根本上解决水稻育秧、插秧薄弱环节"瓶颈"难题。二是强力推进甘蔗机种机收。新植蔗耕作环节全部实现机械化，90%的"双高"基地大力推广甘蔗机械种植，完成机种 67.73 千公顷，基本实现机种；成熟的甘蔗联合收获机由 33 台增加到 103 台。

【创建区域服务中心建设，强化基础支撑】 2016 年，广西壮族自治区争取自治区财政投入资金 2 400 万元，补助 8 个区域服务中心的机棚机库、维修及培训基地建设，项目正在实施过程中。

【制定完善标准】 2016 年，广西壮族自治区农机部门起草《自走式中耕机技术条件》《甘蔗田间收集搬运机技术条件》《甘蔗种植机技术条件》等 3 项广西地方标准，制定《糖料蔗生产农机农艺融合技术规范》《糖料蔗机械宽窄行种植作业技术规范》已列为 2016 年第八批广西地方标准制定（修订）项目。

【加强农业机械化干部的专业培训】 2016 年，广西壮族自治区农业机械化系统共落实培训经费 456.2 万元，培训农村党员机手 10 322 人，培训区市县农业机械管理局、监理人员和推广技术人员超 5 000 人次，培训拖拉机理论教员、教练员共 160 多人。

【培育农机合作社示范社】 2016 年，广西壮族自治区农机部门把运行机制较为完善、管理较为规范、具备一定社会服务经营规模、辐射带动能力较强、带动农民群众增收比较明显的一批农机专业合作社评定为示范社并作为重点扶持对象。宜州市烽火联合耕作农机服务专业合作社理事长韦华甫被评为"全国 20 佳农机合作社理事长"。

【落实"一岗双责"】 2016 年，广西壮族自治区将农机安全生产纳入各级人民政府年度绩效考核内容，把农机安全生产责任落实到基层、落实到岗位、落实到个人。全自治区逐级签订农机安全生产责任状近 21 万份。

【强化安全教育】 2016 年，广西壮族自治区农机部门开展农机"安全生产月"活动，全自治区共发放农机安全宣传材料 25 万份、发送短信近 12 万条、开展宣传 545 场次，展出展板 3 467 块，接待咨询人员32.4万人次。

【开展农机安全生产隐患排查治理及专项整治】 2016年,广西壮族自治区农机部门出动农机执法人员7.4万人次,检查拖拉机等农业机械18.5万多台次,查处农机安全违法违章行为1.7万起,其中无牌无证行驶1 823台次、无证驾驶1 697人次、违法载人1 145台次。组织研发《广西农机安全违法处理系统》并投入运行。

【强化质量监管措施】 2016年,广西壮族自治区推进农机推广鉴定制度改革和完善,修订产品鉴定大纲,开展推广鉴定能力认定。抓紧推进甘蔗机械鉴定工作,洛阳晨汉、柳工农机、中联重科等公司的切断式甘蔗收获机和合浦惠来宝的甘蔗田间收集搬运机等甘蔗机械推广鉴定相关工作基本完成。按照广西壮族自治区党委、人民政府领导要求,做好粉垄机械鉴定工作。2016年6月8日,1SGL—200型自走式粉垄机械通过广西壮族自治区级农业机械推广鉴定。

【提高新技术新机具推广水平】 2016年,广西壮族自治区实施玉米、马铃薯、水果、花生、水产养殖、种桑、茶叶、蔬菜、药材等10个品种16个项目点农业生产机械化示范推广项目取得明显效果。组织52个项目县实施基层农技(农机)推广体系改革与建设补助项目。完成4批农机购置补贴产品归档工作,共审核6 285个农机产品,5 251个通过归档并在广西农业机械化信息网、广西农机推广信息网上进行公示、公告。

【加大行政审批制度改革力度】 2016年,广西壮族自治区农机部门实行行政审批职能、审批项目、审批人员"三集中"的"一站式""一条龙""一个窗口"对外的阳光服务。

【梳理行政权力,清理权力清单】 2016年,广西壮族自治区经自治区行政审批制度改革工作领导小组办公室审定公布自治区农机部门权力清单、责任清单和便民服务事项。

【做好非行政许可审批事项清理】 2016年,广西壮族自治区农机部门经自治区行政审批制度改革工作领导小组办公室审定,取消5项、调整2项农机非行政许可审批事项,下发文件贯彻落实,及时调整更新农机行政审批目录并向社会公布。受理行政审批事项及公共服务事项共722项,办结率为100%,群众非常满意率达100%,实现零投诉、零超时办结。

【抓脱贫攻坚,做好定点帮扶工作】 2016年,广西壮族自治区农业机械化管理局选派2名党员干部担任扶贫联系点都安县百旺镇仁合村、东庙乡地同村第一书记和6名同志到点开展精准识别工作,组织146名党员干部开展结对帮扶,对接442户贫困户1 667人。全年落实砂糖橘、蜜柚项目种植0.11千公顷,引进1家养鸡企业,投入帮扶资金(含无偿、有偿和物资折款)898.15万元。仁合村年底通过自治区核验组脱贫工作核验。广西壮族自治区农业机械化管理局获评2014—2015年度扶贫攻坚优秀后援单位。

【加强队伍能力建设】 2016年,广西壮族自治区农机部门开展绩效考评,开展"两学一做"学习教育,根据自治区党委第十五巡视组的反馈意见,制定、完善一系列规章制度,提高人员素质、反腐能力、服务意识和工作水平,为实施农业机械化重大项目提供组织保障。

【促进农业机械化重大项目开展】 2016年12月10—11日,广西壮族自治区在广西柳州举办2016中国甘蔗机械化博览会。投资7 200万元大型甘蔗机械试验检测鉴定基地和投资9.9亿元广西机电工程学校武鸣新校区地块已基本落实,可研报告已按照程序分别报批。"基于北斗技术的广西333.33千公顷双高基地建设项目"项目建议书已编制完成。

海南省

【概况】 2016年,在农业部农业机械化管理司和海南省农业厅党组领导下,海南省农业厅农业机械管理局围绕海南省农业厅2016年工作要点,以推进海南省现代农业建设为核心,明确工作思路,强化工作措施,创新工作方法,改善海南省农机装备结构,提高海南省农机现代化水平。

【农业机械化发展概况】 2016年,海南省农机总动力达515.31万千瓦,同比增长2.2%;拖拉机拥有量达10.8万台,同比增长1.5%;农用排灌机械动力达119.72万千瓦,同比增长3.5%;耕种收综合机械化水平达43.9%,同比提高1.9个百分点;全省农业机械化经营总收入达38.2亿元,同比增长5.5%,全省乡村农机从业人员人均农机经营收入达1.54万元,同比增长5%。

【加强领导,督促落实责任】 2016年,海南省农机部门学习贯彻落实农机安全生产的相关法律法规及习近平总书记、李克强总理关于加强安全生产工作的系列指示批示精神,加强对农机安全生产工作的领导,多次组织召开市县农机安全生产工作会议,督促市县农业(农机)部门落实农机安全生产属地管理责任。

【规范管理,严把牌证源头关】 2016年,海南省农机部门加强农业机械注册登记的源头管理,贯彻执行农业部办公厅农办机〔2011〕47号文件规定。至2016年11月21日,全省全年共新办拖拉机牌证446台,联合收割机342台,历年共注册登记拖拉机70 554台,其中运输型拖拉机63 903台,轮式拖拉机6 651台,联合收割机1 323台。完善拖拉机、联合收割机驾驶员考试工作机制,开展拖拉机驾驶员培训社会化试点工作。海南省全年共新办拖拉机驾驶证2 512本,历年全省持有拖拉机驾驶证79 674人。

【加强监管,保持农机安全生产形势稳定】 2016年,海南省农机部门排查农机安全隐患,组织开展常态化联合执法检查,打击和查处各类违法违规行为。开展省外变形运输型拖拉机的专项整治行动,抓好岁末年初、重大节日、重要活动时期农机安全生产各项工作。2016年,海南省共组织农机执法检查1 595天次,参加农机执法人员7 015人次,处罚违法违规行为6 328人次,排除拖拉机安全隐患2 812余起。海南省共发生1起农机事故。

【严格检验,确保农机安全技术稳定】 2016年,海南省农机部门制定下发《2016年度拖拉机联合收割机安全技术检验工作方案》,按照相关规定开展检验,重点整治拖拉机改装拼装现象。共检验拖拉机、联合收割机 25 363 台，其中拖拉机 25 021 台，联合收割机 342 台，平均检验率达 48.0%，检验合格率 100%。

【积极宣传，提高农机手安全意识】 2016 年，海南省农机部门举办全省农机"安全生产月"宣传咨询日活动等一系列农机安全宣传教育活动，营造全社会关注农机安全生产的良好氛围。2016 年全省共开展农机安全宣传教育 210 余次，发放宣传资料 10.3 万余册，发放安全宣传环保袋 10 000 余个，张贴标语、悬挂宣传横幅 1 200 余条，开展农机安全警示教育 60 余次，发送安全宣传信息 18 万余条，与广大农民机手签订《安全责任书》30 000 余份。

【积极创建，夯实农机安全生产基础】 2016 年，海南省农机部门推荐万宁市参加全国"平安农机"创建示范县（市、区）考评。2016 年底，海南省先后创建 8 个全国平安农机示范县，95 个平安农机示范乡镇，380 个平安农机示范村，3 825 个平安农机示范户。

【加强培训，提高农机安全应急管理能力】 2016 年，海南省开展农机安全相关法律法规的学习培训活动；举办农机安全检验业务培训班。督促各级农机主管部门修订完善农机安全生产事故应急处理预案。全省共组织开展预案培训 20 余次，农机事故应急处置培训演练 18 次。

【农机购置补贴概况】 2016 年，海南省共下达农机购置补贴资金 6 434 万元，其中：中央资金 5 500 万元，省级资金 934 万元，全年补贴机具数量 5 209 台，受益户数 3 824 户，共登记使用补贴资金 4 514.672 万元。

【制定和执行补贴政策】 2016 年，海南省农机部门贯彻落实农业部农业机械化管理司"缩范围、降定额、促敞开"的总体思路，对补贴范围、补贴标准进行调整优化，将 13 个低端、低值、需求量小和监管难度大的品目暂时排除出补贴范围。

【强化第三方审查机制】 2016 年，海南省建立海南省农业机械技术专家库，在补贴产品分类分档、补贴额测算、补贴产品归档审核方面引入专家评审机制；同时要求农机生产厂家在申报产品归档时提供第三方价格审计报告，防止厂家虚报价格，为专家测算定补提供科学依据。

【建立健全各项管理制度】 2016 年，海南省建立和规范补贴产品审核进入机制、补贴产品规范经营管理机制、补贴信息公开机制和购机补贴工作绩效考评机制。研究制定《海南省农机购置补贴产品及经营行为管理办法》（琼农字〔2016〕95 号）、《海南省农机购置补贴政策违规调查处理流程》（试行）（琼农字〔2016〕96 号），对农机购置补贴主体的权利义务、各级农机管理部门对违规行为的处理权限和处理程序进行明确规定。

【强化违规查处】 2016 年，海南省及时查处台州市群欢农业设备开发有限公司等 9 家公司的 13 个产品，将台州市群欢农业设备开发有限公司、深圳市富巍盛科技有限公司、深圳市嵩姗科技有限公司及法定代表人列入农机购置补贴黑名单，暂停湖北星胜机械有限公司所有产品补贴资格以及陵水椰林陵城农机总汇等 26 家经销企业的农机购置补贴经销商资格。研究制定《海南省 2016 年农机购置补贴政策延伸绩效管理方案》（琼农字〔2016〕98 号），完善规范海南省农机购置补贴政策的实施。

【强化信息公开和透明操作】 2016 年，海南省强化农机购置补贴"一站式"服务窗口作用，通过实行"制度上墙""管理流程上墙""公示上墙""举报电话号码公布上墙""领导机构监督机构上墙""补贴工作人员姓名照片上墙""补贴资金动态显示"和"设立举报箱"这六上墙一动态显示一举报箱制度。各市县购机补贴申请必须在窗口办理，全程接受监控，防止暗箱操作。同时利用服务窗口和各级农业机械化信息网，公开农机购置补贴政策制定和实施的各种详细信息，接受社会监督。

【合理转化使用补贴结转资金】 2016 年，海南省农机部门联合省财政厅研究制定《海南省农机作业补贴试点县实施指导意见》（琼农字〔2016〕109 号），规定 2016 年海南省级补贴资金可以在适宜地区统筹用于试行农机作业补贴。与海南省财政厅联合出台"未满两年的结余补贴资金"的使用规定。根据规定，海南省 2015 年结余资金中大约有 5 482.243 3 万元按照上述文件精神重新安排使用，有 272.179 万元由财政收回。

【争取农业机械化项目资金投入】 2016 年，海南省落实 3 个农业机械化重点项目中央和省级财政资金 6 729 万元。2016 年，海南省农机购置补贴项目资金 6 434 万元（中央资金 5 500 万元，省级资金 934 万元），现代农业机械化促进工程项目资金 200 万元、农机监理科技兴安工程项目资金 95 万元。组织编制 2017 年部门预算农机购置补贴、现代农业机械化促进工程等农业机械化项目。

【组织开展农机深耕深松作业服务】 2016 年，海南省贯彻国务院和省人民政府关于转变农业发展方式的意见，抓三亚、陵水、琼海、定安、澄迈等 5 个转变农业发展方式综合示范区建设农机作业服务工作，协调解决示范区建设有关农机作业服务问题，完成转方式示范区建设农机作业对比试验报告。组织 0.21 万台套大中型农机具开展农机深耕深松作业服务，2016 年 11 月底完成农机深耕深松整地作业面积 10.17 千公顷，占年计划 10 千公顷任务的 101.67%。

【跟踪协调落实"冬交会"农机展销等相关工作】 2016 年，海南省抓冬交会和屯昌农博会农机展销工作，跟踪协调农机生产经销企业落实 2015 年冬交会农机订单，落实销售额 5.18 亿元，完成冬交会农机销售订单总额的 106.8%。做好 2016 年冬交会农机展销工作，组织 30 家农机企业（含农机科研推广单位等）10 大类约 110 个品种的新式农机装备进场展销，完成意向订单 5 亿元以上，比 2015 年冬交会增长 3.09%，现代农业装备展区实现农机产品出口马来西亚。

【农机社会化服务体系建设】 2016 年，海南省共有农机合作社 93 家，农机大户 73 家。从 2016 年开始加大全省农机服务体系建设，草拟《海南省农机服务体系建设方案》，该方案已于 8 月 17 日农业厅第五次厅务会议审议通过。

【主要农作物全程机械化推进】 2016 年，海南省农机部门制定《农作物全程机械化推进行动方案》并报送农业部。抓水稻全程机械化建设，争取突破主要瓜果菜、热带经济作物生产机械化作业“瓶颈”，探索热带特色农业生产全程机械化模式，力争到2020年全省农业生产综合机械化水平达50%以上，其中水稻生产综合机械化水平突破60%。2016年农业部给海南省下达的考核指标为58.5%，针对海南省水稻生产薄弱环节主要存在于机播机插环节，已于购机补贴文件中正式明确将插秧机列入累加补贴机具。

【党风廉政建设】 2016年，海南省落实党风廉洁主体责任和监督责任，开展群众路线教育实践、三严三实、“两学一做”学习教育、“廉政活动月”学习。在党支部的领导下，开展动员、布置、支部书记上党课、三会一课等工作，抓作风建设，遵守党纪国法，严格管理，规范业务，确保党员干部严于律己，廉洁奉公。经费使用严格按照有关文件规定落实执行。

重庆市

【概况】 2016年，重庆市推广各型补贴机具8.39万台套，实施中央补贴资金9 516.32万元，受益农户7.45万户，带动农民投资超过2.03亿元；全年共推广补贴机具8.6万台套，受益农户7.9万户。投入插秧机12 600台，新增301台，推广水稻机插秧124.67千公顷；组织1.6万多台联合收割机，其中市内5 145台，机收面积超过333.33千公顷，水稻机收比率达48.5%，同比增长33.33千公顷，增幅为11.1%，为农民节本增收超12亿元。全市耕种收综合机械化水平达45%以上，同比增长2个多百分点。

【规范高效实施购机补贴政策】 2016年，重庆市根据产业发展需求和农业部要求，重新整体制订购置补贴机具种类范围和补贴额一览表，对部分价值低、监管难度大、不符合产业发展方向的小型机具剔除出补贴范围，实现农机装备从过去普遍武装轻(简)户用型机具，逐步走向以装备户用型机具为新常态，以装备大中动力、高性能、高效率农业机械为骨干支撑的新转变。全年市推广各类补贴机具7.7万台套。全市农机总动力1 310万千瓦，同比增长6%。

【提高主要农作物机械化水平】 2016年，重庆市以水稻为重点，选择集中育秧、机耕、机插、机防、机收5个环节，试点区县可根据实际增加施肥、排灌、机烘、销售等环节，推进农业生产全程社会化服务“四转变、一提高、一增强”，即社会化服务组织从农业生产关键环节向全程化社会服务转变；从小规模经营服务向大规模整建制服务转变；从兼业化经营向专业化职业经营管理转变；传统生产方式向现代农业生产方式转变；机械化集约化水平和农业生产率提高；农业特别是粮食综合生产能力增强。

【实施宜机化地块整理整治】 2016年，重庆市以国家高标准农田建设通则为指导，坚持循序渐进，先易后难原则，推进10°以下旱地缓坡化改造；20°以下旱地斜线式回环梯台改造；高差1米以下的零散地块消除田埂和死角，进行合并或调整，建设水平条田，调整土地利用布局，拉长机械作业线路(整理整治后的平均作业长度100米以上，最短不低于30米)，从而适宜大中型拖拉机及配套农具作业，满足机械化生产、规模化经营的要求，着力于解决机械化立地条件的“最后一公里”难题。2016年，共争取市财政资金3 300万元，在24个区县试点开展丘陵山区机械化地块整理整治及培肥试验，完成地块整理整治3.33千公顷。

【深松整地补贴标准改革】 2016年，重庆市会同重庆市财政局对本年度全市农机深松整地作业任务进行分解下达，确定750元/公顷的作业补助标准；落实200万元专项资金，对市域范围内开展农机深松整地作业社会化服务的农机合作社、农机作业公司、家庭农场等服务主体，年度开展农机深松整地作业社会化服务面积达33.33公顷以上、新购置1台及以上大中型拖拉机(55.15功率及以上)及配套深松机具的，原则上每台拖拉机及配套深松机具作业面积33.33公顷以上，奖补金额不超过3万元。

【推进农机深松整地工作】 2016年，重庆市通过政策效果宣传、各级各层次培训、交流学习、逐级督导等措施，确保全年任务完成。全市27个区县共投入作业深松机具485台(套)，累计完成深松整地作业面积33.41千公顷，为国家规划任务年度总量的110%。

【发展特色产业机械化】 2016年，重庆市投入专项资金550万元，建成特色优势产业生产与初加工机械化示范基地15个。研究制订《重庆市机械化柑橘果园建园技术规程》，规范柑橘果园机械化作业或借助机械装备进行轻简高效作业的技术要求。指导万州区建成200公顷机械化柑橘示范果园，对幼龄标准果园进行机械化作业改造。

【组织科研院所开展工作】 2016年，重庆市组织重庆市农业科学院果树研究所开展柑橘果园深松利水排水试验，组织重庆市农业科学院茶叶研究所等单位研究制定新建机械化茶园生产加工技术规程。围绕全市草食牲畜业发展，结合南方草地畜牧业产业布局，推动合川与丰都千公顷级以上牧草生产规模化与机械化示范，推广牧草机械收获与青贮加工技术。开展果园农机深松整地作业，经组织重庆市农业科学院果树研究所对比实验检测，深松过后的柑橘果园增产达15%以上，果实可溶性固形物提高2个百分点。

【探索丘陵山区农业机械化生产试验示范】 2015年以来，重庆市农机管理办公室与重庆市巴南区农业委员会共同建设重庆市丘陵山区农业机械化试验示范基地，占地约4.67公顷，其中冲积坝约3.67公顷、小山丘约1公顷，海拔260～280米。目前，基础设施建设日渐完善，现代农业机械匹配齐全，6大农业机械化试验示范技术成效显著：(1)果园全程机械化生产试验示范；(2)粮经作物全程机械化试验示范；(3)机械化新型蓄水循环养鱼技术；(4)牧草生产机械化试验示范；(5)蔬菜生产机械化试验示范；(6)畜牧养殖粪污资源化利用试验示范。

【示范推广绿色轻简机械化生产技术】 2016年，重庆市依托部分区县农机专业合作社探索油菜、高粱、榨菜、绿肥等小籽粒作物机械化轻简生产技术，采用机械化抛撒和深松整地2次作业，完成传统播种所需的灭茬、旋耕、开沟、播种、施肥、盖种6个作业环节的作业任务。2015到2016年通过在永川区陶义农机专业合作社试验示范轻简化种植油菜33.33公顷，平均产量2 025千克/公顷，节约成本4 200元/公顷以上；涪陵区福栋农业发展有限工作试验示范轻简化种植高粱 146.67 公顷，平均产量 4 875 千克/公顷，节约成本 2 250 元/公顷以上。同时创新利用机械化深松作为生产作业手段、达到小籽粒作物备种备播的生产状态。

【培育农机技能人才】 2016 年，重庆市农机部门实施“农业机械化匠星工程”，遴选家庭农场、种养大户、农机合作社、农业生产经营服务公司和农机生产企业中有较强创新意识、专注发展现代农业的“职业经理人”，设立“重庆市农业机械化匠星工作站”，发挥“新型职业农民”创新创造的“工匠精神”，用机械化思维和手段促进农业节本增效。

【实施农机职业技能鉴定奖补项目】 2016 年，重庆市农机部门遵循“鉴定奖补、异地考评、现场督考”三个制度，结合各自工作实际，推进农机职业技能培训与鉴定工作，取得效果。全市共开展农机职业技能鉴定 22 批次，共鉴定拖拉机驾驶员、联合收割机驾驶员、农机修理工、农机操作工 1 384 人，其中初级1 297 人、中级 74 人、高级 13 人。

四 川 省

【概况】 2016 年，四川省在全省农业部门广大干部职工共同努力下，农业机械化工作“围绕大农业，发展大农机”，完善扶持政策、培育发展主体、推广先进技术、强化基础建设，取得成效。

【农业机械化发展成效】 2016 年，四川省农机购置补贴机具 26 万台(套)，受益农户 23 万户，农机总动力达 4 450 万千瓦，装备水平提升。全省完成机耕 4 729.33千公顷、机播(插)868 千公顷、机收 2 201.33 千公顷，主要农作物耕种收综合机械化水平达 55%，农业机械化水平发展。全省农机合作社数量同比增加 163 个。合作社拥有农机具同比增长 14.9%，全年作业面积同比增长 12%，农机社会化服务增强。

【制定工作方案】 2016 年，四川省组织制定《四川省主要农作物生产全程机械化推进行动工作方案》，成立“全省主要农作物生产全程机械化推进行动领导小组”和“全省全程机械化推进行动专家指导组”，提出主要农作物生产全程机械化技术路线。

【确定考核指标】 2016 年，四川省结合全省实际，将农业部《县域主要农作物生产全程机械化水平评价体系》中部分指标，纳入现代农业示范县、重点县考核指标。

【实施示范项目】 2016 年，四川省抓 2015 年广汉油菜机械化示范项目、东坡区水稻生产全程机械化示范项目等部级项目验收。

【创建全程机械化示范县】 2016 年，四川省崇州市作为西南地区唯一家被农业部评选为全国首批 28 个基本实现全程机械化示范县之一。

【开展示范社创建活动】 2016 年，四川省制定省级农机示范社创建标准，将省级农机示范社创建纳入全省农业合作示范社创建范畴。完成 6 个全国农机合作社示范社评比申报工作，在全国农机合作社示范社创建研讨会上交流工作经验。

【引导农机合作社增强自身实力】 2016 年，四川省农机部门引导有条件农机合作社建立育秧中心、加工中心、烘干中心和培训中心，提供全面、全程农业机械化服务。

【发挥项目带动作用】 2016 年，四川省各地通过实施政府购买社会化服务等项目，支持农机合作社承担机插秧、油菜直播、秸秆粉碎还田、粮食烘干等作业任务，促进农机合作社发展。四川省安县、开江、丹棱、盐源在实施农业部水稻、油菜、保护性耕作技术创新与集成示范项目过程中，培育、扶持壮大农机合作社近 10 个。

【加强农机合作社人才培训】 2016 年，四川省配合四川省农牧厅科教处落实农业部 2016 年农机合作社带头人轮训计划，协助安排 240 余名农机合作社带头人参加全国农机合作社带头人轮训；举办全省贫困地区农机合作社理事长培训班，培训农机合作社理事长及相关市州人员 100 余人。

【制订购补政策】 2016 年，四川省贯彻农业部、财政部农机购置补贴文件精神和“缩范围、控额度、促敞开”工作原则，出台《四川省农业厅、财政厅关于做好 2016—2017 年四川省农机购置补贴政策实施工作的通知》。

【依法依规开展补贴产品范围、分类分档和补贴额测算】 2016 年，四川省根据农业部和财政部文件规定，按程序分别经过第三方测算、市场摸底调查和数据分析、工作组研究、农机购置补贴专家组审查、厅务会审定等七道程序，出台《四川省 2016－2017 年农业机械购置补贴额一览表》。

【召开农机购置补贴政策培训会议】 2016 年，四川省分片区、分层次召开多期农机购置补贴政策培训班，分别对省内各级购置补贴管理人员、操作人员和省内外企业代表等 1 000 余人进行政策培训和宣传。各市县分别召开专项培训会，将政策宣传和培训向下延伸。

【强化信息公开】 2016 年，四川省、市、县三级建立农机购置补贴工作专栏，与辅助管理系统实现无缝对接，实时公开购补资金使用进度、结算进度、购机者情况、违规查处等信息，促进政策实施公正、公平、公开。

【强化绩效考核】 2016 年，四川省明确各级农机主管部门工作职责，强化政策实施绩效管理。

【加强违规行为监管】 2016 年，四川省农机部门加大违规产销企业处罚力度，暂停 2 家违规企业产品补贴资格。

【整合建设项目】 2016 年，四川省整合各种涉农建设项目，统筹规划，同步建设。2016 年整合农业综合开发、新农村建设等项目资金总额达 31.87 亿元，同比增加 5.5%。

【规范立项程序】 2016 年，四川省对国家财政补助资金建设农业机械化生产道路，按照“村民代表大会讨论通过，村委会申请，乡镇申报，县(市、区)农业部门审核，领导小组研究确定”程序立项。

【加强建设管理】 2016 年，四川省坚持“四统一”，即统一规划立项、统一勘测设计、统一质量监督、统一竣工验收。工程管理实行严格“五制”，即项目负责制、招投标（比选）制、工程监理（村民监督）制、合同管理制、面向群众项目“公示制”。安全管理做到“四落实”，即制度落实、组织落实、责任落实、措施落实。

【严格资金管理】 2016 年，四川省推行县级报账制。村民自筹资金完全实施民主管理，确保村民监督权、知情权、管理权。

贵州省

【概况】 2016 年，贵州省农业机械化工作围绕全国农业工作会议确定的“提质增效转方式、稳粮增收可持续”中心任务，以“五大发展理念”转变农业机械化发展方式，以全程机械化推进行动为重要抓手，主攻主要粮经作物薄弱环节、关键环节机械化技术，探索现代山地、特色高效农业机械化发展机制和模式，提高农业机械化装备水平、作业水平、科技水平、安全水平、服务水平。为贵州省农业发展、农民增收提供支撑。

【农业机械化工作成效】 2016 年，贵州省农作物耕种收综合机械化率达27.5%以上，新增各类机具 10 万台套，农机总动力达 2 600 万千瓦，机耕面积1 666.67 千公顷，机收面积 400 千公顷，机播面积 1 133.33 千公顷。

【落实农机购置补贴工作】 2016 年，贵州省农业机械购置补贴工作按照《贵州省 2015—2017 年农机购置补贴实施方案》实施，使用 2015 年结转的中央农机购置补贴资金。实行“自主购机、定额补贴、县级结算、直补到卡”的农机补贴方式。全省实施中央农机购置补贴资金 13 764.583 万元，县级补贴资金368.413 万元，补贴各类农机具 14.564 万台、冷库 51 个（9 136 立方米）、微灌设备 3 585 套，受益农户 13.364 万户。

【保障农机购置补贴顺利实施】 2016 年年初，贵州省召开全省农机购置补贴工作会议，传达全国农机购置补贴工作会议精神；分批次发布农机购置补贴产品信息和做好补贴辅助管理系统有关工作的通知，对农机补贴产品产销企业操作使用软件系统进行详细指导；下达农机补贴工作经费 500 万元至各市县（黔财农〔2015〕181 号），用于宣传农机购置补贴政策、公示补贴对象、核实购机情况、整理补贴资料、建立信息档案等方面的支出，保证农机购置补贴工作顺利开展。

【完善农机购置补贴政策】 2016 年，贵州省下发《关于进一步完善贵州省农机购置补贴政策的通知》，调整农机购置补贴产品范围和补贴资料整理及补贴资金结算期限，明确补贴对象可在全国范围内购机，由县级确定中央补贴资金使用占比和超规定数量补贴机具申请。

【开展督导检查】 2016 年 9 月，贵州省成立三个检查组在全省范围内对农机补贴实施情况进行中期督查。对检查中发现的好的经验和做法进行宣传和推广，对存在的问题和违规行为进行通报。

【严处违规行为】 2016 年，贵州省农机部门收到关于果蔬烘干机、喷杆式喷雾机违规销售等多起举报，经过调查，取消耒阳市普京科技发展有限公司所有农机产品在全省的补贴资格，调低各档次果蔬烘干机的中央资金补贴额度，警告果蔬烘干机经销商；取消浙江枫泽源农业科技有限公司所有产品农机购置补贴资格，对销售浙江枫泽源公司喷杆式喷雾机的经销商予以警告；恢复常州常旋机械有限公司所有农机产品的补贴资格。

【强化信息公开】 2016 年，贵州省在贵州农业信息网上建立省级农机购置补贴信息公开专栏，市（州）、县级农业机械化主管部门都按照省级要求建立农机购置补贴信息公开专栏，公布补贴信息。

【评选先进工作者】 2016 年，贵州省经县市逐级推荐和市省两次审核，严格履行公示制度，在全省范围内首次表彰农机购置补贴先进工作者，全省市、县、乡共 30 名从事农机购置补贴工作并有突出贡献的个人获得表彰。

【安排部署“春耕”“三夏”农机生产和“跨区作业”服务】 2016 年，贵州省将农业机械化生产任务纳入省农业委员会 2016 年度职能绩效目标，下发《关于下达 2016 年农机生产作业目标任务的通知》要求各地农委加强对农机生产作业的组织领导，做好重要农时农业机械化生产服务，落实农机购置补贴政策，为农业生产提供机具保障。完成机耕 1 904.67千公顷、机播 145.4 千公顷、机收 535.4 千公顷。发放跨区作业证 650 份。农业机械化综合水平提高。全省主要农作物耕种收综合机械化率达 28.34%。

【推进农机“跨区作业”】 2016 年夏秋期间，贵州省各地按照贵州省农业委员会安排部署，组织做好机插秧和水稻、油菜、玉米机收跨区作业，推动三夏和秋季农机跨区作业由机收向机耕、机播等领域拓展。全省各地农机部门共成立跨区作业服务接待站 127 个，组织跨区作业服务队 303 个投入春耕、三夏和秋冬种农机跨区作业服务，发挥电视、广播、报刊等新闻媒体以及手机、网络等新媒体的作用，及时为机手和农户提供机具供求、作业价格、作业进度等信息服务，引导农机大户、农机合作社等农机社会化服务组织开展订单作业、承包服务等，共引导省内外小麦、玉米、油菜、水稻收获机具 2 380 台（套）参与跨区作业服务。中央电视台 9 月 28 日财经频道第一时间对贵州省跨区作业进行特别报道。

【抓实农机抗灾救灾】 2016 年 5—6 月，贵州省遭遇大范围的强降雨过程，多地受灾严重。贵州省农业委员会要求各级农机部门加强领导，牢固树立抗灾夺丰收意识，落实好农机防灾减灾技术措施，开展汛期指导服务，提前对农机防汛抗灾责任制、应急措施、机具设备等准备情况进行检查，确保各项工作落实到位。

【抓农业机械化项目工作】 2016 年，贵州省投入 1 400 万元实施省级农业及农机农民合作组织发展资金项目，资金围绕省、市现代高效农业示范园区产业发展需要，组建农民农机专业合作组织；依托农民农机专业合作组织开展特色优势产业生产机械化技术试验示范；实施水稻全程机械化示范基地建设项目。组织制定《2016 年度省级农业和农机农民专业合作组织发展资金项目指南》，下发《关于做好 2016 年度省级农业和农机农民专业合作组织发展资金项目工作的通知》规范项目实施。

【组织项目专项检查】 2016 年，贵州省组织对 2015 年实施的项目专项检查。

由贵州省农业委员会相关处、站组成4个检查组，并从各市(州)抽调1～2名相关工作人员参与交叉检查。检查组于4月13日至5月6日到全省各市(州)及仁怀市、威宁县进行检查。2015年全省项目共219个，抽查49个项目，占项目总数的22.37%。项目整体运行情况较好，5 150万项目资金真正起到扶持、引领合作社建设作用。

【项目实施顺利】 2016年，贵州省组织农业部"2015年主要农作物生产全程机械化示范项目"省级审核工作，该项目在湄潭县实施，取得良好效果。下达贵州省省安龙县实施"水稻全程机械化示范"项目和黔西县实施"保护性耕作集成与创新"项目，资金分别是50万元和20万元，项目进展顺利。

【实施水稻全程机械化示范基地建设项目】 2016年，贵州省为落实贵州省农业委员会与中国工程院院士、华南农业大学"南方农业机械化与装备关键技术教育部重点实验室"罗锡文教授团队签订为期3～5年的水稻全程机械化技术应用开发合作协议，投入项目资金320万元实施水稻全程机械化示范基地建设项目。在2014—2015年两年试点的基础上，2016年安排在西秀、独山、播州、兴义等4个区县实施水稻全程机械化示范基地建设项目，示范总面积532.67公顷，其中直播面积22.67公顷(含水穴直播20.67公顷和旱穴直播2公顷)；机插秧面积43.33公顷(含机械钵苗栽培3.33公顷)；辐射带动水稻全程机械化示范面积466.67公顷。

【推进示范工作】 2016年，贵州省引进水稻水、旱穴直播机具及配套其他机具试验示范，出台《2016年贵州省水稻全程机械化示范基地建设方案》指导各县项目工作。华南农业大学专业技术人员及贵州省农业委员会专家组多次到示范点指导、培训、督促检查。9月25日，在兴义示范点举办测产验收会，罗锡文院士亲临该示范点，经实测，机械化精量水穴机直播示范田平均产量12 639.225千克/公顷，钵苗式移栽机插秧示范田平均产量13 196.55千克/公顷。机械化精量水穴机直播产量位列全国第三。独山县实测产量达12 000千克/公顷，播州区和西秀区示范点也取得较好成绩。

【开展科研创新】 2016年，贵州省山地农业机械研究所开展科研创新。有6个项目通过省级验收。其中实施5年的贵州省大型综合创新能力建设项目《贵州省山地小型农机具研发创新能力建设》，针对贵州省主要农业机械化问题进行系统全面的研究工作，包括机具研发、农机农艺结合生产模式探讨、机具技术与机械化种植标准(规范)编制、示范推广、实验室建设、人才引进培养、机制体制创新等内容。

【提升科技支撑】 2016年，贵州省5个省攻关项目《山地小型玉米机械化播种技术研究及应用》《贵州丘陵山区小型多功能田间作业机研制》《蔬菜生产机械化集成技术研究》《贵州省丘陵山地小型稻麦联合收割机研制》和《贵州省丘陵山区烟草移栽机的研制》，结合贵州农业生产实际，通过引进改进、创新优化，设计研制出适合贵州山地作业的小型农机具，并在农村进行试验示范和技术推广，为贵州省玉米、蔬菜、稻麦等农作物的机械化生产提供技术支持。

【推进机械化生产】 2016年，贵州省拖拉机拥有量56 057台、联合收割机793台、其他农业机械33 155台，拖拉机驾驶员175 686人、联合收割机驾驶员144人。全省未发生农机安全生产事故。

【落实农机安全生产目标责任书】 2016年，贵州省农机部门按照"党政同责、一岗双责、失职追责"要求，落实属地管理责任、部门监管责任和企业主体的责任分级负责的农业安全生产责任机制，通过省、市、县、乡、村和农机驾驶人员100%层层签订"安全生产工作目标和责任书"和安全操作承诺书，明确各级农业主管部门的监管职责及农机驾驶人员的主体责任。

【开展农业安全隐患大排查大整治】 2016年，贵州省农机部门根据农机安全生产实际情况，组织开展农机安全隐患大排查大整治专项行动。要求各地农机部门高度重视汛期农机安全生产管理工作，明确专人负责，建立重大隐患报送工作制度，深入排查各个生产现场，加大安全检查力度，排查整治安全隐患，严格执行24小时值班制度。

【开展农机安全生产"打非治违"专项行动】 2016年7月27日至8月10日，贵州省组成5个检查组分别到7个市(州)、17个县(市、区)开展农业安全隐患大排查大整治专项行动，针对检查中发现的问题，开展为期2个月的专项整治行动，共组织出动农机安全监理和技术人员1 000余人次，开展农机安全宣传活动100余次，发放宣传资料3万余份，检查农机生产企业、农机专业合作社、农机经销商412家，检查各类拖拉机、耕作机械等6 000余台次，排查整治生产安全隐患267起，纠正拖拉机涉牌涉证等违法行为90起，遏制和预防农机事故发生。

【开展"全国平安农机示范县"创建活动】 2016年，贵州省与省安全生产监督管理局联合开展"全国平安农机示范县"创建活动。经各市(州)农村工作委员会推荐，贵州省委农村工作委员会，贵州省安全生产监督管理局考察，确定雷山县作为贵州省全国"平安农机"示范县。

【成立"安全生产月"活动组织委员会】 2016年，贵州省根据《国务院安委会办公室关于开展2016年全国"安全生产月"和"安全生产万里行"活动的通知》《农业部办公厅关于开展2016年"安全生产月"活动的通知》，成立以贵州省农业委员会党组成员、机关党委书记徐成高为主任的贵州省农业委员会"安全生产月"活动组织委员会。

【组织开展"安全生产月"等宣传活动】 2016年，贵州省在做好"6 • 16"全国安全生产宣传咨询日活动的同时，开展安全发展主题宣讲活动及农机安全生产事故警示教育活动、安全生产督查检查活动。2016年"安全生产月"活动期间，全省共出动宣传车辆1 200余台 • 次，宣传人员3 800人 • 次，发放安全宣传资料200 000余份，制作标语、横幅、展板、宣传专栏2 800余条，播放录像、录音260场 • 次，展览安全宣传教育图片350场 • 次，直、间接受教育人员达150 000余人。

【农业机械化教育培训】 2016年，贵州省农机部门为掌握拖拉机驾驶培训许可审批权下放后全省各地拖拉机驾驶培训机构的培训条件和培训业务开展情况，规范拖拉机、联合收割机驾驶培训行业管理，确保培训质量，贵州省农业委员会在全省开展拖拉机驾驶培训机构检查。要求各市（州）农业机械化主管部门对不合格学校下发限期整改通知，逾期达不到要求的，将取消其培训资格。9月举办拖拉机驾驶教员培训班，共培训人员32名。

【加强农机安全监理人员培训】 2016年，贵州省为提高基层农机安全管理水平，从源头加强农机安全管理工作，4月份举办四期基层农机管理人员培训班，共培训乡镇农机管理人员95人，村级农机管理人员350人。8月25—27日，举办全省农机安全监理人员培训班，对全省150名农机监理人员进行农机行政执法、农机监理业务、农机驾驶员考试、农机检验等方面的培训。经培训考试合格后，参训人员分别取得监理员、考试员、检验员资格。

【加强农机合作社建设】 2016年，贵州省农机部门开展农机合作社示范社创建活动。根据农业部要求组织开展农机合作社示范社创建活动。组成省级审核组，对市（州）、县推荐的农机合作社示范社进行实地调研、审核，推荐遵义市播州区润田农机专业合作社和思南禾睦福农机专业合作社获国家级示范社，评出15个省级示范社。

云南省

【概况】 2016年，云南省在农业部的关心支持下，在省委省人民政府的坚强领导下，各级农机部门围绕年初确定的目标任务和工作重点，凝心聚力，真抓实干，全省农业机械化保持快速健康发展势头。

【农业机械化发展水平提升】 2016年，云南省各级农机部门围绕高原特色现代农业发展要求，推进农业机械化全面协调发展。全省农机总动力超过3 400万千瓦，同比增加70万千瓦，农机装备水平提升，结构优化。农机作业面积超过6 200千公顷次，同比增加86.67千公顷次，其中耕播收作业面积超过3 333.33千公顷次，主要农作物耕种收综合机械化率达47.6%，同比增加0.6个百分点，主要农作物薄弱环节生产机械化取得重点突破，种植业、畜牧业、渔业、设施农业和农产品初加工机械化协调推进。

【农机购置补贴工作开展】 2016年，云南省按照“缩范围、控定额、促敞开”总体要求，完善相关制度措施，精简操作程序为“核实、结算”两个环节，首次实行“先购后补”的补贴方式，开展农机购置补贴，推进延伸绩效管理，禄劝县农业局等30个单位被考核为优秀。中央财政下达补贴资金3.41亿元，2015年结转4 000万元，用于深松作业补贴2 600万元，实际使用购机补贴资金3.55亿元。截至12月14日，全省共实施补贴资金3.44亿元，实施比例为97%；结算补贴资金2.65亿元，结算比例为75%。

【推进全程机械化行动】 2016年，云南省围绕主要粮食作物和特色经济作物，开展农业机械化示范区建设，通过陇川县甘蔗机械化、盈江县水稻机械化、师宗县保护性耕作国家项目和省级示范项目带动，强化现场培训和舆论宣传，共完成水稻机插秧34千公顷，玉米、马铃薯播收机播31.33千公顷，全省水稻、玉米、小麦耕种收综合机械化率超过49.2%、36.9%、46.7%。2016年，农业部下达云南省农机深松整地作业任务为43.33千公顷，全省共完成深松整地58千公顷，占中央下达任务的134%。编制完成347档次的农机购置补贴一览表，开展调查研究，协助农业部举办全国农机推广培训班。

【推进农机合作社发展】 2016年，云南省首次召开全省农机专业合作社发展推进会，申报全国农机合作社示范社4个，重点扶持农机合作社20个，培训农机合作社辅导员和带头人136人，推进农机合作社创新发展和规范发展，全省农机合作社数量超过480个。

【开展农业机械化教育培训】 2016年，云南省以农业机械化教育培训大行动为抓手，培训各级各类人才10万人次以上。其中，省级召开教育发展研讨会，培训拖拉机教学人员65人、购机补贴业务员256人、西盟县精准扶贫实用人才52人，开展新型农业经营主体带头人跟踪指导服务105人。

【安全监理和质量监督保障有力】 2016年，云南省履行省农业厅农业安全生产管理办公室职责，首批培训全省农业系统安全生产管理员80余人，落实工作目标责任制。推进国家免征农机监理行政事业性收费政策，对1 300余个型号的拖拉机、联合收割机进行审查备案和数据库信息录入，规范开展农机安全监理业务和岗位培训、宣传教育，武定县、沾益县、彝良县、石林县、澜沧县、芒市6个县监理站被评为全国“平安农机”示范县，禹庆华等8名同志被评为示范岗位标兵，开展农机安全生产大检查工作，全省共接报农机事故3起，安全生产形势稳中向好。新认定8个农机产品的省级鉴定能力和3个农机产品的推广鉴定大纲。对55家企业生产的215个产品进行推广鉴定并在网上发布。开展推广鉴定和职业技能鉴定培训，开展农机质量投诉监督，开展农机职业技能鉴定957人。归档农机购置补贴产品信息6 027个。

西藏自治区

【概况】 2016年，西藏自治区按照“转变方式、完善机制、增强活力、提升效率”方针，全自治区各级农业机械化主管部门贯彻党的十八届三中、四中、五中、六中全会和中央第六次西藏工作座谈会精神，推动措施、任务落实，各项工作取得成效。

【农业机械化发展投入保持增长】 2016年，西藏自治区农机总动力达635万千瓦，同比增加15万千瓦，增长2.4%；各类拖拉机拥有量25.6万台，同比增加0.4万台，增长1.6%；配套耕、播、收机具20.7万台，同比增加1.4万台，增长7.3%；联合收割机5 447台。完成机械化耕播收面积共393.2千公顷，农田三项作业综合机械化水平达58%。农业机械化试验示范项目农业部部门预算投资80万元，同比增加30万元；自治区级部门预算投资20万元，与2015年持平。

【农机购置补贴情况】 2016年，西藏自治区农机购置补贴投入达28 821万元，其中中央财政投入19 200万元，同比减少1 800万元，自治区财政投入9 000万元，同比减少2 000万元，市县级投入达621万元，与2015年基本持平。

【农机安全生产形式总体平稳】 2016年，西藏自治区未发生道路内外农机安全生产事故，未出现因使用农机引发的人员伤亡事故，全年农机安全生产总体上保持平稳态势；农业机械化主管部门联合公安机关交通管理部门开展农机牌证化管理试点工作，已注册登记拖拉机5 072台。

【推动农业机械化强农惠农政策落实】 2016年，西藏自治区加大农机购置补贴工作力度，推动政策深化改革。结合全自治区农业机械化发展实际修订《西藏自治区2015—2017年农业机械购置补贴实施办法》，将12大类20小类45品目245个档次的农机产品列入补贴范围，实际归档247家企业生产的2 447个农机产品型号，通过相关渠道进行公示，新修订实施办法提交西藏自治区财政厅审核后印发实施。

【完善规章制度】 2016年，西藏自治区推动政策改革完善，完善补贴资金分配因素法和结余资金结转制度，建立脱贫攻坚专项资金动态平衡机制、农机深松整地作业补助资金动态调整和平衡机制，明确脱贫攻坚专项补贴资金使用规定，推动“敞开补贴”，2016年首次将中央财政资金补贴范围以内所有品目全部敞开。

【争取特殊优惠政策】 2016年，西藏自治区针对2015年以来全自治区政策落实过程中发现的问题和困难，加大协调、对接力度，争取中央对藏特殊优惠政策，与西藏自治区财政厅会签，向农业部、财政部提交《关于请求加大对西藏农机购置补贴政策特殊优惠力度进一步提升政策落实精准性的请示》（藏农厅发〔2016〕94号），以单行材料形式向农业部农业机械化管理司上报《西藏自治区农牧厅关于推动农机购置补贴政策改革几点设想的请示》。

【推进农机购置补贴工作】 2016年，西藏自治区农机部门及时开展政策督导、调研、检查工作，督促各地加快资金执行进度，与西藏自治区财政厅会签下发《关于进一步加快2015年度农机购置补贴资金执行进度的通知》（藏农厅发〔2016〕244号），针对补贴信息录入和资金结算滞后等问题，对相关工作进行再动员、再部署，确保改革措施得到落实，全自治区2015年度农机购置补贴资金执行进度接近70%。

【推进农机深松整地及其补助政策落实】 2016年4月6日，由西藏自治区农牧厅农业机械化管理处向西藏自治区农牧厅党组提交《关于依托中央财政农机购置补贴资金实施农机深松整地作业补助政策有关事宜的请示》。

【推进农机深松整地新技术和新机具试验论证工作】 2016年4月中旬起，西藏自治区农牧厅委托西藏自治区农业技术推广服务中心农机站在山南市扎朗县扎其乡分两个阶段开展为期6个月的农机深松整地新技术、新机具试验论证工作。4月12日（11月30日分两次）、9月29日、10月18日分别在西藏自治区山南市扎朗县、拉萨市堆龙德庆区、日喀则市江孜县举办农机深松整地新技术（新机具）演示、论证、推进工作现场会。目前两个阶段试验论证工作基本结束，累计实施农机深松整地面积近0.67千公顷（全区实施深松整地面积超过1.33千公顷）。

【保障补助政策落实】 2016年，西藏自治区农机部门为提升社会化服务主体和农牧民群众作业积极性，保障农机深松整地作业高质量、有序实施，西藏自治区农牧厅、西藏自治区财政厅于11月21日会签出台《西藏自治区2016—2020年农机深松整地作业补助实施办法》（藏农厅发〔2016〕445号），经详细论证和多方讨论，考虑全自治区耕地环境复杂、油料机具损耗严重、机具作业转场成本较高等因素，将补助标准定在825～900元/公顷（其中昌都市补助标准为900元/公顷），群众按需配套，目前各地正着手部署补助政策落实前期工作。

【推进预算项目工作】 2016年，西藏自治区农机部门实施扎囊县保护性耕作技术创新和白朗县马铃薯生产全程机械化示范两个农业部部门预算项目，共计落实农业部部门预算资金80万元，累计示范面积超过800公顷。

【推动保护性耕作技术创新项目】 2016年，西藏自治区农业技术推广服务中心农机站在扎囊县实施以土壤深松、免耕播种、机械化整地和播后镇压等技术试验为主的保护性耕作技术创新项目，完成试验面积480公顷，期间举办现场会等项目培训4次，培训人数12 000人次，重点培训合作社技术人员和机手316人次，印发教材15 000份。

【推动全程机械化试验示范项目】 2016年，西藏自治区日喀则市农机推广站在白朗县实施以马铃薯生产机械化耕地、整地、播种和收获等技术示范为主的全程机械化试验示范项目，完成示范面积333.33公顷，期间培训农机手160人次、农牧民群众2 600人次，发放知识教材10 000余本，召开现场作业展示会2次，对农机合作社进行重点倾斜，围绕机手作业技能、维修保养技能、安全生产规程等方面开展深入培训。

【两个项目进展顺利】 2016年，西藏自治区项目在建设过程中，两个项目单位按照项目任务要求开展工作，提升农机农艺融合度，降低作物生产成本，强化当地主要农作物生产全程机械化薄弱环节、优化作业模式，农业机械化综合作业水平提升和粮食增产效果明显，作为项目依托单位农机专业合作社装备水平、技术力量和服务能力得到提升，项目区先进作业模式和作业理念正辐射和影响周边地区，向全自治区推广。目前项目实施单位正组织精干技术力量跟踪分析和完善麦类、马铃薯等主要农作物的机械化生产技术模式，争取政策和资金支持，推进全程机械化生产技术向周边地区辐射，促进示范成果得到有效转化。

【扎朗县示范区建设成效显著】 2016年，西藏自治区扎朗县示范区内平均每公顷节约种子57千克，与传统播种方式相比节约种子18%，实现粮食增产10.1%，农业机械化综合作业水平提高11.5个百分点，达58%，当地农机专业合作社新购73.53千瓦以上大型农机12台（套），参与农机社会化服务积极性高。

【白朗县示范区建设成效显著】 2016年，西藏自治区白朗县示范区内节约种子43%，实现作物增产达25%，作业效率提高6倍以上，核心示范区内机耕水平达92%以上、机播水平达88%以上，机收水平达71%以上，机械化综合作业水平达83.7%以上。

【做好农业机械化生产工作】 2016年，西藏自治区贯彻落实西藏自治区农牧厅《关于加快推进粮食生产全程机械化工作的通知》(藏农厅发〔2015〕66号)，结合"两攻坚、一行动"(即春耕春播攻坚、防灾减灾攻坚和科技兴粮技术服务行动)，提升农机组织管理能力和应用水平，组织各级农机技术人员深入一线开展服务，在拉萨市、日喀则市等粮食主产区派员开展蹲点督导，结合主要粮油作物全程机械化推进行动，开展农机实用技术培训和生产管理，督促农机购置补贴机具经销商做好新机具使用前培训工作，累计培训农牧民超过5 000人次。

【抓社会化服务工作】 2016年，西藏自治区扶持建设直接从事粮食生产的农业机械化生产经营组织，发挥其在农机装备建设、作业水平提升等方面"倍增器"作用，全自治区已建成并运转较为规范的农机合作社总数达62家，参与户数1 600多户，合作组织固定资产总额近9 000万元，自有土地面积14.67千公顷，年服务作业面积达35.33千公顷，全年开展社会化服务纯收入达1 300多万元。

【抓农机安全生产工作不动摇】 2016年，西藏自治区按照西藏自治区人民政府、西藏自治区安委会关于西藏自治区农牧业安全生产工作的总体部署，西藏自治区农牧厅下发《区农牧厅关于做好农机春耕备耕和安全生产工作的通知》(藏农厅发〔2016〕81号)、《区农牧厅关于认真做好下半年全区农机安全生产工作的紧急通知》(藏农厅发〔2016〕260号)等三个文件，就做好农机安全生产工作的组织领导、具体工作、保障措施等进行再安排、再部署，推动各级农业机械化主管部门履行农机安全监管职责。

【加强安全生产管理】 2016年，西藏自治区落实安全生产管理主体责任，明确农业机械化主管部门主要领导做为农机安全生产工作第一责任人的工作职责，及时提名成立农机安全生产工作领导小组，发挥领导小组工作职能，确保组织人员到位。

【联合开展拖拉机管理试点工作】 2016年，西藏自治区根据自治区人民政府专题会议纪要《关于研究安全生产专项工作有关事宜》(〔2013〕87号)精神，配合公安机关交通管理部门做好自2013年起在拉萨市城关区、山南市桑日县、日喀则市桑珠孜区启动的拖拉机管理试点工作。

【推进拖拉机管理试点工作】 2016年，西藏自治区公安交管部门严格依据《拖拉机登记规定》《拖拉机登记工作规范》规定流程，办理拖拉机安全技术检验、查验、登记、牌证核发、档案管理等业务，确保拖拉机登记工作的规范、统一；农牧部门立足实际，依托现有培训资源，开展拖拉机驾驶人操作技能培训。三个试点县区和堆龙德庆区共登记拖拉机5 072台，其中拉萨市城关区541台、日喀则市桑珠孜区600台、山南市桑日县968台、堆龙德庆区2 963台。

陕 西 省

【概况】 2016年，陕西省在农业部农业机械化管理司支持和指导下，在省农业厅党组领导下，陕西农机系统广大干部职工贯彻落实中、省决策部署，围绕一条主线(提升农业机械化水平，助推特色现代农业发展)，突出一个重点(农业机械化重大项目)，培育一个载体(新型农机经营主体)，强化一个保障(农机公共服务能力)，主推十大技术，实施十大项目，求真务实，改革创新，攻坚克难，圆满完成各项重点工作任务。

【农机总动力情况】 2016年，陕西省农机总动力达2 171万千瓦(已剔除农用运输车动力750万千瓦)，同比增长254万千瓦；主要农作物耕种收综合机械化水平达64.05%，同比增长2.82个百分点；农机经营总收入达124亿元(已剔除农用运输车经营收入5亿元)，同比增长8亿元。全省农业机械化向全面、全程、高质、高效发展，为"十三五"农业农村经济发展开好局、起好步提供支撑。

【开展农业全程机械化示范县创建】 2016年，陕西省在总结十大农业生产全程机械化模式创建经验基础上，按照全省农业产业转型升级示范县建设统一部署，围绕主要粮食作物和优势特色产业。完善全程机械化技术模式、装备配套模式和生产经营模式，在适宜区域示范推广。小麦、玉米和水稻油菜耕、种、收、植保、烘干、秸秆处理生产全程机械化模式已基本形成。

【农业生产全程机械化示范县创建启动】 2016年，陕西省在澄城县和榆阳区建设1.33千公顷玉米、0.67千公顷马铃薯全程机械化示范区。咸阳建设全国农业机械化示范市完成年度任务。渭南市临渭区被农业部确定为全国首批基本实现主要农作物生产全程机械化示范县。

【丘陵山地机械化实现突破】 2016年，陕西省农机部门按照产业特点和地区条件，重点建设一批机械化示范区，引进适宜丘陵山地作业的轻简型农业机械，开展试验示范，丘陵山地作物机械化生产取得新突破。

【组织演示会】 2016年5月20日，陕西省在汉中市勉县召开秸秆综合利用暨稻油全程机械化现场演示会，集中演示水稻油菜全程机械化生产各环节作业机械，推出一批适合陕南丘陵山地和水稻、油菜全程机械化生产新机具。9月29日，延安市集中演示谷子、玉米、马铃薯、水稻作业机械。首次实现谷子精量播种、中耕培土、除草、高效植保、联合收获全程机械化，节约成本4 500元/公顷，增产25%。

【优势特色产业机械化水平提升】 2016年，陕西省围绕果业、畜牧业、设施农业、茶叶、食用菌等优势特色产业，建设机械化示范点，推进农机农艺融合，破解技术难题，引进、试验、示范国内外先进农业机械，优势特色产业机械化水平提升。

【召开茶叶生产全程机械化现场会】 2016年7月14日，陕西省在安康市平利县召开茶叶生产全程机械化现场会，集中演示茶叶机械化建园、修剪、中耕、植保、采摘、加工、包装等7个环节机械化作业，促进茶叶生产全程机械化。

【召开果业生产全程机械化现场演示会】 2016年10月10日，陕西省在宝鸡市千阳县召开全国农机推广站长会暨陕西果业生产全程机械化现场演示会，集中演示国内外先进果品光电自动分选线、机械化作业平台等机具。设施农业、畜牧业等一大批先进实用机械推广引进示范，促进特色产业机械化水平提升。

【推广新机具新技术】 2016年,陕西省宝鸡、杨凌、渭南、安康和榆林等五个新机具试验示范基地根据产业特点,依托合作社,开展新机具新技术试验示范、推广培训和演示展示。先后累计举办培训会14场次,召开机具演示会8场次,其中,陕西省农业机械管理局组织召开全省性新机具演示现场会4次;引进大型玉米青贮机、果园自走式弥雾机、油菜移栽机等新型适用机械142台(套)。

【推进农机新机具试验示范基地建设】 2016年,陕西省渭南市引进葡萄弥雾机、果园自走式喷雾机等机具,宝鸡市新研制蔬菜穴盘点播机解决蔬菜全程机械化生产中的难题,安康市引进茶叶修剪和生物防控机、谷物烘干机等新型适用机械,填补多项当地空白,为特色产业发展发挥示范引领作用。

【重要农时机械化生产平稳有序】 2016年,陕西省农机部门组织春耕、"三夏""三秋"等重要农时机械化生产,全年主要农作物机耕、机播、机收面积分别达1 880.82千公顷、1 392.71千公顷、1 220.77千公顷。针对"三夏""三秋"收种矛盾尖锐情况,提早备战,强化服务,加强督导,重要农时机械化生产平稳有序进行。小麦生产基本实现全程机械化,玉米机收水平达55%,同比增长7个百分点。

【农机购置补贴实施顺利】 2016年,中央安排陕西省机补资金共7.528亿元,同比增加2 800万元。按照"大稳定、小调整"原则,以"缩范围、控定额、促敞开"为方向,完善方案、简化程序、加强宣传培训、强化警示教育、推进信息公开,推动政策廉洁规范落实。全年补贴机具13.17万台,受益农户9.81万户,促进农机装备结构优化。

【深松整地任务超额完成】 2016年,陕西省农业机械管理局高度重视,广泛调研,征求意见,提早下发《方案》,抢抓重要农时,提高补贴标准,整村整镇推进,强化宣传引导,营造良好氛围。全省新增大功率拖拉机1 484台,新增深松配套机具315台(套),完成深松整地示范面积10千公顷,作业面积264.67千公顷,超额完成农业部下达的256.67千公顷计划任务。

【推进项目实施】 2016年,陕西省榆林市因地制宜,抢抓春季作业有利时机,以榆林市人民政府名义召开项目推进会,推动项目实施;宝鸡市人民政府安排资金,对2.5米以上宽幅复式深松机具,每台给予2 000～3 000元累加补贴,加大行政推动力度;渭南市坚持整村推进,公开招标,优中选优,将项目任务分解落实到40多个合作社,加快项目实施进度。

【保护性耕作示范扩大】 2016年,陕西省推广地膜覆盖、节水灌溉、深松整地、稻油机械化收种等四大关键技术,增产增收效果明显。3月30日在西安市举办"陕西保护性耕作论坛",组织与会人员参观保护性耕作作业现场,开展技术交流、机具演示,推动项目实施。全省保护性耕作技术应用规模达433.33千公顷,新增保护性耕作示范面积9.67千公顷,超额完成1.67千公顷。铜川市保护性耕作技术监测点一年一作小麦产量达4 530千克/公顷,比传统耕作增产小麦825千克/公顷,增幅达22.4%。

【秸秆综合利用成效显著】 2016年,陕西省农机部门按照"综合统筹,板块推进,持续发展,整体提升"思路,主推"七项技术",在65个重点区域建设综合利用示范田、扶持秸秆利用合作社建设、引进新机具新技术,完成全年秸秆机械化综合利用工作任务。全省农作物秸秆机械化综合利用面积达2 033.33千公顷,综合利用率达81%,重点区和禁烧区利用率达96%以上。

【抓秸秆机械化综合利用】 2016年,陕西省西安市、渭南市、汉中市三市以市人民政府名义发文件、出政策、列资金、召开现场会,抓秸秆机械化综合利用,为"治污减霾"工作作贡献。

【新型农机经营主体队伍壮大】 2016年,陕西省农机部门按照"提质增效、规范发展"要求,扶持农机专业合作社,全省农机专业合作社总数突破1 000家,达1 180个。依托农业机械化学校,利用政策和农机项目,结合农业机械化新技术推广,开展农机合作社带头人、农机手和维护修理人员等实用人才培训,提升农机社会化服务能力。

【加强农机人员培训】 2016年,陕西省农机部门先后举办两期农机专业合作社理事长培训班,培训农机专业合作社理事长230多人,全年累计完成各类农机人员培训16万人次,超额完成培训任务。组织全省60名农机手参加中国农机手大赛北方省区联赛。

【开展跨区作业】 2016年"三夏""三秋"期间,陕西省渭南市组织6 000余台联合收割机、2 000余台拖拉机前往湖北省、河北省、河南省、山东省等省开展跨区作业,为农民带来作业收入6亿多元。

【扶持农机制造产业园建设】 2016年,陕西省引进山东泰安集团投资5亿元,在杨凌区建成年产5 000台的拖拉机生产线。11月5日,首台147.06千瓦大型拖拉机成功下线。

【强化农机购置补贴政策实施监管】 2016年,陕西省农机部门对近三年来出现违规问题,进行全面清理,自查整改。陕西省农业机械管理局领导带队开展专项督查,深入市县乡村和补贴机具经销企业,督查政策落实情况,实行常态化监管,以监管促规范、以监管促落实,保障政策廉洁规范落实。

【强化农机深松整地项目实施监管】 2016年,陕西省制定《农机深松整地项目规范运行监管方案》,各地通过强化教育培训、安装检测装备、加强机手管理、发动群众监督、严格档案管理、建立追究制度等方式,项目监管力度加强。

【强化农机安全监管】 2016年,陕西省各农机部门逐级签订农机安全生产责任书,落实安全生产主体责任。为全省半数以上县区配备农机驾驶人智能化考试设备,提高农机安全监管科技水平。在重要农时季节,开展农机安全生产督查。推行警监联合执法"武功模式",开展农村道路安全专项整治。开展"平安农机"创建活动,抓农机安全宣传教育,增强农机安全意识。年内未发生一起死亡3人以上较大事故,农机安全生产形势向好。

【强化农业机械化项目资金监管】 2016年,陕西省及时下发农业机械化项目资金监管意见,组成联合调查组对农业机械化重大项目进行专项督查,提出整改意见。

【强化农机试验鉴定规范化管理】 2016年,陕西省贯彻实施农业部新修订《农业机械试验鉴定办法》《农业机械推广鉴定实施办法》,制定陕西省农机推广鉴定受理及发证工作细则,规范受理及发证工作。根据新《农业机械试验鉴定办法》《农业机械推广鉴定实施办法》对鉴定人员进行培训,增强鉴定工作人员素质。全年受理推广鉴定申请40余项,发放推广鉴定证书32项,并公布相关信息。《玉米免耕深松播种机》等两个省级地方标准制定获省质量监督局批准。

【机关作风好转】 2016年,陕西省开展"两学一做"学习教育和以"夯实责任 严明纪律 激情干事"为主题的机关纪律作风整顿,落实中央"八项规定",强化党员干部学风、思想作风、工作作风建设。重新修订机关各项制度,坚持用制度管人管事,确保规范运行。机关工作作风改进,干部服务意识增强。

【依法行政推进顺利】 2016年,陕西省下发省农业机械管理局2016年依法行政工作要点,清理规范性文件。举办《法治思维与公务人员从政风险防范》专题讲座。组织开展全省依法行政从业人员执法培训,培训人员700多人次,干部依法行政意识和能力增强。

【提升干部素质能力】 2016年,陕西省按照年度农业机械化培训计划,组织干部学理论、学法规、学业务。选派干部参加部、省举办各类培训,组织开展全省公文写作、统计分析、行政执法等专题培训。陕西省农业机械管理局集中一个月时间,组织处级以上干部以讲促学,开展教育培训活动,全年培训干部职工2 000多人次,提升队伍素质。

【推进农机信息化建设】 2016年,陕西省提升农机信息化、智能化服务水平,组织完成视频会议室和陕西智慧农机信息化指挥平台建设,开通"陕西省农业机械管理局微信公众号",改版升级农业机械化信息网,规范农机信息报送方式。全年省农业机械化信息网共编发农机信息2 000余条。加强农机信息采编,全年在各类新闻媒体发布农业机械化新闻2 600余条。

【干部教育常抓常新】 2016年,陕西省围绕"两学一做"学习教育活动,通过购买理论学习书籍、邀请专家教授进行专题理论辅导、开展革命传统教育、观看革命历史题材电影、开办"学习园地"、建立"陕西农机学习馆"微信群,开通"电子职工书屋"网络平台等形式,加强干部思想道德建设。

【主题活动有声有色】 2016年,陕西省农机部门开展健步走竞赛、三八节组织女职工参观实践、安全知识讲座、"爱心助学、保护大秦岭"志愿者活动等文娱活动。成立乒羽俱乐部、女子瑜伽俱乐部、气功健康协会,利用每周二、四开展活动,丰富活动内容。

【文明创建再结硕果】 2016年,陕西省农机部门组织开展卫生评比、"光盘行动""文明网络"等行动,教育争做爱护环境、节约粮食、文明上网、文明行车农机人活动。深化农机行业文明诚信建设,开展"诚信行业""诚信农企"创建活动,号召农机生产企业、经销企业建立诚信联盟。开展机关办公环境整治,绿化美化机关大院,设置文明提示牌,制作文化宣传栏,创造整洁、文明、优美的工作环境。

【推进精准扶贫工作】 2016年,陕西省在全省农机系统依托农机专业合作社开展"千社带万户"精准扶贫推进行动,动员农机专业合作社积极投身扶贫攻坚战,帮助农村贫困人口脱贫致富,推动农业机械化事业发展。咸阳市组建农机扶贫示范作业队19个,拥有农机具1 142台(套),带动贫困户287户,开展农机作业36.13千公顷,被陕西省农业机械管理局授予"全省'千社带万户'农机精准扶贫示范市"称号。

【开展调查研究】 2016年,陕西省围绕全省"十三五"农业机械化发展规划、陕西农机工业发展、农机公共服务能力提升等重大事项,开展调研,撰写综合调研报告5篇,为农业机械化事业科学发展提供决策依据。

【加强党领导队伍建设】 2016年,陕西省将党建工作纳入年度目标责任考核,与业务工作同安排,同部署。制订陕西省农业机械管理局党委《关于加强党的建设工作的意见》,选优配好局系统8个支部班子,完成省农业机械管理局党委班子、机关党总支换届工作。

【加强党的建设】 2016年,陕西省加强党务工作队伍建设,落实"三会一课"、民主生活会、党员评议等制度,增强党委和支部管党治党意识和能力。建立健全机关党建工作责任考评体系,深化"五型"党组织创建。落实"一岗双责",与各市农机管理部门和省农业机械管理局各处室站分别签订党风廉政建设责任书,明确分工,夯实责任。开展廉政警示教育,举办以"预防渎职犯罪,依法规范行政"为主题的廉政警示专题讲座。加强重点岗位廉政风险防控,开展惠农资金项目整顿。

甘 肃 省

【概况】 2016年,甘肃省农机部门贯彻中央和省委一号文件精神围绕全省农业工作总体部署,求真务实,真抓实干。农业机械化事业保持持续快速健康发展的态势,农作物综合机械化率超过50%。

【农机装备总量增长】 2016年,甘肃省农机总动力达2 832.27万千瓦,增长5.49%;拖拉机达80.42万台,增长3.96%;配套农机具达175.5万台(套),增长7.28%。

【农业机械化作业水平提高】 2016年,甘肃省农作物综合机械化水平达51.18%,同比提高2.78个百分点;农作物机耕、机播、机收面积分别达2 763千公顷、1 694.98千公顷、1 233.33千公顷,分别增长7%、4.78%、12.44%。

【农机购置补贴力度加大】 2016年,中央财政安排甘肃省农机购置补贴资金5.9亿元,同比增长11.32%;省财政安排4 500万元,市县两级财政继续加大对农业机械化的投入。

【农机社会化服务能力增强】 2016年,甘肃省农机经营服务总收入达110.78亿元、纯收入达42.44亿元,同比分别增长3.1%、4%;农机社会化服务组织达2 886个,增长3.89%;农机专业合作社达1 500个,增长57.24%。

【农机法规建设取得新进展】 2016年7月29日，甘肃省十二届人大常委会第二十五次会议通过《关于修改〈甘肃省农业机械管理条例〉的决定》，新修订条例明确细化农机部门和相关部门的职责，确立免费管理、燃油补贴、大型农业机械库棚用地等扶持措施。

【落实农机购置补贴政策】 2016年，甘肃省农机部门推行“自主购机、定额补贴、县级结算、直补到卡”补贴政策，共落实中央资金5.9亿元、省级资金4 500万元，补贴购置各类农机12.26万台，受益农户9.19万户，拉动农民投资13.43亿元。

【周密安排部署，落实工作责任】 2016年3月，甘肃省农机部门在全省农业机械化暨农机安全生产工作会议上作全面安排部署并签订责任书。各级农机部门制定实施方案，层层签订工作责任书，将政策落实、信息公开、廉政风险防控等纳入考核范围，开展延伸到县级的绩效管理考核。

【深化改革创新，加强培训】 2016年，甘肃省农机部门按照“控定额、缩品目、促敞开”的思路，调整优化资金使用方向，加大对主要农作物生产、保护性耕作、深松整地、秸秆还田等所需机具的补贴力度，实行应补尽补、敞开补贴。4月举办全省农机购置补贴政策暨辅助管理软件系统培训班，培训操作人员600多人。

【加强监督检查】 2016年，甘肃省农机部门组织开展专项督查活动，坚持动态监管补贴产品市场价格，打击违法违规行为，确保政策落实。甘肃省农业机械管理局被农业部评为2015年强农惠农政策落实(农机购置补贴)先进单位。

【加强购置补贴力度】 2016年，甘肃省农机部门对农机合作社购置73.5千瓦以上大型农业机械实行累加补贴，安排省级资金1 340万元，购置大型拖拉机125台、联合收割机11台、收获机14台。在定西市7县区的119个乡镇开展一乡一农机合作社建设试点，安排省级资金1 411万元，市县两级配套资金548万元。

【开展农业机械化服务组织建设试点】 2016年，甘肃省农机部门在全省32个精准扶贫村开展精准扶贫村农业机械化服务组织建设试点，安排省级资金320万元，已全部建成，大部分投入运营。在榆中县荣盛源、甘州区盛兴、武威黄羊河农场、酒泉华夏4个农机专业合作社开展规范化建设和提质增效示范创建活动安排资金80万元，为甘肃省农机社会化服务组织建设提供模板和经验。

【部署安排农机合作社建设工作】 2016年，甘肃省农机部门在张掖市召开全省农机合作社建设座谈会，安排部署当前和今后一个时期农机合作社建设工作。开展全省农机合作社示范社创建活动，认定58个省级农机合作社示范社，其中2个被农业部认定为全国农机合作社示范社。

【组织农业机械化生产】 一是抓春耕生产，2016年，甘肃省农机部门组织投入各类农业机械16.17万台(件)，完成农作物机播1 041.38千公顷、机耕1 380.89千公顷、机械镇压754.53千公顷、机械深施化肥492.93千公顷、机械覆膜649.03千公顷。二是抓“三夏”跨区机收，发放联合收割机跨区作业证3 690份，组织投入联合收割机7 640台，完成小麦机收537.05千公顷，小麦机收水平近70%。三是抓秋冬季农业机械化生产，组织投入各类农业机械69.94万台(件)，完成机耕1 176.43千公顷、小麦机播318.79千公顷、马铃薯机收150.13千公顷、玉米机收222.03千公顷。

【加快农业机械化新技术推广应用】 2016年，甘肃省机械全膜双垄沟播737千公顷、机械植保758.67千公顷、精少量播种510千公顷、免耕播种99.89千公顷、马铃薯机播178.78千公顷、马铃薯机收157.79千公顷。举办机具现场演示及培训685场次，发放宣传资料31.2万份，培训各类农业机械化人员20.5万人次

【加快推广科技示范及项目资金】 2016年，甘肃省下达全省农业机械化科技示范推广及体系建设项目资金335万元，安排农业机械化科技示范项目17个。实施农业部保护性耕作技术集成与示范项目2个，落实资金60万元，完成示范面积0.44千公顷。组织验收甘肃省承担的国家发改委、农业部保护性耕作建设工程项目4个。安排20万元，组织农机推广部门与企业合作研制气吸式玉米铺管铺膜精量播种机、废旧地膜机械化捡拾回收机等机具。

【落实农机安全生产责任制】 2016年，甘肃省农机事故4起，死亡2人，受伤2人，直接经济损失9.44万元。全省农机部门印发农机安全生产工作要点，召开全省农业机械化暨农机安全生产工作会议、农机安全监理工作会议，层层签订农机安全监理目标管理责任书。

【开展农机安全宣传教育与农机检审验】 2016年，甘肃省农机部门印发材料91.48万份、张贴标语5 763条、制作固定宣传栏及图板1.15万个、媒体宣传427次。全省检验农机36.09万台次，检验率87.28%；换证审验驾驶证1.06万本，审验率74.25%；注册登记3.26万台，新增持证驾驶人1.9万人。

【加强农机安全生产】 2016年，甘肃省农机部门开展农机生产月活动、打非治违、隐患排查治理和安全生产大检查活动，组织省级安全生产督查4次，查处违章5 398人次，下发整改通知书2 141份，查处安全隐患2 417条，整改率98.26%。修订下发《全省农机安全监理业务考核办法》。2016年8月在玉门市开展全省农机事故应急演练活动。甘肃省农机安全生产的主要做法在全国会议上作典型交流发言。

【开展农机质量监督管理工作】 一是制定发布2016年甘肃省农业机械推广鉴定产品种类指南，涉及10大类56个品目的农机产品，核发《农业机械推广鉴定证书》87个。二是甘肃省农机质量管理总站通过省级农业机械推广鉴定能力考评，认定其具备112个农机产品的推广鉴定能力，有效期为5年。三是安排资金15万元，在酒泉、张掖、武威3市7个县开展玉米收获机质量调查工作。四是协调处理省电视台新闻短片报道的玉米收获机事件，共受理农机投诉案件11起，为农户挽回经济损失50.4万元。五是对张掖、金昌两市放心农资下乡进村宣传周活动进行督导。六是起草《深松

机作业质量》等 7 项甘肃省地方标准并上报甘肃省质量技术监督局审定。

【实施农机深松整地试点工作】 2016 年，甘肃省农机部门制定印发《农机深松整地作业补贴试点实施意见》《农机深松整地补贴工作知识问答手册》。农机深松整地范围包括除甘南州外的 13 个市州 54 个县和 8 个农垦农场及山丹军马场，下达作业任务 275.67 千公顷、中央补贴资金 8 270 万元，补贴标准提高至每公顷 300 元，投入深松作业机具 1.36万台，完成深松整地面积 388.44 千公顷。

【推动深松作业工作】 2016 年 7 月，甘肃省农机部门在平凉市召开全省农机深松整地作业现场培训会议，11 月在定西市陇西县召开农机深松整地暨中药材生产全程机械化现场演示会议。推动深松作业信息化远程监测工作，要求各项目县在做好人工监测核查的基础上，至少配备 2 台以上远程智能式深松作业监测设备。

【实施农机报废更新补贴试点工作】 2016 年，甘肃省实施范围由 2015 年的 16 个县（市、区）增加到 35 个，报废各类农机 320 台，落实报废更新补贴资金 1 384.89万元。

【抓点示范推动】 2016 年，甘肃省农机部门印发抓点示范工作方案，分区域建立玉米、马铃薯、中药材、林果、蔬菜、牧草生产示范点 65 个，完成示范面积 7 千公顷。其中省级示范点 10 个，每点安排资金 15 万元，完成示范面积 1.03 千公顷。

【推进全程机械化】 2016 年，甘肃省财政对粮食生产环节所需的玉米、马铃薯和残膜回收等机具实行 10% 的省级累加补贴。推进果业生产机械化，6 月在天水市召开全省果业生产机械化现场演示暨技术研讨会。推进中药材生产机械化，11 月在陇西县召开全省农机深松整地暨中药材生产全程机械化现场演示会议。甘肃省主要农作物生产全程机械化的做法在全国主要农作物生产全程机械化推进行动现场会上作典型交流发言，山丹县被农业部首批认定为全国 28 个基本实现全程机械化的示范县。

【加强农机教育培训工作】 一是印发《全省拖拉机驾驶培训资格核准后续监管随机抽查工作实施方案》，2016 年，甘肃省农机部门对 7 个市的 22 所农机培训机构进行随机抽查。二是建立拖拉机驾驶培训机构教学人员认证考试题库，印发 2 000 册，各市州开展教学人员资格考试和复核发证换证工作。三是配合开展新型职业农民培育工程，争取培训费 342 万元，培训农机驾驶操作人员 3 100人。四是参加甘肃省农牧厅在临洮县的"三下乡"集中示范活动，发放《甘肃省农机化重点推广技术》200 本，价值 5 000元。五是印发《关于进一步加强农机培训工作的意见》和《关于加强农机职业技能开发工作的意见》。

青海省

【概况】 2016 年，青海省在省农牧厅党组领导下，在农业部农业机械化管理司支持和帮助下，青海省农业机械化工作围绕青海高原特色农业和生态畜牧业发展需要，树立安全发展、绿色发展意识，推动农业机械化工作"全面、全程、高质、高效"发展，完成各项工作任务。

【农机安全生产形势向好】 2016 年，青海省发生农机安全生产事故 5 起，死亡 10 人，其中道路交通事故 2 起，死亡 7 人，非道路交通事故 3 起，死亡 3 人（2016 年青海省安全生产监督管理局未下达农机事故死亡控制指标）。

【提升农牧业机械装备水平】 2016 年，青海省耕种收综合机械化率达 56%。完成深松整地 46.67 千公顷，保护性耕作 33.33 千公顷。完成农机深松整地 50.27 千公顷，完成目标任务的107.7%；保护性耕作 35.96 千公顷，完成任务的 107.79%。完成机耕 366.67 千公顷、机播 295.33 千公顷、机收 221.33 千公顷。完成油菜全程机械化 0.67 千公顷。

【完成争取中央资金工作任务】 2016 年，青海省完成 2016 年度争取中央资金工作任务。已争取并下达中央资金 9570 万元，完成任务的 99.43%。

【实施农机购置补贴政策】 2016 年，青海省农机部门实施农机购置补贴政策，保证各地需求，做到应补尽补。已完成中央资金 7 872 万元，占中央资金总额的 89.83%，省级资金 714 万元。购置机具 18 757 台（套），受益农户 11 793 户，拉动农牧民及社会资金投入 2.1 亿元。

【创建"平安农机"示范点】 2016 年，青海省农机部门创建"平安农机"示范县 1 个、示范乡镇 28 个、示范村 90 个。

【开展精准扶贫工作】 2016 年，青海省农机部门协助作好海东市乐都区马营镇卡拉村精准扶贫工作。根据青海省农牧厅党委的要求和部署，先后两次前往卡拉村进行调研，联系和慰问帮扶对象家庭，了解存在的问题。根据村（社区）党组织和村（居）民委员会的需求，由农机推广站帮其制定和完善合作社章程及相关制度。根据该村的土地状况和主要农作物特点，制定农机具需求配套方案，青海省农牧机械管理局在今年的农机深松整地、保护性耕作资金安排上给予相应倾斜。

【抓好农业机械购置补贴资金实施】 2016 年，青海省农业机械购置补贴资金 10 160 万元（其中：中央资金 9 460 万元，省级资金 700 万元）。已使用中央资金 7 872 万元，完成比例 89.83%，省级资金 714 万元，完成比例 92.19%。购置农机具 18 757 台，受益农户 11 793 户，拉动农牧民及社会资金投入 2.1 亿元。

【制定工作方案】 2016 年，青海省农机部门结合青海省生态畜牧业和农牧业产业发展的要求，与青海省财政厅联合制定《青海省 2016 年农业机械购置补贴实施方案》，方案中对深松机、饲料作物收获机械、饲草加工机械设备，以及 33.09 功率以上动力机械、马铃薯覆膜收获机械、残膜回收机械等利用省级配套资金，给予在中央补贴额的基础上，按其 50% 以上予以累加补贴。对农机合作社予以优先补贴。

【做好补贴产品选型工作】 2016 年，青海省农机部门列入补贴机具的范围为 10 大类 29 个小类 94 个品目。已将 789 家农机生产企业申报的 7 504 种农机产品，成功导入青海省 2016 年农业机械购置补贴信息管理系统，运行正常。

【强化业务和风险防控培训】 2016年，青海省在农机购置补贴工作启动前，与青海省财政厅农牧处一起对全省各县(市)农机管理部门、财政部门的农业机械购置补贴管理系统操作人员进行培训，在培训中讲解农业机械购置补贴廉政风险防控及系统中的工作流程和具体操作步骤，对《青海省2016年农业机械购置补贴实施方案》进行解读。

【简化工作流程】 2016年，青海省农业机械购置补贴工作流程采用先购后补方式，即购机者可以先购置农机具，后办理补贴手续，采取购后公示的方式予以公示(县级农业机械化管理部门通过网络、张贴通告等形式公示购置者信息)。农牧民购机后，只需到农机部门提供机具购置发票等相关材料进行核实验机，即可办理直补到卡。采取由县级农机管理部门填写机具信息表(供货表)，即经销企业不再参与农机购置补贴工作的过程，补贴机具信息由县农机管理部门按照购机者提供的身份证或组织机构代码证、发票、机具编号、人机合影照片等信息直接录入。

【完成考核工作】 2016年，青海省农机部门配合财政部门完成对省2015年度农机购置补贴资金绩效评价工作。2016年5月3日至10日，财政部门预算评审中心青海省绩效评价组一行6人，对青海省2015年度农机购置补贴资金使用情况进行为期8天的绩效考核。期间对省本级、互助县、湟中县农机购置补贴资金的管理、使用、制度建设、方案设计等进行重点考核。青海省农牧机械管理局积极应对，密切配合，使考核工作圆满完成，得分为90.02分，绩效考评等级为高度成功。

【组织春耕农机生产】 2016年春耕期间，青海省各级农机部门加强领导，组织干部职工深入到田间地头，组织指导农机生产作业，举办油菜全程机械化、马铃薯全程机械化、农机深松整地、保护性耕作等多场现场观摩会。春播期间，共检修各类农机具14.5万台，培训农机技术员4 300人(次)，农机操作手10 100人(次)。

【推动主要农作物全程机械化】 2016年，青海省农机部门为贯彻落实农业部《关于开展主要农作物生产全程机械化推进行动的意见》(农机发〔2015〕1号)，在总结多年来青海省主要农作物实行全程机械化经验和技术的基础上，经相关专家评审后出台《青海省马铃薯生产全程机械化技术指导意见》和《青海省油菜全程机械化技术指导意见》。就青海省贯彻落实农业部《关于开展主要农作物生产全程机械化推进行动的意见》情况进行总结，于3月24日报送农业部农业机械化管理司。

【深入开展调查研究】 2016年，青海省农机部门深入基层、乡村和农机合作组织，以及相关企业，开展青海省主要农作物及牧草生产全程机械化发展情况的调查研究，完成《青海省主要农作物全程机械化发展情况的调研报告》和《农业机械购置补贴工作调研报告》的起草和上报工作。完成并上报《青海省推进丘陵山区农业机械化发展工作总结》和《青海省农机化科技工作总结》。

【完成农机深松整地和保护性耕作任务】 2016年，农业部安排青海省农机深松整地任务46.67千公顷，实际完成50.27千公顷，完成全年任务的107.7%。期间共投入深松整地机具581台(套)；青海省人民政府对青海省农牧厅考核的保护性耕作任务33.33千公顷，已完成35.96千公顷，完成任务的107.79%。其中：小麦7.52千公顷，油菜12.51千公顷，燕麦4.37千公顷，玉米4.43千公顷，青稞5.61千公顷，蚕豆0.07千公顷。

【河卡牧草生产机械化示范基地建设顺利实施】 2016年，青海省项目土建及配套工程已于4月20日开工建设，培训室、检测室的改建工程完成屋顶翻新、电路改造、墙体粉刷；修理车间屋顶翻新、水泥地坪及散水已完成；农机库房和草捆储藏棚已完成主体框架的建设；鲜草加工厂房及水电等配套设施正在逐步建设中，所有建设项目在合同期内均能完成。

【完成油菜生产全程机械化技术集成和保护性耕作项目】 2016年，农业部下达青海省油菜生产全程机械化技术集成项目1个，总投资50万元，完成油菜生产全程机械化0.73千公顷；下达青海省保护性耕作技术集成与示范项目2个，总投资60万元，在大通、民和两县完成保护性耕作面积7.53千公顷。

【开展农业机械化技术推广培训】 2016年7月10—20日，青海省农牧机械推广站在互助农业机械化学校举办全省全程机械化技术推广培训班，期间组织重点县农机推广站站长和主要技术骨干赴甘肃、宁夏、内蒙古三省(自治区)就马铃薯生产全程机械化、残膜回收机械化、牧草生产全程机械化技术及配套机具进行观摩学习，并形成《甘、宁、蒙三省区农机推广调研报告》。

【举办首届农机技能竞赛暨牧草生产全程机械化田间日活动】 2016年9月9日，青海省农机部门在海南藏族自治州兴海县河卡镇举办“全省首届农机技能大赛”。本次农机技能大赛是青海省第十二届职工职业技能大赛分项之一，全省共有22个参赛代表队。产生一、二、三等奖等16个团体奖项，拖拉机驾驶、打捆机挂接、播种机调试等42个个人奖项。青海省总工会等8部门对个人奖项授予“技术状元”“青海技术能手”“优秀选手”等称号。

【举办牧草机械化演示活动】 2016年9月10日，青海省农机部门在省农牧机械推广站河卡牧机试验示范基地举办牧草生产全程机械化田间日活动。重点对青饲料收获、摊晒、搂草、打捆等系列配套机械的作业过程进行演示，展示牧草生产全程机械化的作业水平与生产效率。全省农机、草原专业技术人员以及部分农机专业合作社、农机经销企业240多人观摩牧草机械化现场作业演示。

【举办主要农作物生产全程机械化演示活动】 2016年，青海省农机部门举办“全省马铃薯生产全程机械化技术实训及现场演示”活动。9月27日，青海省农牧机械推广站、青海省农业技术推广总站联合在湟中县多巴镇奔巴口村举办全省马铃薯生产全程机械化演示活动，对耕整地、起垄、覆膜、植保、杀秧、收获、残膜回收的机械化生产全过程进行演示和专家讲解，推动全省主要农作物生产全程机械化行动。

【落实农机安全生产责任制】 2016年，青海省农牧机械监理站制订《青海省

2016 年农机安全目标责任书》和《青海省 2016 年农机监理目标管理考核办法》，细化农机安全生产责任目标及考核内容、程序和工作要求。4 月 15 日召开全省农机安全生产先进单位表彰和 2016 年目标责任签订会议，与全省各市、州农机监理站(所)签订全省农机安全生产目标责任书。

【监督检查农机安全落实情况】 2016 年，青海省为贯彻落实全省安全生产电视电话会议和全省安全生产工作会议精神，下发《关于认真做好"两节"期间农机安全生产工作的通知》，于 2 月 5—10 日组成 2 个检查组，对两市四州 15 个县(区、市)的农机安全生产防控措施和农机安全生产责任制落实情况进行督促检查。

【强化安全大生产检查】 2016 年，农业部和青海省安全生产委员会下发《关于开展农机安全生产大检查切实加强岁末年初安全生产工作的通知》(农机安〔2016〕29 号)和《青海省安全生产大检查工作方案》(青安办〔2016〕56 号)、《关于切实做好当前安全生产工作的紧急通知》(青安办明电〔2016〕9 号)后，青海省农牧厅印发《关于开展厅系统安全生产大检查的通知》(青农办办〔2016〕52 号)，于 2016 年 11 月 15—24 日组成 3 个检查组，分别由青海省农牧机械管理局、青海省农牧机械监理站、青海省农牧机械推广站主要负责人带队对西宁、海东、海南、海北、黄南五个市(州)，14 个县区开展农业机械安全生产大检查。

【加强农机安全隐患排查治理工作】 2016 年，青海省各地加大农机安全隐患排查整治力度，强化安全监管。全省共出动执法检查人员 4 600 人次，检查各类农业机械 1.01 万余台(次)，查处违法载人拖拉机 224 台，纠正各类违法行为 1.2 万余次。

【开展农机安全宣传】 2016 年，青海省运用报刊、广播电视等媒体，深入乡村、学校、集市等农牧民聚集地方举办法律讲座、发放安全知识资料、播放安全警示录像片等方式，加强农机安全相关法律法规的宣传，增强农牧民群众及其拖拉机驾驶员的法制观念和安全意识。开展农机安全宣传活动 145 次，举办安全生产现场会 90 次，开展安全生产知识讲座 181 次，培训人员 6.25 万人(次)，发放各类宣传资料 10.16 万余份。

【"平安农机"创建工作顺利完成】 2016 年，青海省制定印发《2016 年青海省"平安农机"建设项目实施方案》。创建"平安农机"示范县 1 个、示范乡镇 28 个、示范村 90 个。

【开展农机事故应急救援演练】 2016 年 9 月 26 日，青海省农机部门在湟中县鲁沙尔镇地窑村举办首届"全省农机事故应急演练活动"。检验《青海省农业机械重特大事故应急预案》，提升农牧部门及其监理机构、监理人员应对农机突发事件的反应能力和应急处置能力。活动达到"检验方案、锻炼队伍、加强协作、提升能力、社会宣传"的目的和效果，为各地完善农机重特大事故应急预案积累经验。

【开展拖拉机牌证清理整治工作】 2016 年，青海省根据农业部农业机械化管理司《关于开展变型拖拉机信息登记的通知》要求，青海省农牧机械监理站印发《关于全面开展拖拉机牌证清理工作的通知》，对全省拖拉机超标准、跨区域、超范围发牌情况进行清理整治，完成拖拉机牌证登记的录入汇总工作，为拖拉机牌证治理打好基础。10 月 8 日，青海省农牧机械监理站在西宁举办拖拉机信息管理系统操作人员培训班，对清理整治工作进行具体安排。

【存在的问题】 2016 年，青海省农业机械化发展与全省农牧业产业结构的调整，生态畜牧业的发展需求有脱节；农业机械化关键技术的推广资金投入不足，影响农机技术大范围、大面积推广。

宁夏回族自治区

【概况】 2016 年，宁夏回族自治区在农业部支持和宁夏回族自治区农牧厅党组领导下，宁夏回族自治区农牧厅农业机械管理局贯彻落实中央及自治区农村、农业工作会议和全国农业机械化工作会议精神，坚持改革创新，履职尽责，真抓实干，圆满完成全年各项工作任务。2016 年，全自治区农机总动力达 580 万千瓦，主要农作物耕种收综合机械化水平达 71%，比全国平均水平高 6 个百分点。

【落实农机购置补贴政策】 2016 年，宁夏回族自治区根据农业部、财政部办公厅《2015—2017 年农机购置补贴实施指导意见》精神，召开"全区农机购置补贴暨廉政警示教育工作"会议，制定下发《2016 年农机购置补贴项目实施方案》，和各市、县(区)签订《2016 年农机补贴实施暨廉政风险防控责任书》。先后 3 次组织专家开展农机补贴产品分类归档及补贴额测算工作，共归档补贴产品 9 000多个。其中，新增 1 400 余个。

【强化农机购置补贴信息公开工作】 2016 年，宁夏回族自治区农机部门在宁夏回族自治区农业信息网农机补贴信息公开专栏中开通县、市(区)农机补贴公开专栏。

【推进农机购置补贴工作】 2016 年，宁夏回族自治区落实农机购置补贴资金 24 690 万元，其中：安排农机深松整地补贴资金 3 580 万元，完成农机购置补贴资金 2.03 亿元，完成中央下达补贴资金的 95.4%。全自治区共补贴各类农机具 2.3 万台(套)，受益农户 1.47 万户。

【完成深松深翻整地任务】 2016 年，宁夏回族自治区按照农业部办公厅《关于开展深松整地作业试点工作的通知》(农办财〔2013〕78 号)和《自治区人民政府关于创新财政支农方式加快发展农业特色优势产业的意见》(宁政发(2016)27 号)精神，宁夏回族自治区农牧厅与宁夏回族自治区财政厅沟通协调，研究制定《宁夏 2016 年农机深松整地作业补助实施方案》，分二批下达农机深松整地作业补贴 5 180 万元，其中中央农机补贴资金 3 580 万元，宁夏回族自治区配套资金 1 600 万元，安排农机深松整地和秸秆粉碎深翻还田作业面积 86.33 千公顷，每公顷补贴 600 元。完成深松深翻土地 86.67 千公顷，完成中央下达计划任务 73.33 千公顷 118%。

【推进主要农作物全程机械化示范园区建设】 2016 年，宁夏回族自治区制定《关于开展主要农作物全程机械化推进行动实施意见》，落实资金 600 万元，建设农机农艺融合农业机械化示范园区

30个。示范面积2.97千公顷，园区内耕种收机械化作业水平达100%。经实地检查验收，全部符合建设要求。

【开展主要农作物全程机械化创建活动】 2016年，宁夏回族自治区召开2016年水稻全程机械化推进会，平罗县被评为全国首批28个主要农作物全程机械化示范县。

【开展新机械引进与研发试验】 2016年，宁夏回族自治区农机部门共引进新机具16台，研发新机具15台，在引黄灌区9个县(市、区)开展新型农业经营主体粮食机械化烘干，建成社会化烘干服务站3个、100吨烘干塔5个、购置粮食烘干设备161台(套)，解决家庭农场、种粮大户“储粮难”问题，促进水稻、玉米全程机械化生产，宁夏水稻耕种收综合机械化水平达95%以上。

【推进农机社会化服务组织建设】 2016年，宁夏回族自治区为贯彻落实农牧厅《创新农业社会化服务发展综合服务组织的意见》，坚持把农机作业公司建设作为农业综合社会化服务组织重要载体。通过政策扶持，顶层设计，规范管理，新建设农机社会化服务组织17个。全自治区农机社会化服务组织累计达93个，全自治区农机作业服务组织年作业面积达400千公顷以上。

【推广旱作节水农业技术】 2016年，宁夏回族自治区为提高中南部旱作节水农业抗旱减灾能力，整治农业面源污染，保护生态环境，制定印发《2016年度旱作节水农业技术推广项目实施方案》。共落实覆膜保墒旱作节水农业及残膜回收资金8 000万元，完成覆膜面积113.33千公顷，完成计划任务113%。组织有关人员对旱作节水农业技术推广项目进行验收，项目区建设回收网点237个，加工企业27个，购置回收机械1 933台。

【推进残膜回收工作】 2016年，宁夏回族自治区计划回收残膜面积133.33千公顷，实际回收残膜面积146.27千公顷，完成任务的109.7%，加工造粒4 476吨。中南部11个县(区)残膜回收率达90%。

【开展服务型党组织建设工作】 2016年，宁夏回族自治区农机部门围绕基层党组织建设，开展下基层送政策帮发展活动。先后3次前往扶贫帮扶点海原县西安镇园河村，送政策讲党课，开展“结对共建”，落实“五个一”任务。在“三夏、三秋”等重点时节，组织开展农机跨区作业服务、农机手大赛、农机加油卡推广等活动。

【组织农机手大赛】 2016年6月，宁夏回族自治区农机部门举办第一届宁夏农机手大赛，选拔出30名选手参加全国总决赛，宁夏回族自治区选手马海超取得全国第22名成绩，宁夏回族自治区农牧厅农业机械管理局被农民日报社评为最佳优秀组织奖。

【开展农机加油卡推广工作】 2016年，宁夏回族自治区农牧厅农业机械管理局与中国石油化工集团公司宁夏石油分公司合作开展全自治区服务“三农”暨农机加油卡推广工作，发放加油卡1 800多张，为广大农户节约油费246万元。

【开展“两学一做”学习教育】 2016年，宁夏回族自治区农牧厅农业机械管理局按照厅党组“两学一做”学习教育总体安排，组织全局党员干部学习党章党规和习近平总书记系列重要讲话精神、党的“十八大”以来历次全会精神、尤其是学习习近平总书记“七一”讲话、来宁视察讲话、纪念红军长征胜利80周年大会上讲话精神和党的十八届六中全会重要精神，完成全自治区干部教育网络学院规定学习任务。结合农业机械化工作实际，在抓好“两学一做”学习教育基础上，学习贯彻十八届六中全会精神，领会习近平总书记重要讲话精神，把握《关于新形势下党内政治生活的若干准则》《中国共产党纪律处分条例》基本精神和要求，增强贯彻落实全会精神自觉性和坚定性。

【组织专题学习讨论会】 2016年，宁夏回族自治区农牧厅农业机械管理局组织全体党员先后召开四次专题学习讨论会，通过学习讨论，全体党员干部理念信念坚定，纪律规矩意识提高，履职能力增强。

【落实党风廉政建设责任制和“双强化”工程】 2016年，宁夏回族自治区履行党建和党风廉政建设第一责任人职责，班子成员履行“一岗双责”，将党风廉政建设同业务工作同部署、同检查、同落实，层层签订党风廉政建设责任书，做到任务到位、责任到人。开展廉政风险点排查，针对查找问题，制定《农机局廉政风险防控工作方案》，完善重点项目绩效考评机制，确保廉政建设责任制落实。审核编辑信息600条，宁夏农业机械化信息网采用590条，中国农业机械化信息网采用500条，宁夏农业信息网采用120条。

新疆维吾尔自治区

【概况】 2016年，新疆维吾尔自治区在新疆维吾尔自治区党委、新疆维吾尔自治区人民政府领导下，在农业部农业机械化管理司支持下，全自治区农机系统围绕社会稳定和长治久安总目标，建立健全促进农业机械化发展打基础、利长远、管根本工作制度和机制，促进一、二、三产业融合发展。

【维稳工作见效】 2016年，新疆维吾尔自治区制定《落实“自治区深入贯彻落实习近平总书记关于新疆工作总目标再动员会议”精神的实施方案》等方案。成立稳定安保工作领导小组，签订责任书，制定《维稳工作网格化管理方案》等，成立“维稳护院队”，构建院、片、楼、户四级“全覆盖、无盲区”安保管理网络，建立健全突发事件一级响应机制和日常工作值班常态化工作机制。谋划和推进“访惠聚”驻村工作，累计向“访惠聚”工作队住村点投入312.8万元。制定《“民族团结一家亲”活动实施方案》等，教育干部职工算好稳定、发展、扶贫、感情“四笔账”，106名干部职工分五批完成与106户农民群众结对认亲工作。

【推动扶贫工作规范化和制度化】 2016年，新疆维吾尔自治区制定疏勒县艾尔木东乡喀热丹村一户一策、精准扶贫三年扶贫方案，实现124户438人贫困户全部脱贫。

【制定规章制度】 2016年，新疆维吾尔自治区制定《2016年自治区农机化工作重点》，以《地州市农机化主要业务工作评价办法》和《局机关目标管理考核办法》为抓手。

【农业机械化各项工作情况】 2016 年，新疆维吾尔自治区农机总动力达 2 048 万千瓦、同比增长 3.2%，其中拖拉机 67.8 万台，拖拉机配套农具 132.6 万台套，同比分别增长 1%、0.9%。在拖拉机动力总量中，大中型占比 81.5%，增长 1.7 个百分点；联合收获机拥有量达 9 349 台，增长 17%，保持增长势头；玉米收获等短板环节的机械呈现增长势。主要农作物综合机械化水平达 84.2%、同比增长 0.2 个百分点；农林牧渔综合机械化水平达 66%、同比增长 1 个百分点。

【农机安全形势稳定】 2016 年，新疆维吾尔自治区共发生农机事故 53 起，死亡 6 人，受伤 47 人，直接经济损失 88 万元，农机安全形稳中向好。

【构建装备技术支撑体系】 2016 年，新疆维吾尔自治区执行部门行政权力清单和责任清单制度，构建适应现代农业产业体系、生产体系、经营体系装备技术支撑体系，加快《自治区农机管理条例》修订工作步伐。

【全程综合机械化水平情况】 2016 年，新疆维吾尔自治区把农机技术推广作为“重中之重”，引进推广一大批“安全多能、自动高效、精准智能”农业机械。小麦全程综合机械化水平达 98%，玉米全程综合机械化水平达 88%，棉花全程综合机械化水平达 76%，林果业、畜牧养殖、渔业、设施农业、农产品初加工机械化水平分别达 45%、36%、34%、35%、36%。

【开展试验】 2016 年，新疆维吾尔自治区制定《自治区农机深松作业技术规范》，开展机采棉四种种植模式和小麦井字形播种技术对比试验，均取得增产增收效果。

【推广农业机械化技术和装备】 2016 年，新疆维吾尔自治区发布《自治区支持推广的农业机械产品目录》278 个增补产品和 75 个变更产品，发布农业机械化主推技术，大功率、复式作业机具比重提高，多功能、智能化、经济型、适用型农业装备设施日益普及。

【推广农业机械化示范区】 2016 年，新疆维吾尔自治区各类农业机械化示范区 141 个，核心区达 33.13 千公顷。全自治区农机促进农民人均增收 70 元以上，59 个县(市)耕种收综合机械化水平达 70%以上，占全自治区县市总数的 68%。

【举办“2016 新疆农业机械博览会”】 2016 年，新疆维吾尔自治区组织中国农业机械流通协会、中国农业机械化协会、中国农业机械工业协会成功举办“2016 新疆农业机械博览会”，推动丝绸之路经济带核心区建设。

【落实农机购置补贴工作】 2016 年，新疆维吾尔自治区争取中央农机购置补贴资金 14.01 亿元，同比增幅达 9.5%。全自治区已使用农机购置补贴资金9.21 亿元，实施进度 65.7%，带动农民自筹资金 25 亿元和地县两级配套651.8万元。其中补贴购置机具 6.5 万台(套)、补贴深松作业 466.67 千公顷、补贴报废更新机具 175 台，受益农户达 12.5 万户。

【加强南疆四地州补贴力度】 2016 年，新疆维吾尔自治区补贴资金做到向南疆四地州倾斜，分配至南疆四地州补贴资金占全自治区资金总额的 39.4%，满足南疆四地州农机购置补贴资金需求。

【敞开补贴】 2016 年，新疆维吾尔自治区突出机具购置、深松作业和果蔬烘干房及冷藏库项目补贴，在国家限定范围内，确定适用新疆维吾尔自治区的 11 个大类 32 个小类 81 个品目，有 835 家农机生产企业的 7 751 个产品纳入补贴范围，实现全面敞开补贴。

【实行新补贴方式】 2016 年，新疆维吾尔自治区实行“定额+限比”补贴操作方式逐档逐机测算补贴额，最大限度控制补贴精准度。

【推进项目建设】 2016 年，新疆维吾尔自治区推进新疆维吾尔自治区“短、平、快”农产品产地初加工补助项目建设，拿出 1.095 亿元支持和确保项目机具补贴到位，开展指导和督查。

【抓农机培训】 2016 年，新疆维吾尔自治区制定《农机化培训实施管理办法(暂行)》等，健全培养培训、投入保障制度，提高培训质量。全自治区培训农机管理、专业技术、新型职业农民人才 48 万人次，其中新型职业农民人才 45 万人次以上。注重专业技术人才培训渠道开放性，做到脱产与在职自学、理论与实践锻炼、内部与外部培训相结合，使培养培训贴近基层、贴近实际、贴近群众。

【编制书籍，制作光碟】 2016 年，新疆维吾尔自治区组织编写农机科普系列丛书“最后一公里”科普读物，制作“农机标准化作业”汉、维、哈语言光碟，加快科技人员直接到户、先进机具直接到田、技术培训直接到人的步伐。

【加强短板农业机械化建设】 2016 年，新疆维吾尔自治区启动实施《第十三个农业机械化五年发展规划》，突出发展重点，补齐南疆农业机械化发展短板，分配至南疆四地州的新疆维吾尔自治区财政扶持农业机械化发展专项占全自治区资金总额的 49%。全自治区财政扶持农业机械化发展专项 3 505 万元，拨付地州 2 425 万元。

【制定方法规范项目管理】 2016 年，新疆维吾尔自治区制定《农业部农业技术试验示范(农机)项目实施办法(暂行)》，规范项目管理。

【农机合作社示范社建设取得成效】 2016 年，新疆维吾尔自治区昌吉市农之鑫等 8 家合作社被农业部命名为全国农机合作社示范社，哈密市起航等 40 家合作社被命名为自治区级农机合作社示范社。全自治区登记在册的农机合作社 667 个，作业服务面积 1 198 千公顷，年度总收入 11 亿元，社均收入 165 万元。

【做好农机系统办公管理工作】 2016 年，新疆维吾尔自治区更新《新疆农机网》及二级网页 150 个栏目信息，完成《新疆农机网》事业单位挂标，编发《新疆农机化信息》12 期、《新疆农村机械化》杂志 6 期，《新疆农机网》发布 12 445 条、政务微博 276 条信息。

【加强农机安全监理】 2016 年，新疆维吾尔自治区层层签订责任书，确保各项措施横向到边，纵向到底。制定农机安全监理行政处罚程序规定和自由裁量权适用规则等规范性文件，检验拖拉机和联合收割机57.9万余台,全自治区上牌率达95%,持证率达94%,检验率达92%。查处纠正各类农机违法行为为3.2万余起,整改安全隐患1.9万个。免费实地检验危及人身财产安全农业机械12.3万余台,联合自治区财政厅出台保障农机安全监理机构经费规定,由新疆维吾尔自治区财政追加经费解决拖拉机牌证制作和免费发放问题。

【加强农机市场监管】 2016年,新疆维吾尔自治区加强农机流通、维修和作业市场监管,规范和维护农机市场秩序。开展"农机打假"行动等保护农机消费者合法权益,调查处理河北神禾农业机械有限公司等5起农机购置补贴违规案件。开展凯斯公司620、420型自走式采棉机补贴产品群体性案件投诉监督和调解处理,先后五次组织工作组对接沟通、入户协调,对拒不和解的购机户,引导走司法程序解决。

【推进鉴定能力建设】 2016年,新疆维吾尔自治区修订《质量手册》《程序文件》,通过"双认证"评审,加强鉴定检验能力建设。完成《圆盘耙》等两项部级推广鉴定大纲,《核桃破壳机》等4项机械行业标准。完成省级推广鉴定188项、进出口商检9项、委托检验4项。

【加强党的建设】 2016年,新疆维吾尔自治区以机关党的建设为统领,协调推进维护稳定、农业机械化发展和党风廉洁、综合治理、精神文明、扶贫攻坚等各项工作,教育党员干部牢固树立"四个意识",反对民族分裂主义,推进学习型、务实型、服务型、创新型、廉洁型"五型机关"建设,促进维稳、作风、业务工作上台阶。

【加强党风廉政建设】 2016年,新疆维吾尔自治区把纪律挺在前面,落实党风廉政建设主体责任和监督责任。签定党风廉政建设责任书,新疆维吾尔自治区农牧业机械管理局党组先后召开4次党组扩大会议研究党风廉政建设重点工作,定期听取分管单位情况汇报,做到各负其责,权责明确,齐抓共管。

大连市

【概况】 2016年,大连市各级农机系统干部职工贯彻中央、省、市有关会议精神,围绕省、市政府都市型农业现代化建设,落实农机购置和作业补贴政策,加快推广主要粮食作物生产重点环节机械和技术应用,强化农机安全和质量管理,农业机械化保持良好发展态势。

【农业机械保有量稳步增长】 2016年,大连市新增大中型农业机械460余台(套),新增农机动力11万千瓦;新增农机原值1亿元。农机装备结构优化,大型先进农机增长迅速,新增玉米收获机56台、免耕播种机14台。

【完成农机作业目标任务】 2016年,大连市完成机械耕整地256.67千公顷,机耕率达96%;机械化播种208千公顷,机播率达78%;机械化收获125.33千公顷,机收率达47%,全市农业生产综合机械化水平达76%。先进农机作业技术推广迅速,全市开展免耕播种6.67千公顷、玉米秸秆还田14千公顷、深松整地16千公顷。

【农机质量和安全形势稳定】 2016年,大连市农机生产销售和维修市场健康运行,没有发生群体性农机质量投诉事件。涉及农机生产事故下降,全市未发生重特大农机事故,各项指标均低于控制指标,在接受省和国家农机安全检查活动中获得好评。

【召开2016年农业机械化工作会议】 2016年,大连市召开大连市2016年农业机械化工作暨廉政风险教育会议,会议传达国家和辽宁省农业机械化工作会议精神;解读2016年农业机械化政策;开展警示教育;签订农业机械化工作和农机购置补贴工作责任书。县区主管局长和科长、推广站站长和监理所所长,大连市农业机械化技术推广站和市农机安全监理所领导及相关科长等40余人参加会议。大连市农村经济委员会毕泽贺副主任做动员讲话。

【汇报视察建议整改情况工作】 2016年,大连市按照市人民代表大会常委会要求,落实视察整改意见,起草《关于市人大常委会视察组视察我市实施〈中华人民共和国农业机械化促进法〉和〈辽宁省农业机械化促进条例〉情况所提建议整改情况的报告》。大连市农村经济委员会主任刘明智参加市十五届人大常委会第二十四次会议并作报告。

【实施农机购置补贴政策】 2016年,大连市争取国家资金1 000万元,实施农机购置补贴政策。会同大连市财政局印发《关于做好2016年农机购置补贴工作的通知》,按照农业部农业机械化管理司要求,在全市范围内实行先购后补、先记录入的操作方式。围绕广泛宣传、完善制度、突出重点和强化监管,按照科学、公开、公平、高效的原则,落实农机购置补贴政策。采取多种形式,宣传购机补贴政策,编印发放资料5万余份,让政策进村入户。

【完善农机购置补贴规章制度】 2016年,大连市制定《农机购置补贴信息公开制度》《农机购置补贴信访投诉制度》和《农机购置补贴机具核实规范》,完善规章制度;对保护性耕作机械等重点机具给予累加补贴,促进先进实用技术的应用;制定《大连市农机购置补贴延伸绩效考核方案及评分依据》,加强农机购置补贴监管;成立农机购置补贴工作督导检查组,开展两次督导检查工作,将督导检查工作进行通报,督促各区市县实施好农机购置补贴政策。大连市补贴农机具708台,使用补助资金925万元。

【实施保护性耕作补助试点项目】 2016年,大连市争取资金1 748万元,实施保护性耕作项目。会同大连市财政局于印发《关于印发大连市2016年保护性耕作补助试点工作实施指导意见的通知》,实施玉米免耕播种、玉米机收秸秆还田、旱田农机深松整地和稻田深翻等保护性耕作作业补助和作业机具购置累加补助试点项目。召开大连市"互联网+农机作业"信息化监测系统演示会和"互联网+农机作业"信息化监测工作动员会,推广应用信息化检测仪器进行作业项目检查验收,全市安装农机作业信息化检测仪器110余台。组成督导检查组对各区市县保护性耕作项目落实情况进行督导检查并通报检查结果,确保政策落到实处。

【开展农机生产指导和安全、质量监管工作】 2016年,大连市农机部门组织开展春耕农机具检修调试工作,全市共检修农业机械4.2万台;加强农机维修网点和农机零配件供应市场的监管,保障农机检修质量;深入农户开展重点机具质量及作业质量调查工作，保障用户权益。制定下发《关于做好 2016 年农机春耕备耕工作的通知》《关于加强农机安全生产工作的通知》和《关于做好 2016 年农机安全生产监督管理工作的通知》等文件，指导各区市县加强农机安全监管，促进农机安全生产，要求各区市县依法监管，强化措施，落实责任，做好农机生产安全工作。

【强化农机宣传、培训工作】 2016 年，大连市通过大连广播电视台、大连日报等媒体开展宣传活动 16 次。宣传农业机械化项目政策，扩大政策受众面和社会影响力；在重点时节加大先进农机具和农机技术宣传力度，推广农机具和农机技术应用。

【组织参与农机手比赛】 2016 年，大连市农机部门联合大连市总工会、大连市人力资源和社会保障局在金普新区登沙河街道联合举办"首届大连市农机手大赛"。组织全市 6 支队伍 75 名选手参赛，经过四个比赛项目的激烈角逐，旅顺农机手李永峰夺得冠军，同时选拔出 13 名农机手代表大连市参加全国总决赛。在 11 月 9—11 日于北京举办的"五征杯·第三届中国农机手大赛总决赛"上，大连市旅顺口区永锋农机专业合作社农机手李永锋从全国经过层层选拔的 500 位精英机手中脱颖而出夺得冠军，摘得第三届"中国机王"桂冠，获得 10 万元现金和价值 15 万元大功率拖拉机一台的奖励。

宁 波 市

【概况】 2016 年，宁波市农机部门立足大农机服务大农业，强优势、补短板，深化农机供给侧改革，实施主要农作物生产全程机械化推进行动，加快农业领域"机器换人"步伐，推动农业机械化装备水平、作业水平、安全水平、社会化服务水平提升，为宁波市发展绿色都市农业强市，保障宁波市农产品供给、提升农业综合生产能力提供支撑。

【推动水稻机械化行动】 2016 年，宁波市实施以水稻生产为主的主要农作物生产全程机械化推进行动，抓水稻机械化栽植和粮食烘干机械化推广，推广规模化育秧、工厂化育秧、立体育秧模式和配套农艺技术，推广商品化秧苗供给制，突破水稻机插育秧瓶颈，开展水稻机穴直播示范和推广，带动水稻机械化栽植推广。

【提升水稻全程机械化水平】 2016 年，宁波市召开全市机械化穴直播现场会 3 次，拓宽水稻机械化栽植方式。开展水稻生产全程机械化提升工程，确定余姚、奉化 2 个 3 333.33 公顷，宁海、鄞州 2 个 6 666.67 公顷水稻生产全程机械化提质创建项目。

【提升粮食生产全程机械化水平】 2016 年，宁波市新增各类插秧机、穴直播机 354 台，完成机械化栽植面积 49.6 千公顷，机械化栽植率 64.5%，水稻生产耕种收综合机械化水平 88.7%。建设季供秧能力 333.33 千公顷以上工厂化规模化育秧点 700 个，规模化育秧面积 36.89 千公顷(以大田计)，规模化育秧占机插育秧面积的 75.4%。

【抓粮食烘干中心建设】 2016 年，宁波市农机部门抓以合作社、粮食收储企业为重点的粮食烘干中心建设，新增烘干机 221 台，总数达 1 302 台，批次烘干能力 15 345 吨位，粮食机械化烘干保障能力超过 75%。鼓励支持各区(县)市申报农业部主要农作物全程机械化的示范县，共有 7 个区(县)市完成"十三五"期间创建申报工作。

【创新培育新型服务主体】 2016 年，宁波市合作社总数达 398 家，平均每个涉农乡镇 3.3 个，已有 125 家合作社先后被评为全国、省级、市级示范社，其中 14 家为全国农机示范社、1 家全国农民示范社、12 家省级农机示范社、4 家省级农民示范社。在已成立 7 家股份制农机作业服务公司基础上，又有 7 家创建。

【实施农机服务组织提质工作】 2016 年，宁波市农机部门按照系统示范和市级示范要求对 19 家合作社开展提质工程建设，对 4 家合作社进行功能培育建设，完成 2 家区域性综合服务中心建设任务，投入扶持资金 205 万元。

【拓展农机维修服务力量】 2016 年，宁波市农机部门协调农机生产厂家或农机经销商开展售后保障服务，督促农机维修网点和配件店储备农机配件，探索厂社共建等模式，在余姚、宁海等地建成厂社建点 4 个。组织农机修理工参加全省农机维修技能竞赛，取得较好成绩。

【推行农机惠农便民服务】 2016 年，宁波市与中国石油化工集团公司、中国石油天然气集团公司宁波分公司联合出台措施，推行农机作业用油(柴油)优惠供应、优先加油、优质服务、免费办理"三优一免"惠农便民服务，落实农用专项柴油 6 100 吨。

【抓农机作业服务工作】 2016 年，宁波市各地农机部门抓农机强农惠农政策宣传、农机具及零配件组织供应、农机维修保养、新机具新技术培训、机力机具调度工作，组织农机服务小分队开展维修保养服务。

【抓农机跨区作业工作】 2016 年，宁波市农机部门共发放跨区作业证 390 本，设立 9 个接待服务站，100 余台跨区作业机具奔赴安徽省、江苏省、河南省等地跨区作业 6.67 千公顷，创收 600 余万元。做好雨雪冰冻天气等防灾抗灾工作，加强技术服务与指导，开展救灾和灾后自救工作。

【加大特色产业"机器换人"力度】 2016 年，宁波市制订出台《宁波市农业领域机器换人推进行动计划》，明确"十三五"推进"机器换人"目标、思路、措施。开展机器换人示范创建工作，落实 2016—2018 年创建计划，计划创建示范县 3 个、示范镇(园区)19 个，示范基地 53 个。

【调整农机试验示范与推广目录】 2016 年，宁波市农机部门将无人旋翼植保飞机、食用菌生产设备、笋干烘干设备、果树修剪机、水稻穴直播机、鲜玉米收割机、筑埂机、热风炉、大于 58.82 千瓦半喂入联合收割机、捡拾压捆机、喷杆式喷雾机、履带式旋耕机等新型农机列入试验示范与推广目录。

【推广特色机械】 2016 年，宁波市农机部门推广无人旋翼植保飞机等特色机械 300 台，补贴资金 461 万元，其中市级资金 279.66 万元、县级资金 181.34 万元。

【提升作物机械化水平】 2016 年，宁波市农机部门加快林特、花卉产业的耕作、节水灌溉、病虫害防治、食用菌生产以及茶叶采摘、修剪和名优茶加工制作等作业机械推广应用，提高经济作物机械化水平。新增采茶机、修剪机、茶叶炒干机、揉捻机、杀青机等加工机械 239 台；加大水产和畜禽养殖机械设施配置力度，新增增氧机 2 385 台。

【抓油菜生产机械化】 2016 年，宁波市油菜收获机械化技术在余姚、慈溪、鄞州等地推广应用取得突破，全市共有油菜收割机 100 余台，收割油菜面积 2.13 千公顷左右。

【开展设施农业建设】 2016 年，根据宁波市农业局党委部署，由宁波市农业机械化总站牵头负责全市设施农业建设有关工作。为实现到 2020 年设施农业面积新增 6.67 千公顷目标，将设施农业建设任务分解落实，列入对县(市)区工作考核。

【开展设施大棚及玻璃温室补贴】 2016 年，宁波市农机部门对单栋钢架大棚 GPC—622、GPC—825、GPC—832、连栋钢架大棚 GLP—622、GLP—832 和玻璃温室等搭建进行补贴，单栋钢架大棚连片建设 3 000 平方米起补，连栋钢架大棚连片建设 600 平方米起补，玻璃温室 500 平方米起补。同一种类、同一档次设施大棚实行统一补贴标准。共建设设施大棚面积 79.8 万平方米，涉及补贴资金 1 071.8 万元。

【农机购置补贴概况】 2016 年，中央农机购置补贴资金 6 000 万元。宁波市实施农机购置补贴资金 4 883.3 万元，其中中央资金 3 560 万元，市县两级资金 1 323.3万元，补贴机具 5 559 台套，受益农户 2 890 户。

【实施农机购置补贴政策】 2016 年，宁波市按照财政部、农业部要求，完善农机购置补贴政策，“缩范围、控定额、促敞开”要求，坚持“大稳定、小调整”原则，拟定 11 大类 29 个小类 53 个品目 243 个分档产品，同比减少 14 个品目，所选品目及分档均在浙江省调整方案中，产品归档工作也将参照浙江省方案执行。

【完善农机购置补贴政策】 2016 年，宁波市农机部门调整取消近两年没有销售或需求量小、价格低、产业不配套、适用性不强机具品目或补贴分档。合并部分补贴额相同、不符合农艺要求或非宁波市主推分档。增加补贴分档配置要求，细分补贴分档，达到扶优扶强目的。补贴重点倾向于粮油生产全程机械和农业主导产业关键环节机械化及生态农业机械化等领域。

【整合粮油生产机械化作业环节补贴】 2016 年，宁波市按照浙江省有关精神，宁波市农业局整合粮油生产机械化作业环节补贴、水稻育秧补贴、规模化种植大小麦补贴等政策，统一归并规模种粮补贴资金，补贴资金由宁波市农业局统一实施。

【提供补贴】 2016 年，宁波市补贴政策支持农机专业合作社、合作社联合社和农机作业公司等社会化服务组织开展社会化服务，对为散户提供水稻机械化统一育插秧等作业服务的，服务面积达 33.33 公顷以上服务组织给予适当补助，补助方式及标准由县(市)区自定。宁波市农业机械化服务总站配合做好散户面积、历年补贴结余资金统计汇总，做好政策实施保障工作。

【加快“智慧农业”建设】 2016 年，宁波市农业局党委决定由宁波市农业机械化服务总站牵头组织实施全市“智慧农业”建设各项工作任务。做好筹建宁波市智慧农业云平台工作领导小组、宁波市农业局农业信息中心和宁波市智慧农业研究院，设立智慧农业建设专家咨询委员会等工作。在此基础上，明确职能分工和工作职责，实现对智慧农业云平台顶层设计、系统开发、资源整合、数据采集、试点运行等各个环节开发建设及运维工作。

【推进智慧农业云平台建设】 2016 年，在组织开展农业信息化调研基础上，宁波市农业机械化服务总站联合宁波市农业局有关处室理清智慧农业云平台建设思路，完成智慧农业云平台方案初步设计方案，即一个中心五大平台 N 个应用系统总体任务，做好立项前期策划与设计工作。联合浙江大学宁波理工学院农业信息化技术团队，启动宁波市智慧农业云平台数据标准化建设工作。

【创新建设精准农业示范项目】 2016 年，宁波市争取 2017 年中央预算内农业投资计划项目，作为全国 3 家试点开展大田种植精准农业技术集成示范建设，通过水稻、蔺草大田种植监测调度系统、大田水肥一体化系统、北斗地基增强基站、农机精准作业与智能调度系统以及大田全程精细化种植作业管理服务平台建设及示范应用，提升提高南方水稻、蔺草种、肥、水、药精准使用及一体化作业水平，提高农机作业质量和效率。

【推进项目实施】 2016 年，宁波市农业投资计划项目实施周期 2 年，项目总投资 4 056 万元，其中申请中央财政专项资金补助 1 216 万元(占投资 30%)，项目建设主体筹集(包括地方各级政府、部门有关补助)2 840 万元(占投资 70%)。已完成项目前期规划设计，正式上报实施方案。

【拓展农机科技项目建设】 2016 年，宁波市农机部门结合县(市)区优势农作物区域布局，组织开展主要农作物生产全程机械化示范项目创建，安排 120 万元资金分别在余姚市、慈溪市、镇海市等地开展 4 个示范项目建设(毛豆、蔬菜、鲜玉米、榨菜)。做好 6 个农机科技推广项目组织申报工作，安排市级财政补贴 95 万元。

【开展主要农作物生产全程机械化示范项目】 2016 年，宁波市余姚市实施开展玉米、榨菜全程机械化示范项目，其中榨菜机械种植已于 10 月中旬结束。镇海蔬菜生产全程机械化项目播种机、整地起垄机和收割机已到位，已成功试验一茬。余姚市成功创建成为全国首批基本实现主要农作物生产全程机械化示范县(浙江省仅有 2 家)，为宁波市实施农业领域“机器换人”积累成功经验。

【安全生产形势稳定】 2016 年，宁波市共发生拖拉机道路交通责任事故 8 次，死亡 8 人，占浙江省农业厅控制指标 20%；发生道路外责任死亡事故 1 起，死亡 1 人，死亡人数占浙江省农业厅控制指标 33.3%；发生涉及宁波市拖拉机有责事故死亡 9 人，占宁波市人民政府全年考核控制指标 30%。本地拖拉机无牌无证或无证驾驶造成事故死亡 1 人。

【落实农业安全生产工作任务】 2016年，宁波市按照农业局党委部署，宁波市农业局安委会办公室设在宁波市农业机械化服务总站，由宁波市农业机械化服务总站负责落实局安委会部署的农业安全生产工作任务。抓安全生产责任制，市、县两级农机部门分别将农机安全监管主体责任、考核指标落实到县、乡两级政府，层层签订责任书，将农机安全责任分解落实到乡镇、村、农机合作社及农机手，在乡镇一级达到农机安全生产责任制全覆盖。

【强化安全生产监管基础】 2016年，宁波市协助农业局制订《2016年宁波市农业安全生产工作督查计划》《平安护航G20大会战“平安农机”专项行动方案》，在农业局党委领导下强化对农机安全生产工作监督管理。根据农业部农业机械化管理司有关要求，完成开展宁波市变型拖拉机档案清理和输入工作，有助于核实外省籍拖拉机信息资料，加强对外省籍拖拉机安全监管。

【推进农机监理惠农服务】 2016年，宁波市加强档案业务检查，以随机抽查形式，对各县(市)区规范监理牌证档案工作情况进行检查，以促进为拖拉机驾驶人提供优质服务。强化农机安全生产宣传教育，加强对拖拉机驾驶员安全轮训工作，全市已轮训各类农机人员13 000多名，外省籍拖拉机驾驶人1 000余名。

【推进农机政策性保险工作】 2016年，宁波市推进农机政策性保险工作，起草《宁波市政策性农机保险新险种开发调研报告》，经过多次沟通与协调，农机保险正式纳入政策性农业保险范畴，争取扩大政策性保险范围，将粮食生产烘干机房、库房、农机从业者人身意外伤害等纳入政策性农业保险范畴。全市办理各类拖拉机、联合收割机政策性保险7 747台，使用财政专项资金117.7万元。做好拖拉机报废补偿工作，宁波市已报废拖拉机1 189台，使用报废补偿专项资金441.24万元。

【开展平安农机创建】 2016年，宁波市落实平安农机创建工作，开展平安农机示范单位创建选点、初审工作，坚持从严控制创建数量，严格把关，奉化市创建省级平安农机示范市，奉化江口街道、北仑梅山街道创建省级平安农机示范镇(乡、街道)以及7家市级平安农机示范合作社创建工作有序推进，相关台账资料已经装订完毕，等待验收。

【开展安全生产月活动】 2016年，宁波市农机部门开展全国第15个“安全生产月”有关工作，以安全生产咨询日为载体，开展宣教活动，宁波市农业机械化服务总站被宁波市交通运输委员会评为2016年度“安全生产月”活动先进单位。6月7日，在北仑区召开宁波市外省籍拖拉机驾驶人安全教育现场会，起到良好效果。

【开展打假保农治理安全隐患行动】 2016年，宁波市农机部门加强清明、端午、蔺草收割、G20峰会时期、国庆、秋收冬种等关键时期安全监管工作，开展打假保农治理安全隐患行动，先后对27家农机合作社、22个农机维修网点开展实地检查，提出36条督查指导整改意见。

【推进公安驻农机警务室规范化建设】 2016年，宁波市农机部门推进公安驻农机警务室规范化建设，目前各地警务室机构体系健全，人员调配合理，执法监管得到加强。

【开展专项整治工作】 2016年，宁波市完成第二轮外省籍拖拉机及驾驶人专项整治工作。涉嫌假牌、假证的42台外省籍拖拉机中已查处违规外省籍拖拉机24台，已报废的2台，离开宁波管辖区域转卖到外地的4台，因住址变动、信息不详等原因无落实整治措施的外省籍拖拉机12台。涉嫌的10本假驾驶证，已查处假驾驶证4本，经查已停止使用或自行销毁的违规驾驶证6本，合计10本。

【开展安全隐患排查治理】 2016年专项整治行动期间，宁波市共实施处罚1 049起，罚款10 5740元；其中扣车112台、扣证11本；新登记外省籍拖拉机110台，驾驶人69人，形成对外省籍拖拉机安全管理的高压严管态势，震慑外省籍拖拉机交通违法行为，提升驾驶人交通安全意识，涉及外省籍拖拉机道路交通死亡事故明显下降。

【推进机构改革工作】 2016年，宁波市农机部门按照宁波市委、宁波市人民政府和宁波市农业局党委要求，推进机构改革相关工作，加强协调、配合与联系，主动融入、积极作为，保障该项工作顺利开展，目前机构改革有关事项已完成，工作关系已理顺。

【加强农机干部队伍建设】 2016年，宁波市农机部门推进高素质农机干部队伍建设。加强机关作风建设，按照宁波市农业局党委要求，开展“两学一做”主题教育活动。加强党风廉政建设，确保廉政责任制有效落实，加强反腐倡廉教育、重点领域防控，执纪检查力度和干部监督管理。加强农业机械化信息宣传工作。

青岛市

【概况】 2016年，青岛市以促进农业机械化转型升级、提质增效为工作主线，增强改革定力，激发创新活力，促进农业机械化科学发展、安全发展、廉洁发展，为加快农业现代化提供支撑和保障。全市市级以上财政投入近3亿元，农机总动力达855万千瓦，主要农作物生产机械化综合水平达91%。2016年1月份农业部召开全国农机工作会议上，青岛市做“加强和改进监管工作，保障农机化事业健康快速发展”典型发言。

【实现购机普惠制】 2016年，青岛市承担农业部普惠制购机补贴政策试点工作，完善制度、优化程序、管控风险、扩大普惠，共补贴各类机具8 000多台套，受益农户5 800多户，实现购机补贴政策从选择制到普惠制重大转变。在农业部对购机补贴工作考核中，连续第二年获得优秀等次。

【完善购机补贴政策】 2016年，青岛市加大资金争取力度，争取补贴资金突破2亿元，同比增加6 000万元。调整机具补贴范围，共保留10大类19小类36个品目，同比减少1个大类2个小类5个品目，发挥政策导向和精准补助作用。

【采取“双控”方式确定补贴标准】 2016年，青岛市实际补贴额度不高于30%产品，按照定额进行补贴；实际补贴额度超过30%产品，则按照该产品市场售价30%进行补贴。

【加强补贴机具监管】 2016年，青岛市严格监管，对补贴机具实行带机核实、逐台审核，不留空白，做到"见人、见机、见票"，实现监管全覆盖目标。

【开展优质便捷服务】 2016年，青岛市集中人力、物力、财力，做到"四有一优"，推行受理申请、核实登记、挂牌、农机报废"一站式"综合性服务、巡回服务和预约服务，大多数购机农民跑一趟、最多跑两趟就能办完手续。

【增加中高端型全产业链装备供给】 2016年，青岛市坚持先进适用导向，把90%以上财政资金用于补贴大功率、多功能、一体化生产机具。全市新增88.24千瓦以上拖拉机1 000多台，大中型拖拉机、联合收获机保有量分别达4.1万台、1.4万台。

【增加机艺融合型全程机械化技术供给】 2016年，青岛市坚持节能环保导向，适应"国Ⅱ"升"国Ⅲ"新形势，实施"双十"农机主推行动，召开农机与农艺融合座谈会，推广深松整地、免耕播种、秸秆利用、航空植保、粮食烘干和农膜回收等现代农业急需农业机械化技术，建成部级和市级试验示范基地16个。推进农业部农机报废更新补贴试点工作，共报废拖拉机、联合收割机386台，在节能降耗中优化装备结构，在扩大装备总量中提升实力。

【增加系统性精准型农业机械化基础设施供给】 2016年，青岛市农机部门坚持群众需求导向，通过"以奖代补"方式，扶持农机合作社建成集农机库房、维修车间、培训教室于一体综合性农机"安居工程"18处、区域化农机维修中心10个，朝农机装备"有房住、有病治、有路走"目标推进。

【增加专业便捷高效型社会化服务供给】 2016年，青岛市农机部门坚持市场主体导向，把90%以上财政性资金用于扶持农机合作社等新型经营主体，加强农机装备、库房、人才和信息化建设，全市农机合作社达409家。开展农机合作社规范化示范创建活动，发展起市级示范社100家、省部级示范社31家。推广"新型经营主体+社会化服务+适度规模经营"模式，开展土地流转、全程托管、订单作业和农机租赁等规模化农机作业服务，承担全市75%以上大田农机作业量，作业成本降低150元/公顷。

【推进农业全程机械化】 2016年，青岛市在主要农作物耕种收机械化基础上，加上机械植保、秸秆处理和粮食烘干，实现全程机械化。2016年小麦成熟期提前一周、收获时间集中，科学调度农业机械，提前5天完成小麦收获任务；三秋期间，组织近8 000台玉米收获机上阵作业，玉米机收率达92%，玉米全籽粒收获在青岛市推广。粮食烘干机达27台，建成区域化烘干中心2处；农用无人机从无到有，达13台。2016年5月，胶州市已创建为全国首批"农业机械化示范县"之一。

【推进深松整地攻坚计划】 2016年，青岛市农机部门把作业补助标准由2015年375元/公顷提高到450元/公顷，实现单一深松免费作业；作业季节由秋季拓展到4个季节分季实施，选择最佳深松作业模式；青岛市获批全国一年两熟区深松整地技术监测基地，承担农业部深松整地试验示范课题研究；安排265个农机合作社，发挥其装备、作业、人才优势，完成106.67千公顷目标任务。通过实打测产，深松区域粮食增产在10%左右，蓄水保墒效果明显。

【推进保护性耕作技术】 2016年，青岛市集成应用秸秆覆盖、免耕播种、土地深松和病虫草害防治等技术，强化农机农艺融合，形成具有青岛特色持续高产高效保护性耕作模式。通过青岛农大专家测产，全市保护性耕作小麦比传统耕作增长3%，每公顷节本增效1 500元以上，引领黄淮海地区保护性耕作发展。

【推进机械化秸秆利用】 2016年，青岛市加装小麦茎秆切碎抛洒器，推广应用小麦秸秆打捆机等新型机具；推广玉米全株青贮、打捆包膜、茎穗兼收技术推广应用，探索秸秆资源化、清洁化利用途径。

【实施"互联网+农机"行动】 2016年，青岛市农机部门围绕促进农业机械化信息化融合，建立农业机械化大数据信息服务中心，探索互联网思维下农机装备调控、作业调配和服务监管。建设智慧农机深松监测系统，采取"政府补一点、机手拿一点、企业让一点"办法，补助农机手安装1 620多套智能化深松整地监测仪，通过"互联网+"实现实时监测、精准监管。开通农机网络微课堂，发布124个农业机械化专题微课。

【实施"标准化+农机"行动】 2016年，青岛市正式发布实施《小麦玉米一年两作保护性耕作技术规程》等3项青岛市地方标准，深松整地、玉米生产机械化等与农艺相适应农机作业标准正在研究制订中，《财务管理内控规范》等标准化制度在全市推广。

【创新农机作业服务机制】 2016年，青岛市依托卫星导航系统和智能型播种机、联合收割机、农用无人机等先进农机具，首次探索开展精准作业、智能收获。开展"三夏""小麦机收、秸秆还田、粮食烘干、保护性耕作""三秋""玉米机收、粮食烘干、农机深松整地、保护性耕作、航空植保"等全程机械化"一条龙"作业，提升农业生产效率、降低生产成本。

【创新农机教育培训模式】 2016年，青岛市农机部门联合河北农业大学进行小麦密植高产机械化技术项目试验研究，引进河北农业大学青岛研究生工作站和2台农机仿真教练仪及模拟考试服务器，出版农机实用技术教材，建成基层农机实用技术培训基地6处，提高农机培训水平。以农机技术、农艺种植和经营管理为重点，培训新型职业农民和"创新、创业、创客"带头人5 000多人次。

【农机安全形势良好】 2016年，青岛市依法履行农机安全监管职责，建体系、促规范，抓排查、促防控，未发生农机死亡事故。青岛市四市一区已经全部建成全国"平安农机"示范市(区)。5月中旬，在农业部召开全国农业机械化安全生产工作会议上，青岛市做"创新农机安全监管体制、保障农机化事业安全发展"典型发言。

【健全农机安全生产责任制】 2016年，青岛市农机部门落实农机安全生产"一把手"负责制和"一岗双责"责任制，层层传导压力，逐级压实责任。成立4个督导组，由青岛市农业机械管理局领导牵头，加强安全督查，指导企业落实主体责任。

【完善基层农机监管体系】 2016 年，青岛市农机部门坚持“监管重心下移、服务窗口前置”，深化“农机监理进农村社区”活动，新建社区农机监理服务中心和窗口 17 个，总量达 62 个。每年为机手节省工作日 6 万多个，节约工费、油费等 500 多万元。

【强化农机安全隐患整治】 2016 年，青岛市农机部门把 20 多万台拖拉机和联合收获机、30 多万农机手和 100 多个农机维修企业纳入农机网格化管理范围，开展安全生产隐患大排查、快整治、严执法集中行动，排查、整改安全隐患 350 多处，查处无牌无证、违法载人等违法、违章行为 500 多起；组织开展变型拖拉机专项清理整治活动，清理违规牌证 230 台；投入 30 余万元，为拖拉机和联合收割机免费粘贴反光标识。

【促进农机监理规范化建设】 2016 年，青岛市农机部门完成农机监理业务能力等集训上千人次，开展农机监理服装换装试点工作，促进监理队伍规范化建设。严把牌证核发、安全检验和技能考核关口，建成 5 个高标准农机驾驶员无纸化考试中心。

【加强农机修行业管理】 2016 年，青岛市农机部门开展为期 3 个月农机维修行业专项整治活动，下达限期整改通知书 30 多个，取消不合格农机维修点 89 个，共保留合格在册农机维修点共 134 个，促进农机维修行业规范化、制度化、法制化管理。

【规范职业技能鉴定工作】 2016 年，青岛市农机部门举办农机职业技能鉴定培训班 4 期，完成培训鉴定 200 余人。在山东省农机职业技能竞赛中，青岛市获得团体优胜奖。

厦 门 市

【概况】 2016 年，厦门市农业机械化工作以服务“三农”为中心，围绕加强农业基础设施建设，加快现代都市农业发展，落实国家农机购置补贴项目，强化农机监理与平安农机建设，开展农机安全综合整治与农机“打非治违”专项整治，推进各项农业机械化工作。

【农业机械化发展成效】 2016 年，厦门市通过加大对农田机械、农田灌溉等农机装备资金投入，提升都市农业现代化水平及农业机械化水平。2016 年全市农机总动力达 37 万千瓦，其中：农用大中型拖拉机 380 台，同比增长 15.5%；耕整机（微耕机）4 640 台，同比增长 14.37%；动力喷雾机 1 076 台，同比增长 9.34%。全年完成机耕面积 9.07 千公顷，机收面积 1.73 千公顷，耕种收综合机械化水平 39.7%，同比提高 5 个百分点。

【加快现代农业基础设施建设】 2016 年，厦门市为加快发展厦门市都市现代农业，促进“菜篮子”工程建设和农业增效，农民增收，提升厦门市设施农业装备水平，印发《加快都市现代农业设施建设的实施办法》（厦农〔2016〕147 号），明确项目实施空间范围、扶持对象、扶持方式、实施规模和资金额度。下达项目 16 个，受益面积 403.73 公顷，总投资为 5 457.95万元，下达市级财政补助资金 2 900万元。

【落实农机购置补贴工作】 2016 年，厦门市农机购置补贴资金总额 450 万元（其中中央补贴资金 300 万元，市级配套累加补贴资金 150 万元），采取“自主购机、定额补贴、区级结算、直补到卡”方式实施。全市农机购置补贴使用资金总额 449.862 万元，其中：中央补贴资金 299.908 万元，市级配套补贴资金 149.954 万元，直接受益农户 1 039 户，补贴机具 1 506 台套，补贴机具销售总价1 199.244万元。

【强化农机安全监管工作】 2016 年，厦门市农业（农机）部门依法加强农机安全生产监管，落实农机安全生产责任，开展农机安全综合整治“三年提升工程”和多功能拖拉机专项整治行动，农机安全生产标准化建设，加强农机执法和安全生产隐患综合治理，遏制农机安全事故发生，巩固和推进厦门市农机安全生产发展。

【农机安全生产形势平稳】 2016 年，厦门市拖拉机有效在册数 1 740 台，持有效拖拉机驾驶证 2 245 人，全市年检拖拉机 972 台，农田作业拖拉机注册登记 107 台，换发拖拉机驾驶证 83 本，拖拉机驾驶员考试 48 人，全市农业机械在田间、场院未发生农机事故。

【开展平安农机创建工作】 2016 年，厦门市以“创建平安农机，推进农业现代化”为主题，会同安全生产监督管理局等部门开展“平安农机”创建活动，发挥区镇两级政府在创建活动中作用，推动“平安农机”创建工作开展。在厦门市翔安区、同安区、集美区已被评为全国“平安农机”示范区基础上，厦门市农机部门加强与安监部门沟通协调，推荐海沧区申报 2016 年全国“平安农机”示范区。10 月 27—28 日，福建省农业厅、福建省安全生产监督管理局“平安农机”考评组对厦门市海沧区创建全国“平安农机”示范区工作进行考评。

【推进农机安全创新管理工作】 2016 年，厦门市落实《厦门市农业局关于下达厦门市拖拉机驾驶人员培训补贴试点实施方案的通知》，在全省率先推出有机无证拖拉机驾驶人员培训补贴创新试点工作。2013 年至今，全市已有 389 名机手获得补贴并取得驾驶证，补贴总额48.94 万元。落实《厦门市拖拉机报废补贴办法》，全市受理拖拉机报废补贴 8 台，补贴资金 2.8 万元，实行拖拉机报废补贴政策，带动和引导更多的农机户走正规渠道报废。

【提高拖拉机夜间安全行车】 2016 年，厦门市农机部门购置农机安全反光贴 8 000张，免费为年检拖拉机发放反光警示膜，消除拖拉机夜间行车安全隐患。

【提升农机安全生产水平】 2016 年 5 月 6 日，厦门市召开全市农机安全生产工作会议，部署全市农机安全生产工作。印发《2016 年厦门市农机化和农机安全工作要点》（厦农〔2016〕65 号）、《2016 年厦门市农机安全生产工作计划》（厦农〔2016〕66 号）、《农机安全生产“党政同责 一岗双责”工作机制》（厦农机监〔2016〕22 号），加强农机安全生产监管责任落实，推进平安农机创建活动。

【落实农机安全责任】 2016 年 7 月 7 日，厦门市印发《关于成立农机安全生产工作领导小组的通知》（厦农〔2016〕126

号),厦门市农业局主要领导任组长,强化农机安全组织领导工作。7月29日,印发《关于下达2016年农机安全生产目标责任的通知》(厦农〔2016〕148号),厦门市农业机械监理所与各区农机管理部门签订2016年度农机安全生产责任书,各区农机管理部门与所辖镇(街、场)签订农机安全生产责任书,落实农机安全目标责任。12月16日,吕参军局长和许心凌副局长带领负有安全监管职责相关处室和直属事业单位负责人,深入有关企业、拖拉机驾校和农机专业合作社检查安全生产落实情况。

【推动农机安全综合整治】 2016年,厦门市贯彻落实党中央国务院和省、市主要领导关于安全生产工作重要指示批示精神,强化红线意识,按照"全覆盖、零容忍、严执法、重实效"要求,开展农机安全综合整治。厦门市农业局印发《关于开展农机安全生产专项整治的通知》(厦农〔2016〕41号)、《厦门市农机安全综合整治"三年提升工程"实施方案》(厦农〔2016〕51号)、《厦门市农机安全综合整治"三年提升工程"2016年工作措施》(厦农〔2016〕94号),《厦门市农业局厦门市公安局关于印发进一步加强多功能拖拉机交通安全专项整治工作方案的通知》(厦农〔2016〕119号),《关于集中开展农业安全生产大检查的通知》(厦农〔2016〕205号)、《关于切实加强岁末年初农机安全生产工作的通知》(厦农〔2016〕238号)。

【开展安全集中整治行动】 2016年11月17—23日,厦门市农业局会同厦门市交通运输局和各区道安办、农机部门、交警大队,在全市开展多功能拖拉机道路交通安全集中整治行动,在多功能拖拉机出行频繁的路段和主要作业场所等地方,设点开展路面执法统一行动,查处多功能拖拉机道路交通违法行为、查扣已通告报废还上路行驶多功能拖拉机。

【加强农机安全隐患排查】 2016年,厦门市农机部门组织农机安全执法检查、宣传教育104次250人,查处逾期年检51台,查扣6台,排查一般隐患125项,其中已整改125项,整改率100%。厦门市农业局印发2次通告,对1 092台达强制报废条件拖拉机发布注销通告。通过对拖拉机使用安全监管,消除拖拉机安全事故隐患,减少拖拉机道路事故发生。

【强化农机安全宣传教育】 2016年,厦门市、区农机管理部门落实《厦门市2016年农机安全宣传教育工作方案》,采取适合农村特点的有效形式,加强宣传力度,在区、镇、街(场)主要路口和地段悬挂宣传横幅,通过互联网、短信等媒体,大造声势,开展宣传。

【加大农机安全宣传教育力度】 2016年,厦门市农机部门组织开展"农机安全生产月宣传咨询日"活动,结合科技"三下乡"和"放心农资下乡进村现场宣传咨询"活动开展宣传教育,提高全社会关注农机安全工作的氛围。全市农机部门开展咨询活动14场,发放宣传材料10 510份,群发短信7 711条,与机手签订责任书972份,订制农机安全宣传挂图417套,发放至岛外各区、镇、村,做到336个村"村村有挂图"。

【提升农机安全生产标准化建设】 2016年,厦门市农业局专门就农机安全生产标准化建设提升工程三年行动年度工作提出要求,明确指出已达安全生产标准的企业要重点抓巩固、抓提升,针对评审中问题抓整改、抓完善。市、区农机部门在农机企业单位已达标的情况下,建立完善动态监管工作机制,结合农机安全综合整治多次深入拖拉机驾校,检查指导企业安全生产标准化建设工作。

【加强企业多方面整改力度】 2016年,厦门市农业局针对暴露的管理制度完善、档案台账建立、安全专项投入、隐患排查治理、预案衔接落实等方面问题,要求企业限期整改到位,持续改进安全绩效。

【加强农机事故应急救援能力建设】 2016年,厦门市为规范农机事故应急处理工作,增强应急处置能力,厦门市农业局对原有农机事故应急处理预案进行修订完善,重新制定印发《厦门市农机事故应急处理预案》(厦农〔2016〕21号),组建厦门市农机事故调查处理专家组和应急救援队,明确工作职责。6月21日,在同安区洪塘镇举行2016年厦门市农机事故应急救援演练,通过农机事故应急救援演练,提高农机事故处置人员应急处置能力。

【组织值班备勤】 2016年,厦门市、区农业(农机)部门制定值班制度和事故专报制度,安排节日期间值班计划,实行领导带班制度,公布值班电话,保证信息畅通,节日期间市农业机械监理所每天下午16:30前及时将全市农机事故统计报表上报市安办。

【强化监督检查"双随机"工作】 2016年,厦门市根据《厦门市人民政府关于印发2016年厦门市推进简政放权放管结合优化服务工作要点的通知》(厦府〔2016〕274号),按照安全生产"三个必须"原则,结合农机实际,对"农业机械安全监督检查"和"拖拉机驾驶培训机构监督检查",自上而下,逐级建立农机部门随机抽查事项清单、检查对象名录库和执法检查人员名录库,根据监管对象情况和农业生产季节特点,开展"双随机"工作。

【做好上年农机购置补贴绩效考评工作】 2016年,厦门市根据《农业部办公厅关于印发2015年专项工作延伸绩效管理实施方案的通知》(农办办〔2015〕26号)要求,组织做好全市农机购置补贴政策落实延伸绩效管理考评,形成厦门市2015年农机购置补贴政策落实延伸绩效管理自评报告上报农业部农业机械化管理司。4月22日、4月26日,农业部农业机械化管理司专家组、财政部农机购置补贴绩效评估检查组先后到厦门开展农机购置补贴绩效实地考核。

【加强农机购置补贴廉政风险防控】 2016年6月6日,厦门市召开全市农机购置补贴实施工作部署会和农机购补廉政风险警示教育会,厦门市纪委驻市农业局监察室叶水撰主任结合廉政案件查处,就农机购置补贴廉政风险防控作专题讲课,要求各区农机部门在购机补贴工作中,要强化廉政意识、法制意识、责任意识,把廉政风险防控贯穿于农机购置补贴工作全过程,严格执行各项规定,杜绝一切违法违纪行为。会上厦门市农业局与各区农业主管部门签订2016年农机购置补贴责任书。

【研究农机购置补贴政策】 2016年,厦门市根据《农业部办公厅 财政部办公厅关于做好2016年部分财政支农项目实施工作的通知》(农办财〔2016〕22号)精神，按照“缩范围、控定额、促敞开”要求，厦门市农业局与厦门市财政局联合印发《关于做好2016年农业机械购置补贴实施工作的通知》(农办财〔2016〕82号)，确定从2016年起，删除近两年在厦门市没有销售的风送式喷雾机、送料机、喂料机、自走轮式谷物联合收割机、水帘降温设备、加温系统6个品目。农机购置补贴机具种类范围调整为10大类27个小类46个品目。

【完善农机购置补贴实施工作】 2016年，厦门市组织编制《厦门市2016年农机购置补贴机具补贴额一览表》，经办(局)办公会研究后，对外公布实施。制定印发《厦门市农机购置补贴信息公开制度》《厦门市农机购置补贴投诉处理制度》(厦农〔2016〕101号)。为农机购置补贴机具相关生产企业须提供部级或省级有效农业机械推广鉴定证书。对农业部通报的农机企业违规产品及时封闭处理。

【加强农机购置补贴政策实施监测宣传工作】 2016年，厦门市农机部门针对个别区实施进度慢情况，组织人员深入基层了解实施进度情况，分析问题原因，及时调剂各区农机购置补贴资金指标。5月11日、6月30日、7月27日，在厦门日报上宣传农机购置补贴政策解读与问题答疑，将农机购置补贴资金规模、补贴范围、补贴对象、补贴机具及办理程序等具体内容公布并宣传，提高广大农户对农机购置补贴惠农政策知晓度。

【加强政策指导】 2016年，厦门市农业局印发《2016年度农机购置补贴政策落实延伸绩效管理实施方案》(厦农〔2016〕230号)和《关于开展2016年农机购置补贴政策实施督导检查的通知》(厦农〔2016〕226号)。

【强化农机购置补贴监督检查】 2016年11月30日—12月2日，由厦门市农业局牵头，抽调厦门市财政局、厦门市残疾人联合会、厦门市农业机械监理所有关人员组成督导检查组，对2016年农机购置补贴政策实施项目区进行督导检查。督导组采取听取汇报、查阅档案材料和实地检查方法展开，入户检查25户，组织人员对到周边地区承包作业轮式拖拉机检查10户，合计现场检查35户，未发现违法违规行为。

新疆生产建设兵团

【概况】 2016年，新疆生产建设兵团农机行业在农业部农业机械化管理司、农业部农垦局支持和新疆生产建设兵团党委的领导下，以科学发展观为统领，以提高兵团农业综合机械化水平为重点，发挥农机在农业生产过程中的主导作用，完成全年各项工作任务。

【农机装备结构优化】 2016年，新疆生产建设兵团农机总动力达510万千瓦，同比增长2%。全年大中型拖拉机和配套农具保有量同比分别增长3%和3.5%。农机装备结构优化，更新大中型拖拉机3 000台，畜牧、园艺机械数量分别新增600台、1 000台。新疆生产建设兵团73.53功率以上的拖拉机已达1万余台，采棉机2 120台，联合收割机1 550台，农用飞机32架，大型装备能力加强，效率提升。

【机械化作业水平提高】 2016年，新疆生产建设兵团机耕面积1 230千公顷，机播面积1 320千公顷，机收面积1 010千公顷，其中粮食180千公顷、棉花453千公顷、油料12.7千公顷、甜菜21.5千公顷、番茄27千公顷、辣椒15千公顷、籽用瓜29.1千公顷。机耕、机播、机收水平分别达100%、99.8%、77%，种植业综合机械化水平已达93.2%，同比增加近0.1个百分点。飞机作业面积27.4万千公顷。全年机械作业达32 000千公顷。

【农机购置补贴政策实施规范高效】 2016年，新疆生产建设兵团享受国家农机购置补贴资金3.5亿元，截至11月中旬，实施补贴资金1.658亿元，在全兵团范围内实施购置农业机械0.984 3万台(架)，其中，拖拉机2 500余台，收获机械680余台；配套农具和其他机械0.67万余台(架/套)。有近0.65万余户职工和农机服务组织直接受益，直接带动购机资金5亿元以上。通过筹划、组织，按程序和步骤环环相扣实施购机补贴政策，促进全兵团农业机械装备的更新换代，提高大农业生产能力和效率，为农业丰收打下机械化生产基础。

【落实深松作业补贴工作】 2016年，新疆生产建设兵团实施深松作业270千公顷，其中实施作业补贴面积140千公顷，补贴资金5 250万元，深松作业普遍受到团场和职工欢迎。

【棉花收获工程取得进展】 2016年，新疆生产建设兵团采棉机保有和使用量2 120台，完成机采面积453.33千公顷以上(不含复采面积)，机采面积占植棉的75.8%以上，同比增加10%。为发挥采棉机功能，协调组织部分采棉机进行跨区机械采收棉花作业面积达100千公顷。投入脱叶剂喷施机具4 073台，其中按要求改制1 000台，新购置518台。机采公司运行情况良好，能够满足采收需求，稳定采棉机作业市场。

【推广农机新技术】 2016年，新疆生产建设兵团大面积推广秸秆还田670千公顷、残膜回收587.33千公顷、土壤深松273.33千公顷和机械植保466.67千公顷。机械移栽、高架精量喷雾、土壤深翻、葡萄埋藤和保护性耕作、节能降耗等农业机械化新技术得到示范应用。各种经济作物的机械化收获有进展，籽用瓜、辣椒、番茄等作物联合收获机械500余台，实现机械化作业。畜牧园艺业机械化生产进展快，推广牧草收割机、饲草料打捆机、储奶罐、挤奶器等畜牧机械新增400台(套)，推进畜牧业规模化生产。新增葡萄埋藤机、施肥机、弥雾机等园艺机械500台。卫星导航技术发展迅速，新购置北斗卫星导航仪1 418台，同比大幅度增加。

【农机推广基地建设取得新进展】 2016年，新疆生产建设兵团依据《兵团“农业机械化推广基地”评价指标体系》，对13个师，142个团场农机发展水平进行评价，掌握全兵团农业机械化发展水平、存在问题、明确发展重点，为做好国家赋予的“农业机械化推广基地”迈出坚实的一步。

【白色污染治理完成顶层设计】 2016年，新疆生产建设兵团按照兵团统一部署，对新疆生产建设兵团农田残膜污染情况进行评估，制定《兵团关于加快推进农田残膜污染综合治理的实施意见》，明确今后治理指导思想、目标、重点任务和采取主要措施，为在全国率先解决白色污染问题奠定基础。

【明确提升棉花质量的措施和路径】 2016年，新疆生产建设兵团按照新疆生产建设兵团领导批示精神，在总结以往提升棉花质量措施的基础上，制定《关于进一步加强棉花质量管理的实施办法》，明确今后治理指导思想、目标、重点任务、采取主要措施和激励机制，为稳定提升兵团棉花质量，建设好国家棉花优质棉基地，奠定基础，以满足市场需求，牢固树立兵团棉花市场品牌形象。

【农机社会化服务体系取得进展】 2016年，新疆生产建设兵团稳定各兵师团农机推广队伍；农机专业服务公司或合作社发展迅速，累计成立220家；兵师大型机采棉收获公司运行情况良好，机采棉花266.67千公顷，占机采总面积的70%以上。农机标准化服务基地建设取得成效，有100余个团场建设农机标准化服务中心，农机监理工作取得新成绩。

【农机事故减少】 2016年，新疆生产建设兵团共报告农机事故5起，受伤7人。同比事故期数减少7起，死亡人数减少4人，受伤人数减少1人，事故起数、受伤人数分别下降41.7%和12.5%；千台事故起数、千台死亡率、千台手上人数均在行业控制指标范围之内，持续多年未发生群死群伤的重大事故。

【明确发展思路，制定全年工作重点】 2016年，新疆生产建设兵团为做好全年农业机械化工作，根据新疆生产建设兵团农业局2016年工作要点及兵团六届十五次全委（扩大）会议精神制定2016年兵团农业机械化重点工作，明确工作方向、重点及主要内容，统一发展思路，明确重点工作，激发工作热情。

【监管农机标准化示范农场】 2016年，新疆生产建设兵团针对部分师局在推动农业机械化工作中存在重补贴轻管理，与建设全国农机推广示范基地要求不相适应的现象，根据农业部农垦局关于在全国创建农机标准化示范农场的要求，督促师农机主管部门对已达标的32个团场进行监管。

【抓农机标准化创建工作】 2016年，新疆生产建设兵团结合新疆生产建设兵团实际，2016年在兵团选择条件好、示范带动作用强的14个团场开展创建达标工作。为推进创建活动，培养兵团农机标准化示范农场技术骨干，组织专家到创建团场对相关人员进行培训，指导相关技术资料准备工作。12月初14个创建团场通过农业部农垦局专家组验收。通过达标创建活动提高达标团场的农业机械化管理水平，提高团场农机库区建设水平和农机新型服务组织管理水平，为稳定提高兵团农机作业质量水平奠定基础。

【组织关键农时机械化生产】 2016年，新疆生产建设兵团在各个重要农时时节，科学谋划、精心安排、合理调度农业机械，投入春耕、三夏、三秋机械化农业生产，克服大风、寒潮、干旱等恶劣天气，保证农业机械化生产顺利进行，为全年粮棉等作物丰产丰收作出突出贡献。各级农机主管部门协调关键农时跨区机耕、机种、机收作业。粮食、甜菜、番茄、棉花等作物跨区机收的规模扩大，已达206.67千公顷。农机作业市场有序稳定，运行机制趋于合理，农机服务组织生产服务形式拓展，各级农业机械化服务组织运行情况良好，机收服务公司之间引入竞争机制，实现进度快，质量好，问题少，效果好的工作状态。

【严把脱叶质量关】 2016年，新疆生产建设兵团抓棉花脱叶、机采环节的质量管控工作。棉花脱叶剂喷施作业质量是棉花全程质量管控的关键环节，抓此环节的质量管控，为机械采收、清理加工奠定质量基础，提高棉花全程质量管控的“牛鼻子”。9月1日组织召开兵团棉花脱叶及机采环节质量管控现场会，要求各植棉师要按照《兵团机采棉脱叶剂喷施作业技术规程》要求开展喷施作业。确保落叶质量好于往年，为提高采收质量奠定基础。

【严把采收关】 2016年，新疆生产建设兵团在采收环节，实行统一组织领导，统一检修标准、统一培训持证上岗、统一作业机车调配、统一作业标准，统一作业收费标准。落实采收质量管理，对采棉机严格限制采摘速度和进出棉田采收时间。遵守新疆生产建设兵团有关规定，采取多种措施防止残膜等异性纤维混入籽棉。重视采棉机防火工作，杜绝采棉机火灾事故发生。

【按要求加强棉花质量管理】 2016年，新疆生产建设兵团按照新疆生产建设兵团要求，坚持问题导向，梳理往年棉花生产中取得的成效和不足，拟定《关于进一步加强棉花质量管理的实施办法》，报新疆生产建设兵团审批，按照新疆生产建设兵团要求，加强棉花质量管理。

【落实农机购置补贴工作】 2016年，新疆生产建设兵团按照国家有关要求，加强与新疆生产建设兵团财务局、检察院等部门交流沟通，确保新疆生产建设兵团农机购置补贴顺利开展。

【制定农机购置补贴资金使用方案】 2016年，新疆生产建设兵团制定《2016年兵团农机购置补贴资金使用方案》，明确实施重点内容、补贴机具种类、补贴对象及标准、操作流程、监督检查等内容。

【制定农机深松整地作业补助工作实施方案】 2016年，新疆生产建设兵团制定《2016年兵团农机深松整地作业补助工作实施方案》，明确目标任务、补助对象、补助标准、作业模式及作业质量要求、程序和步骤、保障措施等内容。

【加强农机购置补贴警示教育】 2016年，新疆生产建设兵团召开农机购置补贴警示教育培训班。履行各级农机购置补贴实施、廉洁自律等责任，强化新疆生产建设兵团购置补贴工作人员的廉洁自律意识和能力，5月组织举办农机购置补贴警示教育培训班，剖析全国及新疆生产建设兵团在购置补贴违纪违规的五个案例作为警示教育内容，与各师农机主管部门签订农机购置补贴实施工作责任书。

【加强农机购置补贴的监管力度】 2016年，新疆生产建设兵团加大电话抽查和实地检查的力度，对2015—2016年购置补贴执行情况进行核实，对补贴过程中存在违规的企业及产品进行及时处理。

【实施兵团“农业机械化示范推广基地”评价工作】 2016年，新疆生产建设兵团按照新疆生产建设兵团要求，4—8

月，依据新疆生产建设兵团下发《兵团农业机械化推广基地评价指标体系（试行）》，组织专家对全兵团 13 个师，142 个团场农业机械化推广基地发展水平进行评价，上报《关于上报 2015 年兵团农业机械化推广基地初评报告》，兵团分管领导、主要领导都做重要批示。新疆生产建设兵团政委孙金龙批示："同意新齐司令的意见。认真总结已有成绩，查找薄弱环节，用新发展理念完善措施、补齐短板"，按照领导批示和农业局的要求，指导师团做好农业机械化推广基地建设工作。

【制定农田残膜综合治理方案】 2016 年，新疆生产建设兵团按照中央领导批示，落实新疆生产建设兵团主要领导要求，对近年来新疆生产建设兵团农田残膜污染综合治理工作进行初步总结，拟定《兵团关于加快推进农田残膜污染综合治理的实施意见》，经司令员办公会原则同意，完成上兵团常委会审定前期材料准备工作；按照新疆生产建设兵团领导要求和新疆生产建设兵团农业机械化管理局领导安排，起草《关于新疆生产建设兵团农田残留地膜污染治理情况的报告》，上报兵团有关部门；按照新疆生产建设兵团要求和新疆生产建设兵团农业机械化管理局安排拟定残膜综合治理实施方案。

黑龙江省农垦总局

【概况】 2016 年，黑龙江省农垦总局农业机械化管理局深入贯彻落实总局党委（扩大）会议精神，以稳粮增收调结构，提质增效转方式为主线，围绕总局党委工作重点，结合农业机械化发展实际，开展各项工作。

【优化农机装备结构】 2016 年，黑龙江省垦区共完成农机更新投入 24.5 亿元，购置各种农机装备 3.8 万台件。其中：大中功率拖拉机 8 420 台、大型联合收割机 4 450 台、大中型配套农具 7 168 台、其他机具 17 962 台，农业机械化水平保持 98.6%。

【调整农机购置补贴】 2016 年，黑龙江省农垦总局农业机械化管理局按照农业部要求，对黑龙江垦区 2015—2017 年农业机械购置补贴机具种类范围进行调整，分 3 批开展农机产品信息归档工作，于 4 月初开通农机购置补贴系统。年内开展 2 次农机购置补贴的监督和检查工作。

【"转方式、调结构"成效显著】 2016 年，黑龙江省垦区按照黑龙江省农垦总局党委确定的"转方式、调结构"和"三减"工作重点，组织开展水稻侧深施肥、水稻振捣提浆、免耕播种、马铃薯精量播种、马铃薯土薯分离等农业机械化新技术的试验和示范工作。

【推广各类农机具】 2016 年，黑龙江省垦区共推广水稻侧深施肥机 1 145 台（目前总保有量 1 382 台套），水稻振捣提浆机 117 台，马铃薯精密播种和土薯分离设备 49 台套，各类免耕机具 247 台，改装免耕播种机等机具 170 台，总结推广嫩江农场免耕机具改装经验，计划利用 2—3 年时间，对现有的 2 000 余台精量播种机进行改装到位。同时，垦区重点推广大功率深松、自动导航驾驶、智能化浸种催芽、粮饲袋贮、水稻低温烘干、防陷半履带等十余项农业机械化新技术新机械，实现农机节本增效 10 亿元以上。

【开展农作物生产全程机械化活动】 2016 年，黑龙江省垦区 852 农场被农业部确定为全国首批 28 个县（市、区）基本实现主要农作物生产全程机械化示范单位之一。按照《农业部关于开展主要农作物生产全程机械化推进行动的意见》要求，垦区立足于提高农业机械化发展质量，从"稳产能、降成本、转方式、促升级"四个方面入手，结合实际，找准工作定位，聚焦薄弱环节，明确主攻方向，确定发展目标，全面深入的开展全程机械化推进行动，发挥农业机械化的重要作用。

【推进农机跨区作业产业】 2016 年，黑龙江省垦区共完成跨区作业 2 080 千公顷，其中：耕整地 813.67 千公顷，播种 397.53 千公顷，收获 508.93 千公顷，其他作业 359.87 千公顷，出动机械 1.28 万台次，作业地区包括内蒙古、吉林、辽宁、江苏等省（自治区）以及黑龙江省内部分市、县，直接收益 3.86 亿元，跨区作业收益约占垦区农机旱田作业收益的 11%。

【开展标准化农场创建】 2016 年，黑龙江省垦区开展全国农垦农机标准化农场建设活动，共有 20 个农场参与建设活动，共投入 1.1 亿余元用于农机基础设施建设，扩建、新建"农机管理服务中心"。各建设农场共投入 4 306.7 万元用于农机标准化建设，其中：农机基本设施建设投入 1 543.2 万元，农机推广培训投入 140 万元；全年新增机务区 4 个，新增机务区面积 6.21 万平方米，农业机械购置投入 1.34 亿元，使用农机购置补贴资金 3 350 万元，农业机械总动力达 154.11 万千瓦。

【提升经济效益】 2016 年，黑龙江省垦区建设单位平均大豆增产 900 千克/公顷，玉米增产 2 325 千克/公顷，人均纯收入达 28 420 元。

【落实国家深松整地补助政策】 2016 年，黑龙江省垦区完成深松面积552.93 千公顷，超额完成全年计划的 25.6%。同时，按照农业部文件要求，垦区制定并下发《2016 年黑龙江垦区农机深松整地作业补助试点实施方案》，在垦区七个管理局的 41 个农场开展农机深松整地作业试点工作，试点补助总面积 368.24 千公顷，补助标准 150 元/公顷，共落实补助金额 5 523.6 万元。垦区全年累计投入各类深松机具 1.12 万台（套），实现单位面积平均产量增加 10%左右。

【强化农机安全执法监督】 2016 年，黑龙江省垦区农机部门贯彻落实"安全第一，预防为主，综合治理"的安全方针，落实安全生产责任制，各级农机部门签订《农机安全生产责任状》3 757 份，农机驾驶操作人员签订春季农机作业"十不准"保证书 16.5 万余份。共查验拖拉机、联合收割机 5.5 万台次，粘贴安装反光标识 10.7 万余条，治理道路违章 2 065 起。

【推进农机安全监理建设规范化】 2016 年，黑龙江省垦区共有 320 名农机检验员通过培训和考试，共有 11.4 万台农机经过年度检验，检验率达 95%以上。按照国家相关文件精神，取消农机监理 5 项行政事业性收费，并争取将成本费用纳入财务预算。

【加强管理，航化作业安全稳定】 2016年，黑龙江省垦区会同安全生产监督管理局、农业等相关部门，提请黑龙江省农垦总局办公室下发《关于加强垦区航化作业安全管理的通知》。2016年，共有来自黑龙江省内外的12家通航企业的78架飞机参与垦区航化作业，完成作业面积1 547.53千公顷。

广东省农垦

【概况】 2016年，广东省垦区以“推进农业现代化，打造跨国大集团、建设美好新垦区”为目标，以贯彻实施《农业机械化促进法》为主线，坚持农机农艺与生态建设相结合，实施农机购置补贴政策，促进农业生产设施化、机械化、信息化发展，提高农业物质技术装备水平，推进现代农业快速发展，提高产业竞争力。农业机械化是农业现代化的基础和重要内容。

【落实法规方针政策】 2016年，广东省垦区贯彻《农业机械化促进法》等一系列法律法规及方针政策，落实科学发展观，围绕现代农业建设，加快农业机械化发展，实现农田基础建设生态园林化、良种繁育设施化、种养收加环节机械化、农业产业低碳循环化、生产经营全程信息化。

【农业机械化工作推进】 2016年，广东省农垦总局重视农业机械化工作，把全面推进机械化列入重要工作。出台《农业机械化管理规定》《关于加快甘蔗全程机械化发展的指导意见》《关于推进甘蔗种植经营模式转变的若干意见》等规章制度。

【建立全程机械化应用推广示范基地】 2016年，广东省垦区在湛江农垦国家现代农业示范区广前糖业公司、国家级农业龙头企业丰收糖业公司、广东省农业龙头企业华海糖业公司分别建立3个0.67千公顷甘蔗全程机械化应用推广示范基地，广前、丰收、华海3个糖业公司是农业部甘蔗全程机械化试验示范推广基地，丰收糖业公司是首批全国农业机械化示范区，广前糖业公司、丰收糖业公司、华海糖业公司、广垦农机公司4个单位被确定为全国农垦农机标准化示范农场，南华、五一、东方红、幸福4个农场开展农机标准化农场创建工作。

【农机装备总量增加】 2015年，广东省垦区农业机械总动力39万千瓦，比2014年增长6.15%。2016年垦区农业机械总动力达42万千瓦，比2014年增长7.69%。

【农业生产综合机械化水平提高】 2016年，广东省垦区农业生产综合机械化水平达71%。农业机械化贯穿垦区农业生产的各个领域，在开荒作业、农田基本建设、热带作物生产、植物保护、产品加工、运输乃至社区建设中都发挥着重要作用。

【农机新技术推广取得进展】 2016年，广东省垦区在发展农业机械化过程中，坚持农机农艺与生态建设相结合。垦区拥有各类微灌、喷灌作物面积6.67千公顷，完成水利工程及节水灌溉面积24.67千公顷；改造水产生态养殖面积1.67千公顷。在甘蔗生产中采用良种良法、测土配方施肥、全程机械化生产、节水灌溉、生物防治虫害等先进技术，按照统一整地播种、统一肥水管理、统一技术培训、统一病虫防治、统一机械收获的“五统一”的技术路线。

【农机作业服务组织初步实现多样化】 2016年，广东省垦区探索适合垦区农业机械化发展方向。湛江垦区出台《湛江农垦农业机械化管理暂行规定》，实行农垦局、广垦农机公司、农场三级农机管理的体制，授权广东省广垦机械有限公司负责垦区国有农机资源、土地耕作资源、农资和农产品运输资源的经营管理业务，在龙头企业带动下实现农场、专业公司和职工的共赢。一些农场结合产业实际发展职工参股或合作经营的农机服务公司，形成专业公司、股份公司、合作经营组织、农机大户等多样化的农机经营服务体制。

【农机作业信息化发展】 2016年，广东省垦区开展精准农业技术的探索和实践，在土地管理、林木生长、病虫害预测预报及防治、测土配方施肥、节水灌溉、农产品质量追溯、农机作业和管理、工厂化养殖等方面广泛采用信息装备和技术。如建立以3S(遥感技术、地理信息系统和全球定位系统)技术为支撑的国有农场土地管理系统，精确测算和监控土地资源，为农机作业调度搭建新的管理平台。丰收菠萝罐头、名富番石榴和红阳桃、华海茶叶等无公害农产品质量追溯系统的建立，燕塘乳业从奶源基地建设到乳品加工和销售的全程信息化管控。

【农机购置补贴项目实施】 2016年，广东省垦区实施农机购置补贴1 558万元，补贴机具1 700台，受益农户442户。垦区按照财政部、农业部等上级有关部门的要求，编制农机购置补贴实施方案，成立项目领导小组，加强项目的组织、协调、指导和监督管理。为加强补贴资金的管理，制定《广东垦区农机购置补贴资金管理办法》。按照国家有关规定，对专项补贴的实施范围、对象、标准和种类，补贴资金的申报、下达补贴与发放程序、专项的管理与监督等进行规范。

【新型农机具研发】 2016年，广东省垦区加大高地隙大功率拖拉机、大型甘蔗种植机、大型喷药机等农机设备攻关和开发力度。如广东省广垦机械有限公司与中国农业机械化科学研究院合作，对进口价格40多万元的整杆甘蔗种植机进行技术攻关，吸收消化，自主研制开发出同类型的大型甘蔗种植机，生产成本只有15万多元。广垦机械公司针对甘蔗装卸劳动强度大情况，研制开发甘蔗装载机和自动卸蔗台。

【调整优化农机装备结构】 2016年，广东省垦区一方面适应农业生产结构调整和农艺措施要求，实行分类指导，重点突破，研制改装农机新机型，优化农机具结构；另一方面按照农机作业特点，对土地规划、农田水利设施、良种选育、种植管理技术到产品收获加工等进行改进完善，提高农机作业效率和质量。

【建设高标准的管理制度和高素质的农机队伍】 2016年，广东省垦区在甘蔗全程机械化生产技术取得突破后，开展甘蔗机械化生产标准化研究工作，制定《甘蔗机械化种植技术规程》《甘蔗种植机操作规程》等各种技术标准10多个。垦区引进和培养现代农业装备建设的专门技术人才和管理人才1 500多名，加大对现有农机技术人员的培训，为垦区现代农业发展提供智力支撑。

【引领现代农业机械化发展】 2016年，广东省垦区通过创建示范区，树立先进典型等方法，引领和示范带动农业机械化发展。丰收糖业公司作为全国唯一的甘蔗机械化生产试验基地，2016 年开展种植、植保、收获等环节的机械化生产标准研究制定工作，使甘蔗机械化生产技术从单项到集成、从单机作业到联合作业，实现耕种管收全程机械化，成为“中国甘蔗机械化生产”的典范。垦区发展万头现代化养猪场，人均饲养量达 410 头。

【研制开发先进适用农机具、新技术】 2016 年，广东省垦区本着引进、吸收、消化、提高的宗旨，针对垦区土地、品种、农艺等生产实际，对一些进口的关键农业机械设备进行攻关和开发，研制适合垦区使用的新型替代机具和配套机具，降低农机购置成本，拓宽农机应用范围，加快先进农业机械的普及推广。

【实现农业产业低碳循环化】 2016 年，广东省垦区围绕建设资源节约型、环境友好型社会的总体目标，推进先进农业技术装备应用，打造“低投入、高产出，低消耗、少排放，能循环、高效率”的低碳循环农业体系，推动上下游产业充分结合，延伸产业链，在提升农业综合经济效益的同时取得良好的生态和社会效益。广东省垦区糖业、橡胶、剑麻、菠萝和畜牧业等产业的循环农业发展已初具规模，实现以工补农、以农带畜、以畜促农、以农畜发展推进工业生产的低碳循环化发展。

【创新农机经营管理体制】 2016 年，广东省垦区按照“谁投入谁受益”的原则，在国有农场投入经营为主体的同时，引导和鼓励职工及社会资本投入，做到国有企业、股份制、合作制多种形式并存，形成农机服务市场化，服务组织实体化，实体经营企业化。

试验鉴定与标准化

农业部农业机械试验鉴定总站（中国农机产品质量认证中心）

【概况】 2016 年，农业部农业机械试验鉴定总站围绕农业农村经济发展目标和全国农业机械化中心工作任务，贯彻落实新发展理念，解放思想、深化改革，主动作为、开拓创新，突出重点、真抓实干，推进农机试验鉴定规范实施，强化农业机械化质量监督，创新推动农业机械化信息宣传，推进农业机械化标准化建设、农机维修管理服务、职业技能开发指导、农机产品认证指导等各项业务发展，取得明显成效，为推动农业机械化供给侧结构性改革、促进农业机械化“全程、全面、高质、高效”发展，发挥作用。

【推进农机试验鉴定规范实施】 2016 年，农业部农业机械试验鉴定总站做好农机试验鉴定改革后的制度配套衔接，协助部司发布《农业部办公厅关于做好当前农业机械推广鉴定有关工作的通知》，修订起草《部级农业机械试验鉴定产品种类指南》和《通过农机推广鉴定的产品及证书使用情况监督检查工作规范》；制定印发农业机械推广鉴定证书发放管理办法和续展变更、续展报告编写规则等有关要求，规范改革过渡期的部级农机推广鉴定工作。

【推进推广鉴定大纲修订工作】 2016 年，农业部农业机械试验鉴定总站召开部级农业机械推广鉴定大纲审定会，审定通过《农用柴油机》等大纲。及时举办培训班，组织对农机试验鉴定相关规章制度和大纲进行宣贯培训，推动新制度和新大纲的贯彻落实。正式启用部级推广鉴定网上申报系统和项目管理系统，实现部级推广鉴定信息化管理。

【推广鉴定项目管理】 2016 年，农业部农业机械试验鉴定总站配合农业部农业机械化管理司开展部级推广鉴定证书有效期内的监督检查，及时对推广鉴定工作相关投诉进行调查核实，促进鉴定规范化。研究开发发动机试验数据处理分析软件，研制耕层断面测量仪等新设备，提高鉴定检测能力。组织完成年度实验室内部评审和管理评审，开展实验室质量体系文件换版工作，参加 CNAS 和机械工业联合会组织的轮式拖拉机检测能力验证工作，强化实验室体系和能力建设。

【做好农业机械化质量监督工作】 2016 年，农业部农业机械试验鉴定总站组织编制《2015 年全国农业机械化质量报告》。组织召开农业机械化质量工作研讨会，交流谋划新形势下农业机械化质量工作。开展在用挤奶设备质量安全监测项目，做好数据监测。与内蒙古蒙牛乳业（集团）股份有限公司签订 2016—2021 年战略协议，对其奶源牧场开展在用奶机监测。起草完成大中型拖拉机质量调查报告，召开质量分析会，发布质量调查结果；开展水稻插秧机质量调查工作，促进企业改进产品质量和服务质量。加强农机质量监督宣传，派员参加部“放心农资进村乡，监管服务到基层”活动，免费向农民发放《农机产品安全警示标识图解》《农机用户购机指南》等书籍和宣传材料。加大对投诉系统业务指导，举办全国农机质量投诉工作培训班，协助江苏、浙江、山东等省对地县级农机质量投诉监督工作人员进行培训。起草《农机质量投诉受理处理细则》，规范做好农机质量投诉受理工作，探索实施部省投诉处理协调机制，协助省级投诉监督机构协调处理投诉。

【指导农机产品认证工作开展】 2016 年，农业部农业机械试验鉴定总站制定并实施认证中心公司化运行过渡方案，按公司化改革要求全面修订管理体系文件及各类管理制度，充实管理人员队伍。组织完成 2015 年度内部审核和管理评审。顺利通过国家认证认可监督管理委员会 3C 认证专项检查。组织开展认证企业满意度调查，强化监督，提高认证工作质量。指导建立年度监督认证项目数据库，改进项目管理。落实认证机构主体责任，推行认证企业分类管理，做好认证项目实施与管理。

【推进农业机械化标准化工作】 2016 年，农业部农业机械试验鉴定总站组织召开全国农机标委会农业机械化分会四届三次会议，对部分委员进行调整，加强标委会组织机构建设和能力建设。组织对强制性行业标准项目进行技术评估，提出技术评估结果建议和整合精简结论建议。制定《农业机械化标准体系建设规划（2016—2020）》，组织对《玉米全程机械化生产技术规范》等农业机械化国家标准和农业行业标准进行审定。加强标准项目管理，组织开展年度制修订工作，举办农业机械化标准宣贯和标准编写培训班，提高标准编写质量，确保工作进度。更新完成2016年第17版现行有效标准清单，做好标准受控管理。

【推动农业机械化信息宣传服务工作】 2016年，农业部农业机械试验鉴定总站配合农业部农业机械化管理司制定发布中国农业机械化信息网2016年度宣传重点、春耕春播和“三夏”宣传重点，组织全国信息员在重点时段、重大事件掀起农业机械化宣传高潮。做好中国农业机械化信息网日常管理，围绕农机购置补贴、春耕备耕、跨区作业、农机社会化服务等农业机械化重点工作，及时编发信息，为农业机械化生产营造良好的舆论氛围。

【适应新媒体】 2016年，农业部农业机械试验鉴定总站，开通“全国农机化生产信息服务平台（农机直通车）”手机客户端和“中国农机化”微信公众号，发挥信息网的作用，增强影响力。其中，农机直通车被农业部市场与经济信息司评为“互联网＋”优秀案例。做好农业机械化生产信息直报系统等应用系统的升级维护和管理，保障各项信息化服务工作落实到位。

【提升信息化服务能力】 2016年，农业部农业机械试验鉴定总站牵头做好《农机作业信息动态监测与服务平台建设》和《农机化与信息化融合研究》等项目，协助编印《2015年全国农机化统计年报》、农业机械化系统大事记和工作总结汇编。优化农业机械化质量网栏目设置和布局，保持运行态势。立足打造特色期刊，创新策划选题，做好《农机质量与监督》编审和发行工作，编印3·15专刊《2016农机用户购机指南》，提高办刊质量。

【推进农机维修管理服务工作】 2016年，农业部农业机械试验鉴定总站开展农机维修服务保障模式研究，组织召开研讨会，推动农机维修服务体系的区域规划布局优化。推动各县用好全国农机维修管理信息系统和技术合格证发放工作。开展农机维修节能现状评估调研，研讨编制《农业机械通用维护保养技术指南》，发放到基层一线，扩大推广示范。组织开展农机报废更新补贴机制研究和试验示范，探索创新农机报废更新补贴制度。向部级示范社赠阅《农机质量与监督》杂志，协助农业部农业机械化管理司开展全国农机合作社示范创建活动，举办全国农机合作社示范社理事长培训和农机合作社辅导员培训。

【加强农机职业技能开发工作】 2016年，农业部农业机械试验鉴定总站组织举办农机维修技能师资培训班、农机操作安全师资培训班，拓展师资能力。举办3期农机行业职业技能鉴定考评员培训班，提升职业技能鉴定队伍能力。组织开发拖拉机驾驶维修培训教学系统，创新内容，改进培训方式。指导各农机行业鉴定站使用职业技能鉴定考务管理新系统，为安徽、江苏、宁夏回族自治区等省农机职业技能竞赛提供技术支撑，推动农机职业技能培训鉴定质量提升。研究提出职业分类体系框架，改组拖拉机驾驶员、农机修理工、联合收割机驾驶员等工种试卷，推进职业技能题库开发与运行。参加久保田农机服务技能竞赛和第三届江苏技能状元大赛农机修理工竞赛、第三届中国农机手大赛等行业活动的指导工作，探索以赛代练和以赛代训的新模式。

【做好外事外经服务工作】 2016年，农业部农业机械试验鉴定总站规范办理因公出国（境）团组外事手续。参与农机检测技术国际交流，派员参加OECD年会和相关活动，参加亚太农机检测网（ANTAM）标准制定和亚太农机区域数据库建设，与联合国可持续农业机械化中心（CSAM）联合举办亚太农机检测网（ANTAM）标准培训班，推动亚太农机检测网建设。《亚太区域农机试验技术合作及能力提升》项目获得农业部2015年绩效管理创新项目评估事业单位组二等奖。

【加强行业指导和系统建设】 2016年，农业部农业机械试验鉴定总站组织召开全国农业机械试验鉴定站长会暨农业机械化质量工作座谈会，回顾总结“十二五”工作，研究明确“十三五”工作重点和思路，深化推广鉴定责任担当和规范操作。组织召开部级鉴定能力认定复评审研讨会，研讨部级鉴定能力认定复评审工作，强化部级鉴定机构能力建设。根据新发布的《农业机械试验鉴定机构部级鉴定能力认定实施细则》，组织对相关单位开展部级鉴定能力认定复评审的现场考评。开展收获机械、农用拖拉机、柴油机推广鉴定技术培训和在用挤奶机测试技术交流会，提升行业技术水平。做好中国农业机械化协会农机鉴定检测分会和农机专业服务组织分会秘书处相关工作，筹备成立中国农业机械化协会畜牧分会。

技术推广与安全监理

农业部农业机械化技术开发推广总站（农业部农机监理总站）

【概况】 2016年，农业部农业机械化技术开发推广总站坚定不移地“围绕中心、服务大局”，引领全国农业机械化技术推广和安全监理系统做好农业机械化技术推广、农机安全监理、农机购机补贴政策实施技术支撑和自身建设工作。

【主要农作物生产全程机械化推进行动】 一是协助组建农业部主要农作物生产全程机械化推进行动专家指导组，制定工作规范，搭建信息交流和成果发布平台，建立专家指导工作机制。二是发挥专家智囊作用，协调各作物组专家开展专题调研、技术指导和项目检查，加强对各地推广全程机械化技术的指导。三是参与起草并推动《主要农作物生产全程机械化示范县评价指标体系(试行)》发布实施，为科学评价县域全程机械化水平，创建全程机械化示范县提供重要依据；四是在中国农机推广网开辟主要农作物生产全程机械化解决方案专栏，发挥新媒体优势推广解决方案、适用机具，开展技术指导，营造推进主要农作物全程机械化发展的良好氛围。

【强化主要农作物生产全程机械化项目管理】 一是通过升级完善项目管理信息系统、开展项目绩效评价、建立项目进度信息定期报送和成效宣传机制、举办项目管理培训班等一系列措施，提高项目执行科学化、规范化水平，保障2016年的项目顺利有序实施。二是组织召开了2015年项目验收会，对全国27个省(区、市)46个项目县192个示范片进行总结验收，形成一系列适合不同区域、不同作物的全程机械化工艺路线、技术模式、机具配套、操作规程和运行机制，促进主要农作物生产全程机械化技术创新与集成配套。三是配合农业部农业机械化管理司起草并发布《2017年农业技术试验示范与服务支持项目(农机)任务指南》，对各地项目申报材料进行评审，为2017年项目实施奠定坚实基础。四是完成水稻生产全程机械化区域服务中心项目验收准备工作。

【继续开展主要农作物全程机械化生产模式研究】 2016年，农业部农业机械化技术开发推广总站组织实施马铃薯全程机械化生产模式研究项目，分别在北方一季作区、中原二季作区和西南一二季混作区等马铃薯典型产区，选择内蒙古武川县、山东省枣庄市峄城区和重庆市巫溪县建立示范点，以播种和收获机械化技术为重点，开展对比试验，初步探索形成适宜不同类型产区的马铃薯高产高效全程机械化生产模式，促进作物品种、栽培技术和机械装备的有机融合，为加快马铃薯生产机械化提供技术支撑。

【推动南方丘陵山区主要农作物生产全程机械化发展】 2016年，农业部农业机械化技术开发推广总站贯彻落实中央脱贫攻坚决策部署，结合农机行业特点和优势，协助部司制定以“推广丘陵山区适用农业机械化技术和培育发展新型职业农民”为目标的“十三五”定点扶贫工作方案。组织开展南方丘陵山区主要农作物生产全程机械化技术交流，邀请专家就丘陵山区水稻、油菜、马铃薯、茶叶等作物的全程机械化生产作专题报告，共同探讨“十三五”期间提升丘陵山区主要农作物全程机械化水平的思路和措施，在缩小地区和行业间农业机械化发展差距，促进丘陵山区农业转型升级，加快贫困落后丘陵山区“脱贫摘帽”积极发挥作用。

【开展绿色环保、节本增效型机械化技术验证示范】 2016年，农业部农业机械化技术开发推广总站在河北、吉林、安徽等15个省建立验证点，联合地方农机推广机构、规模经营主体对遥控飞行植保、残膜回收、秸秆还田、水稻规格化育秧、牧草机械化收获等绿色环保、节本增效型机械化技术的先进性、适用性和安全性进行试验验证，形成包含技术要点、工艺路线、机具配套方案、操作规程等内容的技术规范，促进绿色环保、节本增效型机械化技术的试验熟化和推广应用。完成农作物秸秆能源化利用示范基地建设项目审计、初验收和竣工验收工作。组织召开水稻机械化精准种植模式与关键技术集成示范暨水稻种植机械化技术集成与示范项目年度工作会，安排布置项目验收有关事宜。

【加强保护性耕作】 2016年，农业部农业机械化技术开发推广总站组织实施保护性耕作技术创新与集成示范项目，起草2015年项目绩效考核报告，总结项目组织管理情况、资金使用管理情况、项目建设情况和项目实施效果，完成项目绩效评价工作。注重对项目县的工作调研、技术指导和督导检查，及时对2016年项目的资金使用情况、推广应用面积、取得成效等情况进行全面总结，促进项目科学规范实施，确保实现预期目标。

【深松技术推广】 2016年，农业部农业机械化技术开发推广总站成功举办2016年全国春耕生产农业机械化技术暨保护性耕作技术培训班，组织观摩耕生产新机具现场演示，总结交流农业部推广保护性耕作14年来取得的经验与成果，为深入推广保护性耕作技术奠定基础；组织编印《农机深松整地作业技术规范》，促进深松整地作业质量和水平的提升。

【试验推广玉米免耕精量播种技术】 2016年，农业部农业机械化技术开发推广总站为加快玉米机械化生产关键技术推广应用，在北方春播玉米区、黄淮海夏播玉米区选点开展气吸式玉米免耕精量播种机对比试验和效果评价，选取河北省石家庄市鹿泉区、黑龙江省肇州县、新疆生产建设兵团农六师新湖农场建立试验点，开展玉米免耕精量播种技术试验工作。通过试验，掌握不同机具在不同地区应用适应性情况，为企业改进产品，为农民使用新技术提出建议，促进玉米免耕精量播种技术的推广应用。

【推进新技术应用】 2016年，农业部农业机械化技术开发推广总站一是围绕“一主多元”推广体系建设，注重与教学科研单位、农机生产流通企业、新型农业经营主体加强合作，联合开展农业机械化技术验证等工作，促进国家推广机构与多元组织功能互补、公益性推广和经营性推广有机结合；二是利用2016中国国际农业机械展览会平台，设专厅集中展示“一控两减三基本”农业机械化技术及机具设备，会同中国农业机械学会、中国农业机械流通协会、农机生产企业等有关单位联合举办“绿色环保机械化技术专题报告会”，农业机械化新技术新机具现场演示活动等特色活动，受到上级领导、行业专家、现场观众肯定和广泛关注，反响强烈。

【建立示范农场】 2016年，农业部农业机械化技术开发推广总站与国内骨干农机生产企业合作共建7家示范农场，通过总结分析农场在机具配置、技术模式等方面的需求，以及生产经营中出现的问题，形成示范农场全程机械化生产技术指南，为新型农业经营主体发展树立“样板”。

【打造农机推广“田间日”品牌】 2016年，农业部农业机械化技术开发推广总站创设以田间为主要阵地，以农机作业应用为主要载体，以“创新、体验、参与、互动”为主要特点的“中国农机推广田间日”活动。“三夏”期间，举办首届“中国农机推广田间日”活动，集中开展小麦—玉米生产全程机械化技术培训，展示精准施药、分层施肥、秸秆收集还田等农业机械化新技术，以及激光平地、智能烘干、深松作业信息检测等先进农业装备，来自全国农业机械化管理部门、农机推广机构、农业机械化社会组织、农机生产经销企业和农机合作组织的500余人参加现场活动。部分省结合自身农业机械化发展特点，举办当地特色的田间日活动。

【探索推广新途径】 2016年，农业部农业机械化技术开发推广总站紧跟“互联网＋”发展趋势，推动《农机科技推广》杂志和中国农机推广网整合，通过内容“三贴近”（贴近目标市场需求、贴近推广系统需求、贴近读者用户需求）和形式“三化”（图表化、轻简化、文摘化）改造，实现网刊“三性”目标，即杂志和网站实现对于各自读者和用户的“适配性、实用性、引领性”。通过举办全国农机推广信息化建设培训班、《农机科技推广》杂志编委会议和“国Ⅲ农机产品推介活动”，免费向全国2 000余家农机合作社赠送了《农机科技推广》杂志等措施，宣传了农业机械化先进适用技术与装备、新型农业经营主体开展新技术示范推广成效和经验，发挥《农机科技推广》杂志和中国农机推广网在农业机械化技术推广工作中的重要阵地作用。

【加强顶层谋划，引领行业发展】 一是参与制定《全国农业机械化发展“十三五”规划》《“十三五”重点扶持方向和监管措施创设研究项目实施方案》和《农机装备发展2025行动方案》，印发《关于做好“十三五”农业机械化技术推广工作的指导意见》，组织召开2016年全国农机推广站长会，明确“十三五”农业机械化技术推广工作方向和重点；二是协助农业部农业机械化管理司完成农业机械化示范项目2017—2019年支出规划编制，以及《2016年农业主导品种和主推技术》《2017年现代农业重大前沿技术十大模式》中的农业机械化技术部分的编写、论证和完善工作；三是配合农业部农业机械化管理司开展基层农技推广体系改革建设政策落实情况专题调研，结合农业机械化技术推广体系实际情况对体系改革建设落实情况提出专项建议。

【夯实工作基础，增强服务能力】 2016年，农业部农业机械化技术开发推广总站推进中国农业机械化协会技术推广分会筹备工作，促进农业机械化技术推广体制机制完善和信息资源有效整合。完成住建部《基层农技推广机构基础设施建设标准》有关农业机械化部分的意见征求和修改完善工作。根据《农业部直属单位基本建设规划》要求，筛选农业机械化技术推广所需仪器设备，编制《农业机械化新技术试验示范仪器设备配备项目建议书》，促进试验示范工作科学化、规范化。承担全国基层农技推广体系管理信息系统（农机化）管理、全国农业机械化技术推广情况报送系统运行维护、统计分析等工作，为加强体系建设提供数据支撑。

【加强人员培训，提高队伍素质】 2016年，农业部农业机械化技术开发推广总站联合种植、畜牧、水产等有关单位，共同起草《农技推广骨干人才培养“十三五”规划（2017—2020）》，明确基层农机推广骨干人才培训工作方向和内容。组织召开农业机械化技术推广培训工作座谈会，全面总结回顾2013年以来农业机械化技术推广培训工作的成效和经验，确立“一主多元”合作开展技术培训的工作思路。举办全国农业机械化技术推广管理岗位人员培训班、全国“三秋”农业机械化技术示范培训班。

【促进依法治机】 2016年，农业部农业机械化技术开发推广总站协助农业部农业机械化管理司起草《农业机械化安全生产“十三五”规划》，提出未来五年农机安全生产重点工程和主要工作。修改完善《拖拉机登记规定》《拖拉机驾驶证申领和使用规定》和《联合收割机及其驾驶人安全监理规定》，规范工作要求，优化工作流程，方便农民机手。完成《农机安全检验制度研究》课题研究。

【加强标准制定】 2016年，农业部农业机械化技术开发推广总站起草《拖拉机联合收割机出厂合格证》行业标准并通过农业机械化标委会审定。举办农机安全法规标准培训班，深入解读《中华人民共和国安全生产法》和《省级政府安全生产工作考核办法》，提高农机安全监管人员依法行政意识。

【强化装备建设，提升监理能力】 2016年，农业部农业机械化技术开发推广总站参与起草《全国农业执法监管能力建设规划（2016—2020）》《农业生产安全保障体系建设规划（2016—2020）》，将“全国农机作业安全监控信息系统建设”列入规划，将农机安全监理装备纳入“区域农机安全应急救援中心”建设内容。完成“农机具移动式安全检测装备项目”竣工验收，举办拖拉机联合收割机牌证制发监督管理和装备建设培训班，完成跨区作业证印刷采购和2017年年度检验合格标志设计发布任务，提升农机安全技术装备水平，提高农机安全监督管理能力。

【规范监理业务，提升监管水平】 一是规范农机注册登记。举办全国农机依法注册登记业务培训班，组织对农机监理人员有关农机登记范围、登记时限、登记内容等相关规定知识的培训，推进注册登记工作规范化。二是规范农机事故统计。严格执行24小时安全生产值班制度，做好较大以上农机事故逐级快报并指导地方做好较大事故处理。组织各级农机安全监理机构按要求及时准确报送事故，上报率达100%。举办农机事故统计及事故处理人员培训班。

【加强农机事故应急处置管理】 2016年，农业部农业机械化技术开发推广总站协助部司在广西南宁召开全国农业机械化安全生产工作会议并举办农机事故应急处置演练，推进全国农机监理系统应急演练规范化、常态化，提升农机事故应急处置能力。加强信息化工作调研，掌握全国信息化发展情况及需求，选择先进适用的农机安全监督管理信息系统进行集成完善推广，为搭建全国农机安全监管信息平台打下基础。

【加强督导检查，预防农机事故】 2016年，农业部农业机械化技术开发推广总站贯彻落实《国务院安委会办公厅关于深入开展安全生产大检查切实加强岁末年初安全生产工作的通知》和农业部安委会有关文件精神，协助部司组织各地开展安全生产大检查，推进农机安全生产责任制落实，带队或派员赴天津市、河北省、山东省、大连市、湖南省、广东省、云南省、海南省开展实地检查，严厉打击农业机械无牌行驶、无证驾驶、未检验作业等不法行为。协助部司开发“全国变型拖拉机信息管理系统”，组织各地录入信息。

【加大宣传力度，营造安全氛围】 2016年，农业部农业机械化技术开发推广总站开展安全宣传，以中国农机安全监理信息网为阵地，加强全国农机安全监理工作交流，宣传普及农机安全监管政策法规及安全生产知识，提升农机安全监理系统公共服务能力。结合重要农事季节，开展宣传农机安全相关法规和送农机安全生产知识进万家、农机“安全生产月”“安全生产咨询日”等群众性安全文化活动，免费发放《农机安全操作挂图》20万张、农业机械安全反光标识12万条。开展“平安农机”创建活动，协助农业部农业机械化管理司制定“十三五”“平安农机”创建活动实施方案，完成各地推荐材料审核工作。

【协助做好政策设计优化】 2016年，农业部农业机械化技术开发推广总站根据“缩范围、控定额、促敞开”的农机购置补贴工作总体思路，加强数据分析，组织专家论证，起草《2015—2017年全国通用类农业机械中央财政资金最高补贴额一览表(调整建议稿)》；承担《农机购置补贴信息及管理体系研究》课题。对辽宁、黑龙江、广东和广西政策实施情况开展工作调研，提交有关情况报告；举办全国农机购置补贴分类分档补贴额测算培训班，开展补贴机具补贴额一览表制定相关培训，总结2016年政策实施情况，交流研讨2017年重点工作。

【震慑打击违法违规行为】 2016年，农业部农业机械化技术开发推广总站协助农业部农业机械化管理司制定《农机购置补贴产品经营违规行为处理办法(试行)》，为推动建立违规查处联动工作机制，震慑打击不法行为，降低国有资金流失风险确立制度规范；配合农业部农业机械化管理司组织开发违规通报及黑名单数据库，组织各省及时填报违规企业和黑名单信息，推动信息共享，提高违规处理的时效性和威慑力。组织召开农机购置补贴违规行为调查处理工作座谈会，举办农机购置补贴操作软件培训班，加强政策实施过程管控，规范补贴产品经营行为。组织各省对27个涉嫌违规的企业进行调查，在深入分析调查报告的基础上，向农业部农业机械化管理司提交18份违规行为调查情况汇总分析报告。

【促进政策廉洁规范落实】 2016年，农业部农业机械化技术开发推广总站加大绩效考核、督导检查力度，举办政策延伸绩效管理培训班，完成24个省的绩效初评、复评及7个省绩效指标落实情况管理实地考核。组建部级农机购置补贴检查督导工作专家组，遴选45位专家对16个省补贴额一览表、10个省农机购置补贴信息公开、8省资金需求测算；开展6次专项督导检查，促进各地规范实施政策。举办全国农机购置补贴信息公开培训班，组织开展3次省级农机购置补贴信息公开专栏维护情况抽查，及时按要求通报抽查结果，保障购机农户知情权和参与权，宣传政策实施效果。完成政策咨询投诉受理工作，受理政策咨询500多人次，电话、网络、信件等投诉49起。

【加强党组织建设】 2016年，农业部农业机械化技术开发推广总站按规定程序完成党总支换届选举，落实“一岗双责”要求，以处室为单位建立党小组，形成“党总支—党支部—党小组”系统完整的组织体系，增强党的领导；落实领导干部参加双重组织生活会、“三会一课”、民主生活会等制度，开展群众意见整改，基本完成各项整改任务。

【开展“两学一做”学习教育】 2016年，农业部农业机械化技术开发推广总站结合实际制定《总站“两学一做”学习教育实施方案》，及时将《关于新形势下党内政治生活的若干准则》《中国共产党党内监督条例》《中国共产党问责条例》等纳入学习教育内容，紧密结合理论中心组学习分阶段、分层次、分重点开展学习教育，确保每次学习有计划、有部署、有落实、有成效，促进党员干部提升政治素养，增强“四个意识”，在思想上政治上行动上与中央保持高度一致。

【加强廉政防控】 2016年，农业部农业机械化技术开发推广总站签订廉政风险防控责任书，集中开展2次反腐倡廉学习教育，在元旦、春节等关键节点对副处级以上干部加强提醒谈话。加强党总支和支部纪检干部队伍建设，落实监督责任，形成压力传到底的监督检查工作局面，切实做到防患未然，防止廉政问题出现。

【贯彻执行民主集中制】 2016年，农业部农业机械化技术开发推广总站坚持“三重一大”问题集体决策，事前充分征求群众意见，事后印发会议纪要，提高决策透明度。2016年制定、修订《农业部农机推广(监理)总站规章制度制(修)订管理办法》《农业部农机推广(监理)总站固定资产管理办法》等6项站务制度，建立内部防控制度，规范职工工作行为水平。每半年开展一次群众思想状况分析，掌握职工思想动向，对群众的思想波动早发现、早解决、早关爱。

【推进绩效管理，切实提高工作效能】 2016年，农业部农业机械化技术开发推广总站坚持把绩效管理作为促进工作落实的重要抓手，完成2015年农业部绩效管理考核任务，荣获部属事业单位考核优秀等次，受到农业部通报表扬。确定2016年绩效管理主要目标任务，建立绩效管理考核指标，申报创新项目。组织各责任处室切实把绩效管理信息填报作为工作落实的最后环节，在日常工作中消化，在规定周期内完成，提升工作落实的时效性，提高工作的效果性。加强绩效管理争优考核，鼓励和引导职工积极参加农业部各类活动、申报奖项，为集体争得荣誉，农业部农业机械化技术开展推广总站2个项目荣获2014—2016全国农牧渔业丰收奖一等奖。

农业机械化科研

农业部南京农业机械化研究所

【概况】 2016年,农业部南京农业机械化研究所坚持以建设世界一流科研院所为目标、以服务产业发展为导向、以推进科技创新工程实施为抓手,扎实推进各项工作开展,取得了可喜的成绩。

【科研立项不断取得新突破】 一是年度新增纵向立项经费再创新高。2016年度新增合同经费达到7 743.3万元,其中留所可支配经费达4 062.28万元。二是国家级科研项目立项取得突破。农业部南京农业机械化研究所共承担各类纵向项目158项,其中主持81项。新增主持国家重点研发计划项目1项,主持课题8项,参与课题6项;新增主持国家自然科学基金项目3项;新增主持农业部"948"项目1项。

【注重顶层设计,优化学科布局】 一是组织编制农业部南京农业机械化研究所"十三五"发展规划。2016年组织相关部门和专家广泛调研、讨论,编制发布研究所"十三五"发展规划,为未来五年发展确定基本方向。二是进一步优化所学科体系布局。按照"优、特、精、新"原则,实现由4个领域12个学科方向到5个领域15个学科方向的优化拓展,新增"装备智能化与信息化"1个学科领域,"设施园艺装备""设施养殖装备""节水农业技术装备"3个研究方向。目前,科技创新团队数量达到12个。

【成果培育效果良好】 一是各类科技成果不断涌现。2016年,"花生加工黄曲霉素全程绿色防控技术及应用"等4项成果获中国农业科学院及各类行业奖励。"基于模型的直升机航空施药飘移预测方法"和"一种气吸滚筒式水稻育秧播种装置"两项专利成果获中国专利优秀奖,农业部南京农业机械化研究所成为该奖限项申报后同时获得两项的少数单位之一。两项成果通过中国农学会成果评价,其中"旱田全量秸秆覆盖地免耕洁区播种关键技术与装备"整体技术处于国际领先水平。二是知识产权成果丰硕。全年共申请专利279项,已获授权241项;发表学术论文116篇,其中SCI、EI等收录19篇。

【科技平台建设稳步推进】 一是农业部重点实验室评估优秀。依托农业部南京农业机械化研究所建设的农业现代农业装备重点实验室顺利完成自评、互评和农业部专家现场评审,评估结果为优秀。二是省级科技平台获得后补助奖励。依托农业部南京农业机械化研究所建设的江苏省农作物收获装备工程技术研究中心和江苏省施药技术与装备工程技术研究中心,经专家考评以优异成绩获得江苏省财政厅和科技厅给予的后补助科技经费奖励。三是海外农业研究平台筹备成立。筹建中国农业科学院海外农业研究中心农业装备研究室,主要承担农机"走出去"公共信息服务平台构建、全球农业装备数据调查分析等相关研究,为对外合作提供决策支撑。

【知识产权、成果转化获奖有突破】 2016年,农业部南京农业机械化研究所积极拓宽成果转化奖项申报渠道,共获奖项7项,其中获中国专利优秀奖2项,这是本所连续四年获得此项奖励;首次获得以促进科技成果转化为主旨的"中国技术市场金桥奖"优秀项目奖1项;首次获得南京市优秀发明专利奖1项;获全国农牧渔业丰收奖一等奖1项。

【成果转让、宣传展示有影响】 2016年,农业部南京农业机械化研究所"油菜毯状苗移栽机及育苗技术"成果成功转让给日本洋马株式会社,转让金额为400万元,创农机领域技术转让新高,是我国农机化自主创新技术"逆向"转让的典型范例,受中国农机化导报等主流媒体广泛报道。农业部南京农业机械化研究所研发的"花生联合收获技术装备"受到央视财经频道的专题报道,反响热烈。"大型智能化气力集排式水稻直播机"研发成功的消息受到农业部官网、科技日报、中国新闻网等主流媒体的广泛关注。

成果参加"中国国际高新技术成果交易会""南京国际智慧农业博览会"期间分别受到广东省委书记胡春华、农业部副部长屈冬玉等领导的关注和询问。

【成果转化合作平台上台阶】 2016年,与10余家地方政府、龙头企业、研究机构达成战略合作,加强成果转化平台建设。与国内农机流通领域最大的上市公司"四川吉峰农机股份有限公司"签署共建高水平项目合作、技术引进开发、成果转化平台的合作意向;作为主要发起单位参加由四川省科技厅组织的"丘陵山地现代农机产业技术创新联盟",加强与南方丘陵地区政府、科研、企业、流通等领域的合作;与黑龙江省农机局、湖北荆门市农机局、辽宁锦州市农机局等紧密合作,开展技术成果转化、推广示范工作。

【农机社会化服务力度不断加强】 2016年,以中国农业科学院绿色双增模式研究示范项目为统领,结合农业部南京农业机械化研究所"农机313工程",形成农业部主推技术5项,推广新技术15项,新产品21个,全年共组织科技下乡5 350人·天,举办现场展示观摩会、技术培训咨活动52次,培训基层技术人员和农民0.96万人次,发放技术资料2.13万份,推广科技成果总面积3.79千公顷,新增社会与经济效益1.17亿元。

国家植保机械和机械工业旋耕机机械检测中心行业服务能力不断提升,全年完成产品质量监督检验检测工作462批次、委托检验任务50批次,服务收入共计249万元。南京设计院完成项目120个,连续两年新增合同额超过1 000万元,实现营业收入的稳定增长。

以全国农机化教育培训中心为依托,大力开展培训服务,完成2016年全国农机推广骨干人员培训班、赞比亚农业官员研修班、第八届中非农业共享经验高级研讨班、津巴布韦部长级代表团等共计350余人的培训工作。新增中国农业工程学会农业航空分会常务会长单位和中国农机工业协会植保与清洗机械分会秘书长单位，拓宽研究所为行业服务渠道。

【国际合作与交流扎实推进】 一是举办高层次国际学术交流会议，扩大行业影响力。农业部南京农业机械化研究所作为国际农业工程学会农业航空分会副主席挂靠单位，连续主办第七届精准农业与航空施药技术国际学术研讨会，为国内外农业航空科技工作者提供交流平台。二是举办各类外事培训班，提升国际影响力。成功举办“亚太地区可持续农机化发展高级研修班”和“尼泊尔国家小型拖拉机检测技术培训班”，接待“第八届中非农业共享经验高级研讨班”和“津巴布韦部长级代表团等代表团”等高层次团组，与尼泊尔农业部、俄罗斯国立农业大学、津巴布韦农业部等机构建立合作关系。三是完善英文网站，强化外事宣传。建设完成单位英文网站，并动态更新相关信息，印制所创新团队英文宣传册，进一步强化外事宣传。

【学术交流氛围更加活跃】 一是组织各类学术会议和邀请行业知名专家来所讲学。如主办中国农业工程学会农业航空分会年会等学术会议，邀请中国工程院罗锡文院士、国家农业信息化工程技术研究中心赵春江主任来所作学术报告等。二是针对性地开展各类科研技能培训。如开展“三维扫描仪设备培训”“ANSYS FLUENT 流体软件技术培训”“ANSYS Woke Bench 结构软件技术培训”等。三是举办多样化的国内农机技术培训班。针对地方农机系统需求，主办常熟、苏州等农机技术培训班，派遣高级专家赴地方授课等，累计培训农机基层管理人员和技术人员约350余人。

【人才培养与引进两手齐抓】 2016年，农业部南京农业机械化研究所开展研究所“学科带头人”“学科带头人培养对象”和“青年学术骨干”三类人才的期满考核工作；印发《“高层次人才培养工程”培养对象选拔、培养与管理暂行办法》和《青年英才计划“科研英才培育工程”所级入选者选拔、培养与管理暂行办法》；启动新一轮研究所“领军人才”“首席专家”“骨干专家”和“青年拔尖人才”四类人才培养工程，逐步构建四级重点人才库；推荐1名青年英才计划“科研英才培育工程”院级候选人、遴选确定2名青年英才计划“科研英才培育工程”所级入选者；与国内农机装备制造龙头企业“中联重机股份有限公司”重新签订“农机青年科技人员实践合作协议”，组织14名后备青年人才赴中联重机进行为期一个月的技能培训。结合研究所学科及人才队伍建设需要，2016年引进博士后3名、应届博士毕业生4名。

【人才队伍和科研团队建设取得突破】 为加强研究所科研能力建设，培养优秀创新人才，推动科技创新工程深入推进，2016年新增科技创新工程“农业机械智能控制技术科研团队”，遴选调整首席专家1名，引进应届博硕士毕业生13名，调整团队成员17人次，科研团队人才结构进一步优化，完成12支科技创新工程科研团队的人员配置；制定研究所新入职人员培训、培养计划及相应政策措施。2016年5人获得省部级人才培育工程项目，其中1人入选江苏省第五期“333高层次人才培养工程”第一层次培养对象，1人入选江苏省第五期“333高层次人才培养工程”第二层次培养对象，3人入选江苏省第五期“333高层次人才培养工程”第三层次培养对象。

【研究生培养日渐完善】 一是强化制度建设，实现科学管理。2016年，农业部南京农业机械化研究所修订研究生管理办法、宿舍管理办法等，实现科学规范的招生、培养、授课、日常工作等全过程管理。二是强化联合培养，实现优势互补。不断强化与南京农业大学、安徽农业大学、南京工程学院等合作，积极探索与长安大学等开展合作，实现高校与科研院优势互补。三是强化自我管理，营造良好环境。充分发挥研究生会和研究生党支部作用，举办丰富多彩的学术、文体和党务活动，营造更加轻松的生活氛围，为开展学术科研营造更加优良的环境。

农机工业与流通

中国农业机械工业

【“贯彻公告践行大义”——推进农机企业加快落实国Ⅲ升级工作】 国家环境保护部《关于实施国家第三阶段非道路移动机械用柴油机排气污染物排放标准的公告》(2016 年第 5 号公告)明确要求“自 2016 年 12 月 1 日起,所有制造、进口和销售的农用机械不得装用不符合《非道路标准》第三阶段要求的柴油机”,中国农机工业全面进入“国Ⅲ”时代。为积极贯彻执行环保部 2016 年第 5 号公告精神,中国农业机械工业协会组织多个活动推进农机企业加快落实国Ⅲ升级工作。2016 年 1 月 25 日在北京召开“农机行业贯彻实施国Ⅲ排放标准座谈会”;10 月 15 日在山东聊城召开“贯彻环保部 2016 年第 5 号公告,推进农机国Ⅲ升级工作”座谈会,组织企业对国Ⅲ排放升级工作进行交流和调研,在研究升级工作中的困难和具体解决方案的同时,还以多种形式协调引导企业加紧落实公告要求;12 月 1 日,协会会同相关企业,联合向社会发出倡议,承诺以身作则,坚定执行,共同促进农机国Ⅲ升级工作的顺利进行,得到了 119 家农机生产制造、95 家销售和农机用户的积极响应。

【“行业自律我在行动”——国Ⅲ升级互促互查活动】 为响应国家环保部 2016 年第 5 号公告要求,发挥行业自律作用,在环保部的指导和支持下,中国农业机械工业协会于 2016 年 12 月发起并组织国Ⅲ升级互促互查活动。互查活动历时 10 天,24 名来自协会、企业的技术和管理人员分成四组,对 7 个省市的 19 家农机骨干制造企业的装配车间、备件仓库、成品库、台账记录等进行检查(包括 3 家外资企业),受检产品包括拖拉机、收获机、插秧机等。经查,在线生产的产品均配置国Ⅲ发动机(除部分出口产品外),部分企业尚有少量装配国Ⅱ发动机的产品库存,均按照要求提供处置方案书面说明。互查活动进一步宣传和动员国Ⅲ升级工作,增强广大农机企业的社会责任感和行业自律意识。互查活动还加强企业之间技术和管理的交流,得到企业和参加人员的认可。

【“品牌活动不断创新”——中国农机零部件行业峰会】 由中国农业机械工业协会主办的“2016 全椒中国农机零部件行业峰会”于 2016 年 8 月 9—10 日在安徽省全椒县胜利举行。来自全国农机行业的 80 余家整机企业和 260 余家零部件企业及相关高校、科研院所、媒体等共计 360 余人参会,中国科学院院士任露泉和中国工程院院士罗锡文应邀出席会议。会议内容创新:主题报告直击行业热点、学术报告解密农机行业发展之根本;会议形式创新:全程采用二维码扫描注册、用餐,简化流程、节本增效;会议服务创新:开设嘉宾绿色通道,专人负责接待。

【“春秋两展再创佳绩”——2016 年全国农机及零部件展览会、2016 中国国际农业机械展览会】 由中国农业机械工业协会与中国农业机械化协会、中国农业机械流通协会三家协会联合主办的 2016 全国农机及零部件展览会于 2016 年 3 月 10—12 日在河南郑州举办,400 余家企业参展,展览面积达 5 万平方米,参观人数突破 3 万人次,参展商和展览规模都超过上届。10 月 26—28 日,三家协会主办的 2016 中国国际农业机械展览会在湖北武汉国际博览中心盛大开幕,以“创新、开放、绿色、共享、协调”为主题,约有近 2 000 家国内外企业参展,观众约 13 万人次,展览面积达 22 万平方米,展品涵盖 15 大类、36 个小类的主机和零部件产品。同期举办的“2016 中国农机行业年度大奖评选活动”评选出产品金奖产品 9 个;产品创新奖产品 15 个;市场表现力奖产品 15 个;零部件优质奖产品 16 个。同时,雷沃重工股份有限公司雷沃阿波斯潍坊农业装备分公司的雷沃欧豹等 20 个农机产品获得最具影响力品牌奖。

【“设奖立项点亮行业”——中国农机工业科技进步奖】 2016 年,中国农业机械工业协会与中国农业机械学会共同设立“中国农机工业科技进步奖”。该奖项是面向全国农机行业的综合性奖项,旨在表彰我国农业机械科学技术活动中做出突出贡献的组织和个人,推动农机产品技术创新和产业优化升级,提升国产农业装备质量水平和供给能力，增强产业整体竞争力，实现农机制造大国向强国转变。首笔奖励基金募集 600 万元人民币，由雷沃重工、中农博远和东风农机三家企业各捐资 200 万元，主要用于奖励获奖单位和个人，基金将由进步奖工作委员会审批和管理，专款专用。

【“团体标准应时而生”——中国农业机械工业团体标准】 2016 年，中国农业机械工业协会积极响应国务院《深化标准化工作改革方案》(国发〔2015〕13 号)，率先在农业机械行业启动团体标准制定工作。2016 年 8 月 9 日上午举行“中国农机工业团体标准”启动仪式；11 月 8 日，发布《中国农业机械工业团体标准管理办法》；12 月 15 日，在北京召开首批中国农业机械工业团体标准会审查会，对 4 家单位起草的 10 项团体标准进行了审查。协会将以培育和发展团体标准为基础，打造培育标准化服务全链条，加快建立农业机械工业市场标准体系，提高行业整体水平，促进中国农机工业健康、有序发展。

【“走进名企沟通整零”——首期零部件龙头走进主机企业联谊活动】 为扶持我国优秀零部件龙头企业发展，促进与主机企业交流沟通，在陈志会长的带领下，中国农业机械工业协会于 2016 年 11 月 21—24 日组织四十余位零部件龙头企业代表走进主机企业进行联谊和对接，取得了圆满成功。根据企业需求，此次活动主要走访了爱科(常州)农业机械有限公司、常州东风农机集团有限公司、洋马农机(中国)有限公司和久保田农业机械(苏州)有限公司四家主机企业，得到公司领导和高管的大力支持和热情接待。此次活动立意深远、内容丰富、针对性强、对接效果显著，得到参与企业一致好评。

【“首开培训提升技术”——先进制造技术培训活动】 为促进先进制造技术在农机产品生产中的应用，提高我国农机装备制造工艺水平，中国农业机械工业协会联合大族激光钣金装备事业部共同打造专业培训交流平台“激光智能制造培训基地(北京)”。随后，协会于 2016 年 6 月在北京举办“第一期激光智能制造高级研讨班”并于 12 月在深圳举办“农机制造管材切割技术交流会”，为企业提供学习和实践的机会。

【“国际交流有质有实”——深入考察韩国、日本农机企业】 除协会常规的国际交流计划活动外，2016 年 8 月中国农业机械工业协会组织有需求的企业赴日本访问位于日本大阪的日本久保田株式会社总部和位于大阪的洋马公司总部及其冈山工厂、神崎工厂；2016 年 11 月，协会组织企业代表访问位于韩国大邱市的韩国大同工业株式会社总部和韩国 LS 集团下属的农业机械制造工厂，为企业提供难得的到当地工厂实地考察、现场了解以及与企业技术专家面对面交流学习的机会。

【“诚信平台信息共享”——中国农机工业企业信用等级评价】 农机工业企业信用体系建设是社会信用体系建设的重要组成部分。自 2008 年商务部和国资委授权我协会开展农机行业信用等级评价工作以来，中国农业机械工业协会已累计授予中国农机工业 A 级以上信用企业 235 家。为进一步加强行业信用体系建设，打造行业信用信息管理平台，2016 年中国农机工业企业信用等级查询系统正式上线运行，为行政机关、金融机构、农机企业及配套商等单位开展相关工作提供帮助。并及时更新企业信用等级情况，引导诚信企业在市场中平稳、持续、健康发展，让失信企业在市场中寸步难行，坚守行业信用体系建设的初心，营造公平诚信的市场环境。

中国农业机械流通

【概况】 2016 年，中国农业机械流通协会围绕农机流通发展，服务行业、服务会员等方面，开展了大量卓有成效的工作。

【召开“2016 中国国际农业机械展览会”】 “2016 中国国际农业机械展览会”于 2016 年 10 月 26—28 日在湖北省武汉市举行，由中国农业机械流通协会牵头与中国农业机械化协会、中国农业机械工业协会共同主办。本届展会以“供给侧改革与农业机械化创新”为主题，在“提振市场信心、传递政策信号、推动技术创新、紧密对接市场、加强国际交流”等方面发挥作用，本届展览会成为这几年来较成功的一届。2016 年农机市场低迷，各农机生产企业普遍效益不好的情况下，“国际农机展”展会规模仍保持 22 万平方米，参展企业近 2000 家，现场观众达到 13 万人次。

会议期间，各项配套活动内容丰富，赢得展商和观众的好评。包括：2016 中国农机发展论坛，2016 年农机行业经济运行与市场分析报告会，2016 中国农机行业年度大奖颁奖盛典，2016 中国农业机械学会国际学术年会，“一带一路”工商对话会——农机贸易与合作，亚太农机制造商经销商培训考察交流会，国际农机合作社经营案例分享会，“一控两减三基本”专题报告会(绿色环保机械化技术)，玉米生产全程机械化论坛，智能农机装备与配套农艺新技术论坛，“互联网＋”农机服务创新，农用航空植保技术发展研讨会，全国蔬菜机械化论坛，湖北省农业机械化发展论坛等。现场还进行了演示活动，包括：2016 国际农机展新机具(新技术、新产品)作业现场演示；遥控飞行植保机模拟作业现场演示。

观众组织有新的突破。“观众实名制”开局喜人，通过微信平台和 PC 端预登录观众达 1.76 万人；组织化邀请观众成效显著：参加国际学术交流年会国内外专家 600 多人到会，邀请了农机流通骨干企业、农机大市场及 VIP 农机合作社参会，全国农业合作社理事长培训班、全国农机合作社示范社理事长培训班同期召开并参会，全国农机推广系统、湖北省农机化系统、军队后勤保障系统、亚太农机组织、农场农垦系统、新疆兵团系统、各相关分会等均以组团形式参加会议。

此外，还组织召开“2016 年新疆国际农业机械展览会”和“2016 年全国农业机械及零部件展览会”。

【联合开展“2016中国农机行业年度大奖评选活动”】 2016年中国农业机械流通协会承担年度大奖活动相关日常工作。为将这项工作做得更好，更贴近市场和行业的需求，组委会秘书处分三个组赴河南、山东和江苏等省份对重点生产企业和经销商进行调研，分别拜访农机鉴定总站、推广总站的领导与专家，广泛听取意见之后，2016年的奖项设置，调整为金奖、产品创新、市场力表现和零部件4个产品奖项，另外增加了品牌奖。参照农业机械分类标准，对产品和品牌奖项进行分类申报。其中，产品奖项包括植保机械、轮式谷物收获机械、履带式谷物收获机械、玉米收获机械、粮食烘干设备、畜牧机械、农机零部件；品牌奖项包括耕整地机械、种植施肥机械(不含插秧机)、插秧机、中马力(40～100马力)拖拉机、大马力(100马力以上)拖拉机、农用柴油机。产品和品牌按类别划分每年轮换进行评奖。

在宣传和推介方面做大量工作：分别在山东、河南、江苏、浙江等地召开推介会，邀请行业和当地的媒体、主要生产企业和经销商、部分终端用户、行业组织等参加，广泛宣传活动的相关情况，扩大活动相关信息的传播到达率，增加大家对活动的关注度，吸引更多的企业和人士参与，提高活动的影响力。除此之外，从3月春季会上启动大奖活动后，多次刊登广告、新闻发布，评审结果出炉后，还出版专辑对获奖的企业和产品进行宣传。

从7月接受企业申报，8月经过初审后接受社会公众在线投票，8月下旬千名专业人士在线进行了评审，9月中旬组织了百名专家现场分三个组进行评审，汇总后，共评选出产品金奖9个、产品创新奖15个、市场表现力奖15个、零部件优质奖16个；20个品牌获得最具影响力品牌奖。十天公示后，于10月26日下午在国际农机展上隆重举行了颁奖盛典。2016年的活动受到了业内人士的广泛好评。

【召开“全国农机流通工作会议”】 6月20—22日，中国农业机械流通协会以“转型、创新、发展”为主题，在南京召开“全国农机流通工作会议”，同期召开了“全国农机流通信息工作会议”“协会六届四次理事会”“协会六届七次常务理事会”以及“农机流通行业发展”“农机大市场发展”“互联网＋农机流通”“国Ⅲ升级带来的问题和机会”“农机零配件技术与市场”五个专题研讨会。在全体人员的共同努力下，会议取得了圆满成功，在全行业获得较高的好评。国家发展和改革委员会农村经济司副司长方言、农业部农业机械化管理司司长李伟国、国务院发展研究中心农村经济研究部副部长张云华、农业部农业机械试验鉴定总站站长刘敏、农业部农业机械化技术开发推广总站站长刘恒新、中国农业机械化协会会长刘宪、中国农业机械工业协会执行副会长侯庆忠等领导应邀参会，江苏省农业机械管理局副局长王峰在会上致辞。来自全国的农机经销商、制造商、大市场及媒体代表共400余人参加会议。

毛洪会长报告协会2016年工作情况；国家发展和改革委员会农村经济司副司长方言以“把握机遇，推进农村改革”为主题作报告；农业部农业机械化管理司司长李伟国在会上作了“我国农业机械化‘十三五’发展思路与重点”的报告；国务院发展研究中心农村经济研究部副部长张云华就当前农业农村改革的重点问题作报告；农业部农业机械化管理司产业发展处副调研员李伟详细介绍当前农机购置补贴政策的实施情况等。

【完成协会脱钩试点工作】 根据《行业协会商会与行政机关脱钩总体方案》及有关配套文件精神和《民政部国家发展改革委关于做好全国性行业协会商会与行政机关脱钩试点工作的通知》的要求，中国农业机械流通协会是第一批脱钩试点单位。按照“脱配相济”原则，严格依法依规开展协会脱钩改革，确保脱钩工作平稳有序、无缝对接，促进协会各项事业按照改革精神健康发展。起草了协会脱钩试点方案，编制填报了情况统计表、购买服务清单等多个表格。已完成综合管理服务、党建管理、人事管理、资产管理、外事管理、政务管理、出版物、纪检监察管理等方面的清查和脱钩工作。换领了协会新的登记证书、并办理了三证合一。同时，按照中组部《关于全国性行业协会商会与行政机关脱钩后党建工作管理体制调整的办法》，国资委党委负责领导中国物流与采购联合会党建工作，物流联合会党委负责中国农业机械流通协会党建工作。

【参加民政部评估工作】 为规范社会组织工作，提升社会组织自身建设能力，推动社会组织健康有序发展，根据《社会组织评估管理办法》和全国性社会组织评估的相关规定，民政部从2008年起每年开展社会组织评估工作。中国农业机械流通协会2009年参加民政部评估，评估等级为3A。2016年经专家组进行现场评估，最终评估等级仍为3A。

【密切与政府部门的联系，不断反映行业诉求】 ①配合国家发展和改革委员会经贸司开展《农业生产资料“十三五”发展规划课题研究》，完成并提交《农机流通“十三五”规划》(初稿)。②工信部出台《农机装备发展行动方案(2016—2025年)〉(征求意见稿)》，工信部办公厅以正式文件征求中国农业机械流通协会意见。中国农业机械流通协会认为，该《行动方案》总体上比较全面，涵盖了农机装备研发、制造、使用等环节，但漏掉了一个重要环节——农机装备发展中不可分割的流通环节(包括售后服务)。农机流通及服务是推广先进农机装备、帮助农民用户选好农机、用好农机的关键环节。而在整个农机研发、制造、流通、使用全产业链中，农机流通是目前最薄弱的一环。因此，我们正式复函要求：为确保该《行动方案》的完整性，真正使先进农机装备在农业、农村中得到有效的使用，促进我国农机工业和农业机械化又好又快发展，我们建议应该增加农机流通方面的内容，重点是增加“品牌服务网络建设专项”。回复意见同时报送商务部和国家发展和改革委员会。现该《行动方案》已由工业和信息化部、农业部、发展与改革委员会正式发布，我们的建议得到少量采纳。③工业和信息化部装备司召开“进口农机产品对国内农机工业发展影响及对策意见座谈会”，我们提出了书面意见并现场发言。④反映行业困难。针对农机流通行业当前存在的突出问题，提交专题报告向农业部农业机械化管理司反映。我们提出了4条意见和9条建议。同时附上6份企业调研报告。⑤两次参加农业部举办的形势分析报告会，三次参加农业部举办的座谈会。

【出席国际会议】 土耳其“2016世界农机峰会”；美国“全球农机制造商协会联盟经委会”；印度“亚太区域农机协会理事会第二届年会”；越南“第4届亚太可持续农业机械化论坛”；马来西亚“亚太农机数据库项目启动会”；意大利“欧洲

农机经销商联盟年会”。

【观摩国际展会】 意大利农机展；德国畜牧展；哈萨克斯坦农博会；俄罗斯国际农机展；俄罗斯海参崴国际农业食品博览会；土耳其农机展；荷兰农机展；印度农机展。

【国外项目考察】 苏丹“中苏农业产业园”项目，总投资33亿元人民币；中国农机援外项目，3千万元人民币；俄罗斯海参崴中国农机出口项目。

【中外合作洽谈】 包括：哈萨克斯坦机械工业协会、哈萨克斯坦南部农业服务中心、阿拉木图工商联、哈萨克斯坦最大农机经销商，中国驻哈萨克斯坦阿拉木图总领事馆经济商务领事；法国农机协会；意大利协会；奥地利农机协会；捷克农机协会；苏丹投资发展部、苏丹农业部农机局、中国驻苏丹大使馆。俄罗斯海参崴中俄企业对接会；中国—亚太农机企业贸易洽谈会。

【考察国外企业农场院校】 奥地利牧草打包机生产厂；匈牙利耕整地设备工厂（该领域世界排名第四）；捷克耕整地设备生产企业（该领域世界排名第五）、捷克拖拉机厂；意大利农机具制造公司、意大利蕃茄和甜菜收获机制造公司、意大利经销商、意大利农场；俄罗斯农机大学。

【组织国际培训】 与联合国可持续农业机械化中心合作举办“亚太农机制造商经销商培训班”，主题是移栽与保护性耕作技术，考察中国企业和农场，观摩中国国际农机展；“国际（法国）农机合作社经营案例分享会”。

【接待国外来访】 澳大利亚农机协会；奥地利农机协会；俄罗斯农机制造商；德国DLG高管；展会期间接待了近百名外宾，包括外国协会、厂商、经销商、媒体等。

【招展招商】 2016年来华国外企业又实现了新的突破，包括俄罗斯展团、德国展团、法国贝松、法国泰克诺玛、法国sulky-burrel、德国格里莫、土耳其paksan和celikel，印度shaktiman，德国舍弗勒等企业。特别是俄罗斯农机协会首次组团来华参展，包括俄罗斯第一大工厂罗斯托夫在内的七家企业参展，展览面积近400平方米。

【建立“中国农机产品网”英文网站】 为各国采购商寻找中国农机产品提供高效的搜索引擎，目前已有美国、德国、法国、英国、巴西、日本、韩国、土耳其、斯里兰卡、尼泊尔、马来西亚等国家关注。

【推进行业标准建设，提升协会影响力】 完成农机连锁企业规范、农机流通企业技术培训规范两个标准行业征求意见程序和报审程序，报审稿报送商务部；完成《农业机械交易市场服务质量规定》国家标准初稿，在新疆会议期间，征求会议代表意见，会后进行认真修改和完善；完成商务部下达的关于农机大市场规范、农机品牌店规范、服务质量规范、农机流通术语、农机连锁企业规范、农机流通企业技术培训规范六个行业标准复审工作的报送材料；完成《农业机械营销企业基本条件 市场行为规范及等级划分》国家标准的评审调查工作。

【《农机市场景气指数》逐渐走向成熟】 正式发布农机市场景气指数（AMI）；采集点扩容，增加了20个采集点；运行规范化，形成“汇总—分析—撰写报告—小组讨论—验证—修改报告—发布—反馈”的流程。不足之处主要是采集点数量还是不足，分析预测需要进一步加强，运作模式需要不断创新，尤其是采集点需要进一步的扩大。

【《农机市场发展报告》成为行业品牌】 经过几年的苦心经营，《农机市场发展报告》内容不断丰富，形式不断创新，逐渐打造成为行业有较大影响力的品牌产品。2015—2016年度《农机市场发展报告》在内容上又有新的创新，在原来主流市场分析的基础上，增加烘干机市场、资本市场等符合市场发展的热点内容。

【《农机动态》渐成行业喜欢的月刊】 改版后的《农机动态》经过近两年的不懈努力，其行业影响力快速提升。一方面提升了对老会员的服务水平，另一方面吸引了不少新会员入会。

【积极参与“全国大学生智能农业装备创新大赛”】 组织30家企业60位代表前去观摩，部分企业与大赛学生签订合作协议；期间还召开“农机行业校企人才对接座谈会”，与会代表20多人。

【参加国际农机展】 在国际农机展上策划三个专区，包括大学生创新作品专区、大学生社会实践专区、大学院所成果转化专区。展出作品120件，有15所院校参加，参与师生代表60人，观摩人数多达3 000人以上。

【创新为会员服务模式】 协助会员企业常州亚美柯与章丘农业局的大葱机械化移栽项目合作，目前进展顺利；安排13个国家40人的亚太地区代表团考察会员企业，搭建沟通平台，协助企业走出去，代表团考察会员企业常州东风农机、常州汉森农机、南通富来威、常州常发、常州迈腾等企业，中外企业一致反映效果很好。

【开展调研、走访工作】 调研全国农机市场，寻找市场热点，发现市场问题，研究市场营销手段。先后走访、调研黑龙江、辽宁、天津、河北、山东、安徽、江苏、江西、湖北、河南、陕西、甘肃、宁夏、青海、新疆等省（自治区）的农机有形市场、有关企业和全国性及区域性农机展会。

农业机械化统计资料

全国农业机械化统计分析

全国农业机械化发展情况综合分析表

项　　目	计量单位	2016 年	2015 年	2016 年比 2015 年增减	
				增减量	%
全国农作物耕种收综合机械化率	%	65.19	63.82	1.37	
机耕面积	千公顷	121017.65	119876.36	1141.29	0.95
机耕率	%	81.40	80.43	0.97	
机播面积	千公顷	87917.83	86651.20	1266.63	1.46
机播率	%	52.76	52.08	0.68	
机收面积	千公顷	91722.35	87644.38	4077.97	4.65
机收率	%	56.01	53.40	2.61	
小麦：耕种收综合机械化率	%	94.15	93.66	0.49	
机耕率	%	99.16	97.06	2.10	
机播率	%	87.89	87.54	0.35	
机收率	%	93.74	95.23	-1.49	
水稻：耕种收综合机械化率	%	79.20	78.12	1.08	
机耕率	%	99.31	98.94	0.37	
机械种植率	%	44.45	42.26	2.19	
机收率	%	87.11	86.21	0.90	
玉米：耕种收综合机械化率	%	83.08	81.21	1.87	
机耕率	%	94.81	89.92	4.89	
机播率	%	83.85	86.62	-2.77	
机收率	%	66.68	64.18	2.50	
大豆：耕种收综合机械化率	%	72.06	65.85	6.21	
机耕率	%	76.27	72.15	4.12	
机播率	%	71.75	64.56	7.19	
机收率	%	66.76	58.73	8.03	
油菜：耕种收综合机械化率	%	49.55	46.85	2.70	
机耕率	%	78.93	78.56	0.37	
机播率	%	25.20	22.01	3.19	
机收率	%	34.74	29.39	5.35	

续表

项　　目	计量单位	2016年	2015年	2016年比2015年增减	
				增减量	%
马铃薯:耕种收综合机械化率	%	40.69	39.96	0.73	
机耕率	%	63.70	62.66	1.04	
机播率	%	25.98	25.16	0.82	
机收率	%	24.70	24.50	0.20	
花生:耕种收综合机械化率	%	52.14	51.22	0.92	
机耕率	%	72.61	74.02	-1.41	
机播率	%	43.10	41.87	1.23	
机收率	%	33.91	30.16	3.75	
棉花:耕种收综合机械化率	%	69.77	66.81	2.96	
机耕率	%	93.84	91.90	1.94	
机播率	%	84.61	81.35	3.26	
机收率	%	22.83	18.81	4.02	

注:耕种收综合机械化率计算方法:按照机耕率、机播率、机收率分别为0.4、0.3、0.3的权重计算。

全国农业机械化发展指标

全国农机化系统机构及人员表

指标名称	代码	年末机构数(个)		年末人数(人)			
				合　计		其中:科技人员(教师)	
		2016年	2015年	2016年	2015年	2016年	2015年
一、农机化管理机构	1	31930	32336	98769	101735	50276	52164
1.省级	2	32	32	691	741	114	133
2.地级	3	343	343	4111	4174	1247	1320
3.县级	4	2838	2849	31364	32097	13481	14095
4.乡级	5	28717	29112	62603	64723	35434	36616
其中:单设机构	6	4478	4790	16146	17626	10589	11402
二、农机化教育、培训机构	7	1634	1704	16459	17547	11245	11763
1.农机化大、中专	8	33	34	2500	2714	1819	1884
2.农机化学校	9	1601	1670	13959	14833	9426	9879
三、农机化科研机构	10	71	75	2918	2827	1948	1863
1.省级	11	22	24	1980	1829	1297	1158
2.地级	12	49	51	938	998	651	705
四、农机试验鉴定机构	13	61	61	1218	1288	865	903
1.省级	14	31	30	950	1007	683	718
2.地级	15	30	31	268	281	182	185
五、农机化技术推广机构	16	2535	2569	21180	21658	13418	13713
1.省级	17	35	35	691	746	496	527
2.地级	18	282	286	3399	3463	2284	2314
3.县级	19	2218	2248	17090	17449	10638	10872
六、农机安全监理机构	20	2854	2867	29659	30656	13973	14716
1.省级	21	30	31	445	464	131	137
2.地级	22	325	327	2897	3007	1279	1289
3.县级	23	2499	2509	26317	27185	12563	13290

全国农机化服务组织及人员表

指 标 名 称	代码	年末机构数(个)		年末人数(人)	
		2016 年	2015 年	2016 年	2015 年
一、农机化作业服务组织及农机户	1	*	*	*	*
1. 农机化作业服务组织	2	187301	182453	2080737	1992980
(1)其中:拥有农机原值 20 万～50 万元(含 20 万元)的	3	60453	58043	432509	401296
拥有农机原值 50 万元(含 50 万元)以上的	4	43229	39173	896825	853848
(2)其中:农机专业合作社	5	63184	56525	1449388	1382982
2. 农机户	6	42297510	43369276	52892865	53722156
(1)其中:拥有农机原值 20 万～50 万元(含 20 万元)的	7	530045	527772	925198	909070
拥有农机原值 50 万元(含 50 万元)以上的	8	83361	79817	183617	175783
(2)其中:农机化作业服务专业户	9	5055914	5228598	7213640	7367226
二、农机化中介服务组织	10	6459	6959	49544	51847
三、农机维修厂及维修点	11	178091	183197	422609	437133
其中:1. 一级维修点	12	1299	1315	8764	8897
2. 二级维修点	13	7247	7335	30084	30139
3. 三级维修点	14	90140	93993	201701	212408
4. 专项维修点	15	66136	67416	146962	151186
四、农机经销机构	16	*	*	*	*
1. 农机经销企业	17	12969	12336	105696	104122
2. 农机经销点	18	82159	83267	176870	178839
五、拖拉机驾驶培训机构	19	1702	1694	17958	18063
六、乡村农机从业人员	20	*	*	51652861	54882138
1. 其中:初中(含初中)以上文化程度	21	*	*	38271200	40534421
2. 其中:高中(含高中)以上文化程度	22	*	*	11424045	11949905
3. 其中:拖拉机驾驶从业人员	23	*	*	16036470	15989743
4. 其中:联合收获机驾驶从业人员	24	*	*	1504847	1377453
5. 其中:农机维修人员	25	*	*	939537	937471

全国农业机械拥有量表

指标名称	代码	计量单位	2016年	2015年	2016年比2015年增减	
					增减量	%
一、农业机械总动力	1	万千瓦	97245.59	111728.07	−14482.48	−12.96
1.柴油发动机动力	2	万千瓦	75220.35	89783.84	−14563.49	−16.22
2.汽油发动机动力	3	万千瓦	3640.67	3669.84	−29.17	−0.79
3.电动机动力	4	万千瓦	18299.66	18189.33	110.33	0.61
4.其他机械动力	5	万千瓦	84.90	85.00	−0.10	−0.12
二、拖拉机及配套机械	6	*	*	*	*	*
(一)拖拉机	7	万台	2317.02	2310.41	6.61	0.29
	8	万千瓦	37407.06	35870.67	1536.39	4.28
1.大中型(14.7千瓦及以上)	9	万台	645.35	607.29	38.06	6.27
	10	万千瓦	21057.62	19202.22	1855.40	9.66
(1)其中:14.7～18.4千瓦(含14.7千瓦)	11	万台	242.48	240.12	2.36	0.98
	12	万千瓦	3967.63	3918.97	48.66	1.24
18.4～36.7千瓦(含18.4千瓦)	13	万台	204.86	188.15	16.71	8.88
	14	万千瓦	5480.21	4990.74	489.47	9.81
36.7～58.8千瓦(含36.7千瓦)	15	万台	107.00	100.64	6.36	6.32
	16	万千瓦	4994.43	4688.39	306.04	6.53
58.8千瓦及以上	17	万台	91.01	78.35	12.66	16.16
	18	万千瓦	6615.35	5604.14	1011.21	18.04
(2)其中:轮式	19	万台	590.43	553.32	37.11	6.71
	20	万千瓦	18776.35	17083.16	1693.19	9.91
2.小型(2.2～14.7千瓦,含2.2千瓦)	21	万台	1671.61	1703.04	−31.43	−1.85
	22	万千瓦	16349.43	16668.48	−319.05	−1.91
其中:手扶式	23	万台	897.68	897.02	0.66	0.07
	24	万千瓦	7404.10	7397.98	6.11	0.08
(二)拖拉机配套农具	25	万部	4022.14	4003.51	18.63	0.47
1.大中型	26	万部	1028.11	962.00	66.11	6.87
2.小型	27	万部	2994.03	3041.52	−47.49	−1.56
三、种植业机械	28	*	*	*	*	*
(一)耕整地机械	29	*	*	*	*	*
1.耕整机	30	万台(套)	998.35	897.57	100.78	11.23
	31	万千瓦	4926.41	4407.14	519.27	11.78
2.机耕船	32	万艘	18.86	18.57	0.29	1.56
	33	万千瓦	121.13	117.79	3.34	2.84
3.机引犁	34	万台	1305.42	1303.26	2.16	0.17
4.旋耕机	35	万台	632.91	608.68	24.23	3.98
5.深松机	36	万台	26.77	24.02	2.75	11.45
6.机引耙	37	万台	719.82	725.79	−5.97	−0.82
(二)种植施肥机械	38	*	*	*	*	*
1.播种机	39	万台	650.18	636.73	13.45	2.11
其中:免耕播种机	40	万台	96.74	93.00	3.74	4.02

续表

指标名称	代码	计量单位	2016 年	2015 年	2016 年比 2015 年增减	
					增减量	%
精少量播种机	41	万台	403.61	395.20	8.41	2.13
2.水稻种植机械	42	*	*	*	*	*
(1)水稻直播机	43	万台	2.33	2.31	0.02	0.67
(2)水稻插秧机	44	万台	77.10	72.57	4.53	6.25
	45	万千瓦	374.50	337.48	37.02	10.97
其中:乘坐式	46	万台	25.23	24.24	0.99	4.07
	47	万千瓦	172.21	156.66	15.55	9.93
(3)水稻浅栽机	48	万台	0.61	0.68	−0.07	−10.29
	49	万千瓦	1.41	1.61	−0.20	−12.42
3.化肥深施机	50	万台	82.96	82.70	0.26	0.31
4.地膜覆盖机	51	万台	59.87	58.84	1.03	1.75
(三)农用排灌机械	52	*	*	*	*	*
1.排灌动力机械	53	万台	2326.40	2315.81	10.59	0.46
	54	万千瓦	14671.41	14634.23	37.18	0.25
其中:柴油机	55	万台	940.77	939.93	0.84	0.09
	56	万千瓦	6840.70	6885.80	−45.10	−0.65
电动机	57	万台	1313.88	1302.96	10.92	0.84
	58	万千瓦	7427.02	7371.64	55.38	0.75
2.农用水泵	59	万台	2241.29	2249.18	−7.89	−0.35
3.节水灌溉类机械	60	万套	226.04	222.85	3.19	1.43
(四)田间管理机械	61	*	*	*	*	*
1.机动喷雾(粉)机	62	万台	629.69	618.85	10.84	1.75
	63	万千瓦	1110.40	1071.60	38.80	3.62
2.茶叶修剪机	64	万台	40.22	38.20	2.02	5.29
	65	万千瓦	47.11	44.55	2.56	5.74
(五)收获机械	66	*	*	*	*	*
1.联合收获机	67	万台	190.20	173.90	16.30	9.37
	68	万千瓦	9831.93	8632.01	1199.92	13.90
(1)稻麦联合收割机	69	万台	142.83	131.84	10.99	8.34
	70	万千瓦	6955.80	6214.06	741.74	11.94
其中:自走式	71	万台	125.75	114.71	11.04	9.62
其中:半喂入式	72	万台	11.97	11.75	0.22	1.91
	73	万千瓦	501.73	482.92	18.81	3.89
(2)玉米联合收获机	74	万台	47.39	42.07	5.32	12.64
	75	万千瓦	2876.13	2417.93	458.20	18.95
其中:自走式	76	万台	36.56	31.32	5.24	16.73
2.割晒机	77	万台	46.27	46.50	−0.23	−0.49
	78	万千瓦	83.73	82.09	1.64	1.99
3.其他收获机械	79	万台	171.97	161.56	10.41	6.44
	80	万千瓦	629.79	594.96	34.83	5.85
其中:大豆收获机	81	万台	2.00	1.96	0.04	2.04
	82	万千瓦	154.05	151.89	2.16	1.42

续表

指标名称	代码	计量单位	2016 年	2015 年	2016 年比 2015 年增减	
					增减量	%
油菜籽收获机	83	万台	2.09	2.09	0.00	0.00
	84	万千瓦	98.32	98.78	−0.46	−0.47
马铃薯收获机	85	万台	6.46	5.96	0.50	8.39
	86	万千瓦	10.76	9.70	1.06	10.93
甜菜收获机	87	万台	0.15	0.12	0.03	25.00
	88	万千瓦	2.22	2.14	0.08	3.74
花生收获机	89	万台	15.07	14.25	0.82	5.75
	90	万千瓦	12.14	7.54	4.60	61.01
棉花收获机	91	万台	0.38	0.37	0.01	2.65
	92	万千瓦	65.21	54.88	10.33	18.82
蔬菜收获机	93	万台	0.93	0.86	0.07	8.14
	94	万千瓦	3.46	3.22	0.24	7.45
茶叶采摘机	95	万台	12.46	11.48	0.98	8.54
	96	万千瓦	18.49	17.13	1.36	7.94
青饲料收获机	97	万台	4.34	4.09	0.25	6.11
	98	万千瓦	108.33	91.25	17.08	18.72
牧草收获机	99	万台	18.35	17.85	0.50	2.80
	100	万千瓦	38.10	33.87	4.23	12.49
秸秆粉碎还田机	101	万台	85.59	81.09	4.50	5.55
秸秆捡拾打捆机	102	万台	4.68	3.71	0.97	26.15
	103	万千瓦	24.65	19.80	4.85	24.49
玉米收获专用割台	104	万台	6.44	6.30	0.14	2.22
大豆收获专用割台	105	万台	1.92	1.89	0.03	1.59
油菜籽收获专用割台	106	万台	1.76	1.53	0.23	15.03
(六)收获后处理机械	107	*	*	*	*	*
1.机动脱粒机	108	万台	1063.79	1061.80	1.99	0.19
	109	万千瓦	2049.52	2069.38	−19.86	−0.96
2.谷物烘干机	110	万台	9.32	6.87	2.45	35.72
	111	万千瓦	129.47	91.50	37.97	41.50
3.种子加工机械	112	万台	4.05	3.87	0.18	4.69
	113	万千瓦	15.22	12.51	2.71	21.65
4.保鲜储藏设备	114	万台(套)	12.96	12.54	0.42	3.34
	115	万千瓦	127.92	110.12	17.80	16.17
(七)设施农业设备	116	*	*	*	*	*
1.水稻工厂化育秧设备	117	万套	1.79	1.68	0.11	6.55
2.温室	118	千公顷	2128.88	2168.38	−39.50	−1.82
其中:设施总面积	119	千公顷	2082.88	2132.16	−49.28	−2.31
连栋温室	120	千公顷	51.77	46.21	5.56	12.03
日光温室	121	千公顷	661.45	697.40	−35.95	−5.16
塑料大棚	122	千公顷	1369.67	1388.55	−18.89	−1.36
四、农产品初加工机械	123	*	*	*	*	*
(一)农产品初加工动力机械	124	万台	1555.76	1527.69	28.07	1.84
	125	万千瓦	9024.59	8949.50	75.09	0.84

续表

指标名称	代码	计量单位	2016 年	2015 年	2016 年比 2015 年增减	
					增减量	%
其中：柴油机	126	万台	305.18	306.66	−1.48	−0.48
	127	万千瓦	2615.45	2644.50	−29.05	−1.10
电动机	128	万台	1231.28	1202.57	28.71	2.39
	129	万千瓦	6286.68	6187.14	99.54	1.61
(二)农产品初加工作业机械	130	万台(套)	1449.60	1430.80	18.80	1.31
其中:1.粮食加工机械	131	万台	1149.74	1129.76	19.98	1.77
2.油料加工机械	132	万台	79.87	79.59	0.28	0.35
3.棉花加工机械	133	万台	23.08	23.66	−0.58	−2.45
4.果蔬加工机械	134	万台(套)	18.12	16.71	1.41	8.42
5.茶叶加工机械	135	万台(套)	144.89	141.44	3.45	2.44
五、畜牧养殖机械	136	万台(套)	743.19	727.28	15.91	2.19
	137	万千瓦	2379.74	2406.45	−26.71	−1.11
其中:1.饲草料加工机械	138	万台(套)	623.18	611.17	12.01	1.97
	139	万千瓦	1977.51	1926.32	51.19	2.66
2.畜牧饲养机械	140	万台(套)	55.70	53.02	2.68	5.05
	141	万千瓦	201.85	191.07	10.78	5.64
3.畜产品采集加工机械	142	万台(套)	21.24	20.98	0.26	1.25
	143	万千瓦	75.98	74.72	1.26	1.68
其中:挤奶机	144	万台	10.73	10.86	−0.13	−1.20
	145	万千瓦	47.95	47.98	−0.03	−0.07
剪羊毛机	146	万台	6.59	6.35	0.24	3.82
	147	万千瓦	6.90	6.72	0.18	2.64
六、渔业机械	148	万台	433.28	416.34	16.94	4.07
	149	万千瓦	1827.07	1815.89	11.18	0.62
其中:1.增氧机	150	万台	299.79	289.60	10.19	3.52
	151	万千瓦	606.19	590.23	15.96	2.70
2.投饵机	152	万台	98.61	95.53	3.08	3.23
	153	万千瓦	108.30	105.49	2.81	2.67
七、林果业机械	154	万台	46.07	44.60	1.47	3.29
	155	万千瓦	159.58	152.58	7.00	4.59
其中:1.挖坑机	156	万台	6.28	5.81	0.47	8.16
	157	万千瓦	72.94	70.35	2.59	3.69
2.果树修剪机	158	万台	21.32	20.05	1.27	6.34
	159	万千瓦	42.39	39.38	3.01	7.64
八、运输机械	160	*	*	*	*	*
1.手扶变型运输机	161	万台	78.78	73.23	5.55	7.58
	162	万千瓦	1664.23	1486.47	177.76	11.96
2.农用挂车	163	万台	771.95	778.52	−6.57	−0.84
九、农田基本建设机械	164	万台	50.63	48.07	2.56	5.33
	165	万千瓦	2746.53	2670.07	76.46	2.86
十、农业机械原值和净值	166	*	*	*	*	*
1.农业机械原值	167	亿元	9117.01	9389.99	−272.98	−2.91
2.农业机械净值	168	亿元	6582.91	6780.66	−197.75	−2.92

全国农机化作业情况表

指标名称	代码	计量单位	2016年	2015年	2016年比2015年增减	
					增减量	%
一、农机化作业总体情况	1	*	*	*	*	*
(一)机耕面积	2	千公顷	121017.65	119876.36	1141.29	0.95
(二)机播面积	3	千公顷	87917.83	86651.20	1266.63	1.46
(三)机电灌溉面积	4	千公顷	53652.20	53231.29	420.91	0.79
(四)机械植保面积	5	千公顷	68452.16	67262.20	1189.96	1.77
(五)机收面积	6	千公顷	91722.35	87644.38	4077.97	4.65
二、主要农作物农机化作业情况	7	*	*	*	*	*
(一)小麦	8	*	*	*	*	*
1.小麦机耕面积	9	千公顷	22205.27	21963.41	241.86	1.10
2.小麦机播面积	10	千公顷	21258.05	21134.12	123.93	0.59
3.小麦机收面积	11	千公顷	22671.55	22681.41	-9.86	-0.04
(二)水稻	12	*	*	*	*	*
1.水稻机耕面积	13	千公顷	29813.98	29728.17	85.82	0.29
2.水稻机械种植面积	14	千公顷	13414.43	12770.37	644.06	5.04
其中:水稻机播面积	15	千公顷	934.69	644.55	290.14	45.01
水稻机插面积	16	千公顷	12277.82	11982.39	295.43	2.47
水稻机浅栽面积	17	千公顷	56.09	48.00	8.10	16.87
3.水稻机收面积	18	千公顷	26289.59	25698.34	591.25	2.30
(三)玉米	19	*	*	*	*	*
1.玉米机耕面积	20	千公顷	25793.67	27974.32	-2180.65	-7.80
2.玉米机播面积	21	千公顷	30828.19	33019.81	-2191.62	-6.64
3.玉米机收面积	22	千公顷	24516.74	24135.42	381.32	1.58
(四)大豆	23	*	*	*	*	*
1.大豆机耕面积	24	千公顷	5159.92	4204.77	955.15	22.72
2.大豆机播面积	25	千公顷	5167.85	4200.38	967.47	23.03
3.大豆机收面积	26	千公顷	4807.99	3769.81	1038.18	27.54
(五)油菜	27	*	*	*	*	*
1.油菜机耕面积	28	千公顷	5435.70	5302.35	133.35	2.51
2.油菜机播面积	29	千公顷	1847.09	1658.51	188.58	11.37
3.油菜机收面积	30	千公顷	2546.46	2184.90	361.56	16.55
(六)马铃薯	31	*	*	*	*	*
1.马铃薯机耕面积	32	千公顷	3366.47	3097.23	269.24	8.69
2.马铃薯机播面积	33	千公顷	1461.68	1388.59	73.09	5.26
3.马铃薯机收面积	34	千公顷	1389.83	1333.55	56.28	4.22
(七)花生	35	*	*	*	*	*
1.花生机耕面积	36	千公顷	3224.45	3060.41	164.04	5.36
2.花生机播面积	37	千公顷	2037.39	1932.72	104.67	5.42
3.花生机收面积	38	千公顷	1602.89	1373.34	229.55	16.71
(八)棉花	39	*	*	*	*	*
1.棉花机耕面积	40	千公顷	3586.72	3941.55	-354.83	-9.00
2.棉花机播面积	41	千公顷	2830.11	3088.70	-258.59	-8.37

续表

指标名称	代码	计量单位	2016 年	2015 年	2016 年比 2015 年增减	
					增减量	%
3. 棉花机收面积	42	千公顷	763.76	704.62	59.14	8.39
三、单项农机化作业情况	43	*	*	*	*	*
1. 机械深耕面积	44	千公顷	27651.85	29025.24	−1373.39	−4.73
2. 机械深松面积	45	千公顷	10881.98	13536.85	−2654.86	−19.61
3. 机械化免耕播种面积	46	千公顷	14208.28	14022.30	185.98	1.33
其中:机械化免耕覆盖播种面积	47	千公顷	7404.69	7409.36	−4.67	−0.06
4. 保护性耕作面积	48	千公顷	8684.27	9337.98	−653.71	−7.00
5. 精少量播种面积	49	千公顷	41971.25	42110.25	−139.00	−0.33
6. 机械深施化肥面积	50	千公顷	35142.14	34670.56	471.58	1.36
7. 机械铺膜面积	51	千公顷	9135.26	8989.99	145.27	1.62
8. 农田机械节水灌溉面积	52	千公顷	16022.69	15706.62	316.07	2.01
9. 机械播种牧草面积	53	千公顷	1161.26	1156.14	5.12	0.44
10. 机械收获牧草数量	54	万吨	5779.91	5393.92	385.98	7.16
11. 机械化秸秆还田面积	55	千公顷	48000.65	46065.42	1935.23	4.20
12. 秸秆捡拾打捆面积	56	千公顷	4350.60	3873.64	476.95	12.31
13. 机械化青贮秸秆数量	57	万吨	9316.74	9176.22	140.52	1.53
14. 农机运输作业量	58	亿吨·公里	1849.03	2566.79	−717.76	−27.96
其中:农业运输作业量	59	亿吨·公里	1036.95	1222.19	−185.23	−15.16
15. 农田基本建设作业量	60	万立方米	332894.48	342987.51	−10093.03	−2.94
16. 农用飞机作业面积	61	千公顷	2746.80	2190.72	556.08	25.38
17. 农机专业合作社作业服务面积	62	千公顷	47444.70	43741.86	3702.84	8.47
18. 农机跨区作业面积	63	千公顷	23386.95	25770.33	−2383.38	−9.25
其中:跨区机耕面积	64	千公顷	4428.57	5264.75	−836.18	−15.88
跨区机播面积	65	千公顷	2159.91	2575.27	−415.36	−16.13
跨区机收面积	66	千公顷	15803.42	16522.92	−719.50	−4.35
其中:跨区机收小麦	67	千公顷	7566.27	7977.33	−411.05	−5.15
跨区机收水稻	68	千公顷	4699.34	4544.64	154.71	3.40
跨区机收玉米	69	千公顷	2858.61	3100.34	−241.74	−7.80
四、农产品初加工机械化作业情况	70	*	*	*	*	*
1. 实际脱出农产品总量	71	万吨	167344.38	169446.73	−2102.35	−1.24
其中:机械脱出农产品数量	72	万吨	74403.84	74745.33	−341.49	−0.46
其中:机械脱粒粮食数量	73	万吨	50883.82	52291.21	−1407.39	−2.69
2. 实际清选农产品总量	74	万吨	145646.16	148084.28	−2438.12	−1.65
其中:机械清选农产品数量	75	万吨	41239.02	40876.97	362.05	0.89
3. 实际保质农产品总量	76	万吨	143457.64	146866.08	−3408.45	−2.32
其中:机械保质农产品数量	77	万吨	35358.22	36251.50	−893.29	−2.46
其中:机械烘干粮食数量	78	万吨	11226.48	10766.40	460.08	4.27
4. 机械初加工农产品数量	79	万吨	70936.44	69382.09	1554.34	2.24
其中:加工粮食数量	80	万吨	51694.65	51427.94	266.72	0.52
加工油料数量	81	万吨	5224.22	5209.70	14.52	0.28
加工棉花数量	82	万吨	1376.96	1379.32	−2.36	−0.17

续表

指标名称	代码	计量单位	2016 年	2015 年	2016 年比 2015 年增减	
					增减量	%
加工果蔬数量	83	万吨	5793.37	5448.16	345.21	6.34
加工茶叶数量	84	万吨	349.62	361.30	−11.67	−3.23
五、畜牧业机械化作业情况	85	*	*	*	*	*
1. 收获的饲草秸秆总量	86	万吨	65473.02	63867.07	1605.95	2.51
其中：机械收获饲草秸秆量	87	万吨	26293.17	25755.27	537.90	2.09
2. 饲草料加工总量	88	万吨	47002.79	46133.18	869.61	1.88
其中：机械化饲草料加工数量	89	万吨	31453.59	31339.38	114.21	0.36
3. 畜禽总数(折算为羊单位)	90	万个	347890.18	353739.80	−5849.62	−1.65
其中：机械饲喂的畜禽数量(折算为羊单位)	91	万个	45609.80	44343.94	1265.87	2.85
机械清粪的畜禽数量(折算为羊单位)	92	万个	40884.05	41552.86	−668.81	−1.61
4. 环控畜禽总数(折算为羊单位)	93	万个	81708.98	85518.90	−3809.92	−4.46
其中：机械环控的畜禽数量(折算为羊单位)	94	万个	37552.16	38266.07	−713.92	−1.87
5. 产奶家畜数量(折算为羊单位)	95	万个	9873.54	10036.12	−162.58	−1.62
其中：机械挤奶的家畜数量(折算为羊单位)	96	万个	4206.33	4255.82	−49.48	−1.16
6. 产毛畜禽数量(折算为羊单位)	97	万个	24850.67	24373.20	477.47	1.96
其中：机械剪毛的畜禽数量(折算为羊单位)	98	万个	2619.85	2618.96	0.89	0.03
7. 蛋禽数量(折算为羊单位)	99	万个	27217.60	27675.17	−457.57	−1.65
其中：机械捡蛋的蛋禽数量(折算为羊单位)	100	万个	3279.48	3290.01	−10.53	−0.32
六、林果业机械化作业情况	101	*	*	*	*	*
1. 林果业(果茶桑)种植面积	102	千公顷	17692.91	17408.11	284.80	1.64
其中：机械中耕面积	103	千公顷	5286.22	5123.21	163.01	3.18
机械施肥面积	104	千公顷	3275.74	3231.10	44.64	1.38
机械植保面积	105	千公顷	8213.91	7883.47	330.44	4.19
机械修剪面积	106	千公顷	2068.25	1971.32	96.93	4.92
2. 林果业(果茶桑)采收产量	107	万吨	18106.35	17558.77	547.58	3.12
其中：机械采收产量	108	万吨	433.63	409.40	24.23	5.92
其中：机械田间转运产量	109	万吨	9617.50	9522.61	94.89	1.00
七、设施农业机械化作业情况	110	*	*	*	*	*
1. 设施耕整地机械化面积	111	千公顷	1470.82	1511.85	−41.02	−2.71
2. 设施种植机械化面积	112	千公顷	315.51	295.60	19.90	6.73
3. 设施采运机械化面积	113	千公顷	161.17	151.43	9.74	6.43
4. 设施灌溉施肥机械化面积	114	千公顷	1136.39	1121.11	15.28	1.36
5. 设施环境调控机械化面积	115	千公顷	509.02	505.14	3.88	0.77

全国农机化管理服务与经营效益情况表

指标名称	代码	计量单位	2016年	2015年	2016年比2015年增减	
					增减量	%
一、农机化培训	1	人次	7440069	7622754	-182685	-2.40
其中:培训农机管理人员	2	人次	195581	196194	-613	-0.31
培训农机技术人员	3	人次	885425	886849	-1424	-0.16
培训农机监理人员	4	人次	83039	82037	1002	1.22
培训农机操作人员	5	人次	6094489	6261088	-166599	-2.66
二、农机维修	6	*	*	*	*	*
1. 维修拖拉机	7	万台次	1911.21	1926.15	-14.94	-0.78
2. 维修联合收获机	8	万台次	181.26	171.19	10.07	5.88
3. 维修水稻插秧机	9	万台次	40.15	38.39	1.76	4.57
4. 维修运输机械	10	万台次	994.32	1261.51	-267.19	-21.18
5. 维修其他农机具	11	万台次	3112.22	3038.91	73.31	2.41
三、农机鉴定	12	*	*	*	*	*
推广鉴定当年发证数量	13	件	3568	3186	382	11.99
四、农机监理装备	14	*	*	*	*	*
1. 监理车辆	15	辆	3158	3873	-715	-18.46
2. 安全检测设备	16	套	2078	2182	-104	-4.77
其中:拖拉机检测设备	17	套	1902	2027	-125	-6.17
五、农机化投入情况	18	*	*	*	*	*
农机化总投入	19	万元	9747482.29	9811450.35	-63968.06	-0.65
1. 一般行政事业支出	20	万元	716826.23	664947.68	51878.55	7.80
2. 基本建设	21	万元	320558.56	305450.04	15108.52	4.95
3. 科研	22	万元	20216.80	10166.72	10050.08	98.85
4. 推广培训	23	万元	167512.31	176109.20	-8596.89	-4.88
5. 农业机械购置	24	万元	8199401.75	8348243.66	-148841.91	-1.78
6. 其他	25	万元	322966.64	306533.06	16433.58	5.36
六、经营效益情况	26	*	*	*	*	*
1. 总收入	27	万元	53880422.20	55219768.99	-1339346.79	-2.43
2. 成本与费用	28	万元	33219022.73	33697998.00	-478975.27	-1.42
3. 利润总额	29	万元	20661399.46	21521770.99	-860371.53	-4.00

全国农业生产燃油消耗情况表

指标名称	代码	计量单位	2016年	2015年	2016年比2015年增减	
					增减量	%
农业生产燃油消耗	1	万吨	3382.74	3724.35	−341.61	−9.17
其中：(1)柴油	2	万吨	3047.71	3370.89	−323.18	−9.59
(2)用于农机抗灾救灾	3	万吨	112.82	116.38	−3.56	−3.06
1.农田作业	4	万吨	1455.02	1424.28	30.74	2.16
(1)机耕	5	万吨	633.71	623.40	10.31	1.65
(2)机播	6	万吨	222.56	217.75	4.81	2.21
(3)机收	7	万吨	398.64	386.51	12.13	3.14
(4)植保	8	万吨	86.66	84.26	2.40	2.85
(5)其他	9	万吨	113.51	112.38	1.13	1.01
2.农田排灌	10	万吨	190.88	195.24	−4.36	−2.23
3.农田基本建设	11	万吨	231.94	234.03	−2.09	−0.90
4.畜牧业生产	12	万吨	86.53	86.07	0.46	0.53
5.农产品初加工	13	万吨	224.58	222.45	2.13	0.96
6.农业运输	14	万吨	1052.76	1415.91	−363.15	−25.65
7.其他	15	万吨	141.08	146.43	−5.35	−3.65

各地区农业机械化发展指标

各地区农机化系统机构及人员表

地区	一、农机化管理机构			1. 省级			2. 地级		
	年末机构数（个）	年末人数（人）		年末机构数（个）	年末人数（人）		年末机构数（个）	年末人数（人）	
		合计	其中：科技人员（教师）		合计	其中：科技人员（教师）		合计	其中：科技人员（教师）
合计	31930	98769	50276	32	691	114	343	4111	1247
北京	194	448	104	1	6	5	0	0	0
天津	154	728	138	1	39	0	0	0	0
河北	1749	4045	1744	1	7	0	11	84	39
山西	1325	4596	2474	1	46	0	11	399	208
内蒙古	761	2140	1228	1	6	0	12	117	42
辽宁	1166	2874	1326	1	8	0	14	112	22
吉林	694	5556	4261	1	4	0	9	91	68
黑龙江	702	3188	2217	1	17	10	14	199	80
上海	108	272	173	1	7	3	0	0	0
江苏	1224	4164	1940	1	71	0	13	156	20
浙江	1308	2515	2169	1	29	22	11	142	74
安徽	1230	3302	2079	1	41	0	16	157	41
福建	1076	2227	813	1	7	0	8	93	0
江西	1515	3288	1522	1	6	6	11	103	50
山东	1857	8440	4130	1	33	0	17	363	94
河南	1545	5889	1785	1	37	0	18	377	83
湖北	898	2915	1756	1	22	0	17	176	78
湖南	1861	7616	2584	1	44	0	13	275	20
广东	1091	2946	650	1	9	0	21	76	24
广西	1209	3599	2168	1	39	25	13	170	52
海南	136	358	126	1	5	0	2	11	26
重庆	876	2116	1163	1	23	2	0	0	0
四川	3407	6407	3354	1	41	0	21	196	39
贵州	1132	2809	1352	1	7	0	10	73	17
云南	1370	3543	2527	1	7	2	16	81	12
西藏	9	109	14	1	5	2	7	23	4
陕西	855	2815	811	1	40	25	10	178	59
甘肃	1164	3124	856	1	35	0	11	196	24
青海	153	455	356	1	4	4	7	45	25
宁夏	180	482	347	1	5	5	2	2	2
新疆	809	5415	3843	1	38	0	15	188	16
新疆兵团	172	388	266	1	3	3	13	28	28

续表

地区	3. 县级			4. 乡级			其中：单设机构		
	年末机构数（个）	年末人数（人）		年末机构数（个）	年末人数（人）		年末机构数（个）	年末人数（人）	
		合计	其中：科技人员（教师）		合计	其中：科技人员（教师）		合计	其中：科技人员（教师）
合计	2838	31364	13481	28717	62603	35434	4478	16146	10589
北京	14	179	64	179	263	35	0	0	0
天津	12	212	61	141	477	77	36	116	28
河北	177	1338	696	1560	2616	1009	106	231	78
山西	115	2285	1227	1198	1866	1039	609	824	510
内蒙古	103	866	443	645	1151	743	23	35	24
辽宁	98	768	211	1053	1986	1093	134	357	263
吉林	66	680	550	618	4781	3643	337	2688	2177
黑龙江	94	1417	928	593	1555	1199	150	293	278
上海	9	80	56	98	185	114	17	22	15
江苏	99	844	331	1111	3093	1589	147	1064	453
浙江	84	784	513	1212	1560	1560	171	235	235
安徽	99	757	299	1114	2347	1739	240	731	551
福建	80	680	47	987	1447	766	26	64	58
江西	99	1061	412	1404	2118	1054	63	71	56
山东	146	3201	1360	1693	4843	2676	554	1637	881
河南	168	3071	1090	1358	2404	612	48	249	32
湖北	97	987	582	783	1730	1096	190	427	288
湖南	143	2642	852	1704	4655	1712	267	1004	515
广东	120	859	222	949	2002	404	217	599	109
广西	85	1084	324	1110	2306	1767	178	1562	1214
海南	16	164	67	117	178	33	0	0	0
重庆	38	231	121	837	1862	1040	33	42	35
四川	180	1512	625	3205	4658	2690	131	394	181
贵州	92	705	279	1029	2024	1056	77	144	67
云南	127	726	414	1226	2729	2099	116	363	291
西藏	1	81	8	0	0	0	0	0	0
陕西	93	1168	496	751	1429	231	65	111	3
甘肃	86	1271	260	1066	1622	572	86	140	24
青海	41	287	227	104	119	100	0	1	1
宁夏	18	279	187	159	196	153	0	0	0
新疆	94	819	313	699	4370	3514	453	2733	2214
新疆兵团	144	326	216	14	31	19	4	9	8

续表

地区	二、农机化教育、培训机构			1. 农机化大、中专			2. 农机化学校		
	年末机构数（个）	年末人数(人)		年末机构数（个）	年末人数(人)		年末机构数（个）	年末人数(人)	
		合计	其中：科技人员（教师）		合计	其中：科技人员（教师）		合计	其中：科技人员（教师）
合　计	1634	16459	11245	33	2500	1819	1601	13959	9426
北　京	9	267	109	0	0	0	9	267	109
天　津	11	106	58	0	0	0	11	106	58
河　北	113	728	418	2	23	14	111	705	404
山　西	56	581	431	2	224	177	54	357	254
内蒙古	43	237	178	0	0	0	43	237	178
辽　宁	51	711	475	2	72	70	49	639	405
吉　林	35	1181	942	2	340	273	33	841	669
黑龙江	57	1208	931	3	630	400	54	578	531
上　海	0	0	0	0	0	0	0	0	0
江　苏	49	344	245	1	3	3	48	341	242
浙　江	29	139	80	0	0	0	29	139	80
安　徽	61	713	576	3	226	170	58	487	406
福　建	13	95	64	1	46	34	12	49	30
江　西	40	240	116	1	6	6	39	234	110
山　东	120	868	720	0	0	0	120	868	720
河　南	122	1704	935	1	15	10	121	1689	925
湖　北	52	664	419	0	0	0	52	664	419
湖　南	103	758	462	1	12	6	102	746	456
广　东	50	356	182	0	0	0	50	356	182
广　西	84	881	677	3	148	115	81	733	562
海　南	16	99	52	2	9	4	14	90	48
重　庆	18	249	125	3	173	96	15	76	29
四　川	87	460	297	3	38	23	84	422	274
贵　州	22	559	406	2	409	321	20	150	85
云　南	116	936	704	1	126	97	115	810	607
西　藏	0	0	0	0	0	0	0	0	0
陕　西	82	1079	672	0	0	0	82	1079	672
甘　肃	79	524	298	0	0	0	79	524	298
青　海	21	153	127	0	0	0	21	153	127
宁　夏	6	50	44	0	0	0	6	50	44
新　疆	81	525	460	0	0	0	81	525	460
新疆兵团	8	44	42	0	0	0	8	44	42

续表

地区	三、农机化科研机构			1. 省级			2. 地级		
	年末机构数（个）	年末人数（人）		年末机构数（个）	年末人数（人）		年末机构数（个）	年末人数（人）	
		合计	其中：科技人员（教师）		合计	其中：科技人员（教师）		合计	其中：科技人员（教师）
合计	71	2918	1948	22	1980	1297	49	938	651
北京	0	0	0	0	0	0	0	0	0
天津	1	32	21	1	32	21	0	0	0
河北	1	20	20	1	20	20	0	0	0
山西	11	254	203	1	100	80	10	154	123
内蒙古	2	35	4	0	0	0	2	35	4
辽宁	4	143	48	1	77	0	3	66	48
吉林	4	349	250	1	175	110	3	174	140
黑龙江	8	812	521	6	784	501	2	28	20
上海	1	89	31	1	89	31	0	0	0
江苏	0	0	0	0	0	0	0	0	0
浙江	1	51	37	1	51	37	0	0	0
安徽	2	44	44	0	0	0	2	44	44
福建	0	0	0	0	0	0	0	0	0
江西	1	155	105	1	155	105	0	0	0
山东	4	90	68	0	0	0	4	90	68
河南	1	1	1	0	0	0	1	1	1
湖北	3	97	81	1	68	58	2	29	23
湖南	5	135	60	0	0	0	5	135	60
广东	3	153	128	1	141	119	2	12	9
广西	0	0	0	0	0	0	0	0	0
海南	0	0	0	0	0	0	0	0	0
重庆	3	56	44	2	41	34	1	15	10
四川	7	165	111	1	115	69	6	50	42
贵州	2	72	64	1	46	40	1	26	24
云南	2	78	57	1	58	44	1	20	13
西藏	0	0	0	0	0	0	0	0	0
陕西	1	28	3	0	0	0	1	28	3
甘肃	2	27	17	0	0	0	2	27	17
青海	0	2	0	0	0	0	0	2	0
宁夏	0	0	0	0	0	0	0	0	0
新疆	0	0	0	0	0	0	0	0	0
新疆兵团	2	30	30	1	28	28	1	2	2

续表

地区	四、农机试验鉴定机构			1. 省级			2. 地级		
	年末机构数（个）	年末人数（人）		年末机构数（个）	年末人数（人）		年末机构数（个）	年末人数（人）	
		合计	其中：科技人员（教师）		合计	其中：科技人员（教师）		合计	其中：科技人员（教师）
合　　计	61	1218	865	31	950	683	30	268	182
北　　京	1	8	8	1	8	8	0	0	0
天　　津	1	37	28	1	37	28	0	0	0
河　　北	1	30	28	1	30	28	0	0	0
山　　西	12	110	80	1	47	34	11	63	46
内 蒙 古	1	59	0	1	59	0	0	0	0
辽　　宁	11	190	93	1	64	0	10	126	93
吉　　林	1	23	22	1	23	22	0	0	0
黑 龙 江	2	116	91	2	116	91	0	0	0
上　　海	1	31	25	1	31	25	0	0	0
江　　苏	4	67	52	1	46	35	3	21	17
浙　　江	1	6	6	1	6	6	0	0	0
安　　徽	1	39	34	1	39	34	0	0	0
福　　建	0	0	0	0	0	0	0	0	0
江　　西	1	6	6	1	6	6	0	0	0
山　　东	1	33	26	1	33	26	0	0	0
河　　南	4	38	30	1	26	21	3	12	9
湖　　北	1	22	15	1	22	15	0	0	0
湖　　南	2	57	33	1	30	30	1	27	3
广　　东	1	32	26	1	32	26	0	0	0
广　　西	1	34	32	1	34	32	0	0	0
海　　南	1	8	6	1	8	6	0	0	0
重　　庆	1	43	33	1	43	33	0	0	0
四　　川	2	69	63	1	58	52	1	11	11
贵　　州	1	26	22	1	26	22	0	0	0
云　　南	1	12	8	1	12	8	0	0	0
西　　藏	0	0	0	0	0	0	0	0	0
陕　　西	2	26	14	1	18	11	1	8	3
甘　　肃	1	41	34	1	41	34	0	0	0
青　　海	1	6	5	1	6	5	0	0	0
宁　　夏	1	12	12	1	12	12	0	0	0
新　　疆	1	36	32	1	36	32	0	0	0
新疆兵团	1	1	1	1	1	1	0	0	0

续表

地区	五、农机化技术推广机构			1. 省级			2. 地级		
	年末机构数（个）	年末人数（人）		年末机构数（个）	年末人数（人）		年末机构数（个）	年末人数（人）	
		合计	其中：科技人员（教师）		合计	其中：科技人员（教师）		合计	其中：科技人员（教师）
合计	2535	21180	13418	35	691	496	282	3399	2284
北京	13	269	125	1	43	40	0	0	0
天津	9	85	66	1	29	18	0	0	0
河北	165	1194	695	2	25	25	11	214	164
山西	120	874	633	1	32	23	11	107	83
内蒙古	94	860	611	1	72	62	11	198	128
辽宁	77	916	616	1	23	0	14	225	156
吉林	59	1084	892	1	18	14	6	145	117
黑龙江	83	604	483	1	38	28	13	74	63
上海	8	65	61	0	0	0	0	0	0
江苏	89	906	633	2	37	22	13	217	153
浙江	36	153	124	1	3	3	4	24	20
安徽	83	740	553	1	18	12	7	62	37
福建	9	65	25	1	23	0	0	0	0
江西	89	337	207	1	6	6	11	49	25
山东	145	1033	751	1	25	22	17	117	90
河南	160	1947	889	1	12	10	18	253	157
湖北	98	744	517	1	26	0	16	177	127
湖南	131	1616	732	3	27	27	10	178	59
广东	111	588	266	1	17	13	19	140	58
广西	99	954	631	1	28	28	12	198	133
海南	14	71	29	1	12	4	0	0	0
重庆	39	189	130	1	24	18	0	0	0
四川	146	754	497	1	7	6	12	95	69
贵州	82	350	174	1	19	16	7	40	24
云南	132	1029	760	1	22	13	16	196	147
西藏	2	9	7	1	3	3	1	6	4
陕西	106	1371	588	1	11	7	11	179	69
甘肃	83	659	296	1	34	26	9	140	97
青海	35	259	230	1	15	13	4	35	28
宁夏	24	266	235	1	23	23	3	21	21
新疆	91	966	746	1	12	8	13	276	222
新疆兵团	103	223	216	1	7	6	13	33	33

续表

地区	3. 县级			六、农机安全监理机构			1. 省级		
	年末机构数（个）	年末人数（人）		年末机构数（个）	年末人数（人）		年末机构数（个）	年末人数（人）	
		合计	其中：科技人员（教师）		合计	其中：科技人员（教师）		合计	其中：科技人员（教师）
合计	2218	17090	10638	2854	29659	13973	30	445	131
北京	12	226	85	13	210	36	1	24	10
天津	8	56	48	11	128	84	1	8	0
河北	152	955	506	173	1701	803	1	15	15
山西	108	735	527	124	1043	671	1	5	0
内蒙古	82	590	421	106	1210	598	1	9	0
辽宁	62	668	460	99	855	456	1	8	0
吉林	52	921	761	67	1189	992	1	15	15
黑龙江	69	492	392	94	1720	1239	1	17	17
上海	8	65	61	10	55	43	1	12	6
江苏	74	652	458	101	921	468	1	24	0
浙江	31	126	101	73	421	299	1	3	3
安徽	75	660	504	104	1273	761	1	21	7
福建	8	42	25	53	199	10	1	10	0
江西	77	282	176	105	504	234	0	0	0
山东	127	891	639	141	1603	1031	1	23	0
河南	141	1682	722	164	3957	1123	1	15	0
湖北	81	541	390	104	1085	545	1	26	0
湖南	118	1411	646	134	1378	539	1	9	0
广东	91	431	195	124	726	238	1	3	0
广西	86	728	470	109	1039	568	1	23	13
海南	13	59	25	17	186	61	1	30	0
重庆	38	165	112	39	208	91	1	15	7
四川	133	652	422	194	1054	405	1	14	7
贵州	74	291	134	94	483	236	1	8	6
云南	115	811	600	145	1330	656	1	16	0
西藏	0	0	0	0	0	0	0	0	0
陕西	94	1181	512	112	1911	656	1	10	6
甘肃	73	485	173	98	1101	259	1	22	0
青海	30	209	189	44	346	251	1	30	0
宁夏	20	222	191	25	227	185	1	15	15
新疆	77	678	516	98	1388	297	1	10	0
新疆兵团	89	183	177	79	208	138	1	5	4

续表

地　区	2. 地级			3. 县级		
	年　末机构数（个）	年末人数(人)		年　末机构数（个）	年末人数(人)	
		合计	其中：科技人员（教师）		合计	其中：科技人员（教师）
合　计	325	2897	1279	2499	26317	12563
北　京	0	0	0	12	186	26
天　津	0	0	0	10	120	84
河　北	11	168	120	161	1518	668
山　西	11	104	75	112	934	596
内蒙古	12	192	107	93	1009	491
辽　宁	14	112	38	84	735	418
吉　林	9	128	114	57	1046	863
黑龙江	14	89	64	79	1614	1158
上　海	0	0	0	9	43	37
江　苏	12	106	51	88	791	417
浙　江	8	36	30	64	382	266
安　徽	16	98	54	87	1154	700
福　建	7	33	0	45	156	10
江　西	11	57	24	94	447	210
山　东	17	114	70	123	1466	961
河　南	18	233	60	145	3709	1063
湖　北	17	196	106	86	863	439
湖　南	12	56	18	121	1313	521
广　东	20	119	32	103	604	206
广　西	13	156	55	95	860	500
海　南	2	22	6	14	134	55
重　庆	0	0	0	38	193	84
四　川	20	124	35	173	916	363
贵　州	9	55	28	84	420	202
云　南	16	188	19	128	1126	637
西　藏	0	0	0	0	0	0
陕　西	10	89	33	101	1812	617
甘　肃	10	114	15	87	965	244
青　海	6	61	37	37	255	214
宁　夏	4	31	26	20	181	144
新　疆	13	158	16	84	1220	281
新疆兵团	13	58	46	65	145	88

各地区农机化服务组织及人员表

地区	一、农机化作业服务组织及农机户 1. 农机化作业服务组织 年末机构数(个)	年末人数(人)	(1)其中：拥有农机原值20万～50万元(含20万元)的 年末机构数(个)	年末人数(人)	拥有农机原值50万元(含50万元)以上的 年末机构数(个)	年末人数(人)	(2)其中：农机专业合作社 年末机构数(个)	年末人数(人)	2. 农机户 年末机构数(个)	年末人数(人)
合计	187301	2080737	60453	432509	43229	896825	63184	1449388	42297510	52892865
北京	420	2672	169	799	160	1380	162	1206	24023	26781
天津	696	6666	38	160	142	5541	163	5731	45264	67993
河北	6170	63528	2595	19287	1215	20550	2485	45727	3391925	4577932
山西	5152	27966	1509	8489	798	6604	2530	21653	561233	751492
内蒙古	3047	38793	959	7555	1731	26956	2087	31358	1285162	1789139
辽宁	3337	50162	858	7148	1805	26537	3010	45749	555859	681074
吉林	8175	82729	4288	46879	3754	34199	5499	49324	1084545	1276580
黑龙江	26118	99783	15695	44322	3666	30851	2280	24039	1144563	1516443
上海	312	2240	62	162	130	485	147	1450	5040	6713
江苏	11188	584081	3652	79052	6052	346350	8250	505091	1174369	1439687
浙江	3467	31088	1057	6365	1016	15933	1434	22336	700569	791107
安徽	8509	96061	2513	15198	2703	43105	3887	66320	3326955	3832648
福建	1508	21807	530	5908	517	10314	577	18822	609280	695119
江西	11167	68734	1252	9144	743	11841	993	19308	991118	1400659
山东	20302	180058	6519	40772	4727	67108	7148	121901	4450605	5247794
河南	12787	129588	4990	23799	5080	71941	6510	101991	5249675	6259488
湖北	8381	118399	3161	25152	1499	38091	2369	77826	1834347	2373097
湖南	14843	103562	2329	17645	2457	40159	3208	51479	2188998	2946163
广东	2277	26400	898	8195	462	8343	1019	20732	1066279	1297367
广西	2961	35367	1356	13473	588	7044	1824	21921	2370510	3126600
海南	222	1679	95	582	42	254	109	947	261204	287900
重庆	5769	92055	361	11257	171	21866	853	65146	1092849	1457794
四川	18587	82136	2132	14275	762	15469	1390	39441	2269193	2685279
贵州	2555	31440	353	5986	128	2582	615	8294	1257197	1643656
云南	988	13140	215	1522	188	4595	507	10860	1716395	1969730
西藏	77	1719	37	630	40	1089	73	1623	189701	813686
陕西	2700	29001	879	7125	468	8644	1180	22981	1024994	1149958
甘肃	2886	27271	1274	4962	822	12629	1500	18906	1320685	1470533
青海	625	4131	103	988	361	2452	190	2756	204303	222942
宁夏	421	6947	153	2247	201	2577	297	4448	263128	397430
新疆	831	17737	164	2598	391	9175	739	16244	616380	657746
新疆兵团	823	3797	257	833	410	2161	149	3778	21162	32335

续表

地区	(1)其中:拥有农机原值20万~50万元(含20万元)的		拥有农机原值50万元(含50万元)以上的		(2)其中:农机化作业服务专业户		二、农机化中介服务组织		三、农机维修厂及维修点	
	年末机构数(个)	年末人数(人)	年末机构数(个)	年末人数(人)	年末机构数(个)	年末人数(人)	年末机构数(个)	年末人数(人)	年末机构数(个)	年末人数(人)
合计	530045	925198	83361	183617	5055914	7213640	6459	49544	178091	422609
北京	660	1047	237	549	1440	2484	0	0	276	683
天津	655	1137	174	586	11448	15294	0	0	346	781
河北	32943	68776	4082	9104	316845	460786	418	1344	15703	32930
山西	9266	17790	951	2836	75048	100639	83	846	6920	16412
内蒙古	19024	31481	3557	9211	96532	143161	104	519	6814	13937
辽宁	11713	24736	2160	6626	67486	102223	128	3311	4241	9371
吉林	13381	30475	5691	14146	10323	32913	36	218	7379	17787
黑龙江	151880	222243	20981	37561	160158	234881	101	301	7309	21502
上海	639	1074	216	502	3624	4576	0	0	67	143
江苏	61978	104912	8517	17606	244428	351672	478	8197	4030	12367
浙江	14478	18414	4286	9386	147164	163257	60	197	3465	5765
安徽	19740	39868	2524	7120	425118	579471	404	5620	9997	22843
福建	1973	3981	158	681	116781	139597	27	83	2899	6272
江西	7833	14579	859	2087	360334	552012	328	1018	10044	30522
山东	39219	77292	7409	16693	593770	858490	1100	10096	5927	16355
河南	24177	51333	2354	6547	270440	430353	1382	5919	21968	43412
湖北	12227	30852	2021	6927	263369	529259	149	478	5271	17499
湖南	11440	26195	1672	5338	214560	364627	278	1196	5359	14923
广东	6931	12034	704	2820	163424	216776	16	306	8343	21525
广西	9793	21566	628	2251	101554	226287	182	999	4305	10323
海南	1823	2710	200	359	51146	55998	5	10	1045	2778
重庆	1284	3680	49	219	181080	218107	285	1344	3558	9924
四川	18616	32243	716	1922	247675	317573	179	1007	10125	26027
贵州	321	811	23	120	195940	264622	21	52	5556	14426
云南	2053	3224	453	733	77060	96625	153	2722	11312	24615
西藏	31	215	7	36	9	76	0	0	166	562
陕西	4699	12842	810	2201	294980	320495	116	527	4111	7958
甘肃	10528	15282	1428	2389	201045	229553	204	507	6017	10207
青海	1481	2450	625	962	7340	9485	1	1	1139	1678
宁夏	2569	3868	1061	2155	42918	55908	168	452	1811	3827
新疆	27862	36093	5081	8850	103468	121834	51	2214	2259	4436
新疆兵团	8828	11995	3727	5094	9407	14606	2	60	329	819

续表

地区	其中：1. 一级维修点		2. 二级维修点		3. 三级维修点		4. 专项维修点		四、农机经销机构 1. 农机经销企业	
	年末机构数（个）	年末人数（人）	年末机构数（个）	年末人数（人）	年末机构数（个）	年末人数（人）	年末机构数（个）	年末人数（人）	年末机构数（个）	年末人数（人）
合计	1299	8764	7247	30084	90140	201701	66136	146962	12969	105696
北京	4	44	10	29	243	585	19	25	2	35
天津	0	0	16	67	317	700	13	14	13	238
河北	17	147	365	1391	10875	22513	3969	8093	569	5967
山西	44	476	423	1628	3191	7138	3017	6646	246	3868
内蒙古	18	96	437	1242	5076	10059	1215	2449	916	4020
辽宁	48	88	84	380	2932	6506	1096	2146	292	2635
吉林	0	0	14	78	5849	13393	1516	4316	484	3149
黑龙江	87	1681	350	2221	3369	9702	3341	7568	414	7754
上海	0	0	4	28	19	36	17	28	7	25
江苏	34	357	285	1577	2187	6845	957	1858	657	5220
浙江	9	44	38	122	2123	3778	1116	1552	238	894
安徽	28	439	263	1560	5623	12358	3031	6209	836	6223
福建	0	0	39	96	744	1675	192	397	312	2009
江西	58	501	497	2649	3935	11248	5010	14483	558	3152
山东	75	597	680	3408	4412	9947	555	1027	1044	11337
河南	106	506	588	1935	10272	18635	9759	18794	775	7457
湖北	32	380	222	1087	1722	4498	2665	7762	565	3648
湖南	114	731	484	2132	2266	6313	1793	4250	880	13257
广东	6	101	48	228	448	986	6114	15935	514	2538
广西	11	23	119	459	3325	7395	836	2430	344	1709
海南	0	0	2	9	254	584	734	2116	90	252
重庆	14	208	158	1093	1888	5275	1281	2741	297	3294
四川	64	639	544	2638	3173	9012	5220	10513	594	3320
贵州	9	38	107	396	2879	8431	2559	5560	267	1685
云南	145	469	475	1247	4367	8971	5484	11918	329	2412
西藏	144	442	18	80	4	40	0	0	54	378
陕西	16	157	208	560	3190	5718	475	963	384	2508
甘肃	155	296	514	914	2981	4981	1885	3031	430	2200
青海	33	80	96	156	266	371	531	753	18	150
宁夏	2	5	22	122	407	816	1151	2302	73	658
新疆	8	64	109	410	1769	3127	336	626	758	3660
新疆兵团	18	155	28	142	34	65	249	457	9	4

续表

地区	2. 农机经销点		五、拖拉机驾驶培训机构		六、乡村农机从业人员	1. 其中：初中(含初中)以上文化程度
	年末机构数(个)	年末人数(人)	年末机构数(个)	年末人数(人)	年末人数(人)	年末人数(人)
合　计	82159	176870	1702	17958	51652861	38271200
北　京	80	183	9	179	31319	27790
天　津	137	298	8	66	90479	63593
河　北	5333	12528	93	586	4130962	3187171
山　西	1797	4240	73	420	636973	551776
内蒙古	3970	7648	69	441	1953843	1195210
辽　宁	2018	4474	46	642	886538	717006
吉　林	2896	6999	23	482	1384729	1038552
黑龙江	4958	11403	74	569	1880314	1352715
上　海	48	84	10	82	15168	9455
江　苏	2904	6781	58	434	1528820	1123065
浙　江	552	982	22	133	627400	430343
安　徽	4564	9234	76	578	3986168	3393063
福　建	681	1293	21	183	715508	527472
江　西	1907	5173	60	405	1300817	819218
山　东	6370	14193	100	846	5598413	4367415
河　南	10362	19985	116	1417	5786592	4876943
湖　北	3052	7901	75	744	2459786	1416334
湖　南	3884	9278	104	1060	2928883	2314753
广　东	2130	5932	42	368	1103864	739982
广　西	2146	4777	84	881	3012968	2114928
海　南	285	739	8	66	261049	192750
重　庆	2587	4888	20	146	1227290	865393
四　川	7480	14826	79	425	2869545	1998656
贵　州	2291	4682	50	413	1011998	733703
云　南	3277	6414	119	958	1924473	1267799
西　藏	136	526	11	44	231446	60046
陕　西	2265	4904	68	965	1068769	840353
甘　肃	2094	3370	64	3520	1544182	991903
青　海	259	468	16	126	298114	198443
宁　夏	406	630	13	93	397842	235446
新　疆	1182	1865	77	562	700183	579723
新疆兵团	108	172	14	124	58426	40201

续表

地　区	2. 其中：高中(含高中)以上文化程度	3. 其中：拖拉机驾驶从业人员	4. 其中：联合收获机驾驶从业人员	5. 其中：农机维修人员
	年末人数(人)	年末人数(人)	年末人数(人)	年末人数(人)
合　计	11424045	16036470	1504847	939537
北　京	7768	11056	1755	1882
天　津	14229	12114	3200	4445
河　北	830059	939613	109035	75568
山　西	152694	291450	27641	28438
内蒙古	397294	799928	27598	32073
辽　宁	109516	408198	21064	18876
吉　林	290794	650716	61573	17602
黑龙江	746062	1264707	85861	34850
上　海	1090	8883	3038	722
江　苏	418668	416402	118921	39921
浙　江	121814	191743	18288	8812
安　徽	465284	1433770	164166	36609
福　建	159820	136748	7798	9646
江　西	233669	333689	72906	53642
山　东	1188165	1282909	139890	135820
河　南	1773930	2634849	232269	89130
湖　北	777908	1018190	119755	32798
湖　南	696127	306979	93538	43232
广　东	246665	262636	31323	34770
广　西	634606	713908	48165	37037
海　南	76575	85395	5549	3491
重　庆	471837	40914	5140	25770
四　川	558567	239574	28851	48909
贵　州	106295	154067	895	22065
云　南	231853	547211	5866	30936
西　藏	12288	218783	2043	3482
陕　西	254680	215846	35428	22896
甘　肃	257596	496505	9518	21251
青　海	53109	162239	1972	5175
宁　夏	86535	140928	6828	5880
新　疆	27946	568534	10264	12045
新疆兵团	20602	47986	4709	1764

各地区农业机械拥有量表

地区	一、农业机械总动力	1. 柴油发动机动力	2. 汽油发动机动力	3. 电动机动力	4. 其他机械动力	二、拖拉机及配套机械 (一)拖拉机		1. 大中型(14.7千瓦及以上)		(1)其中：14.7～18.4千瓦(含14.7千瓦)	
	万千瓦	万千瓦	万千瓦	万千瓦	万千瓦	万台	万千瓦	万台	万千瓦	万台	万千瓦
合　计	97245.59	75220.35	3640.67	18299.66	84.90	2317.02	37407.06	645.35	21057.62	242.48	3967.63
北　京	144.45	64.60	7.15	72.70	0	0.86	31.13	0.73	29.51	0.05	0.78
天　津	470.00	299.31	34.84	135.74	0.10	1.77	76.68	1.54	73.98	0.21	3.63
河　北	7401.97	5116.32	134.66	2150.99	0	161.68	2725.03	29.87	1285.39	6.29	103.92
山　西	1744.26	1322.27	22.02	399.97	0	49.23	836.77	13.81	508.36	3.65	59.87
内蒙古	3331.09	2961.46	19.09	344.81	5.74	113.41	2308.33	76.74	1879.80	42.62	691.14
辽　宁	2168.45	1658.86	71.76	434.84	2.99	57.03	1008.34	24.26	694.16	10.38	169.14
吉　林	3105.27	2844.64	32.66	227.96	0	118.95	2096.26	56.00	1486.68	23.07	370.63
黑龙江	5634.27	5286.27	122.76	225.24	0	158.57	3538.77	101.56	2917.40	51.40	856.38
上　海	122.31	86.86	8.26	27.19	0	1.05	37.77	0.77	35.30	0.03	0.46
江　苏	4906.55	3602.16	222.09	1079.88	2.42	94.04	1733.32	17.99	971.91	1.60	27.00
浙　江	2136.69	1366.55	136.80	632.29	1.05	13.12	170.77	1.40	63.88	0.08	1.32
安　徽	6867.50	5950.98	164.38	752.13	0	234.10	2895.11	24.65	1180.88	3.69	61.55
福　建	1269.09	833.86	136.49	298.65	0.09	10.26	124.28	0.48	20.54	0.03	0.45
江　西	2201.62	1702.14	96.12	403.32	0.04	37.95	525.46	2.75	123.56	0.15	2.61
山　东	9797.61	7882.01	244.11	1671.48	0.01	246.41	3806.35	57.18	2218.20	17.14	286.25
河　南	9854.96	8547.49	71.54	1235.14	0.78	372.77	5416.96	43.27	1816.21	14.59	233.90
湖　北	4187.75	2920.12	156.37	1102.88	8.38	132.85	1536.85	18.18	710.01	2.29	38.96
湖　南	6097.54	4627.01	363.73	1074.93	31.88	39.06	704.21	13.57	434.21	4.52	74.22
广　东	2390.50	1529.34	199.02	653.26	8.88	35.81	404.95	3.00	118.06	0.82	13.51
广　西	3527.26	2694.49	220.85	608.95	2.97	55.42	721.87	4.77	221.15	0.69	11.06
海　南	516.57	408.69	32.71	65.69	9.47	9.83	150.60	4.19	99.65	3.18	54.74
重　庆	1318.66	622.95	240.86	454.11	0.75	1.39	25.28	0.50	14.50	0.25	3.76
四　川	4267.32	2755.23	326.77	1182.37	2.96	23.53	449.02	13.48	339.74	5.96	97.74
贵　州	2041.06	1259.72	62.32	718.70	0.32	14.54	231.97	4.24	105.48	2.17	35.81
云　南	3440.64	2513.27	147.71	779.36	0.30	69.58	1148.32	32.13	765.46	12.77	211.97
西　藏	635.14	450.96	146.75	37.43	0	25.63	419.95	12.23	258.98	4.10	69.27
陕　西	2171.91	1466.06	117.03	588.18	0.63	33.56	642.04	11.82	427.70	2.55	42.55
甘　肃	1903.90	1381.46	45.57	475.89	0.98	80.42	1089.88	17.52	449.99	8.51	131.55
青　海	458.56	394.70	23.10	38.46	2.30	27.57	299.94	1.78	45.31	1.07	16.67
宁　夏	580.54	451.13	9.12	120.00	0.29	21.30	346.85	5.73	172.22	2.46	39.94
新　疆	2062.57	1832.66	23.32	205.89	0.70	67.41	1609.98	43.70	1321.47	15.50	247.00
新疆兵团	489.58	386.77	0.72	101.23	0.86	7.92	294.01	5.51	267.93	0.66	9.85

续表

地区	18.4～36.7千瓦（含18.4千瓦）		36.7～58.8千瓦（含36.7千瓦）		58.8千瓦及以上		(2)其中:轮式		2.小型(2.2～14.7千瓦,含2.2千瓦)		其中:手扶式		(二)拖拉机配套农具	1.大中型
	万台	万千瓦	万台	万千瓦	万台	万千瓦	万台	万千瓦	万台	万千瓦	万台	万千瓦	万部	万部
合计	204.86	5480.21	107.00	4994.43	91.01	6615.35	590.43	18776.35	1671.61	16349.43	897.68	7404.10	4022.14	1028.11
北京	0.34	8.11	0.25	12.02	0.10	8.61	0.72	29.23	0.13	1.61	0.01	0.07	1.24	1.02
天津	0.44	13.08	0.45	22.41	0.44	34.85	1.41	66.56	0.22	2.70	0.07	0.62	4.67	3.22
河北	9.31	269.70	5.35	266.11	8.92	645.65	25.35	1080.81	131.81	1439.64	19.34	158.80	227.19	53.80
山西	4.53	124.43	2.88	134.59	2.75	189.46	12.13	455.93	35.41	328.42	23.45	195.54	78.57	27.17
内蒙古	25.29	658.79	4.62	213.37	4.21	316.50	71.09	1685.81	36.67	428.52	1.04	10.37	208.80	124.16
辽宁	8.10	208.59	3.46	153.57	2.33	162.86	20.47	565.83	32.76	314.17	22.10	196.19	80.64	32.26
吉林	20.98	524.72	8.76	360.29	3.19	231.04	52.28	1378.92	62.95	609.58	25.10	221.14	278.68	89.97
黑龙江	30.03	805.44	11.81	539.36	8.33	716.22	98.18	2655.54	57.00	621.37	10.79	96.90	255.54	144.40
上海	0.11	3.50	0.55	25.17	0.08	6.17	0.77	35.30	0.28	2.47	0.28	2.47	2.34	2.13
江苏	2.07	58.45	6.29	312.27	8.04	574.19	16.76	901.82	76.05	761.42	67.45	679.35	165.57	33.71
浙江	0.27	9.02	0.84	40.03	0.21	13.52	1.30	59.55	11.72	106.89	10.92	100.43	15.65	2.23
安徽	4.34	124.47	7.52	369.12	9.10	625.74	24.26	1152.59	209.45	1714.23	150.22	1061.56	547.71	56.95
福建	0.15	4.14	0.21	9.16	0.10	6.79	0.39	17.53	9.77	103.74	9.40	100.70	14.28	0.59
江西	0.50	14.86	1.54	71.02	0.55	35.07	2.22	98.09	35.21	401.90	32.54	364.35	37.49	3.41
山东	15.39	456.85	12.27	601.36	12.38	873.74	51.73	1905.94	189.23	1588.15	117.56	812.54	432.44	107.94
河南	6.08	180.38	8.16	405.87	14.44	996.06	40.66	1664.47	329.50	3600.75	108.81	886.86	742.25	100.74
湖北	5.73	155.62	7.88	367.60	2.28	147.84	17.05	657.12	114.67	826.84	109.41	778.40	262.95	39.54
湖南	4.51	129.18	3.71	171.13	0.83	59.69	9.89	294.75	25.49	270.00	7.60	72.23	18.72	6.36
广东	0.63	17.93	0.89	41.67	0.66	44.95	2.10	87.14	32.80	286.89	29.63	251.13	41.76	4.57
广西	1.43	48.19	1.41	66.65	1.25	95.25	4.08	211.84	50.65	500.73	39.23	350.04	78.60	7.37
海南	0.43	12.54	0.35	17.72	0.22	14.65	2.45	62.63	5.64	50.96	1.20	9.21	7.98	1.71
重庆	0.13	3.97	0.09	4.15	0.03	2.62	0.42	12.71	0.89	10.77	0.26	3.06	0.74	0.34
四川	5.42	138.16	1.56	70.52	0.53	33.32	10.44	268.47	10.06	109.29	3.60	35.34	17.31	6.49
贵州	1.40	34.40	0.49	23.31	0.17	11.96	4.24	105.48	10.30	126.49	0.57	6.08	4.47	1.62
云南	16.50	396.73	1.71	75.83	1.15	80.93	28.97	685.88	37.44	382.86	23.50	228.19	42.49	6.52
西藏	7.76	171.61	0.34	16.09	0.03	2.01	12.23	258.98	13.40	160.97	6.94	71.40	21.25	13.03
陕西	4.69	133.41	2.84	129.92	1.73	121.82	10.69	384.60	21.73	214.34	13.30	120.39	51.86	21.27
甘肃	5.95	150.79	1.68	62.30	1.38	105.34	16.83	374.83	62.90	639.89	31.40	284.89	175.51	38.54
青海	0.40	11.04	0.14	6.11	0.17	11.49	0.85	29.06	25.79	254.63	24.11	229.08	29.16	1.84
宁夏	1.99	58.69	0.78	37.58	0.50	36.01	5.38	156.34	15.57	174.63	7.75	75.87	32.66	9.46
新疆	18.18	507.81	6.63	295.91	3.39	270.76	39.62	1166.34	23.71	288.50	0.10	0.90	133.38	77.37
新疆兵团	1.78	45.61	1.54	72.22	1.52	140.24	5.47	266.26	2.41	26.08	0	0	10.24	8.38

续表

地区	2.小型	三、种植业机械 (一)耕整地机械 1.耕整机		2.机耕船		3.机引犁	4.旋耕机	5.深松机	6.机引耙	(二)种植施肥机械 1.播种机	其中：免耕播种机	精少量播种机
	万部	万台(套)	万千瓦	万艘	万千瓦	万台	万台	万台	万台	万台	万台	万台
合　计	2994.03	998.35	4926.41	18.86	121.13	1305.42	632.91	26.77	719.82	650.18	96.74	403.61
北　京	0.22	1.88	8.01	0	0	0.12	0.36	0.02	0.08	0.44	0.24	0.20
天　津	1.45	1.89	8.60	0	0	0.48	1.90	0.10	0.08	1.56	0.83	0.39
河　北	173.39	6.15	30.81	0	0	49.88	29.87	3.17	6.21	53.14	19.86	23.86
山　西	51.40	10.35	45.83	0	0	21.88	17.88	1.00	4.64	15.12	2.66	6.86
内蒙古	84.64	2.91	9.41	0	0	61.46	9.62	1.78	14.87	63.75	10.60	45.02
辽　宁	48.38	7.65	35.32	0	0	11.26	10.53	0.77	2.60	21.78	1.91	15.24
吉　林	188.72	0.63	3.46	0	0	66.14	28.49	3.99	23.79	55.23	2.24	50.81
黑龙江	111.14	4.19	28.27	0	0	49.62	23.71	3.32	13.10	65.81	0.57	62.24
上　海	0.22	0	0	0	0	0.67	0.82	0	0.40	0.04	0	0.02
江　苏	131.86	2.77	20.69	0	0.01	19.77	92.46	0.46	2.52	30.66	13.83	12.85
浙　江	13.42	8.36	42.84	0.37	3.84	2.46	10.40	0	1.72	0.06	0.01	0.03
安　徽	490.76	15.48	77.34	0.01	0.14	178.30	70.93	1.76	145.58	47.43	3.09	36.15
福　建	13.69	21.08	102.24	0.02	0.16	1.28	10.64	0	0.33	0.03	0	0
江　西	34.08	35.13	154.23	0.36	3.52	4.28	29.71	0.17	4.12	0.09	0.03	0.05
山　东	324.50	33.47	162.80	0	0.08	143.23	33.11	3.60	71.17	73.66	15.29	33.52
河　南	641.50	3.63	15.62	0	0	316.80	27.91	1.57	211.09	138.77	16.73	82.06
湖　北	223.41	47.59	256.34	4.78	46.45	84.15	69.58	0.19	57.84	6.22	0.58	3.86
湖　南	12.36	194.27	767.05	12.90	64.79	102.27	17.43	1.41	76.67	0.26	0.12	0.09
广　东	37.19	36.67	170.21	0.26	1.11	6.45	19.02	0.12	6.14	0.01	0	0
广　西	71.22	64.97	288.41	0.06	0.23	26.22	19.60	0.35	21.92	0	0	0
海　南	6.27	8.50	25.79	0.07	0.50	2.21	1.57	0.07	1.63	0	0	0
重　庆	0.40	78.91	325.08	0	0	0.05	0.53	0.04	0.04	0.06	0	0.05
四　川	10.82	151.06	789.59	0.03	0.30	7.62	20.58	0.06	2.78	2.05	0.16	1.04
贵　州	2.85	95.72	567.06	0	0	1.96	3.24	0.06	1.16	0.04	0	0.01
云　南	35.97	101.57	619.74	0	0	14.83	21.29	0.60	7.79	0.36	0.02	0.08
西　藏	8.22	0.91	5.97	0	0	8.61	0.61	0.01	1.96	4.56	0.01	0.16
陕　西	30.60	25.50	142.49	0	0	14.55	20.62	0.32	0.22	12.95	5.20	4.63
甘　肃	136.96	31.11	193.71	0	0	51.31	24.86	1.27	26.10	23.62	1.76	12.74
青　海	27.32	1.60	9.97	0	0	15.94	6.88	0.10	1.13	5.83	0.30	1.17
宁　夏	23.20	2.09	8.18	0	0	15.21	2.79	0.10	3.70	8.82	0.19	0.69
新　疆	56.01	1.97	9.80	0	0	25.76	5.46	0.25	7.71	16.08	0.46	8.74
新疆兵团	1.86	0.34	1.55	0	0	0.65	0.51	0.11	0.73	1.75	0.05	1.05

续表

地区	2.水稻种植机械 (1)水稻直播机	(2)水稻插秧机		其中:乘坐式		(3)水稻浅栽机		3.化肥深施机	4.地膜覆盖机	(三)农用排灌机械 1.排灌动力机械	
	万台	万台	万千瓦	万台	万千瓦	万台	万千瓦	万台	万台	万台	万千瓦
合计	2.33	77.10	374.50	25.23	172.21	0.61	1.41	82.96	59.87	2326.40	14671.41
北京	0	0	0	0	0	0	0	0.24	0.01	3.60	42.38
天津	0	0.07	0.82	0.05	0.60	0	0	0.01	0.30	10.14	114.06
河北	0	0.18	1.68	0.09	0.84	0	0.01	6.23	4.55	243.56	2083.37
山西	0	0	0	0	0	0	0	2.46	3.03	17.05	207.38
内蒙古	0	0.76	5.05	0.04	0.32	0	0	3.80	5.12	40.38	400.20
辽宁	0.01	3.57	17.60	0.99	7.34	0.06	0.27	1.07	0.74	104.15	349.19
吉林	0	6.39	32.66	0.99	7.27	0	0.04	24.19	1.02	46.76	309.62
黑龙江	0	27.71	142.40	16.40	87.74	0	0	1.61	1.32	40.08	375.06
上海	0.11	0.20	2.27	0.20	2.27	0	0	0	0	1.36	24.88
江苏	0.44	14.84	70.98	3.13	35.74	0	0.03	0.46	0.17	61.67	706.72
浙江	0.03	1.23	9.60	0.85	7.87	0	0.01	0.31	0	94.28	284.79
安徽	0.27	2.95	12.15	0.58	5.47	0	0.01	8.65	0.99	164.83	707.85
福建	0	1.11	4.21	0.12	1.05	0	0	0	0.03	19.50	118.47
江西	0.03	1.53	5.39	0.09	1.05	0.03	0.07	0.38	0	63.18	410.55
山东	0.01	0.16	0.89	0.04	0.28	0	0	3.14	13.68	309.78	2383.74
河南	0	0.50	3.43	0.14	1.40	0	0	11.09	1.81	168.22	1192.53
湖北	0.59	6.41	21.16	0.34	2.97	0	0	2.38	0.43	106.63	763.79
湖南	0.16	3.40	18.80	0.54	4.58	0.01	0.03	1.98	0.23	252.87	1097.32
广东	0	1.18	5.88	0.21	1.87	0	0	0.24	0	86.27	495.63
广西	0	1.84	6.28	0.08	0.63	0.02	0.02	0.12	0.28	91.65	411.70
海南	0.03	0.04	0.17	0.01	0.06	0	0	0.12	0	25.18	129.81
重庆	0	1.26	3.72	0.01	0.02	0.01	0.02	0	0.01	101.02	320.68
四川	0	0.89	4.45	0.16	1.63	0.48	0.88	0.70	0.24	102.97	579.70
贵州	0	0.19	0.61	0.01	0.12	0	0	0	0.05	57.59	251.80
云南	0	0.23	1.22	0.03	0.36	0	0.01	0.03	0.05	43.27	231.87
西藏	0	0	0	0	0	0	0	0	0.02	0.88	8.09
陕西	0.01	0.03	0.28	0.01	0.13	0	0.01	0.85	1.68	40.67	239.24
甘肃	0	0	0	0	0	0	0	6.70	12.81	17.12	173.69
青海	0	0	0	0	0	0	0	1.13	0.08	0.29	10.06
宁夏	0.63	0.16	0.59	0.06	0.23	0	0	0.71	0.85	3.16	27.77
新疆	0.01	0.20	1.84	0.02	0.13	0	0	3.46	9.92	5.88	137.28
新疆兵团	0	0.07	0.37	0.04	0.24	0	0	0.90	0.45	2.41	82.19

续表

地区	其中:柴油机		电动机		2. 农用水泵	3. 节水灌溉类机械	(四)田间管理机械 1. 机动喷雾(粉)机		2. 茶叶修剪机		(五)收获机械 1. 联合收获机	
	万台	万千瓦	万台	万千瓦	万台	万套	万台	万千瓦	万台	万千瓦	万台	万千瓦
合　　计	940.77	6840.70	1313.88	7427.02	2241.29	226.04	629.69	1110.40	40.22	47.11	190.20	9831.93
北　　京	0.20	1.35	3.40	41.03	3.10	1.16	1.94	1.46	0	0	0.15	12.36
天　　津	3.72	30.96	6.35	82.17	8.58	0.27	0.95	2.64	0	0	0.58	44.54
河　　北	88.47	803.44	152.91	1274.61	164.83	5.74	51.13	89.01	0	0	14.74	911.69
山　　西	2.56	35.05	14.49	172.32	15.18	1.58	4.22	10.90	0	0	3.67	225.00
内 蒙 古	21.90	233.64	18.48	166.56	39.30	7.40	8.28	19.07	0	0	3.28	214.87
辽　　宁	22.64	171.52	78.40	168.19	117.47	13.16	9.57	18.19	0	0	2.66	160.09
吉　　林	26.68	206.21	20.08	103.41	59.72	4.07	1.44	2.87	0	0	7.30	388.73
黑 龙 江	25.07	238.33	14.96	135.61	48.09	3.90	10.69	31.52	0	0	12.98	966.06
上　　海	0	0.02	1.36	24.86	1.36	0.82	2.25	5.15	0	0	0.27	14.01
江　　苏	17.84	184.05	43.21	516.68	67.61	7.52	65.97	100.81	0.95	1.28	16.96	881.92
浙　　江	8.37	40.95	82.14	233.14	82.43	2.90	20.53	38.64	5.11	5.25	1.81	72.71
安　　徽	39.34	296.52	121.77	401.48	180.74	20.73	47.37	58.99	8.07	7.05	19.58	1061.96
福　　建	10.10	66.75	7.24	39.78	19.67	2.30	43.96	72.74	7.27	7.09	0.91	34.93
江　　西	35.64	235.79	24.29	167.24	45.28	13.28	14.95	33.07	0.33	0.72	7.37	305.09
山　　东	179.65	1494.17	125.55	864.72	291.58	52.35	51.02	111.91	0.48	0.82	29.11	1309.41
河　　南	52.62	512.72	113.52	665.53	219.68	21.83	29.66	55.93	1.34	1.33	26.55	1491.22
湖　　北	25.96	239.19	75.95	513.29	110.97	12.23	74.20	88.96	8.78	11.75	9.57	447.61
湖　　南	134.92	664.62	113.99	403.58	232.79	4.96	40.26	59.06	0.47	0.82	12.52	440.40
广　　东	45.21	258.03	37.74	218.76	81.65	13.82	26.75	54.88	0.60	1.29	2.68	78.58
广　　西	54.13	275.85	31.72	117.33	92.65	13.46	14.06	34.78	0.25	0.46	3.29	111.64
海　　南	18.72	99.71	6.11	29.39	16.29	0.82	9.32	21.02	0.10	0.15	0.82	12.84
重　　庆	15.88	76.20	77.47	126.94	101.46	0.18	7.73	9.60	0.23	0.19	1.00	18.09
四　　川	52.44	319.01	40.20	238.06	91.68	2.60	36.61	63.79	3.24	3.86	3.47	95.02
贵　　州	24.55	140.69	29.72	71.85	57.92	2.30	5.02	8.04	0.70	1.46	0.25	6.92
云　　南	22.84	116.96	15.07	97.37	32.38	3.35	13.74	25.76	1.51	2.31	0.81	26.80
西　　藏	0.77	7.10	0.11	0.98	0.56	0	1	4.82	0	0	0.41	19.64
陕　　西	5.99	49.17	34.12	177.64	33.90	4.46	21.55	53.89	0.64	1.02	4.27	255.80
甘　　肃	2.77	19.68	13.75	150.07	13.11	1.96	5.13	12.59	0.15	0.26	0.96	60.00
青　　海	0.05	1.13	0.24	8.33	0.21	0.12	0.60	2.09	0	0	0.25	15.15
宁　　夏	0.48	4.24	2.66	23.25	3.59	0.70	0.41	1.65	0	0	0.87	49.21
新　　疆	0.87	11.62	4.87	116.68	5.66	4.71	8.38	14.65	0	0	0.94	84.39
新疆兵团	0.40	6.03	2.01	76.17	1.85	1.36	1.01	1.92	0	0	0.17	15.25

续表

地区	(1)稻麦联合收割机		其中：自走式	其中：半喂入式		(2)玉米联合收获机		其中：自走式	2. 割晒机		3. 其他收获机械	
	万台	万千瓦	万台	万台	万千瓦	万台	万千瓦	万台	万台	万千瓦	万台	万千瓦
合计	142.83	6955.80	125.75	11.97	501.73	47.39	2876.13	36.56	46.27	83.73	171.97	629.79
北京	0.07	5.69	0.07	0	0	0.08	6.68	0.08	0	0	0.13	3.13
天津	0.31	21.75	0.22	0.04	1.68	0.26	22.79	0.26	0.02	0.12	0.52	2.81
河北	8.76	515.68	7.92	0.07	3.16	5.98	396.01	5.23	2.62	0.69	14.04	22.72
山西	1.38	78.24	1.17	0	0	2.29	146.76	1.98	0.97	0	4.42	6.12
内蒙古	0.68	51.02	0.63	0.01	0.91	2.60	163.85	1.86	2.97	7.27	16.51	42.31
辽宁	0.71	31.22	0.55	0.44	18.56	1.95	128.87	1.57	0.39	3.18	3.75	5.41
吉林	2.28	100.27	2.12	0.86	37.80	5.03	288.46	3.99	0.27	0.89	1.83	12.20
黑龙江	9.14	584.53	8.34	0.78	40.71	3.84	381.53	3.04	1.70	13.97	11.11	178.87
上海	0.27	14.01	0.26	0.17	8.48	0	0	0	0	0	0.07	0.55
江苏	15.72	812.49	14.18	3.26	138.36	1.25	69.43	1.10	0.04	0.17	18.18	37.47
浙江	1.81	72.71	1.59	0.39	16.16	0	0	0	0.04	0.07	1.72	6.81
安徽	17.39	913.00	16.37	1.24	50.91	2.20	148.96	2.12	3.36	0	8.68	18.20
福建	0.91	34.93	0.89	0.16	6.00	0	0	0	0.06	0.11	4.13	5.81
江西	7.37	305.09	6.85	0.23	9.58	0	0	0	0.02	0.07	0.94	6.06
山东	17.49	794.73	12.76	0.25	10.71	11.62	514.67	7.27	4.41	4.39	21.67	32.11
河南	19.09	1079.51	17.21	0.71	34.02	7.46	411.71	6.00	5.34	12.85	28.76	19.53
湖北	9.36	437.36	8.32	0.87	37.43	0.21	10.25	0.17	2.16	6.72	8.47	52.11
湖南	12.51	440.10	11.24	0.35	13.80	0.01	0.30	0	0.29	0.48	2.37	12.49
广东	2.67	78.58	2.36	0.50	17.68	0	0	0	0.16	0.37	1.44	2.67
广西	3.29	111.59	3.04	0.67	21.64	0	0.05	0	7.39	12.14	0.69	4.01
海南	0.82	12.84	0.29	0.03	0.96	0	0	0	0.56	1.55	0.31	1.97
重庆	1.00	18.09	0.98	0.23	6.94	0	0	0	0.35	1.21	0.63	1.45
四川	3.46	94.42	3.06	0.37	12.10	0.01	0.60	0	2.29	3.38	2.25	14.11
贵州	0.25	6.78	0.19	0.09	2.55	0	0.14	0	0.61	1.34	1.89	4.09
云南	0.78	25.75	0.58	0.13	4.77	0.02	1.05	0.01	0.17	0.51	0.26	3.04
西藏	0.40	19.64	0.34	0	0.19	0.01	0	0	3.38	0	0.52	1.04
陕西	2.80	159.39	2.30	0.06	2.23	1.48	96.41	1.05	0.17	0.53	3.63	7.18
甘肃	0.55	30.13	0.49	0.01	1.51	0.41	29.87	0.32	2.59	3.84	3.59	27.42
青海	0.25	15.00	0.19	0	0.29	0	0.15	0	0.55	2.75	0.49	5.92
宁夏	0.52	25.85	0.49	0.03	1.53	0.34	23.36	0.23	0.17	0.48	1.34	3.89
新疆	0.66	54.90	0.62	0.01	0.74	0.29	29.49	0.25	3.22	4.65	6.36	35.22
新疆兵团	0.13	10.51	0.13	0.01	0.33	0.05	4.74	0.03	0	0	1.27	53.07

续表

地　区	其中:大豆收获机		油菜籽收获机		马铃薯收获机		甜菜收获机		花生收获机		棉花收获机	
	万台	万千瓦	万台	万千瓦	万台	万千瓦	万台	万千瓦	万台	万千瓦	万台	万千瓦
合　计	2.00	154.05	2.09	98.32	6.46	10.76	0.15	2.22	15.07	12.14	0.38	65.21
北　京	0	0	0	0	0	0.03	0	0	0	0.02	0	0
天　津	0	0	0	0	0	0	0	0	0	0	0	0
河　北	0	0	0	0	0.25	0.24	0.02	0.07	0.33	1.28	0	0.06
山　西	0.01	0	0	0	0.76	0	0.02	0	0	0	0	0
内蒙古	0.28	19.43	0.04	2.50	1.46	0.23	0.06	0.08	0	0	0	0.03
辽　宁	0.03	0.36	0	0	0.08	0.19	0	0.01	2.84	0.01	0	0
吉　林	0.10	3.57	0	0	0.06	0.04	0	0	0.35	0.09	0	0
黑龙江	1.55	128.96	0	0	0.15	2.16	0.01	0.52	0.01	0	0	0
上　海	0	0	0	0.10	0	0	0	0.01	0	0	0	0
江　苏	0	0.01	0.35	16.94	0	0.01	0	0	0.06	0.63	0	0
浙　江	0	0	0.08	3.62	0	0	0	0	0	0	0	0
安　徽	0.01	0.65	0.25	11.22	0	0	0	0	0.19	0.20	0	0
福　建	0	0	0	0.25	0.03	0.10	0	0	0	0.01	0	0
江　西	0	0.01	0.10	3.70	0	0	0	0	0.26	0.95	0	0
山　东	0.01	0.06	0	0.06	1.94	3.09	0	0	4.15	4.17	0	0.21
河　南	0	0.18	0.12	6.09	0.09	0.50	0	0	6.67	2.67	0	0
湖　北	0.01	0.69	0.68	33.42	0.05	0.40	0	0.01	0.20	1.66	0	0.02
湖　南	0	0.06	0.16	6.56	0.01	0.08	0	0.04	0	0.02	0.06	0.18
广　东	0	0	0	0	0.02	0.25	0	0	0	0.04	0	0
广　西	0	0	0	0	0	0	0	0	0	0	0	0
海　南	0	0	0	0	0	0	0	0	0	0	0	0
重　庆	0	0	0	0.05	0	0.04	0	0	0	0	0	0
四　川	0	0.02	0.18	8.13	0.01	0.20	0	0	0.01	0.25	0	0
贵　州	0	0.01	0	0.18	0.04	0.53	0	0	0	0	0	0
云　南	0	0	0.02	0.87	0.05	0.55	0	0	0	0	0	0
西　藏	0	0	0	0	0.03	0	0	0	0	0	0	0
陕　西	0	0	0.01	0.50	0.25	0.61	0	0	0	0.01	0	0
甘　肃	0	0.02	0.01	0.42	0.59	0.81	0	0	0	0	0	0.14
青　海	0	0	0.07	2.98	0.17	0.44	0	0	0	0	0	0
宁　夏	0	0	0	0	0.33	0	0	0	0	0	0	0
新　疆	0	0	0.01	0.49	0.07	0.10	0.03	0.81	0	0.12	0.11	15.32
新疆兵团	0	0.02	0.01	0.24	0.02	0.16	0.01	0.67	0	0.01	0.21	49.25

续表

地区	蔬菜收获机		茶叶采摘机		青饲料收获机		牧草收获机		秸秆粉碎还田机	秸秆捡拾打捆机	
	万台	万千瓦	万台	万千瓦	万台	万千瓦	万台	万千瓦	万台	万台	万千瓦
合计	0.93	3.46	12.46	18.49	4.34	108.33	18.35	38.10	85.59	4.68	24.65
北京	0	0	0	0	0.01	3.07	0.01	0	0.11	0.01	0
天津	0	0	0	0	0.03	2.71	0	0.06	0.46	0.01	0.04
河北	0.01	0	0	0	0.53	18.58	0.15	0.38	12.00	0.15	1.57
山西	0	0	0	0	0.21	4.18	0.32	1.70	2.77	0.06	0
内蒙古	0.07	0	0	0	0.56	16.77	10.92	2.98	1.57	1.06	0.10
辽宁	0.01	0.08	0	0	0.06	0.98	0.05	0.44	0.50	0.13	1.81
吉林	0	0	0	0	0.06	2.31	0.18	3.68	0.21	0.19	2.43
黑龙江	0	0.01	0	0	0.28	20.24	0.23	1.18	5.45	0.20	2.34
上海	0	0	0	0	0	0.44	0	0	0.05	0.01	0
江苏	0.28	0.32	0.11	0.31	0.17	3.38	0.07	2.11	15.90	0.38	6.81
浙江	0	0.04	0.78	1.39	0.06	0.28	0.09	0.43	0.25	0.02	0.24
安徽	0	0	0.78	0.80	0.18	1.78	0	0	5.75	0.67	1.35
福建	0	0	4.00	5.04	0	0.01	0.01	0.02	0	0	0
江西	0	0	0.19	0.39	0.01	0.03	0.02	0.11	0.14	0	0.03
山东	0.54	2.33	0.08	0.19	0.44	5.97	0.03	0.13	11.48	0.21	0.61
河南	0	0	0.16	0.31	0.13	4.36	0.03	0.11	18.58	0.47	1.29
湖北	0	0.03	3.49	6.27	0.82	1.66	0.12	0.69	1.80	0.09	1.64
湖南	0	0.08	0.88	1.39	0.05	0.63	0.04	1.30	0.39	0	0.14
广东	0	0	0.20	0.26	0.04	0.05	0.01	0.02	0.62	0	0.02
广西	0	0	0.13	0.18	0	0	0	0	0.43	0	0.08
海南	0	0	0	0	0	0	0	0	0	0	0
重庆	0	0	0.03	0.06	0	0	0	0.08	0.04	0	0.02
四川	0	0.01	0.51	0.82	0	0.10	0.10	0.29	1.24	0.04	0.07
贵州	0	0	0.99	0.82	0.27	1.10	0.30	0.56	0.16	0	0.05
云南	0	0	0.06	0.14	0	0.01	0	0.04	0.01	0	0.03
西藏	0	0	0	0	0	0.06	0.40	0	0	0	0.05
陕西	0	0	0.07	0.12	0.04	3.02	0.37	0.88	2.39	0.09	0.65
甘肃	0.01	0.05	0	0	0.23	6.10	2.13	16.82	0.36	0.17	1.38
青海	0	0	0	0	0.03	1.18	0.12	0.64	0.01	0.04	0.14
宁夏	0	0	0	0	0.02	1.66	0.88	1.70	0.05	0.05	0.46
新疆	0.01	0.41	0	0	0.10	6.43	1.70	1.52	2.24	0.58	1.01
新疆兵团	0	0.10	0	0	0.01	1.24	0.07	0.23	0.63	0.05	0.29

续表

地区	玉米收获专用割台	大豆收获专用割台	油菜籽收获专用割台	(六)收获后处理机械 1.机动脱粒机		2.谷物烘干机		3.种子加工机械		4.保鲜储藏设备		(七)设施农业设备 1.水稻工厂化育秧设备	2.温室	其中:设施总面积	连栋温室
	万台	万台	万台	万台	万千瓦	万台	万千瓦	万台	万千瓦	万台(套)	万千瓦	万套	千公顷	千公顷	千公顷
合计	6.44	1.92	1.76	1063.79	2049.52	9.32	129.47	4.05	15.22	12.96	127.92	1.79	2128.88	2082.88	51.77
北京	0	0	0	0.38	2.32	0	0.12	0	0	0.37	5.07	0	19.54	19.54	0.74
天津	0.02	0	0	2.01	3.47	0	0.14	0	0	0.03	0.42	0	35.39	35.39	1.32
河北	0.28	0	0	19.33	15.84	0.05	0.77	0.12	0.51	0.13	1.41	0.02	217.56	216.38	0.42
山西	0.16	0.01	0	8.61	0	0.05	0.01	0.04	0	0.12	0.94	0	58.29	58.29	0.32
内蒙古	0.15	0.18	0.11	11.90	1.49	0.07	1.78	0.73	0.40	0.01	0.29	0	79.13	79.05	3.85
辽宁	0.01	0.01	0	14.63	59.20	0.16	5.78	0.02	0.23	0.56	12.56	0.10	310.13	292.02	5.99
吉林	0.01	0.69	0	17.02	7.58	0.18	1.32	0.19	2.25	0.01	0.09	0.12	20.07	20.07	0.24
黑龙江	1.72	0.94	0	17.28	47.04	0.25	6.92	0.61	1.14	0.01	0.07	0.11	25.16	25.14	1.13
上海	0	0	0	0.04	0.20	0.09	0.98	0.01	0.03	0.18	1.06	0.05	5.14	5.14	0.22
江苏	0.30	0	0.07	8.93	28.00	1.76	32.45	0.08	0.96	1.29	14.28	0.34	341.33	338.03	17.98
浙江	0	0	0.06	36.33	62.88	0.73	6.75	0.01	0.05	0.59	11.65	0.22	49.32	49.32	3.28
安徽	0.39	0.01	0.32	33.15	34.25	0.95	10.32	0.13	0.46	0.39	4.02	0.23	51.63	51.22	1.02
福建	0	0	0	10.04	25.42	0.14	1.45	0.02	0.14	1.29	5.98	0.02	10.50	10.30	0.34
江西	0	0	0.04	28.80	72.12	0.52	7.16	0.05	0.23	0.09	0.50	0.05	3.52	3.25	0.09
山东	0.86	0.01	0	39.08	57.45	0.16	4.30	0.23	0.56	0.65	8.43	0	308.72	296.29	5.59
河南	1.78	0.01	0.04	54.08	34.48	0.18	2.35	0.13	0.19	0.43	0.98	0.02	75.80	74.64	0.28
湖北	0.21	0.05	0.62	37.82	81.11	0.32	11.11	0.08	0.54	2.12	8.91	0.24	97.96	97.88	3.18
湖南	0	0	0.41	126.05	306.65	0.64	7.50	0.08	0.22	1.05	1.44	0.17	10.31	9.82	0.13
广东	0	0	0	54.49	116.45	0.23	3.07	0	0	0.49	3.50	0.02	15.95	14.84	2.08
广西	0	0	0	96.37	230.69	0.22	1.34	0	0	0.21	1.76	0.02	0.38	0.38	0
海南	0	0	0	4.54	8.97	0.02	0.13	0.24	0.18	0.23	0.35	0.01	2.93	2.91	0.01
重庆	0	0	0	75.47	10.19	0.29	4.96	0.05	0.07	0.23	1.84	0.02	34.34	34.20	0.01
四川	0.01	0	0.03	173.11	326.37	0.18	1.88	0.01	0.07	0.28	3.79	0.02	80.58	76.21	2.49
贵州	0	0	0	58.89	113.12	0.51	2.49	0	0.01	0.06	0.65	0	0.65	0.65	0.07
云南	0	0	0	41.90	132.80	0.65	2.64	0.02	0.12	0.30	5.94	0	27.95	26.92	0.20
西藏	0	0	0	5.56	25.02	0	0	0.02	0.14	0	0	0	2.92	2.92	0.07
陕西	0.27	0	0	48.89	104.62	0.35	1.04	0.06	0.42	0.95	12.79	0	70.37	68.82	0.15
甘肃	0.06	0	0.01	27.15	90.33	0.15	1.11	0.84	3.39	0.25	9.43	0	87.60	87.60	0.09
青海	0	0	0.04	4.35	33.64	0	0.02	0.12	0.16	0	0.07	0	7.27	7.23	0.33
宁夏	0.02	0	0	2.04	6.31	0.12	1.79	0.03	0.43	0.01	0.19	0.01	45.44	45.44	0
新疆	0.15	0	0	5.42	10.49	0.34	7.72	0.08	2.16	0.61	9.30	0	27.55	27.55	0.13
新疆兵团	0.04	0.01	0.01	0.13	1.02	0.01	0.07	0.05	0.16	0.02	0.21	0	5.46	5.46	0.02

续表

地区	日光温室	塑料大棚	四、农产品初加工机械 (一)农产品初加工动力机械		其中:柴油机		电动机		(二)农产品初加工作业机械	其中:1.粮食加工机械	2.油料加工机械	3.棉花加工机械
	千公顷	千公顷	万台	万千瓦	万台	万千瓦	万台	万千瓦	万台(套)	万台	万台	万台
合计	661.45	1369.67	1555.76	9024.59	305.18	2615.45	1231.28	6286.68	1449.60	1149.74	79.87	23.08
北京	11.04	7.76	0.52	4.28	0	0.05	0.52	4.23	0.51	0.40	0.02	0
天津	18.76	15.31	2.29	7.75	1.13	1.28	1.15	6.47	0.64	0.54	0.05	0.04
河北	82.60	133.36	94.54	865.34	10.58	120.52	83.89	742.63	48.34	36.67	7.77	3.00
山西	34.08	23.88	23.87	199.53	1.99	23.32	21.75	175.23	18.35	15.18	2.19	0.44
内蒙古	44.36	30.85	10.93	100.81	3.07	33.18	7.85	67.63	7.35	6.56	0.64	0
辽宁	185.57	100.46	21.76	135.90	1.70	25.56	18.27	108.95	15.70	14.90	0.66	0.01
吉林	5.48	14.35	16.87	151.90	4.12	43.31	11.93	108.58	12.55	11.51	1.01	0
黑龙江	1.07	22.94	13.68	147.14	5.76	67.29	7.90	79.81	6.19	5.31	0.88	0
上海	0.10	4.82	0.27	2.65	0.01	0.14	0.26	2.39	0.27	0.24	0.01	0
江苏	25.43	294.61	26.24	272.83	5.59	58.99	20.51	209.59	23.71	17.47	2.68	1.05
浙江	0.02	46.02	19.67	130.34	4.05	39.12	14.90	90.47	51.22	12.01	0.87	0.42
安徽	5.93	44.26	54.88	367.47	13.03	128.92	39.81	236.55	57.65	24.45	4.85	2.26
福建	0.01	9.95	71.30	230.19	4.30	35.54	66.14	193.35	62.15	11.45	1.57	0
江西	0.03	3.13	32.99	314.35	15.86	158.34	16.75	153.57	28.69	20.08	3.61	1.54
山东	114.27	176.43	101.08	921.67	36.60	353.35	63.26	551.89	51.17	37.54	6.62	2.93
河南	21.50	52.86	85.45	609.41	16.09	152.27	68.90	452.30	57.68	35.46	9.32	4.43
湖北	2.01	92.69	94.90	468.52	13.17	113.77	80.80	350.15	95.68	72.82	4.75	1.55
湖南	0.05	9.64	146.71	760.26	52.25	368.55	93.95	389.45	141.27	126.36	6.85	3.18
广东	0.27	12.49	30.20	246.09	8.21	75.83	21.38	163.55	25.31	18.44	3.10	0.01
广西	0.01	0.37	99.77	540.49	30.04	239.52	67.79	295.08	103.91	94.54	3.49	0.26
海南	0.02	2.89	2.81	29.53	1.35	14.15	1.34	13.91	2.09	1.79	0.10	0
重庆	0	34.19	102.31	361.55	13.16	97.11	86.24	222.25	119.01	106.39	1.84	0.05
四川	2.73	70.99	171.32	699.15	37.79	246.76	131.05	443.40	207.59	191.23	6.99	0.49
贵州	0	0.58	174.50	562.43	8.00	67.87	166.50	494.56	174.86	169.35	2.81	0.40
云南	0.28	26.43	87.25	444.98	10.04	78.06	76.78	363.89	86.68	80.51	0.98	0.01
西藏	0.32	2.53	1.44	5.91	0.15	0.62	1.29	5.29	1.46	1.22	0.24	0
陕西	18.25	50.42	43.77	217.65	5.53	52.84	37.82	155.32	28.03	22.53	1.67	0.37
甘肃	44.05	43.46	15.62	128.74	1.05	10.29	14.54	118.31	14.54	11.01	2.64	0.21
青海	1.64	5.26	1.30	10.30	0.01	0.10	1.11	9.49	1.51	0.62	0.48	0
宁夏	24.10	21.33	2.34	23.84	0.02	0.30	2.32	23.53	2.11	1.54	0.51	0
新疆	14.00	13.41	3.61	40.91	0.44	6.12	3.10	34.44	3.26	1.60	0.65	0.40
新疆兵团	3.46	1.98	1.57	22.68	0.09	2.27	1.48	20.41	0.12	0.03	0.02	0.03

续表

地区	4.果蔬加工机械	5.茶叶加工机械	五、畜牧养殖机械		其中：饲草料加工机械		畜牧饲养机械		畜产品采集加工机械		其中：挤奶机	
	万台(套)	万台(套)	万台(套)	万千瓦	万台(套)	万千瓦	万台(套)	万千瓦	万台(套)	万千瓦	万台	万千瓦
合计	18.12	144.89	743.19	2379.74	623.18	1977.51	55.70	201.85	21.24	75.98	10.73	47.95
北京	0.05	0.05	1.49	12.38	0.74	5.42	0.53	3.64	0.23	3.32	0.19	3.09
天津	0	0	0.73	5.95	0.63	5.43	0.03	0.17	0.07	0.34	0.03	0.31
河北	0.26	0	15.18	99.98	9.31	62.31	3.24	26.06	2.48	10.71	1.65	6.70
山西	0.50	0	9.19	44.72	7.41	36.65	0.72	4.13	0.91	2.82	0.72	2.28
内蒙古	0.01	0	27.11	160.57	24.05	149.64	0.76	4.01	2.30	4.85	1.38	4.07
辽宁	0.07	0	20.00	82.07	16.75	66.98	2.43	9.92	0.42	2.28	0.26	1.72
吉林	0.02	0	16.51	93.04	10.55	70.34	1.18	9.41	4.79	13.29	0.19	8.70
黑龙江	0	0	11.33	33.23	5.87	23.92	1.52	3.52	1.72	4.50	1.64	4.03
上海	0.02	0	0.19	1.85	0.11	1.28	0.03	0.15	0.05	0.42	0.03	0.18
江苏	0.62	0.98	17.25	104.11	12.44	83.23	1.97	10.64	0.86	4.14	0.50	1.65
浙江	0.52	37.40	4.88	23.53	2.60	13.51	1.74	3.14	0.07	0.17	0.06	0.13
安徽	0.22	24.82	8.07	49.90	6.56	41.34	1.35	7.49	0.03	0.08	0.03	0.07
福建	1.28	46.70	6.01	36.76	3.77	26.96	1.92	8.33	0.07	0.72	0.03	0.44
江西	0.62	0.92	4.81	38.48	3.44	27.72	0.62	4.28	0.13	1.14	0.01	0.08
山东	2.24	0.88	22.78	133.10	19.13	106.09	1.71	8.68	1.18	5.45	0.81	2.81
河南	0.39	4.78	23.65	87.64	18.74	68.04	3.29	7.98	0.69	3.58	0.54	2.27
湖北	1.22	9.54	48.46	104.98	35.13	76.74	10.93	21.13	0.51	1.17	0.03	0.16
湖南	0.89	2.77	24.92	106.62	19.93	90.39	1.92	7.03	0.23	1.39	0.05	0.20
广东	1.17	1.70	16.31	81.60	9.22	60.52	6.68	15.93	0.21	1.63	0.06	0.34
广西	4.95	0.67	36.09	84.88	34.76	78.11	1.28	6.46	0.04	0.30	0.02	0.02
海南	0.05	0.15	1.07	6.38	0.69	5.27	0.31	0.92	0.06	0.19	0.03	0.09
重庆	0.29	0.39	62.57	77.13	52.86	68.98	0.58	1.62	0.14	0.35	0.08	0.25
四川	0.75	5.22	73.31	154.92	68.87	142.23	2.18	6.22	1.09	1.66	0.42	0.76
贵州	0.04	2.19	49.79	136.35	43.59	113.66	3.12	5.81	0.07	0.28	0.06	0.22
云南	0.51	3.63	141.00	213.69	124.93	188.21	0.87	4.30	0.16	0.73	0.15	0.63
西藏	0	0	2.16	5.85	0.98	1.97	0.76	3.03	0.42	0.85	0.08	0.25
陕西	0.76	2.02	36.73	141.82	33.63	132.15	1.49	4.24	0.61	2.39	0.56	2.07
甘肃	0.14	0.08	32.91	144.49	30.71	134.03	1.51	7.29	0.63	2.20	0.41	1.41
青海	0.02	0	1.84	15.18	1.50	12.17	0.08	0.61	0.20	0.54	0.05	0.18
宁夏	0	0	16.93	68.50	15.87	62.89	0.73	3.79	0.32	1.48	0.28	0.92
新疆	0.49	0	9.31	27.10	8.03	20.22	0.18	1.39	0.43	1.89	0.29	1.54
新疆兵团	0.02	0	0.61	2.95	0.38	1.11	0.04	0.53	0.12	1.12	0.09	0.38

续表

地区	剪羊毛机		六、渔业机械		其中:增氧机		投饵机		七、林果业机械		其中:挖坑机	
	万台	万千瓦	万台	万千瓦	万台	万千瓦	万台	万千瓦	万台	万千瓦	万台	万千瓦
合计	6.59	6.90	433.28	1827.07	299.79	606.19	98.61	108.30	46.07	159.58	6.28	72.94
北京	0	0	1.25	4.07	0.95	3.10	0.28	0.52	0.47	1.51	0.01	0.09
天津	0.03	0.01	6.05	13.83	4.46	12.94	1.57	0.75	0.03	0.69	0.03	0.68
河北	0.05	0.06	6.71	58.08	3.92	13.41	1.95	4.59	0.40	3.99	0.26	3.37
山西	0.06	0.13	0.28	0.76	0.21	0.56	0.06	0.20	0.59	3.79	0.35	3.20
内蒙古	0.90	0.71	0.30	1.78	0.16	0.99	0.13	0.63	0.27	1.59	0.27	1.57
辽宁	0.08	0.07	7.03	19.63	5.16	14.25	1.84	2.44	0.71	4.13	0.12	3.15
吉林	4.59	4.59	0.82	2.63	0.34	1.21	0.42	0.74	0.08	1.15	0.07	1.13
黑龙江	0	0.01	0.46	1.90	0.26	1.04	0.17	0.28	0.13	1.80	0.11	1.52
上海	0	0	3.37	25.18	3.10	7.23	0.18	0.11	0.10	0.16	0	0.01
江苏	0	0.02	98.84	202.19	55.03	120.81	40.10	34.34	2.36	9.00	0.19	3.43
浙江	0	0.01	28.08	444.03	24.93	47.05	1.40	1.15	3.60	9.25	0.03	0.23
安徽	0	0	7.49	25.97	4.12	8.80	2.31	0.93	3.70	9.25	0.06	0.68
福建	0	0	20.57	228.20	12.31	21.50	1.29	1.69	2.90	11.82	0.62	4.79
江西	0	0.01	6.53	22.12	3.10	10.26	2.66	4.69	0.89	8.87	0.41	6.58
山东	0.08	0.08	14.70	235.85	5.07	13.48	2.09	2.75	1.41	8.33	0.86	7.05
河南	0.01	0.01	4.08	17.05	2.28	10.44	1.44	2.42	0.37	3.47	0.19	2.21
湖北	0	0	45.08	83.91	27.60	60.62	17.32	20.54	11.73	25.77	0.18	5.20
湖南	0	0	16.40	40.02	9.98	24.09	4.24	5.12	1.27	12.45	0.33	9.53
广东	0	0	110.30	293.31	93.84	161.92	10.70	14.43	2.08	11.90	0.74	6.41
广西	0	0	9.93	15.45	9.50	14.90	0.43	0.55	0.76	3.01	0.12	1.94
海南	0.03	0.10	8.31	18.63	6.90	9.21	0.77	0.56	0.13	2.11	0.04	1.78
重庆	0	0	8.84	16.78	5.57	9.71	1.16	1.41	0.77	2.23	0.15	0.67
四川	0.30	0.18	22.15	37.14	17.31	27.12	4.32	3.59	1.13	3.45	0.11	0.96
贵州	0	0	0.21	1.26	0.08	0.17	0.02	0.05	0.57	4.78	0.23	2.56
云南	0	0	2.30	8.74	1.76	6.63	0.51	1.41	0.49	1.94	0.02	0.66
西藏	0.01	0.02	0	0	0	0	0	0	0	0	0	0
陕西	0.05	0.07	1.54	4.12	0.99	2.61	0.53	1.18	2.94	7.50	0.40	2.74
甘肃	0.17	0.35	0.16	0.66	0.09	0.37	0.07	0.26	0.12	0.36	0.05	0.20
青海	0.07	0.11	0.04	0.17	0	0.03	0	0.02	0.01	0	0.01	0
宁夏	0	0.01	0.72	1.46	0.39	0.97	0.32	0.48	2.25	3.16	0.06	0.37
新疆	0.13	0.17	0.69	1.81	0.34	0.70	0.31	0.44	3.67	1.50	0.22	0.23
新疆兵团	0.03	0.18	0.05	0.34	0.04	0.07	0.02	0.02	0.14	0.62	0.04	0

续表

地区	果树修剪机		八、运输机械 1. 手扶变型运输机		2. 农用挂车	九、农田基本建设机械		十、农业机械原值和净值 1. 农业机械原值	2. 农业机械净值
	万台	万千瓦	万台	万千瓦	万台	万台	万千瓦	亿元	亿元
合计	21.32	42.39	78.78	1664.23	771.95	50.63	2746.53	9117.01	6582.91
北京	0.07	0.24	0	0	0.31	0.08	6.63	22.14	14.25
天津	0	0	0	0	0.15	0.37	27.06	40.14	29.15
河北	0.07	0.44	0.28	9.84	67.10	3.41	348.52	525.29	368.91
山西	0.24	0.59	0	0	5.47	2.07	159.89	189.61	138.63
内蒙古	0	0	3.17	64.83	51.97	1.03	54.98	482.31	355.03
辽宁	0.14	0.21	0.68	13.36	18.68	1.33	70.81	260.39	198.72
吉林	0.01	0.02	0.52	7.62	44.49	0.33	16.89	369.57	263.06
黑龙江	0.03	0.28	0	0	42.27	0.48	32.70	790.71	613.23
上海	0.05	0.06	0	0	0.11	0	0	47.92	29.20
江苏	1.56	3.69	5.00	102.80	10.69	9.14	200.18	588.87	406.90
浙江	0.62	0.79	2.56	39.11	0.30	2.72	232.06	267.65	171.20
安徽	0.25	0.48	15.20	444.38	94.59	1.52	82.58	664.98	450.35
福建	1.21	2.95	5.60	123.92	1.81	1.08	85.91	128.02	82.97
江西	0.44	1.78	4.69	97.61	0.36	1.81	104.69	208.90	148.54
山东	0.44	0.72	0.77	15.08	116.90	4.29	286.60	738.67	557.85
河南	0.10	0.56	0.18	2.49	111.06	1.97	117.38	793.18	589.46
湖北	7.91	15.78	0.49	7.73	73.13	2.84	130.06	427.66	301.32
湖南	0.30	0.87	7.25	168.66	0.65	2.01	127.09	365.26	271.50
广东	1.04	3.79	3.22	57.58	12.52	2.10	92.40	202.23	132.02
广西	0.61	1.03	20.68	334.54	0.82	1.52	100.24	320.22	221.06
海南	0.08	0.14	0	0	0.87	0.94	11.03	43.28	31.65
重庆	0.09	0.10	2.99	57.22	0.04	0.62	33.20	111.19	88.16
四川	0.59	1.06	3.80	95.86	6.74	1.71	103.08	330.79	232.50
贵州	0.17	0.90	1.11	14.63	2.22	1.20	40.01	103.46	73.23
云南	0.32	0.57	0.33	4.78	3.67	0.78	47.70	240.58	179.14
西藏	0	0	0.20	1.54	20.94	0.01	0.97	64.40	39.93
陕西	2.29	3.75	0.01	0.15	2.79	1.71	116.51	218.02	153.18
甘肃	0.04	0.11	0.04	0.44	18.09	1.50	38.40	147.30	102.61
青海	0	0	0.01	0.06	17.10	0.09	5.17	25.32	17.50
宁夏	0.59	0.82	0	0	5.96	0.43	30.36	81.28	56.82
新疆	2.05	0.65	0	0	38.87	0.61	40.80	265.95	223.32
新疆兵团	0.01	0.01	0	0	1.28	0.93	2.63	51.72	41.52

各地区农机化作业情况表

地　区	一、农机化作业总体情况 (一)机耕面积	(二)机播面积	(三)机电灌溉面积	(四)机械植保面积	(五)机收面积	二、主要农作物农机化作业情况 (一)小麦 1. 小麦机耕面积	2. 小麦机播面积	3. 小麦机收面积
	千公顷	千公顷	千公顷	千公顷	千公顷	千公顷	千公顷	千公顷
合　计	121017.65	87917.83	53652.20	68452.16	91722.35	22205.27	21258.05	22671.55
北　京	10.83	81.44	60.05	67.10	72.74	0.82	13.99	17.17
天　津	324.52	388.58	289.83	203.26	400.11	93.11	113.82	118.96
河　北	5473.04	6669.38	5361.68	3978.25	5397.25	2267.38	2317.60	2267.42
山　西	2715.51	2606.36	958.20	886.52	1828.70	521.76	537.40	533.01
内蒙古	6102.41	6836.81	2273.05	3054.09	5113.87	396.39	574.20	558.07
辽　宁	3809.10	3468.93	799.64	1518.88	2261.32	3.21	2.98	2.21
吉　林	5026.97	5230.29	1072.64	3005.02	3891.34	1.86	1.86	1.00
黑龙江	14538.39	14341.35	3836.75	10827.27	13291.01	112.95	112.94	112.94
上　海	295.73	73.36	186.80	281.04	138.33	22.80	8.12	38.93
江　苏	5939.63	4663.12	3760.77	5699.61	5199.94	2407.23	2158.20	2425.04
浙　江	1407.42	260.16	922.00	865.37	869.95	58.39	9.98	67.36
安　徽	7600.49	5215.55	3827.38	4896.02	6582.89	2418.14	2214.50	2420.55
福　建	1133.81	152.69	338.23	711.64	442.95	0	0	0
江　西	4043.83	1118.98	1298.57	821.24	3550.21	11.79	7.24	10.89
山　东	6140.14	8312.18	6089.88	4656.10	7807.42	2795.90	3765.92	3776.65
河　南	9262.79	10691.67	5798.23	5643.96	10277.19	5053.38	5327.38	5397.41
湖　北	5938.37	2493.92	3310.69	4776.82	4196.42	1113.15	588.23	1037.54
湖　南	6256.01	1473.01	2598.59	2102.70	4416.90	23.40	5.18	29.14
广　东	3969.17	315.78	1755.08	1462.92	1773.33	0.66	0	0
广　西	4931.64	984.71	746.14	237.37	2465.78	3.27	0	1.61
海　南	500.96	8.21	200.68	215.91	255.00	0	0	0
重　庆	2167.32	163.24	452.63	448.08	475.65	57.33	0.04	6.03
四　川	5081.03	1029.11	1728.87	3071.09	2322.33	1006.44	331.84	674.76
贵　州	2267.89	75.08	466.60	243.13	375.06	129.40	4.96	10.90
云　南	2815.81	176.52	1076.43	1672.43	534.86	399.20	51.43	137.98
西　藏	154.94	129.40	14.83	27.10	110.18	109.48	102.92	97.81
陕　西	2774.30	2075.82	958.76	1734.98	1831.78	966.56	901.52	906.43
甘　肃	2763.10	1695.00	575.25	771.65	1233.43	727.58	555.83	550.62
青　海	401.46	299.43	29.75	114.46	232.89	129.09	109.53	84.29
宁　夏	908.21	717.33	120.19	229.81	588.45	114.13	112.55	102.35
新　疆	4982.69	4800.04	1825.49	3223.70	2724.13	1100.18	1143.79	1100.38
新疆兵团	1280.14	1370.38	918.51	1004.64	1059.95	160.30	184.10	184.10

续表

地　区	(二)水稻 1. 水稻机耕面积	2. 水稻机械种植面积	其中：水稻机播面积	水稻机插面积	水稻机浅栽面积	3. 水稻机收面积	(三)玉米 1. 玉米机耕面积	2. 玉米机播面积	3. 玉米机收面积
	千公顷	千公顷	千公顷	千公顷	千公顷	千公顷	千公顷	千公顷	千公顷
合　计	29813.98	13414.43	934.69	12277.82	56.09	26289.59	25793.67	30828.19	24516.74
北　京	0.19	0.10	0	0	0	0.10	6.82	64.54	54.45
天　津	27.71	25.41	1.28	23.95	0	26.22	168.20	227.45	223.34
河　北	78.28	51.53	8.35	43.05	0	60.48	943.14	2911.13	2475.79
山　西	0.36	0.14	0	0.02	0.10	0.27	1564.76	1637.99	1067.11
内蒙古	95.50	94.31	1.67	92.51	0.13	90.63	2420.43	2976.49	2013.17
辽　宁	529.07	483.58	1.24	477.44	0	473.46	2542.25	2460.37	1416.50
吉　林	799.21	628.95	0.10	627.85	1.00	681.84	3487.09	3969.78	2796.34
黑龙江	3798.75	3754.31	59.49	3674.59	0.23	3708.20	6356.08	6377.84	5744.00
上　海	95.06	60.86	29.54	31.32	0	95.04	0	0	0
江　苏	2221.06	1919.15	196.14	1705.48	0.10	2197.19	396.30	336.28	322.34
浙　江	783.47	214.01	23.23	189.03	1.01	723.33	20.68	0.20	0.42
安　徽	2225.95	1013.89	207.53	805.77	0.59	2130.49	602.60	820.97	692.20
福　建	726.06	148.08	0.08	144.04	0	414.77	5.27	0	0
江　西	3322.53	915.98	77.94	831.05	4.43	3217.53	35.43	6.10	5.17
山　东	105.25	60.53	5.28	55.25	0	95.48	327.968	3057.81	2902.27
河　南	580.24	267.96	7.01	197.22	0	573.98	582.29	3120.51	2675.98
湖　北	2167.85	1038.91	152.03	882.59	0	2094.08	534.94	220.38	215.92
湖　南	4353.82	1142.69	62.96	1060.69	5.08	3601.21	92.17	12.65	11.41
广　东	1820.81	301.44	0.04	299.21	2.19	1626.98	132.78	0	0.27
广　西	1922.10	564.85	0.71	564.14	0	1797.23	416.10	0	23.78
海　南	253.79	4.50	1.60	2.90	0	237.08	11.79	0	0.86
重　庆	658.62	127.56	0.06	126.55	0.19	349.67	106.65	0.05	0
四　川	1761.62	385.78	23.05	321.81	40.80	1349.46	945.17	25.07	22.31
贵　州	626.52	39.42	0.07	39.11	0.24	243.83	408.93	2.21	8.57
云　南	601.36	41.87	0.20	39.89	0	280.13	827.98	27.11	30.64
西　藏	0.52	0.31	0	0.31	0	0.41	3.48	3.07	2.62
陕　西	105.95	9.21	1.60	7.59	0	78.53	774.77	853.04	645.70
甘　肃	7.92	0.65	0.43	0.22	0	2.40	762.38	415.57	256.19
青　海	0	0	0	0	0	0	27.16	18.31	3.26
宁　夏	75.10	70.84	60.40	10.07	0	74.88	274.21	251.43	191.38
新　疆	50.30	28.60	2.21	15.62	0	45.68	923.16	921.19	604.01
新疆兵团	19.02	19.02	10.46	8.54	0	19.02	92.69	110.65	110.65

续表

地区	(四)大豆 1. 大豆机耕面积	2. 大豆机播面积	3. 大豆机收面积	(五)油菜 1. 油菜机耕面积	2. 油菜机播面积	3. 油菜机收面积	(六)马铃薯 1. 马铃薯机耕面积	2. 马铃薯机播面积	3. 马铃薯机收面积
	千公顷	千公顷	千公顷	千公顷	千公顷	千公顷	千公顷	千公顷	千公顷
合　计	5159.92	5167.85	4807.99	5435.70	1847.09	2546.46	3366.47	1461.68	1389.83
北　京	0.89	1.91	0.67	0.12	0.10	0.10	0.27	0.02	0.03
天　津	4.38	4.33	3.61	0	0	0	0	0	0
河　北	61.94	54.28	13.92	15.35	12.75	3.09	168.57	114.48	112.85
山　西	50.37	43.79	15.17	2.76	1.76	0	161.79	123.41	95.64
内蒙古	403.48	609.81	592.30	121.08	288.71	278.47	525.58	466.45	414.44
辽　宁	73.12	61.76	28.78	0.67	0.66	0	45.31	25.54	28.66
吉　林	198.79	174.62	127.11	0	0	0	52.81	27.69	25.48
黑龙江	3094.01	3126.14	3100.76	0	0	0	197.71	176.88	156.88
上　海	0	0	0	1.81	0.14	0.85	0	0	0
江　苏	107.48	48.07	37.80	201.49	54.85	63.23	11.43	0.62	1.16
浙　江	25.90	0.78	0.88	73.80	3.51	17.36	10.87	0.07	0.10
安　徽	313.89	540.62	518.98	456.63	166.98	276.58	5.63	0	0
福　建	3.25	0	0	8.46	0.13	5.34	39.37	1.95	8.17
江　西	83.50	11.41	8.86	417.42	164.34	290.88	18.94	1.10	0.37
山　东	92.31	89.69	46.35	7.85	4.37	4.31	116.97	72.42	79.06
河　南	137.08	284.16	235.09	262.70	101.34	117.07	21.64	0.68	4.96
湖　北	102.91	32.13	39.23	1066.81	447.93	646.40	208.79	20.66	26.47
湖　南	37.26	0.31	1.91	928.29	227.96	426.04	15.41	0.20	2.48
广　东	38.25	0	0	5.79	0	0	44.47	4.01	5.12
广　西	59.39	0	0	0	0	0	62.77	0	0
海　南	0.05	0	0	0	0	0	0.18	0	0
重　庆	46.70	0.13	0.11	186.68	1.74	1.87	173.35	0.12	0.11
四　川	22.82	0	1.03	820.28	151.10	241.29	171.27	4.19	7.17
贵　州	36.28	0	0	301.23	5.43	6.70	250.29	3.48	7.61
云　南	40.49	0.36	0.02	174.31	5.57	13.30	166.02	12.75	15.71
西　藏	1.75	0.83	0	18.48	10.60	1.21	11.11	7.00	3.19
陕　西	44.91	17.62	4.89	118.02	16.02	10.99	232.51	59.42	80.44
甘　肃	43.58	31.13	9.55	113.25	48.96	30.51	423.25	178.98	157.37
青　海	6.22	2.45	0	112.23	95.57	79.59	49.25	13.03	17.05
宁　夏	4.82	2.27	0.12	0	0	0	158.44	124.54	121.95
新　疆	19.60	24.75	16.34	18.00	21.51	16.21	18.26	17.79	13.16
新疆兵团	4.51	4.51	4.51	2.20	15.07	15.07	4.20	4.20	4.20

续表

地　区	(七)花生 1.花生机耕面积	2.花生机播面积	3.花生机收面积	(八)棉花 1.棉花机耕面积	2.棉花机播面积	3.棉花机收面积	三、单项农机化作业情况 1.机械深耕面积	2.机械深松面积	3.机械化免耕播种面积
	千公顷	千公顷	千公顷	千公顷	千公顷	千公顷	千公顷	千公顷	千公顷
合　计	3224.45	2037.39	1602.89	3586.72	2830.11	763.76	27651.85	10881.98	14208.28
北　京	1.67	0.77	0.21	0.05	0	0	2.68	8.28	74.05
天　津	0.08	0.08	0.04	15.87	15.74	0	33.19	55.85	81.64
河　北	282.78	208.63	87.99	325.20	312.71	0	932.17	643.93	2221.29
山　西	1.01	0.03	0.03	0.47	2.25	0	924.78	237.26	231.54
内蒙古	5.56	11.56	8.80	0.40	0.40	0.40	2864.33	944.20	1342.39
辽　宁	258.82	240.35	222.05	0	0	0	405.06	559.13	182.56
吉　林	112.10	103.30	98.50	0	0.01	0	1096.17	1028.76	695.09
黑龙江	10.60	10.42	1.90	0	0	0	3948.56	2939.39	173.40
上　海	0	0	0	0	0	0	52.70	0	2.17
江　苏	81.34	25.63	17.42	36.68	1.27	0	534.56	107.24	86.36
浙　江	5.92	0	0	7.12	0	0	74.68	0	2.76
安　徽	174.84	85.07	46.06	188.28	0	0	879.24	456.16	976.40
福　建	49.21	1.40	1.58	0	0	0	123.02	0	0
江　西	129.77	10.18	14.92	17.31	0.13	0	349.05	13.06	60.63
山　东	679.67	620.12	533.65	395.53	263.08	2.09	1840.13	1135.34	4008.17
河　南	686.48	652.03	504.17	62.32	10.72	0	3322.01	832.92	3044.19
湖　北	164.12	54.26	28.91	186.81	5.10	0.74	647.87	127.02	123.79
湖　南	24.60	0.07	0.27	121.84	2.19	2.10	832.09	80.89	26.58
广　东	238.05	0.02	2.18	0	0	0	521.08	34.18	0.04
广　西	170.99	0	29.11	0	0	0	347.30	47.09	46.55
海　南	23.33	0.13	0	0	0	0	74.54	9.13	0.59
重　庆	18.00	0	0	0	0	0	36.87	33.41	0
四　川	43.11	1.04	0.21	0.09	0	0	50.51	9.04	19.35
贵　州	23.12	0	0	0	0	0	65.79	0.13	0.13
云　南	23.33	0.10	0	0	0	0	731.78	136.83	5.33
西　藏	0	0	0	0	0	0	67.45	3.85	0
陕　西	11.36	7.48	1.34	28.57	17.33	0.15	638.27	264.68	472.60
甘　肃	0	0	0	18.88	18.88	0.76	1325.49	294.37	99.23
青　海	0	0	0	0	0	0	203.88	48.24	32.48
宁　夏	0	0	0	0	0	0	484.81	86.67	39.22
新　疆	3.62	3.76	2.59	1560.05	1559.05	324.15	2961.65	474.03	69.51
新疆兵团	0.96	0.96	0.96	621.25	621.25	433.37	1280.14	270.90	90.24

续表

地区	其中：机械化免耕覆盖播种面积	4. 保护性耕作面积	5. 精少量播种面积	6. 机械深施化肥面积	7. 机械铺膜面积	8. 农田机械节水灌溉面积	9. 机械播种牧草面积	10. 机械收获牧草数量
	千公顷	千公顷	千公顷	千公顷	千公顷	千公顷	千公顷	万吨
合计	7404.69	8684.27	41971.25	35142.14	9135.26	16022.69	1161.26	5779.91
北京	14.45	57.36	28.64	11.85	0.29	38.94	0.01	0.09
天津	46.48	61.77	215.05	192.53	25.95	31.18	1.03	4.12
河北	1408.66	179.05	2525.98	2169.41	645.87	734.58	22.52	116.04
山西	125.19	684.48	1244.40	1920.31	586.19	257.12	61.29	204.88
内蒙古	731.25	1342.40	4318.94	4311.87	1440.27	1697.26	204.07	1592.51
辽宁	94.84	432.91	2332.41	2315.72	84.93	225.29	0.16	127.69
吉林	312.77	695.09	3910.03	3802.45	234.76	1072.64	134.30	1138.89
黑龙江	157.62	2317.93	10080.95	7946.78	222.12	1957.42	263.62	182.70
上海	0	0	29.54	39.77	0	186.80	0	0
江苏	67.06	88.91	1057.72	332.18	30.08	454.99	1.05	115.45
浙江	2.76	0	2.05	67.16	1.84	135.37	0.59	1.96
安徽	283.27	86.20	2064.94	1337.83	109.28	1331.44	0.84	27.08
福建	0	0	0.05	32.46	1.87	59.58	0	0.06
江西	9.57	5.69	1.86	230.20	0.10	134.77	0	54.21
山东	2729.17	1282.08	3627.12	1461.37	843.26	1831.17	10.48	8.58
河南	921.99	512.65	5020.10	2574.52	172.58	1136.02	56.87	102.06
湖北	106.93	77.91	471.13	216.47	33.93	487.47	6.04	18.98
湖南	17.40	41.47	11.86	168.22	4.50	316.87	0.37	0.23
广东	0.02	0	0	11.91	2.41	266.05	0	0.27
广西	0	0	0	549.56	66.53	147.15	0	0.97
海南	0.32	0	0	4.49	0	28.12	0	0
重庆	0	24.83	1.42	19.33	1.53	32.57	0	0.07
四川	11.90	25.19	132.71	52.67	5.68	169.39	1.46	13.54
贵州	0.03	0.20	0.92	69.07	10.91	27.50	1.05	6.30
云南	0.35	1.76	10.73	43.81	15.40	158.51	0.09	0.50
西藏	0	0.53	2.90	0	2.66	1.88	10.78	18.88
陕西	208.36	360.34	629.16	528.20	145.63	230.26	12.62	17.74
甘肃	59.41	132.94	511.17	1088.64	909.08	220.22	87.27	339.22
青海	15.46	49.66	66.43	104.84	24.65	12.20	30.46	15.27
宁夏	14.96	40.96	147.07	226.84	150.47	55.00	64.95	308.95
新疆	49.95	91.72	2824.80	2568.89	2579.76	1824.23	150.65	922.47
新疆兵团	14.53	90.24	701.07	742.79	782.73	760.70	38.69	440.20

续表

地区	11.机械化秸秆还田面积	12.秸秆捡拾打捆面积	13.机械化青贮秸秆数量	14.农机运输作业量	其中:农业运输作业量	15.农田基本建设作业量	16.农用飞机作业面积	17.农业专业合作社作业服务面积	18.农机跨区作业面积
	千公顷	千公顷	万吨	亿吨·千米	亿吨·千米	万立方米	千公顷	千公顷	千公顷
合计	48000.65	4350.60	9316.74	1849.03	1036.95	332894.48	2746.80	47444.70	23386.95
北京	57.00	12.07	53.75	1.03	0.69	62.91	0	118.40	4.43
天津	318.64	21.40	90.75	4.64	2.74	2995.27	0	518.99	103.51
河北	3862.44	28.12	903.02	103.12	62.05	4233.41	43.64	932.73	2052.42
山西	1550.75	36.52	296.55	52.31	29.17	17525.99	21.15	1165.07	169.91
内蒙古	1841.42	600.77	2355.94	33.07	27.31	22505.20	7.51	1617.54	634.39
辽宁	689.09	177.79	169.20	56.68	40.38	8478.50	15.85	1368.36	346.09
吉林	1731.75	454.14	692.36	38.98	30.75	9934.49	18.00	1230.05	805.71
黑龙江	6877.70	482.18	813.31	9.96	7.73	8584.44	1497.92	4569.56	998.63
上海	120.15	5.29	10.40	0.41	0.06	0	0	361.15	13.80
江苏	3780.89	196.09	91.51	74.26	24.04	25288.44	143.01	12551.39	2235.29
浙江	384.34	16.88	33.07	20.92	10.70	52507.42	5.48	340.07	268.38
安徽	4639.53	462.98	184.82	167.92	51.29	45798.58	41.36	2711.79	4001.11
福建	171.13	1.99	15.80	21.55	12.17	6026.19	8.76	132.97	28.26
江西	1444.33	10.58	0.18	181.61	113.81	14887.07	62.44	408.29	262.75
山东	6187.82	159.57	759.54	93.55	33.74	30522.59	198.14	6135.93	2684.52
河南	6449.56	289.65	358.83	168.31	97.46	7587.78	99.96	4689.66	2985.19
湖北	1710.61	186.01	127.85	108.10	55.34	15373.08	110.56	1860.04	1094.10
湖南	656.04	30.19	4.88	147.94	106.62	14897.72	51.52	1227.46	582.21
广东	519.80	0.18	3.12	40.97	24.01	9108.80	2.16	395.28	272.90
广西	732.89	11.92	0	59.42	36.01	1100.62	0	429.98	367.49
海南	78.62	0	0.05	24.49	15.75	272.09	0	7.05	42.51
重庆	104.80	0	4.61	34.91	22.54	4590.35	0.56	439.89	76.32
四川	395.78	9.27	19.62	136.30	63.94	6852.97	10.13	764.07	506.35
贵州	74.48	0.41	27.93	27.32	16.44	2701.83	0.44	122.64	40.44
云南	96.40	0.08	108.71	110.21	67.84	16042.58	2.01	309.58	120.46
西藏	0	1.02	0	10.56	3.02	380.67	0	28.05	2.62
陕西	1021.60	49.76	374.57	53.82	35.50	1948.77	43.87	760.51	745.48
甘肃	236.56	160.26	586.27	17.48	11.13	220.18	3.06	986.67	707.33
青海	48.33	25.36	4.78	3.51	2.16	264.87	0	58.23	39.38
宁夏	150.56	55.53	119.07	19.06	13.46	129.58	4.20	261.81	111.55
新疆	1272.07	729.05	1022.50	25.02	17.96	384.38	110.16	883.45	794.12
新疆兵团	795.57	135.54	83.74	1.63	1.16	1687.73	244.92	58.03	289.30

续表

地区	其中:跨区机耕面积	跨区机播面积	跨区机收面积	其中:跨区机收小麦	跨区机收水稻	跨区机收玉米	四、农产品初加工机械化作业情况 1.实际脱出农产品总量	其中:机械脱出农产品数量
	千公顷	千公顷	千公顷	千公顷	千公顷	千公顷	万吨	万吨
合　　计	4428.57	2159.91	15803.42	7566.27	4699.34	2858.61	167344.38	74403.84
北　　京	1.30	1.16	1.98	0.95	0	0.96	353.38	84.39
天　　津	16.48	4.76	67.44	16.69	9.47	35.36	469.02	223.50
河　　北	466.43	269.61	1209.18	842.91	6.83	281.71	11900.26	3596.16
山　　西	43.20	32.76	93.21	49.72	0	42.12	3251.19	1716.37
内 蒙 古	126.87	52.47	454.49	100.22	17.13	280.68	6322.31	4513.63
辽　　宁	54.56	28.53	234.59	0.61	128.98	91.86	4055.41	2138.23
吉　　林	185.90	125.59	463.22	0	222.22	241.00	5216.00	3504.00
黑 龙 江	139.41	74.92	780.83	0	317.57	340.29	7863.20	5252.62
上　　海	0.87	0	12.93	3.68	9.26	0	501.46	160.35
江　　苏	323.80	145.44	1504.99	764.31	686.82	39.88	7030.81	4749.99
浙　　江	31.84	5.15	187.82	59.67	125.17	0	4169.99	1517.88
安　　徽	695.20	285.93	2940.01	1598.94	1117.57	219.95	5818.04	2915.98
福　　建	4.31	4.62	17.94	0	16.71	0	2493.31	796.02
江　　西	27.21	8.73	208.97	1.11	171.18	0.31	3397.86	2005.40
山　　东	522.19	351.80	1810.53	1238.25	34.45	537.83	15287.12	8037.67
河　　南	463.41	300.11	2104.25	1527.59	143.56	378.81	14129.81	6991.53
湖　　北	292.69	45.81	724.78	264.48	391.01	10.87	8329.59	3679.23
湖　　南	122.36	12.45	405.39	16.65	357.57	0.03	7895.59	3245.51
广　　东	25.78	5.25	238.36	0	235.78	0	9114.03	2414.25
广　　西	40.87	11.52	315.11	1.61	303.96	2.28	14403.37	4295.09
海　　南	15.86	0.32	23.53	0	21.41	0	1368.29	124.72
重　　庆	6.34	0	69.00	4.19	64.54	0	3445.37	1188.78
四　　川	105.66	36.19	314.35	81.97	222.77	1.63	6623.73	2464.29
贵　　州	16.42	0.47	23.42	0.55	22.87	0	2027.47	669.51
云　　南	62.51	0.48	48.20	11.73	21.74	1.85	6069.69	1973.51
西　　藏	1.59	0.28	0.59	0.37	0	0	143.08	51.49
陕　　西	129.39	108.71	444.97	315.48	27.94	98.32	5268.28	1331.65
甘　　肃	170.82	58.75	470.30	297.86	0	63.84	3705.40	1767.30
青　　海	12.45	7.64	16.89	12.62	0	0.20	174.15	138.23
宁　　夏	37.27	3.44	69.09	18.36	13.97	36.76	981.48	337.63
新　　疆	196.68	121.10	429.37	250.01	4.33	124.66	3797.51	1837.95
新疆兵团	88.89	55.95	117.70	85.73	4.54	27.42	1738.19	681.00

续表

地 区	其中：机械脱粒粮食数量	2. 实际清选农产品总量	其中：机械清选农产品数量	3. 实际保质农产品总量	其中：机械保质农产品数量	其中：机械烘干粮食数量	4. 机械初加工农产品数量	其中：加工粮食数量
	万吨	万吨	万吨	万吨	万吨	万吨	万吨	万吨
合 计	50883.82	145646.16	41239.02	143457.64	35358.22	11226.48	70936.44	51694.65
北 京	49.06	445.14	96.32	445.14	87.34	4.89	268.04	58.43
天 津	194.28	450.74	108.15	471.44	111.53	16.48	150.98	135.95
河 北	2753.09	5973.30	972.60	4694.77	807.12	45.36	2476.08	2019.63
山 西	1064.80	2991.52	766.31	2848.10	844.25	3.82	1953.10	1012.33
内蒙古	3190.48	4173.77	1736.97	3262.10	1437.61	900.90	1867.77	1404.17
辽 宁	1673.50	3370.68	963.83	3270.05	950.18	520.04	1658.17	1184.02
吉 林	3338.62	4602.00	2274.00	4224.00	1571.00	1163.86	9631.73	7212.58
黑龙江	5247.49	7099.13	4571.79	7055.23	4002.69	2588.59	4249.40	3013.75
上 海	99.55	483.20	111.42	505.35	230.12	30.20	230.12	99.55
江 苏	3447.09	6726.05	3539.83	6616.97	2338.78	1295.45	3544.51	2726.18
浙 江	720.22	4182.11	1106.97	4182.11	1305.78	320.21	992.84	747.09
安 徽	2163.62	4450.35	1298.34	4129.58	1128.02	757.89	3810.93	3262.43
福 建	462.94	2946.14	746.79	2802.70	605.06	36.24	1455.95	604.76
江 西	1500.81	3043.96	1137.77	3615.80	1306.94	679.97	2463.83	1893.43
山 东	4772.42	13092.72	3025.42	13315.37	3399.41	306.51	5363.98	3834.56
河 南	5174.65	13965.66	4792.77	13127.84	3409.88	123.11	4989.89	3934.52
湖 北	2683.65	8325.82	3237.48	8192.10	2332.32	670.31	3474.61	2481.22
湖 南	2829.89	7872.02	1002.51	7804.26	1125.50	410.53	3953.17	2814.72
广 东	1083.68	7897.50	1673.70	7897.50	1336.75	325.60	5222.25	3378.83
广 西	1051.14	12915.89	1554.23	12915.89	1554.23	15.27	1086.34	1034.03
海 南	89.13	1368.29	8.99	1368.29	2.99	1.32	153.79	143.77
重 庆	637.33	3452.05	652.55	3453.32	560.47	7.01	1376.00	1099.14
四 川	2062.88	2589.76	457.74	4784.58	879.50	73.66	3278.20	2681.91
贵 州	473.96	1606.91	229.68	1530.00	156.85	7.54	801.63	736.37
云 南	639.35	6042.53	1118.56	6018.42	843.67	16.63	1732.90	1478.70
西 藏	50.15	20.03	0.22	31.30	8.14	0.01	14.06	8.58
陕 西	708.13	5268.28	837.04	5268.28	736.75	71.61	1163.38	773.48
甘 肃	827.67	3744.60	674.00	3743.89	449.00	74.15	837.24	648.04
青 海	58.41	100.29	36.75	61.41	2.35	1.01	68.03	45.11
宁 夏	308.49	748.87	200.58	686.59	90.80	53.34	186.27	166.55
新 疆	1256.05	3784.39	1228.49	3682.50	938.51	534.04	1639.58	789.52
新疆兵团	271.30	1812.45	1077.22	1452.77	804.69	170.92	841.66	271.30

续表

地　区	加工油料数量	加工棉花数量	加工果蔬数量	加工茶叶数量	五、畜牧业机械化作业情况 1. 收获的饲草秸秆总量	其中：机械收获饲草秸秆量	2. 饲草料加工总量	其中：机械化饲草料加工数量
	万吨	万吨	万吨	万吨	万吨	万吨	万吨	万吨
合　　计	5224.22	1376.96	5793.37	349.62	65473.02	26293.17	47002.79	31453.59
北　　京	0.31	0	56.82	0	64.40	63.56	184.33	176.00
天　　津	1.12	1.92	0	0	204.13	180.34	215.02	211.79
河　　北	248.03	109.30	55.42	0	3273.60	1360.49	2338.86	1765.08
山　　西	12.38	1.36	814.89	0	1404.08	488.16	1236.52	935.94
内 蒙 古	243.06	0.20	30.90	0	5934.25	3997.80	5463.77	5013.69
辽　　宁	66.97	0.07	95.23	0	1686.45	613.67	1265.40	870.98
吉　　林	121.48	0	1101.51	0	2877.01	1158.76	2361.45	2064.36
黑 龙 江	810.74	0	0.07	0	5344.71	3826.75	4641.62	2840.11
上　　海	0.03	0	2.44	0	38.74	37.25	68.37	64.36
江　　苏	168.04	10.47	276.39	2.23	1638.88	1322.04	2191.26	1887.43
浙　　江	47.58	2.96	102.32	32.24	3.92	1.96	108.48	58.49
安　　徽	281.87	46.77	53.64	29.16	1578.38	946.02	1283.83	656.66
福　　建	14.89	0	448.30	95.91	110.88	37.14	790.80	475.72
江　　西	219.49	33.99	116.84	1.92	316.74	222.23	6.39	2.38
山　　东	446.77	118.23	791.24	2.22	4804.97	2998.56	3576.05	2300.90
河　　南	529.51	157.70	51.25	4.21	4040.61	1750.12	2962.91	1632.29
湖　　北	267.84	68.93	250.28	36.51	7626.68	1421.97	4372.55	1313.11
湖　　南	345.58	88.03	111.83	39.32	938.50	179.82	840.67	585.55
广　　东	443.31	0	421.12	28.33	769.70	233.86	665.80	512.97
广　　西	34.60	0.53	15.11	2.08	277.50	85.24	350.11	105.87
海　　南	8.97	0	0	0	15.35	0.57	3.40	2.80
重　　庆	51.40	0	161.87	2.71	3645.20	205.69	1598.41	1214.07
四　　川	368.36	2.07	116.60	33.30	5025.42	573.65	1567.75	448.98
贵　　州	59.40	0.42	1.98	2.31	1613.33	81.37	430.00	99.00
云　　南	75.41	0	10.18	32.34	2853.51	317.63	1861.70	1157.65
西　　藏	4.94	0	0	0	0	0	0	0
陕　　西	54.91	1.61	279.16	4.26	1844.97	537.28	1157.86	784.73
甘　　肃	101.11	3.11	18.18	0.08	2579.60	663.32	1571.00	999.00
青　　海	20.64	0	0.89	0	347.62	17.97	459.25	415.42
宁　　夏	19.48	0	0	0	807.51	516.99	793.23	507.99
新　　疆	132.61	355.38	235.90	0.50	3356.67	2012.76	2186.31	1909.61
新疆兵团	23.43	373.93	173.00	0	449.70	440.20	449.70	440.68

续表

地　区	3. 畜禽总数（折算为羊单位）	其中：机械饲喂的畜禽数量（折算为羊单位）	机械清粪的畜禽数量（折算为羊单位）	4. 环控畜禽总数（折算为羊单位）	其中：机械环控的畜禽数量（折算为羊单位）	5. 产奶家畜数量（折算为羊单位）	其中：机械挤奶的家畜数量（折算为羊单位）	6. 产毛畜禽数量（折算为羊单位）
	万个	万个	万个	万个	万个	万个	万个	万个
合　　计	347890.18	45609.80	40884.05	81708.98	37552.16	9873.54	4206.33	24850.67
北　　京	589.95	134.51	137.58	139.16	123.59	45.51	40.34	0
天　　津	1531.70	152.81	237.00	613.26	495.30	58.82	58.17	22.43
河　　北	19322.50	1965.09	1473.44	1943.67	1077.53	915.28	659.19	1010.55
山　　西	5086.58	496.28	585.53	867.89	340.30	106.66	84.58	1816.76
内蒙古	16108.86	1677.28	843.84	737.34	258.96	1380.51	621.58	6125.80
辽　　宁	21321.00	2442.59	2964.24	6278.56	3558.71	278.70	191.63	1233.54
吉　　林	12831.40	2045.25	2133.84	4083.45	2148.27	192.92	137.23	1214.81
黑龙江	6290.48	1338.53	861.14	2781.57	676.87	589.25	424.99	1454.83
上　　海	323.59	166.71	137.04	130.25	112.90	38.65	38.57	0
江　　苏	16184.36	4593.56	5083.00	6695.61	4053.06	94.72	89.43	247.34
浙　　江	1405.37	199.93	150.77	753.84	494.79	20.12	19.52	143.39
安　　徽	14531.56	2482.80	1534.59	2313.81	1352.12	68.67	49.37	26.60
福　　建	7883.92	1810.78	1123.98	3200.20	1959.95	19.40	13.83	0.13
江　　西	10541.68	744.99	2413.75	9055.31	4884.51	20.70	16.21	0.52
山　　东	22358.51	4748.10	3706.05	6292.32	3400.95	709.15	389.12	998.34
河　　南	30214.68	3647.49	2855.13	5706.29	3337.60	492.77	224.78	537.12
湖　　北	23045.63	4498.87	3860.08	11971.57	3218.09	28.58	10.63	3.95
湖　　南	12123.42	1066.28	811.39	961.33	362.18	5.77	1.81	36.41
广　　东	13032.66	2284.24	1590.91	1406.16	804.27	33.67	16.47	0.77
广　　西	11210.95	278.59	532.74	415.93	10.98	6.24	0	14.99
海　　南	1283.93	6.83	10.45	486.23	7.00	0.45	0.37	0.49
重　　庆	10148.99	591.12	512.91	1125.08	488.47	18.50	7.58	21.23
四　　川	23812.28	1714.54	1840.95	5532.13	1102.87	706.55	51.14	890.86
贵　　州	8105.85	216.68	149.57	17.32	6.40	13.47	6.04	20.90
云　　南	11034.21	509.80	442.29	443.91	144.68	114.63	20.77	156.36
西　　藏	0	0	0	0	0	0	0	0
陕　　西	6642.12	683.66	461.21	813.55	282.01	344.66	197.66	664.74
甘　　肃	6521.47	379.26	304.40	690.28	276.11	448.62	60.47	668.08
青　　海	13142.82	34.94	41.89	92.44	6.32	176.60	8.95	2953.08
宁　　夏	2582.07	337.68	141.25	396.49	156.27	230.93	128.40	1164.37
新　　疆	17552.73	3743.86	3303.65	5133.49	2086.39	2596.49	539.49	2961.02
新疆兵团	1124.91	616.75	639.44	630.55	324.72	116.55	98.02	461.24

续表

地　区	其中：机械剪毛的畜禽数量(折算为羊单位)	7. 蛋禽数量(折算为羊单位)	其中：机械捡蛋的蛋禽数量(折算为羊单位)	六、林果业机械化作业情况 1. 林果业(果茶桑)种植面积	其中：机械中耕面积	机械施肥面积	机械植保面积	机械修剪面积
	万个	万个	万个	千公顷	千公顷	千公顷	千公顷	千公顷
合　　计	2619.85	27217.60	3279.48	17692.91	5286.22	3275.74	8213.91	2068.25
北　　京	0	64.87	11.39	89.32	39.70	14.41	61.73	3.38
天　　津	6.17	66.51	8.51	44.71	14.97	9.53	24.71	0
河　　北	93.02	2000.97	312.28	1221.51	300.11	192.82	522.01	16.48
山　　西	253.69	309.50	51.93	364.91	191.97	141.06	177.11	57.67
内 蒙 古	550.07	597.96	81.82	160.12	83.76	32.30	31.03	2.26
辽　　宁	63.58	1826.81	221.92	539.69	142.51	81.21	269.85	3.69
吉　　林	366.86	834.89	76.60	83.00	28.94	18.48	37.95	0.72
黑 龙 江	206.32	316.45	39.33	88.24	18.55	29.86	53.38	8.32
上　　海	0	20.73	8.29	16.87	13.41	9.82	16.69	4.79
江　　苏	42.41	2105.69	374.25	301.50	242.28	138.23	279.92	89.17
浙　　江	11.03	157.40	11.62	578.11	85.93	74.61	219.55	174.96
安　　徽	2.95	2232.38	317.92	441.83	120.01	50.08	260.67	109.29
福　　建	0	281.85	2.99	725.43	144.25	96.86	309.28	131.55
江　　西	0	550.62	68.14	638.71	201.20	76.75	321.57	44.62
山　　东	94.18	3182.02	571.11	712.97	332.61	184.22	463.33	43.06
河　　南	3.05	3708.17	397.44	575.38	164.21	98.06	239.22	58.40
湖　　北	0.17	1338.52	162.68	742.37	338.99	334.10	472.70	257.99
湖　　南	0	1139.97	99.98	571.46	157.33	71.56	236.88	71.94
广　　东	0.10	185.04	19.07	1229.37	222.69	134.49	583.63	81.13
广　　西	0	1134.00	5.63	1186.00	60.49	50.74	88.83	154.96
海　　南	0	21.77	1.43	237.38	10.83	6.70	23.62	3.45
重　　庆	0.69	608.15	62.07	515.99	121.57	63.57	221.67	37.15
四　　川	7.86	2019.93	129.17	1196.76	221.23	57.76	519.15	150.41
贵　　州	0.08	314.59	2.01	723.13	67.69	9.24	137.97	34.30
云　　南	2.62	740.06	12.65	953.09	262.24	25.42	395.90	64.52
西　　藏	0	0	0	3.22	0	0	1.19	0
陕　　西	78.72	451.82	31.40	1754.88	540.75	264.74	807.91	208.87
甘　　肃	73.49	194.91	19.00	474.00	168.28	201.00	227.54	24.00
青　　海	2.26	113.10	0	8.69	0.68	0.68	4.17	0
宁　　夏	26.06	95.82	3.04	109.01	78.84	24.81	55.72	3.99
新　　疆	663.90	572.19	160.01	1183.07	697.98	572.22	944.95	217.15
新疆兵团	70.59	30.90	15.82	222.20	212.24	210.40	204.10	10.05

续表

地区	2.林果业(果茶桑)采收产量	其中:机械采收产量	其中:机械田间转运产量	七、设施农业机械化作业情况 1.设施耕整地机械化面积	2.设施种植机械化面积	3.设施采运机械化面积	4.设施灌溉施肥机械化面积	5.设施环境调控机械化面积
	万吨	万吨	万吨	千公顷	千公顷	千公顷	千公顷	千公顷
合计	18106.35	433.63	9617.50	1470.82	315.51	161.17	1136.39	509.02
北京	73.24	0	67.54	17.86	0.03	0.29	9.57	5.97
天津	30.95	0	29.59	25.83	0.25	0.28	22.29	7.79
河北	1086.93	26.56	660.47	155.47	41.97	10.95	121.29	62.00
山西	734.44	0.79	442.67	41.75	12.57	0.02	28.73	16.30
内蒙古	27.33	5.95	16.91	51.07	16.80	1.86	47.86	22.03
辽宁	660.71	4.24	294.33	185.36	24.53	9.21	154.78	48.28
吉林	60.60	0.02	35.92	11.87	1.81	0.44	10.70	5.57
黑龙江	66.64	0.60	40.52	9.59	5.34	1.09	11.90	9.94
上海	28.82	0.06	15.44	5.11	0.27	0.29	3.94	0.42
江苏	395.28	24.08	268.06	291.75	97.05	72.00	249.69	134.41
浙江	500.80	39.56	344.19	38.94	3.10	2.19	22.74	4.00
安徽	464.02	38.50	361.98	28.15	3.29	4.78	20.50	4.17
福建	628.52	62.06	409.90	5.16	1.24	0.72	8.71	0.70
江西	490.78	2.46	55.74	2.99	0.35	0.55	1.54	0.49
山东	1662.99	22.38	1033.84	199.69	39.06	19.88	153.61	78.78
河南	892.82	8.98	389.49	62.73	19.62	4.52	46.83	13.56
湖北	691.70	21.63	379.20	61.15	10.27	4.09	41.24	12.14
湖南	621.37	21.67	233.85	7.16	2.01	1.27	6.82	1.18
广东	1822.81	40.00	766.41	12.16	1.40	1.95	9.89	2.54
广西	1746.40	7.21	1071.80	0.22	0.01	0.02	0.23	0.08
海南	291.63	0.69	29.15	1.35	0.26	0.09	0.86	0.26
重庆	592.77	1.42	176.41	22.36	3.53	1.28	15.08	7.27
四川	910.78	42.86	370.52	62.99	13.77	14.10	35.10	2.94
贵州	112.02	10.12	26.28	0.35	0.06	0	0.20	0.04
云南	590.57	7.51	318.71	17.12	2.27	1.49	11.08	4.71
西藏	1.35	0	0.66	0	0	0	0	0
陕西	1357.57	29.96	818.25	49.63	5.91	4.61	32.86	19.84
甘肃	461.80	10.65	230.00	41.17	4.80	1.50	26.30	15.35
青海	3.10	0	3.10	4.84	1.63	0.39	2.95	0.16
宁夏	112.73	0.51	75.00	33.55	0.62	0.19	16.50	11.13
新疆	617.23	0.05	535.34	20.59	1.49	1.11	16.51	13.77
新疆兵团	367.66	3.11	116.20	2.85	0.22	0.05	5.10	3.20

各地区农业机械化管理服务与经济效益情况表

地区	一、农机化培训	其中：培训农机管理人员	培训农机技术人员	培训农机监理人员	培训农机操作人员	二、农机维修 1. 维修拖拉机	2. 维修联合收获机
	人次	人次	人次	人次	人次	万台次	万台次
合计	7440069	195581	885425	83039	6094489	1911.21	181.26
北京	32627	1494	3984	1213	25936	0.86	0.09
天津	14406	661	3319	705	9597	3.16	0.69
河北	562474	11516	80455	4689	460294	149.04	15.60
山西	144790	8073	29745	3203	94082	35.38	4.36
内蒙古	178314	2998	32516	1966	140799	78.77	2.22
辽宁	178461	8123	29889	3470	135582	33.04	1.85
吉林	208353	3832	13846	4170	186505	77.22	3.35
黑龙江	479970	24375	62935	6060	384425	63.19	6.04
上海	9672	458	913	3	5677	0.43	0.11
江苏	313249	11957	28110	5780	261843	82.30	16.33
浙江	89915	5131	11871	1908	69632	63.33	3.34
安徽	345318	6201	45069	2849	290542	212.96	28.18
福建	15314	818	1488	344	12664	34.32	1.48
江西	125539	4169	19324	2193	97332	33.82	6.86
山东	630149	14861	119232	5091	467952	189.68	25.41
河南	600873	13953	66168	5445	509515	257.79	21.96
湖北	549999	9126	67765	3395	449846	59.95	7.10
湖南	194581	6410	35047	1537	149411	64.77	16.59
广东	57095	3366	13720	2735	34870	39.42	3.40
广西	70872	4697	11741	1170	53264	83.13	1.84
海南	23971	667	1306	249	20383	16.43	0.78
重庆	170163	3667	12963	1565	150122	2.93	0.74
四川	324287	13267	43104	4479	253462	34.22	3.79
贵州	325659	4728	26592	2180	291978	19.07	0.23
云南	243058	2768	13807	3126	197622	92.39	0.93
西藏	34383	58	398	0	33927	4.99	0.20
陕西	203990	5163	40356	3873	146576	32.52	4.14
甘肃	270356	3712	14761	1310	237712	55.33	1.91
青海	44079	504	5804	355	36937	7.79	0.13
宁夏	63601	883	11974	1026	49582	10.52	0.65
新疆	865911	13813	34168	5439	776478	69.55	0.77
新疆兵团	68640	4132	3055	1511	59942	2.91	0.19

续表

地　区	3. 维修水稻插秧机	4. 维修运输机械	5. 维修其他农机具	三、农机鉴定	四、农机监理装备	2. 安全检测设备	其中：拖拉机检测设备	五、农机化投入情况
				推广鉴定证书当年发证数量	1. 监理车辆			农机化总投入
	万台次	万台次	万台次	件	辆	套	套	万元
合　计	40.15	994.32	3112.22	3568	3158	2078	1902	9747482.29
北　京	0	0.97	0.68	0	20	17	17	44168.30
天　津	0.20	5.37	5.22	11	21	11	10	53563.89
河　北	0.12	140.37	235.27	405	79	113	101	519943.04
山　西	0.32	37.33	44.35	0	66	126	125	203573.20
内蒙古	0.55	17.73	124.11	44	96	93	74	510328.61
辽　宁	1.55	22.88	35.82	124	76	37	35	255419.53
吉　林	3.49	10.44	85.90	36	180	41	39	528156.20
黑龙江	11.16	6.81	64.29	106	318	58	54	656717.12
上　海	0.18	0.18	0.45	10	2	8	2	55865.00
江　苏	8.34	27.50	99.02	115	148	107	97	729517.09
浙　江	1.23	54.62	76.24	117	31	78	74	160330.27
安　徽	1.97	99.39	220.50	592	165	60	58	850304.14
福　建	0.80	26.74	97.17		31	33	10	89977.00
江　西	0.63	42.75	82.22	50	27	17	17	297032.73
山　东	0.08	64.34	383.01	139	205	56	56	773288.05
河　南	0.27	116.67	321.94	295	186	286	272	676997.22
湖　北	2.68	18.97	102.96	162	148	140	118	472662.89
湖　南	2.39	74.44	193.16	103	162	92	84	472107.10
广　东	1.00	18.80	87.05	27	141	120	117	127977.45
广　西	0.71	47.66	121.37	48	89	97	90	232165.38
海　南	0.13	7.97	12.70	0	21	19	18	29102.39
重　庆	0.80	10.07	79.74	131	34	13	13	116011.12
四　川	0.88	41.24	235.03	152	59	61	58	478840.67
贵　州	0.26	11.75	35.38	15	39	43	43	132140.11
云　南	0.11	37.77	93.17	215	169	47	44	202119.60
西　藏	0	0.22	4.73	0	0	0	0	52361.10
陕　西	0.03	33.21	66.19	339	125	119	107	215733.93
甘　肃	0	6.98	94.31	111	81	34	34	135494.82
青　海	0	0.93	7.93	58	17	8	8	28274.28
宁　夏	0.11	6.63	16.07	6	29	27	27	71167.78
新　疆	0.13	2.90	82.00	157	368	103	86	376981.28
新疆兵团	0.03	0.68	4.24	0	25	14	14	99161.00

续表

地区	1. 一般行政事业支出	2. 基本建设	3. 科研	4. 推广培训	5. 农业机械购置	6. 其他	六、经营效益情况 1. 总收入	2. 成本与费用	3. 利润总额
	万元	万元	万元	万元	万元	万元	万元	万元	万元
合　计	716826.23	320558.56	20216.80	167512.31	8199401.75	322966.64	53880422.20	33219022.73	20661399.46
北　京	5412.75	239.00	610.00	411.51	35299.09	2195.95	59884.80	40614.53	19270.27
天　津	11209.14	2947.48	130.00	2328.35	35514.92	1434.00	149067.00	83947.52	65119.48
河　北	10187.40	3123.50	0	18391.90	486258.74	1981.50	2134431.32	1190827.63	943603.69
山　西	43134.13	54.00	10.00	13616.25	137374.89	9383.93	859581.30	457323.40	402257.90
内蒙古	25403.82	4848.00	0	1651.00	477767.79	658.00	1637545.87	996097.81	641448.06
辽　宁	15829.54	9872.00	93.70	4426.84	223019.17	2178.28	1119350.12	672904.20	446445.92
吉　林	27012.71	4920.00	195.00	11746.14	480490.14	3792.21	1692574.55	952778.81	739795.74
黑龙江	16431.85	20566.39	201.70	657.03	606392.24	12467.91	2492567.14	1491371.54	1001195.60
上　海	6671.00	3.00	270.00	519.00	30034.00	18368.00	31524.00	19520.00	12004.00
江　苏	45118.25	44399.29	864.00	33781.13	572591.82	32762.60	3036816.23	1793735.21	1243081.02
浙　江	19252.79	13492.87	190.63	7205.83	114322.84	5865.31	1530205.75	810761.36	719444.39
安　徽	35594.18	6482.84	0.78	2959.16	798038.51	7228.67	5856443.93	2569074.35	3287369.58
福　建	13537.00	1300.00	3.00	1118.00	73392.00	627.00	1000346.00	544885.00	455461.00
江　西	12371.49	1130.70	21.50	3010.78	274787.46	5710.80	1702542.67	997555.18	704987.48
山　东	68497.70	4336.70	10208.80	18652.28	670173.77	1418.80	4558804.66	2945915.99	1612888.67
河　南	47848.78	2852.70	431.10	2687.08	612792.90	10384.66	2828219.00	1710398.83	1117820.17
湖　北	25962.19	10601.40	260.00	5739.52	422582.65	7517.13	2783939.15	1888137.87	895801.28
湖　南	38543.74	7859.79	474.00	6915.70	397933.97	20379.90	5369332.35	3047446.29	2321886.06
广　东	19556.53	1500.51	3568.66	1855.81	89016.32	12479.62	1578517.10	955500.80	623016.30
广　西	52409.17	584.95	90.00	7138.28	157502.74	14440.24	3923559.53	3488830.00	434729.53
海　南	3477.41	110.00	100.00	145.50	24585.24	674.24	389192.82	187346.94	201845.88
重　庆	7706.24	4877.30	127.36	2060.00	94924.95	6315.27	909131.59	717667.66	191463.93
四　川	31676.87	148440.56	1520.70	4050.14	165512.88	127639.52	2509895.44	2048906.01	460989.43
贵　州	5243.00	1290.50	68.00	528.00	124815.01	195.60	484286.95	304248.28	180038.67
云　南	15022.22	984.76	14.00	3839.53	168267.38	3991.71	1323191.08	810412.77	512778.31
西　藏	70.00	0	0	109.20	52181.90	0	18009.10	11321.40	6687.70
陕　西	27237.83	3683.18	80.00	7020.32	174479.15	3233.45	1045078.39	629554.96	415523.43
甘　肃	16170.18	1004.70	17.00	848.67	215246.37	2207.90	824543.51	553133.30	271410.21
青　海	3330.11	90.00	0	381.70	21488.47	2984.00	86898.62	45455.21	41443.41
宁　夏	2478.32	875.00	63.00	1978.80	62793.16	2979.50	306191.23	162818.43	143372.80
新　疆	51704.89	5264.44	231.87	1403.86	316930.28	1445.94	1257721.00	787176.45	470544.55
新疆兵团	2725.00	12813.00	372.00	335.00	82891.00	25.00	381030.00	303355.00	77675.00

各地区农业生产燃油消耗情况表

地　区	农业生产燃油消耗	其中:(1)柴油	(2)用于农机抗灾救灾	1. 农田作业	(1)机耕	(2)机播	(3)机收
	万吨	万吨	万吨	万吨	万吨	万吨	万吨
合　计	3382.74	3047.71	112.82	1455.02	633.71	222.56	398.64
北　京	8.10	7.64	0	1.41	0.46	0.32	0.36
天　津	16.37	14.89	0.17	7.25	2.27	1.39	1.90
河　北	234.47	218.65	1.17	84.52	25.93	18.75	24.27
山　西	60.71	54.02	0.26	29.00	8.91	6.40	7.83
内蒙古	137.07	133.91	4.16	70.09	24.54	16.04	18.86
辽　宁	82.46	77.73	2.36	40.01	18.23	6.39	6.99
吉　林	135.54	134.20	0	32.64	13.59	9.42	0.82
黑龙江	239.99	224.21	2.65	185.53	86.56	29.85	50.09
上　海	3.25	3.04	0.01	2.13	1.21	0.11	0.58
江　苏	157.87	146.19	3.44	73.30	26.34	10.24	26.74
浙　江	81.96	70.52	1.05	23.41	12.03	0.92	6.90
安　徽	163.26	151.34	4.94	92.19	41.44	11.04	32.83
福　建	33.84	26.43	0.69	7.02	3.76	0.19	1.54
江　西	104.60	93.73	2.80	30.20	14.79	0.92	11.95
山　东	324.69	295.18	5.55	142.57	43.85	33.50	47.96
河　南	334.20	296.04	14.87	138.76	50.61	23.06	42.42
湖　北	144.79	127.81	9.31	75.15	37.34	6.17	22.96
湖　南	191.33	163.02	23.29	77.44	34.38	5.81	25.07
广　东	129.13	107.13	8.79	43.93	24.59	0.84	10.79
广　西	140.29	138.18	1.53	41.17	28.58	2.22	9.25
海　南	22.70	20.75	0.82	7.15	4.68	0.09	1.90
重　庆	53.92	30.97	5.74	17.37	14.69	0.53	0.86
四　川	135.75	120.74	6.21	39.86	22.21	2.31	9.99
贵　州	33.88	27.98	0.67	7.54	4.90	0.50	1.47
云　南	84.80	75.58	2.69	17.22	12.81	0.38	1.89
西　藏	27.47	23.07	0.16	1.71	0.63	0.31	0.48
陕　西	73.58	64.71	1.11	30.63	13.52	6.11	6.69
甘　肃	85.59	74.37	6.32	45.30	19.86	8.93	7.44
青　海	12.22	6.63	0.04	8.55	3.25	3.06	2.04
宁　夏	20.94	19.66	0.06	9.60	5.15	1.65	2.23
新　疆	76.83	69.19	1.16	47.88	20.99	11.12	7.56
新疆兵团	31.14	30.20	0.80	24.50	11.62	3.99	5.98

续表

地　区	(4)植保	(5)其他	2.农田排灌	3.农田基本建设	4.畜牧业生产	5.农产品初加工	6.农业运输	7.其他
	万吨	万吨	万吨	万吨	万吨	万吨	万吨	万吨
合　计	86.66	113.51	190.88	231.94	86.53	224.58	1052.76	141.08
北　京	0.15	0.12	0.03	0.08	4.72	0.02	1.70	0.14
天　津	0.43	1.27	1.13	3.14	0.37	0.71	3.24	0.54
河　北	4.15	11.42	10.61	16.44	5.73	9.66	101.97	5.53
山　西	2.66	3.20	1.59	7.18	1.05	2.40	12.50	7.01
内蒙古	3.53	7.11	4.72	6.35	10.36	5.16	33.83	6.56
辽　宁	1.35	7.05	4.39	7.09	2.97	3.27	19.26	5.46
吉　林	2.70	6.11	16.09	1.19	10.36	6.01	69.25	0
黑龙江	13.20	5.83	16.00	11.62	3.57	6.27	14.81	2.19
上　海	0.16	0.08	0.05	0.18	0.07	0.10	0.51	0.20
江　苏	5.03	4.96	10.68	15.81	2.57	10.54	40.93	4.03
浙　江	1.77	1.80	2.63	10.71	0.73	4.36	33.94	6.18
安　徽	3.91	2.98	12.92	5.94	1.59	7.59	40.12	2.91
福　建	1.23	0.30	1.41	1.95	0.41	2.36	19.69	0.99
江　西	0.96	1.58	5.39	5.42	0.89	7.60	51.79	3.32
山　东	9.70	7.57	36.55	30.62	9.56	21.81	65.30	18.29
河　南	7.51	15.17	12.56	31.03	5.27	18.28	116.60	11.71
湖　北	4.72	3.96	5.94	14.47	1.94	7.06	33.97	6.26
湖　南	6.11	6.07	14.15	12.22	4.71	23.35	55.12	4.34
广　东	3.02	4.69	8.55	8.60	5.34	16.17	40.01	6.54
广　西	0.71	0.42	0.28	2.91	3.28	37.68	37.77	17.20
海　南	0.24	0.24	1.13	0.97	0.13	0.65	11.96	0.72
重　庆	0.39	0.90	3.71	2.38	0.90	4.17	24.54	0.85
四　川	3.45	1.90	8.09	6.89	1.13	11.28	65.99	2.52
贵　州	0.39	0.27	1.92	3.36	0.97	1.45	17.95	0.69
云　南	0.93	1.22	2.36	2.78	0.57	2.99	53.35	5.53
西　藏	0.01	0.27	0.02	0.19	0.01	3.52	16.49	5.52
陕　西	1.32	3.01	2.07	5.11	1.34	3.79	28.37	2.28
甘　肃	1.47	7.59	3.13	6.97	3.15	3.58	12.57	10.90
青　海	0.08	0.12	0.06	1.21	0.09	0.06	2.02	0.23
宁　夏	0.20	0.37	0.13	3.53	0.26	0.24	6.89	0.30
新　疆	3.45	4.74	1.60	3.99	1.87	1.97	18.20	1.32
新疆兵团	1.73	1.19	0.99	1.60	0.62	0.49	2.13	0.81

农机社团组织

中国农业机械化协会

【概况】 2016 年，中国农业机械化协会在农业部行业主管部门的关心指导下，在会员单位和各分会的大力支持和共同努力下，紧紧围绕农业农村经济发展目标、全国农机化中心工作任务和协会章程，认真贯彻落实五大发展理念，以服务政府和会员、引导行业健康发展、促进行业自律为主线，把握大局、顺应形势，锐意进取、真抓实干，积极协助政府部门开展有关行业服务工作，各项工作取得显著成效，为推动农机化供给侧结构性改革、促进农机化"全程、全面、高质、高效"发展发挥重要作用。

【以调查研究为基础，积极为政府部门科学决策提供参考依据】 围绕农机化发展热点，承担完成农业部下达的《发达国家农机化发展情况分析与借鉴》《病死畜禽无害化处理和粪污机械化处理》《互联网＋农机》《农机维修技术合格证调研》等四个调研项目，形成翔实、有据的调研报告，向国家发展和改革委员会提交农业机械化行业"十三五"规划实施情况评估报告，向农业部农业机械化管理司提交 2016 年农业机械化形势分析报告，为国家制定相关政策提供技术支撑。组织开展"三夏"农机化专题调研，提出推进主要农作物生产全程机械化方面的意见建议。

【以展会论坛为平台，积极推动行业发展】 针对甘蔗生产全程机械化发展中的难点和瓶颈问题，首次牵头举办"2016 中国甘蔗机械化博览会"，通过展示甘蔗耕种管收全程机械化设备、召开甘蔗生产全程机械化研讨会和开展甘蔗生产全程机械化耕种管收现场演示，进一步强化技术交流、信息沟通和合作共赢，有效推动甘蔗生产全程机械化进程。继续联手中国农业机械流通协会、中国农机工业协会举办每年一度的春展、秋展，新疆地区农机展和行业大奖评选活动。拓宽领域，首次组织举办"畜牧机械化论坛"，积极推动畜牧机械行业发展。连续 5 年与《中国农机化导报》共同举办全国 20 佳农机合作社理事长评选活动，树立农机专业合作社典型人物，推动农业机械社会化服务组织发展。

【以优势共享为宗旨，积极助力区域农业机械产业发展】 充分利用地方区位优势，联合《中国农机化导报》与河南唐河县政府共同举办"2016 唐河之秋中国农机产业高峰论坛"；并深入调研，积极构建新的合作机制与模式，组织对唐河投资环境进行考察，为产业转移架桥铺路。与河北赵县农机管理部门建立点对点的联系，共同推进地方农业机械化发展。与相关农机企业合作，开展百亩三年保护性耕作示范项目，举办现场演示会，组织现场观摩，加快农机深松整地与保护性技术在全国适宜区域的推广应用。积极参与中国农机化展望大会（天津）、吉林四平现场演示会、内蒙古国际农业机械博览会等活动，跟踪掌握地方农机化发展动态。

【以标准制定为突破，积极推动农业机械化技术研究】 贯彻落实质检总局、国家标准委《关于培育和发展团体标准的指导意见》，制定《中国农业机械化协会团体标准管理办法（试行）》，并向国家标准化管理委员会申请获得开展团体标准相关工作资质。启动分会团体标准的制定工作，已收到 6 个会员单位 8 个标准的立项申请。组织制定《农业航空田间作业技术规程》，起草《农机深松作业远程监测系统技术要求（征求意见稿）》，积极推进农业机械化标准化体系建设。

【以市场需求为导向，提升专业化服务水平】 积极支持农机科技、鉴定检测、农机专业服务组织、农用航空、设施农业等分会结合行业需求，聚合产业上下生产链，拓展服务内涵，创新服务手段，提升专业化水平。各分会根据自身业务范围，以农机合作社示范社理事长能力建设、农机企业维修服务能力评价规范宣贯、农机深松作业远程监测系统、现代温室设计技术、安全监理技术、现代温室栽培技术、温室工程建设国家标准宣贯等为主题，先后举办 12 种 18 个批次的培训班，培训相关人员近 1 100 名，促进农业机械化管理人才、科技人才和实用人才等三支队伍建设。开展拖拉机检测能力验证活动，有效提升行业实验室检测能力。

【以交流合作为契机，不断提升国际影响力】 应印度农业机械制造商协会邀请，派员赴印度参加由联合国亚太地区可持续农业机械化中心和印度农业机械制造商协会(AMMA)共同举办的亚太农机协会理事会第二届年会，参观考察印度农业机械展览会，积极参加"亚太区域农机数据库"建设项目，进一步密切与联合国可持续发展中心的联系。与中国农业机械流通协会、中国农业机械工业协会共同组团，参观考察2016意大利博洛尼亚农业机械及园林机械展览会、2016德国汉诺威国际畜牧展及农机生产制造企业，使协会展览和宣传工作进一步走出国门，为拓展对外友好关系、深化对外交流合作奠定良好基础。

【立足强化组织建设，完成协会换届和分会组建工作】 先后以通讯的方式召开一届六次理事会和一届六次常务理事会，讨论通过《换届方案》和第二届理事会负责人人选建议名单。于5月组织召开第二届会员代表大会，选举产生新一届协会领导班子。精心筹备，分别组织召开信息化分会成立大会和畜牧分会成立大会，选举产生分会主任委员和秘书长。截至目前，共设立7个分会，逐步健全完善分支机构，强化组织建设。

【立足长远发展，加强对分会的管理和指导】 及时了解各分会工作进展情况，提供指导和帮助。支持各分会积极开展活动，推动相关专业领域技术创新和成果对接。于7月组织召开分会工作座谈会，集中学习农业机械化发展最新政策，总结上半年工作情况，交流好经验好做法，研究探讨下半年工作思路和业务拓展渠道，凝聚共识，推进发展。

【立足营造氛围，积极强化信息宣传】 对协会网站进行页面改版，优化栏目设置和布局，创新策划选题，围绕行业最新动态、企业风采、行业数据分析、农机技术与产品介绍等主题，编发信息350多篇，营造良好的农机化信息宣传氛围。网站全年总访问量50 478次，比2015年翻了一番；日均点击量和日点击量峰值均比2015年增长一倍以上。主动适应新媒体发展需要，于9月底开通协会微信公众号，坚持正确舆论导向，持续更新行业新闻，目前总关注用户3 170人，浏览量累计10 181次，有效提升了协会影响力。

【立足提升整体效能，加强会员管理服务】 采取多种渠道，吸引行业专家、相关单位积极入会，目前，共有会员903家(人)，同比增长30%。强化服务意识，继续为会员免费订阅《农机质量与监督》杂志和《农机化统计材料简明手册》，提供行业信息、政策等方面的信息。面向会员，举办农机化发展报告会，邀请农业部农业机械化管理司领导及中国工程院咨询中心专家做农机化"十三五"发展规划主体思路及《中国制造2025》主旨报告，帮助会员掌握政策、把握大局，不断提高服务农机化工作的能力和水平。

(陈海燕)

中国农业机械学会

【概况】 2016年，中国农业机械学会在学会各级领导、理事单位及会员们的共同努力下，重点举办2016中国农业机械学会国际学术年会暨十届三次理事会议、主办第二届全国大学生智能农业装备创新大赛、学会分支机构换届并开展学术交流、稳步推进国际合作与交流、精品期刊工程建设、加强党建推动学会业务健康发展、执行中国科协专题项目及做好学会组织建设等系列工作。

【2016中国农业机械学会国际学术年会暨十届三次理事会议召开】 以"践行五大发展理念，促进农机科技创新"为主题的"2016中国农业机械学会国际学术年会"，于2016年10月24—27日在武汉隆重举行。本次年会由中国农业机械学会、中国农业机械化科学研究院主办，湖北省农业机械管理局、华中农业大学、湖北省农业机械工程研究设计院、武汉市农业机械化科学研究所联合承办，中国农业机械流通协会、中国农业机械化协会、中国农业机械工业协会特别支持，亚洲农业工程学会(AAAE)、韩国农业机械学会(KSAM)、日本农业与生物系统工程国际联合会(JAICABE)、湖北省农业机械学会、湖北省农业工程学会共同协办，年会还得到现代农装股份公司、中国一拖集团有限公司的大力支持。来自中、韩、印、德、苏丹、牙买加等6个国家的720余位科技工作者和会员代表出席大会。

出席大会开幕式的国内嘉宾有：农业部农业机械化管理司副司长孔亮，中国科学院院士任露泉、闫楚良，中国农业机械学会理事长罗锡文院士、副理事长陈学庚院士，陈志、毛洪、刘宪会长，王博院长，中国农业机械学会副理事长刘敏、刘恒新、朱明、姜卫东、赵春江、韩鲁佳、方宪法，湖北省农业机械管理局局长刘长华等；国际嘉宾有：韩国农业机械学会理事长Chang Hyun Choi教授，国际地面车辆系统学会秘书长Lutz Richter，德国施帝莱企业管理咨询(上海)有限公司George Stieler，印度农机制造商协会技术顾问Dr. Surendra Singh等。

大会开幕式由王博院长主持。罗锡文理事长致开幕词，刘长华局长等致辞。大会向叶章颖等10名青年学者颁发了"现代农装杯中国农业机械学会第五届青年科技奖"。

中国农业机械学会十届三次理事会议由刘敏副理事长主持，138位学会理事或理事代表出席会议。经表决，会议选举姬江涛、李职、陈源同志为十届理事会理事；选举王博同志为十届理事会常务理事、副理事长(并变更为法定代表人)。会议还传达了中国科协党建工作相关文件精神。

在全体大会上，针对《中国制造2025》、智能农业装备以及农业机械和工程领域的诸多热点难点问题，孔亮副司长围绕《国家农机化"十三五"发展规划与部署》，董景辰教授就《我国智能制造发展态势》，Chang Hyun Choi教授聚焦《韩国生物系统工程新趋势》，闫楚良院士针对《经济寿命与结构可靠性评定技术》，George Stieler先生就《世界领先行走机械制造商的技术创新》，任露泉院士针对《农业装备创新发展的仿生思考》，罗锡文院士围绕《对中国农业全程全面机械化发展的思考》，Lutz Richter 博士就《地面力学与农业工程》，陈学庚院士聚焦《农田残膜污染治理进展与展望》，陈志会长就《我国农机工业发展与新常态》，Surendra Singh 博士针对《印度农业机械化最新发展、技术需求与政策支持》，方宪法副院长围绕《中国制造2025——农业装备部署》，分别作了 12 个内容丰富、观点新颖的主题学术报告，受到与会者的热烈欢迎。

10 月 26 日，中国农业机械学会 16 个分支机构联合有关单位组织 14 个专题分会场的学术交流，在大会主会场的 11 个分会场和在武汉国际博览中心的 3 个分会场，有 136 位学者进行口头学术演讲，约有 930 余人参加相关分组学术讨论。10 月 27 日，大会组织全体代表参观国内规模最大、被誉为行业晴雨表的“2016 中国国际农业机械展览会”。

年会召开前夕，召开十届四次常务理事扩大会议，汇报年会筹备情况、大会议程安排和专题分会场交流安排，学习传达中国科学技术协会党建工作要求和中国农业机械学会贯彻落实计划。年会期间，中国农业机械学会教育工作委员会、能源动力分会和基础技术分会分别召开换届工作会议，组成新一届委员会；全体与会人员还参加“湖北京山农业装备制造园区招商宣传推介活动”。

年会上，中外学者、专家和各界人士通过多种方式，广泛交流学术思想，充分展现国内外行业创新成就，进一步探讨交流制约我国农业工程与机械技术创新与普及过程中存在的瓶颈问题，这对于推动我国农业工程技术的创新和普及，促进企业科技进步，推动我国主要农作物生产全过程实现机械化有着促进作用。本届年会把会议技术参观和农机展会结合起来，使得参会人员出差效率事半功倍；另外第一次采用网上平台会议注册系统，方便参会者办理注册手续，同时减少会议筹备的盲目性。

本届年会参会人员达 720 余人（除西藏外各省份都有人员参会），这是目前中国农业机械学会年会参会人数最多的一次，充分说明年会行业影响力越来越大，越来越成为行业品牌学术活动，已成为促进行业科技进步创新不可或缺的重要部分。

【继续主办全国大学生智能农业装备创新大赛】 在成功举办首届大赛的基础上，中国农业机械学会作为第一主办单位联合其他单位 2016 年在江苏大学继续举办第二届全国大学生智能农业装备创新大赛。为更好服务企业，2016 年初中国农业机械学会常务理事会决定在保留原有比赛题目种类基础上，增加企业出题类别。学会秘书处和大赛秘书处在农业装备制造企业内广泛征题。中国一拖集团、常州东风农机、山东五征、上海世达尔等 10 余家农业装备企业和中国农业机械学会现代物理农业分会等提出涉及发动机、拖拉机、烟草机械、牧草机械、大蒜作业机械及精准控制技术等实际应用方面的 22 项技术开发题目。

在江苏大学农业装备工程学院的精心筹备下，经过前期初赛和复赛等环节，2016 年 12 月 4 日，“东方红”杯第二届全国大学生智能农业装备创新大赛决赛在江苏大学隆重举行。中国农业机械学会理事长罗锡文院士、副理事长陈学庚院士，江苏大学党委书记兼校长、中国农业机械学会副理事长袁寿其研究员，教育部高校农业工程类专业教学指导委员会主任委员傅泽田教授，中国农机流通协会会长毛洪，中国农业机械学会副理事长韩鲁佳教授、秘书长张咸胜，中国一拖副总经理朱卫江等领导出席开幕式。来自全国 39 所高校参加决赛的 420 名大学生、特邀 33 家国内农业装备制造企业代表、有关高校特邀评委和教师等约 620 人参加和观摩大赛决赛。

围绕“智能农装、创新未来”主题，参赛大学生们携带着 210 件智能农业装备创新作品展开创新成果比拼角逐。最后，本届大赛共评出特等奖作品 18 件、一等奖作品 53 件、二等奖作品 102 件，优秀奖作品 164 件，优秀指导教师 93 位，高校“优胜杯”11 个。其中，“装载量检测装置、实现纵向精准送秧的插秧机送秧机构研究”等 12 个项目还与常州东风农机集团有限公司、南通富来威农业装备有限公司等 7 家企业代表进行大赛成果签约。

中国农业机械学会联合江苏大学等举办的全国大学生智能农业装备创新大赛这种创新工作模式，成功探索出一条校、院、所、企、行协同创新促进企业科技进步和培育现代农业装备创新人才的新路径，企业出题、现场选聘人才、对接创新成果等新做法促进企业需求和高校创新人才培养的有机结合，受到行业广泛欢迎。

【分支机构换届并开展多种形式的学术交流】 中国农业机械学会有关分支机构 2016 年主要的活动是按照要求正常换届，以及围绕行业普遍关注的热点问题和各自专业特点承办年会分会场及举办多种形式的学术活动。

根据中国农业机械学会章程，按照民主推荐新任委员和负责人、常务理事会审议批复、召开换届会议的规定程序，中国业机械学会排灌机械分会、能源动力分会、基础技术分会、市场分会、教育工作委员会等 5 个分支机构，均先后召开换届会议，选举产生新一届委员会。2016 年 8 月初，农业航空分会结合学术交流活动的举行在新疆昌吉召开正式成立大会，产生第一届委员会。

3 月农垦分会在上海，围绕全国农垦农机标准化农场建设工作等相关内容进行举办培训班，全国农垦 118 人次参加学习。该分会还在全国征集 99 篇农垦农业机械化发展专题论文，并进行评奖，获奖论文分期分批在《农业机械》杂志发表。3 月 16 日，现代物理农业工程分会联合有关机构在安徽蚌埠举办“2016 年安徽省现代物理农业装备创新暨应用论坛”，近 300 位业内人士参加活动。

4 月 5—6 日、4 月 7 日、6 月 13—14 日，农副产品加工机械分会分别在北京、济南、广东中山召开 14 项食品机械行业标准的征求意见研讨会议，共有 90 余人参加会议。

6 月 21—22 日，市场分会在南京分别承办“国Ⅲ升级带来的问题和机会”及“互联网＋农机流通”等 2 个分论坛，业内参会人士合计 250 余人。6 月 27—28 日，在第七届中国国际薯业博览会（以下简称“薯博会”）隆重举办之际，由农业机械化分会联合国可持续农业机械化中心及农业部农业贸易促进中心联合举办的“亚太马铃薯生产全程机械化研讨会”在昆明举行，围绕马铃薯生产全程机械化的关键技术、亚太地区马铃薯机械化生产现状和发展趋势、马铃薯机械化生产标准体系的建立等诸多问题，来自 10 余个亚太国家或地区的相关专家学者，国内各省农机管理部门、农机企业、科研院所、高等院校等相关人员 120 余人参加研讨。

7月22—24日及11月28日，标准化分会联合有关机构分别在浙江温岭、杭州召开排灌机械标准宣贯会暨标准征求意见会，以及茶叶机械标准宣贯会，共有140余人参加会议。

8月5—8日，农业航空分会联合有关机构在新疆昌吉举办“农业航空创新应用示范新疆行”活动暨农业航空产业技术创新战略联盟理事会等学术活动，来自科研院所、高等院校、企业等100多名位代表出席本次会议

8月13日，围绕“农业结构调整与农业机械化”的主题，农业机械化分会主办的“中国农业机械化展望大会”在天津召开，来自国家部委、农机管理和推广部门、高校和科研院所、行业协会的近200位嘉宾出席会议。

9月5—7日，地面机器系统分会在新疆石河子举办“地面机器系统分会2016学术研讨会”，就地面机器系统领域的最新研究进展、理论方法以及分会面临的问题等内容，来自18个单位的40余名代表参加会议；9月15—16日，材料制造分会在河南洛阳召开技术交流会，围绕“大型农机智能装配”主题进行研讨，来自业内20余位专家和科技人员参加；9月26—28日，拖拉机分会在天津举办“2016拖拉机、农用车、农用发动机行业发展研讨会”，围绕现阶段我国拖拉机、农用车、农用发动机行业发展中的热点问题，国内近百位专业人员参加会议。

10月15—16日，耕作机械分会联合有关机构在南京举办2016“智能化精准施药、施肥”国际学术研讨会，有关高校、科研院所、农机管理部门等50余名代表出席会议。

10月26日，耕作机械分会、农副产品加工分会、农机维修分会、现代物理农业工程分会联合青年工作委员会、畜牧机械分会、基础技术分会、地面机器系统分会联合教育工作委员会、拖拉机分会联合普及工作委员会、能源动力分会、机械化养猪工程分会、收获机械分会、农机化分会、市场分会等16个分支机构联合有关单位分别组织14个专题分会场的学术交流。分会场研讨主题分别为：耕种与植保高端装备科技创新、现代食品及农产品加工科技创新、农机维修可持续发展的创新之路、现代物理农业工程装备对接暨农机前沿技术青年论坛、科技创新提升畜牧业装备水平、农业装备智能化技术创新研究与趋势展望、新常态下地面机器系统创新、动力传动与液压技术创新发展、科技创新促进可再生能源持续发展、现代化养猪创新论坛、收获加工机械与科技创新、绿色环保机械化技术、农业机械如何“＋”互联网等。共约有930余人参加相关分组的学术讨论。

11月12—14日，农业航空分会协助有关机构在广州举办“第五届国际精准农业航空会议”，国内外200余人参加会议。11月26日，农业机械化分会与农机360网联合举办“2016中国农业机械化论坛”暨第七届“精耕杯”颁奖盛典在博鳌举行，论坛聚焦“提质·增效·补短板·数字化”，来自行业管理机构、推广鉴定部门领导，科研院所、行业协会专家和大专院校等共计100余位高端智囊，以及350余位行业主流企业家、骨干经销商负责人与优秀农机合作社理事长等共计820余位嘉宾出席本次论坛和盛典。

12月16—18日，排灌机械分会在江苏徐州举办“第三届全国节水灌溉装备与技术战略研讨会”，业内200余人参加会议。

现代物理农业工程分会虽然成立不久，但2016年在组织发布首个现代物理农业工程学科发展报告（2016版），在“中国农机论坛”QQ群开设“物理农业”专栏，以及制定《全国现代物理农业工程技术应用示范基地认定条件》等方面做了大量工作。

【国际合作与交流稳步推进】 2016年度，中国农业机械学会国际合作与交流工作稳步推进。首先联合有关机构共同成功举办“2016中国农业机械学会国际学术年会”。其次，先后派员参加若干次重要的国际学术交流活动，如受韩国农机学会主席邀请，理事长罗锡文院士于2016年11月初赴韩国参加该学会主办的国际学术会议并作学术报告，之后还出席并参观其举办的2016年韩国国际农业机械博览会。

2016年共接待来自13个国家、6个批次、共43人次的来访外宾；全年派出研究员、工程师约10人赴美、加、德等国参加学术会议和专业展览，进行学术交流和合作洽谈。共承办援外技术培训项目5期，共有来自33个国家的150名学员参加培训。

此外，学会国际部还完成两本国际期刊的编辑出版工作。其中，《国际农业与生物系统工程学会期刊》（CIGR Journal）共出版4期发表学术论文144篇，计1 531页；亚洲农业工程学会（AAAE）学术期刊——《国际农业工程》（IAEJ）共出版4期，发表论文90篇，计876页。

【精品期刊工程建设成效显著】 中国农业机械学会主办《农业机械学报》自觉遵守期刊出版政策法规，规范有序开展工作，2016年完成刊出论文数量略增、学术质量有所提升、专业范围覆盖比例合理、热点报道持续开展、论文刊出效率提高、创建英文网站和部分论文双语出版的年度工作目标。

全年共收到有效来稿2 000余篇，来稿录用率不超过30%，出版时滞6.5个月，比上年缩短1个月。全年按时出版正刊12期，平均每期416页，增刊1期（480页），全年共刊出论文657篇（不含增刊，下同），刊出的各类基金类论文达100%，国家级项目资助论文约占90%，其中，国家自然科学基金、国家“863”“973”计划资助论文占70%。通过编辑部初审对来稿数量进行控制，严格执行双盲审制度，依靠专家审稿进行学术把关。

2016年度，中国农业机械学会从提升期刊学术影响力、提高期刊国际化水平、增强期刊服务能力等三个主要方面认真执行了中国科协精品科技期刊工程项目，期刊各项评价指标持续提高，成效显著。据中国科学技术信息研究所2016年版《中国科技期刊引证报告（核心版）》数据，《农业机械学报》影响因子1.439，比上年度提高17%；总被引频次6 398，比上年度提高14%，被引频次和影响因子均居学科排名第二。据中国学术期刊（光盘版）电子杂志社发布的《2016中国学术期刊影响因子年报》数据显示：《农业机械学报》复合总被引15 810，复合影响因子2.092；期刊综合总被引8 259，期刊综合影响因子1.580；居农业工程类科技期刊Q1区，再次被中国学术期刊（光盘版）电子杂志社评为“2016中国国际影响力优秀期刊”。

另据SJR（SCI mago Journal & Country Rank，是目前国际上对Scopus数据库收录期刊进行影响力评估的权威

平台)统计数据显示,《农业机械学报》在2002年进入Scopus数据库后,SJR影响因子保持平稳趋势,分别在2009年和2012年进入了农业生物科学、机械工程2个目录的Q2区,并保持至今。

根据中文DOI注册与服务中心提供的数据,2016年1—12月DOI解析链接总量为190 330,比2015年同期的79 857提高138%,特别是2016年12月,DOI链接总量达到了31 724。通过DOI链接来本刊网站下载论文全文的读者,包括通过EI数据库检索的阅读者,由此表明,国际读者群明显增加。2016年,创建了《农业机械学报》英文网站,全年共选取57篇高质量论文进行了双语出版,这样国外读者通过EI数据库和DOI号,可以方便地检索并链接到英文全文,解决论文阅读障碍问题,增强了论文的国际传播力度,扩大学报国际影响。

严格执行三审制,规范各项规章制度,坚持规范、高质量、按时出版。充分依靠和发挥专家和学科带头人的作用,不断挖掘和发现新的审稿人,以适应不断扩展和延伸的专业范围要求。目前有分布于100多个单位的600余名审稿专家在为本刊审稿把关,对审稿专家实行动态管理。编辑部向具有国际学术影响的行业学科带头人的约稿工作,并对这类论文采取优惠减免版面费策略,2016年度刊发13篇,这些论文对行业科技工作者起到很好的指导作用,提升期刊的学术影响力。

2016年,《农业机械学报》编辑部继续对2015年度刊出的644篇论文(不含增刊)从学术质量、专业代表性、审稿综合评价,以及高下载量、高引用量等方面进行筛选,评选出30篇高水平、高影响力学术论文予以表彰奖励;同时,为表彰审稿专家为期刊整体质量的不断提升所做出的贡献,综合考虑2015年度的审稿数量、审稿质量和审稿时效,评选出20位2015年度优秀审稿人予以表彰奖励。

2016年编辑部多人次参加中国科学技术协会和新闻出版署等组织的编辑培训、英文写作培训等。选送1名青年编辑骨干参加主编国际化出版业务培训班,使得青年编辑开阔了国际眼界,了解国外先进的出版理念和办刊经验,领略先进科技手段,同时也找出与国际一流期刊的差距,为今后工作指明方向。

通过期刊采编平台不但极大提升编辑部工作效率和服务能力,也使得编辑出版工作更为先进和规范,所有来稿均在当天告知初审结果,同行专家评审平均审稿周期40天。

【认真执行中国科协重点项目】 一是创新驱动助力工程项目。按照中国科协的统一部署,遵循“充分发挥学会智力优势、尽量满足企业创新需求、特别注重助力实际效果”的工作思路,开展富有成效的创新助力工作。如先后派遣专家分赴湖北京山、安徽芜湖等地,调研企业技术需求,为地方政府出谋划策制定农业装备制造产业发展战略,做好可行性调研及宣传推介工作。另外,有关分会还先后派遣耕作植保机械、收获机械、排灌机械专家,分别到浙江永康、山东日照、浙江温岭、安徽芜湖等市县相关中小型企业或民营企业,为其解决技术疑惑、提供咨询服务。

特别值得一提的是拖拉机分会,2016年3月、12月先后组织开展两次赴江苏、山东等5个拖拉机制造企业的创新助力活动。提前了解企业技术需求和问题,把问题通过微信或QQ发给专家,做到有的放矢;在选择专家方面,也是根据企业的问题选择专家,或根据企业的提名选择专家,并在尊重企业的基础上,适当选派有实践经验的企业技术人员,这样专家成员的构成不仅包括新产品开发的,也有从事产品加工工艺的一线专家,可以多方面解决企业实际问题。专家到企业后先实地考察企业情况,之后分别和企业技术开发、工艺加工及质量管理等负责及具体从业人员进行座谈交流。由于专家的热情专业服务,出于对专家组充分信任,江苏清拖农业装备有限公司以及山东山拖农机装备有限公司,把具体设计图纸毫无保留地拿出来,让专家提设计建议,这在企业来说是十分不容易的。拖拉机分会开展的赴企业创助服务给企业解决了实际问题,因此企业十分欢迎,强烈要求今后继续举办类似活动。

二是青年人才托举工程项目。按照项目工作计划,在多位托举组专家的支持下,2016年3月和10月,先后在北京和武汉召开两次托举工作会议。两位托举人首先分别汇报研发项目情况和存在问题,托举专家为其解疑释惑,分析指导其研发思路。不仅向托举人所在单位拨付支持经费,而且付费安排托举人分别参加专业分会学术会议和2016年会,另外付费安排托举人赴德国、意大利参观两个大型国际农机展览会。所有这些活动,都为托举人拓展视野、提高科研水平发挥了很好的托举作用。

【大力举荐表彰各类人才】 一是开展青年科技奖评选表彰。2016年开展“现代农装杯中国农业机械学会第五届青年科技奖”的评选表彰工作,在4个省级农机学会、4个中国农业机械学会各分支机构和13个理事单位报送的22位候选人基础上,经过规定评选程序,叶章颖、朱晓岩、杜建强、吴树彪、张漫、张德胜、李震、赵博、徐培、曹肆林等10位同志获得表彰。本届评选仍坚持注重基层、业绩第一、人员类别广泛的原则,获奖人员单位类别包括高等院校、科研院所和制造企业,科研工作业绩突出,具有广泛的代表性。二是推荐全国优秀科技工作者。按照中国科协的部署,经过会员单位推荐、专家评审委员会评审、常务理事会审定、学会网站公示等规定环节,推荐方宪法同志最后当选为第七届“全国优秀科技工作者”。三是推荐全国科协系统先进。根据中国科学技术协会的统一安排,2016年6月下半年,经办事机构民主推荐、群众评议、学会负责人审议通过并公示后上报,上级单位评审,推荐张振新同志作为“全国科协系统先进工作者”候选人,被列为被表彰对象进行公示。

【拓展学会职能,做好学会建设及宣传工作】 一是拓展学会职能。为拓展服务职能,经协商与中国农业机械工业协会合作,联合创立针对农机行业科技成果的“中国农机工业科技进步奖”,并拟定相关科技奖励制度条例和实施细则。另外由标准化分会具体承担,制定颁布《中国农业机械学会团体标准管理办法(试行)》及配套实施细则类文件,正式启动中国农业机械学会团体标准制定工作,并实施完成中国科协学会学术部“农机团体技术标准制度和协作机制建立”课题。二是组织建设工作。在2016年3月、10月分别召开第十届三次、第十届四次常务扩大理事会议,对涉及中国农业机械学会工作总结和计划、重大活动方案和2016年会筹备等重大事项进行民主协商、集体决策。在2016年10月召开第十届三次理事会议,增选中国农业机械学会理事、常务理事、副理事长并变更法人，12月底前已完成中国科协和民政部相关备案手续。2016年4月召开学会秘书长工作会，研讨学会工作，布置学会年度重大工作事项。三是中国科协智能制造联合体工作。2016年12月24日，中国科协智能制造学会联合体在京成立。中国农业机械学会是11家成员学会之一，罗锡文理事长以及11家发起学会的负责人担任联合体副理事长。推荐中国农机院、中国一拖集团公司和中国农业大学为联合体理事单位，推荐罗锡文、任露泉、闫楚良等9位专家为联合体专家委员会成员。张咸胜秘书长担任联合体秘书处副秘书长。四是宣传工作。高度重视并积极做好宣传工作，及时将学会活动在学会网站、科协网站及学术期刊上进行广泛宣传。2016年在中国农业机械学会官方网站共发布各类通知、报道等65篇，在中国农业机械科学研究院网站主页发布相关新闻10篇，在《中国农机人》报刊登学会活动报道5篇；向中国科协网站报送新闻并发布4篇。

（袁爱洁）

中国农业工程学会

【概况】 2016年，中国农业工程学会以“学会创新和服务能力提升工程优秀科技社团项目”为业务支点，面向经济主战场和国家重大需求，以“四服务一加强”为定位，在中国科协和学会理事会的领导、学会办事机构的统筹协调、分支机构、地方学会和学会专家、会员的协作和支持下，学会服务创新、服务社会和政府、服务科技工作者、服务自身发展能力不断提升，各项工作稳步开展。

【夯实前沿高端会议，举办第十二届全国高等院校农业工程及相关学科建设与教学改革学术研讨会】 8月22—25日，会议在吉林长春召开，主题为“践行‘五大发展’理念，促进农业工程学科发展”，500多名全国相关学科院校主管教学校、院长及科技工作者参加会议，就中国农业工程学科与人才培养创新发展、打造特色学科品牌，培养综合创新人才、农业工程博士硕士学位授权一级学科点申请基本条件编制及研究生课程建设调研等邀请8位院士进行大会特邀报告。共16位院校专家就学科专业建设进行大会报告。会议同期举办3个平行活动：“院士专家校园行”讲座、国务院农业工程学科评议组扩大会议暨研究生课程建设调研交流会、教育工作委员会暨工程教育专业认证工作会议。会前举办“我国农业全程全面机械化发展面临的新挑战和应对策略”项目阶段交流会及《农业工程学报》创刊三十周年庆典、中国农业工程学会九届五次理事会暨全国农业工程学会理事长、秘书长工作会议。

【持续实施专业学术会议资助制度，立体化学会学术交流平台】 2016年，经过申报、评审、公示等程序，共有国际交流工作委员会、农业水土专业委员会、青年科技工作委员会、畜牧工程专业委员会、蓖麻经济技术分会、教育委员会、农业工程情报信息专业委员会、农业航空分会、特种水产工程分会、种子机械装备工程专业委员会等10个分支机构10个专业学术会议获得资助，涵盖2 200余人次：①全国种业机械化技术研讨会于7月30—31日在河北省固安县举行，围绕我国种子生产机械化现状与攻关目标、智能农机装备发展方向、我国育制种试验机械化研究进展等主题进行探讨。近180位代表参会。②农业水土专业委员会第九届学术研讨会于8月19—21日在湖北省武汉市召开。主题是“现代化灌区建设理论与技术”，围绕我国灌区农业水土资源高效利用、涝渍灾害防控、现代灌排技术与设备、生态环境保护、“互联网+”灌区信息化及现代化灌区建设理论等方面进行学术交流和研讨。参会人数逾千人。③农业航空分会11月13日在华南农业大学召开学术讨论会，以农业航空、精准农业、航空植保为主题。同期举行了2016全国大学生无人机创新大赛。④蓖麻经济技术分会于8月召开学术年会，结合“农业产业结构调整蓖麻产业布局”，同时就如何在农业产业结构中恢复蓖麻种植面积，优化、延伸下游产业结构提出具体的措施和实施方案。⑤畜牧工程专业委员会于9月9—11日在北京召开了首届智慧国际畜牧业国际研讨会，进一步推动了我国精准智慧畜牧业的发展。⑥青年科技工作委员会于8月5—17日在佳木斯召开委员会的第三届年会，会议在传统农业装备逐渐信息化智能化的背景下，为青年学者提供了一个为我国智能农业装备发展建言献策的平台。⑦特种水产工程分会于10月21—24日召开第五届工业化循环水养殖国际学术研讨会，围绕工厂化养殖生产体系的设施设备、营养饲料、遗传育种、疾病防治、环境优化、营销与物流展开研讨。推动我国水产养殖业向循环经济的高端产业模式转变。⑧农业工程情报信息专业委员会于10月19—21日召开第十届国际计算机与计算机技术在农业中的应用国际研讨会，会议主要研讨计算机与计算机技术、农业物联网现代技术、人工智能、3S和精细农业、云计算机农业应用技术的理论和方法。⑨国际交流工作委员会于11月5—7日在杭州举办中日能源与农业科学技术研讨会。会议旨在促进国内外能源、农业等领域的最新研究进展和创新成果，加强前沿学科间的交叉和渗透，推动双方在农业资源利用方面的合作与交流。⑩教育委员会于8月24日在长春召开工作会议，就教育工作委员会的工作、农业工程职业教育、农业工程类专业认证标准以及本科专业建设等问题展开了研讨，共有来自国内20所高校的50多名代表参会。同时，多项分支机构学术会议也成功召开，聚焦学科发展前沿，共同繁荣学会学术交流平台。⑪2016全国农业系统工程学术研讨会于10月28—30日在昆明理工大学召开，会议就农业系统工程领域学术交流、学科改革、建设和发展等问题开展专题研讨，60余名来自全国17个省市，22所高等院校、科研院所的领域专家参会。⑫2016中国设施园艺工程学术年会于9月29日—10月1日在红河学院（云南省蒙自市）召开，来自全国27个省(市、自治区)的200余位设施园艺界专家、学者及企业相关人士与会，涉及近百家设施园艺相关科研、教学、管理、企事业单位等。⑬2016中国农业工程学会农产品加工及贮藏工程分会学术年会于 11 月 5—7 日在武汉举行。会议以“创新驱动发展，科技引领未来”为主题，就农产品加工共性技术及装备、食品营养与功能食品等多个专题进行探讨，共 600 多名代表参会。会议同期举办“2016‘养乐多’杯全国高校食品创意大赛”。

【巩固学科发展研究机制，引领学科发展】 《2014—2015 农业工程学科发展报告》完成出版，107 名我会专家参与编撰，并形成 2014—2015 学科发展研究项目专家库。邀请中国科技新闻学会、光明网、农民日报对该书进行推介。作为连续 4 次撰写学科发展报告的 9 家全国学会之一，10 年努力的积累，学科发展研究已培育为学会引领学科发展的重要抓手。

【持续实施期刊影响力计划，巩固学术期刊学科领先地位】 《农业工程学报》入选中国科协精品科技期刊 TOP50，全国行业“百种中国杰出学术期刊”，“2016 中国最具国际影响力学术期刊”。全年出刊 24 期、增刊 2 期。与 CNKI 合作优秀论文双语出版共 120 篇。成功举办“《农业工程学报》创刊三十周年座谈会”。出版《〈农业工程学报〉创刊 30 周年纪念册》。完成农业工程学会第二届优秀论文的评选，表彰 2009—2015 年优秀论文 483 篇、特别优秀论文 110 篇。英文刊《国际农业与生物系统工程学报》(《IJABE》)全年出刊 6 期，总计刊登论文 105 篇，同比增长 28%，全部文章均被 SCI、EI 等收录。2015 年《IJABE》影响因子达 1.007，2013—2015 年总计被引 391 次。推进编辑队伍建设，编辑队伍人员增加 15%，审稿专家增加 20%。

【积极组织对外学术交流，开展民间科技外交】 开展民间科技外交，增加话语权。我会共有 28 位专家在国际组织任职，参与国际学术组织 18 个。2016 年常务副理事长罗锡文院士获 CIGR 国家/区域奖，学会常务理事管小冬当选世界工程组织联合会(WFEO)能力建设委员会执委。完成国际农业与生物系统工程学会(CIGR)、国际田间试验机械化协会(IAMFE)落户中国情况调查。助力 2 位专家赴丹麦参加 CIGR 会议，完成履职。作为国家会员，积极参加 CIGR 活动，完成 CIGR2017—2018 继任主席、2018—2021 秘书长的选举工作。

【开展学会“院士专家校园行”活动，服务学风道德建设】 以“科学大师与学风素养”等为主题在吉林大学、中国地质大学、首都经济贸易大学共举办 4 场宣讲，传承宣扬科学精神，营造良好学术氛围，听众 600 余人，发放农业工程专家文集 200 本。

【充分发挥学会同行评议的基础性和科学共同体的权威性，调研增设中国农业工程科技奖的基础和条件】

【服务学会承接政府转移社会化服务职能】 探索团体标准的联合发布的路径，加入由国家标准委员会办理由中国标准化研究院运营的团体标准发布平台。制定《中国农业工程学会团体标准管理办法(试行)》(讨论稿)。与 22 家社团发起成立“全国农业科技创业创新联盟”，共同探索建立农业全产业链专业智库的途径和方法。巩固专业学术会议建言献策模式，提出科学家建议 5 项，拓展学会决策咨询职能。完成对“生物质耦联发酵生产沼气沼肥技术与整套装备研究”及“生物质清洁水解制备低聚木糖及乙酰丙酸酯关键技术”的科技评价。与中国航空器拥有者及驾驶员协会(AOPA-China)深度合作，共同探索、推进植保无人机操作手的职业资格认定及植保作业的管理工作。

【实施创新驱动助力工程，主动进军经济主战场，创新科技人员进入生产科研一线的方式】 学会入选中国科协创新驱动助力工程“链状试点学会”(30/207)。出台《中国农业工程学会创新驱动助力工程项目管理办法》《中国农业工程学会关于实施创新驱动助力工程的意见》；与内蒙古、河北、山东、广东等多地政府和企业签订协议，建设学会科技成果转化基地和学会开放实验室。8 月，在河南省南阳市召开中国农业工程学会科技成果转化基地—工业化循环水养殖技术项目(南阳)项目进度报会，首次对接政府部门，助推科技成果“从纸面走向实际”。组织力量服务会员需求，成功推动国家玉米全程机械化生产科技创新基地项目。组织编写《大众创业　精准扶贫　走出去合作　项目选择分析与规划》。组织编写工业化循环水养殖技术、蓖麻产业化种植技术的扶贫方案，报送国家扶贫办备选。

【巩固学会展销“双会”品牌，搭建科技成果转化平台】 4 月 19—21 日，中国国际现代农业博览会在中国国际展览中心召开，主题为“科技驱动，创新发展”。同期还举办了 2016 世界精准农业航空大会等 6 场学术活动；并继续开设科普展区，向大众展示农业工程领域的技术热点。

【激发科普团队，探索传统与新媒体技术结合的科普模式以及科普基地与成果转化基地的融合】 出台《中国农业工程学会关于加强科普信息化建设的意见》。出版《农业工程技术》科普杂志 36 期。资助《农业工程技术·农业信息化》网络平台建设。完成学会科普微信公众号“现代农业 123”的“科普中国微平台”年度入驻工作。公众号入选“‘科普中国微平台’移动互联科学传播榜”2016 年第 6 期“科普微信潜力榜”。组织开展 2016 年度农业工程及相关学科科学传播专家团队建设情况中期评估。充分调动学会 14 个科普专家团队，丰富科普资源。建立科普传播基地 2 个，服务公民科技素质培养。

【组织第七届“全国优秀科技工作者”、中国科协“九大”代表、2016 年国家科技奖等奖项评选推荐】 经学会和专家推荐，学会农业水土工程专委会副主任杜太生荣获第十四届“中国青年科技奖”。经学会推荐，学会理事长朱明、学会常务理事廖庆喜、学会常务理事、畜牧工程专业委员会主任委员李保明当选第七届“全国优秀科技工作者”。

【持续开展中国科协“青年人才托举工程”】 出台《中国农业工程学会“青年人才托举工程”项目实施与管理细则(试行)》《中国农业工程学会关于“青年人才托举工程”的项目资金管理办法(试行)》，实施“青托”项目托举 2 名。

【打造大学生“双创”大赛平台的特色亮点活动品牌，集群亮相“2016 全国大众创业万众创新活动周”】 10 月 15 日，“中国农业工程学会创新创业论坛暨全国大学生无人机与机器人创新创业方案赛启动仪式”在北京举行。作为中国科协参加“2016全国大众创业万众创新活动周”的重点活动，亮相“双创周”北京会场，以“大学生创新创业的探索与实践”为主题，在“双创周”的平台上，集中对学会今年的各项大赛进行全面、系统推介。7月20—22日，第四届全国大学生农业建筑环境与能源工程相关专业创新设计竞赛在华南农业大学举行，以“新乡村建设与现代农业工程”为主题，设工艺与环境、设施与设备、清洁能源工程、农业建筑类等4个单元，共26所高校364人、91件作品参赛，为历届之最。10月15日，全国大学生无人机与机器人创新创业方案赛在北京启动。大赛以推动我国无人机与机器人技术在高校的自主创新为主旨，作品类型分为无人机/机器人创新设计/改进方案和无人机/机器人应用方案，共有50件作品入选。11月13日，首届全国大学生无人机创新大赛在广州市华南农业大学举行。大赛以“科技创造生活，创意点亮生活”为主旨，分别为竞技类的障碍穿越赛（穿越机）和应用类的喷洒竞技赛（农业无人机），共有来自26家高等院校企业、单位，共计97名选手参赛。11月15日，第二届全国大学生智能农业装备创新大赛在江苏大学举行，以“智能农装、创新未来”为主题，共有420名大学生的210件智能农业装备创新作品角逐决赛。大赛同期举行学生项目成果供需洽谈会会、专场人才招聘会，为“双创”人才和成果转化搭建平台。

【入选人力资源与社会保障部2016年度专业技术人才知识更新工程岗位培训项目】 10月21—24日，设施养殖技术专题培训班在辽宁大连举行，围绕设施养殖的前沿技术，通过集中授课和实地观摩相结合，对国内水产设施养殖行业的专业人员30人进行培训。11月28日—12月2日，全国农用无人机植保理论及技术培训班（第二届）在广东肇庆举办，培训班围绕植保无人机的基本理论与技术，对国内农用无人机和植保应用领域的专业人员60人进行培训。

【稳妥推进农业工程类教育认证工作】 7月，拜访中国电机工程学会就专业补充标准制定和实施等问题进行调研。8月24日，学会教育委员会暨工程教育专业认证工作会议在吉林长春紫荆花饭店召开，学会工程教育认证工作形成常态化年度会议机制。组织开展国外农业工程师制度调研，为推进中国科协工程师互认战略目标，做好本领域基础情况储备。

【加强思想引领，服务学会能力提升】 发挥在秘书处层面上的党支部作用，完成功能型党委组建，获科技社团党委批准。以“学会组织的‘政治性、先进性、群众性’”为关注点，开展本年度学会会员需求调查，发放问卷400余份，并向中国科协提交了调研报告。

【开展学会治理结构和方式改革探索，规范办事机构职业建设】 组织召开学会九届八次、九届九次、九届十次常务理事会（通讯）会议，九届五次理事会，理事长工作会议2次，秘书长工作会议2次。开展理事评估调研，发挥理事会作用。组建专兼职与志愿者相结合的办事机构队伍。完善办事机构管理制度，统计、档案、财务、年鉴等工作获中国科协表彰奖励。

【开展会员发展与服务方式改革】 建立学会企业会员工作站1个，推动学会组织体系向下延伸。推进网站、手机报、微信三位一体的交叉网络信息化平台建设，打造“互联网＋学会”，网站浏览量年均增加30%，手机报年均发送信息3000条以上。定期出版会讯4期。

【“党建扶贫”，开展党建强会特色活动】 组织蓖麻经济技术分会专家，在内蒙古莫力达瓦旗通过座谈论证、咨询和规划，发放资料，开展蓖麻试种和实地技术指导活动，助推旗内实现蓖麻等经济作物的订单农业，帮助农民提高收入。2016年种植蓖麻实验田200亩，2017年计划种植5万亩。在活动中突出“党建”元素，通过党建活动推进学会自身建设，“党务业务双结合”。

【建家交友，组织“第七届中国科协全国学会乒乓球比赛”】 12月3—4日，中国科协会员日乒乓球赛（第七届）在北京月坛体育中心举行。比赛以“党建引领、建家交友、服务创新、团结会员”为主题，共有来自50个全国学会和中国科协机关、直属单位360名科技工作者参赛，其中理事长、秘书长选手多达50余人。比赛持续打造建家交友平台，着力解决“与科技人员不亲、联系不紧”；同时，通过球赛，增强了学会在全社会可见度和辨识度，对学会起到良好的宣传作用。

（管小冬）

机构与负责人

农业部农业机械化主管部门

【农业部农业机械化管理司】
司长:李伟国
巡视员:潘学峰
副司长:李安宁
副巡视员:王家忠
综合处
处长:李斯华
副调研员:张汉夫
产业发展处
处长:宋建武
调研员:李庆东
副处长:李伟
生产管理处
处长:刘小伟
副调研员:吴迪
科技教育处
处长:刘云泽
调研员:王国占
副调研员:刘晶
安全监理处
处长:范学民
副处长:丁仕华

农业机械化业务部门

【农业部农业机械试验鉴定总站(中国农机产品质量认证中心)】
站长、党委书记:刘敏
副站长:郭建辉 刘旭 姚春生
总工程师:仪坤秀
党委副书记、纪委书记:郭京华

【农业部农业机械化技术开发推广总站(农业部农机监理总站)】
站长:刘恒新
副站长:涂志强 王桂显

【农业部南京农业机械化研究所】
所长、党委副书记:陈巧敏
党委书记、副所长:胡志超
副所长:曹光乔
党委副书记、纪委书记:肖体琼

协会

【中国农业机械化协会】
会长:刘宪
副会长:马世青 杨林
秘书长:王天辰
副秘书长兼办公室主任:陈海燕

【中国农业机械工业协会】
名誉会长:高元恩
会长:陈志
执行副会长:范景龙 侯庆忠 洪暹国
秘书长:洪暹国
副秘书长:刘伟华 宁学贵

【中国农业机械流通协会】
党委书记、会长:毛洪
副会长:陈涛 王玉狮
党委副书记、纪委书记:陈阳
副会长兼秘书长:吴军旗

地方农业机械化主管部门

【北京市农业局农业机械化管理处(北京市农业机械化管理办公室)】
农业局副局长:李全录
处长:翟金津
副处长:宫少俊
副调研员:王雅红 梁井林

【天津市农村工作委员会农业机械管理办公室(天津市农业机械发展服务中心)】
党委书记、主任:韦恩学
副主任:胡伟 刘志伟 李广来

【河北省农业机械化管理局】
局长:傅强
副局长:郭恒
调研员:王立华 田继来

【山西省农机局】
局长:左义河
副局长:侯振全 王五明 张建中
总工程师:张本源

【内蒙古自治区农牧业厅农牧业机械化管理局】
局长:王建江
副局长:郭跃 白巨财
副调研员:赵克勤 董林香

【辽宁省农村经济委员会】
副主任:张奎男

【吉林省农业机械化管理局】
局长:郑建东
副局长:杜少辉
调研员:曹殿广
副调研员:曹纯华

【黑龙江省农业委员会农业机械化管理局】
农委副主任:李连瑞
局长:谢庆华
副局长:李宪义 王平

【上海市农业机械化管理办公室】
主任:施忠

副主任:郑雷 刘利光
副调研员:陆建华

【江苏省农业机械管理局】
局长、党组书记兼省农委副主任:沈建辉
副局长:王峰 王翠章
纪检组长、机关党委书记:景启坚
局党组成员:卓炜

【浙江省农业机械管理局】
局长:王建伟
调研员:蔡潮永
副局长:王天工 布明华 王建松
副调研员:魏绍林 竺锡雅

【安徽省农业机械管理局】
局长:胡刚
副局长:江洪银 陈发明 张道华
纪检组长:王萍
调研员:刘振宇

【福建省农业厅农业机械化管理处(福建省农业机械管理局)】
处长:杨斌
调研员:许惠霖
副调研员:兰亨庭

【江西省农业机械化管理局】
局长:许友光
副局长:邱水平 付志勇

【山东省农业机械管理局】
局长:卜祥联
副巡视员:侯英忠
副局长:韩永平 刘娜 王乃生
纪检组长:王瑞华

【河南省农业机械管理局】
局长:凌中南
副局长:程双进 王春贵
总工程师:蒋兴宁
机关党委专职副书记:周慧深
纪检监察室专职纪监员:丁向阳

【湖北省农机局】
局长:刘长华
纪委书记:王再虎
副局长:姜卫东 皮少成
副巡视员:万福祥

【湖南省农业机械管理局】
局长、党组书记:王罗方
总工程师:汤绍武
纪检组长:涂文波
副局长:杨国成 黄育忠 龚昕 肖林
调研员:刘世忠

【广东省农业厅农业机械化管理办公室(广东省农业机械安全监督管理办公室)】
厅党组成员、副厅长:黄斌民
主任:陈楚楷
调研员:郑为国
副主任:刘亚平 陈奕娟

【广西壮族自治区农业机械化管理局】
局长:韦周凡
副局长:李一洪 黄汉全 江垣德

【海南省农业机械化管理处(海南省农业机械化管理局)】
局长:陈雍
副局长:张绍辉
调研员:林道泽
副调研员:邢志坚

【重庆市农机管理办公室】
农委副主任兼农机办主任:秦大春
副主任:赵培江 秦明山

【四川省农业厅】
厅长:祝春秀
总农艺师:潘海平

【贵州省农业委员会】
党组成员、机关党委书记:徐成高
农机管理处处长:戴卫岑
农机管理处调研员:程文红
农机装备处处长:张荣

【云南省农业厅农业机械化管理处】
副厅长:左荣贵
处长:可斌
副处级调研员:李飒 邱智银

【西藏自治区农牧厅农业机械化管理处】
副厅长:布琼次仁
厅办公室主任:秦松茂
农机处处长:战都
农机处副处长:钟成义 程红胜 徐超

【陕西省农业机械管理局】
局长:何存贵
副局长:马驰 段保群
副局长、总工程师:上官永

【甘肃省农业机械管理局】
局长:贾怀德
副局长:曹新惠 王学军

【青海省农牧机械管理局】
局长:王建元
副局长:何彦武
办公室主任:孔俊君 白延芳

【宁夏回族自治区农牧厅农业机械化管理局】
局长:虞景龙
副局长:陈峰江
调研员:朱晓江 郭广生
副调研员:马琦

【新疆维吾尔自治区农牧业机械管理局】
党组书记、副局长:贾立新
局长、党组副书记:木合塔尔·艾沙
副局长:欧兴江
总工程师:裴新民
副局长:依米提·肉孜
纪检组长:原晋南

【大连市农业机械化办公室】
农委主任:刘明智
农委副主任:毕泽贺
农机办主任:唐瑞超
农机办副主任:田伟
农机办调研员:张蓉

【宁波市农业机械化服务总站】
站长:葛建平
副站长:严政 李季炜

【青岛市农业机械管理局】
局长:牛润之
副局长:闫文圣 程兴谟 徐振峰

【厦门市农业局】
局长:吕参军
副局长:许心凌
办公室调研员:傅春蓉

【新疆生产建设兵团农业机械化管理局】
局长:丁卫东
主任科员:闫向辉

【黑龙江省农垦总局农业机械化管理局】
局长:周建龙
副局长:冯舟

【广东省农垦总局】
副局长:吕林汉

大 事 记

中 央 篇

农业部农业机械化管理司

2015 年 12 月 7 日

工业和信息化部部长苗圩召开“工业稳增长调结构增效益重点工作”部门分工方案协调会，农业部农业机械化管理司司长李伟国代表农业部参加。会议商定，农业部牵头负责实施农机报废更新政策、海洋渔船更新改造项目，协助工业和信息化部研究起草《农机装备制造发展行动方案》。

12 月 22 日

农业部农业机械化管理司、农业机械化技术开发推广总站在北京召开农机购置补贴机具分类分档和补贴额测算座谈会。会议交流研讨农机购置补贴政策创新的实施情况。农业部农业机械化管理司司长李伟国出席会议并讲话，提出并全面解读“缩范围、降定额、促敞开”的工作思路，为今后一段时期补贴政策实施奠定基调。

12 月 23 日

农业部办公厅印发《关于对〈2015—2017 年全国通用类农业机械中央财政资金最高补贴额一览表〉进行调整的通知》，缩小通用类补贴机具范围，降低最高补贴额度，并进一步放权地方，明确各省归并、细化通用类补贴机具档次的原则和权限。

2016 年 1 月 12 日

为深入贯彻落实中央领导关于安全生产的重要指示批示精神和全国安全生产电视电话会议精神，农业部办公厅印发《关于做好 2016 年农机安全监理工作的通知》，要求各地切实落实安全责任和各项安全监管惠农政策，精心编制农机安全生产“十三五”规划，促进农业机械化安全发展。

1 月 19 日

农业部农业机械化管理司在北京召开全国农业机械化工作会，总结交流 2016 年和“十二五”农业机械化工作，研究“十三五”农业机械化工作思路，部署 2016 年农业机械化重点工作。农业部副部长张桃林出席会议并作重要讲话，农业部农业机械化管理司司长李伟国主持会议并作会议总结。

1 月 26 日

农业部农业机械化管理司、农业机械化技术开发推广总站在北京召开农机购置补贴违规行为调查处理工作座谈会。会议部署 2016 年农机购置补贴重点工作，研究农机购置补贴违规处理数据库和黑名单数据库上线运行事宜，为各省联动查处农机购置补贴违规行为、全面惩戒失信违规企业提供信息技术支撑。农业部农业机械化管理司副司长胡乐鸣出席会议并作总结讲话。

2 月 4 日

农业部农业机械化管理司印发《农机化司 2016 年工作要点》，明确落实完善农业机械化扶持政策、推进生产全程机械化等五个方面 20 项重点工作，确保年底农作物耕种收综合机械化率超过 64%，为“十三五”农业农村经济发展提供有力的技术装备支撑。

2 月 14 日

农业部印发《全国农机深松整地作业实施规划（2016—2020 年）》，确定 7 个深松类型区域的作业模式和技术路径，确定“十三五”期间全国每年农机深松整地作业的发展目标。

2 月 18 日

农业部办公厅通报 2015 年农机事故情况。全国累计报告在国家等级公路以外的农机事故 1 306 起，死亡 208 人，受伤 427 人，直接经济损失 1 758.7 万元。与上年同期相比，事故起数、死亡人数和受伤人数分别下降 25.1%，30.7% 和 23.2%，直接经济损失上升 21.3%。

2 月 22 日

国务院、中央军委空中交通管制委员会办公室在北京组织召开无人驾驶航空器管理部际联席第一次会议。会议传达习近平总书记等中央领导同志关于规范无人驾驶航空器管理的批示精神，充分听取各单位的意见建议。农业部农业机械化管理司代表农业部受邀参加并提出意见建议。

3 月 4 日

农业部印发第 2367 号公告，对新修订的《农业机械推广鉴定大纲编写规则》（TZ 1—2016）予以发布，自发布之日起实施。

3 月 5 日

中共中央政治局常委、国务院总理李克强在第十二届全国人民代表大会第四次会议上做人民政府工作报告时提出，2016年“增加深松土地1.5亿亩”。

3月5日

中共中央政治局常委、国务院总理李克强在人民政府工作报告中，将18项行政事业性收费的免征范围，从小微企业扩大到所有企业和个人，其中包括农机牌证费和安全检验费5项内容。

3月16日

第十二届全国人民代表大会第四次会议通过《中华人民共和国国民经济和社会发展第十三个五年规划纲要》，强调加快推进农业机械化，要求“突破水稻机插、油菜机播机收、棉花及甘蔗机收等瓶颈，推广大马力、高性能农机和轻便、耐用、低耗中小型耕种收及植保机械，建设500个全程机械化示范县，主要农作物耕种收综合机械化率达到70%左右”。

3月22日

农业部办公厅印发《关于深入开展农机合作社示范创建活动的通知》，决定在全国范围内开展新一轮农机合作社示范创建活动。“十三五”期间，农业部拟组织创建1 000个全国农机合作社示范社。

农业部农业机械化管理司印发《关于加强2016年主要农作物生产全程机械化示范项目实施过程管理的通知》，要求各省切实加强项目实施过程管理，确保“管理措施、技术措施、资金规范使用、任务目标完成”四到位，确保项目发挥应有效应。

3月25日

农业部印发《关于贯彻国务院〈政府工作报告〉部署切实做好2016年农机深松整地工作的通知》，分解下达各省农机深松作业任务，要求各地加强组织领导，建立考核制度，加强装备支撑，开展作业补助，强化质量监控。

3月28日

农业部、财政部联合发出通知，要求各省加快做好2016年农机购置补贴等财政支农项目实施工作。通知要求各省按照“缩范围、控定额、促敞开”的工作思路，以绿色生态为导向，突出补贴重点，合理确定补贴标准，强化违规问题查处，积极推进相关试点，切实提高农机购置补贴资金使用效益。

3月29日

农业部办公厅对2015年下半年各地农机购置补贴产品经营违规行为查处情况进行通报。2015年下半年，各级农业机械化主管部门组织查处了94家企业在参与农机购置补贴政策实施中的违规行为，取消或暂停违规企业的产品补贴资格或经销补贴产品的资格，将8家企业及其法定代表人列入农机购置补贴产品经营黑名单。

农业部办公厅印发《关于做好当前农业机械推广鉴定有关工作的通知》（农办机〔2016〕6号），要求贯彻落实《农业机械推广鉴定实施办法》，促进先进适用农业机械的推广应用。

3月30日

农业部农业机械化管理司、农业机械化技术开发推广总站在海口市召开农机购置补贴检查督导工作会。会议宣布成立部级农机购置补贴督导专家组，明确2016年督导工作重点和主要任务，全面构建事中事后监督管理体系，变集中定期督导检查为专题随机督导检查，提高督导检查的针对性和实效性。

4月15日

农业部农业机械化管理司印发《关于开展2016年部级农业机械推广鉴定证书有效期内产品监督检查的通知》，部署有关农机鉴定机构成立专家组，对45个企业的微耕机、拖拉机、秸秆还田机、联合收割机等91个型号产品的企业名称、地址及结构参数一致性以及推广鉴定证书和标志使用情况进行监督检查。

4月19日

农业部农业机械化管理司司长李伟国会同国际合作司有关负责同志会见日本最大的农机制造公司——日本株式会社久保田社长木股昌俊一行。久保田准备扩大在华投资，加大精准高效农机装备产品研发制造。

4月20日

财政部、国家发展和改革委员会联合印发《关于扩大18项行政事业性收费免征范围的通知》（财税〔2016〕42号）。通知规定自2016年5月1日起，将18项行政事业性收费的免征范围，从小微企业扩大到所有企业和个人，其中包括拖拉机号牌（含号牌架、固定封装置）费、拖拉机行驶证费、拖拉机登记证费、拖拉机驾驶证费、拖拉机安全技术检验费5项内容。

5月4日

农业部农业机械化管理司在成都召开“三夏”农机跨区作业形势会商会，会议组织四川、河北、江苏、安徽、山东、河南、湖北、陕西等省，分析当前小麦跨区机收的市场形势，并对下一步工作进行安排部署。

5月6日

农业部办公厅印发《关于开展农用植保无人飞机专项统计工作的通知》，首次在全国范围内对植保无人飞机拥有量、作业情况进行专项统计，为后续管理和政策创设提供数据支撑。

5月7日

农业部农业机械化管理司在重庆举办丘陵山区机械化作业现场观摩及探讨活动，引导有关省区借鉴重庆经验，试点开展田块缓坡化、回环梯台等形式的改造，探索解决大中型机械作业难问题。

5月9日

农业部农业机械化管理司印发《关于组织开展好2016年农机“安全生产月”活动的通知》，以“强化安全发展观念，提升农机手安全素质”为主题，部署在全国范围内组织开展农机“安全生产月”活动。

5月12日

农业部印发《关于做好2016年“三夏”农机跨区作业管理和服务工作的通知》，明确2016年农机跨区作业目标：争取投入联合收割机达到60万台，其中参加跨区作业的稳定在29万台左右。冬小麦机收水平超过92%，机收作业损失率不超过3%；夏玉米机播水平达到80%。

5月13日

农业部农业机械化管理司、工业和信息化部装备司在北京联合召开座谈会，专题研究《农机装备制造发展行动方案（2016—2020年）（征求意见稿）》及推进工作计划。

5月17日

全国农业机械化安全生产工作会议在南宁市召开，会议总结交流“十二五”农机安全和“平安农机”创建工作情况，分析当前农机安全生产形势，研究部署“十三五”农机安全生产和“平安农机”创建工作。农业部副部长张桃林出席会议并讲话。

5月17日

农业部在广西南宁举办农机事故应急处置演练，通过演练进一步规范农机事故处理，提升农机事故应急和救援能力。农业部副部长张桃林现场观摩活动，国家安全生产监督管理总局、公安部有关司局领导出席活动。

5月18日

农业部农业机械化管理司会同安全

生产监督管理、公安部门在广西召开变型拖拉机管理工作座谈会，会议围绕变型拖拉机的管理情况、存在的问题和建议进行充分交流。三部门决定加强工作配合，加大监管力度，联合开展变型拖拉机专项整治活动。

5月24日

农业部农业机械化管理司、农业机械化技术开发推广总站在杭州召开农机购置补贴政策实施情况座谈会。农业部农业机械化管理司司长李伟国出席会议并讲话，要求各省全面系统地理解“缩范围、控定额、促敞开”工作思路，加快补贴政策实施监管，实现由原则性思路要求向精细化实施、由碎片化应急性管理向系统性常态化管理、由案例化特殊处理向程序性规范化处理“三个转变”。

5月27日

农业部办公厅印发《关于2015年农业机械质量调查的结果的通报》(农办机〔2016〕14号)，调查机械包括大中型拖拉机及玉米收获机械2大类，调查结果显示用户满意度总体评分均达到80%以上。

5月30日

农业部发布农业部令(2016年第3号)，自2016年6月1日起，《农业机械维修管理条例》不再将《农业机械维修技术合格证》作为办理工商注册登记的前置条件，改“先证后照”为“先照后证”。

5月30日

农业部办公厅印发文件，公布全国首批基本实现主要农作物生产全程机械化示范县名单，北京市顺义区等28个县(市、区)入围。

5月30日

农业部办公厅印发《关于成立农业部主要农作物生产全程机械化推进行动专家指导组的通知》。专家指导组由中国工程院院士罗锡文担任，副组长由中国工程院院士陈温福、院士陈学庚、农业部农业机械化技术开发推广总站站长刘恒新担任，下设水稻、玉米、小麦、油菜、花生、棉花、马铃薯、大豆、甘蔗等9个专业组，分别由相关农机、农艺专家组成。

6月3日

农业部在江苏省常州市召开全国主要农作物生产全程机械化推进行动现场会，就深入推进全程机械化进行集中动员部署。农业部副部长张桃林出席会议并讲话，江苏省农业机械管理局等6家单位负责同志在会议上做典型经验交流发言，会议代表观摩全程机械化作业现场演示。

6月6日

农业部农业机械化管理司印发《关于进一步做好2016年农机报废更新补贴试点工作的通知》，落实农业部办公厅、财政部办公厅联合印发的《关于做好2016年部分财政支农项目实施工作的通知》，将农机报废更新补贴试点范围扩大到全国。

6月7日

受农业部农业机械化管理司委托，中国农业大学中国农业机械化发展研究中心组织召开《全国农业机械化发展第十三个五年规划》论证会，邀请行业知名专家对规划提出的发展目标、主要任务、发展重点、重大行动计划等内容进行论证。专家组对规划给予高度评价，一致通过论证。

6月10日

经过农业部农业机械化管理司专门发文督导和多次督办，福建省停止给“变型拖拉机”发放牌证。至此，全国所有省份都停止“变拖”发放牌证。

6月15日

农业部农业机械化管理司会同国家安全生产监督管理总局安全监管二司组成调研组，赴安徽调研“平安农机”创建活动，并召开专题座谈会，研究“十三五”创建“平安农机”活动方案。

6月16日

农业部农业机械化管理司会同国家安全生产监督管理总局安全监管二司、农业部安全生产委员会办公室组成督导组，参加在安徽、浙江、吉林等地举办的“安全生产宣传咨询日”活动。据统计，“安全生产月”期间，全国共开展现场农机安全宣传活动1.5万余次，受益农民机手近353万人次，发放农机安全宣传资料近404万份，制作标语、横幅、展板、宣传专栏5.6万余个，发送手机安全信息1 162万多条，有关媒体宣传报道近1.4万篇。

6月19日

全国共收获冬小麦21 300千公顷，超过应收面积95%，华北地区麦收基本结束，标志着全国“三夏”小麦跨区机收大会战落下帷幕。据统计，2016年全国投入小麦机收的联合收割机超过60万台，同比增加4万台。

6月20日

农业部农业机械化管理司印发《部级农机购置补贴专项督导工作方案(试行)》，按照科学务实、定向聚焦、公正公开的原则，明确督导工作的内容方法、任务分工、具体流程与有关要求。

6月22日—7月5日

农业部农业机械化管理司副司长孔亮带队赴美国开展中美农机安全技术交流考察。

7月1日

《农业机械化管理司内部控制规程(试行)》正式施行。规程明确农业机械化部门预算、农机购置补贴政策、农业机械化基本建设项目、会议培训、固定资产等5项重要经济和业务活动管理流程，分析了各环节风险隐患，制定了风险应对策略，为促进农业部农业机械化管理司的公共服务效能和内部管理水平不断提高提供了基本遵循。

7月20日

农业部印发《关于表扬2015年度专项工作延伸绩效管理试点工作优秀单位的通报》，江苏省农业机械管理局等10个省级农业机械化主管部门被评为“强农惠农富农政策落实(农机购置补贴)优秀单位”。

国务院召开全国安全生产电视电话会议，国务院副总理马凯在讲话中对农机安全生产工作给予了肯定和表扬。

7月28日

国务院印发《“十三五”国家科技创新规划》。《规划》指出，我国将发展高效安全生态的现代农业技术，以发展农业高新技术产业、支撑农业转型升级为目标，重点发展农业智能生产、智能农机装备、设施农业等关键技术和产品。

7月31日

国家质量监督检验检疫总局印发《关于2016年第2批家用电动洗衣机等31种产品质量国家监督抽查情况的通报》(国质检监函〔2016〕385号)，公布了第二季度脱粒机质量抽查结果。在抽查的9个省(区)59家农机企业生产的59批次脱粒机产品中，有6批次产品质量不合格，不合格产品检出率为10.2%，均为小型企业生产的产品。

8月1日

2015年农机购置补贴资金管理使用情况在财政部组织的绩效评价中被评为“政策实现度高”，属绩效评价最高等级。农业部部长韩长赋批示：农机补贴思路日清、政策日顺，效果日显，给予肯定，创新求实，再接再厉；副部长张桃林批示:成绩来之不易,希望再接再厉,更高标准更严要求,认真研究吸收相关意见建议,不断加强和改进工作。

国家质量监督检验检疫总局、国家标准化管理委员会、工业和信息化部联合印发《装备制造业标准化和质量提升规划》的通知(国质检标联〔2016〕396号),要求围绕从产前到产后的全产业链,研究建立结构优化、指标先进、符合国情的农业机械装备体系标准。

8月4日

农业部副部长张桃林、国家发展和改革委员会副主任林念修共同主持召开甘蔗生产机械化推进工作专题座谈会,会议分别听取农业部、国家发展和改革委员会、工业和信息化部、广西壮族自治区人民政府、中国农业机械工业协会落实国家发展和改革委员会关于支持蔗糖业发展和甘蔗生产机械化相关工作分工方案的汇报,肯定工作成绩,指出了问题差距,并提出下一步工作要求。

8月13—17日

在中国工程院院士陈学庚带领下,农业部主要农作物生产全程机械化推进行动棉花专家组对湖北、江西棉区进行调研,并结合实际情况对当地棉花机械化生产提出意见和建议。

8月15日

根据国家发展和改革委员会、中央机构编制委员会办公室、农业部、国家粮食局等13个部门和单位联合印发的《关于开展2016年度粮食安全省长责任制考核工作的通知》精神,在征求意见基础上,农业部办公厅制定《2016年度各省主要粮食作物耕种收综合机械化率发展指标》,并印发至各省(区、市)人民政府办公厅和农业机械化主管部门。

8月16日

农业部办公厅对2016年上半年农机事故情况进行通报。1—6月,累计报告在国家等级公路以外的农机事故328起,死亡30人,受伤114人,直接经济损失337.38万元。与上年同期相比,事故起数、死亡人数、受伤人数和直接经济损失同时实现“四下降”,下降比率分别为31.9%、23.1%、30.9%和19.5%。

8月24日

农业部农业机械化管理司对山东省淄博市发生的一起重大道路交通事故情况等进行通报,要求各地把治理“变拖”作为当前安全监理工作的重中之重,坚决杜绝、严肃查处违规给“变拖”发放牌证;查清底数、严格规范变型拖拉机存量管理;切实加强组织领导和宣传发动。

9月1日

农业部办公厅、财政部办公厅联合发布《关于浙江等3省2016年农机新产品购置补贴试点方案的意见》,在浙江、福建、湖南三省启动农机新产品购置补贴试点,鼓励相关省选择能够填补国内农机制造空白,或具有重大科技进步、技术发明和集成创新特征的农机产品,探索可复制可推广的补贴方式和工作机制。

9月18日

农业部办公厅印发《关于做好2016年“三秋”机械化生产工作的通知》,对“三秋”机械化生产工作进行部署。

9月22日

农业部农业机械化管理司在甘肃省召开秋季农机深松整地工作现场推进交流活动,12个深松重点省份的农机部门负责同志汇报交流秋季深松工作准备情况。农业部农业机械化管理司副司长李安宁参加交流活动并作讲话,要求各有关地区农机部门提高认识,多措并举,保质保量完成全年深松整地作业任务。

10月9日

农业部印发公告(第2456号),根据《农业机械试验鉴定办法》的规定,新制修订的“农业轮式和履带拖拉机”等45项农业机械推广鉴定大纲经专家审定通过,自2016年11月1日起实施。

10月10日

农业部农业机械化管理司决定从10月中旬至10月底,抽调相关省份分管人员组成8个工作督导组,赴12个农机深松重点省份开展秋季深松工作督导。

10月12日

农业部农业机械化管理司在新疆昌吉市召开全国农业机械化科技创新座谈会,总结“十二五”农业机械化科技创新工作成效经验,研究部署“十三五”农业部农业机械化管理司科技创新工作。农业部农业机械化管理司司长李伟国、中国工程院院士罗锡文、院士陈学庚出席会议并作讲话。

10月16日

农业部印发《关于公布2017年拖拉机检验合格标志式样的通知》,要求各省级农机安全监理机构统一与定点生产企业联系定制,并严格按照《拖拉机登记规定》和《拖拉机登记工作规范》予以核发。

农业部农业机械化管理司发出通知,在全国范围内暂停20家(次)企业生产的国家抽检质量不合格农机产品的农机购置补贴资格。

10月18日

农业部办公厅印发《主要农作物生产全程机械化示范县评价指标体系和评价办法(试行)》,为科学评价县域全程机械化水平提供参考依据,引导各地以评促建、对标补短、典型带动,力争到2020年全国建成500个左右基本实现全程机械化的示范县。

农业部办公厅印发通知,公布2016年确定的203个全国农机合作社示范社名单,明确示范社名单在监测管理的基础上,实现动态调整。

农业部农业机械化管理司、农业机械化技术开发推广总站在青岛举办全国农机购置补贴信息公开培训班,通报各省农机购置补贴信息公开专栏建设维护情况、各地补贴咨询投诉电话抽查结果,交流了补贴政策信息公开的经验做法。要求各省对12月1日之后违规购买的装配有“国Ⅱ”柴油机的农机产品,停止办理补贴;对12月1日以前已购置的,可结合实际研究确定补贴办理时限及相关事宜,但办理时限原则上不超过2017年3月底。

10月20日

国务院办公厅督查室召开专题会议,了解国务院《政府工作报告》有关量化指标的落实情况。农业部农业机械化管理司司长李伟国代表农业部汇报“增加深松土地1.5亿亩”工作进展情况。

10月24—27日

农业部副部长张桃林带队赴吉林、内蒙古开展秸秆综合利用、主要农作物全程机械化及农机购置补贴政策实施情况调研。农业部农业机械化管理司司长李伟国参加调研。

10月26日

农业部农业机械化管理司倡导企业向湖南省龙山县茨岩塘镇包谷村捐赠8台大中型拖拉机和联合收割机等农机装备,为其量身打造农机配套实施方案,探索农机扶贫模式。

11月8日

全国农机深松作业面积达到10 027千公顷,超过全年10 000千公顷的总目标。山东、安徽省率先完成全年深松任务。

11月14日

按照国务院安全生产委员会办公室

的部署，农业部农业机械化管理司印发通知，在全国范围内组织开展农机安全生产大检查，成立 4 个检查督导组，赴部分省份进行检查督导。

11 月 23 日

农业部发布《农业科技创新能力条件建设规划（2016—2020 年）》。规划明确"十三五"期间农业机械化科研重点实验室、观测实验站、农业全程机械化科研基地等建设任务和投资规模，农业机械化科技创新能力条件有望得到较大改善。

11 月 23—25 日

农业部副部长张桃林带队赴山东省潍坊、枣庄等地开展财政支农政策及农业机械化工作调研。农业部农业机械化管理司副司长孔亮参加调研。

11 月 28 日

工业和信息化部、农业部、国家发展和改革委员会联合印发《农机装备发展行动方案（2016—2025 年）》的通知（工信部联装〔2016〕413 号），以贯彻落实《中国制造 2025》，推进我国农机工业转型升级，增强农业机械有效供给能力，提升我国现代农业生产水平。

11 月 30 日

农业部办公厅印发《农业机械试验鉴定机构部级鉴定能力认定实施细则》的通知，要求部级鉴定能力认定工作按细则、申请受理、考评内容和方法、监督管理及附则 5 个步骤实施。

2016 年

全国人民代表大会常务委员会开展《安全生产法》和《道路交通安全法》执法检查，并于 12 月 24 日进行专题询问。农业部副部长张桃林、副部长陈晓华、总经济师王智才分别出席有关会议。

在充分调研和广泛征求意见的基础上，农业部农业机械化管理司组织起草《农业机械化安全生产"十三五"规划》，会同国家安全生产监督管理总局起草《"十三五"创建"平安农机"活动方案》。

全年

农业部农业机械化管理司人事变动情况如下：潘学峰任农业部农业机械化管理司巡视员；李安宁任副司长；王家忠任副巡视员，免去其综合处处长职务；免去胡乐鸣副司长职务；免去孔亮副司长职务；李斯华任综合处处长，免去其生产管理处处长职务；刘小伟任生产管理处处长，免去其生产管理处调研员职务；李庆东任产业发展处调研员，免去其生产管理处副处长职务；李伟任产业发展处副处长，免去其产业发展处副调研员职务；丁仕华任安全监理处副处长，免去其科技教育处副处长职务；吴迪任生产管理处副调研员，免去其综合处副调研员职务；张汉夫任综合处副调研员，免去其安全监理处副调研员职务；免去路玉彬综合处副处长职务；刘晶任科技教育处副调研员，免去其科技教育处主任科员职务；段冬冬任综合处副主任科员。

农业部农业机械试验鉴定总站（中国农机产品质量认证中心）

2015 年 12 月 3 日

农业部农业机械试验鉴定总站在北京召开农机报废回收机制研究专家研讨会，各省（市）的行业管理或技术专家 30 余人参加研讨会。会议深入分析农机报废回收形势，探究激励报废回收的法制与管理机制。

12 月 15 日

全国农业机械标准化技术委员会农业机械化分技术委员会在成都市组织召开农业机械化农业行业标准 2015 年第二次审定会，《农业机械生产企业维修服务能力评价规范》等 12 项农业行业标准通过审定。

12 月 16 日

农业部农业机械试验鉴定总站开展"农业机械推广鉴定信息管理系统建设项目"验收工作，经过项目组汇报、软件公司现场演示、专家质询等环节，专家组一致同意该项目通过验收。

12 月 24 日

农业部农业机械试验鉴定总站在北京组织召开部级农业机械试验鉴定大纲审定会，有关专家及大纲和通则主要起草人 50 余名代表参加会议。会议对农业机械推广鉴定通则《农业机械推广鉴定大纲编写规则》进行重点讨论和审查。

12 月 31 日

农业部农业机械试验鉴定总站发布《关于 2015 年第四批部级农机推广鉴定结果的通报》（农机鉴〔2015〕141 号），公布通过部级农业机械推广鉴定的 193 家企业 700 个产品、通过部级推广鉴定证书信息变更审核的 309 个产品和按规定应撤销部级农业机械推广鉴定证书的 17 个产品。

2016 年 1 月 20 日

农业部农业机械试验鉴定总站发布《第一批部级农机推广鉴定结果通报》（农机鉴〔2016〕7 号），公布通过部级农业机械推广鉴定的 56 家企业 266 种产品、通过部级推广鉴定证书信息变更审核的 2 家企业的 4 种产品。

农业部农业机械试验鉴定总站在北京举办农机试验鉴定相关规章制度宣贯培训班。农业部农业机械化管理司、农业机械试验鉴定总站、各省（区、市）农业机械试验鉴定机构、部级农机推广鉴定大纲修订主要起草人等 150 余名代表参加。

2 月 18 日

农业部农业机械试验鉴定总站实验室开展 2015 年度冬季培训，通报 2015 年部级推广鉴定项目管理工作情况，并开展产品一致性检查、产品适用性评价和实验室资质认定等相关知识培训。农业部农业机械试验鉴定总站站长刘敏出席并讲话，总工程师仪坤秀主持培训会。

2 月

农机购置补贴违规通报及黑名单数据库在中国农业机械化信息网上线运行。

3 月 14 日

北京东方凯姆质量认证中心接受国家认证认可监督管理委员会 2016 年度质量管理体系认证年度监督和产品认证复评审。

3 月 16 日

农业部农业机械试验鉴定总站印发《关于启动〈在用挤奶设备质量安全监测〉项目的函》，正式启动农业部农产品质量安全监管项目《在用挤奶设备质量安全监测》，这是在用挤奶设备首次被纳入农产品质量安全监管范围。项目计划实施 3 年，在全国 11 个省份选取 40～50 个牧场作为在用挤奶设备质量安全监测点，监测其挤奶设备主要参数，判断设备作业状况。计划每年开展 3 批次监测，监测结果分析汇总上报农业部农产品质量安全监管局，同时用于 DHI 数据分析采信，并反馈牧场促其及时维护保养挤奶设备。

3 月 22 日

农业部农业机械试验鉴定总站完成部级推广鉴定信息管理系统测试和调试，并对 30 余个省站的 70 多名管理员进行系统操作培训。

农业部农业机械试验鉴定总站在江

苏常州举办全国农机维修技能师资培训班,来自24个省份的农机职业技能开发机构管理人员和全国农机职业技能培训鉴定示范基地师资共109人参加培训。

3月25日

农业部农业机械试验鉴定总站在北京组织召开全国农业机械试验鉴定站长会议暨农业机械化质量工作座谈会,农业部副部长张桃林出席会议并作重要讲话。会议对“十二五”期间的工作进行回顾,对当前的形势进行分析,并围绕“十三五”期间我国农业农村经济、农业现代化建设这一中心任务,对本行业“十三五”和近期工作进行研究部署。农业部农业机械化管理司司长李伟国以及全国各省农业机械化管理局、农业机械试验鉴定站、农业机械质量监督管理站、农业机械维修站的有关领导和总站领导班子成员、处室负责人参加会议。

3月29日

农业部农业机械试验鉴定总站配合发布《农业部办公厅关于做好当前农业机械推广鉴定有关工作的通知》(农办机〔2016〕6号),明确推广鉴定制度改革过渡期有关工作要求。

3月31日

农业部农业机械试验鉴定总站站长刘敏会见联合国可持续农业机械化中心(CSAM)赵兵主任,双方回顾近年来合作取得的成果,并就未来进一步加强合作进行交流。

3月

经农业部农业机械化管理司批准,中国农业机械化信息网“中国农机化”微信公众号正式上线运行。

4月7日

农业部农业机械试验鉴定总站在北京举办首期全国农机合作社辅导员培训班,来自29个省(市、区)共计85人参加培训,农业部农业机械试验鉴定总站副站长朱良出席培训班并作动员讲话。培训班安排农民合作社法规政策、农业机械化发展形势、农机合作社规范化建设、“互联网+”农业机械化、语言表达艺术等课程,对推进农机合作社规范创新发展起到积极促进作用。

农业部农业机械试验鉴定总站在广西北海组织召开“玉米收获机械等部级农业机械试验鉴定大纲研修会”和“耕整机等部级农业机械推广鉴定大纲研修会”。来自14家单位的大纲起草人分别参加会议。

4月8日

农业部农业机械试验鉴定总站承办的“农机直通车·全国农机化生产信息服务平台”在全国正式推广应用。

4月11日

农业部农业机械试验鉴定总站发布《关于农业机械部级推广鉴定网上办事大厅试运行的通知》,标志着农机推广鉴定工作正式进入“线上”时代。办事大厅以“公开透明、便捷高效、全程监控”为设计思路,采用“模块化设计、线上与线下相结合”建设原则,包含企业注册、项目申报和费用核算等功能。

农业部农业机械试验鉴定总站发布《第二批部级农机推广鉴定结果通报》(农机鉴〔2016〕42号),公布通过部级农业机械推广鉴定的28家企业46种产品、通过部级推广鉴定证书信息变更审核的12家企业的43种产品。

4月12日

农业部农业机械试验鉴定总站发布《关于农业机械推广鉴定标志制作有关事项的通知》,自此,农业部农业机械试验鉴定总站不再统一制作标志,不再接受标志订购申请,由获得部级推广鉴定证书的企业按照农业部相关规定自行制作使用。

4月13日

农业部农业机械试验鉴定总站在广西北海举办收获机械推广鉴定技术培训班,来自全国19个省份农业机械试验鉴定站和63家收获机械生产企业共119名学员参加培训。

4月15日

农业部农业机械试验鉴定总站与内蒙古蒙牛乳业(集团)股份有限公司签订挤奶设备检测框架协议,农业部农业机械试验鉴定总站对内蒙古蒙牛乳业(集团)股份有限公司合作牧场挤奶设备进行检测,合作期限为5年。

4月19日

农业部农业机械试验鉴定总站在北京组织召开部级农业机械推广鉴定大纲审定会议,对《农用柴油机》等20个农机推广鉴定大纲进行审定。

农业部农业机械试验鉴定总站在南京组织召开农机维修节能现状评估研讨会,对农机维修节能技术指南推广、农机维修节能项目创设方案和拖拉机驾驶维修教学系统开发技术脚本等内容进行研讨,明确工作重点和任务进度。

4月25日

农业部农业机械试验鉴定总站在湖北省十堰市召开拖拉机推广鉴定大纲修订研讨会。来自农机试验鉴定机构、拖拉机生产企业的40位代表参加会议。

5月4日

农业部农业机械试验鉴定总站印发《农业部农业机械试验鉴定总站农业机械推广鉴定证书发放管理办法》,进一步明确责任和要求,规范证书发放管理程序。

5月5日

全国农业机械标准化技术委员会农业机械化分技术委员会在吉林省长春市召开四届三次会议暨标准审定会,审议通过《农业机械化标准体系建设规划(2016—2020)》和《全国农机标委会农机化分会2015年工作总结和2016年工作要点》,并对28项现行农业机械化强制性行业标准和6项强制性行业标准计划项目进行技术评估,对《玉米全程机械化生产技术规范》等12项农业机械化国家标准和农业行业标准进行审定。全国农业机械标准化技术委员会农业机械化分技术委员会委员及委员代表、标准起草人参加会议。农业部农业机械试验鉴定总站副站长刘旭、农业部农业机械化管理司科技教育处处长刘云泽、安全监理处副处长丁仕华出席会议。

5月9日

农业部农业机械试验鉴定总站在宁夏银川市举办农机操作安全师资培训班。来自全国25个省(区、市)农机主管部门、农机职业技能培训和鉴定示范基地、职业技能鉴定站的110名管理人员与教师参加培训。

5月16日

农业部农业机械试验鉴定总站在北京召开部级鉴定能力认定复评审研讨会,对部级鉴定能力认定复评审现场考评能力范围及关键仪器设备和设施配备要求,复评审现场考评方法及要求,以及《农业机械试验鉴定机构部级鉴定能力认定实施细则(试行)》修订工作等进行深入研讨。

5月27日

农业部办公厅发布通报,公布2015年大中型轮式拖拉机和玉米收获机质量调查结果。2015年大中型轮式拖拉机和玉米收获机质量调查工作由总站承担完成。

5 月 30 日

农业部农业机械试验鉴定总站印发《关于部级推广鉴定证书有效期满续展和有效期内变更等有关工作的通知》(农机鉴〔2016〕70 号),明确制度过渡期规范开展部级推广鉴定证书有效期满续展和有效期内变更工作的有关要求。

农业部农业机械试验鉴定总站在厦门市召开大中型轮式拖拉机质量调查分析会。会议通报大中型轮式拖拉机质量调查情况,对 2015 年大中型拖拉机质量调查工作进行总结,并对存在问题的机型及企业提出整改要求。农业部农业机械试验鉴定总站、参与质量调查的农业机械鉴定机构、相关企业近 40 人参会。农业部农业机械试验鉴定总站总工程师仪坤秀、农业部农业机械化管理司科技教育处处长刘云泽出席会议。

6 月 1 日

农业部农业机械试验鉴定总站启动“调整优化农机装备结构调查之畜牧机械部分——病死畜禽无害化处理及粪污机械化处理”专题调研。课题组通过咨询专家、现场调研、专题研讨,形成调研报告。

6 月 13 日

农业部农业机械试验鉴定总站在吉林省吉林市组织召开 2016 年水稻插秧机产品质量调查工作布置会,对水稻插秧机质量调查工作进行详细部署。来自吉林、黑龙江、江苏、安徽、湖北和广西六省(区)农机管理部门和农机鉴定机构的有关负责人参加会议。

6 月 22 日

农业部农业机械试验鉴定总站在北京召开部级农业机械推广鉴定大纲审定会,对《农用轮式和履带拖拉机》等 30 个农机推广鉴定大纲进行审定。

6 月 28 日

农业部农业机械试验鉴定总站实验室参与的“CNAS T0788 柴油机性能检测能力验证计划”能力验证结果公布,农业部农业机械试验鉴定总站提交的检测数据均为满意结果,全项通过性能检测能力验证。

6—9 月

农业部农业机械试验鉴定总站分别在青海、贵州和广东等地举办 3 期农机行业职业技能鉴定考评员培训班,共培训考评员 921 人。农业部农业机械试验鉴定总站副站长郭建辉及相关省农业机械化主管部门领导出席开班式并授课。

7 月 12 日

农业部农业机械试验鉴定总站发布《第三批部级农机推广鉴定结果通报(农机鉴〔2016〕86 号),公布通过部级农业机械推广鉴定的 20 家企业 54 种产品、通过部级推广鉴定证书信息变更审核的 26 家企业的 163 种产品、通过部级推广鉴定证书补发申请的 3 家企业的 6 种产品。

7 月 15 日

由中国农业机械化科学研究院承办的“发展中国家农机标准化培训班”学员到农业部农业机械试验鉴定总站访问。

7 月 21 日

北京东方凯姆质量认证中心接受国家认证认可监督管理委员会 2016 年度例行 3C 认证年度监督评审。

7 月 25 日

农业部农业机械试验鉴定总站组织召开技术委员会会议,对《福建省兴辉农林机械制造有限公司 MH—3WPQ—300 型牵引式喷杆喷雾机、MH—3WPZ—300 型自走式喷杆喷雾机推广鉴定受理审查问题记录》进行研究。

7—9 月

农业部农业机械试验鉴定总站组织对全国 30 家大型农机生产企业开展农机生产企业维修能力调查,进一步全面掌握农机生产企业维修服务能力现状。

8 月 16 日

农业部农业机械试验鉴定总站在内蒙古赤峰市举办“在用挤奶机测试技术交流会”,中国奶业协会、内蒙古自治区农牧业机械质量监督管理站、内蒙古蒙牛乳业(集团)股份有限公司、十一个省(市)DHI 中心、部分挤奶机生产企业代表参加会议。农业部农业机械试验鉴定总站总工程师仪坤秀出席会议并讲话。

8 月 30 日

农业部农业机械试验鉴定总站在北京召开农机维修服务保障区域规划研讨会,对区域农机维修服务保障规划布局达成共识。来自全国各省(区、市)的农机维修管理部门负责人和行业技术专家 40 余人参加会议,农业部农业机械试验鉴定总站站长刘敏、副站长郭建辉出席研讨会。

8 月 30 日

全国农业机械标准化技术委员会农业机械化分技术委员会在北京举办农业机械化标准宣贯和标准编写培训班。12 名专家就标准化改革政策、标准制修订程序及要求、标准草案编写等内容进行讲解,对《农业机械分类》(NY/T 1640—2015)等 7 项农业机械化的农业行业标准进行宣贯解读。有关标准起草人、标委会委员和部分省(区、市)农业机械化标准化管理人员共 70 名代表参加培训班。

9 月 4 日

农业部农业机械试验鉴定总站总工程师仪坤秀带队赴俄罗斯执行由国家外国专家局和农业部批准的“农业机械试验鉴定技术培训”项目。

9 月 7 日

农业部农业机械试验鉴定总站承办的“农机直通车 · 全国农机化生产信息服务平台”被农业部评为“全国‘互联网+’现代农业百佳实践案例”,并受邀参加在苏州举办的全国“互联网+”现代农业工作会议暨新农民创业创新大会,在“双百”展区面向公众展示成果。

9 月 19 日

农业部农业机械试验鉴定总站在安徽省合肥市召开农机合作社示范社创建专家研讨会,通报 2016 年度农机合作社示范社审核情况,总结全国农机合作社示范创建经验,就农机合作社示范社申报审核及加大扶持力度、形成创建合力等方面进行研讨。

10 月 10 日

农业部公告第 2456 号发布新制修订的《农业轮式和履带拖拉机》等 45 项农业机械推广鉴定大纲,自 2016 年 11 月 1 日起实施。

10 月 13 日

农业部农业机械试验鉴定总站在北京召开农机报废更新机制研究专家研讨会,来自 14 个省(区、市)农机报废更新工作负责人、农机报废更新研究有关专家共 31 位代表参加会议。会议提出简化认定程序、扩大报废更新机具种类和提高补贴标准等建议。农业部农业机械试验鉴定总站副站长郭建辉出席会议并作总结讲话。

10 月 16—30 日

亚太农机检测网(ANTAM)标准培训班在南京举办,来自中国、孟加拉国、柬埔寨、印度、印度尼西亚、马来西亚、尼泊尔、菲律宾、俄罗斯、斯里兰卡、泰国和越南等 12 个国家农业机械化研究机构和试验机构的 20 位学员代表参加培训,来自印度、法国农业机械研究机构的讲师和农业部农业机械试验鉴定总站的两位助教负责授课。农业部农业机械试验鉴定总站副站长刘旭出席开班式并讲话。

10 月 17 日

为满足新版《检验检测机构资质认定评审准则》及相关文件要求，农业部农业机械试验鉴定总站质量管理体系文件经过换版修订后正式批准发布，新版文件于 11 月 1 日起实施。

10 月 24 日

农业部农业机械试验鉴定总站召开新版质量体系文件宣贯培训会，对实验室质量管理体系相关基础知识、新版质量体系文件等进行专题培训。培训由农业部农业机械试验鉴定总站副站长刘旭主讲，农业机械试验鉴定总站实验室各相关部门人员参加。

10 月 25 日

依据旧版推广鉴定大纲受理的截至时间为 10 月 25 日。共加急受理、审核、审批并发放受理通知书 150 余个，保证过渡期推广鉴定项目受理工作井然有序，也为更新部级推广鉴定申报系统奠定了基础。

10 月 25—27 日

农业部农业机械试验鉴定总站在湖北省武汉市举办全国农机合作社示范社理事长培训班。130 多位理事长参加培训，农业部农业机械试验鉴定总站总工程师仪坤秀出席开班式并做动员讲话。

10 月 26 日

农业部农业机械试验鉴定总站发布《第四批部级农机推广鉴定结果通报(农机鉴〔2016〕130 号)，公布通过部级农业机械推广鉴定的 45 家企业 139 种产品、通过部级推广鉴定证书信息变更审核的 8 家企业 61 种产品。

在中国国际农业机械展览会期间，挂靠在农业部农业机械试验鉴定总站的中国农业机械化协会畜牧分会成立大会在武汉召开。会议审议通过《中国农业机械化协会畜牧分会管理办法》，农业部农业机械试验鉴定总站总工程师仪坤秀当选为主任委员，鉴定一室主任金红伟当选为分会秘书长。展会期间举办“2016 畜牧机械化论坛”，从事畜牧相关的设备制造单位、科研院所、农业机械管理机构等专家代表 100 余人出席。农业部农业机械试验鉴定总站站长刘敏、副书记郭京华出席大会。

10 月 27 日

农业部农业机械试验鉴定总站在湖北省武汉市举办农机企业维修服务能力评价规范宣贯培训班。60 余家企业售后服务负责人参加培训。

10 月

农业部农业机械试验鉴定总站由农业部农业机械试验鉴定总站总工程师仪坤秀牵头 3 个督导小组，分赴江苏、黑龙江、湖北开展水稻插秧机质量调查督导检查工作。

11 月 2 日

2016 年第一期部级农机推广鉴定大纲宣贯培训班在鄂尔多斯举办，9 位农机鉴定大纲起草人进行授课。来自农业部农业机械化管理司、全国农业机械试验鉴定系统的相关负责人和农业机械试验鉴定工作人员共 100 余人参加培训。农业部农业机械试验鉴定总站副站长刘旭出席培训班并讲话。

11 月 3 日

农业部农业机械试验鉴定总站在浙江省杭州市举办 2016 年中国农业机械化质量网信息员培训班，总结 2016 年度中国农业机械化质量网工作成效，研究部署 2017 年重点工作。农业部农业机械试验鉴定总站副站长姚春生出席培训班并讲话。来自全国农机试验鉴定机构的质量网信息员及部分主管领导共 70 多人参加培训。

11 月 8 日

农业部农业机械试验鉴定总站在陕西省西安市召开农业机械化质量工作研讨会，回顾总结“十二五”农业机械化质量工作取得的成绩，对“十三五”农业机械化质量工作进行研讨。农业部农业机械试验鉴定总站站长刘敏出席会议并作总结讲话，副站长姚春生主持会议并作题为“履职尽责，创新发展，不断提升农业机械化质量工作水平”的工作报告。来自全国 18 个省(区、市) 农业机械化主管部门、农业机械鉴定机构、维修机构以及部分生产企业的 40 多位代表参加会议。

11 月 10 日

农业部农业机械试验鉴定总站对耕层断面测绘仪开发项目进行验收。该设备解决旋耕、深松等机械传统测试方法难度大、效率低等问题，能够实现地表平整度、耕深、土壤膨松度和土壤扰动系数等参数的自动测量。农业部农业机械试验鉴定总站总工程师仪坤秀对验收工作进行现场指导。

11 月 14 日

农业部农业机械试验鉴定总站在黑龙江省哈尔滨市举办 2016 年全国农业机械质量投诉工作培训班。农业部农业机械试验鉴定总站副站长姚春生出席并讲话。培训班邀请中国消费者协会法律与理论研究部主任陈剑、中国农村杂志社副社长夏树授课。来自全国 26 个省(区、市)的 80 余位农机质量投诉工作人员参加培训。

11 月 16—17 日

2016 年第二期部级农机推广鉴定大纲宣贯培训班在陕西汉中举办。来自全国农机试验鉴定系统的相关负责人和农机试验鉴定工作人员共 100 余人参加培训班，10 位农机鉴定大纲起草人进行授课。

11 月 18 日

农业部农业机械试验鉴定总站发布《关于印发推广鉴定证书续展报告编写规则的通知》，明确推广鉴定证书续展报告的编写要求，规范报告格式和内容。

11 月 23 日

受农业部农业机械化管理司委托，农业部农业机械试验鉴定总站在重庆市举办 2016 年中国农业机械化信息网信息员培训班，对 2016 年中国农业机械化信息网宣传工作情况进行总结，对先进单位、优秀信息员和好信息等进行表彰。来自全国各地 130 余名信息员参加培训。农业部农业机械试验鉴定总站副站长姚春生出席培训班并讲话。

11 月 24 日

农业部农业机械试验鉴定总站组织参加安徽省农机报废更新工作座谈会，并对安徽省农机报废更新补贴实施情况进行实地调研。

11 月 29 日

农业部农业机械试验鉴定总站在北京召开拖拉机驾驶维修培训教学系统开发及应用推广专家研讨会。来自 13 个省(区、市)农机职业技能鉴定站的责任人和行业专家共 33 人参加会议。农业部农业机械化管理司科技教育处处长刘云泽出席并讲话。农业部农业机械试验鉴定总站副站长刘旭出席会议并讲话。

11 月 29 日

全国农业机械标准化技术委员会农业机械化分技术委员会在浙江省杭州市组织召开农业机械化标准 2016 年第二次审定会，《插秧机安全操作规程》等 9 项农业行业标准通过审定。

农业部农业机械试验鉴定总站在杭

州举办 2016 年农用拖拉机、内燃机推广鉴定技术培训班。来自部分农机试验鉴定机构,拖拉机、内燃机生产企业的 220 多位代表参加培训班。农业部农业机械试验鉴定总站副站长刘旭出席开班式并授课,农业部农业机械试验鉴定总站总工程师仪坤秀做总结讲话。

11 月 30 日

《农业机械试验鉴定机构部级鉴定能力认定实施细则》由农业部办公厅印发实施。

2016 年

农业部农业机械试验鉴定总站共接收部级推广鉴定申请 2 300 多项,经审查受理 1 453 项,不受理 798 项;审查受理证书有效期内信息变更申请 441 项。

农业部农业机械试验鉴定总站发布四批推广鉴定结果通报,对通过鉴定的 467 个产品发放部级推广鉴定证书,对通过换证审批的 271 个产品换发新证书。

农业部农业机械试验鉴定总站收到农机用户对各类农机产品的质量投诉 10 件(其中集体投诉 2 件),受理 10 件。

农业部农业机械试验鉴定总站更新完成 2016 年第 17 版现行有效标准清单,新购置标准 135 个共计 317 册,作废标准 43 个,组织新标准评审 9 个,新大纲评审 27 个。

中国农业机械化信息网平均点击量达到 170. 29 万次,日点击量峰值达 436. 67 万次,月均点击量达 4 130. 51 万次,连续 11 年稳居农业部行业网站首位,保持着农业机械化系统最具影响力的媒体地位。

农机行业通过职业技能鉴定共 5. 9 万人次,其中高级 3. 9 万人次,中级 1. 7 万人次,初级及以下 0. 3 万人次。

农业部农业机械试验鉴定总站认证中心组织实施完成各类认证项目 567 项,新发认证证书 115 张,换发认证证书 242 张,恢复认证证书 7 张,暂停认证证书 59 张,撤(注)销认证证书 113 张。目前保持有效状态的农机强制性产品认证证书合计 789 张。

农业部农业机械试验鉴定总站全年共组织出国(境)团组 7 个,参团 3 个,出国(境)人数 20 人次(其中 5 人次不占指标)。

农业部农业机械试验鉴定总站招录高校毕业生 3 名,上级任命 2 人,调离 2 人,辞职 1 人。

农业部农业机械化技术开发推广总站(农业部农机监理总站)

2016 年 1 月 26 日

受农业部农业机械化管理司委托,农业部农业机械化技术开发推广总站在北京召开农机购置补贴违规行为调查处理工作座谈会。农业部农业机械化技术开发推广总站站长刘恒新到会,农业部农业机械化管理司副司长胡乐鸣做总结讲话,部署 2016 年农机购置补贴的重点工作。

2 月 24 日

农业部农业机械化技术开发推广总站派人参加农业部农业机械化管理司组织的调研组,赴江苏省调研农机安全监理工作,对《农机安全监理“十三五”规划》的标题、框架及主要内容进行深入的讨论。

2 月 25 日

农业部农业机械化技术开发推广总站印发《2016 年农业部农机监理总站工作要点》,明确 2016 年 6 个方面 17 项重点工作。

3 月 4 日

农业部农业机械化技术开发推广总站印发《农业部农业机械化技术开发推广总站 2016 年工作要点》,明确 2016 年 6 个方面 20 项重点工作。

3 月 9 日

农业部农业机械化技术开发推广总站印发《关于开展农业机械化技术推广培训工作调研的通知》,组织各地总结近些年农机推广培训工作的成效做法以及基层的需求等。

3 月 23—26 日、4 月 6—9 日

农业部农业机械化技术开发推广总站派人参加农业部农业机械化管理司组织的调研组,到青岛市、云南省就《全国农业机械化安全生产“十三五”规划》编制进行调研。

3 月 25 日

农业部农业机械化技术开发推广总站印发《关于开展玉米免耕精量播种技术试验工作的通知》,在河北省、黑龙江省和新疆生产建设兵团组织开展技术试验工作。

3 月 30 日

受农业部农业机械化管理司委托,农业部农业机械化技术开发推广总站在海口召开农机购置补贴检查督导工作会。农业部农业机械化管理司副司长胡乐鸣、农业部农业机械化技术开发推广总站副站长涂志强出席培训班并讲话。

4 月 22 日

农业部农业机械化技术开发推广总站在云南省昆明市组织召开全国农业机械化技术推广管理岗位人员培训班,培训全国 31 个省、自治区、直辖市及计划单列市农机推广站,新疆生产建设兵团和黑龙江省农垦总局农机推广站有关人员约 60 余人。

4 月 27 日

农业部农业机械化技术开发推广总站在南京举办全国农机购置补贴绩效管理培训班。财政部农业司、农业部农业机械化管理司、农业部农业机械试验鉴定总站、38 个省市代表单位及科研院校的领导和专家参加此次培训。

5 月 24 日

受农业部农业机械化管理司委托,农业部农业机械化技术开发推广总站在杭州召开农机购置补贴政策实施情况座谈会。来自全国 38 个省级农业机械化主管部门农机购置补贴工作负责人参加会议。农业部农业机械化管理司司长李伟国、农业部农业机械化技术开发推广总站站长刘恒新出席会议并讲话。

5 月

按农业部农业机械化管理司要求,农业部农业机械化技术开发推广总站设计《农机安全操作挂图》,印刷 20 余万份,购置近 20 万条反光标识,在农机安全生产月活动期间,免费发送给农机驾驶操作人员,圆满完成为农民办实事工作任务。

6 月 4 日

农业部农业机械化技术开发推广总站在江苏常州召开农业部主要农作物生产全程机械化推进行动专家指导组工作会。农业部农业机械化管理司副司长孔亮到会并讲话,农业部农业机械化技术开发推广总站站长刘恒新主持会议。

6 月 14 日

农业部农业机械化技术开发推广总站在山东省诸城市举办首届“中国农机推广田间日”活动,制订《农机推广田间日活动组织实施办法》,启用“中国农机推广田间日”活动品牌和 LOGO,开展作业演示、互动体验、田间试验、故障识别、技能竞赛等活动,重点展示“三夏”期间小麦—玉米生产全程机械化技术，突出“创新、体验、参与、互动”特点，创新农业机械化技术推广方式方法，提升推广服务供给的质量和效率。

6 月 16 日

农业部农业机械化技术开发推广总站协助农业部农业机械化管理司在吉林、浙江、安徽、云南、新疆 5 省（区）同步开展“2016 年全国农机安全生产宣传咨询日活动”，并在现场为农民发放安全生产宣传资料，粘贴农业机械安全反光标识，解答农民群众提出的问题，营造出浓郁的安全生产氛围。

6 月

农业部农业机械化技术开发推广总站苏春华同志获得第六届农业部直属机关“优秀青年”称号。

7 月 1 日

农业部农业机械化技术开发推广总站和中国一拖集团有限公司在安徽阜阳共同举办“2016 国Ⅲ农机产品推进应用活动”。农业部农业机械化技术开发推广总站副站长郭建辉、中国一拖集团有限公司副总经理王克俊、安徽省农业机械管理局副局长江洪银等领导出席活动并讲话。来自安徽及部分省级农机推广机构农机推广人员和东方红拖拉机用户 200 余人参加活动。

7 月 25 日

农业部印发《关于刘恒新试用期满正式任职的通知》。刘恒新任农业部农业机械化技术开发推广总站站长，试用期一年期满，经考核，同意按期转正。

8 月 1 日

受农业部农业机械化管理司委托，农业部农业机械化技术开发推广总站在青海召开农机购置补贴操作软件培训班。农业部农业机械化管理司副司长胡乐鸣、农业部农业机械化技术开发推广总站副站长涂志强出席培训班并讲话。

8 月 2 日

农业部农业机械化技术开发推广总站在吉林省吉林市组织召开农业机械化技术推广培训工作座谈会，农业部农业机械化技术开发推广总站站长刘恒新出席会议并讲话，各省级农机推广站技术培训负责同志以及有关科研院所、培训机构、行业协会、农机企业代表等 50 余人到会交流。

8 月 9 日

农业部农业机械化技术开发推广总站推广支部“月度集体学习活动”被农业部机关党委推荐参加第二届中央国家机关十大学习品牌案例征集展示，在紫光阁网、人民网、中央国家机关理论武装在线等网站开设的专题专栏进行展示，接受网上投票。

8 月 21 日

农业部农业机械化技术开发推广总站在辽宁盘锦召开水稻机械化精准种植模式与关键技术集成示范暨水稻种植机械化技术集成与示范项目 2016 年度工作会。中国工程院院士罗锡文到会并讲话，农业部农业机械化技术开发推广总站站长刘恒新出席会议。

8 月 23 日

农业部党组研究决定：免去李安宁的农业部农业机械化技术开发推广总站副站长职务，调任农业部农业机械化管理司副司长。

8 月 29 日

农业部农业机械化技术开发推广总站在贵州省贵阳市举办“2016 年全国农机推广系统信息化建设培训班”，来自全国省级和计划单列市农机推广机构的信息人员 80 余人参加培训。农业部农业机械化技术开发推广总站副站长涂志强、贵州省农业委员会机关党委书记徐成高出席培训班并讲话。

8 月

农业部党组研究决定：免去郭建辉的农业部农业机械化技术开发推广总站副站长职务，调任农业部农业机械试验鉴定总站副站长。

9 月 1 日

农业部农业机械化技术开发推广总站在新疆维吾尔自治区伊宁市召开农机安全监理创新示范项目评审会，对农机安全监理制度创新试验示范项目进行评审，共有 13 个省（区、市）共计 20 名专家参加会议。

9 月 5 日

受农业部农业机械化管理司委托，农业部农业机械化技术开发推广总站在安徽省芜湖市召开 2015 年主要农作物生产全程机械化示范项目验收会。

9 月 6 日

农业部农业机械化技术开发推广总站在安徽省合肥市举办农机事故统计及事故处理人员培训班，农业部农业机械化管理司副司长孔亮和农业部农业机械化技术开发推广总站副站长涂志强参加培训班并做重要讲话。

9 月 8 日

农业部农业机械化技术开发推广总站在江西省新余市组织召开南方丘陵山区主要农作物生产全程机械化发展座谈会，农业部农业机械化管理司副司长李安宁出席会议并作专题报告。

9 月 18 日

为贯彻落实《农业部农业机械化管理司关于开展变型拖拉机信息登记的通知》精神，农业部农业机械化技术开发推广总站组织完成“全国变型拖拉机信息管理系统”设计开发并正式启用。

9 月 21 日

农业部农业机械化技术开发推广总站在甘肃省兰州市举办全国“三秋”农业机械化技术示范培训班，培训全国 30 多个省（区、市）级农业机械化主管部门、农业机械化技术推广机构的学员 90 余人，农业部农业机械化管理司副司长李安宁、农业部农业机械化技术开发推广总站站长刘恒新参会。

农业部科技教育司在吉林省东辽县组织专家对农业部农业机械化技术开发推广总站承担的农作物秸秆能源化利用示范基地项目进行现场验收。

9 月 26 日

农业部农业机械化技术开发推广总站在福建省福州市召开农机安全检验制度方案专家审定会，对承担的《农机安全检验制度研究》课题进行审定，农业部农业机械化管理司副司长孔亮主持审定会。

10 月 10 日

农业部农业机械化技术开发推广总站在陕西省宝鸡市召开 2016 年全国农机推广站长会。全国各省、自治区、直辖市及计划单列市和新疆生产建设兵团、黑龙江农垦总局的省级农业机械化技术推广站代表等 110 人参加会议。农业部农业机械化管理司司长李伟国出席会议并发表重要讲话，农业部农业机械化技术开发推广总站站长刘恒新做报告。

10 月 11 日

农业部农业机械化技术开发推广总站在陕西省宝鸡市召开“2016 年《农机科技推广》杂志编委会议”。来自全国省级和计划单列市农机推广机构的近 40 位编委参加会议。农业部农业机械化技术开发推广总站副站长涂志强主持会议并讲话。

10 月 18 日

受农业部农业机械化管理司委托，

农业部农业机械化技术开发推广总站在青岛市召开全国农机购置补贴信息公开培训班。农业部农业机械化管理司副司长李安宁、农业部农业机械化技术开发推广总站副站长涂志强出席培训班并讲话。

10 月 26 日

农业部农业机械化技术开发推广总站在武汉市蔡甸区组织农业机械化新技术新机具演示，现场演示 25 家农机企业生产的 76 台耕整地、播种、植保、田间管理等机具。

10 月 26 日

农业部农业机械化技术开发推广总站会同中国农业机械流通协会、中国农业机械学会农业机械化分会，在 2016 中国国际农业机械展览会期间组织"绿色环保机械化技术专题报告会"。

11 月 8 日

农业部农业机械化技术开发推广总站申报的《油菜机械化精量播种与联合收获技术研究及推广》和《山地拖拉机及耕作技术示范与推广》两个课题均通过全国农牧渔业丰收奖奖励委员会审核，在中国农业信息网进行公示，拟被评为成果奖一等奖。

农业部印发《关于王桂显任职的通知》(农任字〔2016〕150 号)：王桂显任农业部农业机械化技术开发推广总站副站长。自任职之日起上岗试用，试用期一年。

11 月 8 日

农业部农业机械化技术开发推广总站在江苏省盐城市举办农机安全法规标准培训班。农业部农业机械化管理司副司长孔亮围绕"农机安全监管法规标准"主题对学员授课。来自全国各省、自治区、直辖市及计划单列市、新疆生产建设兵团、黑龙江省农垦总局主管农机安全的局长以及各省农机监理站站长 80 多人参加培训。

11 月 14 日

农业部农业机械化技术开发推广总站完成《农机安全检验制度研究》课题并上报农业部农业机械化管理司。

11 月 15 日

农业部农业机械化技术开发推广总站组织完成全国变型拖拉机信息录入工作，为下一步农业部、公安部、工业与信息化部、国家工商行政管理总局、国家质量监督检验检疫总局联合专项治理提供技术保障。

11 月 15—30 日

按照农业部要求，农业部农业机械化技术开发推广总站站长刘恒新、副站长涂志强分别带队赴河北省、广东省等省开展农机安全生产大检查。

11 月 21 日

农业部农业机械化技术开发推广总站副站长涂志强等参加全国人民代表大会常务委员会安全生产法执法检查组第二次全体会议，研究讨论执法检查报告稿。

11 月 28 日

农业部农业机械化技术开发推广总站副站长涂志强参加全国人民代表大会常务委员会道路交通安全法执法检查组第二次全体会议，研究讨论执法检查报告稿。

2016 年

农业部农业机械化技术开发推广总站全年编辑、出版、发行 12 期《农机科技推广》杂志。杂志全年编辑量约 136 万字。中国农机推广网全年发布信息 1.5 万条，网站全年点击量达 10 万次。

农业部农业机械化技术开发推广总站向全国 2 083 家农机示范合作社赠送《农机科技推广》杂志。全年赠送杂志总数达 2.4 万册。

农业部南京农业机械化研究所

2016 年 1 月 4 日

农业部南京农业机械化研究所与山东理工大学协作共建山东省农业工程优势学科，并举行签约仪式。农业部南京农业机械化研究所所领导陈巧敏、曹光乔、肖体琼，山东理工大学党委书记都光珍、校长吕传毅等出席签约仪式。

1 月 8 日

由农业部南京农业机械化研究所负责研制的公益性行业(农业)科研专项"农村沼气集中供气及配套设备"课题任务"自走式玉米穗茎兼收秸秆打捆一体化收获机"在山东试制成功。

农业部南京农业机械化研究所研究员胡志超带领创新团队完成的科技成果"花生收获机械化关键技术与装备"荣获 2015 年国家技术发明二等奖，受到表彰奖励。

1 月 9—10 日

农业部南京农业机械化研究所研究员肖宏儒受邀参加杨氏果业四川阆中种植基地全程机械化配置解决方案研讨会。

1 月 15 日

由农业部南京农业机械化研究所生物质转化利用装备创新团队负责编制的《丹阳市农作物秸秆综合利用规划(2016—2020 年)》在江苏省丹阳市顺利通过专家评审。

1 月 15—16 日

农业部公益性行业(农业)科研专项"华北棉区棉花全程机械化关键技术及农艺技术研究与示范"项目，2015 年度工作总结交流会在中国农业大学召开，农业部南京农业机械化研究所研究员石磊参加并主持会议。

1 月 18—19 日

由农业部南京农业机械化研究所组织召开农业部现代农业装备"学科群"重点实验室(站)2015 年工作总结交流会议在南京召开。中国工程院院士罗锡文、院士陈学庚，农业部科技教育司于璐、农业机械化管理司调研员王国占，中国农业科学院处长熊明民、农业部南京农业机械化研究所副书记胡志超、副所长曹光乔以及各专业实验室主任和科学观测实验站站长共 30 余人出席会议。

1 月 20 日

农业部南京农业机械化研究所召开科技创新工程试点期绩效考评与咨询会议。

1 月 21 日

农业部南京农业机械化研究所"跨行自走式采茶技术与装备"成果通过中国茶叶学会科技评价。

1 月 25 日

农业部南京农业机械化研究所参与编写《中国农业机械化发展报告(2004—2014)》。农业部南京农业机械化研究所所长陈巧敏担任执行主编，副所长曹光乔担任副主编。

1 月 26 日

农业部南京农业机械化研究所组织召开 2016 年国家自然科学基金项目申报动员和培训会。会议邀请中国农业科学院科技管理局副局长陆建中研究员、中国农业大学工学院教授杨丽进行申报经验交流和召开指导讲座。

1 月 27 日

农业部南京农业机械化研究所在报告厅召开 2015 年度工作总结表彰暨情况通报会。会议传达 2016 年中国农业科学院工作会议相关精神，总结回顾全所"十二五"及 2015 年各项工作，全面部署2016年重点工作和“十三五”目标任务。农业部南京农业机械化研究所所长陈巧敏，副所长、党委副书记胡志超，副所长曹光乔，纪律检查委员会书记、党委副书记肖体琼出席会议。

1月28日

农业部南京农业机械化研究所圆满完成研究生学位课“农机化工程新技术专题”教学组织工作。

1月29日

由农业部南京农业机械化研究所生物质转化利用装备创新团队骨干专家平英华研究员负责的《睢宁县农作物秸秆综合利用规划(2016—2020年)》编制工作顺利完成。

2月2日

农业部南京农业机械化研究所在溧水区白马试验基地成功召开2016年所务扩大会。农业部南京农业机械化研究所所领导、所务会成员、创新团队首席、体系岗位专家25人参加本次会议，农业部南京农业机械化研究所所长陈巧敏主持会议。

2月3日

农业部南京农业机械化研究所党委副书记、副所长胡志超应邀参加省委组织部抓基层党建工作述职报告会。江苏省委组织部副部长、省委党建办主任盛克勤出席会议并作点评讲话。

2月24—25日

农业部南京农业机械化研究所在南京华东饭店组织召开“农机安全生产扶持政策”专家研讨会。会议邀请到农业部农业机械化管理司副司长孔亮、处长范学民等有关领导和专家出席，农业部南京农业机械化研究所所长陈巧敏、副所长曹光乔也列席本次会议。

2月24—27日

农业部南京农业机械化研究所参加公益性行业(农业)科研专项“坡耕地合理耕层构建技术指标研究”2015年度工作总结会议。

2月29日

农业部南京农业机械化研究所研究员王利民获“从事期刊出版工作30年”荣誉证书。

3月3日

农业部南京农业机械化研究所所党委召开党委会，传达学习《中共中央组织部关于学习贯彻习近平总书记重要批示精神加强党委(党组)领导班子建设的通知》，重温毛泽东同志《党委会的工作方法》。

3月9—12日

中国农业机械工业协会2016年分支机构工作会议、2016年全国农业机械及零部件展览会在河南省郑州市召开。农业部南京农业机械化研究所所长陈巧敏、研究员梁建等同志出席会议。

3月11日

农业部南京农业机械化研究所主持的“十二五”国家科技支撑计划“大田作物机械化生产关键技术研究与示范”2015年度总结交流会在济南召开。会议由农业部南京农业机械化研究所副所长曹光乔主持。

3月14日

农业部南京农业机械化研究所召开党委会研究“十三五”规划建议稿，会议由农业部南京农业机械化研究所党委副书记胡志超主持。

中国工程院院士、吉林农业大学原校长李玉一行3人来农业部南京农业机械化研究所参观指导并进行技术交流，农业部南京农业机械化研究所所领导陈巧敏、胡志超、曹光乔、肖体琼，食用菌课题组及相关部门人员参加会议。

3月15日

农业部南京农业机械化研究所牵头实施的“十三五”中国农业科学院创新工程重大科技任务“农业智能化设施装备研制”实施方案编制研讨交流会在南京召开。

3月16日

农业部南京农业机械化研究所受江苏省农业科学院泰州农科所邀请参加泰兴市黄桥镇祁巷村香荷芋种植基地“芋头新技术推广研讨会”。

中国蔬菜协会机械化分会联合安徽省农业机械技术推广总站、中国农机学会物理农业分会在安徽省蚌埠市成功组织召开“2016年安徽省现代物理农业装备创新及应用论坛”。蔬菜机械化分会会长曹曙明，分会副会长兼秘书长陈永生等出席会议。

3月21日

农业部南京农业机械化研究所就党建专题建设召开党支部书记会，农业部南京农业机械化研究所党委副书记胡志超主持。

农业部南京农业机械化研究所所长陈巧敏一行赴江苏北斗卫星应用产业研究院考察调研，与江苏北斗卫星应用产业研究院院长陈伏州、总工程师沈飞等就北斗农机作业精细化管理平台技术应用和基于北斗的智能化农机技术合作等进行交流和洽谈。

3月29—30日

农业部南京农业机械化研究所果蔬茶创新团队赴江苏省徐州市丰县金阳陆号现代果园参加“徐州市果园生产机械化现场会及培训班”。徐州市农机技术推广站对农业部南京农业机械化研究所果蔬茶团队的热情参与、积极配合表示感谢。

3月30日

江苏省机械行业协会一届五次会员代表大会暨表彰大会在南京国瑞大酒店召开，江苏省苏商发展促进会名誉会长丁解民、江苏省机械行业协会会长许祖元出席会议。农业部南京农业机械化研究所共有4项成果获得奖励，其中由农业部南京农业机械化研究所主持的“柔性顶膜车库式干发酵技术研究与装备开发”科技成果获得2015年度江苏省机械工业科技进步奖一等奖。

农业部南京农业机械化研究所组织召开“两学一做”学习教育动员启动会，农业部南京农业机械化研究所党委副书记、副所长胡志超作了学习教育动员讲话。

4月1日

“镇江市——宁镇扬在地高校院所科技合作对接会”在镇江召开，农业部南京农业机械化研究所副所长曹光乔出席会议。

4月7日

塔里木大学校长张传辉、副校长张爱萍、副校长闫祥林一行来农业部南京农业机械化研究所交流科技合作。农业部南京农业机械化研究所举行座谈会，座谈会由农业部南京农业机械化研究所党委副书记、副所长胡志超主持，副所长曹光乔、党委副书记肖体琼、职能部门负责人及部分创新团队首席专家参加会议。

4月13日

由农业部南京农业机械化研究所承担的主要农作物生产全程机械化水平评价体系方案论证会在翰苑宾馆顺利召开。

4月14日

长安大学工程机械学院院长胡永彪一行来农业部南京农业机械化研究所交流、洽谈合作。农业部南京农业机械化研究所副所长曹光乔，党委副书记、副所长胡志超参加座谈交流会议。

4 月 15 日

农业部南京农业机械化研究所党委组织召开中心组学习，学习贯彻习近平总书记有关全面从严治党系列重要讲话精神，特别是巡视工作的重要论述及王岐山同志关于巡视工作有关讲话精神等。

4 月 15—25 日

美国农业部博士 Bradley Keith Fritz 和澳大利亚昆士兰大学博士 Andrew John Hewitt 来到农业部南京农业机械化研究所，与植保机械科研团队成员共同开展国际风洞联合试验。

4 月 16—23 日

农业部南京农业机械化研究所研究员胡志超应邀率领其团队成员在黑龙江省大庆市肇州县成功举行"全秸秆覆盖地免耕播种作业技术"示范推广活动。

4 月 19 日

日本株式会社久保田苏州事务所所长藤本周作一行来农业部南京农业机械化研究所就蔬菜生产机械化进行交流座谈。

4 月 20 日

南京农业大学工学院农业机械化系与交通与车辆工程系师生来农业部南京农业机械化研究所参观学习。农业部南京农业机械化研究所研究生会接待来访同学，并安排相关交流活动。

农业部南京农业机械化研究所召开 2016 年度宣传工作会议。农业部南京农业机械化研究所所长陈巧敏主持会议并讲话。农业部南京农业机械化研究所党委副书记、纪委书记肖体琼，各部门主要负责人、通讯员等参加会议。

4 月 21 日

农业部南京农业机械化研究所特色经济作物生产装备工程技术中心专家及其团队成员应邀参加生物质国际高峰论坛的开幕式及"生物质供热与发电专场"专题论坛活动。

4 月 21—22 日

农业部南京农业机械化研究所主持的江苏省农机三新工程项目"茶叶生产、加工机械化技术集成应用"2016 年度茶叶生产、加工技术集成推广应用成果观摩、交流会在江苏省句容市成功举办。

4 月 26—27 日

农业部南京农业机械化研究所参加镇江市丹徒区科技镇长团派出单位科技成果与人才对接会，农业部南京农业机械化研究所党委副书记、纪委书记肖体琼出席会议。

4 月 28 日

江苏省农业机械工业协会五届二次常务理事会在镇江召开，协会副会长、农业部南京农业机械化研究所所长陈巧敏出席会议。

4 月 29 日

农业部南京农业机械化研究所研究员胡志超受邀参加"水稻生产全程机械化技术研讨会"。中国工程院院士罗锡文、院士陈学庚、院士陈温福出席会议。

5 月 4 日

农业部南京农业机械化研究所召开支部书记会听取"两学一做"专题教育进展汇报，农业部南京农业机械化研究所党委副书记、副所长胡志超主持会议。

5 月 6 日

农业部南京农业机械化研究所和扬州大学共同研发的"油菜毯状苗移栽机与育苗技术"与日本洋马农机株式会社在扬州大学举行技术转让签约仪式。

5 月 6 日

江苏省机械行业协会召开会议，对全省机械行业人力资源工作先进集体和个人进行表彰，农业部南京农业机械化研究所荣获"江苏省机械行业人力资源工作先进单位"称号。

5 月 9 日

农业部南京农业机械化研究所邀请中国工程院院士罗锡文作了题为"提高农业机械化水平，促进农业可持续发展"的学术报告，农业部南京农业机械化研究所所领导、全所科技人员和在读研究生参加报告会，报告会由农业部南京农业机械化研究所副所长曹光乔主持。

5 月 10 日

中国农业科学院在杭州召开京外单位党建工作情况调研座谈会，院直属机关党委常务副书记高士军主持会议。农业部南京农业机械化研究所党委副书记、副所长胡志超参加会议并作交流发言。

5 月 10—18 日

农业部南京农业机械化研究所果蔬茶类收获机械创新团队应邀参加格鲁吉亚茶园恢复及新建项目。

5 月 12 日

农业部南京农业机械化研究所召开第五届职工（会员）代表大会第二次会议。全所 35 名职工代表和 5 名列席代表参加会议。

5 月 17 日

由农业部对外经济合作中心主办的赞比亚农业官员研修班来农业部南京农业机械化研究所参观学习。农业部南京农业机械化研究所党委副书记、副所长胡志超研究员和科技管理人员接待来访客人。

5 月 19 日

经中国农业机械化协会一届六次常务理事会审议通过，中国农业机械化协会筹备成立信息化分会，并召开成立大会暨第一次会员代表大会，选举产生分会委员会，农业部南京农业机械化研究所研究员胡志超当选为中国农业机械化协会信息化分会副主任委员。

5 月 19—20 日

农业部南京农业机械化研究所应邀参加由中国蔬菜协会、山东省农业厅联合主办的 2016 年中国蔬菜产业大会。

5 月 25 日

农业部南京农业机械化研究所党委特邀南京中医药大学心理学院教授王挺，为全体干部职工开展题为"健康的心理——为你添上飞翔的翅膀"的专题讲座。

5 月 26—28 日

农业部南京农业机械化研究所所长陈巧敏一行赴雷沃重工股份有限公司、山东时风（集团）有限责任公司考察调研，并出席在河南省安阳市举行的国家航空植保科技创新联盟成立大会。

5 月 27 日

农业部现代农业装备重点实验室开放课题启动会在南京召开。农业部南京农业机械化研究所部分创新团队首席专家、开放课题主持人和重点实验室部分固定人员参加会议。会议由农业部南京农业机械化研究所副所长曹光乔主持。

6 月 1 日

农业部南京农业机械化研究所召开巡视工作动员会，中国农业科学院巡视组组长王志东作动员讲话，农业部南京农业机械化研究所所长陈巧敏代表所领导班子作表态发言。会议由农业部南京农业机械化研究所所党委副书记胡志超主持。中国农业科学院巡视组副组长赵海燕及巡视组全体成员，所班子成员出席会议。

6 月 3 日

农业部主要农作物生产全程机械化推进行动专家指导组工作会暨全国主要农作物生产全程机械化现场推进会在江

苏省常州市召开，农业部南京农业机械化研究所5位专家被大会聘为推进行动专家指导组成员。

6月6日

农业部南京农业机械化研究所与泰州樱田农机制造有限公司联合研发的水稻精量直播机在温岭示范演示成功。

6月13日

农业部科技教育司技术引进与条件建设处处长张振华、中国农业科学院国际合作局副局长金轲一行来农业部南京农业机械化研究所检查指导工作。

农业部南京农业机械化研究所应邀参加中国农业机械流通协会农机具分会成立大会。

6月20日

“遥控飞行植保机标准专家讨论会”在农业部南京农业机械化研究所召开。

农业部南京农业机械化研究所种植团队研制的2ZD—6型多栽植臂水稻高效插秧机在江苏省兴化市成功开展试验示范活动。

6月21日

农业部农业机械试验鉴定总站站长刘敏、处长温芳和农业机械化协会副秘书长杨林一行莅临农业部南京农业机械化研究所调研指导。

6月23日

农业部南京农业机械化研究所所长陈巧敏一行赴南京农业大学工学院调研，与南京农业大学工学院签订合作协议，为双方进一步深度合作建立良好平台和基础。

6月24日

农业部南京农业机械化研究所邀请北京农业信息技术研究中心、国家农业信息化工程技术研究中心主任赵春江研究员作了题为“农机信息化与农机物联网”的学术报告，农业部南京农业机械化研究所所领导、全所科技人员和在读研究生参加报告会。报告会由农业部南京农业机械化研究所副所长曹光乔主持。

6月29日

农业部党组研究决定：任命胡志超为农业部南京农业机械化研究所党委书记。

7月1日

农业部南京农业机械化研究所组织召开纪念建党95周年党员大会。大会由农业部南京农业机械化研究所党委书记、副所长胡志超主持。农业部南京农业机械化研究所党委委员及全体党员干部职工参加会议。

7月1—2日

农业部南京农业机械化研究所研究员薛新宇受邀参加“无人机系统标准发展与应用”国际论坛。

7月4日

美国田纳西大学教授王思群来到农业部南京农业机械化研究所进行学术交流并作学术报告。

7月5—6日

农业部南京农业机械化研究所召开农业部现代农业装备学科群建设期工作评估会。

7月6日

中国农业科学院纪检组组长、第六督导组组长史志国一行三人对农业部南京农业机械化研究所巡视整改工作落实情况进行专项督导检查。农业部南京农业机械化研究所党政领导陈巧敏、肖体琼、曹曙明、吴崇友参加情况汇报会。

7月17日

农业部南京农业机械化研究所参加国家农业自走式植保机械科技创新联盟成立大会。

7月20日

农业部南京农业机械化研究所召开援藏干部欢送会，会议由农业部南京农业机械化研究所所长陈巧敏主持。农业部南京农业机械化研究所所领导、职能和业务部门的主要负责人、符合报名条件的副处职干部等参加欢送会。

7月21日

农业部农业机械化管理司召开司站联席会议，会议对农业部南京农业机械化研究所牵头编制的“主要农作物生产全程机械化评价体系”进行讨论审议，农业部南京农业机械化研究所副所长曹光乔出席会议。

7月21—22日

农业部南京农业机械化研究所党委书记、副所长胡志超一行到江苏省盐城市响水县，看望慰问江苏省委帮扶工作队派驻大有镇康庄村驻村第一书记、农业部南京农业机械化研究所副处级干部侯建宏同志。

7月21—26日

农业部南京农业机械化研究所检测中心开展“948”计划，“先进强力风送高秆作物施药技术与装备的引进”田间试验。

7月27—28日

农业部南京农业机械化研究所应邀参加湖南省茶叶生产机械化技术研讨会并做技术培训。

7月28日

农业部南京农业机械化研究所牵头召开“农用航空作业关键技术与装备研发”项目研讨会。

8月1日

中国农业科学院科技创新工程“十三五”新增科研团队名单公布，由农业部南京农业机械化研究所研究员金诚谦担任首席的“农业机械智能控制技术”团队名列其中。

8月3日

农业部南京农业机械化研究所所党委书记、副所长胡志超赴江苏省镇江市丹徒区看望慰问农业部南京农业机械化研究所第八批科技镇长团成员，并参与当地组织部门组织的任职期满考核工作。

8月6—7日

农业部南京农业机械化研究所应邀参加农业航空创新应用示范新疆行活动。

8月7—16日

农业部南京农业机械化研究所举办尼泊尔小型拖拉机及配套农机具检测培训班。培训班共有8名学员，分别来自尼泊尔农业部农业机械化管理司，尼泊尔农机研发中心和尼泊尔农机协会。

8月8日

农业部南京农业机械化研究所与山东省临沭县东泰机械有限公司在南京达成战略合作，并就“高效半喂入花生联合收获技术”举行技术转让签约仪式。农业部南京农业机械化研究所党委书记胡志超主持会议。

8月18日

农业部南京农业机械化研究所所党委在综合实验楼南楼会议室组织集中学习党纪党规，农业部南京农业机械化研究所党委书记胡志超主持会议，所党政领导班子、首席专家、中层干部、各党支部书记及群团负责人参加学习。

8月19日

农业部组织专家抽查评估农业部南京农业机械化研究所现代农业装备重点实验室。

8月19日

湖北省荆门市农机局局长李士丁一行7人来到农业部南京农业机械化研究所交流洽谈。

8月22日

农业部南京农业机械化研究所召开

干部大会，中国农业科学院党组书记陈萌山出席会议并作重要讲话。江苏省委组织部干部五处处长封春晴出席会议。会议由农业部南京农业机械化研究所所长、党委副书记陈巧敏主持。

8 月 22—24 日

农业部南京农业机械化研究所软科学团队应邀参加“2016 新疆农业机械博览会”。

8 月 27 日

由农业部南京农业机械化研究所牵头申报的国家重点研发计划“智能农机装备”重点专项“智能化油料作物收获技术与装备研发”项目启动会在南京顺利召开。

西北农林科技大学常务副校长、研究员吴普特莅临农业部南京农业机械化研究所访问交流。

8 月 29 日

农业部南京农业机械化研究所组织召开党支部书记会，动员部署“两委”换届和推进“两学一做”。所领导班子出席会议，各党支部书记等参加会议。会议由农业部南京农业机械化研究所党委书记胡志超主持。

9 月 1—3 日

农业部南京农业机械化研究所应邀参加南京国际智慧农业博览会。

9 月 2—5 日

农业部南京农业机械化研究所生物质转化利用装备创新团队应邀参加中国国际秸秆产业博览会。

9 月 3—4 日

农业部南京农业机械化研究所植保机械创新团队成员参加新疆棉花脱叶剂试验。

9 月 5 日

安徽天康集团股份有限公司副总经理翁林一行来农业部南京农业机械化研究所洽谈交流。

9 月 6 日

中非共享发展经验高级研讨班学员来农业部南京农业机械化研究所考察交流，农业部南京农业机械化研究所副所长曹光乔研究员主持交流会。

9 月 8 日

农业部南京农业机械化研究所果蔬茶创新团队首席专家、研究员肖宏儒受邀参加“南方丘陵山区主要农作物全程机械化发展座谈会”。

9 月 12 日

农业部南京农业机械化研究所参加国家重点研发计划项目“丘陵山地拖拉机关键技术研究与整机开发”启动暨丘陵山地现代农机产业技术创新战略联盟成立大会。

9 月 16—20 日

农业部南京农业机械化研究所党委书记胡志超研究员带领团队成员赴河南、河北两省开展花生生产全程机械化产业调研。

9 月 18 日

农业部南京农业机械化研究所植保机械团队成员受邀为农业航空培训班学员讲授航空植保理论。

9 月 25 日

农业部南京农业机械化研究所智能化油菜联合作业播种机在重庆市梁平县试验成功。

9 月 26 日

农业部财会服务中心潘学峰主任、中国农业科学院创新办公室文学主任及相关专家来农业部南京农业机械化研究所开展创新工程绩效现场评价工作。

9 月 26—28 日

由农业部南京农业机械化研究所协办的 2016 年中国农业科学院新闻通讯员培训班在钟山宾馆举行。共有来自中国农业科学院 46 家直属机关和研究所近 60 名通讯员参加本次培训。

9 月 27 日

农业部南京农业机械化研究所生物质转化利用装备创新团队最新研发的大棚固肥撒施多功能机亮相江苏设施农业机械化现场会。

9 月 27—28 日

农业部南京农业机械化研究所茶园机械现场演示观摩会在江苏省句容市成功举办。

9 月 30 日

农业部南京农业机械化研究所参加中国食用菌协会菌需物资分会暨装备与菌需物资发展座谈会并作学术报告。

10 月 4—6 日

由中国农业电影电视协会(CCTV—7 农业频道)和中国农业大学联合主办，农业部南京农业机械化研究所等单位协办的“中国无人机与机器人应用大赛——植保无人机应用赛”初赛在南昌溪霞国家现代农业示范园区成功举办。

10 月 10—14 日

农业部南京农业机械化研究所应邀参加第七届中日韩国际甘薯学术研讨会并作学术报告。

10 月 12—14 日

农业部南京农业机械化研究所应邀参加 2016 年中国茶叶学会茶叶科技示范基地创新驱动交流会。

10 月 15 日

农业部南京农业机械化研究所主持的“十三五”国家重点研发计划“研发与完善农业航空植保智能化装备关键部件”项目启动会在宁波召开。

10 月 15—16 日

农业部南京农业机械化研究所植保机械科研团队应邀参加 2016“智能化精准施药、施肥”国际学术研讨会并作学术报告。

10 月 18 日

农业部南京农业机械化研究所果蔬茶创新团队成功研制新型果园有机商品肥和厩肥系列施肥机。

10 月 18—19 日

农业部南京农业机械化研究所软科学团队成员受邀参加全国农机购置补贴信息公开培训班。

10 月 19 日

由中国农业科学院郑州果树研究所党委书记赵玉林领衔的中国农业科学院支撑人才队伍建设调研组赵玉林到农业部南京农业机械化研究所调研指导工作。

10 月 19—20 日

由农业部南京农业机械化研究所牵头的农业部公益性行业(农业)科研专项“植保机械关键技术优化提升与集成示范”项目交流会暨预验收会在河南省新乡市召开。

10 月 21 日

农业部南京农业机械化研究所参加国家重点研发计划项目“秸秆饲料收获技术与智能装备研发”启动会。

10 月 22 日

农业部南京农业机械化研究所植保机械团队邀请美国农业部施药技术研究中心首席专家、研究员朱和平来所进行学术交流。

10 月 23—31 日

农业部南京农业机械化研究所成功举办亚太地区可持续农业机械化发展高级研修班，来自柬埔寨、印度尼西亚、尼泊尔、马来西亚、俄罗斯、哈萨克斯坦等 6 个国家的 13 位学员参加此次培训。

10 月 26—28 日

农业部南京农业机械化研究所参加

在湖北省武汉市国际博览中心举办的“2016中国国际农业机械展览会”。

10月27日

由农业部南京农业机械化研究所联合中国蔬菜协会机械化分会、中国农业机械流通协会举办的蔬菜生产机械化论坛在武汉国际博览中心召开。

10月28日

中国农学会组织专家对农业部南京农业机械化研究所科技成果“旱田全量秸秆覆盖地免耕洁区播种关键技术与装备”进行科学技术成果评价，认为成果整体技术处于国际领先水平。

10月29日

农业部南京农业机械化研究所应邀参加国家谷物收获机械科技创新联盟成立大会。

11月2日

农业部南京农业机械化研究所所党委组织召开中心组第六次扩大学习会，传达学习十八届六中全会精神，研究部署全所学习贯彻十八届六中全会精神的相关工作。

11月3日

农业部南京农业机械化研究所果蔬茶创新团队研制的新型红枣收获机试验成功。

11月7日

农业部南京农业机械化研究所举行“两学一做”先进人物事迹学习报告会，会议邀请到河南豪丰机械制造有限公司党委书记兼董事长刘少林同志作典型事迹报告。

11月12日

农业部南京农业机械化研究所植保机械创新团队参加国家重点研发计划“地面与航空高工效施药技术及智能化装备”项目启动会。

11月12—14日

农业部南京农业机械化研究所植保机械创新团队应邀参加第五届国际精准农业航空会议并作主题报告。

11月15—16日

澳大利亚昆士兰大学施药与安全中心主任、教授Andrew Hewitt来农业部南京农业机械化研究所，与植保机械团队就航空喷嘴模型及风洞测试技术开展学术交流。

11月16日

农业部南京农业机械化研究所参加第十八届中国国际高新技术成果交易会。中共中央政治局委员、广东省委书记胡春华对农业部南京农业机械化研究所展出的智能农用水环境监测无人船给予肯定。

11月18日

农业部南京农业机械化研究所“茶园全程机械化生产管理技术装备”项目荣获第八届中国技术市场金桥奖。

11月19日

农业部南京农业机械化研究所所长陈巧敏一行赴四川省机械研究设计院进行考察，并与有关领导就四川乃至西部地区的农业机械未来发展思路、成果转化、人才培养和关键技术合作等方面进行交流和洽谈。

11月22日

中国农业科学院纪检组组长史志国，院专项巡视组组长王志东、副组长赵海燕等一行四人来所反馈专项巡视意见。农业部南京农业机械化研究所所长陈巧敏代表班子作表态发言和整改意见初步方案说明。会议由农业部南京农业机械化研究所党委书记胡志超主持。

11月23日

农业部办公厅发布《农业部办公厅关于农业部重点实验室“十二五”建设运行评估结果的通报》，农业部南京农业机械化研究所建设的“农业部现代农业装备重点实验室”评估结果为“优秀”。

11月26日

由农业部组织的全国农业科技创新联盟座谈会在山东省召开，农业部部长韩长赋作了重要讲话，农业部副部长张桃林主持座谈会。农业部南京农业机械化研究所所长陈巧敏代表农业部南京农业机械化研究所参加座谈会。

12月1日

中国农业科学院党组成员、研究生院院长刘大群一行来所调研指导工作。农业部南京农业机械化研究所所党委书记胡志超，党委副书记、纪委书记肖体琼，党委委员吴崇友，相关研究生管理人员、导师及研究生代表参加座谈。

12月2日

江苏省发明协会第四届第一次会员大会在宁顺利召开，农业部南京农业机械化研究所党委书记、研究员胡志超当选为江苏省发明协会副会长。

12月4—5日

农业部南京农业机械化研究所果蔬茶类收获机械创新团队在江苏省句容市举办茶园机械化生产装备操作使用、维修保养技术培训会。

12月11日

由中国农业科学院主办、中国农业科学院农业环境与可持续发展研究所承办的“国家农业废弃物循环利用创新联盟成立大会”在北京召开，农业部南京农业机械化研究所所长陈巧敏应邀参加会议。在本次大会上农业部南京农业机械化研究所当选为联盟副理事长单位。

12月13日

农业部南京农业机械化研究所“一种气吸滚筒式水稻育秧播种装置”“基于模型的直升机施药飘移预测方法”2项发明专利喜获第十八届中国专利优秀奖。农业部南京农业机械化研究所连续4年荣获此奖项。

12月17日

农业部南京农业机械化研究所生物质转化利用装备团队应邀参加甘肃省生态农业装备产业技术创新战略联盟成立大会暨学术年会。

12月19日

中共农业部南京农业机械化研究所召开第四届党员大会，对任期届满的党委、纪委进行换届选举。中国农业科学院直属机关党委常务副书记高士军、江苏省委组织部组织二处副调研员周阳到会指导并讲话。农业部南京农业机械化研究所所党政领导班子及全体党员出席会议。

12月26—28日

由中国农业机械工业协会旋耕机械分会和机械工业耕作机械产品质量检测中心主办的2016年全国旋耕机械行业大会在宁顺利召开。

地 方 篇

北 京 市

2015 年 12 月 24 日

北京市门头沟区农业综合执法队韩云强同志，北京市昌平区农机安全监理所沈静同志，被评为 2015 年全国农机安全监理示范岗位标兵。

12 月 31 日

北京市代表队许刚获“中联重科杯”全国农业职业技能竞赛二等奖。

2016 年 3 月 4 日

北京市机构编制委员会办公室印发《关于同意北京市农业机械技术推广鉴定站更名的函》，同意将北京市农业机械技术推广鉴定站更名为北京市农业机械试验鉴定推广站。

3—6 月

北京市围绕露地蔬菜主要品种、重点环节，集成示范露地蔬菜全程机械化技术，建立 6.67 公顷露地甘蓝全程机械化示范区，完成前茬玉米田园清洁、耕整地、移栽、田间管理、收获、本茬甘蓝田园清洁等 6 个环节、26 个节点的全程机械化作业，引入北斗导航无人驾驶等信息化技术。露地甘蓝全程机械化作业比传统人工作业节约用工量 83%，节水、节药、节肥效果明显。

6 月 8 日

根据《中共北京市农业局党组关于调整局领导工作分工的通知》，由北京市农业局副局长李全录分管农业机械化行业发展与管理工作。

10 月 9 日

北京兴农天力农机服务专业合作社、北京河南寨农机服务专业合作社，获得 2016 年全国农机合作社示范社称号。

经北京市农业局党组会研究决定，张岚同志任北京市农业机械试验鉴定推广站副站长(试用期一年)。

10 月 11 日

北京市副市长林克庆调研北京市农业局协助建设的设施蔬菜废弃物资源化循环利用机械化技术示范点。

11 月 7 日

北京市农业机械试验鉴定推广站申报的三项推广成果《北京市设施蔬菜生产机械化关键技术集成创新与推广》《北京市农作物秸秆全量化综合利用技术示范推广》《桃、苹果生产农机农艺融合配套技术示范推广》分别荣获北京市农业技术推广奖一、二、三等奖。

11 月 24 日

北京市农业机械试验鉴定推广站组织召开“2016 年京津冀农机推广鉴定协同发展”研讨会，与天津市农业机械试验鉴定站、河北省农业机械鉴定站达成 4 项共识，开展三地农机推广鉴定协同合作。

11 月

北京市农业机械监理总站启动农机监理行政许可文书制作规范、文书评查标准和评分细则编制工作，对全市农机监理行政许可业务办理的材料、程序、文书、档案等进行系统规范。

北京市农业机械监理总站启动农机监理“风险分级、量化监管、档案管理”工作，对监管对象分类分级，实行量化监督管理，有效防范农业机械事故发生，确保人民群众生命财产安全。

天 津 市

2016 年 1 月 12 日

农机深松平地作业补贴实施工作总结暨绩效考核会议召开，对 2015 年度实施情况进行总结评估。

天津市农业机械研究所承担的天津市农村工作委员会农作物秸秆收集综合利用技术试验示范项目“棉秆收集作业与利用”通过现场验收。

1 月 18 日

由天津市农业机械管理办公室副主任胡伟带队，赴北辰区对 2015 年先进民用炉具推广工作落实情况进行督导检查。

1 月 19 日

2016 年天津市农机合作社规范化管理暨全程机械化示范模式技术培训班举办。天津市农业机械管理办公室副主任胡伟参加培训班并讲话。

1 月 20 日

经专家评审，2015 年度天津市农业机械化科学技术奖共评出获奖项目 16 项，其中：一等奖空缺，二等奖 2 项，三等奖 14 项。

1 月 21 日

天津市农业机械化工作会议召开，传达贯彻全国农业机械化工作会议精神，总结“十二五”，部署 2016 年工作目标任务。会上，各区县农机中心、滨海新区农村工作委员会向天津市农业机械管理办公室递交《2016 年农机安全生产责任书》，全面落实农机安全生产责任制。

1 月

由宝坻区农机中心承担的《宝坻区保护性耕作技术示范》项目经农业部批准立项。

2 月 23 日

农业部农业机械化管理司司长李伟国一行到滨海新区大港街道、静海区、宝坻区农机合作社、农机生产企业和农业机械化学校进行调研。天津市农业机械管理办公室主任韦恩学、副主任胡伟及有关领导陪同调研。

2 月

宝坻区农机中心承担的蔬菜生产关键环节机械化技术试验项目经市财政审批立项。

宝坻区农机中心承担的农业部水稻育插秧机械化技术示范项目荣获宝坻区科学技术奖二等奖。

3 月 1 日

天津市农机安全生产工作会议召开，总结 2015 年全市农机安全监理工作，部署 2016 年重点任务及农机检验和驾驶员审验工作。天津市农业机械管理办公室主任韦恩学到会并讲话。

天津市农业机械研究所主持起草的《农田残膜回收作业质量验收抽查规范》通过天津市农村工作委员会组织的专家论证。

3 月 3 日

规模化蛋鸡养殖安全生产模式示范推广项目培训总结会召开。静海县、蓟县、宝坻区、宁河县的农机中心业务主管领导及项目主要成员、财务人员参加培训交流。

3 月 10 日

2016 年农业机械化科技下乡活动座谈会召开，天津市农业机械管理办公室副主任胡伟、直属各有关单位主要领导近40人参加会议。

3月11日

天津市农机监理业务培训班举办。各区县农机安全监理站(科)长、农机检验员、农机牌证业务人员共40余人参加培训。

3月15日

2016年农机打假专项行动及放心农资下乡进村宣传周活动专题会议召开,旨在贯彻落实2016年全国农资打假专项治理行动电视电话会议精神。

3月29日

2016年春季秸秆综合利用工作会议召开。天津市各区县农机中心分管领导及管理科长参加会议。天津市农业机械推广总站承担的天津市农村工作委员会设施农业悬挂式高效喷施机引进示范科技合作项目通过验收。

3月30日

天津市农业机械检审现场推动会召开。各区县农机安全监理站(科)长、检验员共50余人到现场观摩。

4月6日

2016年农机深松整地及激光平地作业补贴工作会议召开。天津市农业机械管理办公室主任韦恩学出席会议。

4月7日

在天津市农业机械化示范推广中心举行农机深松整地及激光平地作业启动仪式。天津市农业机械试验鉴定站承担的日光温室太阳能地温加热设备研究通过天津市科学技术委员会组织的结题验收。

4月17日

天津市农业机械推广总站技术开发室被授予2014年度天津市模范集体荣誉称号。

4月19日

天津市市委副书记王东峰对全市农作物秸秆综合利用与禁烧工作作出批示:"采取有效措施,推进秸秆综合利用和对焚烧秸秆加大治理力度,效果明显。"

天津市农业机械管理办公室召开专题工作会议,对4月下旬全市重污染天气应急响应期间秸秆综合利用督导检查工作进行部署。

4月19日

财政部预算评审中心主任李方旺率农机购置补贴绩效评价工作组一行赴天津市对农机购置补贴政策落实情况开展绩效评价。

4月21日

由天津市农业机械管理办公室主办,天津市农业机械推广总站和滨海新区大港农机中心承办的天津市主要粮经作物生产全程机械化技术研讨会召开。会议同期举办天津市科技下乡活动暨主要粮经作物生产全程机械化技术展示演示活动。

4月22日

天津市农村工作委员会党委书记、主任沈欣率有关处室负责人到天津市农机中心调研指导工作。天津市农机中心领导班子全体成员参加调研座谈会。

4月25日

天津市总工会授予天津市农业机械管理办公室装备管理处"工人先锋号"称号。

4月27日

2016年农机购置补贴工作会议召开。天津市农业机械管理办公室领导班子全体成员出席会议。

2016年全市农机购置补贴政策实施启动仪式在蓟县举行。

5月5日

天津市农业机械推广总站举办粮食干燥机械化技术培训班。

5月9日

农机深松整地及激光平地作业补贴制度建设座谈会在宁河区召开,天津市农业机械管理办公室主任韦恩学出席会议。

5月13日

天津市农业机械推广总站召开畜禽健康养殖物理农业技术培训会。部分区县农业机械系统科技人员、农学院专家教授、养殖合作社、大户代表近60人参加。

5月18日

天津市农业机械推广总站"一种大葱收获机用振动铲"获国家知识产权局实用新型专利。

5月20日

天津市农业机械与农业工程学会主办,天津市农业机械研究所承办的精准农业与农业物联网技术学术研讨会召开。天津市农业科技项目农机精准作业智能化监控技术示范与推广培训班同时举行。

5月28日

天津市农业机械管理办公室召开"三夏"秸秆综合利用与禁烧督导工作部署会,4个市级秸秆综合利用与禁烧督导检查组组长及联络员参加会议。

5月30日

北辰区被农业部评为全国首批基本实现主要农作物生产全程机械化示范县。

6月1日

天津市农业机械管理办公室召集已纳入本市2016年农业机械购置补贴产品信息表的设施农业机械及相关产品的6家生产企业进行集体行政约谈。

6月3日

天津市农业机械试验鉴定站召开滩涂养虾机械化技术培训及机具现场演示会。

天津市农业机械推广总站在静海区举办自走式遥控植保机械化技术演示会。

6月7日

天津市"三夏"农业机械化生产工作会议召开。各涉农区县农机部门的主要领导及分管领导参加会议。

天津市农机维修网点座谈会召开。

6月8日

"三夏"小麦机收暨秸秆综合利用现场会在滨海新区大港召开,标志着2016年"三夏"农业机械化生产正式启动。

6月13日

天津市农业机械试验鉴定站在宝坻区召开两茬平作玉米免耕播种机试验项目现场会。

6月17日

天津市农村工作委员会副主任毛科军到武清区梅厂镇督导检查"三夏"农业机械化生产及秸秆综合利用工作开展情况。天津市农业机械管理办公室主任韦恩学陪同检查。

6月20日

天津市农业机械研究所召开蔬菜穴盘育苗播种机现场演示培训会。

6月24日

"三夏"农业机械化生产结束。天津市累计投入联合收割机4 300台、播种机8 600台,机收小麦113.33千公顷,机播夏玉米110.67千公顷,机收率、机播率均接近100%。天津市小麦秸秆基本实现全量化利用。

6月30日

天津市农业机械推广总站党支部被评为天津市先进基层党组织。

7月5日

天津市农业机械修理工职业技能竞

赛宝坻区预赛在宝坻举办。经过激烈角逐,有 6 名选手获得参加市级决赛资格。

7 月 6 日

2016 年"三夏"秸秆综合利用工作座谈会召开。天津市农业机械管理办公室主任韦恩学出席。各涉农区的农机中心、滨海新区农村工作委员会主要领导、分管领导及 4 个市级秸秆综合利用工作督导组成员参加会议。

7 月 7 日

天津市农业机械推广总站召开马铃薯收获机械化技术现场演示会。

上半年农机安全生产分析会召开。会议总结分析上半年全市农机安全生产工作情况,安排部署下半年主要工作。

7 月 12 日

由天津市农业机械研究所、中国农业机械化科学研究院机电技术应用研究所、中国农业大学信息与电气工程学院共同承担的天津市科技支撑计划重点项目农机作业质量监测与管理系统关键技术研究及装备开发项目通过天津科学技术委员会组织的结题验收。

7 月 13 日

天津市农业机械推广总站与中国农业机械化科学研究院共同承担的高秆作物植保机械化技术引进示范项目通过市农委组织的专家现场验收。

7 月 13 日—8 月 17 日

天津市农业机械管理办公室成立市级督导组,深入 9 个承担 2016 年农机深松整地及激光平地作业补贴任务的区开展工作督导。

7 月 15 日

天津市农业机械推广总站承担的中央财政项目粮食干燥机械化技术集成示范推广和规模化蛋鸡养殖安全生产模式示范推广通过市农机办组织的项目中期检查验收。

7 月中旬

天津市农业机械管理办公室完成农业机械牌证核发、驾驶证核发和拖拉机驾驶培训学校驾驶培训班资格行政审批许可事项操作规程编制。

7 月中旬—8 月中旬

天津市农业机械管理办公室组成市级督导组,深入 9 个承担 2016 年农机深松整地及激光平地作业补贴任务的区逐一开展工作督导。

天津市人民代表大会常务委员会对《道路交通安全法》赋予农业机械主管部门职责的履行情况进行执法检查,对天津市农机安全监理工作给予肯定。

7 月 20 日

天津市农业机械管理办公室被农业部评为"强农惠农富农政策落实(农机购置补贴)延伸绩效管理优秀单位"。

7 月 28 日

天津市农业机械化工作座谈会召开。会议总结上半年全市农业机械化工作,部署下半年工作任务。

7 月 28—29 日

天津市农业机械管理办公室举办 2016 年度农业机械化高层管理人员科技人员培训班。

8 月 5 日

天津市农业机械推广总站在宁河区召开高秆作物植保机械化技术培训及机具演示会。

8 月 8 日

天津市农业机械管理办公室召开技术帮扶工作汇报会,天津市农业机械管理办公室副主任胡伟、农机系统技术帮扶组专家与联络办公室成员参加会议。

8 月 15 日

天津市农业机械管理办公室召开全市主要农作物生产全程机械化推进工作会,天津市农业机械管理办公室副主任胡伟到会并讲话。

8 月 19 日

天津市农业机械管理办公室召开 2016 年农机合作社多种经营经验交流会暨全程机械化示范农场挂牌仪式。

8 月 23 日

天津市农业机械管理办公室召开全市农业机械化科技发展形势分析会。

8 月 26 日

天津市农业机械管理办公室召开秋冬季秸秆综合利用督导检查部署工作会议,会议由天津市农业机械管理办公室副主任胡伟主持,4 个市级秸秆综合利用督导检查组成员参加会议。

8 月

天津市农业机械推广总站高级工程师房骏获评"天津市结对帮扶困难村工作优秀技术帮扶工作者"。

9 月 3 日

天津市农业机械推广总站承担的中央财政农业技术推广与服务补助项目等离子体种子处理技术示范推广项目获立项批准。

9 月 5—24 日

天津市农业机械管理办公室在天津市开展为期 20 天的农机安全生产专项治理活动。

9 月 6 日

"三秋"农业机械化生产工作会议召开。天津市农业机械管理办公室主任韦恩学出席会议。

宝坻区农机中心承担的 2015 年玉米生产全程机械化示范项目通过农业部验收。

9 月 8 日

天津市第二届农机职业技能竞赛在宝坻区举办。天津市农业机械管理办公室主任韦恩学等领导出席开幕式。

天津市农业机械推广总站联合静海区农机中心召开高秆作物植保机械化技术引进示范项目技术培训暨现场演示会。

9 月 13 日

三大粮食作物生产全程机械化技术方案研讨会召开。

农机购置补贴业务培训班举办。天津市各区农机中心主管业务主任,农机购置补贴科室负责人、具体工作人员和系统操作员参加培训。

9 月 20 日

天津市农业机械推广总站在静海区召开中央财政项目粮食干燥机械化技术集成示范推广技术培训班。

9 月 22 日

天津市农业机械研究所、静海区农机中心联合召开太阳能干燥鲜枣技术培训暨现场演示会。

9 月 23 日

2016 年秋季天津市农业机械化科技下乡活动暨天津市水产养殖机械化技术研讨及展示会在北辰区召开。

9 月 27 日

农机事故应急处理培训班在天津市西青区举办。

9 月 29 日

天津市农机安全监理基层服务点启动现场会在蓟州区举办,天津市农业机械管理办公室主任韦恩学、蓟州区农机中心主任霍立三为第一批天津市农机安全监理基层服务点揭牌。同日,困难村"一村一策"农业机械化技术培训会暨水稻生产关键环节(植保)机械化技术培训演示会在津南区召开。

10 月 12 日

天津市农业机械管理办公室联合天津市农业机械研究所、宝坻区农机发展服务中心共同召开农机精准作业智能化监控技术培训暨现场演示会。

10月18日

天津市农业机械推广总站召开规模化蛋鸡养殖物理技术环境控制与防疫技术培训会。

10月19日

由天津市农业机械与农业工程学会、滨海新区科学技术协会联合举办的天津(2016)现代智慧农业及智能化装备发展论坛在滨海新区举办。

10月19日

秋冬秸秆综合利用工作推动会召开。天津市农业机械管理办公室主任韦恩学、副主任胡伟到会做具体部署。

10月21日

2016年秋季天津市农业机械化科技下乡活动暨天津市农用无人飞机发展(演示)研讨会召开。

11月2日

天津市滨海新区农村工作委员会承担的滨海新区塘沽农用航空服务站建设项目通过天津市农业机械管理办公室组织的项目验收。

11月3日

天津农机信息网专题培训举办。天津市农业机械管理办公室副主任胡伟参加会议。

11月8日

天津市农业机械推广总站承担的天津市农村工作委员会高秆作物植保机械化技术引进示范项目通过结题验收。

11月14—18日

天津市农业机械管理办公室4个市级督导组赴蓟州区、宝坻区、武清区、宁河区、静海区、津南区、北辰区开展农作物秸秆综合利用工作督导。

11月29日

京津冀协同发展工作座谈会召开。天津市农业机械管理办公室主任韦恩学,副主任胡伟参加会议。

11月30日

冬季秸秆综合利用工作会议召开。天津市农村工作委员会副主任李金田、天津市农业机械管理办公室主任韦恩学参加会议。

天津市农业机械研究所和天津市农业机械化示范推广中心联合召开水稻秸秆田间收集转运机械化技术示范现场演示会。天津市农村工作委员会副主任李金田,天津市农业机械管理办公室主任韦恩学、副主任胡伟出席现场会。同日,天津市农业机械研究所承担的水稻秸秆田间收集转运机械化技术示范推广项目通过现场验收。

河北省

2016年1月5日

河北省农业机械化管理局专题研究2016年农机补贴相关工作。确定2016年河北省农机购置补贴机具种类范围由2015年的11大类、36个小类、99个品目压缩至11大类、31个小类、68个品目。起草印发《关于申报2016年农机购置补贴产品信息的通知》。开展2016年农机购置补贴产品信息材料的受理工作,770余家企业申报农机补贴产品信息,收录汇总8 000多个型号的农机产品电子信息。

1月27日

河北省农业机械化管理局召开河北省农业机械化统计工作汇总会。各市主管农机统计工作的同志参加会议。会议总结2015年以来全省农业机械化统计工作情况,审核2015年农机统计数据,查找异动原因,汇总并确认最终数据,安排部署2016年统计年报报送工作。

1月29日

河北省农业厅副厅长李永山主持召开农机数据化项目建设专家研讨会。会上成立由张连才同志任组长,严春晓同志任副组长,史家益、史建新、孙世祯、王素英同志为成员的领导小组,办公室设在河北省农机安全监理总站,具体抓好"河北智慧农机决策管理平台"项目的组织实施工作。

2月16日

河北省农业机械化管理局组织开展2015年度河北省农机购置补贴政策落实延伸绩效管理专家考评工作,对所有实施县确定分值,评出优秀、良好、一般三个档次,形成延伸绩效管理省级考核自评表及自评报告等文件。

4月11—13日

河北省委省人民政府农村工作办公室副主任刘振洲一行到石家庄市、衡水市、邢台市调研农机工作。首先听取各市汇报,随后到深州市仁中、任县沃土、武邑县顺天等农机合作社座谈,最后走访中农博远、河北天人、冀州泰华伟业等农机企业,听取对补贴政策的意见和建议。刘振洲指出,要切实加强对农机购置补贴政策的基础调研;要利用互联网+的新型检测方式,确保深松面积落实和作业质量达标;要充分运用河北省人民政府相关扶持政策,加大农机新型经营主体扶持力度。

4月25日

2016年河北省农机工作暨农机购置补贴会议在石家庄市召开。各市主管局长、科(处)长及河北省农机四站副处级以上人员参加会议。河北省委省人民政府农村工作办公室刘振洲要求,要明确发展新理念,把握好"十三五"农业机械化发展方向,要树立责任意识、强化发展理念、转变工作作风,扎实做好2016年工作。河北省农业机械化管理局局长张连才总结2015年农机购置补贴工作,全面安排部署2016年补贴工作。

河北省农业机械化管理局印发《关于做好"农机直通车·全国农机化生产信息服务平台"推广应用的通知》,标志着河北省正式启动"农机直通车"推广应用年活动。河北省农机部门将农机户和合作社作为重点群体,积极协调通信部门,在三个层面上做好基于智能手机端的"农机直通车"系统(手机APP)推广使用。

5月5日

河北省农业厅与河北省委省人民政府农村工作办公室合署办公,保留河北省农业机械化管理局机构,傅强任河北省农业机械化管理局局长。

5月10日

河北省农业厅制定《河北省机械化农业生产应急预案(试行)》,分三级应急响应,密切与气象等部门联系,收取、反映与农业有关的自然灾害预测预报信息,及时应对"三夏""三秋"期间天气多雨影响及时收割、耕整地和播种等情况。农机部门全面及时掌握农业机械出动、作业和天气情况,及时启动应急预案,最大限度地减少损失。

5月12日

河北省农业机械化管理局在石家庄市召开2016年小麦机收作业调度会。一是与河北省气象局、中国联通有限公司河北分公司签订协议,河北省气象局提供实时和局地天气预报,中国联通有限公司河北分公司提供专项3G/4G优惠套餐和资费低于柜台价40%以上的"农机直通车"手机上网流量包,共同做好"三夏"机收小麦工作;二是开展"农机直通车·全国农机化生产信息服务平台"培训;三是小麦主产区主管副局长汇报本地小麦机收准备工作;四是部署"三夏"农机工作。各市农机主管局长和科

(处)长参加了会议。

5月17日

河北省农业厅、省委省人民政府农村工作办公室印发《河北省2016年“三夏”小麦机收工作方案》。根据河北省农业机械化管理局和农机四站承担的职能，细化工作任务，合力做好跨区机收的组织、指挥调度、协调管理和安全生产专项检查等服务工作。要求各市按照时限，做好小麦机收前的准备工作。提前与气象、石油等有关部门对接，为机手提供服务。

5月27日

按照农业部农业机械化管理司要求，启动农机合作社示范社创建活动。“十三五”期间，河北省计划创建省级农机合作社示范社300个，并按照《全国农机合作社示范社申报条件》进行认定。

6月4日

河北省小麦机收在邯郸市成安县启动，河北省委省人民政府农村工作办公室副主任刘振洲宣布小麦机收会战开始。河北省共出动140万台农机具投入作业，小麦机收水平将达到98%，夏玉米机播水平达到90%以上。河北省农机主管部门与河北省气象台签订战略合作协议，积极应对阴雨天气，联合发布气象信息。中国石油化工股份有限公司河北石油分公司设立230座“三夏”绿色通道加油站，以0.8～1元/升的惠农价格全天供应普通柴油。中国联通有限公司河北分公司以40%以上的优惠资费，大力推广“全国农机直通车”手机APP系统服务作业。交通部门开辟绿色通道，确保运输车辆免费通行。

6月7日

河北省财政厅、农业厅联合印发《关于做好2016年全程机械化项目工作的通知》，河北省财政1 200万元用于支持栾城区、赵县、涞水县开展全程机械化示范县创建。实施方案明确项目内容、建设条件、资金使用、补助方式，以确保示范县创建实效。

6月13日

河北省副省长沈小平到石家庄新乐市调研小麦生产工作，深入木村乡中同村的麦田，向农民详细了解情况。随后，沈小平到何家庄村抢收现场，与大型联合收割机机手进行交谈，并向当地人民政府工作人员了解小麦机收保障、收购价格，以及当地粮库的存储能力等情况。沈小平要求，各级有关部门要高度关注天气变化，坚决打好“三夏”生产这场硬仗，充分发挥机械作业的主力军作用，科学指导农民抢抓时机，确保颗粒归仓。

6月20日

河北省夏收夏种工作顺利完成。“三夏”期间，全省共出动140万台小麦联合收割机、玉米免耕播种机、拖拉机等农机具投入作业。自6月4日开始，历时16天，收获2 299千公顷小麦，机收小麦2 258千公顷，机收率98.2%。机收呈现收获期集中，作业进度快；出动机具多，机械化水平高；农机合作社发挥作用，组织化程度提高等三个特点。河北省夏收夏种同步进行，玉米机播2 134千公顷，机播水平达到92%。

8月25日

“全国农机手大赛”(保定赛区)隆重开幕。河北省农业机械化管理局局长傅强、农民日报社主任朱先春和市局相关人员参加开幕式。经过激烈的角逐，最终选出前十名选手参加全国农机手大赛总决赛。

9月9日

召开农机政策性保险座谈会，河北省财政厅、保监会、保险公司相关人员，农机合作社、农机大户及各市、县监理所(站)相关同志参会。会议一是听取与会人员对农机保险实施政策性补贴的意见建议。二是研讨适合省情的保险产品，探索如何推动河北省政策性保险补贴顺利实施措施。三是对参会人员提出的险种的需求、保费的标准、保额的预期、理赔的要求、其他意见建议等进行汇总整理。

9月12日

河北省深州市宏图农机专业合作社等50家农机合作社被评为省级农机合作社示范社，向社会公布。已获2013年、2014年全国农机合作社示范社称号的合作社，同时获得2016年省级农机合作社示范社称号。

9月13日

河北省“三秋”农业机械化形势分析会暨全程机械化现场演示会在石家庄市召开。河北省委省人民政府农村工作办公室副主任刘振洲及各市主管局长、科(处)长和136个重点合作社社长参加。参会人员在赵县全国全程机械化示范基地观摩全程机械化主要作业环节演示。各市汇报“三秋”农机作业准备工作。河北省委省人民政府农村工作办公室副主任刘振洲部署“三秋”农机工作和下半年重点工作，要求各市打好秋季攻坚战，抓好农机合作社和全程机械化示范县建设，夯实发展基础，实现跨越式发展。

9月22日

印发《关于做好2016年“三秋”机械化生产工作的通知》。建立由河北省农业机械化管理局牵头，四个农机事业站按职能分工负责的“三秋”农机作业指挥系统，要求各市积极引导农机合作社等服务组织开展作业，做好信息发布工作，发挥好“农机直通车”在三秋农业生产中的作用。

9月

河北省农业机械化管理局统一设置的省、市、县三级农机购置补贴信息公开专栏上线运行工作，组织市级信息公开专栏维护使用培训，印发《农机购置补贴信息公开专栏管理制度》。

10月25日

全省“三秋”农业机械化生产工作圆满结束。全省收获玉米3 117.33千公顷，机收率达80.11%；播种小麦2 278.8千公顷，机播率100%；累计完成农机深松整地作业564.74千公顷，占全年计划任务数的90.12%。“三秋”期间，全省投入各类农机具119.56万台，其中：玉米联合收割机7.46万台，播种机械20.08万台，拖拉机69.73万台，检修各类农业机械101.92万台(套)。

11月1日

河北省共完成农机深松作业631.33千公顷，超额完成农业部下达的深松任务。2016年，河北省9个设区市共46个项目县开展深松作业信息化监测试点工作，安装深松检测设备5 453台，实施智能监测作业333 330余公顷，占全省任务面积53%以上。

11月底

河北省财政、农业两家就做好农机安全监理机构经费保障工作，联合印发《关于做好农机安全监理机构经费保障工作的通知》，明确自2016年5月1日起全省农机牌证照制作工本费，由省级财政按照实际需求全额保障，省级农机监管工作经费足额保障。同时要求各级财政合理测算农机监理相关业务经费需求，列入本级人民政府预算予以保障。

山西省

2015年12月1日

山西农机新技术服务中心承担的

2014年《日光温室生物质增温增产关键设备(热风炉)》专利推广实施资助项目通过省专利局结题验收。

12月18日

山西省副省长郭迎光就《山西省农机局关于促进丘陵山区农业机械化发展的建议》作出批示：一是要再组织人员深入研究，搞一个五年规划；二是要理一下当前要解决的紧迫问题，搞一个明年行动计划，办几件能够办到办好的实事。

12月25日

山西省委组织部任命王五明、张建中、张本源为山西省农业机械发展中心(山西省农机局)党组成员。

12月31日

山西省人民政府任命王五明、张建中为山西省农业机械发展中心(山西省农机局)副主任(副局长)，任命张本源为山西省农业机械发展中心(山西省农机局)总工程师。

2016年1月6日

原山西省省长李小鹏就《山西省农机局关于发展电动农业机械的调研报告》作出批示：下一步这是一个大市场，我们怎样有效调动大家的积极性，发展产业、提供产品、推广应用，请进一步完善并提出意见。

3月1日

山西省农机局召开全省农业机械化工作暨党风廉政建设会议，总结2015年及“十二五”全省农业机械化工作，安排部署“十三五”及2016年全省农业机械化工作。

3月7日

按照山西省机构编制委员会办公室批准文件，山西省农机局机关增设“产业政策法规处”，加挂“行政审批管理处”牌子，明确主要职责，宣布负责人并配备工作人员。

3月12日

山西省农机局在山西现代农机推广展示服务中心举办第十一届北方现代农业装备推广展示交易会，展示来自省内外150多家农机企业11大类400余种型号的农机产品。

3月15日

山西省农机局在全省组织开展“3·15”农机质量维权宣传专题活动，共发放宣传材料20余万份，接受咨询1.4万余人次。

4月18—19日

山西省农机局举办2016年全省农机购置补贴政策培训班，对各市分管局长、科(站)长及部分县局操作员进行政策培训和辅助管理系统操作培训。

5月13日

山西省农机局进驻山西省政务服务中心，开展“省级农业机械推广鉴定证书核发”审批业务。

5月16日

山西省农业机械化春耕生产工作基本结束。山西省共投入各种农业机械58万台件，完成机械化耕整地1 778.67千公顷，机械浇灌地460千公顷，机械播种1 592.67千公顷，其中机播玉米面积1 313.33千公顷，机播马铃薯、豆类等杂粮面积279.33千公顷。

5月20—26日

山西省农机局在上海交通大学举办2016年度第一期干部专题研修班，47人参加研修。

6月8日

山西省农机局和山西省农业机械化科学研究院承担的国家863项目“柠条饲料智能收获、制粒装备开发”子项目通过山西省科技厅组织的科技成果鉴定，“4GM—200型牵引式柠条饲料收获机”“4LN—200自走式柠条饲料联合收获机”“柠条饲料制粒智能化温控系统的研究”等5个项目的研究成果均达到国际先进水平。

6月13—19日

山西省农机局在武汉大学举办2016年度第二期干部专题研修班，60人参加研修。

6月28日

山西省人民政府办公厅印发《关于推进电动农机发展的实施意见》，明确今后一个时期推动电动农机发展的基本思路。

7月6日

山西省“三夏”农业机械化生产基本结束。山西省共投入各类农业机械44.5万台，机收小麦666.33千公顷，机收水平达到98%，完成机械复播玉米、豆类面积390千公顷，机播率达到93.3%。

8月9日

山西省农机局召开2016年全省市农机局长座谈会暨目标责任考核培训会，80余人参加会议。

8月29日

山西省农机局举办《山西省农业机械化条例》颁布10周年座谈会，全面总结《农业机械化促进法》实施10年来，山西省农业机械化发展和农业机械化工作取得的显著成效，科学分析《农业机械化促进法》贯彻实施面临的新情况、新问题、新任务，并就下一步继续深入贯彻落实《农业机械化促进法》进行部署安排。

8月30日

山西省农机局举办首届山西省农机手大赛。来自全省11个市近200名农机手参加此次大赛。

9月1日

山西省农机局举办“五征杯”第3届中国农机手大赛北方联赛。中国人民政治协商会议山西省委员会副主席朱先奇、山西省人民代表大会农村工作委员会副主任王杰敏、山西省人民政府副秘书长刘星、中国人民政治协商会议山西省委员会农业委员会主任周明定等出席开幕式。来自陕西、河北、天津、甘肃等省的近200名农机手参加此次大赛。

10月9日

山西省农机局在太原市召开中国共产党山西省农机局直属机关第七次代表大会。会议审议通过山西省农机局直属机关第六届委员会和纪律检查委员会的工作报告、直属机关第六届委员会关于党费收缴使用管理情况的报告，选举产生山西省农机局直属机关第七届委员会和纪律检查委员会。

10月18日

山西省农机局与财政厅联合印发《山西省2016年电动农机新产品奖补工作实施方案》，明确电动农机奖补实施范围、奖补对象、奖补产品、奖补标准以及奖补操作模式。

10月31日

山西省“三秋”农业机械化作业基本结束。山西省共投入各类农业机械43万台，其中玉米联合收获机1.9万台，薯类收获机4 895台，完成玉米全程机械化作业面积1 078千公顷，马铃薯全程机械化作业面积112千公顷，杂粮机收面积136千公顷。

2016年

山西省落实中央农机购置补贴资金3.962亿元。截至11月30日，已使用3.8亿元，共补贴5.9万户农民购买各类农机具6万台(件)。

山西省投入2 500万元，利用中央农机购置补贴资金498.6万元，补助实施农机深松整地作业面积80 000公顷，辐射作业面积227.47千公顷。

继续开展率先实现农业机械化示范

县乡村创建活动，并投入2 500万元，扶持20个农业机械化综合示范县、3个国家农业机械化示范县、2个马铃薯机械化示范县、126个示范乡和502个示范村开展创建活动。

山西省人民政府将电动农机奖补试点工作纳入2016年强农惠农富农政策体系，并安排5 000万元专项资金。在20个电动农机奖补试点县，对21个农机生产企业生产的54个电动农机新产品分为11个大类、23个小类、37个分档进行奖补。

山西省新发展农机专业合作社93个、农机大户211个，农机专业合作社和农机大户分别达到2 450个和7 271个。

继续开展农业机械化示范社、场、户（农机专业合作社、机械化家庭农场、农机大户）创建活动。在山西省培育农机示范合作社41个、示范家庭农场35个、示范农机大户62个。

山西省共发生2起农机事故，造成2人重伤，直接经济损失10多万元，低于山西省委省人民政府农机安全生产考核指标，农机安全生产形势保持稳定。

内蒙古自治区

2016年1月26日

内蒙古自治区农业机械化工作会议在呼和浩特市召开。会议的主要内容是贯彻落实全国农业机械化工作会议精神，总结交流2015年及“十二五”期间农业机械化工作，研究“十三五”农业机械化发展思路，部署2016年农业机械化工作。内蒙古自治区农牧业厅副厅长王国林出席会议并作重要讲话；内蒙古自治区农牧业厅农机局局长王建江、副局长郭跃、副局长白巨财出席会议。

2月17日

内蒙古自治区农牧业厅印发《关于印发〈2015—2017年内蒙古农机购置补贴机具种类范围〉和〈内蒙古自治区2015—2017年农机购置补贴机具补贴额一览表〉2016调整的通知》，全区农机购置补贴政策进一步向“缩范围、控定额、促敞开”的方向调整。

4月19日

通辽市召开农机深松整地作业补助试点工作推进会，解读内蒙古自治区试点工作方案并现场进行深松作业及作业质量智能监测设备检测。内蒙古自治区农牧业厅副厅长王国林出席会议并作重要讲话，内蒙古自治区农牧业厅农机局局长王建江、副局长郭跃出席会议。

5月9日

内蒙古自治区农牧业厅印发《关于内蒙古自治区2016年农机深松整地工作实施方案的通知》，方案综合考虑年度目标任务与适宜深松面积所占比例、农机深松整地工作基础和近年实际完成能力等因素，将946.67千公顷年度农机深松整地作业任务分解到各盟市。

5月17—19日

内蒙古自治区农牧业厅农机局副局长白巨财、内蒙古自治区农机监理站站长杜杰赴广西壮族自治区、江苏省两地考察学习先进经验，为做好下阶段农机监理工作改革创新积累经验。

5月20日

内蒙古自治区农牧业厅印发《关于内蒙古农机合作社示范创建活动实施方案的通知》，方案旨在进一步提升内蒙古农机合作社的发展质量和整体水平，并制定“十三五”期间，全区力争达到创建35个国家级和200个自治区级农机合作社示范社的目标。

7月2日

赤峰市召开内蒙古自治区农机地方标准宣贯会，就国务院和自治区关于标准化工作改革、地方标准修订程序等问题进行学习研究。

7月中旬

内蒙古自治区党委农牧办与内蒙古自治区农牧业厅农机局组成调研组深入呼伦贝尔市、鄂尔多斯市、巴彦淖尔市三地进行农业机械化情况调研，将农机监理工作作为研究重点，形成调研报告，向内蒙古自治区人民政府提出农机监理工作政策建议。

8月16日

内蒙古自治区草原畜牧业机械现场观摩会暨畜牧业机械化推进座谈会在锡林郭勒盟召开。农业部农业机械试验鉴定总站副站长刘旭、内蒙古自治区农牧业厅副厅长王国林，农牧业厅农机局、内蒙古自治区农机推广站、农机鉴定站主要领导及各盟市农业机械化主管部门领导、农机科长、农机推广站站长参加会议。会议指出当前畜牧业机械化对内蒙古自治区畜牧业发展的影响，深入分析内蒙古自治区畜牧业发展所面临的机遇和挑战，提出今后一个时期内蒙古自治区畜牧业机械化的发展对策，并从突出发展畜牧业机械化、提高草业机械化生产水平、狠抓牲畜饲养环节机械化装备、发展畜牧业机械社会化服务、提升畜牧业机械产品竞争力、推进种植业与畜牧业机械化融合等5个方面布置新时期畜牧业机械化发展的重点工作。

10月12—16日

内蒙古自治区农牧业厅农机局副局长白巨财带队赴新疆维吾尔自治区考察学习农机购置补贴实施先进经验。

10月24日

农业部办公厅印发《关于公布2016年全国农机合作社示范社名单的通知》，兴和县宜园农机农民专业合作社等7家农机合作社被评为全国农机合作社示范社。

11月15—18日

内蒙古自治区农牧业厅农机局与内蒙古自治区农机监理站、农机推广站组成两个检查小组分别对兴安盟、通辽市、锡林郭勒盟就农机安全生产和农机购置补贴工作进行了督导检查。

辽宁省

2016年1月13日

辽宁省农村经济委员会组织的部分市县农机购置补贴工作座谈会在工会大厦召开。会议研究讨论微灌设备处理意见。锦州市、辽阳市、朝阳市、盘锦市、葫芦岛市及绥中县农村经济委员会、农业机械化管理局负责农机购置补贴的分管领导以及辽宁省农村经济委员会农机产业发展处处长杨奕、副处长周鹏飞、副调研员陈峭参加会议。

辽宁省农村经济委员会约谈湖北华伟鹏业农业设施有限公司。辽宁省农村经济委员会农机产业发展处处长杨奕、辽宁省农业机械化技术推广站站长杨宏、清原满族自治县农机局局长林绿峰等同志参加会议。

1月14日

受科学技术部中国农村技术开发中心委托，辽宁省科学技术厅组织专家对辽宁现代农机装备有限公司承担的2013年度国家级星火计划项目“辽宁名优特农作物高效安全生产技术集成与示范”（项目编号2013GA650004）中的《全膜覆盖播种施肥机和节水技术集成与示范》课题进行验收。

1月18—19日

辽宁省农村经济委员会副主任陈健在全国农业机械化工作会议上代表辽宁

省作题目为《创新服务模式提高培训质量推动农业机械化发展再上新台阶》的经验交流报告。

1月29日

2016年辽宁省农机购置补贴研讨会在沈阳宾馆召开，研讨2016年农机购置补贴工作意见。各市农村经济委员会、农业机械化管理局（含绥中、昌图县）农机购置补贴工作相关处室负责人，辽宁省农村经济委员会农机产业发展处处长杨奕、副处长周鹏飞、副调研员陈峭，辽宁省农业机械化技术推广站站长杨宏、副站长史春生等同志参加会议。

根据辽宁省农村经济委员会工作安排，史祝男同志由辽宁省农村经济委员会经济作物处调到农机产业发展处工作。

2月17日

辽宁省农机购置补贴联席会议在辽宁省农业机械化技术推广站召开。会议研究讨论《2016年农机购置补贴机具补贴种类范围、补贴额调整原则（讨论稿）》和《辽宁省农委关于2015年度农机购置补贴政策落实延伸绩效管理工作自评情况的函》。辽宁省农村经济委员会农机产业发展处全体同志、辽宁省农业机械化技术推广站站长杨宏、副站长史春生等同志参会。

2月23日

辽宁省2016年农机购置补贴机具种类范围、补贴额调整专家论证会在辽宁省农业机械化技术推广站召开。辽宁省农村经济委员会农机产业发展处处长杨奕、辽宁省农业机械化技术推广站副站长史春生以及陈峭、王萍、刘戈等同志参加会议。

3月10日

由中国农业科学院和辽宁省人民政府共同主办的"中国锦州农业科技博览会暨第二十届中国（锦州）农业新品种新技术展销会"在锦州市举办。本次展会设特装展位22个，标准展位225个，室外农机展位220个。中国农业科学院、沈阳农业大学等11家涉农高校院所和全国604家农事企业、专业合作社展示展销农业新品种新技术新产品6 500种，40多家农机企业展示自己的产品。

3月4日

辽宁省农村经济委员会制定《辽宁省2016年农业机械化工作要点》。

3月9—12日

辽宁省农村经济委员会农机产业发展处、农机监督管理处和辽宁省农业机械化技术推广站组织人员参加2016年全国农业机械及零部件展览会，调查有关机具价格，并赴洛阳走访农机生产企业中国第一拖拉机厂。

3月16—18日

第七届"辽宁（铁岭）现代农机装备展示交易会"在铁岭东北物流城举办。本次展会参展企业达200多家，展出各类农业机械2 000余台，参会人数达6万余人，成为东北最具影响的展会。

3月27—28日

辽宁省农村经济委员会在昌图县举办辽宁省主要农作物生产全程机械化示范项目培训班。锦州市、阜新市、铁岭市、开原市、黑山县、阜蒙县、昌图县、北镇市等2016年项目市县负责人参加培训。

4月6日

辽宁省农村经济委员会党组召开会议，听取农机产业发展处关于2016年农机购置补贴工作有关情况的汇报。会议决定，原则上审议通过2016年农机购置补贴工作调整意见。

4月15日

2016年农业部主要农作物生产全程机械化示范项目实施方案专家论证会在沈阳工会大厦召开，辽宁省农村经济委员会农机产业发展处处长杨奕、副处长周鹏飞参加会议。

4月20—21日

辽宁省农村经济委员会组织专家对开原市2015年水稻生产全程机械化示范项目进行省级审核。沈阳农业大学教授任文涛，辽宁省农业机械化技术推广站副站长于君、调研员杨洪身，辽宁省农村经济委员会农机产业发展处副处长周鹏飞参加。

4月21日

辽宁省农村经济委员会与辽宁省财政厅联合印发《辽宁省农委辽宁省财政厅关于做好2016年农机购置补贴工作的通知》。

4月26日

辽宁省农村经济委员会组织农机系统人员考察锦州黑山农机产业园。考察组参观辽宁现代农机装备有限公司等当地重点农机产销企业。听取锦州市农业机械化管理局、黑山县人民政府和农机企业代表的汇报。商定将进一步深化省地合作、强化科企对接、加强服务指导，共同助力黑山农机产业园区发展。辽宁省农村经济委员会农机产业发展处处长杨奕、辽宁省农业机械化技术推广站站长杨宏、辽宁省农机质量监督管理站站长樊金鑫、辽宁省农业机械化研究所所长张旭东等同志参加考察。

5月12日

2016年辽宁省农业机械化工作会议在沈阳市召开。会议总结2015年辽宁省农业机械化工作，安排部署2016年工作。会上印发《2016年全省农机化工作会议资料汇编》《农业机械化发展政策文件汇编》等文件，辽宁省农村经济委员会与各市签订2016年农业机械化工作目标责任状。

5月31日

根据辽宁省人民政府《关于推进农作物秸秆综合利用和禁烧工作的实施意见》精神，由鞍山市农机局主办的国内最大的秸秆综合利用电子商务平台中国秸秆网正式上线（网址：www.zgjgxh.com）。该网定位为全国最大的秸秆行业新闻信息交流中心、政策发布中心、技术交流中心、电子商务在线交易中心、秸秆机械设备网上展示中心及秸秆行业服务中心。

6月3日

辽宁省2016年第一批农机购置补贴产品归档信息专家论证会在辽宁省农业机械化技术推广站召开。辽宁省农村经济委员会农机产业发展处处长杨奕、副处长周鹏飞、副调研员陈峭，辽宁省农业机械化技术推广站、农业机械鉴定站、农业机械化研究所专家参加会议。

6月6日

辽宁省农村经济委员会印发《辽宁省农委办公室关于开展农用植保无人飞机专项统计工作的通知》，首次在全省范围内开展农用植保无人机专项统计工作。

6月15—17日

辽宁省农村经济委员会组织阜新市、阜蒙县和彰武县农业机械化管理局有关同志赴山东、江苏两省考察农机报废更新补贴项目实施情况并提交《关于山东、江苏两省报废更新补贴实施情况的考察报告》。辽宁省农村经济委员会农机产业发展处副处长周鹏飞、阜新市农业机械化管理局局长王玉玺等参加考察。

6月17日

辽宁省农机购置补贴政策辅助系统培训班在阳光宾馆举办，辽宁省农村经济委员会农机产业发展处处长杨奕、辽宁省农业机械化技术推广站站长杨宏、辽宁省农村经济委员会监察室主任田宏星以及各市县农机购置补贴系统操作人员参加培训班。

6 月 22 日

辽宁省秸秆全量还田深翻座谈会在昌图县举办。辽宁省农村经济委员会农机监督管理处处长都业弘、辽宁省农业机械化技术推广站站长杨宏等参加。

6 月 30 日

印发《辽宁省农委办公室关于印发〈辽宁省关于开展农业全程机械化行动的实施意见〉的通知》。

7 月 11—15 日

辽宁省农业供给侧结构性改革专题培训班在沈阳农业大学举办。辽宁省农村经济委员会农机产业发展处副处长周鹏飞参加培训。

8 月 20 日

辽宁省完成《辽宁省关于"十三五"农机购置补贴扶持重点与政策创设课题研究的报告》，并报全国"十三五"农机购置补贴扶持重点与政策创设课题牵头省份吉林省。

8 月 30 日

辽宁省 2016 年农机事故应急处置演练暨全省安全生产工作会议在朝阳市召开。辽宁省农村经济委员会副主任滕增泰、朝阳市人民政府副秘书长李洪志、朝阳县副县长张国金、省市县安全生产监督部门及应急办公室领导莅临演练现场。朝阳县副县长张国金作重要讲话，农村经济委员会副主任滕增泰对农机事故应急处置演练进行现场点评。各市农村经济委员会(农业机械化管理局)分管农机安全工作副主任(局长)、农机安全监管处(科)负责人、农机监理所所长、朝阳市各县区农机主管部门领导、农机监理所负责同志共计 110 人现场观摩。

9 月 1—30 日

辽宁省农村经济委员会办公室印发《辽宁省农委办公室关于开展全省农机安全生产督导检查工作的通知》，组成 14 个检查组，对全省农机安全生产进行督导检查。进一步强化辽宁省农机安全监理部门依法治机，文明执法，确保安全生产工作顺利开展。

9 月 2—3 日

辽宁省农业机械化研究所所长张旭东等赴长春参加首届中国秸秆产业博览会暨秸秆产业技术创新联盟高峰论坛。

9 月 4—7 日

开原市水稻生产全程机械化示范项目顺利通过农业部专家组验收。

9 月 12 日

印发《辽宁省农委办公室关于开展 2016 年农机购置补贴政策落实督导检查的通知》，在全省开展农机购置补贴政策落实督导检查工作。

9 月 21—22 日

辽宁省 2016 年农机购置补贴延伸绩效管理考核培训班在锦州市举办。农机产业发展处、辽宁省农业机械化技术推广站、辽宁省农业机械化研究所以及各市级农业机械化主管部门农机购置补贴业务科(处、室)负责人参加培训。辽宁省农业机械化技术推广站站长杨宏通报辽宁省 2015 年度农机购置补贴政策落实延伸绩效考核情况；农机产业发展处副调研员陈峭讲解全省农机购置补贴政策落实延伸绩效考核实施方案。各市级农业机械化主管部门农机购置补贴业务处(室)负责人交流近年的农机购置补贴管理工作经验。辽宁省农村经济委员会农机产业发展处处长杨奕作总结讲话。

9 月 22—23 日

农业部 2016 年主要农作物生产全程机械化示范项目建设培训班在北镇市举办。锦州市、阜新市、铁岭市等市分管农机项目的负责人，北镇市、阜蒙县、昌图县项目负责同志，辽宁省农村经济委员会有关处站负责同志 40 余人出席培训班。农机产业发展处副处长周鹏飞传达全国 2015 年主要农作物生产全程机械化示范项目验收会精神，2016 年项目承担单位负责同志汇报项目建设进展和项目管理有关情况。辽宁省农村经济委员会农机产业发展处处长杨奕做总结讲话并部署 2016—2017 年项目管理工作。

10 月 14 日

辽宁省 2015—2017 年(2016 年度)第三批农机购置补贴产品归档信息专家论证会在辽宁省农业机械化技术推广站召开。辽宁省农业机械化技术推广站站长杨宏，辽宁省农村经济委员会农机产业发展处副处长周鹏飞、副调研员陈峭以及沈阳农业大学、辽宁省农机质量监督管理站专家参加论证会。

10 月 19—20 日

辽宁省秸秆综合利用装备现场会在昌图县召开。现场会通过现场演示玉米机收和秸秆粉碎还田新技术，示范引导玉米机械化收获和秸秆综合利用新机具、新技术的推广应用，着力提升玉米秸秆综合利用水平。来自辽宁省内 30 多家厂商展示秸秆综合利用装备。

10 月 24 日

辽宁省共有 9 家农机合作社被农业部评为"全国农机合作社示范社"。分别是康平县汇老农人、普兰店市亿丰、铁岭县新台子镇西三家子村万鑫、昌图县大四家子镇祥瑞、昌图县盛泰、开原市金沟子镇峰威、喀左县鼎晟、盘山县太平凯地和大洼县长财农机专业合作社。至此，辽宁省共有 56 家农机合作社获此殊荣。

11 月 1 日

印发《辽宁省农委办公室关于组织申报农业部 2017 年农业技术试验示范与服务支持项目农机任务的通知》，经联席会议确定有法库县等 11 个县区申报 2017 年农业技术试验示范与服务支持项目(农机)任务。

11 月 3—4 日

辽宁省农机深松整地作业信息化远程监测系统培训班暨现场会在锦州市义县头道沟镇召开。来自锦州市农机系统及农机合作社共 110 多人参会。

11 月 14—15 日

辽宁省农机深松整地作业信息化远程监测系统培训班在凌源市农业技术推广中心召开，朝阳市凌源市农机系统主要负责人、农机合作社等共 46 人参加培训。

吉林省

2016 年 1 月

吉林省第十二届人民代表大会第五次会议将启动粮食生产全程机械化整体推进示范省建设列入吉林省人民政府工作报告，确定为吉林省重点工作任务，组织动员全省合力推进。

2 月

吉林省人民政府设立省级农业机械化扶持资金 2.2 亿元，专项用于支持全省农业机械化事业发展。

3 月 27 日

第十一届中国·吉林现代农业机械装备展览会在长春国际会展中心举办。中国农业机械工业协会会长陈志、农业部农村经济体制与经营管理司巡视员关锐捷等应邀出席展会。"全程农业机械化大型现代高端农机装备走进吉林"行展活动代替开幕式。吉林省农业委员会副主任包维国主持开幕式，吉林省农业委员会主任李国强宣布展会开幕。

吉林省农机专业合作社发展建设培训班召开，邀请农业部农业部农村经济体制与经营管理司研究员关锐捷等专家讲课。各县(市、区)农机局局长、农机科科长、农机推广站站长、农机合作社理事长等 300 余人参加培训。

3 月 31 日

经各地推荐和专家评审，吉林省共评选出星级农机专业合作社 283 家，其中五星级农机专业合作社 64 家、四星级农机专业合作社 109 家、三星级农机专业合作社 110 家。

4 月 14 日

吉林省保护性耕作和深松远程电子监测及技术效果测试培训班召开。吉林省农机合作社代表、县级农机技术人员 200 多人参加培训。

4 月 19 日

吉林省农业委员会与中国农业机械工业协会、四平市人民政府共同主办“国Ⅲ大马力拖拉机及配套农机具演示现场会”。中国农业机械工业协会会长陈志、吉林省农业委员会副主任张永林、吉林省农业机械化管理中心主任成洪、四平市副市长王宇出席现场会。

5 月

印发《吉林省农业委员会 吉林省财政厅关于印发 2016 年吉林省全程机械化新型农业经营主体农机装备建设实施方案的通知》，计划在吉林省组织 230 家全程机械化新型农业经营主体农机装备建设单位和 21 家秸秆打捆作业主体农机装备建设试点单位进行农机装备建设。

6 月 3 日

吉林省农业委员会副主任包维国在全国主要农作物生产全程机械化整体推进行动会议上做《全程拓展整省推进用全程机械化引领农业现代化》典型发言。

6 月 16 日

吉林省农机安全监理总站在长春市举办“全国农机安全生产咨询日”活动，农业部农业机械化技术开发推广总站执法监管处处长李吉、农业部农业机械化管理司安全监理处闫向辉和吉林省农业委员会副主任王峻岩、吉林省农业机械化管理局局长郑建东、吉林省农机安全监理总站站长徐莉、长春市农业委员会副主任孙长占及全省各市(州)、各县(市、区)农机监理机构的主要负责同志参加活动。

6 月 21 日

吉林省农业委员会党组研究决定：王云福任吉林省农业机械化管理中心主任助理(列郑铁志之前)。

6 月 23 日

吉林省省委书记巴音朝鲁在《关于全国主要农作物生产全程机械化整体推进行动会议精神及贯彻落实情况的报告》上作出指示“很好!”，对整体推进行动高度肯定。

6 月 23 日

吉林省省委副书记马俊清在《关于全国主要农作物生产全程机械化整体推进行动会议精神及贯彻落实情况的报告》上批示“我省推进农业机械化的主要措施很好、很实，要结合贯彻国家要求加大力度，扎实推进并不断总结、完善和提高。”

6 月 23 日

吉林省副省长隋忠诚在《关于全国主要农作物生产全程机械化整体推进行动会议精神及贯彻落实情况的报告》上批示“好！进一步抓好落实，再接再厉，再创佳绩。”

8 月 2 日

全国农业机械化技术推广培训工作座谈会在吉林市召开。农业部农业机械化技术推广总站站长刘恒新、副站长李安宁，农业部农业机械化管理司科技教育处副调研员刘晶出席会议。吉林省农业委员会副主任包维国致辞，吉林市农机推广站作典型经验介绍。

10 月 7 日

由中国农业机械工业协会、中国农业机械流通协会、中国农业机械化协会、吉林省农业委员会、四平市人民政府联合举办中国四平 · 农业生产全程机械化峰会在四平市召开。

10 月 14 日

吉林省农机深松整地工作暨远程电子监测技术应用现场会召开，吉林省农业委员会副主任包维国到会并讲话，吉林省农业机械化管理中心主任成洪主持会议。各市(州)农委、县(市、区)农业机械化管理局相关人员以及吉林省财政厅、农业委员会相关处室领导参加会议。

11 月 11 日

吉林省 14 名选手晋级“五征杯”第三届中国农机手大赛北京总决赛，6 名选手进入全国百强，扶余县选手王丙国获全国季军。

11 月 25 日

吉林省农业机械化信息管理与远程调度指挥服务平台一期工程即吉林省农业机械化远程调度指挥中心建设完成。

2016 年

吉林省机械化保护性耕作示范推广面积 66.67 千公顷，实施作业补贴 200 千公顷。

黑龙江省

2016 年 1 月 27 日

黑龙江省农业委员会印发《2016 年省农委秸秆还田技术试验示范工作方案》和《2016 年秸秆还田技术试验示范技术指导方案》，指导黑龙江省秸秆还田试验示范工作。

3 月 4 日

黑龙江省农业机械化工作会议在哈尔滨市召开。会上进行典型经验交流，黑龙江省农业委员会副主任李连瑞作“十二五”工作总结，部署 2016 年及“十三五”农业机械化工作。各市(地)、县(市、区)农业机械化管理局局长、黑龙江省农业委员会直属农机单位主要领导、农业机械化管理局机关全体人员共 120 余人参加会议。

3 月 29 日

黑龙江省农业机械化管理局印发《2016 年全省农机化备春耕生产工作指导意见》，及时指导黑龙江省备春耕生产工作。

4 月 3 日

黑龙江省省委副书记、省长陆昊到桦川县调研备春耕生产工作，详细了解新峰农机合作社打造绿色有机大米品牌、通过权威检测机构测定大米营养成分、建设电子商务营销平台等情况。

4 月 5 日

黑龙江省省委副书记、省长陆昊在哈尔滨市会见凯斯纽荷兰工业集团执行总裁理查德 · 托宾一行，就凯斯纽荷兰机械(哈尔滨)有限公司玉米收获机是否可以直接打包及产品鉴定等问题进行交流。

5 月 20 日

根据《农业部办公厅关于深入开展农机合作社示范创建活动的通知》，黑龙江省农业委员会印发《黑龙江省创建国家农机合作社示范社实施方案》，按照方案全省申报创建国家级农机合作社示范社 15 个。

5 月 25 日

黑龙江省农业委员会、财政厅联合印发《关于印发 2016 年黑龙江省现代农机合作社建设方案等五个方案的通知》,正式启动 2016 年度农机购置补贴工作。继续实行"自主购机、定额补贴、先购后补、县级结算、直补到卡"的补贴方式。

黑龙江省农业委员会、财政厅联合印发《2016 年黑龙江省现代农机合作社建设方案》,按照方案全省新建设 129 个现代农机合作社。

黑龙江省农业委员会、财政厅联合印发《2016 年黑龙江省深松整地补助实施方案》,指导全省深松整地工作顺利进行。截至 11 月底黑龙江省农村共完成深松整地 2 385.45 千公顷,超计划面积 12.12 千公顷。

下达《2016 年黑龙江省农机报废更新补贴试点实施方案》,指导 7 个试点县开展农机报废更新工作。全年共报废更新农机具 336 台,投入补贴资金 813.536 万元。

6 月 23 日

根据工作需要,经黑龙江省农业委员会党组会议讨论决定,谢庆华同志任黑龙江省农业委员会农业机械化管理局局长。

7 月 27 日

国务院办公厅政务情况交流第十期《黑龙江 山东 河南 四川积极探索多种形式农业适度规模经营》中,刊发黑龙江发挥"大"优势,培育以综合性合作社为代表的规模经营模式。

8 月 21 日

黑龙江省农业委员会印发《关于印发开展主要农作物全程机械化新技术提升行动方案的通知》。通知要求,到 2020 年黑龙江省全面实现主要农作物全程机械化,农作物耕种收综合机械化水平达到 96%以上。玉米收获和马铃薯耕种收机械化水平进一步提升;机械植保能力达到 80%,实现病虫害防治作业低喷量、精喷洒、少污染、高防效;粮食烘干能力达到 70%,满足粮食生产要求;秸秆处理机械化水平达到 80%,机械化秸秆还田率达 50%以上。

8 月 29 日

黑龙江省现代农机合作社标准化管理现场会在巴彦县五岳现代农机合作社召开,规范黑龙江省农机合作社机务管理和标准化生产工作,市、县农业机械化管理局局长和监理站站长共 200 人参会。

8 月

孙吴县桦林现代农机合作社理事长吴德显被省委宣传部评为"龙江最美创业人(农民)"。新闻发布会在 10 月 10 日召开,黑龙江省省委常委、宣传部长张孝廉参会。

9 月 12 日

印发《关于做好 2016 年秋季农机化生产工作的通知》,推动秋季农业机械化生产工作有序展开。截至 11 月 15 日,黑龙江省完成秋整地 5 153 千公顷,完成机收 7 916.67 千公顷。

9 月 22 日

黑龙江省省委副书记、省长陆昊在哈尔滨会见中国机械工业集团董事长任洪斌一行,就支持中国一拖集团黑龙江工业园发展问题进行交流。

9 月 22—26 日

"第四届黑龙江国际绿色有机食品产业博览会暨哈尔滨世界农业博览会"(以下简称绿博会)在哈尔滨市会展中心举办。黑龙江省农业委员会农业机械化管理局和黑龙江省农垦总局农业机械化管理局负责绿博会室外农业机械展区布展组织工作。共组织约翰迪尔、凯斯纽荷兰、一拖、福田雷沃等 37 家国内外知名农机装备制造企业参展。农机展区展示面积达 10 000 平方米,参展的农机具达 1 500 余台套。本次展会所展出的农机装备能够代表国内外领先的技术水平,充分显示黑龙江省农机装备制造业先进性,尽显农机制造大省风采。黑龙江省省长陆昊和副省长吕维峰视察农机展区。

10 月 8 日

黑龙江省农业委员会印发《黑龙江省秸秆还田耕种机械化技术模式》,指导全省秸秆还田工作。

10 月 24 日

农业部办公厅印发《2016 年全国农机合作社示范社名单的通知》,黑龙江省 15 个农机合作社被命名为"国家级农机合作社示范社"。

11 月 1—3 日

黑龙江省省委副书记、省长陆昊赴黑河市调研,在孙吴县桦林现代农机专业合作社了解粮食销售情况。

11 月 11 日

黑龙江省副省长吕维峰到农业机械化管理局检查指导工作,要求加强农机合作社规范化建设。

上 海 市

2015 年 12 月 9—10 日

上海市农业机械研究所等单位协办的蔬菜种植标准化与机械化研讨会召开。研讨会针对当前蔬菜种植机械化水平低、相关制约因素多等现状,旨在找问题、理思路,促进蔬菜生产农艺与农机的融合。

12 月 11 日

上海农业信息有限公司等单位承担的上海市科技兴农项目《农机综合指挥调度服务平台开发》通过专家验收。该课题搭建的管理平台实现对拖拉机、联合收割机、插秧机等主要农机信息化管理,实现机具在位情况、作业状况的监管、分析、智能管理等功能,推进农机信息化智能化管理再上新台阶。

2016 年 1 月 28 日

上海市农业机械化工作会议在上海市农业机械研究所召开,上海市委农村工作办公室、农业委员会副主任殷欧出席会议并讲话。2015 年实现五方面提高:一是政策保障水平有提高,优化完善购机补贴政策,出台烘干能力建设和农机库房建设专项扶持政策;二是农作物秸秆综合利用水平有提高,秸秆综合化利用率达 92%,处于全国领先水平;三是主要农作物综合机械化水平提高,达到 83%,领先全国平均水平 20 个百分点;四是农业机械化技术推广水平提高,水稻机械化种植率达 56%,其中水稻机械穴播呈几何级数增长,主要绿叶菜生产机械化开始推广应用;五是农机安全监管水平有提高,安全生产形势继续保持平稳态势。2016 年围绕补短板、转方式,推进农业机械化"全面、全程、高质、高效"发展,重点做好七方面工作:一是加快突破农业机械化生产瓶颈;二是积极推进农作物秸秆综合利用;三是认真实施农机购置补贴政策;四是继续强化农机安全监管;五是不断创新工作方式方法;六是注重全面发展;七是加强党风廉政建设。

2 月 1 日

上海市农业委员会组织专家对上海市农业机械鉴定推广站进行推广鉴定能力认定。

2 月 29 日

上海市农机监理工作会议召开。会议全面总结 2015 年农机监理工作基本情况，分析存在的问题，并系统部署2016年工作任务。上海市委农村工作办公室、农业委员会副主任殷欧出席会议并作重要讲话。会议要求农机监理工作着重做到"五个到位"，一是安全意识要到位；二是安全教育要到位；三是责任落实要到位；四是工作措施要到位；五是作风建设要到位。

3月15日

上海市农机推广工作专题会议召开。上海市委农村工作办公室、农业委员会副主任殷欧到会并作重要讲话。会议要求：一是加强粮食生产全程机械化的推广，坚持水稻机插秧和机穴播两条腿走路，机插秧主攻杂交水稻、重草田和晚茬水稻，机直(穴)播进一步落实示范点建设，完善环保和稳产机械化技术路线；二是做好蔬菜机械化生产示范点建设工作；三是在农机服务机制上，机农结合，延伸服务范围，加大蔬菜机械服务工作，尤其要加强对较大蔬菜园艺场农机手培训工作；四是加强宣传和总结。

上海市"3·15"农民维权暨放心农资农机下乡现场会在浦东新区大团镇举行，上海市委农村工作办公室、农业委员会副主任殷欧会同上海市质量技术监督局、工商行政管理局有关部门负责人亲临现场观摩指导。农业(农机)专业合作社负责人、农民群众等共150余人现场参观咨询。

3月25日

上海市农业机械研究所科研工作点落户外冈镇上海绿望蔬果产销专业合作社。上海市农业机械研究所所长顾士连、嘉定区农业委员会副主任徐兰参加授牌仪式。

4月6日

上海市组织开展农机购置补贴廉政风险警示教育，邀请上海市纪律检查委员会驻上海市委农村工作办公室、农业委员会纪检组组长房忠桥作专题报告，要求要注重宣传加培训，提高补贴政策知晓率；要注重制度加科技，增强补贴程序透明度；要持续完善绩效评估，主动加强廉政风险防控；要畅通渠道奖励举报，严惩农机领域违纪违规行为。

上海市召开2016年农机购置补贴工作会议。会议总结了2015年农机购置补贴的主要做法和实施成效，从资金使用和规范实施两个方面深入分析补贴政策实施过程中存在的问题与不足。并提出2016年农机购置补贴工作要围绕发展都市现代农业的总体目标，力争主要农作物综合机械化水平取得新突破上海市委农村工作办公室、农业委员会副主任殷欧同各区县农业委员会分管领导以及光明、上实、地产农机负责人分别签订《上海市农机购置补贴实施工作责任书》。

4月7日

上海市农业机械化管理办公室和青浦区科学技术委员会、农业委员会及上海产业技术研究院与上海华测导航技术有限公司签订"上海现代农业综合信息服务平台建设"战略合作书，重点发展智能化农机在耕地整地、机械播种、开沟作埂等环节的应用，为进一步利用物联网技术实现精准控制打好基础。

4月27日

上海市农业委员会农业机械化管理办公室、蔬菜办公室联合在宝山区罗店镇召开2016年蔬菜生产机械化工作推进会。会议要求：一是要以做好蔬菜机械化生产示范点工作为切入点，服务大局，为上海整建制创建国家现代农业示范区做出贡献；二是创新工作机制，加强农机农艺融合，强化市区联动，强调区县互动，鼓励区县出台相关扶持政策；三是探索蔬菜专业化农机服务新道路，培养一支懂蔬菜机械技术，会操作蔬菜机械的农机人才队伍。

5月20日

上海市农业委员会在金山区召开2016年"三夏"生产现场会。会议分析2016年"三夏"农业生产面临的形势任务，现场观摩秸秆还田机械、机械筑埂机、水田平整机、水稻穴播机、水稻插秧机、高效自走式植保机等先进农业机械的示范作业，全面部署"三夏"工作。

6月14日

上海市农业机械化管理办公室刘利光同志荣获上海市环境保护先进个人称号。

6月21日

上海市农业委员会印发《上海市农业机械推广鉴定实施细则》，进一步规范上海市农业机械推广鉴定工作，完善推广鉴定制度，提高推广鉴定工作质量。

7月20日

2016年农作物秸秆综合利用补贴申报操作培训会举行。上海市农业机械化管理办公室主任施忠对进一步做好上海市秸秆综合利用工作提出四点要求：一是要严格执行新一轮农作物秸秆综合利用扶持政策；二是要对补贴对象严格把关；三是要严格把握执行政策的时间进度；四是要积极推动本市的秸秆综合利用工作。

8月4日

上海市农业机械化管理办公室举办2016年农机系统行政问责规定培训班(购置补贴专题)。结合全国及上海市农机购置补贴违法违规典型案例，解读农机管理权力清单和责任清单，梳理和解读农机购置补贴政策，进一步明确行政问责规定，增强履职尽责、廉洁自律意识，明确廉政风险防控要点，提高为农服务的能力水平。

8月11日

上海市召开水稻机械化种植交流座谈会。上海市农业机械化管理办公室主任施忠对进一步做好上海市水稻机械化种植工作提三点建议：一是继续同农艺部门加强水稻后期管理；二是加强水稻机穴播试验示范资料的收集与整理；三是继续认真做好新型机械的示范和推广。2016年上海市水稻机械种植面积达60.67千公顷，机械化种植率达63.2%。

9月26日

上海市农业委员会、财政局联合召开上海市粮食生产农机装备能力建设现场推进会。会议要求各级相关部门一要加强领导，明确规划目标和建设任务，争取在2018年年底完成3万吨/批次的总目标；二要加强协调，抓好项目建设的推进；三要加强管理，规范项目建设程序；四要加强政策宣传，提升政策知晓度。下一阶段要重点抓好五方面工作：一是加快编制粮食烘干能力建设规划；二是区级农业、规划和国土资源管理部门加强沟通协调；三是加强建设项目管理，评审环节严格把关；四是优化项目运行机制，提高经济社会效益；五是拓展粮食烘干设施的综合利用途径，推广粮食烘干+粮食加工模式，将粮食烘干与精米加工有机结合。

10月11日

上海市举行蔬菜机械化生产现场推进会。现场展示演示50多台套蔬菜机械。会议进一步提升上海市蔬菜生产机械化水平，加快落实好蔬菜机械化生产示范建设的技术装备储备。

10月20日

上海市举办水稻全程机械化媒体宣

传日活动。全市水稻综合机械化率从2010年的80%，到2016年达到89.3%。其中，机械化种植率由2010年36.4%，发展到2016年达到64.4%；新发展的水稻机械化穴直播技术，由于省工省本、操作简便，广受农民群众欢迎，面积由2013年的1.13千公顷迅速提高到2016年近26.67千公顷。“十三五”期间，全市将进一步加大粮食生产全程机械化的推进力度，力争到2020年全市主要农作物综合机械化率达到90%以上。

10月21日

上海市农业机械化管理办公室召开2017年农业机械化发展思考工作务虚会。2017年全市农机化工作要围绕“补短板、拓领域、提质量”的工作方针，进一步明确工作目标，主要农作物综合机械化水平达到87%，水稻机械化种植面积达6.67千公顷，二麦机械条播16.67千公顷，农作物秸秆综合利用率达94%，新建粮食烘干设备规模3 000吨。

江苏省

2016年1月22日

江苏省农业机械化工作会议在镇江市召开。总结2015年江苏省农业机械化工作成效，分析今后五年江苏省农业机械化发展面临的新形势新任务，提出2016年江苏省农业机械化工作目标。江苏省农业机械管理局领导班子成员，各省辖市和各县(市、区)农机主管部门主要负责人，局机关正副处长，直属单位主要负责人，以及部分新闻媒体记者近200人参加会议。

2月25日

江苏省省委印发2016年省委一号文件《关于落实发展新理念深入实施农业现代化工程建设“强富美高”新农村的意见》，进一步明确全省农业机械化发展的目标任务。文件要求，加强粮食生产全程机械化整体推进示范省建设，加快高效设施农业机械示范推广，到2020年实现粮食生产全程机械化，江苏省农业机械化水平达85%以上。大力推进“互联网+”现代农业，加大物联网技术应用力度，加快发展“智能农业”“感知农业”，推动农业全产业链改造升级。

3月11日

江苏省农机安全生产工作会议在南京市召开。贯彻落实国务院、江苏省省委省人民政府安全生产系列会议和文件精神，做好“十三五”开局之年的农机安全生产工作。各江苏省辖市和省直管县农机主管部门分管领导、分管处室负责人、农机安全监理所所长及省局相关处室、省农机安全监理所负责人等80多人参加会议。会上，省农机局与各市签订农机安全生产责任状，并对全国“平安农机”示范县(市、区)和示范岗位标兵进行了表彰。

3月14日

以“春耕备耕三送下乡，质量护农放心消费”为主题的2016年江苏省“送农机送科技送服务”下乡暨农机“3·15”现场活动分别在泰州市高港区引江农机合作社、张家港市永丰农机专业合作社和扬州市江都区大桥镇生态广场同时举行。江苏省农业机械管理局领导，有关市、区领导，江苏省农业机械管理局相关处室和直属单位负责人，有关县(市、区)农机局局长，企业、新闻媒体、农机合作社代表以及农机手和农民1 000余人参加活动仪式。

3月17日

江苏省人民政府办公厅印发《关于加快推进粮食生产全程机械化的意见》，加快推进粮食生产全程机械化整体推进示范省建设。《意见》围绕加快推进粮食生产全程机械化的总体要求、重点作物、关键环节、主要措施、政策扶持和组织保障等提出具体要求，为全面提升粮食生产全程机械化水平、推动现代农业建设迈上新台阶提供行动指南。

4月24—28日

第三届江苏技能状元大赛农机修理工竞赛暨第五届全省农机职业技能竞赛在无锡市举办。由苏州市选派的久保田农业机械(苏州)有限公司梁双翔获得第1名，被省人民政府授予“江苏技能状元”荣誉称号，颁发荣誉证书，享受江苏省劳动模范待遇，列入“省333工程”项目培养对象。

4月28日

农业部主要农作物生产全程机械化和保护性耕作技术项目启动培训会在南京市召开。7个承担2016年农业部项目的县(市、区)农机主管部门负责人，部分江苏省辖市农机主管部门科技处处长与江苏省农业机械管理局相关处室负责同志参加会议。

4月29日

江苏省农机购置补贴暨秸秆机械化还田工作会议在南京市召开。江苏省农业机械管理局领导班子成员，江苏省财政厅有关同志，江苏省秸秆机械化还田专家组成员等出席会议。

5月27日

江苏省农业机械管理局、南京市农业委员会和六合区人民政府在六合区金牛湖街道共同举办“2016年江苏省暨南京市农机‘安全生产月’启动仪式”。六合区各农机合作社负责人，周围的机手和农民群众，江苏省市县农机主管部门及监理机构近400人参加活动。

5月

江苏省农业机械管理局在全国率先研究并出台《江苏省粮食生产全程机械化市、县(市、区)考核评价办法(试行)》(以下简称《办法》)，加强对各地粮食生产全程机械化创建工作的考核。《办法》明确粮食生产全程机械化考核对象为水稻、小麦、玉米三大粮食作物种植面积达13.33千公顷以上的市、县(市、区)，考核涉及3大作物6个环节的机械化水平、整体推进情况、规模经营和服务情况、组织宣传情况、工作创新情况等方面内容，同时明确考核申报、考核组织、考核结果及发布等具体程序。《办法》还确定粮食生产全程机械化水平计算公式，设立6个环节的权重系数；创设高效植保机械化的定义和高效植保机具配备标准，以及粮食产地烘干定义和烘干能力计算公式。为推进建立全国主要农作物生产全程机械化考核评价指标体系做有益探索。

6月2—4日

江苏省粮食生产全程机械化整体推进现场会在常州市召开。贯彻落实全国主要农作物生产全程机械化推进行动现场会精神，部署推进全省粮食生产全程机械化工作。江苏省粮食生产全程机械化专家组成员，13个省辖市及27个重点县(市、区)农机系统主要负责人和江苏省农业机械管理局各处室及直属单位主要负责人共80多名代表参加会议。

6月24—25日

江苏省粮食生产全程机械化推进行动水稻机插秧现场观摩会在扬州市江都区召开。会议贯彻全国主要农作物生产全程机械化推进行动现场会精神，落实好江苏省人民政府关于夏收夏种的工作要求，进一步部署推进水稻机插秧工作。江苏省有关专家，各市、县(市、区)农机系统负责人和省局相关处室及直属单位负责人共140多名代表参加会议。

6月

江苏省农业机械管理局在全省组织开展主题为“强化安全发展观念，提升全民安全素质”的农机“安全生产月”活动。

7月27—28日

江苏省农业机械化工作座谈会在宿迁市召开。总结交流上半年农业机械化工作，研究部署下半年目标任务。

8月25日

江苏省粮食生产全程机械化推进行动系列活动之高效植保机械现场演示会在南京市召开。江苏省农业机械管理局领导、各处室和直属单位负责人，有关专家，各设区市农机主管部门分管领导、科技处处长、推广站站长，有关县（市、区）农业机械管理局局长等120多名代表参加会议。

8月30日

江苏省农机深松整地工作会议在泗阳县召开。会议贯彻落实国务院人民政府工作报告、农业部对农机深松整地工作的部署以及全省“十三五”农业机械化发展规划，确保顺利完成2016年全省60千公顷的农机深松整地目标任务。江苏省农业机械管理局领导、有关处室和直属单位负责人，开展农机深松整地工作的设区市、县农机主管部门分管领导、处室或项目负责人共60多人参加会议。

9月21日

第九届中国（江苏）国际农业机械展览会组委会在北京举办新闻发布会。

10月18—19日

江苏省粮食生产全程机械化推进行动“三秋”机械化生产现场会在沛县召开。各省辖市农机主管部门负责人、科技处处长、推广站站长，各县（市、区）农机主管部门负责人，江苏省农业机械管理局各处室和直属事业单位负责人，江苏省粮食生产全程机械化技术指导专家组代表等150多人参加会议。

10月21日

江苏省农业机械管理局在江苏农牧科技职业学院正式挂牌建立“江苏省农机人才教育培训基地”。这是继南京农业大学、江苏大学、扬州大学、常州机电职业技术学院、江苏农林职业技术学院之后第6个省级农机人才培训基地，标志着江苏省农业机械管理局与高等院校合作培养农机人才工作又迈出新的步伐。

11月29日

江苏省农村废弃物机械化处理及利用现场会在海门市召开。加快“十三五”农机科技创新，示范推广农村废弃物机械化处理与利用技术，拓展农业机械化服务领域。

浙江省

2015年12月

浙江省农机修理工赵维岳在全国技能大赛上荣获一等奖，被人力资源和社会保障部授予“全国技术能手”称号，浙江省获大赛优秀组织奖。

2016年1月7日

浙江省农业厅、安全生产监督管理局、公安厅3部门联合公布浙江省第九批（2015年度）平安农机示范县（市、区）和示范镇（乡、街道），确定衢州市柯城区等2个县（市、区）为浙江省第九批（2015年度）平安农机示范县（市、区），临安市潜川镇等16个镇（乡、街道）为浙江省第九批（2015年度）平安农机示范镇（乡、街道）。

1月27日

杭州市大江东产业集聚区发生拖拉机致人死亡的较大交通事故，造成3人死亡。

2月17日

浙江省人民政府办公厅印发《关于加快推进农业领域“机器换人”的意见》。

4月29日

浙江省2016年五一劳动奖状、奖章和浙江省工人先锋号名单公布，诸暨市草塔农机专业合作社农机修理工赵维岳获“五一”劳动奖章荣誉。

5月30日

农业部公布全国首批基本实现主要农作物生产全程机械化示范县（市、区）名单，共公布示范县28个，浙江省台州市路桥区和余姚市名列其中。

6月14日

浙江省农业机械管理局暂停常熟市丰禾温室工程有限公司设施大棚及玻璃温室补贴资格。

6月16日

浙江省农业机械事故应急处置演练在德清县举行，各市及有关县（市、区）农机管理部门负责人参加，农业部农业机械化管理司副司长孔亮，浙江省农业厅党组成员、总农艺师蔡元杰观摩演练。

6月23日

浙江省副省长黄旭明在浙江省人民政府办公厅《浙江政务信息（专报）第784期》上批示：余姚做得很好，建议印发各市县参阅借鉴。

7月18日

浙江省副省长黄旭明在浙江政务信息（专报）第895期“东阳市立足农民需求大力推动农业‘机器换人’”上批示“在农业领域大力推进‘机器换人’，是提高农业劳动生产率，降低农业生产成本的有效途径，也是实现农业现代化的必由之路。东阳市做了很好的工作，应予肯定。请健东厅长阅。”

7月19—20日

浙江省粮食产业“机器换人”现场会在东阳市召开，浙江省农业厅党组书记、厅长林健东、农业部农业机械化管理司副司长胡乐鸣出席会议并讲话。浙江省农业厅党组成员、总农艺师蔡元杰主持会议。

7月29日

浙江省农业机械管理局暂停菏泽市天艺农业机械制造有限公司所有产品补贴资格。

8月4日

《浙江省省级农业机械购置补贴实施办法》印发实施。

8月8日

《浙江省农业机械化发展“十三五”规划》印发实施。

8月30日

农业部办公厅批复同意浙江省创建全国农业“机器换人”示范省。

9月1日

农业部办公厅、财政部办公厅批复同意浙江省开展农机新产品购置补贴试点。

9月10日

第七届“精耕杯”农业机械行业评选落下帷幕。星光农机获“市场竞争力整机十佳”奖项，东华链条、中策橡胶、浙江海天机械获“市场竞争力部件十佳”奖项，星光9YFL—1.9履带自走式方草捆打捆机获“十佳整机匠心产品”奖项，朝阳KB450×90×50橡胶履带、海天4Y2W—S系列驱动桥获“十佳部件匠心产品”奖项，宁波市鄞州创宁粮机专业合作社、嵊州市三界永明农机专业合作社获“全国三十佳优秀创新示范农机合作社”奖项。

9月12日

浙江省省委副书记王辉忠在《关于报送我省农机社会化服务发展情况的函》上批示“要进一步科学布局，促使服务效能最大化,农机社会化服务的组织化程度要进一步提升”。

9月13日

浙江省副省长孙景森在《关于报送我省农机社会化服务发展情况的函》上批示“要在总结我省农机社会化服务取得成效的基础上,注重针对存在的问题补上短板。赞同五方面工作重点,望扎实抓好推进。”

11月2—3日

由浙江省农业厅、人力资源和社会保障厅、总工会联合主办的2016年浙江省农机修理工职业技能竞赛浙江省决赛在湖州市举办,全省各地11支代表队、33名农机维修能手参赛。农业部农业机械试验鉴定总站副站长姚春生在浙江省调研期间,专程观摩竞赛并为获奖选手颁奖。

11月10日

浙江省农业厅、财政厅联合印发《关于做好2016年中央农机新产品购置补贴试点和省级农机购置补贴工作的通知》。

11月14日

浙江省农业机械管理局恢复常熟市丰禾温室工程有限公司和菏泽市天艺农业机械制造有限公司两家企业所有产品的农机购置补贴资格。

11月17日

华东片农机推广站长会议在杭州市召开,华东6省1市和青岛、宁波计划单列市农业机械推广站站长参加会议。农业部农业机械化技术开发推广总站副站长涂志强出席会议并讲话,浙江省农业机械管理局调研员蔡潮永到会致辞。

11月24—29日

2016年农业博览会现代农业装备展在萧山区新农都会展中心举办,浙江省领导夏宝龙、茅临生、王辉忠、程渭山、孙景森、陈小平等先后视察现代农业装备展区,浙江省农业厅党组书记、厅长林健东陪同。

安徽省

2015年12月3日

安徽省农业机械化公共服务能力建设座谈会在潜山县召开,各市农业机械管理局及2015年农业机械化公共服务能力建设项目县(市、区)农业机械管理局分管负责人参加会议,安徽省农业机械管理局副局长纵风云出席会议并讲话。

12月6—10日

2015年安徽省农机维修高技能人才培训班在中联重机芜湖分公司举办,安徽省农业机械管理局副局长江洪银出席开班仪式并讲话。

12月7—10日

安徽省农业机械管理局组织开展安徽省农机安全生产大检查活动。活动共成立5个检查组,采取交流互查的方式,主要检查各地2015年农机安全生产目标完成、农机“铸安”行动落实、农机安全监管和服务、“平安农机”创建及农机安全基层组织建设等情况。

12月28—30日

安徽省“十三五”农业机械化发展规划编制征求意见座谈会在巢湖市召开。

2016年1月15日

安徽省农业机械化工作会议在合肥市召开。安徽省农业机械管理局副局长纵风云代表省农业机械管理局作大会报告,安徽省农业委员会副主任王华到会并讲话。

3月1日

安徽省农业机械管理局召开《“十三五”农业机械化发展规划》(评审稿)评审会,会议邀请安徽农业大学、安徽省农业科学院以及农机管理、鉴定、推广、监理等方面的10名专家对《规划》进行评审。会议由《规划》编制专家组组长、安徽省农业机械管理局副局长江洪银主持。《规划》编制领导小组办公室成员参加会议。

3月2日

安徽省农机安全监理工作会议在合肥市召开,约120人参加会议。安徽省农业机械管理局副局长纵风云出席会议并讲话。

3月9—11日

安徽省农业机械管理局在安徽省农业机械化技术培训基地(中联重机股份有限公司)举办春季农业机械化生产技术培训班,农业机械管理局副局长江洪银到会并讲话。

3月23日

安徽省农业机械管理局在合肥市召开《安徽省“十三五”农业机械化发展规划》编制工作领导小组会议,副局长纵风云主持会议,编制工作领导小组成员及产业发展处有关同志参加。会议审议通过《安徽省“十三五”农业机械化发展规划》。

3月29日

安徽省农机购置补贴工作暨农机系统廉政警示教育报告会议在合肥市召开。会议开展农机购置补贴廉政警示教育,全面部署2016年安徽省农机购置补贴工作,通报表扬2015年度农机购置补贴政策落实延伸绩效管理优秀单位和个人,并特邀安徽省纪委(监察厅)派驻安徽省农业委员会纪检组(监察室)副组长(主任)张亚平作全省农机系统廉政警示教育报告。

4月24日

安徽省2016年新型职业农民(农机服务人员)首期培训班在芜湖市安徽省农业机械化技术培训基地开班,150名学员出席开班仪式。

5月5日

滁州市副市长杨东坡率滁州市农机等相关部门领导以及山东国泰集团到安徽省农业机械管理局交流农业机械化工作。安徽省农业委员会副主任陈卫东、安徽省农业机械管理局副局长纵风云接待并进行座谈,安徽省农业机械管理局相关处室和事业单位主要负责同志参加座谈会。

5月23日

安徽省“互联网+农机”技术应用培训班在六安市举办,各市、县农业机械管理局负责农业机械化生产管理与农机信息化业务工作人员近200人参加培训。安徽省农业机械管理局副局长纵风云出席培训。

5月24日

安徽省农业机械管理局在合肥市举办安徽省油稻连作生产全程机械化演示推进会。全省油稻连作产区市、县(市、区)农业机械管理局和农机推广站负责人,安徽省省直相关部门、安徽省农业委员会种植业局、农业技术推广总站以及安徽省农业机械管理局机关、局属有关单位和新华社、安徽日报等5家主流媒体近200余人参加会议,安徽省农业机械管理局副局长纵风云、副局长江洪银出席会议。

5月26日

安徽省小麦主产区夏收启动,“三夏”期间,安徽省计划投入各类机具300万台套,其中联合收割机15万台,正常天气情况下,预计10天左右基本完成小麦收获任务,机收率达98%以上。

6月14日

安徽省农业机械管理局召开领导干

部大会。安徽省农业委员会党组书记、主任孙正东到会并讲话。安徽省农业委员会人事处处长张泽坤宣布安徽省委决定，胡刚同志任安徽省农业委员会党组成员、安徽省农业机械管理局分党组书记，安徽省农业机械管理局局长。

6 月 30 日

安徽省农机购置补贴工作调度暨补贴资金基准数据校核会议在淮南市召开。安徽省农业委员会党组成员、农业机械管理局局长胡刚出席会议并讲话，淮南市副市长成祖德到会并致辞。

7 月 4 日

安徽省农业机械管理局机关召开局领导、调研员和处室主要负责人会议。会上，安徽省农业委员会人事处处长陈荣文宣读安徽省农业委员会党组文件，调任张道华同志任安徽省农业机械管理局副局长。

7 月 20 日

安徽省农业机械管理局被农业部评为“强农惠农富农政策落实(农机购置补贴)延伸绩效管理优秀单位”。

7 月 28 日

安徽省农业机械化形势分析会在凤阳县召开，近 70 人参加会议。

8 月 3 日

安徽省农业机械管理局副局长江洪银代表安徽省农业机械管理局前往桐城市范岗镇棋盘岭村，慰问在抗洪中舍己救人牺牲农机手章季兵的家属。安徽省农业机械管理局在全系统发出向英雄章季兵学习的号召。

8 月 5 日

安徽省农机安全监理总站在合肥市召开安徽省农机安全生产形势分析座谈会，安徽省农业机械管理局副局长江洪银出席会议并讲话。

8 月 9 日

由六安市农业委员会、六安市经济技术开发区管委会主办，六安市农业机械管理局、安徽辰宇机械科技有限公司承办的“智领先‘机’·物联未来政企联创共促三农暨‘创机网’020 农机商城上线启动仪式”在六安市隆重举行。安徽省农业机械管理局局长胡刚出席仪式并致辞。

8 月 30—31 日

安徽省农机深松整地作业推进现场会在蒙城县召开，来自沿淮淮北农机深松整地试点地区 8 个市 28 个县农业机械管理局和安徽省农垦负责同志、有关单位代表 80 余人参加会议。安徽省农业机械管理局副局长江洪银出席会议。农业部农业机械化管理司生产管理处处长李斯华应邀参加会议并讲话。蒙城县副县长李红华出席会议并致辞。

9 月 9—11 日

中国安徽名优农产品暨农业产业化交易会农业机械展在合肥滨湖国际会展中心 10 号馆举办，展会主题为“提升农机装备水平服务现代生态农业”。展会同期举办农业机械化发展高峰论坛、安徽省农机专业合作社理事长培训及农业机械新产品推介会。农业机械展区展出国内外现代农业装备，共 40 余家知名企业参展，参展产品包括拖拉机、收获机械，大型农机具、烘干机械、玉米收获机械、深松机械、插秧机械、植保无人机、大型植保机械等，所有参展产品代表当前农机先进技术水平。安徽省副省长方春明到展区看望并慰问参展企业代表。

9 月 26 日

郭颖林任安徽省农业机械技术推广总站站长。

9 月 27 日

安徽省农业委员会党组成员、安徽省农业机械管理局局长胡刚，副局长张道华及安徽省农业机械管理局有关处室负责同志专程到芜湖市调研指导现代农业机械产业发展集聚基地建设工作。

10 月 7 日

安徽省秋种工作现场会在阜阳市太和县召开。沿淮淮北小麦主产区 9 市人民政府分管负责同志，市农业委员会主任、农业机械管理局局长，部分县人民政府分管负责同志，县农业委员会主任、农业机械管理局局长，以及安徽省财政厅、农业委员会、水利厅、粮食局、农业机械管理局、气象局、农垦管理局、农业科学院、安徽农业大学负责同志参加会议。安徽省副省长方春明出席并讲话。

10 月 12 日

2016 年农机购置补贴政策落实延伸绩效管理业务培训会在合肥市召开，安徽省农业机械管理局副局长张道华作开班讲话。会上通报 2016 年农机购置补贴专家督查情况，对 2016 年农机购置补贴绩效管理考核工作进行了全面部署。安徽省各市、县(市、区)代表、第三方绩效考核专家组共 120 余人参会。

安徽省人民政府办公厅印发《推进农机农艺农信融合发展实施方案》，计划“十三五”期间，在安徽省建成 30 个主要农作物生产全程机械化示范县，15 个“互联网＋”农机技术应用示范县，50 个省级“互联网＋”农机合作社示范社，深松(耕)整地等重点项目农机作业在线监测率达到 100%。安徽省农机总动力达到 7 000 万千瓦，主要农作物耕种收综合机械化水平达到 80%以上。

11 月 11 日

安徽省山区农业机械化发展培训座谈会在岳西县召开。安徽省 5 个山区市及所辖 21 个山区县(市、区)农业机械管理局、农机推广站负责人参加会议。安徽省农业机械管理局副局长江洪银出席会议并讲话，岳西县副县长方志国到会并致辞。

11 月 14—15 日

安徽省设施农业装备与技术培训班在滁州市南谯区举办，100 余人参加培训。安徽省农业机械管理局副局长张道华出席并讲话。

11 月 15—16 日

安徽农机化网信息员培训班在池州市举办，近 140 人参加培训。安徽省农业机械管理局分党组成员、副局长江洪银出席开班仪式并讲话，池州市农业机械管理局局长刘华明致辞。

11 月 21—23 日

安徽省农业机械技术推广总站在六安市举办安徽省谷物干燥机械化技术及装备交流研讨会，近 50 人参加研讨和观摩学习。安徽省农业机械管理局副局长江洪银出席会议。

11 月 24 日

安徽省农机报废更新补贴试点工作座谈会在六安市召开，试点地区农机部门负责同志共 30 余人参加会议。安徽省农业机械管理局副局长江洪银出席会议，农业部农业机械试验鉴定总站维修与职业技能指导处副处长田金明应邀参会并讲话。

福建省

2016 年 3 月 8 日

2016 年全省农机购置补贴工作人员业务培训班在福州举办。培训班总结交流 2015 年农业机械化工作，座谈讨论 2016 年重点工作，并就农机购置补贴政策调整、水稻生产全程机械化示范基地建设、旱地作物机械化生产试验示范基地建设等内容开展交流讨论。福建省农业厅副厅长伍斌出席并讲话。

3月18日

福建省财政厅、省农业厅印发《关于下达2016年新型职业农民培训补助经费的通知》，福建省农业厅办公室印发《福建省2016年新型职业农民（农机化专业人才）培育工作实施方案的通知》，拟在2016年全省培育新型职业农民（农机化专业人才）5 000人以上，培育造就一支有文化、懂技术、会操作的农机专业人才队伍，为全省特色现代农业发展提供农业机械化人才支撑。

3月28日

福建省财政厅、省农业厅印发《关于下达2016年福建省水稻生产全程机械化示范基地建设及旱地作物机械化生产试验示范项目资金的通知》和《福建省农业厅福建省财政厅关于印发2016年福建省水稻生产全程机械化示范基地建设项目和旱地作物机械化生产试验示范项目实施方案的通知》。省级财政资金安排1 800万元，在全省建设45个水稻生产全程机械化示范基地；安排200万元，在全省建设7个旱地作物（马铃薯、甘薯、花生、油菜）机械化生产试验示范基地，示范推广先进适用农业机械化技术与农业机械。

4月12—13日

2016年福建省水稻生产全程机械化技术暨农机合作社规范化建设培训班在南平市顺昌县举办。全省各级农业、农机部门负责人及农机合作社理事长等近200人参加培训。培训班上，与会代表观摩顺昌县水稻机械化育插秧现场，参观农机专业合作社生产与管理模式；座谈交流如何促进农机农艺有效融合，加快推进全省水稻生产全程机械化；开展农机合作社规范化建设培训。福建省农业厅副厅长姜绍丰、伍斌出席并讲话。

9月8—9日

首届福建省购机补贴农机质量监督管理业务培训班在福州举办。全省各级农机管理部门负责农机质量工作的相关人员近百人参加培训。培训班针对农机产品质量投诉、农机产品质量调查、农机产品满意度调查等方面内容进行重点培训。通过培训进一步明确农机部门的监管职责，有利于强化生产企业的市场主体责任，建立健全购置补贴机具的质量监督管理机制。

9月14日

"主要粮食作物耕种收综合机械化率"被列为农业部的各省粮食安全省长责任制的考核指标之一。福建省副省长黄琪玉在农业部办公厅印发的《关于印发2016年度各省（区、市）主要粮食作物耕种收综合机械化率发展指标的函》上作出批示，要求福建省2016年"水稻耕种收综合机械化率要达到58%以上"。

10月13日

福建省省长于伟国在察看建宁县枫元村闽赣农机专业合作社量化折股扶贫项目时，指出全省仅有50多家合作社联合社，数量太少。要鼓励农民合作社走融合、联合、联动发展的路子，因地制宜加快培育合作社联合社，使其成为重要的新型经营主体。水稻全程机械化的社会化服务模式很好，要打破区域界线，突破产业分割，加速推进水稻全程机械化社会化服务。要大力推广农机质保综合服务，并通过农机专业合作社等新型经营主体，带动贫困村、贫困户、贫困人口增收。

10月14日

福建省农业厅、省财政厅印发《关于做好省级特色农业机械购置补贴市场化改革试点工作的通知》。在总结部分特色农业机械省级补贴和4个品目市场化改革试点工作基础上，决定进一步扩大范围，开展省级特色农业机械购置补贴市场化改革试点工作。

11月21日

根据《农业部办公厅财政部办公厅关于浙江等3省2016年农机新产品购置补贴试点方案的意见》，福建省农业厅、省财政厅印发《福建省2016年农机新产品购置补贴试点方案》。福建成为三个试点省份之一，正式开展农机新产品购置补贴试点工作，将有利于鼓励农机生产企业加强研发创新，引导市场主体使用先进适用农业机械，充分发挥农机购置补贴资金导向作用。

福建省农业厅农业机械化管理处印发《关于报送全程机械化示范县创建初步计划的通知》。力争在"十三五"期间全省建成10个以上基本实现主要农作物全程机械化示范县。

12月9日

在雷沃杯2016"全国20佳农机合作社理事长"评选活动中，福建省推荐的长汀县清荣农机专业合作社理事长傅木清晋级为"全国20佳农机合作社理事长"。

江 西 省

2015年12月21日

江西省副省长尹建业在江西省农业厅党委书记陈日武，新余市委书记刘捷，新余市常务委员、副市长吴隽等陪同下，到新余青园农机产业城视察调研。

12月23日

江西省副省长尹建业在江西省农业厅党委书记陈日武、新余市委书记刘捷等陪同下，在北京走访中国中车集团公司，与中国中车集团公司总经理、中国中车股份有限公司副董事长刘化龙和中国中车集团公司副总经理贾世瑞等亲切会见并举行座谈会。

12月28—29日

首届南方农业（工程）机械展示展销会在新余市渝水区青园农机产业城举行。江西省农业厅副厅长刘光华、新余市委副书记王庆、市政治协商委员会主席廖兰芳、市人民政府副市长史可等出席开幕式并致辞。本次展会由江西省农业厅和新余市人民政府联合主办，由江西省农业机械化管理局、新余市农业局、新余市商务局和渝水区人民政府等共同承办。

2016年1月21日

江西省农业机械化技术委员会年会暨评审会在南昌召开。江西省农业机械化管理局局长官少飞出席会议并讲话，省农机安全监督管理总队总队长陶其辉主持会议，省农业机械化管理局副局长万江华出席会议，会议邀请江西省农业厅计划财务处副处长李小明列席。

江西省农业机械化技术推广站、省农业工程学会、《南方农机》杂志社和中航天信航空科技有限公司联合在南昌市举行江西航空植保高峰论坛暨中航天信"天敌Ⅱ＋天信云网"无人机植保系统发布会，发布农业植保专用机型——"天敌Ⅱ"和相应的数据运控管理云平台——"天信云网"，并提出全新的无人机农业植保业务模式，该模式未来或能在一定程度上解放农民。

1月26日

江西省农业厅对《江西省2015—2017年农机购置补贴产品分档及补贴额一览表》进行调整。

2月14日

江西省农业厅印发《关于开展江西省2015—2017年农机购置补贴产品信

息2016年第一批分类归档的通知》。

2月26日

江西省农业机械化管理局印发《2016年全省农机化工作要点》。确定全省农业机械化工作目标任务和主要措施，并明确责任分工和工作落实机制。

2月29日

江西省农业厅、省财政厅印发修订后的《江西省2015—2017年农业机械购置补贴实施方案》的通知。

3月4—5日

江西省农业机械化管理局在南昌举办2016年全省农机购置补贴业务培训班。江西省农业机械化管理局副局长万江华出席培训班开班仪式并讲话。

3月29日

根据江西省农业厅党委的研究决定，许友光同志主持江西省农业机械化管理局全面工作，免去官少飞同志省农业机械化管理局局长职务。

江西省农业机械化管理局、省农机安全监督管理总队召开全体干部会议，江西省农业厅副厅长万国根主持会议并讲话，江西省农业厅副巡视员官少飞和农业厅组织人事处处长黄文参加会议。

4月18—29日

财政部预算评审中心专家组来江西省开展农机购置补贴政策落实绩效评价工作。江西省财政厅、省农业厅高度重视此次绩效评价工作，积极配合财政部专家组开展工作。

4月19日

全省农业机械化工作会议在赣州市召开，旨在深入贯彻全国农业机械化工作会议和全省农村、农业工作会议精神，总结2015年和"十二五"农业机械化工作，研究"十三五"农业机械化工作思路，部署2016年工作，加快提高农业机械化发展水平。江西省农业厅副巡视员官少飞出席会议并讲话，赣州市副市长黄金龙出席会议并致辞，江西省农业机械化管理局局长许友光作工作报告，江西省农机安全监督管理总队总队长陶其辉主持会议并作会议总结讲话，赣州市农业和粮食局局长郑世飘出席会议。

4月26—27日

农业部考核组对省2015年度农机购置补贴延伸绩效管理工作进行实地考核。专家组认为，江西省在农机购置补贴制度建设、补贴机具铭牌标志标识的规范、一站式服务等方面都走在全国前列。

5月14日

中国工程院院士、华南农业大学教授罗锡文到江西指导农业机械化工作。江西省农业厅副巡视员官少飞向罗锡文院士介绍近年来江西省农业机械化发展、新技术推广应用和《南方农机》杂志办刊等情况，并邀请罗锡文院士担任《南方农机》杂志的名誉主席，该邀请得到罗锡文院士的欣然接受。罗锡文院士成为《南方农机》杂志继2015年聘请汪懋华院士之后的第二个院士名誉主席。《南方农机》杂志成为全国唯一由院士领衔的农机杂志刊物、江西仅有的2个由院士领衔的刊物之一，是北大中文核心期刊和中国科技核心期刊的准核心刊物。

6月8日

江西省财政厅、省农业厅《江西省2016年耕地地力保护补贴方案》和《江西省2016年粮食适度规模经营补贴方案》。

6月22日

江西省农业机械化管理局在南昌市召开农机购置补贴产品生产企业座谈会。参会企业围绕着讲诚信、重质量、守规矩的主题，就如何进一步规范农机购置补贴政策的实施、加强对经销企业的监管以及当前农机补贴工作的经验、存在的问题进行讨论和交流，并向参与全省农机购置补贴政策实施的所有产销企业发出倡议，倡议大家共同努力、诚信守规，进一步规范实施农机购置补贴政策。江西省农业机械化管理局局长许友光出席会议并讲话，对生产企业提出具体要求。

6月23日

江西省农机职业技能竞赛组委会在南昌市召开第一次新闻发布会。从发布会上获悉，江西省农业厅将于9月9—10日在新余市青园南方农机产业城举办全省"振兴杯·中联重科"农机职业技能竞赛。

7月26日

江西省农业机械化管理局在南昌市召开全省农机购置补贴工作调度会，旨在进一步贯彻落实农机购置补贴政策，总结交流各地上半年农机购置补贴工作经验和做法，部署下半年重点工作。江西省农业厅副巡视员官少飞出席会议并讲话；江西省农业机械化管理局局长许友光主持会议并作总结讲话；江西省农机安全监督管理总队总队长陶其辉布置智慧农业机械化等工作；江西省农业机械化管理局副局长万江华通报上半年全省农机购置补贴政策实施情况和农业部2016年度农机购置补贴政策落实延伸绩效管理标准。

8月2日

江西省财政厅、省农业厅印发《关于拨付2016年全省农机库棚试点建设"以奖代补"项目经费的通知》。

8月10日

江西省农机职业技能竞赛组委会在新余青园南方农业（工程）机械城召开第二次新闻发布会，以T台时装秀的模式公开发布竞赛LOGO、赛旗、主题歌曲、服装、奖项等设计成果。江西省农业机械化管理局局长、竞赛组委会副主任兼秘书长许友光，新余市农业局党委书记曹建祥、副调研员李志玉，渝水区委书记何慕良，渝水区副区长刘鹄等出席发布会。发布会上举办为竞赛LOGO和竞赛倒计时30天揭幕、交接赛旗等仪式。

8月23日

受江西省农机职业技能竞赛组委会的委托，江西省农机职业技能鉴定站在新余市举办江西省农机职业技能竞赛裁判员培训班。

9月9—10日

由江西省农业厅、新余市人民政府联合主办的第二届南方农业（工程）机械展示会在江西新余青园农机城举办。开幕式上，农业部农业机械化技术推广总站副站长李安宁和江西省农业厅党委书记陈日武、新余市委书记刘捷共同启动开幕球，江西省农业厅副巡视员官少飞和新余市委常务委员、副市长万广明致辞，新余市委常务委员、秘书长杨新华，中国农业机械流通协会副会长王玉狮等出席并观摩比赛。

由江西省农业厅主办的2016年全省"振兴杯·中联重科"农机职业技能竞赛在新余青园南方农机城举行。9月9日上午，竞赛组委会举行开幕式。江西省农业厅党委书记陈日武出席开幕式并宣布开幕，农业部农业机械化技术推广总站副站长李安宁，新余市委书记刘捷、副市长万广明、市委常务委员李新华，中国农业机械流通协会副会长王玉狮等出席开幕式，江西省农业厅副巡视员官少飞和渝水区委副书记李虹致辞。江西省农业机械化管理局局长许友光主持开幕式，选手代表和裁判员代表分别宣誓。

9月27日

江西省农业厅、省公安厅印发《关于开展变型拖拉机道路交通安全专项整治行动的通知》。

11月22—24日

2016年江西省农机监理业务培训班在南昌举办，参加培训班的学员主要是来自县级农机监理员，江西省农机安全监督管理总队总队长陶其辉、副总队长王乐青出席培训班并讲话。

山东省

2015年12月8日

山东省农机购置补贴政策落实延伸绩效管理培训班在济南市举办。山东省农业机械管理局副巡视员侯英忠出席开班式并讲话。

12月10—11日

山东省农业机械化科教工作培训班在日照市举办。山东省农业机械管理局副局长韩永平参加会议并讲话。

12月16日

2015年山东省农机装备创新研发计划项目"玉米免耕精量播种技术与机具验证"和"4YL—4型自走式玉米籽粒收获机柔性脱离技术与整体优化提升"项目率先通过专家组的鉴定验收。山东省农业机械管理局副局长韩永平参加活动。

12月29日

山东省农业机械化发展"十三五"规划专家论证会在济南市召开，省内外有关农业和农业机械化专家参会。山东省农业机械管理局局长高明飞、副巡视员侯英忠、副局长韩永平出席会议。

2016年1月11—13日

中国农业机械化协会副秘书长杨林来山东调研，调研组分别考察福田雷沃、谷合传动、帅克股份、山东巨明公司等农机生产企业。

1月15日

山东省农业机械化工作会议在济南市召开。山东省农业机械管理局局长高明飞出席会议并讲话，副巡视员侯英忠主持会议。

1月22日

山东省农机购置补贴工作座谈会在济南市召开。山东省农业机械管理局局长高明飞出席会议并讲话。

2月23日

山东省农业机械管理局召开全局党风廉政建设会议。山东省农业机械管理局局长高明飞出席会议并讲话，副局长韩永平主持会议。

3月1日

山东省马铃薯项目种植现场会在济宁邹城市召开。山东省农业机械管理局副局长韩永平参加会议。

3月5日

山东省农机安全监理工作会议在济南市召开。山东省农业机械管理局纪律检查组组长王瑞华参加会议并讲话。

3月7日

山东省农业机械管理局召开PTO试验室、植保试验室加层以及负荷车车库等三个基建项目竣工验收会。山东省农业机械管理局副局长韩永平参加会议。

3月10日

山东省农业机械管理局、省财政厅印发《关于组织申报2016年现代农业机械化水平提升计划项目的通知》，确定章丘市农机局等41个单位为2016年度山东省农业机械化创新示范工程项目，济阳县百田农机专业合作社等56个单位为2016年度山东省农机规模化作业推进工程奖励项目单位。

3月15日

2016年山东省暨泰安市"3·15"农机质量投诉监督宣传咨询活动在泰安新泰市举行。山东省农业机械管理局副局长韩永平参加活动。

3月16日

山东省丘陵山区机械化推进会在威海荣成市召开。山东省农业机械管理局局长高明飞出席会议并讲话，威海市副市长傅广照到会致辞，山东省农业机械管理局副局长韩永平主持会议。

3月19日

山东省主要农作物生产全程机械化推进现场会在临沂市临沭县召开。山东省农业机械管理局副局长韩永平参加会议。

3月21日

山东省财政支持农机技术推广项目培训班在济南市举办。山东省农业机械管理局局长高明飞出席并讲话。

3月21—23日

由山东省人民政府和中国机械工业联合会共同主办，山东省经济和信息化委员会、济南市人民政府、省机械协会、省农业机械管理局等单位共同承办的第十一届中国(山东)国际装备制造业博览会暨中国(山东)国际农业机械展览会，在济南国际会展中心举办。

4月1日

山东省农业机械管理局、省财政厅印发《关于印发山东省2016年农机深松作业补助试点工作实施方案的通知》，在全省开展农机深松作业补助试点。

4月8日

山东省农业机械管理局在聊城市东昌府区举办全省农机深松作业培训班。山东省农业机械管理局局长高明飞出席会议并讲话，副局长韩永平主持会议。

4月19日

山东省农机安全监理机构装备建设标准宣贯会暨新装备新技术培训班在淄博市举办。山东省农业机械管理局纪律检查组组长王瑞华出席开班式并讲话。

4月20日

山东省农业机械管理局与省财政厅联合召开全省农机购置补贴工作会议，下达第一批中央农机购置补贴资金16亿元，其中1.5亿元用于深松作业补助。

4月26日

山东省农机维修服务能力建设推进会在威海荣成市召开。山东省农业机械管理局副局长刘娜参加会议并讲话。

4月28日

山东省现代农业机械化试验示范基地挂牌仪式、全省财政支农项目暨先进农机具现场观摩演示会，在滨州市邹平县孙镇全泉农机专业合作社举行。山东省农业机械管理局副局长韩永平参加活动。

5月5日

山东省农业机械管理局在济南章丘市举办2016年农机报废更新试点工作培训班。山东省农业机械管理局副局长韩永平参加会议并讲话。

5月11日

山东省农机质量投诉监管工作会议在济宁兖州区召开。山东省农业机械管理局副局长韩永平参加会议并讲话。

5月25日

山东省农业机械管理局和雷沃阿波斯在菏泽市曹县联合举办爱心帮扶活动。山东省农业机械管理局副长刘娜参加捐赠仪式并致辞。

5月31日

山东省农业机械管理局在济南章丘市举办全省基层农机推广体系改革与建设培训班，山东省农业机械管理局副局长韩永平参加会议并讲话。在德州陵城区举行全省“农机安全生产月”活动启动仪式，山东省农业机械管理局纪律检查组组长王瑞华参加活动。

6月2日

山东省小麦收获开机仪式在济宁市嘉祥县举行，标志着全省 3 786.7 千公顷小麦收获将从南到北、自西向东全面展开。山东省农业机械管理局副巡视员侯英忠，济宁市政治协商会议副主席李良品出席开机仪式。

6月6日

中共山东省委批准，卜祥联同志任山东省农业机械管理局分党组书记。

6月16日

山东省农业机械管理局在济南章丘市、威海荣成市举办“农机安全生产咨询日”活动，山东省农业机械管理局纪律检查组组长王瑞华参加活动。

6月17日

山东省小麦机收基本结束，实现机收小麦 3 773.3 千公顷、机收率 98.5%，机播玉米 3 024.3 千公顷、机播率 97.1%。

6月29日

山东省人民政府任命，卜祥联同志为山东省农业机械管理局局长。

6月29日

农业部农业机械化技术开发推广总站在潍坊市召开农业机械出厂合格证行业标准制定座谈会。农业部农业机械化技术开发推广总站副站长涂志强等一行 3 人出席会议。

6月30日

山东省农业机械管理局印发《关于开展农用植保无人机专项统计工作的通知》，组织实施农用植保无人机统计调查，此系山东省历史首次针对农用植保无人机实施专项调查。

7月7日

2016 年山东省农机职业技能竞赛在济宁市举办。山东省农业机械管理局副局长刘娜出席开幕式并讲话。

7月15日

山东省农业机械管理局在泰安市举办全省农业机械化教学骨干培训班。山东省农业机械管理局副局长韩永平参加会议并讲话，山东农业大学副校长嵇景涛到会并致辞。

7月21日

山东省农机质量投诉监管工作培训班在济南市举行。山东省农业机械管理局副局长韩永平参加开班仪式并讲话。

7月25日

山东省农业机械管理局印发《深松机械作业质量评价技术规范（试行）》（NJGF37/T01—2016）。

8月8日

农业部印发《关于表扬 2015 年度专项工作延伸绩效管理试点工作优秀单位的通报》，山东省农业机械管理局荣获“强农惠农富农政策落实（农机购置补贴）优秀单位”称号。

8月16—22日

山东省农业机械管理局副局长韩永平带团 15 人赴台执行农机业务培训交流任务。

8月17日—12月31日

在山东省范围内组织开展农机安全隐患大排查、大整治集中行动，全面排查全省农机安全监管方面存在的隐患和漏洞，全面开展变型拖拉机清理整顿工作。截至 11 月 30 日，全省共摸排清查出变型拖拉机号牌 60 641 副，涉及 9 个市 41 个县（市、区），公告注销号牌 52 937 副，收回号牌 2 509 副。

8月19日

山东省农业机械管理局、省财政厅印发《关于下达 2016 年中央财政第二批农机购置补贴资金控制额度的通知》，下达中央第二批农机购置补贴资金 3.421 亿元，其中 5 000 万元用于深松作业补助。

8月23日

山东省农业机械化工作座谈会在济南市召开。会议总结交流上半年工作情况，分析研究农业机械化发展面临的形势和任务，安排部署下半年重点工作。山东省农业机械管理局分党组书记局长卜祥联出席会议并讲话，副巡视员侯英忠、副局长韩永平主持会议。

8月30日

山东省农机事故统计及事故分析座谈会在济南市召开。山东省农业机械管理局纪律检查组组长王瑞华参加会议并讲话。

8月31日

山东省玉米青贮收获机械化现场会在聊城市临清市召开。山东省农业机械管理局副局长韩永平参加会议并讲话。

9月7日

山东省农业机械管理局在兖州举办省财政支农项目秋季农业机械化技术现场观摩培训班。各市农机推广站长、58 个项目县的项目负责人、部分农机专业合作社、有关农机生产企业和济宁市各县市区的代表参加此次培训，新疆阿勒泰地区农机考察团观摩，现场观摩人数达 300 多人。山东省农业机械管理局局长卜祥联、副局长韩永平、刘娜，济宁市人民政府副市长张继民出席活动。

9月8日

山东省农业机械管理局科技扶贫暨雷沃重工帮扶捐赠活动在菏泽市曹县举办。山东省农业机械管理局局长卜祥联、菏泽市政治协商会议副主席陶体华、雷沃重工党委书记梁启荣出席捐赠仪式并讲话，山东省农业机械管理局副局长刘娜、省人民政府农机专家顾问团团长杜瑞成、副团长尚书旗参加捐赠仪式，省农业机械管理局副局长韩永平主持捐赠仪式。

9月13日

山东省农业机械管理局在诸城市举办花生联合收获技术培训班，山东省农业机械管理局副局长韩永平参加会议并讲话。全省茶叶机械化采摘加工现场观摩会在日照市岚山区召开，山东省农业机械管理局副局长刘娜参加会议并讲话。

9月20日

山东省农业机械管理局在临沂市临沭县举办全省“三秋”农业机械化生产技术培训班，参观玉米机收、花生机收、秸秆利用、土地深松作业现场和小麦机播、经济作物机械化生产基地、粮食烘干机生产企业，部署“三秋”农业机械化生产工作。山东省农业机械管理局局长卜祥联出席会议并讲话，省农业机械管理局副局长韩永平主持会议。

10月18日

山东省秋季农业机械化生产基本结束。实现玉米机收 2 653.3 千公顷、机收率 85.2%，机播玉米 3 024.3 千公顷、机播率 97.1%。实施土地深松深耕 1 067.3千公顷，超额完成农业部下达的任务。山东省委农村工作领导小组副组长王军民在《我省秋季农机化生产成效显著》呈阅件上作出重要批示：今年三秋农机化呈现新特点，工作取得新进展。

10月20日

山东省机采棉现场会在东营利津县召开。会议现场观摩棉花机采作业和棉花生产全程机械化机具演示，利津县介绍机采棉发展情况。山东省农业机械管理局局长卜祥联出席会议并讲话，省农业机械管理局副局长韩永平主持会议。

11 月 1 日

山东省农业机械管理局召开“两学一做”学习教育暨业务工作汇报交流会，对前三季度“两学一做”学习教育和业务工作进行总结交流。山东省农业机械管理局局长卜祥联作了题为《深入开展“两学一做”学习教育大力加强机关作风建设》的讲话，山东省农业机械管理局副巡视员侯英忠主持会议。

11 月 2 日

山东省农业机械管理局印发《关于组织开展农机购置补贴政策落实情况监督检查的通知》，组织对各市 2015—2016 年度农机购置补贴政策实施有关情况进行检查。山东省农业机械管理局副巡视员侯英忠出席动员会并讲话。

11 月 3 日

山东省农业机械试验鉴定站被农业部评为 2015—2016 年度中国农业机械化质量网信息工作先进单位。

11 月 8 日

山东省农业机械管理局副局长韩永平代表山东在全国农业机械化质量工作座谈会议上作典型发言。第九批山东省优秀乡镇农机技术人员评审会召开，山东省农业机械管理局副局长刘娜参加会议并讲话。

11 月 10 日

山东选手在第三届中国农机手大赛总决赛中喜获佳绩。山东省有 23 人进入百强，4 人跻身前十，女子组喜获亚、季军，山东省农业机械管理局、省农业机械维修指导站分获大赛优秀组织奖。

11 月 13—18 日

山东省农业机械管理局副巡视员侯英忠带团 20 人赴台执行农机业务培训交流任务。

11 月 17 日

山东省农业机械管理局分党组书记、局长卜祥联主持召开分党组理论中心组（扩大）学习会议，传达学习党的十八届六中全会精神，研究贯彻落实意见。山东省农业机械管理局领导班子成员参加。

11 月 23 日

山东省农业机械化统计暨农业机械化统计软件培训班在济南市举办。山东省农业机械管理局副巡视员侯英忠参加开班式并讲话。

11 月 24 日

2016 年全省农机修理工职业技能竞赛在潍坊市举办。山东省农业机械管理局副局长刘娜出席开幕式并讲话。

11 月 28 日

山东省级农机推广鉴定大纲评审会在济南市召开。山东省农业机械管理局副局长韩永平参加会议并讲话。

河 南 省

2015 年 12 月 23 日

河南省人民代表大会常务委员会农村工作委员会副主任邢利民带领调研组先后莅临洛阳、三门峡、商丘、永城对“一法一条例”落实情况进行调研。调研组对保护性耕作示范区、农机购置补贴实施情况和农机合作社建设情况等进行实地调研，并听取工作汇报。

2016 年 1 月 12 日

经国家知识产权局评审授权，许昌市烟草公司与农机研发单位联合研发的“自走式烟草移栽机”和“烟秆拔除机”分别获得国家外观设计专利，“自适应的浮动压穴装置”获得国家实用新型专利。

3 月 9 日

河南省农机工作管理会议在郑州市召开。会议主要任务是贯彻落实全国农机工作会议、省委农村工作会议、全省农业工作会议精神及全国全省农业系统党风廉政建设工作会议精神；总结“十二五”及 2015 年工作，分析研究“十三五”工作思路，部署 2016 年工作。湖南省农业机械管理局局长凌中南作了主题工作报告，11 个单位作了典型发言。

3 月 8—10 日

河南省 2016 年田间管理机械化技术培训班在郑州市举办。培训班邀请河南农业大学农机专业教授和专家进行讲授，组织学员参观“2016 全国农业机械及零部件展览会”，听取“智能农业装备技术发展”专题报告。

3 月 25 日

河南省农机购置补贴延伸绩效管理工作会议在郑州市召开。会议对 2015 年度农机购置补贴工作进行绩效考核评分和总结，交流 2016 年绩效考核工作，对下一步工作进行安排部署。

6 月 22 日

薯类收获机械化技术培训班在郑州市召开，培训班围绕薯类高产栽培和薯类收获机械化技术进行专题培训。

7 月 21 日

河南省农机安全生产工作会议在郑州市召开。会议贯彻落实农业部和河南省关于加强安全生产工作会议精神，总结交流“十二五”农机安全生产工作和“平安农机”创建工作情况，分析当前农机安全生产形势，部署“十三五”和 2016 年农机安全工作。

7 月 28—29 日

河南省农机职业技能鉴定工作人员培训班在郑州市召开。此次培训讲解农机职业技能鉴定工作流程和工作规范，指导使用新版考务管理系统。

8 月 15 日

河南省农业机械管理局成立河南省主要农作物生产全程机械化推进行动专家指导组，充分发挥专家在决策咨询、技术指导、培训交流、验收考核等方面的支撑作用。专家指导组按小麦、玉米、水稻、花生 4 大作物分别设立专业组，每个专业组由 4～5 位专家组成。

8 月 19 日

河南省主要农作物生产全程机械化推进行动现场会在商丘市举行。会议观摩“三秋”生产机械化作业现场，总结全程机械化推进工作，交流典型经验，部署下一步重点工作和“三秋”农业机械化生产工作。

9 月 2 日

河南省农机科教管理工作培训班在郑州市举办。培训内容有拖拉机驾驶培训行政许可规范文书格式、基层农机推广体系建设补助项目、农业机械化技术试验示范项目管理等。

9 月 8 日

农机深松整地工作与农机报废更新工作推进会在郑州市召开。会议交流讨论并安排布置农机深松整地工作与农机报废更新工作。

9 月 9 日

农机深松整地工作与农机报废更新工作推进会在郑州召开。会议代表就做好农机深松整地与农机报废更新工作进行交流汇报。会议要求各级农机管理部门要进一步提高认识，确保农机深松整地和农机报废更新任务目标的完成，并努力将其打造成为农机工作的新亮点。

10 月 14 日

河南省农业机械管理局局长凌中南带领各部门负责同志一行到对口帮扶村商丘田集村开展扶贫日活动。活动围绕宣传党的强农惠农富农政策、了解群众诉求听取群众意见、落实帮扶项目和扶贫产业、开展送温暖、扶贫济困活动展开。

10 月 24 日

河南省农机人事统计机构登记信息会在郑州市召开。

10 月 28 日

河南省农机购置补贴工作座谈会在郑州市召开。会议交流各地补贴进展情况和信息公开情况，安排部署下一阶段补贴督导检查工作。

10 月 28 日

河南省农机事故应急处置演练现场培训会在驻马店市举行。农业部农业机械化技术开发推广总站副站长涂志强亲自到会指导。

11 月 2—3 日

河南省农机管理干部培训班在郑州市举办。培训内容有农村经济与农业社会化服务、智能农业装备技术、农业生产全程机械化技术、农业与农机农艺融合新技术等。培训分两期，第二期于 11 月 8—9 日举行。

11 月 18 日

部分农机合作社理事长座谈会在郑州市举行。座谈内容主要有近 10 年来农机合作社建设和发展的经验、体会及下一步工作建议。

11 月 19—20 日

河南省农机财务管理培训班在郑州市举办。培训班就财政管理相关要求及政策进行解读。

11 月 25 日

河南省农业机械化统计培训会在郑州市召开。会议邀请相关专家讲授统计工作基础知识和农业机械化统计工作的要点，交流农业机械化统计抽样调查情况。

湖北省

2015 年 12 月 3 日

新疆博州农牧业机械管理局局长穆赫塔尔·依米提率考察团考察农机新型经营主体与现代农业建设情况，并参加湖北省农机专业合作社培训班。

12 月 7 日

湖北省农机局局长刘长华、副局长皮少成出席全省马铃薯机械化播种现场观摩活动并讲话。

2016 年 1 月 8 日

湖北省农机局局长刘长华主持召开局长办公会，审定 2016 年湖北省农机购置补贴品目。

1 月 15 日

湖北省农机局局长刘长华主持召开局长办公会，专题研究 2016 年湖北省购置补贴品目分类分档和补贴额确定事宜。

1 月 20 日

湖北省农机安全工作会在华中农业大学举办。湖北省农机局局领导班子成员，局机关各处省农机安全监理(推广)总站负责人参加。

1 月 26 日

湖北省农业厅组织对厅机关及直属单位 2015 年度创新项目进行评估，湖北省农机局获得 2015 年度创新项目第 3 名。湖北省农机局局长刘长华、副局长皮少成参加有关活动。

2 月 1 日

湖北省农机局召开局领导班子成员和各处(单位)负责人述职述廉会议。农机局机关全体干部和监理站领导班子参会。

2 月 2 日

湖北省农机局副局长皮少成带队赴湖北工业大学对省农机鉴定进行年度考核。

2 月 19 日

湖北省农机局召开“三抓一促”动员会。湖北省农机局全体干部职工和省农机安全监理总站领导班子成员参加会议。

2 月 24 日

湖北省农机局局长刘长华参加省纪律检查委员会在省发展和改革委员会召开的对口帮扶通山县精准扶贫全面小康建设工作协调会。

3 月 1 日

湖北省农机局局长刘长华赴宣恩县开展精准扶贫活动。

3 月 3 日

湖北省农机购置补贴实施启动视频会在汉召开。湖北省农业厅厅长戴贵洲，湖北省农机局局领导刘长华、王再虎、周立明、皮少成、万福祥和局机关各处(单位)负责同志参加主会场的会议。

3 月 9 日

湖北省春季农业机械化生产现场观摩活动暨农机“三个百万”活动启动仪式在荆门市举办，湖北省农机局局长刘长华、副局长皮少成出席。

3 月 18 日

湖北省农机局局长刘长华出席黄冈市 2016 年农机“三个十万”活动启动仪式暨青园农机汽配城第七届鄂东地区春季农业(工程)机械展销会。

3 月 23 日

湖北省农机局局长刘长华主持召开局长办公会，研究《湖北省 2016 年农机购置补贴产品归档信息(第一批)》公示期间社会反馈的有关问题。

3 月 24 日

湖北省农业机械化技术推广工作会议暨早稻机械化育秧集中培训会在洪湖市举办。湖北省农机局副局长皮少成出席会议并讲话。

3 月 31 日

湖北省农机局组织召开党委中心组(扩大)学习会，省农机局全体干部及农机安全监理总站领导班子成员参加会议。

4 月 1 日

湖北省农机局局长办公会专题研究并贯彻落实农业部农业机械化管理司关于 2016 年农机购置补贴检查督导工作会议精神，湖北省农机局纪律检查委员会书记王再虎，副局长周立明、皮少成，副巡视员万福祥，以及各处(单位)负责人参加会议。

4 月 6 日

湖北省农机局局长刘长华主持召开局长办公会，研究制定《湖北省 2016 年农机深松整地作业补助试点工作方案》，听取北斗导航农机应用项目实施情况汇报、第二次调整《湖北省 2016 年农机购置补贴机具一览表》以及湖北省农机局工人联合会选择开户银行等有关事宜。

4 月 7 日

湖北省春季农机安全生产监管现场会在石首市召开，湖北省农机局局长刘长华、副局长皮少成出席。期间，局长刘长华调研湖北首兴机械有限公司和石首市神风农机专业合作社。

4 月 8 日

湖北省花生机播暨水稻机直播现场观摩活动在大悟县举办，湖北省农机局副局长皮少成出席活动并讲话。

4 月 14 日

湖北省农机局局长刘长华主持召开局长办公会，审定省农机系统接受履职尽责督促检查工作实施方案，并对全省农机防汛抗旱工作进行研究部署。

4 月 19 日

湖北省农机局局长刘长华主持召开办公会审定《湖北省农机化发展“十三五”规划》和《湖北省农机防汛抗旱应急

预案》。

4月20日

湖北省农机局发布《湖北省农业机械化发展“十三五”规划》。

4月25日

加拿大萨斯喀彻温省人民政府贸易投资中国上海代表处首席代表蔡可珏一行参访湖北省农机局，了解湖北省农机发展现状，并介绍加拿大萨斯喀彻温省农机情况。

5月4日

财政部重点项目考评组调研湖北省农机局购机补贴绩效考评工作，湖北省农机局副局长周立明和产业发展处负责同志参加有关活动。

5月5日

湖北省农机局纪律检查委员会书记王再虎出席黄冈市农机系统安全工作警示教育活动，并就安全生产工作作专题辅导报告。

5月6日

湖北省农机局局长刘长华主持召开局长办公会，研究干部职工体检和聘用司机等事宜，审议《省农机局2016年绩效管理指标》和关于开展农业机械化春耕生产、购机补贴绩效管理、农机抗灾救灾、全面全程机械化试点和安全生产检查等工作事项。

5月9日

湖北省农机局局长刘长华主持召开局长办公会，审定《2016年农机购置补贴产品申报归档第二批归档信息》。

5月13日

湖北省农机局局长刘长华出席农业部在黄梅县举办的“旱地油菜周年绿色增产增效新技术集成现场观摩培训活动”。期间，调研黄梅县、龙感湖管理区农业机械化春耕备耕、购机补贴绩效考评、全面全程机械化示范创建、农机抗灾救灾和农机安全生产等有关工作。

5月19日

湖北省小麦机收暨中稻机插秧现场观摩活动在仙桃市召开，湖北省农机局副局长皮少成出席。

5月20日

湖北省农机局局长刘长华主持召开局长办公会审议《关于推荐部级主要农作物生产全程机械化示范县》和《关于对江陵县农机报废更新补贴有关实施问题的处理意见》。

5月24日

湖北省农机深松整地作业现场推进活动在天门市召开。

5月26日

湖北省农机局局长刘长华主持召开局长办公会议，审议《湖北省2016年第二批农机购置补贴产品归档信息表》和《省农机局自选农机化试验示范项目评审工作方案》。

湖北省农机局召开“第十七个党风廉政建设宣传教育月”活动推进会暨党委中心组(扩大)学习会议。湖北省农机局局长刘长华主持会议，局全体干部和省农机局安全监理(推广)总站班子成员参加学习会。

5月30日

2016年自选农业机械化试验示范项目专家评审会召开，部分项目被评入选“十三五”全省农业机械化项目建设储备库。

6月3日

湖北省农机局召开“下基层、抓推广、促全程”情况交流会，湖北省农机局纪律检查委员会书记王再虎，副局长周立明、皮少成，副巡视员万福祥，相关处(单位)负责同志和驻点具体责任人参加会议。

6月6日

湖北省农机局局长刘长华主持召开专题会议，传达农业部于6月3日在江苏省常州市召开的全国主要农作物生产全程机械化现场推进会的会议精神，并就如何加快推进湖北省主要农作物生产全程机械化进行研究部署。

6月8日

湖北省农机局局长刘长华主持召开局长办公会，听取自选农业机械化试验示范项目评审情况和中央第一批预留购机补贴资金分配方案。

6月17日

受农业部农业机械化管理司委托，湖北省农机局召开部(省)级农机购置补贴违规问题举报投诉调查处理工作流程专家咨询讨论会，湖北省农机局副局长周立明，省内有关农机纪检、管理和基层农机部门代表参加讨论。

6月23日

湖北省农机局局长刘长华同志主持召开局党委成员碰头会议，传达厅直机关党委会会议精神，研究车辆管理及梅苑房产处理等，王再虎、周立明、皮少成等同志参加。

6月27日

湖北省农机局局长刘长华赴荆门市检查农机安全生产。

7月1日

湖北省农机局印发《关于做好防汛四级应急响应农机抗灾救灾工作的紧急通知》。

7月5日

湖北省农机局召开专题会议，传达省农业厅会议精神，研究部署农机抗灾救灾工作，并按照省农业厅要求组建2个工作组赴重灾区指导农机抗灾救灾工作。

7月9日

“湖北省北斗现代农业示范项目实施方案”评审会在武汉市召开。农业部农业机械化管理司处长李斯华、新疆生产建设兵团农机技术推广站站长麻平、华中农业大学工学院教授廖庆喜、江苏北斗卫星应用产业研究院院长陈伏州、湖北衡平楚天会计师事务有限公司高级会计师张长城等专家参加评审。

7月11日

湖北省农机局局长刘长华主持召开局长办公会议，研究向农业部农业机械化管理司报送湖北省2017—2019年度中央财政农机购置补贴资金需求调查预测情况和农机抗灾救灾有关事宜。

7月22日

湖北省农机局召开党委中心组扩大学习会议，认真学习《中国共产党问责条例》。局机关副处级以上干部和监理站领导班子成员参加会议。

湖北省农机局局长刘长华主持召开局长办公会，研究向农业部推荐由仙桃市承担国家现代农业示范区主要农作物生产全程机械化主题示范行动和一元路农机大院办公用房收回修缮事宜。

8月5日

湖北省农机局局长刘长华主持召开办公会，研究门户网站“四网合一”改造方案、成立湖北省全程机械化领导小组和专家组与农机报废更新补贴试点工作有关事宜。

8月11日

湖北省农机局局长刘长华主持召开局长办公会，听取沙洋县农机报废更新补贴工作调查情况，审议调整颗粒饲料压制机和自走式喷杆喷雾机补贴额有关事宜。

8月17日

湖北省农机局局长刘长华、副局长皮少成出席全省再生稻生产机械化高效技术培训与现场观摩活动。

8 月 19 日

湖北省主要农作物生产全程机械化专家指导组聘任及首批创建县评审活动在武汉市举行。湖北省农机局局长刘长华、纪律检查委员会书记王再虎、副局长皮少成出席。

8 月 24 日

湖北省主要农作物生产全程机械化现场推进活动在京山县举办。湖北省农机局局长刘长华出席活动并讲话。荆门市委常务委员、副市长郑中华，湖北省农机局纪律检查委员会书记王再虎、副局长皮少成出席。

8 月 25 日

湖北省农机局在京山县举办全省农机深松整地作业现场推进活动，湖北省农机局局长刘长华、副局长皮少成出席活动并讲话。

8 月 30 日

湖北省农机局局长刘长华主持召开局长办公会，听取向农业部农业机械化管理司汇报工作情况，并研究部署开展督导农机深松整地作业补助试点工作。

9 月 1 日

湖北省农机局局长刘长华主持召开局长办公会，研究修订《湖北省拖拉机驾驶培训学校(班)许可证核发办法》。

9 月 8 日

湖北省农机局局长刘长华召开局长办公会，听取 2015 年全国主要农作物生产全程机械化示范项目验收情况，研究启动 2016 年农机购置补贴第三批归档工作，学习传达省农业厅纪律检查组关于严明和重申中秋国庆期间的有关纪律规定的通知。

9 月 9 日

湖北省农业厅召开的“两学一做”学习教育暨“三抓一促”活动“四查四纠、明责尽责”利器行动推进会议，局领导班子成员参加。

9 月 14 日

湖北省农机局局长刘长华主持召开局长办公会，研究拨付 2016 年农业机械化地方标准补助资金和 2016 年农业机械化生产信息报送工作委托资金事宜。

9 月 22 日

湖北省农机局局长刘长华、纪律检查委员会书记王再虎、副局长皮少成出席全省秋季农业机械化生产现场推进活动。

9 月 26 日

湖北省农机局局长刘长华主持召开局长办公会，研究审计署通报有关县市购机补贴问题的相关事宜。

湖北省农机局局长刘长华、副局长皮少成和副巡视员万福祥出席全省茶叶生产机械化现场推进活动。

10 月 17 日

湖北省农机局局长刘长华、副局长皮少成赴黄冈市市督导农机深松整地作业补助试点工作，期间召开黄冈市农机深松整地工作座谈会。

10 月 20 日

湖北省农机局召开 2017 年农业机械化公共服务能力与体系建设资金(农机作业服务能力建设)竞争性分配项目专家评审会。

10 月 22 日

“全省 2016 年基层农机监理人员知识更新培训班、农机推广人员知识更新培训班和新型职业农民农机技能培训班”在武汉市举办，农业部农机安全监理(推广)总站站长刘恒新、湖北省农机局局长刘长华等领导出席会议并讲话。

10 月 25 日

2016 年中国农机学会国际学术年会在武汉市隆重开幕，湖北省农机局局长刘长华出席并致辞，副局长皮少成参加。

全省推广(监理)站长培训班在武汉市举办，农业部农业机械化管理司副司长刘恒新出席培训班并讲话，湖北省农机局局长刘长华主持。

10 月 26 日

2016 中国国际农业机械展览会在武汉市开幕。农业部及各省农业委员会，农机局的相关部门领导和国内外知名农机企业的负责人出席开幕式。湖北省农机局局长刘长华代表湖北省出席开幕式和有关活动。

湖北省农机局局长刘长华、副局长皮少成出席“东方红杯”机手技能竞赛颁奖仪式，共同见证湖北省农业机械技术推广总站与湖北省测绘工程院，中国一拖集团有限公司与湖北农机局签署合作协议，并启动湖北省北斗现代农业示范项目。

湖北省农业机械化发展论坛在武汉国际博览中心举办，湖北省农机局副局长皮少成主持发展论坛；湖北省农机局局长刘长华出席湖北省农机电商平台启动仪式。

10 月 28 日

湖北省农机局局长刘长华出席中国—CSAM 亚太农机制造商和经销商培训班结业仪式，并致辞。

11 月 11 日

湖北省农业厅在武汉市举办 2016 年全省农业系统办公室主任暨农情信息员培训班，湖北省农机局综合处处长郑先荣代表省农机局作“狠抓信息宣传为农机化事业发展营造良好氛围”的典型发言。

11 月 18 日

湖北省农机局党委举办中心组扩大学习会议，学习《关于新形势下党内政治生活的若干准则》和《中国共产党党内监督条例》。同期，湖北省农机局局长刘长华主持召开办公会，听取 2016 年省级农机合作社示范社评审情况的汇报和农业部主要农作物农业机械化示范项目执行情况的汇报，研究麻城市久耕田机械制造公司申请购机补贴有关事宜。

11 月 24 日

湖北省农机局组织召开《农机购置补贴产品经营违规行为处理办法(试行)》(征求意见稿)专家讨论会，来自省内农机部门的五位专家参加会议。

11 月 27 日

湖北省农机系统办公室主任暨信息员培训班在武汉市举办。

11 月 30 日

湖北省农业机械化工作务虚会在武汉市举办。各市州及 10 个县市农机部门负责同志参会。

湖 南 省

2015 年 12 月 2 日

驻湖南省人民政府外事侨务办公室纪律检查组副组长、监察室主任黄甲平代表湖南省委检查考核组抽查湖南省农业机械管理局党风廉政建设责任制落实情况。驻省农业委员会纪律检查组、监察室负责人陪同检查。

12 月 24 日

在全国农业工作会议上，湖南省农业机械管理局《以千社工程引领水稻全程机械化》作为全国农机系统先进典型受到推介。

2016 年 1 月 7 日

湖南省农业机械管理局局长王罗方在《中国农机化导报》撰文谈农业和农业机械化供给侧结构性改革。

1 月 12 日

湖南省 2016 年第一期拖拉机驾驶

培训教学人员培训班在衡阳市安全生产培训基地开班。全省 11 个市州的 100 余名拟从事拖拉机驾驶培训教学和准教证过期换证的理论教员和教练员参加培训。

1 月 19 日

湖南省农业机械管理局局长王罗方在全国农机化工作会议上作题为《以千社工程引领水稻全程机械化》的典型发言。

1 月 22 日

湖南省农业机械管理局召开 2016 年农机购置补贴工作座谈会。会议对《湖南省 2015—2017 年农业机械购置补贴实施方案》9 个方面的调整内容进行热烈讨论，提出不少建设性意见。

2 月 3 日

湖南省农机工作会议在长沙召开。会议传达贯彻中央农村工作会议对“三农”工作的形势判断和基本要求，总结近年全省农机工作取得突出成绩和重要的经验，对全省农机工作作出整体评估和趋势分析，指出全省农机工作已经进入农业机械化高位推进时期和农机装备提质升级时期。

2 月 24 日

湖南省 2016 年农机购置补贴机具分类分档及补贴额测算专家论证会在省农业机械管理局召开。会议对全省 2016 年农机购置补贴机具的分类分档及补贴额度进行研究讨论，最终形成专家意见和相关建议。

3 月 2 日

湖南省 2016 年第 1 期水稻育插秧机械化技术培训班岳阳汨罗市召开。此次培训班采取“传道”“授技”“解惑”“观摩”等多种方式。“传道”就是请农机专家讲授机械育、插秧技术的基础理论知识，让学员掌握机插秧技术，了解其优势。

3 月 10 日

湖南省农机安全生产工作会议在长沙市召开。湖南省农业机械管理局局长王罗方，副局长黄育忠，省安全生产委员会办公室副主任、省安全生产监督管理局党组成员、副局长李大剑参会。会议认真贯彻习近平总书记和李克强总理关于安全生产的重要指示批示精神，全面贯彻落实全国、全省安全生产电视电话会议和全省安全生产监管执法年动员会精神，回顾总结 2015 年和“十二五”期间农机安全生产工作的主要成效，部署 2016 年农机安全生产重点工作，并就全面启动全省农机安全“监管执法年”和“平安农机建设年”活动进行动员。

3 月 15 日

2016 年第二期水稻育插秧机械化技术培训班在郴州市桂阳县成功举办。

3 月 16 日

湖南省第三期水稻育插秧机械化技术培训班在长沙县县委党校举行。

3 月 24 日

湖南省农机系统公文写作与舆情应对培训班在长沙市正式开班。

3 月 31 日

为深入贯彻落实《中国共产党廉洁自律准则》《中国共产党纪律处分条例》，强化党风廉政教育和反腐败工作，湖南省农业机械管理局党组书记、局长王罗方带领局机关和局属单位 50 多名党员干部前往湖南省反腐倡廉警示教育基地——长沙监狱，现场接受廉政警示教育。

4 月 7 日

湖南省农业机械管理局印发通知，对新进补贴机具实行现场演示评价。通知要求：凡在省内年度补贴品目范围内，上年度未归档，或已在省内归档但无补贴记录，或在省内有补贴违规行为记录但尚未被取消补贴资格的，全部属于新进补贴机具。新进补贴机具须先进行现场演示评价后再依程序进行归档。新进补贴机具生产企业申报产品归档前，先向省局报备后再选择全省 2 个县市区进行现场演示。生产企业所选定的县市区农机局主持现场演示。现场演示一般要由一名局领导牵头，组织相关人员在当地适合地点公开进行。机具的所有功能均须现场演示，未作现场演示的功能不得作出评价。通过该制度的实施，极大的加强购机补贴资金实施的精准性。

4 月 11 日

湖南省农业机械管理局党组书记、局长王罗方率领农业专家和农业企业家赴永顺县万坪镇上坪村专题调研扶贫开发。

4 月 14 日

湖南省农业机械管理局在汨罗市举办新上岗农机监理员、检验员、考试员培训班，对全省 13 个市州的 108 名新任农机监理员、检验员和 82 名考试员进行培训。

5 月 3 日

湖南省农业机械管理局和省财政厅联合召开全省农机购置补贴电视电话会议。会议传达贯彻农业部财政部两部有关文件精神，全面部署 2016 年农机购置补贴各项工作，解读 2016 年实施办法调整内容，对 2016 年农机购置补贴政策信息管理系统操作进行培训，并结合 2015 年典型案例开展农机购置补贴政策廉政警示教育。

5 月 12 日

湖南省农业机械管理局召开“两学一做”学习教育动员会，对局系统开展“两学一做”学习教育进行动员部署。湖南省农业机械管理局党组书记、局长王罗方主持会议并作重要讲话。

5 月 12 日

湖南省人民政府办公厅印发《关于加快推进农业机械化的通知》，通知指出 5 个方面的重点工作，全面涵盖湖南省农业生产的各个方面和环节，体现全面全程农业机械化的思路和要求；规定 5 个方面的支持措施，涵盖推进农业机械化发展的各项要素，有很强的针对性和支持力度，要求各级人民政府和相关部门集中力量向农业机械化工作倾斜。

5 月 18 日

湖南省农业机械管理局、省商务厅和湘潭市人民政府联合在湖南（湘潭）农机产业园举办第五届中南农机机电产品展示交易会。湖南省副省长戴道晋、省人民政府副秘书长曹英华、省农业委员会主任刘宗林，以及省商务厅、省财政厅、省发展和改革委员会、省经济和信息化委员会、省农业委员会、湘潭市委市人民政府、中国农业机械化协会、中国农业机械流通协会、泰国湖南商会、越南中国商会湖南企业联合会等单位领导嘉宾到会巡展指导。

5 月 25 日

湖南省农业机械管理局和雷沃重工股份有限公司联合在山东潍坊举办 2016 年第 1 期“政企社联动”农机合作社理事长和技术负责人培训班，50 名湖南农机合作社理事长和技术负责人参加培训。湖南省农业机械管理局局长王罗方、总工程师汤绍武出席开班仪式。

5 月 31 日

湖南省农业机械管理局组织局机关全体党员及省农机鉴定站班子成员，以“讲政治有信念”为主要内容，扎实开展“两学一做”学习教育专题学习讨论。湖南省农业委员会研究员李建国作《湖南现代农业发展的战略思考》专题讲座，省农业机械管理局纪律检查委员会组长涂文波、副局长龚昕、农业机械鉴定站站长王洪明、农业机械管理局办公室主任李柏槐先后讨论发言。湖南省农业机械管理局党组书记、局长王罗方主持并讲话。

6月22日

湖南省农业机械管理局在长沙市组织召开农业部油菜生产全程机械化示范项目省级验收会，对安乡县农机局承担建设的2015年油菜生产全程机械化示范项目进行省级验收。

6月24日

湖南省农机深松整地作业现场会在湘阴县召开。湖南省农业机械管理局党组中心组全体成员，14个市州农机局局长、管理科科长，28个县市区农机局长，42家农机合作社负责人参会观摩。

6月29日

在中国共产党建党95周年之际，湖南省直属机关工作委员会委常务副书记李爱武一行到省农业机械管理局老党员、离休老干部张子光家中走访慰问，送去慰问和节日祝福。湖南省直属机关工作委员会组织部部长谭国湘、省农业委员会副主任陈冬贵、省农业机械管理局局长王罗方、省农业机械管理局纪律检查委员会组长涂文波等陪同走访慰问。

6—7月

湖南省气候明显反常，先后出现多轮低温雨雪冰冻、暴雨洪涝灾害天气过程，给农业生产、农业机械及基础设施造成严重损失。灾情发生后，全省农机部门迅速启动农机抗灾救灾应急预案，落实责任制度，动员组织农机部门干部职工、农机技术人员和农民机手投入抗灾救灾。

7月14日

湘潭、衡阳、邵阳、娄底、郴州、永州、怀化7个市农机部门及农机安全监理机构的主要领导赴永州市参加湘南片区农机安全生产工作专题座谈会。湖南省农机安全监理总站书记潘新初对全力做好下半年农机安全生产工作进行全面部署。湖南省农业机械管理局局长王罗方对抓好当前全省农机安全生产工作提出5点要求。

7月21日

湖南省人民代表大会常务委员会副主任刘莲玉率领省人民代表大会联合工作委员会、财政经济委员会、农业委员会负责人和部分省人民代表大会代表，现场视察宁乡经开区多个企业和双江口镇檀双农机合作社。

7月27日

由湖南省农业机械化技术推广站主办的全省茶叶生产机械化现场演示暨技术研讨会在安化县召开，湖南省农业机械管理局局长王罗方、总工程师汤绍武出席会议。

8月8日

湖南省农业机械管理局召开农业机械化形势分析研判会。湖南省农业机械管理局局长王罗方传达全省市州农业委员会主任会议有关内容，分析全省农机工作形势，对下半年工作进行部署。

8月11日

湖南省油菜全程机械化示范推广项目实施工作布置会在长沙市召开。会议布置了全省油菜全程机械化示范推广项目具体工作任务。

8月16日

农业部副部长张桃林一行赴湘西土家族苗族自治州调研农机工作。张桃林表示，将把这次调研成果作为山丘区农业机械化工作和农业部农业机械化管理司龙山扶贫工作的重要依据。

8月19日

邀请长沙市消防协会的教官陈富沅开展消防安全知识培训。

8月23日

湖南省农业机械管理局召开2016年农机深松整地工作启动会。

9月9日

湖南省农业机械管理局、中国邮政储蓄银行湖南省分行在长沙市签署战略合作协议，在全省范围内持续实施金融信贷支持"农机富民"信贷工程。

9月26日

湖南省第七届农业机械、矿山机械、电子陶瓷产品博览会(简称"湘博会")在娄底市体育中心隆重举行。

9月28日

湖南省油菜机械化播种现场演示会在永顺县万坪镇上坪村隆重召开。与会代表现场观看了油菜直播机械化作业演示和新型农机具展示。演示现场投入各种型号油菜直播机7台套，同时，多家农机生产企业展示自行研发生产的新型农机具。

10月19日

湖南省农业机械管理局总工程师汤绍武率科技教育处、推广站负责人一行到浏阳市调研农业部保护性耕作项目实施情况。调研组重点调研浏阳市云盘农机专业合作社和浏阳市丰庆农机专业合作社。

10月21日

湖南省农业机械管理局在汨罗市组织召开鉴定会，对湖南龙舟农机股份有限公司研制的2FH—8型水稻插秧同步精量施肥机进行科技成果鉴定。

10月23日

《农民日报》社在武汉市举办"五征杯"第三届中国农机手大赛南方联赛。全省近50名农机手参加比赛。全省15名农机手以优异成绩获得11月上旬在北京参加全国总决赛资格。

10月25日

湖南省农业机械管理局在永顺县成功举办第1期武陵山区乡镇农机员培训班。由省局产业办同志讲解农机购置补贴机具核查的程序、规定和要求，分享基层核查员如何提升业务素质。湘西土家族苗族自治州8个县市(州)的乡镇农机站相关负责人围绕补贴操作、机具核查的主要经验做法、存在的主要问题和对策建议分别作了交流发言。

11月10日

湖南省农业机械管理局召开全省农机报废更新补贴试点工作座谈会。会议总结2015年以来全省农机报废更新补贴试点工作的开展情况，交流各市县开展试点工作的经验做法。省局相关处室负责同志重点就市县实际工作中所遇到的问题和困难进行答疑。

11月11日

国内首台有序抛秧机现场演示会在双峰县举行。随后召开抛秧机新技术演示汇报座谈会。湖南省农业机械管理局局长王罗方出席会议。

11月14日

湖南省农业机械管理局根据《环境保护部关于实施国家第三阶段非道路移动机械用柴油机排气污染物排放标准的公告》精神和农业部农业机械化管理司有关要求，行文明确装用"国Ⅱ"柴油机的农业机械购置补贴办理事项。通知规定，自2016年12月1日起，购置装用"国Ⅱ"柴油机的农业机械不得办理农机购置补贴，此前购置装用"国Ⅱ"柴油机的农业机械，其补贴办理时间不得超过2017年3月31日。

11月20日

湖南省农业委员会、省财政厅联合印发《关于实施洞庭湖区农业机械化提升工程的通知》启动通知和实施方案。

洞庭湖区农业机械化提升工程建设内容包括3项，一是结合农机"千社"工程实施，扶持建设1 000家现代农机合作社，并奖励150家示范社各10万元农机具；二是通过竞争择优扶持建设9个粮油生产全程机械化示范县市区，同时全面推行"以机代牛"，解决血吸虫防治相关问题；三是对粮油烘干机械、大型自动化育秧设备、遥控飞行植保机、水稻插秧同步精量施肥机等先进适用农机具实行财政奖补。

11月24日

湖南省农机纪检监察干部集中培训在长沙市举行，湖南省农业机械管理局党组书记、局长王罗方，局纪律检查委员会组长涂文波出席会议。

11月28日

中印商务理事会联络办公室(湖南)揭牌仪式暨中印经贸合作研讨会在长市举行。中国国际贸易促进会副会长卢鹏起、湖南省政协副主席刘晓及印度驻广州总领事唐施恩、印度驻中国大使馆公使林凡出席揭牌仪式。24家湖南农机生产企业与印度客商进行现场对接。湖南省农业机械管理局局长王罗方作主旨演讲。

广 东 省

2015年11月27日

第6届广东现代农业博览会在广州市开幕，农业博览会专设省直综合馆，农业机械化板块利用互联网技术打造"互联网+现代农业装备"展区亮相农业博览会。

12月11—15日

广东省农业机械化统计与信息化工作会议分两期在广州市举办，广东省农业厅农业机械化管理办公室主任陈楚楷、省农业机械试验鉴定站站长陈永志出席会议并作讲话。

12月17—18日

广东省农业厅在英德市举办"广东省甘蔗生产机械化技术演示会暨培训班"，广东省农业厅农业机械化管理办公室主任陈楚楷、省农业机械化技术推广总站站长刘胜敏等160多人参加。

12月21—22日

广东省农机专业合作社发展交流座谈会在东莞召开。广东省农业厅党组成员、副厅长牛宝俊出席会议并作讲话，会议由广东省农业厅农业机械化管理办公室主任陈楚楷主持，共180多人参加座谈会。

12月25日

2015年全省地级市农机推广站站长会议在广州市召开。广东省农业厅副厅长牛宝俊出席会议。

2016年1月1日

根据《中华人民共和国农业部公告第2331号》要求，从1月1日起，广东省农业机械试验鉴定站负责对通过广东省农机推广鉴定的产品进行公告并颁发广东省级农机推广鉴定证书。

1月18日

广东省农业厅与省安全生产监督管理局联合印发《转发农业部 国家安全监管总局关于公布2015年全国"平安农机"示范县(区、市)、农机安全监理示范岗位标兵名单的通知》。2015年，广东省德庆县、高州市、饶平县、平远县在开展创建活动中成效显著，被农业部、国家安全生产监督管理总局评为2015年全国"平安农机"示范县(区、市)，李青华、余新盛、黄铮、谭兆成、张达强被评为2015年全国农机安全监理示范岗位标兵。

1月18—22日

广东省农业厅开展岁末年初农机安全生产工作督查，广东省农业厅农业机械化管理办公室调研员郑为国带领督查组前往梅州、潮州、汕头和汕尾等市开展督查。

2月5日

广东省农业厅印发《关于成立广东省中央财政农机购置补贴分类分档与补贴额核算专家组的通知》，明确专家组负责确定中央财政农机购置补贴机具品目调整、补贴品目的分类分档与补贴额核定等工作。

2月23—24日

2016年广东省中央财政农机购置补贴分类分档及补贴额测算专家评审会在中山市召开，确定2016年中央财政农机购置补贴额度一览表，经公开后正式印发。

3月2日

广东省农业厅副厅长牛宝俊率农业厅农业机械化管理办公室、农业机械化技术推广总站等有关处室及事业单位负责人到江门台山市指导春耕备耕工作，并就春耕春种工作的进展情况、项目实施情况与当地农业部门进行座谈。

3月8日

广东省农业厅向各地级以上市农业局及各县(市、区)农业局印发《广东省2016年农业机械化工作要点》。

3月中下旬

广东省农业厅副厅长牛宝俊率厅农业机械化管理办公室领导班子前往广东省农业科学院基地，就农机农艺相融合，加强厅院合作，促进农业机械化发展进行座谈。

3月22—24日

广东省农业厅副厅长牛宝俊率领厅政策法规处、农业机械化管理办公室、省农业机械化技术推广总站负责人到阳江市督导调研农业农村工作。

3月下旬

广东省农业厅副厅长牛宝俊与全省各地级以上市农业局分管局长签订2016年农机安全生产责任书。

4月20日

根据《广东省安全生产委员会关于印发〈广东省2016年安全生产重点行业领域重点地区攻坚工作方案〉的通知》，广东省农业厅印发《2016年开展农机安全生产重点区域攻坚整治工作方案》，决定在韶关、湛江、茂名、肇庆、清远市开展农机安全生产重点区域攻坚整治工作，重点解决低速载货汽车档案移交问题。

5月9—12日

广东省农业厅农业机械化管理办公室开展农业机械化发展情况专题调研，分别由省农业厅农业机械化管理办公室主任陈楚楷、省农业机械化技术推广总站站长刘胜敏带队，到梅州、河源、云浮、肇庆等地开展农业机械化供给侧结构性改革和丘陵山区农业机械化发展现状调研。

5月23—26日

广东省农业厅在广州市分两期举办广东省农机购置补贴辅助管理系统操作人员培训班，全省有关地级以上市农业局及2016年农机购置补贴补贴实施县负责软件系统操作人员约150人参加培训。

5月30日

珠海市斗门区被农业部办公厅评为"全国首批基本实现全程机械化示范县"。

5月31日—6月1日

广东省农业厅在广州市举办2016年广东省农机质量投诉处理暨质量调查工作培训班。培训班特邀农业部农业机械试验鉴定总站研究员兰心敏、华南农业大学副教授杨丹彤等专家为学员授课，全省各地级以上市、县农业管理部门的农机质量监督工作人员以及省农机试验鉴定站的鉴定员共160多人参加培训。

6月1日

广东省农业厅、省财政厅《关于印发〈广东省农机深松整地作业补贴工作实施方案（2016—2020年）〉的通知》，将2016—2020年每年农机深松整地作业30万亩任务下达给韶关、汕尾、湛江、茂名、阳江、清远等6个地级市，明确农机深松整地作业的补贴对象、标准和方式。

6月16日

广东省农业厅在韶关市始兴县太平镇举办以“强化安全发展观念，提升农机手安全素质”为主题的2016年广东省农机安全生产、农机购置补贴政策暨丘陵山区农机技术推广宣传咨询活动。广东省农业厅、省安全生产监督管理局、省公安厅交通管理局、韶关市农业局等有关单位领导，有关农机企业、农机专业合作社负责人，以及当地农民群众2 000多人参加活动。

6月24日

广东省农业厅农业机械化管理办公室主任陈楚楷、省现代农业装备研究所所长张汉月、华南农业大学工程学院院长等前往山西农业大学、山西省农机局开展农业机械化“政产学研推”协同发展的考察学习。

6月28日

广东省农业机械标准化技术委员会在广东省现代农业装备研究所召开成立大会。广东省农业厅、省质量技术监督局、国家农业机械标准化技术委员会、中国农业机械化科学研究院、省科技厅、仲恺农业工程学院、华南农业大学工程学院、省机械工程学会及省标准化研究院有关领导，广东省农业机械标准化技术委员会委员、顾问、秘书处工作人员和行业嘉宾共50余人出席会议。广东省农业机械标准化技术委员会秘书处设在广东省现代农业装备研究所。

6月27—30日

广东省农机监理业务教员培训班在封开县举办。

6月28—30日

由中国农业机械化协会设施农业分会主办，广东省农业机械学会协办的“温室工程建设国家标准宣贯”培训班（广东）在广州市举办。

7月5日

广东省农业厅转发省财政厅、省发展和改革委员会《转发财政部国家发展改革委关于扩大18项行政事业性收费免征范围的通知》，要求各地做好农机牌证费和安全检验费等5项内容免收工作，并做好减免测算和填报工作，协调当地财政部门做好经费保障，确保监理费免征政策落到实处。

7月16日

根据中国共产党广东省委组织部《关于刘亚平同志参加我省第八批援藏工作的通知》要求，广东省农业厅农业机械化管理办公室副主任刘亚平参加省第八批援藏工作，时间3年，于7月16日正式进藏。

7月

“省级现代农业产业装备技术研发中心”在广东省现代农业装备研究所挂牌。

7—8月

广东省农业厅在湛江市、开平市、广州市、兴宁市、汕头市举办5期全省农机维修技能人才和管理培训班，共培训农机合作社、农机大户、农机维修点农机技术人员超400人。

8月15日

广东省农业机械化工作暨水稻生产全程机械化推广现场会在雷州市召开。广东省农业厅副厅长牛宝俊、湛江市副市长何鑫、雷州市委书记江毅出席会议。有关专家、相关单位负责人、农机合作社和种粮大户代表、部分农机企业代表共160人参加会议。

8月15—17日

广东省农业厅派出农机安全生产重点区域攻坚整治工作领导小组一行4人，到湛江市徐闻县、雷州市，茂名茂南区等地检查督查低速载货汽车档案移交攻坚整治工作。

8月30—31日

广东省农业厅副厅长黄斌民率队到兴宁市调研农业机械化、水稻高效高产创建工作以及现代农业“五位一体”示范基地建设等情况。

8—11月

广东省农业厅分别在广州市、高要区、阳春市、惠东县、潮州市举办12期全省农机安全监理员培训班，全省各级农机监理机构安全监理人员、考试员、检验员800多人次参加培训。

9月23—24日

广东省农业厅在广州市从化区召开农业机械试验鉴定新政策研讨暨2016年农业机械推广鉴定大纲审定会。广东省农业厅农业机械化管理办公室副主任陈奕娟、省农业机械试验鉴定站班子，省内外农机行业科研、教学、生产、鉴定和推广等方面专家代表及各大纲起草人超过40人参加会议。会议对广东省农业机械试验鉴定站制定、修订的《甘蔗收获机》等21个大纲进行审定。

9月27日

广东省农业厅农业机械化管理办公室副主任陈奕娟、省农业机械试验鉴定站副站长张辉率队到饶平县开展2016年广东省补贴机具质量跟踪调查工作。

9月29日

广东省农业厅印发《关于开展2016年全省农机购置补贴督查工作的通知》，在全省组织开展农机购置补贴专项督导检查工作。广东省农业厅于10月下旬至11月上旬，派出四个督导组分别前往湛江、茂名、韶关和汕尾等市开展专项督导检查。

10月9日

广东省农业厅《关于印发2016年度各地级以上市水稻耕种收综合机械化发展指标的通知》出台，提出“2016年度各地级以上市水稻耕种收综合机械化率发展指标”。

10月18—22日

由广东省农业厅农业机械化管理办公室调研员郑为国等人组成的农机安全生产重点区域攻坚整治工作领导小组一行3人，到韶关、湛江、茂名、肇庆、清远等市，督查农机安全生产重点区域攻坚整治工作进展情况。

10月24日

汕头市潮阳区顺杰农机种养专业合作社、惠东县中惠农机专业合作社、海丰县长威农机专业合作社、电白县美加好农机专业合作社4家农机合作社获“2016年全国农机合作社示范社”称号。

广东省人民政府办公厅印发督查专报指出，全省深松整地任务完成进度严重滞后。广东省级领导专门批示要加快工作进度。广东省农业厅召开专门研究会议，厅主要领导提出具体要求。

11月2日

中国工程院院士汪懋华到广东省现代农业装备研究所视察指导。

11月2—3日

广东省农业机械化技术推广总站在恩平市牛江镇昌梅村组织召开全省区域性冬种生产机械化现场会，广东省农业机械化技术推广总站、江门市农业技术服务中心负责人及江门、惠州、阳江、湛江、茂名4市的农机推广人员，冬种马铃薯、蔬菜种植大户等近200人参加现场会。

11月7日

广东省农业厅印发《关于加快落实农机深松整地作业任务的督办通知》，明确省市县3级农机管理部门建立包干负责工作机制，推动责任落实到岗到人，并确保12月10日完成全年的深松整地任务。

11月7—9日

广东省农业机械化技术推广总站在中山市召开全省地级市农机推广站站长会议。

11月9—10日

广东省农业厅副厅长黄斌民、农业机械化管理办公室主任陈楚楷一行到湛江、茂名及阳江等市对农机深松整地作业情况开展专项工作督导。

11月9—11日

广东省农机化统计与信息化工作会议在珠海市举办，全省各级农机化统计员、信息员共160多人参加会议。

11月16日

广东省农业厅2016年农机安全生产攻坚整治工作顺利完成，八个县(市)农机安全监理机构均与当地公安交警部门签订低速载货汽车档案移交书，共移交档案6 840份，重点解决农机安全生产中的隐患难题。

11月18日

广东省农业厅精准扶贫那毛村购买的6台甘蔗收割机举行交赠仪式。广东省农业厅农业机械化管理办公室、湛江市农业局、湛江市扶贫开发领导小组办公室、雷州市委市人民政府等有关领导和那毛村村民共同见证收割机交接过程。

11月21日

广东省农业厅印发《关于明确安装国Ⅱ柴油机的农业机械购机补贴办理事项的通知》，明确有关农机补贴产销企业务必确保自2016年12月1日起，所有制造、进口和销售的农用机械均安装国Ⅲ柴油机。在资金允许情况下，对于2016年12月1日之前购置的安装国Ⅱ柴油机的农业机械，购机者申请补贴办理时间延长至2017年2月28日。

11月25—28日

第七届广东现代农业博览会在广州市琶洲广交会展馆举办，本届农业博览会农业装备展区"精机荟萃"是农博会首次设立的特色农业行业6个专业展区之一，围绕综合性农业装备生产研究、畜牧养殖生产、农业装备智能化、设施农业以及农副产品加工机械化等五大主题，广东农机科研机构和企业向观众展示了几十款广东农机精品。广东省省长朱小丹、副省长邓海光，广东省农业厅厅长郑伟仪、副厅长黄斌民等领导悉数到"精机荟萃"展区视察。

2016年

农业物联网云服务平台建设及示范应用项目获得广东省农业技术推广奖三等奖(广东省现代农业装备研究所—广州市健坤网络科技发展有限公司)。

广东省现代农业装备研究所通过鉴定、验收的项目数共15个，获得发明专利5个。

广西壮族自治区

2016年1月7日

广西壮族自治区人民政府办公厅印发广西推进"双高"基地生产全程机械化实施方案(2015—2020年)的通知(桂政办发〔2016〕3号)。

1月22日

广西壮族自治区农业机械化管理局、财政厅联合印发《关于印发广西2016年农机深松整地作业补助试点工作实施方案的通知》(桂农机办〔2016〕6号)。

1月26日

广西壮族自治区农业机械化管理局、财政厅联合印发《关于调整广西2015—2017年农机购置补贴实施方案的通知》(桂农机办〔2016〕7号)。

2月23日

广西壮族自治区人力资源和社会保障厅、农业机械化管理局联合印发《关于在全区农机系统开展记集体和个人二等功评选表彰工作的通知》(桂人社函〔2016〕87号)。

4月20日

广西壮族自治区农业机械化管理局、财政厅联合印发《关于暂停办理农机深耕(犁耕)整地作业补助结算的通知》(桂农机办〔2016〕44号)。

5月3日

广西壮族自治区副主席张秀隆到柳州市柳工集团农机公司开展调研指导工作，广西壮族自治区农业机械化管理局局长黄铭福等陪同。

5月17—18日

农业部在广西南宁召开全国农业机械化安全生产工作会议并举办农机事故应急处置演练，农业部副部长张桃林出席会议并作重要讲话，广西壮族自治区副主席张秀隆致辞，广西壮族自治区农业机械化管理局局长黄铭福在会上作典型发言。

5月18日

亚洲开发银行、德国复兴银行有关官员一行在广西壮族自治区教育厅职业教育与成人教育处副处长万锋锋的陪同下来到广西机电工程学校进行广西职业教育专题考察。

5月24日

广西壮族自治区农业厅厅长白希到自治区农业机械化管理局调研。

5月25日

韦周凡同志任广西壮族自治区农业机械化管理局党组书记，免去黄铭福同志自治区农业机械化管理局党组书记职务。

5月

广西壮族自治区农业机械化管理局2015年实施的广西甘蔗机械作业信息化试点项目，荣获第七届中国卫星导航学术年会北斗卫星导航应用推进奖应用贡献奖。

6月2日

广西壮族自治区党委副书记李克对《自治区农机局党组关于呈报我区农业机械化发展情况及发展思路的报告》作批示。

6月7日

李建茂同志主持广西壮族自治区农业机械化技术推广总站工作。

6月17日

广西壮族自治区人民政府在南宁饭店召开全区甘蔗生产全程机械化工作座谈会，广西壮族自治区人民政府副秘书长、自治区糖业发展办公室主任黄胜杰出席会议并讲话，自治区农业机械化管理局局长黄铭福介绍全区"双高"基地甘蔗生产全程机械化情况。

6月23日

劳泰伟同志任广西机电工程党校党

委书记。

7月1日

农业部"十三五"甘蔗全程机械化推进行动专家组区颖刚教授一行6人到广西壮族自治区农业机械化管理局开展座谈调研，自治区农业机械化管理局局长黄铭福，自治区"双高办"驻办副主任兼自治区糖业发展办公室基地处处长刘全跃，自治区农业机械化管理局有关处、室、站负责人等16人参加座谈。

7月15日

韦周凡同志任广西壮族自治区农业机械化管理局局长，免去黄铭福同志广西壮族自治区农业机械化管理局局长职务。

7月

广西机电工程学校在2016年第十二届全国中等职业学校学生"文明风采"竞赛活动中共获2个一等奖、9个二等奖、11个三等奖、15个优秀奖，有14位老师获全国优秀指导教师奖，学校荣获全国中等职业学校"文明风采"竞赛优秀组织奖。

8月1日

广西壮族自治区农业机械化管理局、自治区财政厅联合印发《关于印发广西2016—2017年农机报废更新补贴试点工作实施方案的通知》(桂农机办〔2016〕89号)。

9月6日

广西壮族自治区人民政府副秘书长、自治区糖业发展办公室主任黄胜杰率调研组到柳州市调研糖业发展和甘蔗"双高"基地建设工作，广西壮族自治区农业机械化管理局局长韦周凡等陪同调研。

9月20日

广西壮族自治区农业机械化管理局、财政厅联合印发《关于调整广西2015—2017年农机购置补贴实施方案的通知》(桂农机办〔2016〕107号)。

广西壮族自治区农业机械化管理局、自治区财政厅联合印发《关于调整广西2016年农机深松整地作业补助试点工作实施方案的通知》(桂农机办〔2016〕107号)。

10月13日

广西壮族自治区纪委驻农业厅纪律检查组组长韦良率驻厅纪律检查组办公室主任侯永能、副处级纪律检查员林红一行，在广西壮族自治区农业机械化管理局副局长黄汉全、机关党委专职副书记廖树锋陪同下，莅临农业机械化管理局开展党风廉政建设两个责任贯彻落实情况调研。

10月19—21日

农业部主要农作物生产全程机械化专家指导组花生专业组秘书长马勇、成员尚书旗，青岛农业大学教授王东伟一行，到防城港市合浦县开展花生生产机械化专题调研。广西壮族自治区农机化技术推广总站副站长李建茂等陪同。

10月26日

在武汉"2016中国国际农业机械博览会"期间，广西壮族自治区农业机械化管理局局长韦周凡在"2016年中国甘蔗机械化博览会"发布会上发言，介绍举办博览会的目的、意义以及相关情况。

11月1—4日

以农业部农机推广总站副站长涂志强为组长的农机购置补贴政策实施专项调研组一行到广西开展农机购置补贴工作调研。

11月3日

农业部农业机械化技术开发推广总站副站长涂志强、处长吴匡强到防城港市东兴市调研农机安全生产工作，广西壮族自治区农机监理总站总站长黄卡林等陪同。

11月8日

广西壮族自治区人民政府副主席张秀隆对自治区农业机械化管理局上报《关于2014—2015年自治区财政支持建设的50个水稻生产全程机械化示范推广项目实施情况的报告》作批示。

11月

广西壮族自治区农业机械化管理局被评为2015—2016年度中国农业机械化信息网信息宣传工作先进单位，周祥同志被评为先进信息员。

12月10—11日

2016中国甘蔗机械化博览会在广西柳州国际会展中心举办。农业部副部长张桃林、广西壮族自治区人民政府副主席张秀隆等领导，外国使节斐济驻华大使Ioane Naivalurua、斐济驻华大使馆一秘Apolosi Lewaqai等，中国工程院院士罗锡文等出席博览会，参观人数超过20 000人次。

12月11日

冯彧同志任广西壮族自治区农业机械化技术推广总站副站长，免去其广西壮族自治区农业机械安全监理总站副站长职务。

12月11日

罗朝东同志任自广西壮族治区农业机械化管理局办公室副主任，免去其广西壮族自治区农业机械安全监理总站副站长职务。

海南省

2016年4月13日

海南省农业厅办公室印发《关于切实做好2016年农机深耕深松工作的通知》。

6月13日

海南省农业厅在海口组织召开农机购置补贴工作座谈会。会议传达学习张桃林副部长在全国主要农作物生产全程机械化推进行动现场会上的讲话精神，以及农业部农业机械化管理司召开的农机购置补贴绩效管理培训班、农机购置补贴政策实施情况座谈会等两个会议精神；通报2015年各市县农机购置补贴延伸绩效管理情况，讨论2016年农机购置补贴延伸绩效管理指标体系；各市县针对《农机购置补贴省资金使用方案》《农机购置补贴经销商管理办法》《农机购置补贴政策违规调查处理流程》三个征求意见稿及2016年农机购置补贴延伸绩效管理指标体系进行座谈交流。

7月19日

海南省机构编制委员会办公室印发《关于省农业厅所属事业单位机构编制调整和分类的通知》(琼编办〔2016〕266号)，海南省农业机械鉴定推广站机构性质由自收自支单位变为公益一类事业单位，编制15名。

7月29日

海南省农业厅印发《海南省农机购置补贴政策违规调查处理流程(试行)》，进一步加大对农机购置补贴违规行为的打击力度，规范举报投诉的受理、转办、调查、处理等工作流程。

8月1日

海南省农业厅印发《海南省2016年农机购置补贴政策延伸绩效管理方案》，进一步落实国务院关于加快人民政府职能转变、推进人民政府绩效管理的战略部署和农机购置补贴政策绩效管理。

8月16日

海南省农业厅印发《海南省农机购置补贴产品及经营行为管理办法(试行)》，进一步规范全省农机购置补贴政策实施行为，切实维护购机者和诚信企业的合法权益，促进农机购置补贴政策的规范、高效、廉洁实施。

8月16日

海南省农业厅财政厅印发《关于我省2016年农机购置补贴实施工作有关事项的通知》，对全省农机购置补贴工作进行全面部署和指导。

8月16日

海南省农业厅财政厅印发《海南省农机作业补贴试点县实施指导意见》，决定以省级农机购置补贴资金扶持农机作业补贴试点县开展农机作业补贴试点工作，并进行全面部署和指导。

8月25—27日

由海南省农业机械化管理局指导，省农业机械协会主办，琼海市农机管理办公室协办的"海南省农机合作社领导人培训班"在琼海市举行。本次培训的目的是加强全省农业专业合作社的规范管理，提高合作社领导人的经营管理意识和规范经营；推进全省农机合作社的正常发展、壮大；使全省农机合作社的领导人认识建立符合法规的会计制度的重要性。

9月1日

受海南省农业厅农机处委托，省农业机械鉴定推广站组织举办全省农机管理统计工作和农业机械化信息网操作培训班。

9月30日

海南省农业厅在海口组织召开2016年海南省农机购置补贴工作培训班。培训主要内容有补贴政策解读，农机购置补贴辅助管理系统应用，购置补贴验机流程和系统流程实际操作。

11月21日

海南省农业厅印发《关于2016年海南省农业机械推广鉴定大纲的通告》，将DG46/T 001—2016《果蔬烘干机》等8个海南省农业机械推广鉴定大纲向社会发布。

12月12—15日

中国(海南)国际热带农产品冬季交易会(简称"冬交会")在海口举行。本届"冬交会"现代农业装备馆安排4个展区和23个标准展位。

重 庆 市

2016年1月22日

农业部农业机械化管理司司长李伟国、综合处调研员刘小伟来重庆市调研，并赴重庆市巴南区、渝北区现场考察丘陵山区农业机械化生产、土地宜机化整治、设施农业物联网建设以及植保无人机作业现场。重庆市农机管理办公室副主任秦大春专门汇报全市农业机械化工作并陪同前往。

3月3日

重庆市农业机械化工作会议召开，观摩大足区农业机械化作业现场，市农机管理办公室副主任就2016年农机工作作了总体部署和安排。

3月18日

农业—026特有工种职业技能鉴定站制定《重庆市农机职业技能鉴定工作制度》《重庆市农机职业技能鉴定工作站和培训鉴定基地鉴定工作流程》和《农机职业技能鉴定实施方案清样》，为科学、规范、标准地指导全市农机职业技能鉴定工作提供参考依据。

3月22日

召集农机三处站(所)相关人员，研究布置重庆市农机方面的修志工作。

4月6日

重庆市农机化政务信息采编培训班举办，进一步提升农机化政务信息和宣传工作水平，加快农机化信息宣传队伍建设。农业部农业机械试验鉴定总站信息处副处长何丽虹等参加授课。

5月1日

按照相关要求，重庆市开始实施免征拖拉机号牌(含号牌费、固定装置费)费、拖拉机行驶证费、拖拉机登记证费、拖拉机驾驶证费、拖拉机安全技术检验费等五项行政事业性收费。

5月5日

召开重庆市农机职业技能培训与鉴定工作会，农业部农业机械试验鉴定总站处长温芳、马超到会调研和指导。

5月6日

农业部农业机械化管理司副司长孔亮率生产管理处处长李斯华、调研员刘小伟、中国农业大学博士生导师杨敏丽教授、农业部南京农业机械化研究所副研究员张宗毅及浙江、江西、湖南、四川、贵州、广西、云南省(自治区)的有关领导专家共计20余人到重庆市调研丘陵山区农业机械化发展，并考察大足区、永川区和巴南区等地。

5月11日

农业部农业机械化技术开发推广总站与重庆市农业机械化技术推广总站、重庆市巫溪县农技推广技术中心等单位签署《马铃薯全程机械化生产模式研究项目四方工作协议》，共同实施马铃薯全程机械化生产模式研究。

5月18日

研讨和审定2016年《丘陵山区农机化365问》农村实用手册。

5月19—27日

分别在丰都县(渝东北片区)、大足区(渝西片区)、黔江区(渝东南片区)召开全市农机购置补贴监管工作研讨会，贯彻落实购机补贴三级监管机制。

6月17日

重庆市"农机安全生产宣传咨询日"活动在万州区隆重举行。重庆市农业委员会副主任、市农机管理办公室主任秦大春，万州区人民政府副区长张国建，市农业委员会、市公安局交巡警总队、市安全生产监督管理局和万州区农业委员会相关领导，以及全市农机监理人员、万州区乡镇农机安全员、三峡职业学院农机专业、万州农机驾驶员协会等百余名同志参加活动。

7月12日

评定审议《重庆市农机监理行政审批事项网上审批实施意见》和《重庆市重特大农业机械安全事故应急救援处置预案》。

7月26日

安排和部署重庆市农机方面"十三五"规划工作。

8月2日

建立农业机械化职业技能培训师资库及课程设置等工作启动，并筹建5个专业工作室。

8月30日

稳步推进全市"三秋"机械化丘陵山区宜机化整地工作，对项目区县进行规划和统筹。

9月5日

组建由专业合作社、农机操作手、生产能手等组成的农机"匠星"工作站，开始为全市的农业机械化生产提供服务。

9月23日

重庆市农机安全监理所在渝中区举办"全国变型拖拉机信息管理系统"应用培训班，来自全市38个区县(自治县)农机监理站(所)负责人和信息录入工作人员共计90余人参加本次培训。

9月27日

召开重庆市秋冬农业机械生产现场会，现场观摩宜机化土地整治现场。

10 月 14 日

召开农业机械宜机化土地整治工作推进会。

11 月 10 日

召开重庆市农业机械化统计培训会。

11 月 29 日

重庆市政治协商会议副主席一行 5 人，到农业委员会就农业机械化工作进行专题调研。

四 川 省

2016 年 1 月 27 日

四川省农机研究设计院科研人员陈立、蒋辉霞、江昊等研发的“水陆两栖立式离心泵研究与开发”项目，通过省科技厅省级成果鉴定。

1 月

为确保元旦、春节、“两会”期间安全生产，四川省农业厅及时发出《关于切实做好今冬明春农机安全生产工作的通知》。

2 月 5 日

为认真贯彻落实全省春运道路交通安全管理工作电视电话会议精神，四川省农业厅及时出台《关于加强春运期间拖拉机等农机和渔业船舶安全生产管理工作的通知》，加强春运期间拖拉机等农机和渔业船舶安全生产管理工作。

3 月

四川省农业厅被省人民政府评为“2015 年度安全生产目标考核优秀单位”、省农业厅被省人民政府安委会评为“2015 年全省安全生产宣传工作先进单位”。

4 月

四川省农业厅被省道路交通安全综合治理委员会、人力资源和社会保障厅评为“2015 年四川省道路交通安全综合整治工作先进集体”，四川省农机安全监理总站冯蓉、四川省农业厅农机安监处彭兰被评为先进个人。四川省农业厅被省安委会评为“2015 全省安全生产统计工作先进单位”，四川省农机安全监理总站张蜀川同志被评为先进个人。

5 月 10 日

《中共四川省委办公厅四川省人民政府办公厅关于印发〈四川省科研院所改革总体方案〉和〈深化科研院所改革试点推进方案〉的通知》发布，将四川省农机研究设计院列入深化科研院所改革试点单位。

5 月 30 日

农业部办公厅公布全国首批基本实现主要农作物生产全程机械化示范县（市、区）名单，四川省崇州市作为西南地区唯一一家被农业部评选为全国首批 28 个基本实现全程机械化示范县之一。

7 月 25 日

为贯彻落实农业部《关于开展主要农作物生产全程机械化推进行动的意见》，四川省农业厅印发《四川省主要农作物生产全程机械化推进行动工作方案》。

7 月 26 日

四川省农机研究设计院与五征集团、中国一拖等国内知名企业、科研机构联合申报的 2016 年国家重点研发计划智能农机装备——丘陵山地拖拉机关键技术及整机开发，获得立项，立项经费 1 900万元。

8 月

完善四川省农机监理系统注册登记业务流程模块，重点新增适应分类管理要求的查询功能以及拖拉机及驾驶人信息实时同步传输“四川省重点机动车及其驾驶人安全管理信息共享平台”功能。

9 月 21 日

四川省农业厅印发《国家现代农业示范区十大主题示范行动方案》，其中《四川省主要农作物生产全程机械化主体示范行动方案》成为十大主题示范行动方案之一。

9 月

因人事变动，为理顺和进一步协调推动全省农业行业安全生产工作，对四川省农业厅安全生产委员会组成人员进行调整。

10 月 8 日

四川省农业厅等 10 部门命名四川省第 8 批农民合作社省级示范社，成都市新都区庆亮农机作业专业合作社等 21 家农机合作社，被命名为省级示范社。

10 月 24 日

农业部办公厅公布 2016 年全国农机合作社示范社名单，四川省西充县勇飞农机农民专业合作社、崇州市耘丰农机专业合作社、绵阳市安州区永福农机专业合作社、眉山市德心农机专业合作社、遂宁市安居区兴耘农机专业合作社、苍溪县鑫利民农机专业合作社榜上有名。

10 月

《四川省农业厅农业行业安全生产工作责任制度（暂行）》印发。

10 月

四川省农机监理总站《标本兼治遏制重特大事故实施方案》印发。

10—12 月

四川省农机监理业务系统和四川省农机监理总站门户网站两个信息系统迁移到省级政务云平台工作。

11 月 1 日

四川省农业机械鉴定站申报修订的 NY/T 368—2016《种子提升机　质量评价技术规范》农业行业标准经农业部批准发布。

11 月 21 日

四川省农机研究设计院科研人员徐一、陈兴毅和黄慧群参与申报的科研项目“茶叶蒸汽热风杀青关键技术研究与应用”获得 2016 年度四川省科技进步三等奖。

11 月

按照行政审批有关要求，编制四川省农业厅“拖拉机培训机构理论教员和教练员考核服务指南”办事流程。

贵 州 省

2015 年 12 月 4 日

综合分析微耕机行业标准中型号编制规则、农业部归档公布的机具型号和武汉黄鹤公司整改情况等，贵州省农业委员会决定在全省范围内恢复武汉黄鹤公司微耕机补贴资格。

2016 年 1 月 29 日

贵州省农业机械技术推广总站实施的“贵州机插秧栽培技术体系研究与应用”项目获省科学技术进步奖三等奖。

2 月 29 日

贵州省农业委员会组织对 2014 年和 2015 年在碧江区、平坝县、西秀区、遵义县、独山县、惠水县实施的“水稻全程机械化示范基地建设项目”进行验收。该项目是省农业委员会与华南农业大学罗锡文院士团队协作项目，经过验收，各示范县取得一定的经验和效果，为水稻机械化直播技术在贵州的推进进行有益探索。

3 月 1—2 日

为确保 2016 年全国“两会”期间农业生产安全工作，认真贯彻 2 月 29 日全省安全生产工作视频会议精神。贵州省农业委员会党组成员、机关党委书记徐成高率农机管理处、贵州省农机监理总站、贵州省农机化推广总站负责同志，到黔西南州贞丰县、兴仁县、兴义市检查农业生产安全管理工作。

3 月 1—5 日

贵州省农业委员会在贵阳召开全省2015 年度农业机械化统计年报数据修订工作会，各市（州）农业机械化统计员参会。

3 月 3 日

贵州省农业机械化工作会在黔西南州兴义市召开。会议传达贯彻全国农业工作会议、农机专业会议和全省农业工作会议等精神，总结 2015 年工作，安排部署 2016 年工作。贵州省农业委员会机关党委书记徐成高明确指出要正确认识“十二五”贵州农业机械化工作取得的成就：机具增速快、农机合作组织已具雏形、水稻全程机械化推进有力等，分析当前存在问题，展望“十三五”要加强贵州农业机械化工作，推进农机农艺融合、培育新型经营主体、加强农机队伍建设。

3 月 7 日

贵州省农业委员会取消浙江枫泽源农业科技有限公司所有产品农机购置补贴资格。

3 月 11 日

贵州省农业委员会恢复常州常旋机械有限公司所有农机产品的补贴资格。

3 月 30 日

贵州省农业委员会部署各市州开展拖拉机驾驶培训机构自查。贵州省农业委员会根据各地自查情况，于 9 月份开展抽查，并于 11 月份发布检查情况通报。

3 月 30 日—4 月 1 日

贵州省农业委员会党组成员、机关党委书记徐成高率省农业委员会有关处室、单位负责同志，到铜仁市碧江区、玉屏县、印江县、石阡县检查农业生产安全管理工作。

4 月 7—8 日

贵州省农业委员会党组成员、机关党委书记徐成高率贵州省农业委员会有关处室、单位负责同志，到遵义、湄潭、惠水县调研农机购置补贴和农机合作社建设等农业机械化工作，了解基层情况，做好工作规划及项目设计。

4 月 13 日—5 月 6 日

由贵州省农业委员会农机管理处、财务处、审计处，贵州省农机技术推广总站、贵州省山地农机研究所和贵州省农机监理总站组成 4 个检查组，并从各市（州）抽调 1～2 名相关工作人员参与交叉检查。到全省各市（州）及仁怀市、威宁县进行检查，检查组按不低于 20%的比例随机抽查农业和农机农民专业合作组织发展资金项目实施情况。2015 年全省项目共 219 个，抽查了 49 个项目，占项目总数的 22.37%。项目整体运行情况较好，5 150万项目资金真正起到扶持、引领的作用。

4 月 27 日

贵州省农业委员会取消耒阳市普京科技发展有限公司所有农机产品在全省的补贴资格、调低各档次果蔬烘干机的中央资金补贴额度。

5 月 1 日起

贵州省停止收取拖拉机号牌（含号牌架、固定封装置）费、拖拉机行驶证费、拖拉机登记证书费、拖拉机驾驶证费、拖拉机安全技术检验费等 5 项费用。受益群众 4 万余人，减免资金 60 余万元。

5 月 9 日

表彰 2015 年度贵州省农机购置补贴先进工作者 30 名，此次表彰系贵州省实施农机购置补贴政策以来，首次以省级农业机械化主管部门的名义对先进工作者进行表彰。

5 月 30 日—6 月 3 日

华南农业大学博士曾山与贵州省农业委员会农机管理处、贵州省农作物技术推广站、贵州省山地农机研究所的水稻全程机械化示范基地建设项目技术组成员到兴义市、播州区、独山县等示范区检查指导项目工作。

6 月 13 日

贵州省农业委员会组织农业部“2015 年主要农作物生产全程机械化示范”项目省级验收。

6 月 15 日

贵州省山地农机研究所主持的贵州省大型综合创新能力建设项目《贵州省山地小型农机具研发创新能力建设》历时 5 年，通过贵州省科技厅组织的专家验收。

7 月 12 日

贵州省农业委员会联合省财政厅进一步完善贵州省农机购置补贴政策，将农机购置补贴机具种类范围调整为 11 个大类 33 小类 99 个品目，明确由县级确定中央补贴资金使用占比，补贴对象可在全国范围内购机，调整补贴资料整理及补贴资金结算期限分别为一个月，强调优先使用结转的中央补贴资金。

7 月 12 日

贵州省农业委员会全面启用 2016 年农机购置补贴辅助管理系统。同时，2015 年的补贴系统停止录入申请信息。

7 月 27 日

贵州省山地农业机械研究所承担的“山地小型玉米机械化播种技术研究及应用”“贵州丘陵山区小型多功能田间作业机研制”“蔬菜生产机械化集成技术研究”“贵州省丘陵山地小型稻麦联合收割机研制”4 个项目顺利通过贵州省科技厅组织的专家验收。

8 月 25 日

贵州省农业委员会印发“贵州省主要农作物生产全程机械化推进行动实施方案”，方案主要对贵州省水稻、小麦、油菜、玉米和马铃薯等主要农作物生产全程机械化的推进做出实施计划。

9 月 2—7 日

贵州省农业委员会举办贵州省第 18 期拖拉机、联合收割机教员资格培训班，培训教员 32 人。

9 月 8 日—10 月 21 日

贵州省农业委员会组成省级审核组，对市（州）、县推荐的农机合作社示范社进行实地调研、审核，并形成调研报告。

9 月 25 日

贵州水稻全程机械化示范基地建设项目兴义示范点举办测产验收会。黔西南州兴义示范基地 6.8 公顷水稻全程机械化示范田经专家实地测产，机械化精量水穴机直播示范田平均每公顷产 12 639.225 千克，钵苗式移栽机插秧示范田平均每公顷产 13 196.55 千克。机械化精量水穴机直播每公顷产量位列全国第三。华南农业大学教授、中国工程院院士罗锡文、贵州省农业委员会总农艺师黄俊明亲临测产现场，并与贵州省农业科学院、贵州大学的领导、专家学者以及黔西南州喀斯特研究院、兴义市农业和扶贫开发局、安顺市西秀区、遵义市播州区、黔南州独山县等相关地区负责人就水稻全程机械化种植经验和技术推广进行交流座谈。

9 月

贵州省农业委员会成立三个检查组在全省范围内对农机补贴实施情况进行中期督查。对检查中发现的好的经验和做法进行宣传和推广，对存在的问题和违规行为进行通报。

10月14日

贵州省农业委员会部署各地规范建设农机购置补贴信息公开专栏，进一步规范各地建设的专栏要规范网址、名称和内容。

10月24日

农业部办公厅《关于公布2016年全国农机合作社示范社名单的通知》公布，省遵义市播州区润田农机专业合作社和思南禾睦福农机专业合作社获得全国农机合作社示范社。

11月2日

贵州省农业委员会帮扶纳雍县秋冬种农机作业演示现场会在纳雍县乐治镇史家街村召开，省农业委员会有关处室、省农业委员会驻纳雍同步小康工作队、纳雍县各乡镇（街道办）分管农机负责人，部分村的村干及部分农机专业合作社等100余人参加会议。现场会演示农机耕种收及起垄覆膜、大蒜种植、玉米收割、无人机植保等十多种机具。对很多村没有一台农业机械的纳雍县，起到积极宣传作用。扶贫先扶智，让广大群众了解农机、掌握农机、使用农机、强化农机意识，提高生产效率，增产增收。

11月18日

贵州省2016年农机专业合作社示范社经验交流会在安顺市召开。全省推荐出遵义市播州区润田农机专业合作社等15个省级农机合作社示范社。8个农机合作社示范社理事长分别在会上作交流发言，贵州省农业委员会对评选出的15个农机合作社示范社授予"贵州省农机专业合作社省级示范社"匾牌。

11月18日

贵州省2016年全省水稻全程机械化示范基地建设项目总结会在安顺市召开，2016年水稻全程机械化示范基地建设项目涉及的4个市州及县农业部门分管领导和农机、农艺管理人员参加会议。华南农业大学博士曾山介绍水稻机械化直播技术在国际、国内的应用情况及发展前景，省山地农机研究所高级农艺师张佩介绍全省水稻机械化直播技术推广应用情况；2016年项目实施点西秀区、兴义市、播州区、独山县就项目完成情况做总结汇报。

云 南 省

2015年12月4日

云南省农业厅印发《云南省农业厅关于开展今冬明春安全生产大检查工作的通知》，落实检查责任，建立隐患排查治理保障机制。

12月21日

云南省农业厅下发任职通知，经厅党组研究，决定李学进任云南省农业机械鉴定站副站长。

12月23日

云南省农业厅下发《云南省农业厅关于李钢等九名同志任免职的通知》，段晓辉同志任云南省农机安全监理总站站长。

12月25日

农业部、国家安全生产监督管理总局联发《关于公布2015年全国"平安农机"示范县（区、市）农机安全监理示范岗位标兵名单的通知》，武定县等6个县监理站被评为全国"平安农机"示范县，禹庆华等8名同志被评为示范岗位标兵。

2016年1月3日

云南省安全生产委员会对云南省农业厅的安全生产工作进行考核，农机安全生产及渔业安全生产等农业安全生产工作连续5年被评定为优秀等次。

1月5日

云南省农机安全监理网络办公系统启用，建立全省拖拉机联合收割机品牌型号数据信息库，规范全省拖拉机联合收割机注册登记和管理工作。

1月26日

云南省农业厅农业机械化管理处组织召开2016年农机购置补贴机具种类范围确定会议，同时，对《云南省农业机械化"十三五"发展规划》进行专家评审。

2月18日

云南省农业机械推广站协同办公平台启用，实现办公自动化，提高工作效率。

2月23日

云南省农业厅发布公告，履带自走式旋耕机等8个农机产品通过省级鉴定能力认定，《玉米剥皮机》等3个省级推广鉴定大纲通过审定。

3月17日

云南省在玉溪市澄江县举办第18期拖拉机教学人员培训班，培训拖拉机教练员、总教练员、理论教员、安全技术员65人。

3月18日

云南省农机鉴定站印发《关于开展云南省2016年农业机械购置补贴产品信息分类归档工作的通知》，组织对6 061个购置补贴产品信息进行审查归档。

3月21日

云南省农业厅下发任职通知，经厅党组研究，决定付晴岚任云南省农业机械推广站副站长，何湘任云南省农业机械鉴定站副站长，施传岳任云南省农业机械化干部学校副校长。

3月28日

云南省农业厅转发《农业部办公厅财政部办公厅关于做好2016年部分财政支农项目实施工作的通知》，宣传贯彻农业部、财政部文件精神，确保全省农机购置补贴政策规范高效实施。

3月起

云南省农机鉴定站组织对55家农机企业生产的果蔬烘干机、拖拉机等215个产品进行推广鉴定，其中首次鉴定发证170个产品，推广鉴定证书到期续展45个产品。

4月6日

云南省农业厅组织召开全省农机化暨农机购置补贴工作会议，云南农业厅副厅长魏民出席会议并作重要讲话，推进全省2016年农机化暨农机购置补贴工作扎实有效开展。

4月6日

云南省农业厅下发《关于深入开展全国农机合作社示范创建活动的通知》，组织申报石林县志学农机合作社等4家合作社申报全国农机合作社示范社，组织开展全国新一轮农机合作社示范创建活动。

4月7日

云南省农业厅、省财政厅共同制定《云南省2016年农业机械购置补贴实施方案》，向下印发执行。

4月20日

财政部、国家发展和改革委员会下发《关于扩大18项行政事业性收费免征范围的通知》，明确拖拉机号牌费、拖拉机行驶证费、拖拉机登记证费、拖拉机驾驶证费、拖拉机安全技术检验费等5项农机监理费自2016年5月1日起免征。

4月20日

云南省农业机械推广站在师宗县举办全省玉米机播现场暨技术推广培训班。

4月21日

云南省农业厅农业机械化管理处处长可斌参加由云南省招商局组织的赴越南、老挝和缅甸的经济合作交流，考察云南农机走出去道路。

4月22日

农业部农业机械化技术开发推广总站在昆明举办全国农机推广管理岗位人员培训班。

4月25日

农业部考核组对云南农机购置补贴延伸绩效考核进行现场复核，强化延伸绩效管理，推进农机购置补贴工作规范、有序、高效、安全实施。

4月25日

财政部绩效考评组对云南省农机购置补贴政策实施情况进行重点绩效考评。云南省农业厅副厅长魏民参加会议并汇报全省2015年农机购置补贴政策实施情况。

4月起

云南省农机鉴定站对拖拉机驾驶员初级工193人、农机操作工初级工376人、农机修理工初级工388人进行职业技能鉴定。

4—5月

云南省在丽江市古城区、保山市昌宁县、怒江州泸水县举办农机教育及农机购置补贴业务培训班，培训农机管理人员、专业技术人员256人。

5月23日

经专家评审，云南省农业厅编制《云南省2016年农机购置补贴机具归档信息表》，向社会公告执行。

5月23日

云南省农业厅公告《2016年云南省农业机械推广鉴定产品种类指南》。

5月26日

云南省农业厅印发《关于深入开展2016年全省农业安全生产应急演练专题活动的通知》，深入开展全省农业安全生产应急演练专题活动。

5月27日

经专家评审会议讨论通过，向社会公示并修订，云南省农业厅制定《云南省2016年农机购置补贴一览表》，向社会公告执行。

5月31日

云南省农业厅副厅长左荣贵在厅农机处处长可斌陪同下到省农业机械化干部学校、省农业机械鉴定站、省农业机械推广站调研指导工作。

6月3日

云南省农业厅副厅长左荣贵和农业厅农业机械化管理处处长可斌一行到江苏参加全国主要农作物生产全程机械化推进行动现场会。

6月6日

云南省农业厅下发任职通知，邓庆同志任云南省农业机械化干部学校校长。

6月8日

经专家组核实审定，云南省农业厅对全省第三批拖拉机联合收割机注册登记品牌型号数据信息库501个产品向社会公告执行。

6月8日

云南省农机鉴定站在云南农业信息网上发布《云南省农业机械推广鉴定工作指南(暂行)》。

6月17日

云南省农机鉴定站举办农机推广鉴定培训班，对全省62家生产企业负责人进行政策法规和业务培训。

6月21日

云南省农业厅组织举办全省农业系统安全生产培训班，农业厅副厅长左荣贵出席开班仪式并讲话，80余人参加培训。

6月24日

云南省农业厅下发通知，认真贯彻落实《农业部关于贯彻国务院〈政府工作报告〉部署切实做好2016年农机深松整地工作的通知》要求，对全省农机深松整地作业工作进行安排部署。

6月29日

云南省农业厅组织专家对全省第四批拖拉机联合收割机注册登记品牌型号数据信息库共166个产品进行审定并向社会公示。

6月

云南省农业厅下发《关于关于开展2016年“安全生产月”活动的通知》，全面组织开展全省农机“安全生产月”活动。

6月起

云南省农业厅党组研究，决定厅领导新的分工，由农业厅党组成员、副厅长左荣贵同志分管厅农机处、省农业机械推广站、省农业机械监理站、省农业机械化干部学校。

7月5日

云南省农业厅副厅长左荣贵带领厅农机处等相关处室和厅属农机事业单位负责人一行，到西盟县进行“挂帮包、转走访”工作调研，并检查指导普洱市的农业安全生产工作。

7月8日

云南省农机鉴定站举办全省农机职业技能鉴定培训班，对农机职业技能鉴定人员33人进行政策法规、工作流程及质量管理业务培训。

7月12日

云南省农业厅下发通知，认真做好2017—2019年度农机购置补贴资金需求测算工作，积极申报补贴资金需求，确保农机购置补贴工作稳步推进。

7月15日

云南省农业厅下发《关于开展农机购置补贴延伸绩效实地考核和农机安全生产督导检查的通知》，组织6个检查组对全省农机购置补贴延伸绩效管理进行实地考核，同时，对2016年农机购置补贴和安全生产工作进行检查督导。

8月9日

云南省安全生产监督管理局、省公安厅、省农业厅、省质量技术监督局、民航云南省安全监督管理局联发《关于转发国家五部委做好生产安全事故统计信息归口直报工作文件的通知》，明确全省生产安全事故统计信息直报工作。

8月10日

云南省农业厅组织对全省丘陵山区农业机械化发展情况进行调查研究，推进丘陵山区农业机械化发展。

8月26日

云南省举办农机教育发展研讨培训班，云南省农业厅副厅长左荣贵、处长可斌、副组长王锋焕出席开班仪式，全省各级学校负责人86人参加。

8月30日

云南省农业厅在曲靖召开全省农机合作社推进会，云南省农业厅副厅长左荣贵出席会议并讲话，总结分析全省“十二五”期间农机合作社发展的成效、经验、形势和问题，加快推进“十三五”时期全省农机合作创新规范发展。

9月5日

云南省农业厅下发《关于切实加快推进农机化相关工作的通知》，推进农机购置补贴实施进度、延伸绩效考核、农机深松整地、农机安全监理、质量监督、教育培训等工作，提前谋划2017年农机具补贴范围和补贴资金预下达工作。

9月7日

云南省农业厅副厅长左荣贵主持召开农机购置补贴延伸绩效实地考核和农机安全生产督导检查工作汇报会，听取6个督导检查组的工作汇报，并进行工作安排部署。

9 月 18 日

云南省农业厅下发关于 2015 年农机购置补贴延伸绩效管理考核优秀单位的通报，禄劝县农业局等 30 个单位评为“2015 年农机购置补贴延伸绩效考核”优秀单位。

9 月 26 日

根据“挂包帮”“转走访”精准扶贫工作要求，全省在西盟佤族自治县举办农业生产实用技术培训班，对勐梭镇班母村 52 名拉祜族农民群众进行培训。

9 月 27 日

云南省在楚雄市举办水稻生产全程机械化技术培训班。

9 月 28 日

国务院第 3 次督查第 15 督查组对云南省人民政府重点工作进行督导，“农机深松整地面积”被列为涉农工作的两大重点任务之一，云南省农业厅副厅长左荣贵参加汇报。

10 月 31 日

云南省举办农机合作社带头人和农机合作社辅导员培训班，培训辅导员 32 人、带头人 104 人。

11 月 5 日

根据《农业部农业机械化管理司关于开展变型拖拉机信息登记工作的通知》要求，云南省农机监理站组织完成录入全国变型拖拉机信息管理系统数据。

11 月 10 日

云南省农业厅下发《2016 年农机购置补贴政策落实延伸绩效管理实施方案》。

11 月 14 日

全国农机购置补贴分类分档和补贴额测算培训班在大理市召开，云南省农业厅副厅长左荣贵出席并致辞，州市农业局农机购置补贴工作负责同志列席培训。

11 月 15 日

云南省农机部门共报送信息 1 775 条，采用 1 687 条，彭俊同志评为优秀信息员。

11 月 18 日

云南省农业厅下发《关于报送“十三五”全国主要农作物生产全程机械化示范县创建计划的通知》，组织申报全省主要农作物生产全程机械化示范县。

11 月 22 日

云南省农业厅回复省人民政府稳增长第三工作组《关于请协助解决有关困难和问题的函》，明确云南省于 2015 年 10 月 1 日起停止执行《云南省运输型拖拉机行业管理规范（暂行）》，不再办理“运输型拖拉机”注册登记手续。

11 月 28 日

云南省农业厅、省财政厅联合下发关于尽快完成中央财政农机购置补贴资金兑付工作的通知，加快推进全省农机购置补贴资金结算进度。

西藏自治区

2016 年 3 月 29 日

收到《农业部　国家发改委　财政部　国土资源部　水利部　国务院扶贫办　中国保险监督管理委员会　关于印发支持西藏农牧业转方式调结构促增收重要举措实施方案的通知》，方案明确提出，要“努力构建支持西藏农机化发展的长效机制”，并“充分满足西藏对中央财政农机购置补贴资金的需求”。

4 月 12 日

西藏自治区农牧厅委托区农业中心农机推广站在扎囊县开展农机深松整地新技术、新机具试验示范工作，在近 6 个月的时间里，试验示范深松整地面积超过 466.67 公顷，这是西藏首次开展此项技术的试验示范。

7 月 10 日

全国农业援藏工作座谈会在拉萨召开，农业部农业机械化管理化司司长李伟国参会，并于会议结束后赴日喀则市调研。

10 月 30 日

根据西藏自治区人民政府专题会议纪要《关于研究安全生产专项工作有关事宜》精神，由西藏自治区公安厅牵头、区农牧厅配合开展的全区农用拖拉机管理试点工作（第一阶段）结束，共登记注册拖拉机 5 072 台。

11 月 21 日

西藏自治区农牧厅、财政厅联合印发《西藏自治区 2016—2020 年农机深松整地作业补助实施办法》，“十三五”期间，西藏将在拉萨、日喀则、山南、林芝、昌都 5 市开展农机深松整地作业超过 86.7 千公顷，落实补助资金超过 6 500 万元，政策的出台，在保障全区粮食安全和改善农田生态环境、增加农牧区群众收入、促进农业可持续发展等方面具有重大意义。

11 月 30 日

西藏自治区 2016 年保护性耕作技术创新和马铃薯生产全程机械化示范项目结束，全年共实施试验示范面积 813.33公顷，示范区内农业机械化综合作业水平提升和粮食增产效果明显。

陕 西 省

2015 年 11 月 30 日

咸阳市人民政府被中国农业机械学会评为“全国农机科普工作先进集体”，受到表彰奖励。

12 月 16 日

陕西省农业机械管理局邀请中国工程院院士罗锡文任组长，中国农业大学教授白人朴、农业部研究员刘宪任副组长，有关农艺、畜牧、果业、农机等领域的专家组成评审委员会，评审通过《陕西省“十三五”农业机械化发展规划（2016—2020）》。

2016 年 1 月 26 日

陕西省农业机械管理局印发《关于表彰 2015 年度全省农机化工作和精神文明建设先进集体和先进个人的决定》，授予西安市农业林业委员会等 44 个单位为农业机械化工作先进集体，授予陈勇等 63 人为全省农业机械化工作先进个人；授予宝鸡市农业机械管理局等 3 个单位为创建全国农业机械化示范县（市）工作先进单位；授予周至县农机管理推广站等 9 个单位为全省农机系统文明行业示范点，授予贾作林等 11 人为“全省农机系统最美农机人”荣誉称号。

2 月 14 日

陕西省农业机械管理局召开以“夯实责任　严明纪律　激情干事”为主题的机关纪律作风整顿活动动员大会，组织学习习近平总书记在中央纪律检查委员会六次全会上的讲话精神，要求全体干部职工收心鼓劲干事业，奋力开创农业机械化工作新局面。

2 月 24 日

陕西省农业机械化工作会议在西安召开。会议传达陕西省农村、农业工作会议和全国农业机械化工作会议精神，总结 2015 年和“十二五”农业机械工作，分析当前农业机械化发展形势，安排部署 2016 年工作。陕西省农业厅党组成员、省农业机械管理局局长何存贵作了题为《抢抓机遇扎实工作推动全省农机化事业再上新台阶》的主题报告。

3 月 9 日

陕西省农业机械管理局、省财政厅

印发《陕西省2016年农机深松整地项目实施方案》，全面部署安排农机深松整地工作。

3月10日

陕西省农业厅党组成员、省农业机械管理局局长何存贵带队赴郑州参加2016年全国农业机械及零部件展览会。

3月21日

陕西省农业机械管理局与省农垦集团有限公司董事长王桂欣、副总经理马青奇以及渭南农垦管理处、朝邑农场等单位负责人就垦区农业机械化工作进行座谈。

3月23日

水稻机械化精量穴播技术研讨会举行。中国工程院院士、华南农业大学教授罗锡文，中国工程院院士、沈阳农业大学教授陈温福，浙江、宁夏、黑龙江、广东等地水稻专家出席。

3月24日

山东国泰集团投资5亿元的大型拖拉机生产线项目开工仪式在杨凌示范区举行。

3月24—26日

中国工程院院士、华南农业大学教授罗锡文和中国工程院院士、沈阳农业大学教授陈温福带领中国水稻研究所及宁夏、黑龙江、广东等省市农科院专家组一行23余人，调研延安市现代农业发展情况。

3月28—29日

山东省农业机械管理局局长高明飞一行到咸阳、杨凌等地，考察农业全程机械化示范区建设、农机专业合作社发展及杨凌农业高新技术示范区高端农业机械化发展情况。

3月30日

2016陕西保护性耕作论坛暨“陕西农机大讲堂”活动成功举办。农业部农业机械化技术开发推广总站、农业部农业机械试验鉴定总站、中国农业机械学会、中国农业机械流通协会、农业部保护性耕作研究中心、西北农林科技大学以及山东、吉林等省农机管理和推广机构代表应邀参加论坛，陕西省部分市县农机主管部门、农机推广机构负责人及省内部分农机专业合作社理事长参加论坛。

3月31日

陕西省农业机械管理局印发《关于做好果业、茶叶等5大全程机械化现代农业装备示范园区建设项目和优势特色农产品农业机械化示范项目组织实施工作的通知》。

4月7日

陕西省农业机械管理局印发《关于强化监管促进农机深松整地项目规范运行的通知》，出台6项监管措施，促进农机深松整地项目规范运行。

4月19日

陕西省农机安全工作会议召开。各市农机主管部门、农机监理所负责人，部分县区监理站负责人，陕西省农业机械管理局各业务处站负责人共50多人参加。

4月19日

陕西省“三夏”农业机械化生产暨深松整地工作座谈会召开。陕西省农业厅党组成员，陕西省农业机械管理局局长何存贵出席会议，陕西省农业机械管理局副局长段保群主持会议。

4月24—26日

财政部预算司考核组一行4人，对渭南市2015年农机购置补贴工作开展绩效考评。

4月28日

陕西省农业机械管理局召开“两学一做”学习教育动员会。会议传达学习中共陕西省委办公厅《关于印发在全省党员中开展“学党章党规、学习系列讲话，做合格党员”学习教育实施方案》，传达学习陕西省委书记娄勤俭、省委组织部部长毛万春在全省“两学一做”学习教育工作视频会议上的讲话及省农业厅“两学一做”学习教育动员会议精神。

4月27日

中国工程院院士、华南农业大学教授罗锡文一行4人到延安指导水稻直播工作。

5月4日

陕西省农业厅党组成员、省农业机械管理局局长何存贵一行前往扶贫联系点开展“结对帮扶”活动，并指导和调研精准扶贫工作。

5月9日

陕西省农业机械管理局、陕西省公安厅交通警察总队、中国石油陕西销售分公司、中国石化陕西石油分公司和延长壳牌石油有限公司联合印发《关于做好2016年“三夏”农机化生产管理服务工作的通知》，安排部署全省“三夏”农机安全管理和作业用油供应服务工作。

5月13日

陕西省农业机械管理局召开专题会议进一步安排部署G20农业企业家论坛筹备工作。

5月20日

陕西省农作物秸秆机械化综合利用暨稻油生产全程机械化现场演示会召开。

5月21日

陕西省委、省人民政府出台《关于贯彻落实〈中共中央国务院关于落实发展新理念加快农业现代化实现全面小康目标的若干意见〉的实施意见》，扶持建设23个全程机械化示范县，5个区域性农机新技术、新机具试验基地，建设60个省级机械化保护性耕作示范区，推进农机农艺融合，全面提升农业机械化水平。

5月23日

陕西省农业机械管理局召开系统党员大会，部署“两学一做”学习教育活动和当前全省农业机械化重点工作。

6月10—20日

陕西省农业机械管理局督导组对各地市“三夏”农业机械化生产工作进行专项督导检查。

6月30日

陕西省农业机械管理局邀请陕西卫民安消防教育咨询中心优秀教官雷鹏和中国环境健康与卫生安全促进会高级讲师丁银涛，举办消防安全和职业健康卫生知识培训班。

7月20日

陕西省半年农业机械化工作座谈会召开。会议传达学习全省现代农业园区提质增效推进会精神，听取市（区）级农机部门上半年特色亮点工作汇报，通报上半年农机购置补贴、深松整地、农机安全监理及农业机械化重大项目等工作进展情况，并对下半年和今后工作做安排部署。

8月11日

陕西省保护性耕作技术培训会举办。各市农机主管部门和农机推广站负责人、承担2016年部省保护性耕作示范项目实施单位负责人和技术人员等80余人参加培训。

8月29日

陕西省农业厅党组成员、省农业机械管理局局长何存贵带领省农机安全监理总站、省土壤肥料工作站负责人，赴渭南市开展三季度“抓落实促转型”工作督导，并对农业产业转型升级示范县建设工作做安排部署。

8月30—31日

陕西省农业厅党组成员、省农业机械管理局局长何存贵一行赴山西省就农机专业合作社建设进行调研。

9月1日

全省组织60名农机手参加第三届“五征杯”中国农机手大赛北方6省联赛。铜川市耀州区吴建宁获“陕西机王”称号。

9月6日

陕西省农业机械管理局召开“抓学习建机制促转型”专题研讨会，省农业厅党组成员、省农业机械管理局党委书记、局长何存贵主持座谈会并讲话，局系统副处级以上干部参加会议。

9月8日

陕西省农业机械管理局印发《关于切实抓好2016年“三秋”农机化生产工作的通知》，对全省“三秋”农业机械化生产工作做出全面安排部署。

9月10—14日

陕西省农业机械管理局组织各级农机局负责人参加广西南宁第13届中国—东盟博览会。

9月19日

陕西省农业机械管理局召开“两学一做”学习教育推进会。陕西省农业厅党组成员，省农业机械管理局党委书记、局长何存贵出席会议并作重要讲话。陕西省农业机械管理局党委副书记、副局长马驰主持会议，局系统全体在职党员参加会议。

9月22—23日

德国农业协会驻中国首席代表张莉、《中国农机化导报》社长刘卓来调研果蔬机械化生产情况。

9月28日

陕西省农机专业合作社“千社带万户”精准扶贫启动仪式在渭南举行，咸阳市被命名为全省农机精准扶贫示范市。

9月29日

陕西省水稻机械化直播试验在延安市南泥湾获得成功。陕西省省农业机械管理局和延安市农机技术推广服务中心共同组织有关专家进行现场测产。

10月11日

全省农业机械化工作座谈会召开。陕西省农业厅党组成员、省农业机械管理局局长何存贵出席会议并讲话。

10月10日

陕西省果业生产全程机械化现场演示会举行。农业部农业机械化管理司司长李伟国，农业部农业机械试验鉴定总站站长刘敏，农业部农业机械化技术推广总站站长刘恒新、副站长涂志强，陕西省农业厅党组成员、省农业机械管理局局长何存贵，宝鸡市副市长武军等领导出席会议。

10月13日

全国人民代表大会常务委员会安全生产法执法检查组一行赴铜川市检查。陕西省人民代表大会常务委员会副主任李晓东，省人民代表大会财政经济委员会主任委员曹莉莉，省安全生产监督管理局局长王昊文，铜川市委书记郭大为，市人民代表大会常委会副主任史敏陪同检查。

10月19日

陕西省农业机械管理局关于印发《陕西省现代农机专业合作社建设标准》。

10月20日

陕西省农业厅党组成员、省农业机械管理局局长何存贵出席第5届中国·陕西(眉县)猕猴桃产业发展大会，并现场参观农业机械展。

10月24日

农业部办公厅印发《关于公布2016年全国农机合作社示范社名单的通知》，确定临潼区联盟农机专业合作社、岐山县联盟秸秆加工专业合作社、乾县五谷丰农机专业合作社、富平县富秦星农机专业合作社、南郑县裕丰农机服务专业合作社和榆林市榆阳区奥丰农机专业合作社为全国农机合作社示范社。

11月3—10日

陕西省农业机械管理局分组督导各地市农机购置补贴、农机深松整地、农业机械化重大项目实施等工作。

11月5日

陕西农康农业机械装备制造有限公司投产暨大型拖拉机下线仪式在杨凌举行。农业部总畜牧师王智才，陕西省副省长冯新柱，陕西省发展和改革委员会、工业和信息化厅、畜牧兽医局等有关部门领导出席仪式。

11月11日

陕西省农业机械管理局邀请“法治陕西大讲堂”宣讲团成员、西安交通大学法学院党总支书记、教授、博士生导师王保民，为陕西省农机系统做了《法治思维与公务人员从政风险防范》的专题讲座。

11月8日

陕西省农业机械管理局先后举办农机专业合作社理事长培训榆林班和关中班。

11月23日

陕西省农机深松整地技术培训会举办，实施深松整地项目的市级农机主管部门负责人以及县(区)农机局长或站长共计100余人参加培训。

2016年

农业部、国家安全生产监督管理总局命名太白县、彬县、白水县、绥德县、吴起县等5个县为全国“平安农机”示范县(区、市)，授予房建学等9人为农机安全监理示范岗位标兵。

甘肃省

2015年12月25日

庆城县、平凉市崆峒区、皋兰县、甘南藏族自治州合作市、东乡县被农业部、国家安全监管总局评为全国“平安农机”示范县(区、市)，白文凯、仝辉、王平、张自河、蒋得志、韩雄被评为全国农机安全监理示范岗位标兵。

2016年1月26日

甘肃省农机安全监理工作会议召开，甘肃省农牧厅副厅长阎奋民、甘肃省农牧厅党组成员、甘肃省农业机械管理局局长杜永清出席，甘肃省农业机械管理局副局长王学军讲话，14个市(州)农机监理所负责人参加。

1月28日

甘肃省农业机械管理局启动对酒泉、嘉峪关、张掖、金昌、武威、平凉和庆阳7个市的38所拖拉机驾驶培训机构的资格核准后续监管随机抽查活动。

1月29日

甘肃省农业机械质量管理总站承担的马铃薯挖掘装袋联合收获机研发项目获甘肃省科技进步二等奖。

1月29日

甘肃省农业机械质量管理总站正高级工程师潘卫云研制的螺旋滚筒式残留地膜清理机获甘肃省专利奖二等奖。

2月3日

甘肃省机构编制委员会办公室《关于省农业机械鉴定站更名的通知》批复，省农业机械鉴定站更名为省农业机械质量管理总站。

2月18日

甘肃省农业机械管理局发布调整

《甘肃省2015—2017年农机购置补贴机具补贴额一览表》的公告。

2月19日

甘肃省农牧厅印发《甘肃省扶持发展一乡一农机专业合作社建设试点方案》，在定西市119个乡镇开展一乡一农机合作社建设试点。

2月19日

甘肃省农牧厅印发《甘肃省精准扶贫村农机社会化服务组织建设试点方案》，32个精准扶贫村各扶持发展一个农机合作社或农机作业服务队。

2月23日

甘肃省农业机械管理局拨发农业机械化科技示范推广及体系建设项目经费335万元，拨发省级农机购置补贴资金4 500万元。

2月23日

甘肃省农业机械管理局派3个工作组分赴金昌市、武威市调查调解省电视台报道的玉米收获机质量案件。

2月24日

甘肃省农业机械管理局拨发省级财政专项扶持农机专业合作社指标，安排省级累加补贴资金1 100万元，扶持150个农机合作社购置73.5千瓦以上的农业机械，每台给予不超过中央财政补贴额的累加补贴。

2月26日

甘肃省农业机械管理局选择4个农机合作社继续开展农机社会化服务组织规范化建设与功能拓展示范创建工作，每个示范点安排省级财政资金20万元。

2月29日

甘肃省农业机械管理局印发《农机深松整地作业补贴试点工作实施意见》。

3月1日

《甘肃省农业机械推广鉴定产品种类指南》发布，涉及10大类56个品目的农机产品。

3月1日

甘肃省农业机械管理局发布公告，撤销7家企业自愿申请的16个产品的农业机械推广鉴定证书。

3月2日

甘肃省农业机械管理局印发《主要农作物生产全程机械化抓点示范工作方案》。

3月3日

全省农业机械化暨农机安全生产工作会议召开。甘肃省农牧厅副厅长阎奋民讲话，甘肃省农牧厅党组成员、省农业机械管理局局长杜永清主持。

3月3日

全省农机购置补贴工作会议召开。甘肃省农牧厅党组成员、省农业机械管理局局长杜永清讲话。

3月9日

甘肃省农业机械管理局印发通知，要求做好农机报废更新补贴试点工作。

3月10日

甘肃省农业机械管理局发布《甘肃省2015—2017年农机购置补贴机具补贴额一览表(2016年调整)》补充公告，通报5家补贴违规企业名单。

3月15日

甘肃省农机购置补贴工作专家组成立。

3月16日

农机系统2016年国有资产清查工作启动。

3月17日

全省主要农作物生产全程机械化抓点示范项目培训会召开。承担任务的农机部门负责人和技术人员参加。

3月19日

甘肃省农牧厅党组成员、省农业机械管理局局长杜永清在永登县调研双联和精准扶贫工作。

3月22日

甘肃省人民政府办公厅副秘书长郭春旺在临洮县调研农机合作社工作。

3月28日

青岛市农业机械管理局副巡视员朱经凡一行3人在甘肃省农业机械化技术推广总站调研甘肃农业机械化地方标准建设情况。

3月

甘肃省农业机械管理局2015年全省农机系统国有单位劳动人事统计年报被农业部人事劳动司奖励项目资金2万元。

4月5日

甘肃省农牧厅决定，农业机械试验鉴定行政许可事项变更由省农业机械质量管理总站受理。

4月8日

甘肃省农业机械管理局对麦积区、永靖县承担的保护性耕作建设项目进行省级竣工验收。

4月8日

甘肃省农机购置补贴政策暨操作系统培训班举办。各级农机部门、省农垦事业办和所属农场负责人，省直农机三站班子成员共400人参加。

4月15日

甘肃省农业机械管理局印发通知，要求进一步推进主要农作物及牧草生产全程机械化工作。

4月21日

甘肃省农业机械管理局农业机械管理局组织审定全省拖拉机驾驶教学人员培训考试资料。

4月23日

农业部农业机械化管理司委托第三方(天津市财政投资评审中心)在民乐县、凉州区对省农业机械管理局2015年农机购置补贴政策实施情况进行实地考核，综合评价获92.26分。

4月27日

甘肃省农业机械管理局启动“两学一做”学习教育活动。

4月28日

甘肃省农业机械管理局批复安定区等10个县(区)省级主要农作物生产全程机械化示范项目实施方案。

5月5日

甘肃省农机购置补贴工作专家组召开全省农机购置补贴产品第一批产品信息分类归档审定会。

5月6日

甘肃省农业机械管理局批复同意省农业机械质量管理总站承担全省农机鉴定证书有效期内产品监督检查工作。

5月9日

甘肃省农业机械管理局党委将原3个党支部调整为7个党支部。

5月10日

甘肃省农机购置补贴工作专家组召开全省农机购置补贴产品第2批产品信息分类归档审定会。

5月11日

甘肃省农业机械推广鉴定业务培训会举办，省内有关农机生产企业负责人和省农机质量管理总站专业技术人员参加。

5月12日

甘肃省农业机械管理局制定《局系统2013年1月—2016年4月财务工作大起底大检查大整顿工作实施方案》。

5月18日

甘肃省农业机械管理局印发通知，要求开展全省农机“安全生产月”活动。

5月20日

甘肃省农业机械管理局发布第2批农机购置补贴产品明细表。

5月22日

甘肃省农业机械管理局副局长贾怀德在张掖市调研农机合作社发展情况。

5月25日

甘肃省农业机械管理局印发通知，要求加强农机职业技能开发工作。

5月25日

甘肃省农业机械管理局副局长贾怀德一行在甘州区调研农机合作社工作。

5月26日

甘肃省农业机械管理局副局长贾怀德一行在临泽县调研农机合作社工作。

6月6日

甘肃省果业生产全程机械化现场演示暨技术研讨会召开。

6月15日

甘肃省农牧厅印发《关于开展2016年农机购置补贴政策实施等五项重点工作督查的通知》，7月中下旬开始派10个督查组在全省开展重点工作督查。

6月17日

甘肃省农业机械管理局副局长王学军带队专家组在张掖市督导民乐县、山丹县、甘州区承担的农业部全程机械化示范项目。

6月21日

甘肃省农业机械管理局于水、雷高宁被省农牧厅党组评为优秀党员，黄彦虎被评为优秀党务工作者。

7月2日

甘肃省农业机械管理局副局长贾怀德被省直机关工委评为省优秀党务工作者。

7月19日

开展全省农机专业合作社示范创建活动，首次认定58个农机专业合作社为省级农机专业合作社示范社。

7月19日

甘肃省农业机械管理局印发通知，要求进一步加强农机培训工作。

7月21日

全省农机深松整地作业技术现场培训会召开，承担任务的12个市（州）农机推广站（中心）、6个省级深松监测点负责人及有关农机生产企业代表共70人参加。

7月29日

甘肃省十二届人民代表大会常务委员会第二十五次会议通过《甘肃省人民代表大会常务委员会关于修改〈甘肃省农业机械管理条例〉的决定》，并于7月29日公布施行。

8月4日

经甘肃省农牧厅批准成立省农业机械管理局工会委员会，卢明勇任工会主席。

8月8日

甘肃省农业机械管理局启动玉米收获机质量调查工作。

8月10日

甘肃省农业机械管理局拨发第二批中央农机购置补贴资金9 700万元，其中深松整地试点补贴资金868万元、农机具购置补贴资金8 832万元。

8月17日

甘肃省农业机械管理局印发《甘肃省农机购置补贴廉政风险防控机制建设实施方案》。

8月23日

甘肃省农业机械管理局举行全省农机事故应急演练。甘肃省农牧厅党组成员、省农业机械管理局局长杜永清出席并担任演练总指挥；甘肃省卫生厅应急办公室、省安全生产监督管理局、省公安厅交通警察总队、省农牧厅等有关部门负责人，酒泉市人民政府、玉门市党委、人民代表大会、人民政府、政治协商会议主要领导及有关部门负责人观摩；甘肃省农业机械管理局副局长贾怀德讲话。

8月25日

甘肃省农业机械管理局评审认定省农业机械质量管理总站的省级鉴定能力。

8月30日

甘肃省农业机械管理局印发《甘肃省农机化科技示范推广及体系建设项目绩效管理实施方案》。

8月31日—9月2日

甘肃省农业机械管理局组织农机手参加“第三届中国农机手大赛·北方六省联赛”，3位农机手晋级北京“五征杯”总决赛。

9月5—6日

在农业部农业机械化管理司组织的2015年全国主要农作物生产全程机械化项目验收中，民乐县马铃薯生产全程机械化示范项目被评为优秀。

9月10日

甘肃省青贮饲料收获现场演示会召开，11个市（州）、16个县（区）农机部门负责人和甘肃省农业机械管理局、省农业机械化技术推广总站、省农业机械质量管理总站负责人和有关专家参加。

9月12日

甘肃省农业机械管理局组织有关专家编制完成《甘肃省农机化推广服务体系建设“十三五”规划》。

9月18日

甘肃省农业机械管理局印发《甘肃省2016年农机购置补贴延伸绩效管理实施方案》。

9月18日

甘肃省农机监理总站印发《关于全面进行牌证核查清理整顿工作的通知》。

9月19日

甘肃省农机合作社建设座谈会召开，农机部门负责人、农机合作社代表、省直农机三站及省局各办负责人共90多人参加。

9月26日

国务院第3次大督查综合二组督查民乐县农机深松整地作业工作。

10月5—7日

甘肃省农牧厅党组成员、省农业机械管理局局长杜永清进行双联工作“大走访、回头看”，调研农机社会化服务组织建设工作。

10月24日

甘肃黄羊河农机专业合作社、张掖市甘州区盛兴农机服务农民专业合作社被农业部办公厅评为全国农机合作社示范社。

11月1日

甘肃省农机深松整地暨中药材生产全程机械化现场会召开。

11月2日

甘肃省农机监理总站印发《全省农机安全监理系统法制宣传教育第7个五年规划（2016—2020）》。

11月3—4日

甘肃省农牧厅党组成员、省农业机械管理局局长杜永清在临洮县、广河县调研茎穗兼收型玉米联合收获机生产试验情况和精准扶贫村农机合作社建设工作。

11月4日

甘肃省农业机械管理局印发农机购置补贴绩效管理工作考核、责任追究、信息公开、档案管理、投诉处理、补贴产品质量投诉处理制度等6项制度。

11月7日

甘肃省农牧厅组织专家评审通过省农业机械管理局、省农业建设项目管理站承担的《甘肃省“一乡一农机合作社”工程项目建议书》。

11 月 8 日

甘肃省农机购置补贴政策落实延伸绩效管理培训班（兰州片区）举办，甘肃省农业机械管理局副局长贾怀德讲话。

11 月 15 日

甘肃省农机质量投诉工作的主要做法在全国农机质量投诉工作培训班上作交流发言。

11 月 14 日

甘肃省农机购置补贴政策落实延伸绩效管理培训班（酒泉片区）召开，甘肃省农牧厅党组成员、省农业机械管理局局长杜永清讲话。

11 月 15 日

甘肃省农牧厅印发《关于深入开展安全生产大检查切实加强岁末年初农机安全生产工作的通知》。

11 月 15—16 日

甘肃省农牧厅党组成员、省农业机械管理局局长杜永清在酒泉市肃州区、张掖市甘州区调研玉米、蔬菜生产全程机械化示范点和农机社会化服务组织建设情况。

11 月 17 日

甘肃省级推广鉴定大纲审定会召开，审定铺膜播种机、葡萄埋藤机等 25 项省级推广鉴定大纲。

11 月 18 日

甘肃省农业机械管理局复审评估全省现行推荐性农业机械化地方标准，确认有效 65 项，修订 21 项，废止 38 项，转化为强制性国家标准 1 项。

11 月 21—24 日

甘肃省农机质量管理总站承担的草种子清选机等 3 个部级推广鉴定大纲通过农业部农业机械试验鉴定总站审定。

11 月 22 日

2015 年省级农业机械化科技示范推广及体系建设项目总结会议召开。

11 月 23—25 日

甘肃省正宇会计师事务所完成对省农牧厅党组成员、省农业机械管理局局长杜永清 2014 年 1 月 1 日至 2016 年 11 月 30 日任职期间的经济责任审计。

11 月 24 日

经甘肃省人民政府决定，杜永清任甘肃省兽医局局长（副厅长级），免去其甘肃省农业机械管理局局长职务。

11 月 26 日

甘肃省农业机械质量管理总站承担的 3 个种子加工行业标准通过全国农业行业标准审定会审定。

11 月 29 日

甘肃省农业机械管理局举办新修正的《甘肃省农业机械管理条例》培训班，甘肃省人民代表大会农业与农村委员会副主任李高协出席并讲话。

青 海 省

1 月 17 日

青海省农牧厅副厅长都茂庭和省农牧机械管理局局长王建元到北京参加全国农业机械化工作会议。

2 月 15 日

组织专家对 2016 年青海省农机购置补贴产品进行分类分档及补贴额的确定工作。

3 月 3 日

组织召开青海省农业机械化管理统计年报汇总会。

3 月 21 日

组织相关专家对《青海省 2016 年农业机械购置补贴实施方案》进行评审。

3 月 28 日

青海省农牧厅副厅长都茂庭和省农牧机械管理局局长王建元去农业部衔接青海省"十三五"农业机械化发展规划。

5 月 3—10 日

财政部审核中心对全省农机购置补贴政策执行情况进行绩效评估，评估结果为：高度成功。

5 月 17 日

青海省农牧机械管理局局长王建元参加全国农机安全生产工作会议。

5 月 12 日

青海省"十三五"农业机械化发展规划正式审核定稿。

6 月 2 日

青海省农牧厅副厅长都茂庭参加全国主要农作物生产全程机械化推进行动现场会。

7 月 20 日

向农业部农业机械化管理司提交《青海省"十三五"农机购置补贴与政策调研报告》。

8 月 1 日

农业部农业机械化管理司在青海召开全国农机购置补贴操作软件培训班，农业部农业机械化管理司副司长胡乐鸣参加培训活动。

8 月 3—6 日

农业部农业机械化管理司产业发展处处长宋健武一行 2 人对青海省藏区农机购置补贴工作进行调研。

8 月 17—24 日

农业部农业机械化管理司司长李伟国来青海调研农业机械化工作。

9 月 8 日

报送农业部《关于对青海省少数民族地区农机购置补贴差别化扶持政策的请示》。

9 月 10 日

在海南藏族自治州兴海县河卡镇举办"全省首届农机技能竞赛暨牧草生产全程机械化田间日活动"。

9 月 12 日

财政部下达青海省 2016 年第 2 批农机购置补贴中央资金 1 960 万元。

9 月 25 日

全国人民代表大会常务委员会副委员长张宝文率全国人民代表大会常务委员安全执法检查组，对青海省执行《中华人民共和国道路交通安全法》情况进行检查。青海省农牧厅副厅长孙文龙到会，并就全省农机部门执行《道路交通安全法》的情况进行汇报。

9 月 26 日

在湟中县鲁沙尔镇地窑村举办"青海省 2016 年农机事故应急救援演练现场会"。

9 月 27 日

在湟中县拦隆口镇奔巴口村举办"全省马铃薯生产全程机械化技术实训及现场演示会"。

10 月 11—13 日

青海省农牧厅党组成员、首席兽医师孙应祥参加农业部在新疆召开的全国农业机械化科技创新座谈会。

10 月 24 日

农业部办公厅公布 2016 年全国农机合作社名单，青海省湟中鲍丰农机服务专业合作社、互助县高远农机服务农民专业合作社榜上有名。

11 月 15—24 日

为贯彻落实农业部《关于开展农机安全生产大检查切实加强岁末年初安全生产工作的通知》通知精神，青海省农牧厅成立 3 个检查组，对西宁、海东、海南、海北、黄南五个市（州），14 个县区开展农业机械安全生产大检查。

宁夏回族自治区

2016 年 1 月 25 日

宁夏回族自治区农牧厅副厅长赖伟

利主持召开农机系统负责人会议，传达学习全国农业机械化工作会议精神，并就2016年工作思路和重大项目进行讨论和布置。

2月15日

按照农业部办公厅《关于2015年专项工作延伸绩效管理实施方案的通知》和农业部农业机械化管理司《关于2015年农机购置补贴政策延伸绩效考核评分依据的通知》要求，完成宁夏回族自治区农机购置补贴延伸绩效管理自评报告并上报农业部农业机械化管理司。

3月15日

宁夏回族自治区农业机械化管理局公布2015年度自治区星级农机作业服务公司37家。其中，自治区三星级农机作业服务公司25家，二星级作业服务公司12家。

3月18日

宁夏回族自治区农机购置补贴暨警示教育工作会议召开。主要内容是贯彻落实中央、宁夏回族自治区农村农业工作会议精神以及全国农业机械化工作会议部署要求，总结"十二五"农业机械化工作，研究布置"十三五"农业机械化工作思路，部署2016年工作重点，印发《2016年自治区农机化工作指导意见》。并与各县（市、区）签署《2016年农机购置补贴实施暨廉政风险防控工作责任书》。

3月25日

宁夏回族自治区农牧厅与中国石油化工集团公司宁夏石油分公司共同召开全区服务"三农"暨农机加油卡推广工作启动会。宁夏回族自治区农牧厅副厅长赖伟利、中国石油化工集团公司宁夏石油分公司总经理于海平到会讲话，双方签署《关于农机柴油供应合作框架协议》。为全区农机户发放加油卡1 800张，节省油费246万元。

4月19日

宁夏回族自治区农机购置补贴辅助系统培训班召开。来自全区22个县（市、区）和农垦集团公司主管农机购置补贴负责人和工作人员参加培训。

4月20日—5月3日

为加强农机购置补贴系统管理，完善农机购置补贴政策，根据财政部统一部署，财政部农业司委托财政部预算评审中心（山西省财政厅预算评审中心）对宁夏农机购置补贴工作开展绩效评价。

4月24日

中国工程院院士、华南农业大学教授罗锡文与国家水稻产业体系银川综合试验站合作，对宁夏水稻直播机械水稻精量直播试验、示范和推广情况进行实地考察指导，在宁夏灵武农场现场演示新研发的水稻精量直播机播种，并座谈交流有关情况。宁夏回族自治区农牧厅副厅长赖伟利、宁夏农林科学院副院长张富国陪同考察。

4月28日

宁夏农牧厅农业机械化管理局召开2016年引黄灌区水稻机械化生产示范园区现场推进会。宁夏回族自治区农牧厅副厅长赖伟利现场观摩并做重要讲话。

5月20日

《宁夏回族自治区农业机械驾驶操作人员违章处罚办法（修订）》和说明通过厅党组会审定。

5月21日

《宁夏"十三五"农业机械化发展规划》通过专家论证。

6月3日

农业部办公厅公布首批28个全国基本实现主要农作物生产全程机械化示范县（区、市），平罗县被评为其中之一。

6月12—16日

由宁夏回族自治区农牧厅和农民日报社主办的第一届宁夏农机手大赛暨第三届中国农机手选拔赛在银川市灵武市举办，宁夏回族自治区农牧厅副厅长赖伟利主持开幕式和颁奖仪式，农牧厅党组书记、厅长王文宇亲临现场观看决赛并发表重要讲话。

6月13—14日

宁夏回族自治区农业机械化管理局配合自治区人民代表大会组织人民日报社、新华社、中央电视台、经济日报和宁夏日报、宁夏电视台等8家中央和宁夏新闻媒体记者，深入中南部山区调研采访农用残膜回收利用情况，媒体对"以旧换新"做法，"三有三无"工作措施及整治效果给予高度评价和充分报道。

6月16日

宁夏回族自治区农牧厅党组书记、厅长王文宇带领厅有关处（室）局负责人考察农机农艺融合示范园区，农机作业服务公司和农机购置补贴办理大厅。

7月1日

宁夏回族自治区农牧厅与中国人民财产保险股份有限公司宁夏分公司联合印发《关于开展农业机械综合保险试点工作的通知》，要求按照"政策扶持、保障适度、费率合理、操作简便、机手自愿"的原则，在全区范围内开展农业机械综合保险试点工作。

7月18日

农业部下达宁夏回族自治区第二批农机购置补贴资金6 390万元。

8月30日—9月1日

宁夏回族自治区农机农艺融合示范园区现场观摩培训会在固原市原州区召开，会议从北到南现场观摩全区12个农机农艺融合示范园区，听取各县（市、区）创建示范园区的好经验好做法，查找不足，明确方向。

9月28日

宁夏回族自治区农牧厅召开全区"三秋"农业机械化生产现场推进会。安排布置全区农机深松深翻土地、玉米全程机械化生产和粮食烘干工作会议。宁夏回族自治区农牧厅副厅长赖伟利主持会议、厅长王文宇参加会议并做重要讲话；农业部农业机械化技术开发推广（监理）总站站长刘恒新、办公室主任姚海全程参加会议并给予现场指导。

10月15—18日

宁夏回族自治区农业机械化管理局组织相关人员采取实地查看、走访用户、查验资金补助程序、查阅档案资料等形式，《对2016年新型农业经营主体粮食机械化烘干项目》执行情况进行检查。

10月19日

宁夏回族自治区人民代表大会常务委员会组成执法检查组，对全区实施《安全生产法》情况开展执法检查。宁夏回族自治区人民代表大会副主任吴玉才带领人民代表大会部分常务委员、人民代表大会财政经济委员会委员对全区农机安全生产情况进行实地检查，并在吴忠市利通区鑫盛源农机作业公司检查农机安全生产管理情况，召开座谈会。宁夏回族自治区农牧厅副巡视员周生俊、农业机械化管理局局长虞景龙陪同检查。

10月19日

宁夏回族自治区人民政府副主席曾一春到贺兰县、平罗县实地调研秋冬农业生产一粮食烘干和机深松整地等情况，宁夏回族自治区农牧厅副厅长马新民陪同调研。

11月1日

在固原市彭阳县召开宁夏回族自治区秋覆膜暨农田残膜回收利用现场观摩

会。中南部 11 个县(市、区)农牧局、农业机械化推广中心负责人、农机作业公司、残膜回收网点及加工企业负责人 70 余人参加会议。

11 月 20—25 日

宁夏回族自治区农业机械化管理局组织相关专家对全区 17 家新建农机作业公司建设项目进行检查验收。

11 月 21—25 日

宁夏回族自治区农业机械化管理局组织相关人员对中南部 11 个县(市、区)旱作节水农业项目实施情况进行检查验收。

新疆维吾尔自治区

2015 年 12 月 8 日

2015 年新疆维吾尔自治区农机市场监管及质量投诉监督工作培训班举办,共 50 人参加培训。

12 月 11 日

新疆维吾尔自治区农牧业机械管理局邀请自治区党委副秘书长杨力作"从先进理念看新疆新发展、新稳定、新未来"的专题辅导报告,深入学习贯彻落实党的十八届五中全会和自治区党委八届十次全委(扩大)会议精神。

12 月 11 日

由新疆维吾尔自治区农牧业机械管理局与农业经济局联合举办第一批农机合作社理事长培训班,50 名农机合作社理事长参加培训。

12 月 29 日

新疆维吾尔自治区农牧业机械管理局召开党组领导班子"三严三实"专题民主生活会,自治区农业厅厅长艾克拜尔·吾甫尔一行到会指导。

2016 年 1 月 21 日

新疆维吾尔自治区农牧业机械管理局印发《关于公布 2016 年新疆维吾尔自治区农机推广鉴定产品种类指南的通知》,公布 2016 年度可以受理推广鉴定的耕整地机械等 12 类、78 种农机产品及鉴定依据的推广鉴定大纲。

1 月 26 日

新疆维吾尔自治区农机工作会议召开。新疆维吾尔自治区农业厅党组书记朱岗出席会议并讲话,自治区农牧业机械管理局党组副书记、局长木合塔尔·艾沙作工作报告,自治区农牧业机械管理局党组书记贾立新主持会议并作会议总结。

2 月 3—6 日

为做好春节期间农机安全生产工作,新疆维吾尔自治区农牧业机械管理局局长木合塔尔·艾沙一行督查部分地区农机安全生产工作。

2 月 23 日

新疆维吾尔自治区人民代表大会副主任董新光一行来自治区农牧业机械管理局,调研农业机械化发展总体情况和农机立法、执法工作。

2 月 26 日

新疆维吾尔自治区农牧业机械管理局"访惠聚"工作第 3 批住村工作组,顺利进驻巴楚县色力布亚镇阿克墩结米(13)村。新疆维吾尔自治区农牧业机械管理局党组书记、"访惠聚"活动第 2 批住村工作组组长贾立新一同前往。

3 月 7 日

新疆机械研究院股份有限公司承担的自走式棉秆收割机打捆机研制、水平摘锭式采棉头研制、4QZ—2200 自走式青黄贮饲料收获机、4YZT—7 型自走式玉米专用籽粒收获机研制及生产 4 项自治区农业机械化科技研发项目通过专家组验收。

3 月 7—26 日

新疆维吾尔自治区农机推广系统高级人才培训班举办。50 名农机推广人员参加 20 天的全脱产培训。

3 月 8—10 日

新疆维吾尔自治区农牧业机械管理局召开培训会议,对《2015 年农机化管理统计年报》数据进行集中审核。

3 月 11—12 日

2016 新疆农机购置补贴政策暨系统软件培训班举办,新疆维吾尔自治区农牧业机械管理局局长木合塔尔·艾沙,党组成员、纪律检查组长原晋南出席并作重要讲话。共 130 余人参加培训。

3 月 15—17 日

新疆维吾尔自治区农牧业机械管理局举办农机安全生产执法培训班,并对"平安农机"创建工作进行总结表彰。

3 月 24 日

新疆维吾尔自治区农牧业机械管理局发布《2016 年重点领域和关键环节农机化主推技术》。

3 月 28 日

新疆维吾尔自治区农业机械标准化技术委员会召开第 3 届农业机械标准化技术委员会秘书处工作会议,农业机械标准化技术委员常务副主任裴新民,农业机械标准化技术委员部分委员,农业机械标准化技术委员秘书处全体成员 10 余人参加会议。

3 月 30—31 日

新疆维吾尔自治区农牧业机械管理局党组书记贾立新一行前往吐鲁番市调研指导农业机械化春耕生产工作。

4 月 2 日

新疆沙湾县首个采棉机服务中心揭牌。

4 月 3—6 日

新疆维吾尔自治区农牧业机械管理局党组成员、副局长依米提·肉孜一行在喀什地区开展农机春耕生产督查检查工作。

4 月 5 日

工业和信息化部 2016 年第 17 号公告,公布新疆农机产品质量监督管理站负责起草制定的 4 项机械行业标准:JB/T 12823—2016《核桃破壳机》、JB/T 12825—2016《辣椒收获机》、JB/T 12827—2016《甜菜割叶切顶机》、JB/T 12828—2016《自走式番茄收获机》,于 2016 年 9 月 1 日实施。

4 月 5—8 日

新疆维吾尔自治区人民代表大会副主任董新光率领调研组到和田地区开展农业机械化发展情况调研。

4 月 12—15 日

新疆维吾尔自治区农牧业机械管理局党组书记贾立新一行和自治区党组成员、纪检组长一行分别到哈密市和阿勒泰市调研指导农业机械化春耕生产工作。

4 月 18—21 日

新疆维吾尔自治区人民代表大会主任董新光率领调研组来昌吉回族自治州开展农业机械化发展情况调研。

4 月 20 日

2016 年新疆农机综合信息服务平台培训班举办。

4 月 21—22 日

农业部专家组到新疆维吾尔自治区开展农机购置补贴落实延伸绩效管理实地考核工作,采取座谈和实地考核的方式进行。

4 月 26 日

新疆维吾尔自治区农牧业机械管理局党组书记贾立新一行到巴州调研指导农业机械化春耕生产工作。

4 月 26—28 日

由农业部农产品加工机械质检中

心副主任吴文科、新疆质量技术监督审核评价中心张海英部长为组长的农业部专家评审组和自治区专家评审组一行5人，对农业部棉花机械质量监督检验测试中心和新疆维吾尔自治区农牧业机械产品质量监督管理站进行计量认证和审查认可“双认证”现场评审，并基本通过。

4月18日—5月3日

财政部预算评审中心考核工作组到新疆维吾尔自治区开展农机购置补贴政策绩效评价，深入昌吉市和新源县开展实地调研。

5月12日

新疆维吾尔自治区农牧业机械管理局总工程师裴新民一行到沙湾县对棉花生产全程机械化示范项目(农业部)开展调研。

5月12日

新疆维吾尔自治区农业机械标准化技术委员会组织召开2016年农机地方标准复审专家评审会议。

5月15—21日

新疆维吾尔自治区人民代表大会副主任董新光率领自治区人民代表大会农村工作委员会、自治区农牧业机械管理局一行赴山东省、江苏省考察调研农业机械化工作。

5月23—28日

新疆农机科普“最后一公里”系列丛书(汉文版)参加新疆维吾尔自治区党委组织部组织的第3届全国党员教育培训教材展示交流活动初审阶段。

5月23日

新疆维吾尔自治区农业机械考试员培训班举办。80名监理员参加培训。

5月31日—6月3日

新疆维吾尔自治区农机检验员培训班举办。51名基层农机监理人员取得检验员资格证书。

6月16日

由新疆维吾尔自治区农牧业机械管理局主办的“全国农机安全生产咨询日”活动在喀什地区巴楚县色力布亚镇举行。

6月16—17日

新疆维吾尔自治区农牧业机械管理局局长木合塔尔·艾沙一行调研组到奇台县、吉木萨尔县开展农业机械化工作调研。

6月17日

新疆农机产品质量监督管理站获得新疆维吾尔自治区质量技术监督局的资质认定，证书有效期为2016年6月17日至2022年6月16日。

7月8日

农业部棉花机械质量监督检验测试中心获得农业部的审查认可认定，具备12类、77个产品的检测能力，证书有效期为2016年7月8日至2019年7月7日。

7月14日

中国农业大学教授中国农业机械化发展研究中心主任杨敏丽在昌吉回族自治州农机推广站站长正高级工程师李继红的陪同下，走访调研农机专业合作社。

7月20日

新疆维吾尔自治区农牧业机械管理局再次获得农业部2015年度农机购置补贴落实延伸绩效管理试点工作优秀单位称号。

7月26日

新疆维吾尔自治区政治协商会议党组副书记、常务副主席白志杰一行与地、县两级领导一起看望慰问自治区农牧业机械管理局住村干部，并调研指导“访惠聚”工作。

7月28日

新疆维吾尔自治区财政厅、农牧业机械管理局联合制定印发《关于做好农机安全监理机构经费保障工作的通知》，确保全区各级农机安全监理机构依法履行农机安全执法监管职责。

8月11—13日

新疆维吾尔自治区农业厅党组成员、农牧业机械管理局党组书记贾立新带队，赴长春市参观第15届中国长春国际农业·食品博览(交易)会。

8月15日

新疆维吾尔自治区农牧业机械管理局发布《新疆维吾尔自治区农业机械推广鉴定实施办法(试行)》。

8月18日

新疆维吾尔自治区农牧业机械管理局党组成员、副局长依米提·肉孜到喀什地区检查2011—2015年自治区财政扶持农业机械化发展专项资金项目执行情况。

8月22—24日

“2016新疆农业机械博览会”在新疆中亚农机·机电物流园盛大开幕。来自国内外300多家农机企业的3 000余种机械产品以及智能化、高性能新型农机产品参展。

9月18日

新疆维吾尔自治区农牧业机械管理局农牧业机械管理局农牧业机械管理局召开党组(扩大)会议，学习传达“自治区深入贯彻落实习近平总书记关于新疆工作总目标再动员会议”精神，研究贯彻落实的意见。

9月24日—10月5日

新疆维吾尔自治区农牧业机械管理局局长木合塔尔·艾沙一行赴定点扶贫村调研督导精准扶贫工作，并住村蹲点，了解精准扶贫进展情况。

10月1—5日

新疆维吾尔自治区农牧业机械管理局局长木合塔尔·艾沙、副局长依米提·肉孜分别带领两个督查组赴部分地州开展国庆节期间农机安全生产工作大检查。

10月10日

由新疆农机产品质量监督管理站负责组织修订的《圆盘耙》《棉花收获机》两项部级推广鉴定大纲获农业部发布，于2016年11月1日实施。

10月12日

农业部在昌吉市召开全国农业机械化科技创新座谈会，总结“十二五”农业机械化科技创新工作成效经验，部署“十三五”农业机械化科技创新工作。

10月13—15日

农业部督导组来伊犁哈萨克自治州、博尔塔拉蒙古自治州，督导检查农机深松整地工作，重点调研主要农作物全程机械化推进、农业机械化科技创新与推广、农机购置补贴政策实施等方面的情况。

10月17日

由阿勒泰地区农机推广总站自主研发的滴灌带回收机(专利号：201620124646.5)初试成功。

10月19日

新疆维吾尔自治区科技创新、科学技术奖励大会隆重召开，自治区农牧业机械管理局提交的“加快农机科技创新、推动农业机械化转型升级”被列入“大会交流材料汇编”中。

10月27日

新疆维吾尔自治区农牧业机械管理局印发《关于呈送〈新疆维吾尔自治区农业机械管理条例(修订)〉立法后评估报告的报告》和《关于报送2017年自治区人民政府立法计划项目建议的报告》报送自治区人民代表大会常务委员会和法

制办。

11 月 8 日

新疆维吾尔自治区农机系统 4 人入围《2014—2016 年全国农牧渔业丰收奖贡献奖》。

11 月 17—18 日

新疆维吾尔自治区农机合作社管理人员培训班在新疆农业职业技术学院举办，自治区农牧业机械管理局局长木合塔尔·艾沙及有关处室领导出席开班并讲话，来自各地州的农机合作社理事长、基层农机局辅导员 50 余人参加培训。

11 月 25 日

新疆维吾尔自治区农牧业机械管理局举办“与法同行万人宣讲活动”，自治区农牧业机械管理局局长木合塔尔·艾沙作宣讲报告。

11 月 28—30 日

2016 年新疆维吾尔自治区农机政策法规与质量投诉培训班举办，自治区农牧业机械管理局局长木合塔尔·艾沙出席开班典礼并作重要讲话。

11 月 30 日

全疆累计投入深松机械 2 323(台)套，完成深松整地面积 440.67 千公顷，完成农业部下达任务的 115.96%。

大 连 市

2016 年 3 月 23 日

大连市农机质量监督管理站举办深松作业远程信息化监测系统培训研讨会。市农机质量监督管理站主要负责人、各区市农机主管部门管理科长等参加会议。

4 月 28 日

大连市农村经济委员会主任刘明智参加市十五届人民代表大会常务委员会第二十四次会议，做《关于市人大常委会视察组视察大连市实施〈中华人民共和国农业机械化促进法〉和〈辽宁省农业机械化促进条例〉情况所提建议整改情况的报告》。

6 月 1 日

召开大连市 2016 年农业机械化工作暨廉政风险教育会议；会议传达国家和辽宁省农业机械化工作会议精神；解读 2016 年农业机械化政策；开展警示教育；签订农业机械化工作和农机购置补贴工作责任书。县区主管局长和科长、推广站站长和监理所所长，大连市农机推广站和农机监理所领导及相关科长等 40 余人参加会议。

7 月 22 日

由大连市农村经济委员会、市总工会、市人力资源和社会保障局联合举办的大连市首届农机手大赛在金普新区登沙河街道举行。全市 75 余名农机手参加比赛，来自旅顺口区永锋农机合作社的李永锋获得冠军。

8 月 18 日

于瓦房店市元台镇举办大连市“互联网＋农机作业”信息化监测系统演示会并同时召开“互联网＋农机作业”信息化监测工作动员会。大连市农村经济委员会农机处、农机推广站、农机安全监理所相关人员，各区市农机主管部门分管局长、科长、推广站长，农机合作社、农机大户代表等 80 余人参加会议。

11 月 11 日

在北京举办的“五征杯·第三届中国农机手大赛总决赛”上，旅顺口区永锋农机专业合作社农机手李永锋从全国经过层层选拔的 500 位精英机手中脱颖而出夺得冠军，摘得第三届“中国机王”桂冠，为大连争光。

宁 波 市

2016 年 1 月 21 日

宁波市农业机械化服务总站办公地点由海曙区文化路 14 号搬迁至海曙区宝善路 220 号农业局大楼 7 楼。

2 月 3 日

宁波市农业机械化服务总站站长葛建平带领农机安全生产检查组深入奉化市、鄞州区乡村道路、农机专业合作社检查农机春运秩序和安全隐患排查整治情况，听取两地春节期间农机安全管理制度落实情况汇报。

3 月 2 日

青岛市农业机械管理局局长陈志颖带队的农业机械化工作考察组考察宁波市粮食烘干机械化工作。

3 月 9 日

全市农机安全监管工作会议召开。会议总结“十二五”农机安全监管工作的成效和经验，分析当前农机安全生产形势，研究提出“十三五”加强农机安全监理工作的总体思路，部署 2016 年农机安全监管工作任务。宁波市农业机械化服务总站站长葛建平作工作报告，市农业局党委委员、巡视员张玉申同志出席会议并讲话。

3 月 17 日

浙江省农业机械管理局调研员蔡潮永等一行到余姚对农业领域“机器换人、设施增地”进行调研。

3 月 18 日

全市农机化工作会议召开。会议传达全国、全省农业(农机)工作会议，市农村、农业工作会议精神，总结交流“十二五”和 2015 年农机化工作，分析当前农业机械化发展形势，研究部署“十三五”和 2016 年农业机械化重点工作，签订农机购置补贴实施工作责任书。宁波市农业机械化服务总站站长葛建平作工作报告，市农业局党委委员、巡视员张凤谦代表农业局党委讲话。

4 月 1 日

全省榨菜机械化收割现场会在余姚市泗门镇举行。来自浙江省、宁波市农机系统的专家以及全省各榨菜产区的种植大户在现场观摩宁波特能机电公司自主研发生产的第 3 代榨菜收割机机械化收割榨菜。

截至 5 月 4 日

宁波市春耕生产农业机械化作业服务已基本结束。

5 月 11 日

浙江省农业厅厅长林健东、省农业机械管理局局长王建伟一行实地调研考察鄞州天胜四不用农场、创宁粮机合作社等地，听取鄞州区、慈溪市相关领导及经营主体汇报。宁波市人民政府副市长林静国、副秘书长金伟平，市农业局局长李强、副局长陈世本、总农艺师徐震宇，市农业机械化服务总站站长葛建平及鄞州区、慈溪市党委人民政府领导、农业部门负责人陪同调研。

5 月 16 日

宁波市农业局印发严政、李季炜任宁波市农业机械化服务总站副站长职务任免通知。

5 月 23 日

宁波市农业局印发陈松林任宁波市农业机械化服务总站综合处处长、丁华任宁波市农业机械化服务总站农机化管理处处长；吕长淮任宁波市农业机械化服务总站农机装备处处长；石国伟任宁波市农业机械化服务总站农机安全监理处处长；范蓉、陈群任宁波市农业机械化服务总站调研员；李仁明、李玉兵、高宏、潘晓东任宁波市农业机械化服务总站副调研员；张宁、缪峰、王光辰、高艳、黄曙敏、卢志坚、邵滢任宁波市农业机械化服务总站主任科员职务任免通知。

5 月 27 日

宁波市农机购置补贴工作会议召开。

5 月

余姚市被农业部办公厅评为全国首批基本实现主要农作物生产全程机械化示范县，成为宁波市唯一一家(浙江省内两家)成功创建的县。

5 月

宁波市农业局牵头市安全生产监督管理局、市公安局等部门深入开展“十三五”创建“平安农机”活动和平安护航 G20 大会战“平安农机”专项行动。

6 月 7 日

全市农机安全监管工作会议暨宁波市外省籍拖拉机驾驶人安全教育现场会召开。会议传达全国农机安全监管工作会议精神，通报第 2 轮外省籍拖拉机专项整治工作情况。宁波市农业局党委委员、巡视员张玉申同志着重就安全护航 G20 杭州峰会做好农机安全监管工作，提出工作要求。会议邀请宁波市农业机械化服务总站调研员陈群同志为外省籍拖拉机驾驶员进行授课。

6 月 16 日

宁波水稻机械精量穴直播现场会暨技术培训会在余姚市举行。宁波市农业局党委委员、巡视员张凤谦在会上讲话。培训会邀请中国水稻研究所研究员章秀福和宁波农机推广中心副主任施志权分别讲解水稻机械精量穴直播技术以及宁波水稻机械精量穴直播试验情况。参会人员还赴余姚市朗霞街道大昌农机合作社，现场观摩上海世达尔、宁波矢崎、浙江博源等水稻机械精量穴直播技术演示。

6 月 23 日

浙江省副省长黄旭明在省人民政府办公厅《浙江政务信息(专报)第 784 期》“余姚市成功创建全国首批基本实现主要农作物生产全程机械化示范县的主要做法”上批示：余姚做得很好，建议印发各市县参阅借鉴。

7 月 7 日

全市现代农业装备技术培训班在宁海举办。宁波市农业机械化服务总站副站长严政在开班仪式上作动员讲话。培训班邀请浙江理工大学教授李革、浙江大学宁波理工学院博士张方明、宁波大龙农业科技有限公司高级工程师庞利民、绿农航空植保科技有限公司高级工程师孙西廷、宁波宏泰公司陈勇等专家分别作了现代农业装备发展现状及前景展望、农机智能化技术、设施农业机械化技术发展、现代农业机械植保技术、智慧农机 GIS 管理系统培训等专题授课。

7 月 27 日

宁波市农业局印《发关于成立宁波市农业局智慧农业云平台建设领导小组的通知》。领导小组组长由宁波市农业局局长李强担任。领导小组办公室设在市农业机械化服务总站，市农业机械化服务总站站长兼任办公室主任，副站长严政、农机装备处处长吕长淮任副主任。通知还明确领导小组办公室的工作职责。

7 月 29 日

全市农机安全监管工作会议召开。会议通报上半年度农机安全生产事故情况；解读 2016 年度农机安全生产考核内容，总结交流上半年农机安全监管工作，部署下半年农机安全监管主要工作，重点传达部署浙江省农业厅《关于 G20 峰会期间限制上道路拖拉机在杭行驶专项方案》的文件精神。宁波市农业局党委委员、巡视员张玉申同志参加会议，并就保障 G20 峰会农机安全生产工作提出工作要求。

截至 7 月底

全市双夏农机作业服务基本结束。2016 年“双夏”共集中组织 2 100 余台高效联合收割机、2 000 多台高性能插秧机、近 8 000 台(套)拖拉机及配套机具以及 1 000 多台烘干机等投入农业机械化生产，完成 10 000 多公顷早稻机割、12 000 公顷连作晚稻的机插、5.3 万吨粮食烘干等农机作业服务任务。“双夏”期间，共维修保养拖拉机、收割机、插秧机、旋耕机、水泵等各类农机具 15 000 余台套。开展农机使用操作和维修保养培训班 35 期，培训各类人员 1 600 多人。做好各类物资组织供应，储备近 3 500 万元农机具及配件，开通“农机 110”服务热线，组建 7 个“双夏”跨区作业接待站，引进高性能跨区作业机械 200 多台，有效保障全市“双夏”生产服务。

8 月 16 日

浙江省农业机械管理局副局长布明华在鄞州督查指导农机安全生产工作。

9 月 8 日

宁波市农业机械化服务总站召开农业“机器换人”示范创建工作布置会。市农业机械化服务总站站长葛建平出席会议并讲话。会议传达浙江省人民政府办公厅、省农业厅关于农业“机器换人”有关文件精神，听取各县区农业“机器换人”示范工程创建申报工作的意见建议。市农机总站副站长严政进行动员部署。未来 5 年，宁波市计划建成 3 个农机装备水平高、全程服务能力强、创业创新活力大、安全生产形势好的示范县，15～20 个产业特色突出、装备应用全面、服务机制灵活的示范乡镇，50 个左右机械化、设施化、智能化程度高的示范基地。

9 月 18 日

宁波市农业机械化服务总站举办农机修理工职业技能培训班。宁波市农业机械化服务总站副站长李季炜做动员讲话。培训班聘请金华职业技术学院教授熊永森、星光和洋马公司修理专业技术人员组成富有教学经验的师资力量，进行为期 3 天的强化培训。经过考核，选拔出 3 名优秀选手组成宁波市代表队参加省维修技能比赛。

9 月 22 日

宁波市农业机械化服务总站召开全市变型拖拉机信息管理工作会议。

9 月 23 日

宁波市委办公厅、市人民政府办公厅印发《关于表彰平安护航 G20 杭州峰会先进集体和个人的通报》，市农业机械化服务总站农机安全监理处陈群同志获得先进个人称号。

9 月 28 日

宁波市农业机械化服务总站站长葛建平带领市监理处、警务室相关同志到奉化检查指导国庆节前农机安全生产工作。

10 月 18 日

宁波市安全生产委员会办公室印发关于公布 2016 年“安全生产月活动”先进单位和获奖名单的通知，宁波市农业机械化服务总站获得市级先进单位称号。

10 月 20 日

宁波市农机服务体系建设工作座谈会召开。

10 月 21 日

宁波市农业局印发《宁波市农业领域“机器换人”推进行动计划》，行动计划以全面推进农业领域“机器换人”为目标，以补短板强优势为主线，以“三优三强”抓手，以提高主要农作物生产全程机械化和特色产业机械化水平为重点，明确“十三五”期间宁波市农机部门的主要工作目标、任务及措施。

10 月 24 日

农业部办公厅印发《关于公布 2016 年全国农机合作社示范社名单的通知》，余姚市上塘农机服务专业合作社、象山县联富农机服务专业合作社榜上有名，新晋为全国农机合作社示范社。

11 月 9—10 日

浙江省农业机械管理局副局长王建松、购机补贴办公室主任苗承舟等一行对余姚、慈溪农机生产企业进行调研，宁波市农业机械化服务总站站长葛建平陪同调研。

青 岛 市

2016 年 1 月 19 日

全国农业机械化工作会议在北京召开。青岛市农业机械管理局局长陈志颖在大会上做了《强化监管，促进农机化事业持续健康快速发展》的典型发言，受到与会人员的好评。

1 月 21 日

全市农机工作会议召开。会议的主要任务是深入贯彻中央和省委农村工作会议、全国和省农机工作会议精神，全面总结 2015 年及“十二五”全市农机工作，深入分析当前农机化发展面临的形势和任务，研究部署“十三五”和 2016 年工作重点。青岛市农业机械管理局局长陈志颖出席会议并作讲话。同时签订 2016 年度农机安全生产责任书。

1 月 26 日

青岛市农机教育培训工作会议暨第一期农机教师培训班召开。青岛市农业机械管理局副局长徐振峰参加会议并讲话。

1 月 29 日

青岛市农业机械管理局召开 2015 年度机关总结表彰会。

2 月 23 日

青岛市农业机械管理局分 5 个小组，由局领导带队，赴各区、市调研农机工作，加强春季农机化生产工作指导。农业机械管理局局长陈志颖一行 3 人赴胶州市调研农机工作。

3 月 8 日

青岛市农业机械管理局局长陈志颖一行赴黄岛区调研春季农业机械化生产工作。

3 月 9 日

青岛市农业机械管理局局长陈志颖一行赴莱西市调研农机工作。

3 月 11 日

青岛市农业机械管理局局长陈志颖赴即墨市检查指导农机工作。

3 月 17—18 日

青岛市农业机械管理局举办全市农机安全宣教工作培训班。

4 月 1 日

青岛市农业机械管理局局长陈志颖一行赴平度市调研农机工作。实地察看了马铃薯机械生产企业青岛菲尔特工业有限公司和青岛杨家顶子农机合作社与平度市人民政府分管领导进行座谈。

4 月 20 日

青岛市农业机械管理局副局长程兴谟做客青岛新闻网《民生在线》栏目。围绕“抓好安全生产，为农机化健康发展保驾护航”主题与广大网友进行交流，相关处室人员一同参加。

4 月 26—29 日

财政部委托财政部预算评审中心对青岛开展农机购置补贴政策重点绩效评价。此次评价采取座谈及现场核查的方式。

4 月 29 日

青岛市人民政府决定，免去朱经凡的青岛市农业机械管理局副巡视员职务，朱经凡同志因年龄原因退休。

5 月 6 日

青岛市农业机械管理局召开购机补贴工作会议。青岛市农业机械管理局领导班子成员，副处级以上干部及各区市农机局局长、计财科长和财政部门相关人员参加会议。

5 月 10—11 日

青岛市推进全程机械化现场观摩会召开，青岛市农业机械管理局机关副处级以上干部，四市和黄岛区农机局局长，崂山区、城阳区、红岛经济区分管局长等参加会议。会议分实地观摩和总结两个阶段进行。市农业机械管理局局长陈志颖作总结讲话。

6 月 15 日

青岛市农业机械管理局局长陈志颖带领办公室、计财处有关人员赴平度市检查农机购置补贴、“三夏”农机作业和农机安全生产等工作。

6 月 16 日

青岛市农业机械管理局局长陈志颖带领办公室、计财处有关同志赴莱西市检查指导“三夏”农机工作。

6 月 17 日

青岛市农业机械管理局与山东理工大学联合召开“三夏”保护性耕作现场演示会，目的是为了展示与保护性耕作技术相关的卫星导航、智能农机、精准作业、生态沃土等先进技术。参加会议的有农业部农业机械化技术开发推广总站推广一处副处长张园、山东省农业机械管理局副巡视员侯英忠、青岛市农业机械管理局局长陈志颖、山东理工大学副校长杜瑞成、有关农业机械专家教授、黄岛区、四市农机局分管局长、保办主任及合作社机手、有关厂家工作人员等。

7 月 8 日

青岛市农业机械管理局召开机关半年总结会。青岛市农业机械管理局局长陈志颖做重要讲话，会议由副局长闫文圣主持。会上，各处、站负责人汇报上半年的基本工作情况和下半年的工作打算，并进行了处(室)、站和工作人员半年评议。

7 月 15 日

青岛市人民政府党组成员张大勇到市农业机械管理局调研农机工作暨扶贫工作。市农业机械管理局领导班子成员及办公室、监管处负责人参加座谈；青岛市农业机械管理局局长陈志颖汇报近年来全市农机工作暨扶贫工作情况。

7 月 21 日

青岛市质量技术监督局组织召开专项会议，评审市农业机械管理局制定的《小麦玉米一年两作保护性耕作技术规程》《小麦玉米一年两作保护性耕作免耕播种作业技术规范》和《小麦玉米一年两作保护性耕作秸秆与表土处理作业技术规范》三项青岛市地方标准。青岛市质量技术监督局标准处处长高学龙主持评审会，市农业机械管理局副局长徐振峰出席会议。

8 月 19 日

青岛市人民政府决定，任命市农业委员会副主任史跃林兼任青岛市农业机械管理局局长，原局长陈志颖同志因年龄原因不再担任青岛市农业机械管理局局长职务。

8 月 30 日

青岛市农业机械管理局局长史跃林率督查组，赴莱西市督查民营、外资建设项目及农机工作情况。

9 月 1 日

青岛市农业机械管理局局长史跃林到平度市调研农机工作。

9月2日

青岛市农业机械管理局局长史跃林赴即墨市调研农机工作。

9月18日

青岛市农业机械管理局局长史跃林、副局长程兴漠等到黄岛区调研农机工作。

9月28日

青岛市农业机械管理局局长史跃林带领有关处室负责人到第一书记驻村莱西市南墅镇山前庄村调研指导工作，并对新一年的驻村帮扶工作提出要求。

9月29日

全市秋收秋种现场会在平度市蓼兰镇召开，与会人员观摩了农机作业现场、小麦宽幅精播、水肥一体化滴灌节水栽培技术、休耕轮作试验，参观平度种业科技博览馆，各区、市交流“三秋”农业生产工作推进情况，市农业委员会副主任、市农业机械管理局局长史跃林出席会议并讲话。

10月9日

青岛市人民代表大会常务委员会主任王文华、副主任吴淑玲、邹川宁、高岩带领部分常委会委员到黄岛区藏马镇视察秋季农机作业现场，青岛市委常委王建祥、青岛市人民政府副市长栾新、青岛市农业委员会主任由翠玉、青岛市农业机械管理局副局长闫文圣陪同视察。

10月10日

全市“三秋”保性耕作技术培训班在胶州市胶北街道办事处举办。农业部保护性耕作研究中心主任李洪文，青岛市农业机械管理局局长史跃林、副局长徐振峰，黄岛区、四市农机局分管局长、保护性耕作办公室主任、部分农机合作社机手及种粮大户近300人参加会议。

11月3日

青岛市农业机械管理局局长史跃林带队赴青岛农业大学调研。青岛农业大学校长宋希云、副校长原永兵会见了调研组一行。双方希望就农业机械化科技成果转化、人才培养、服务地方经济发展等方面开展合作。

厦门市

2015年12月24日

农业部、国家安全监管总局公布2015年全国“平安农机”示范县（区、市）、农机安全监理示范岗位标兵名单，厦门市集美区被评为2015年全国“平安农机”示范县（市、区）。

2016年1月15日

厦门市农业机械监理所组织农业科技下乡服务队参加市委宣传部在同安区新民镇溪林村组织的“三下乡”活动。

1月19日

厦门市人民政府安全生产委员会办公室安全考评组到市农业局，开展2015年度农机安全生产目标管理责任考评。

1月28日

福建省农业厅农机安全生产目标责任考评组到厦门市开展2015年农机安全生产目标责任考评。

2月17日

厦门市农业局印发《厦门市农机事故应急处理预案》，并组建市农机事故调查处理专家组和应急救援队。

3月24日

厦门市农业局召开第一季度农机安全生产形势分析会，市、区农机管理部门负责人、主要业务人员参加会议。

4月22日

农业部农业机械化管理司专家组到厦门市开展农机购置补贴绩效实地考核，并深入到翔安区开展检查。

4月26日

财政部农机购置补贴绩效评估检查组到厦门市开展绩效评估工作，深入到翔安区、同安区开展检查，并与农机经销商、购机农户开展座谈和问卷调查。

4月29日

厦门市农业局印发《2016年厦门市农机化和农机安全工作要点》，并下达“2016年厦门市农机化发展重大目标任务表”。

5月6日

厦门市农业局召开2016年厦门市农机化和农机安全工作会议。市、区农业、农机部门等相关单位人员30多人参加会议。厦门市农业局副局长邱武伟参加了会议。

厦门市农业局召开全市农机购置补贴实施工作部署会和农机购补廉政风险警示教育会，市纪委驻市农业局监察室主任叶水撰结合廉政案件的查处，就农机购置补贴廉政风险防控作了专题的讲课。

5月23日

厦门市农业局和市财政局联合印发《厦门市农业局　厦门市财政局关于做好2016年农业机械购置补贴实施工作的通知》。

6月21日

厦门市农业局联合同安区农林水利局在同安区洪塘镇新霞村举办2016年厦门市农机安全生产月宣传咨询日活动，市农业局副局长邱武伟莅临现场指导，市、区、镇农机部门、同安区安监局、同安区交警大队和农民群众、农机手共300余人参加。

厦门市农业局联合同安区农林水利局在同安区洪塘镇联合举行2016年农机事故应急救援演练，市、区、镇农业（农机）部门及部分机手约50人参加，同安区安监局、交警大队派人现场指导。

6月30日

厦门市农业局和市公安局联合印发《厦门市农业局　厦门市公安局关于进一步加强多功能拖拉机交通安全专项整治工作方案的通知》。

7月7日

厦门市农业局成立农机安全生产工作领导小组，农业局局长吕参军任组长，农业局副局长邱武伟任副组长，成员由各有关处室、市农业机械监理所负责人组成。设立农机安全生产领导小组办公室，办公室挂靠在市农业机械监理所。

7月14日

厦门市农业局组织召开第二季度农机安全生产暨多功能拖拉机整治工作会议，市、区农机管理部门负责人、有关业务人员20多人参加会议，市农业局副局长邱武伟到会并作讲话。

7月27日

《厦门日报》以半版的版面刊发“买农机可申请补贴”的报道，专题解读市农机购置补贴实施政策。

8月10日

厦门省农机安全督导组莅临厦门开展2016年上半年农机安全生产工作督导检查。

8月25日

福建省道路交通安全综合整治“三年行动”工作领导小组办公室督查组督导检查厦门市上半年农机安全综合整治工作，听取了厦门市上半年农机安全综合整治工作情况的汇报，查阅了相关台账。

8月31日

厦门市农业局副局长邱武伟到同安区开展农机安全工作督导检查。

9月1日

中共厦门市委机构编制委员会办公室印发《关于厦门市农业行政执法支队

与厦门市农业机械监理所合并的批复》，合并后的机构名称为“厦门市农业行政综合执法支队”，加挂“厦门市农业机械监理所”。

9月18日

“莫兰蒂”台风登陆厦门，全市农业受损严重。厦门市农业机械监理所副所长王洪铭带领市、区相关农业、农机技术人员深入基层，了解灾后农业生产恢复工作和农资农机储备情况。

10月20日

厦门市农业局组织召开2016年第三季度农机安全生产形势分析会，市、区农机管理部门负责人、有关业务人员20多人参加会议。

10月28日

厦门市农业局(市委农村工作领导小组办公室)印发《厦门市农业行政综合执法支队(厦门市农业机械监理所)任免职通知》，杨强任支队长(所长)，张新民任正处级稽查专员，王洪铭、邱宏东、王荣乐任副支队长(副所长)，孙传芝任调研员。

福建省农业厅、省安全生产监督管理局“平安农机”考评组一行5人对海沧区创建全国“平安农机”示范区工作进行考评。

11月17—23日

为扎实推进全市农机道路交通安全和事故隐患整治工作，有效预防和减少多功能拖拉机道路交通事故的发生，由厦门市交通运输局安全生产办公室牵头，组织市农业机械监理所和各区道路交通安全办公室、公安交警大队、农机等部门，在岛外各区开展多功能拖拉机专项执法行动。

11月30日—12月2日

由厦门市农业局牵头，抽调厦门市农业局、市财政局、市残疾人联合会、市农业行政综合执法支队有关人员组成两个督导检查组，对2016年农机购置补贴政策实施项目区进行督导检查。

新疆生产建设兵团

2016年3月23日

《兵团农业机械化推广基地评价指标体系(试行)》经新疆生产建设兵团领导同意，印发各师(市)、院(校)，兵团机关有关部门和直属机构。

5月24日

新疆生产建设兵团农业机械化管理局在乌鲁木齐召开农机购置补贴警示教育培训班。来自各师农机局局长、农机购置补贴业务人员，兵团财务局、兵团检察院、兵团农机推广站等60余人参加会议。会议传达全国农机购置补贴工作会议精神，开展农机购置补贴工作警示教育、讲解农机购置补贴工作操作程序、部署农机购置补贴工作和有关要求，并与各师农机局局长签订《2016年兵团农机购置补贴工作责任书》。

7月26日

新疆生产建设兵团制定印发《兵团机采棉脱叶剂喷施作业技术规程(实行)》，规范棉花脱叶剂喷施机具配置、药液配比等环节的作业行为。

8月19日

依据《兵团农业机械化推广基地评价指标体系(试行)》，对全兵团13个师，142个团场农业机械化推广基地发展水平进行评价，形成评价报告上报新疆生产建设兵团，得到兵团领导的肯定。

8月23日

新疆生产建设兵团农业机械化管理局与新疆维吾尔自治区农牧业机械管理局在昌吉共同举办新疆农机博览会，兵团组织近600人参加博览会。

10月8日

2016年农田残膜污染治理现场演示暨学术交流讨论会在石河子农垦科学院举行。来自国家发展和改革委员会、农业部以及新疆生产建设兵团发展和改革委员会、工业和信息化委员会、科技局、农业机械化管理局相关部门领导，中国工程院院士罗锡文、陈温福、瞿金平、陈学庚和来自全国各地的100多位专家、企业家对农田残膜污染治理问题进行研讨与现场观摩。会议展示了残膜捡拾打包机、秸秆还田残膜回收联合作业机等15种机型。

黑龙江省农垦总局

2016年1月4日

黑龙江省农垦总局农业机械化管理局接受总局安全生产委员会安全生产专项考核，考核组对垦区2015年度农机安全生产情况给予肯定，总局农业机械化管理局被评为“2015年度安全生产先进单位”。

2月24日

国家发展和改革委员会产业协调司机械装备处处长赵志丹、国家农业机械工业协会副会长侯庆忠一行3人到垦区对“现代农业机械关键技术重点农机装备示范应用项目”进行调研。

3月25日

黑龙江省农垦总局农业机械化管理局参加黑龙江省广播电台北大荒之声“民生在线”节目，现场回答垦区职工关注的农业机械化问题。

3月29日

按照黑龙江省农机安全监理总站通知要求，垦区恢复农业机械年度检验。并部署农机检验员培训工作。

4月11日

黑龙江省农机安全监理总站检查组到宝泉岭管理局，对垦区农机安全生产工作进行督导检查，重点是农机年检和农机普查工作，黑龙江省农垦总局农机安全监理站陪同检查。

5月1日

按照国家部委相关文件要求，垦区取消了拖拉机号牌(含号牌架、固定封装置)费、行驶证费、登记证费、驾驶证费、安全技术检验费等农机监理收费。

5月9日

黑龙江省农垦总局农业机械化管理局提请农垦总局办公室下发《关于加强垦区航化作业安全管理的通知》，要求农场农机管理部门负责查验通航企业资质并记录，进一步加强垦区农业航化作业安全管理。

7月2—15日

黑龙江省农垦总局农业机械化管理局派出3个检查组对9个管理局的21个农场进行了农机标准化创建、农机购置补贴、农机安全生产等3项重点工作检查。

7月21日

黑龙江省农垦总局农业机械化管理局经过详细调研，向农垦总局深化改革领导小组办公室提交了农机行业摸底调查报告，并于8月19日提交了《绥化、哈尔滨管理局农机行政职能改革意见》。

8月15日

黑龙江省农业委员会对《关于增补2016年黑龙江省农业机械推广鉴定产品种类指南的请示》给予答复，授权黑龙江省农垦总局负责农垦鉴定站业务工作管理，制定并定期调整本系统内的农机鉴定产品种类指南、计划；组织修订本系统内省级鉴定大纲，并进行公布。

9月23日

国际绿色经济协会创始人、执行会

长邓继海一行四人到垦区，以“推动经济与生态绿色发展，秸秆产业化发展”为主线，开展调研。

11 月 3—5 日

由山西省农业机械化管理局生产指导处处长令狐北久带队、新疆维吾尔自治区农业机械化管理局农机处处长马俊贵、江苏省农业机械化管理局安全监管处处长王云刚组成的全国农机深松第八督导组对黑龙江垦区二龙山农场、赵光农场农机深松整地工作进行督导检查。

11 月 24 日

黑龙江省农机监理总站副站长王尚勤一行 3 人到垦区牡丹江管理局庆丰、854 农场，就 2016 年农机安全监理年度工作目标完成情况进行考核。黑龙江省农垦总局农业机械化管理局副局长冯舟等陪同检查。

11 月 25 日—12 月 16 日

黑龙江省农垦总局农业机械化管理局派出 3 个检查组对 9 个管理局的 21 个农场进行农机标准化建设验收、农机购置补贴落实、农机安全生产等三项重点工作检查。

附　录

农业部部门规章及文件

农业部关于贯彻国务院《政府工作报告》部署切实做好2016年农机深松整地工作的通知

农机发〔2016〕1号

各省、自治区、直辖市及计划单列市农机(农业、农牧)局(厅、委、办),新疆生产建设兵团农业局,黑龙江省、广东省农垦总局:

开展农机深松整地,是改善耕地质量、提高农业综合生产能力、促进农业可持续发展的重要举措。党中央、国务院高度重视农机深松整地工作,已连续三年列入《政府工作报告》年度重点工作任务,作为量化指标督查考核。为贯彻落实2016年国务院《政府工作报告》部署,切实完成好今年"增加深松土地1.5亿亩"的目标任务,现就有关要求通知如下。

一、明确目标任务。根据《全国农机深松整地作业实施规划(2016—2020年)》,我部制定了2016年全国农机深松整地作业任务表(附件1)。各有关省(区、市)和垦区要加强组织领导,将作业任务逐级分解下达,层层落实责任,保质保量完成全年目标任务。

二、建立考核制度。根据国务院办公厅有关《政府工作报告》量化指标督查工作要求,从5月份起,我部将启动农机深松整地作业进度月报制度。各有关省(区、市)和垦区要每月一次按时报送《2016年农机深松整地作业进度统计表》(附件2)。重点省份应在秋季增加报告频次,每周报送一次作业进度以及相关工作动态。材料报送情况将纳入2016年农业机械化生产信息工作考核计分项目。我部将及时汇总各地农机深松整地工作进展情况(分别按完成面积和完成比例排序),定期上报国务院办公厅并通报各省,对完成任务较好的省份予以表扬。

三、加强装备支撑。各地要充分发挥农机购置补贴政策的引导作用,将深松作业机具作为中央和地方财政资金的补贴重点,优先满足农民购置大马力拖拉机、深松机、联合整地机等作业机具的需求,力争做到应补尽补、敞开补贴,加大补贴支持力度,切实提高深松作业机具装备水平。

四、开展作业补助。按照农业部、财政部《2015—2017年农业机械购置补贴实施指导意见》(农办财〔2015〕6号)的精神,已纳入《全国农机深松整地作业实施规划》的省份应积极开展深松整地作业补助试点,所需资金从农机购置补贴资金中统筹解决(不超过补贴资金总量的15%),具体操作办法参照《农业部办公厅关于开展农机深松整地作业补助试点工作的通知》(农办财〔2013〕98号)执行。各地要抓紧明确2016年农机深松整地作业补助试点区域和计划补助面积,因地制宜制定具体补助标准,优先确保深松作业补助资金,依据"先作业后补助、先公示后兑现"的原则实施。要积极争取增加地方财政资金投入,保障农机深松工作经费,持续调动农民积极性,加快农机深松技术的推广应用。深松作业补助面积较大的地区,可参照公开招投标等方式,择优确定装备实力较强、经营管理规范、社会信誉度高的农机合作社等农业生产经营组织承担深松作业任务。各地要严格补助资金发放管理,建立健全各项规章制度,妥善留存"农机深松整地作业补助资金发放明细表",以备审计和查验。

五、强化质量监控。各地要结合土壤类型、耕作制度等实际情况,因地制宜选择合适的农机深松整地作业模式和技术路线,加强技术培训和技术指导,不断强化农机手操作技能和质量意识,促进深松整地作业质量提高。深松作业补助项目区要在搞好人工抽查的基础上,积极采用物联网等现代信息技术手段对农机深松整地作业面积、作业深度等进行远程实时监测，切实提高监管工作效率，保证深松作业质量，避免虚报作业面积等违规行为发生。深松作业任务300万亩以上的省份，今年力争实施信息化远程监测的作业面积占实际补助面积的20%以上。

六、加强组织领导。要积极争取当地政府重视与支持，将农机深松整地作业任务完成情况纳入政府工作绩效考核内容。加强部门间的沟通协调，整合科研、生产、推广等方面的力量和资源，努力形成政府统一领导、农机部门主抓、相关部门协作的工作格局。各有关省（区、市）和垦区要抓紧制定2016年农机深松整地工作实施方案，于4月30日前报送我部备案。要充分发挥农机大户、农机合作社等农机服务组织的作用，强化拖拉机和深松机的统一调配，提高深松作业装备的使用效率，争取成方连片作业，整乡整村推进。要充分利用新闻媒介或现场演示会、培训班等形式，及时总结和宣传深松整地作业的好经验、好做法以及产生的经济效益、社会效益，为推进农机深松整地工作营造良好的舆论氛围。

深松整地作业基本结束后，各地要认真总结工作经验和成效，及时统计农机深松整地作业补助落实情况，于12月10日前将2016年农机深松整地工作总结报送我部。

附件：1. 2016年全国农机深松整地作业任务表（略）

2. 2016年农机深松整地作业进度统计表（略）

农业部

二〇一六年三月二十五日

农业部关于印发《全国农业机械化发展第十三个五年规划》的通知

农机发〔2016〕2号

各省、自治区、直辖市和计划单列市农机（农业、农牧、农垦）局（厅、委、办），新疆生产建设兵团农业局：

为贯彻落实《中华人民共和国国民经济和社会发展第十三个五年规划纲要》和《全国农业现代化规划（2016—2020年）》的部署，我部编制了《全国农业机械化发展第十三个五年规划》。现印发给你们，请结合本地实际贯彻执行。

农业部

二〇一六年十二月二十九日

全国农业机械化发展第十三个五年规划

为贯彻落实《中华人民共和国国民经济和社会发展第十三个五年规划纲要》《全国农业现代化规划（2016—2020年）》的部署，推进“十三五”农业机械化实现新跨越，制定本规划。

第一章　发展成就与形势

一、农业机械化发展成就显著

“十二五”时期，我国农业机械化主动适应经济发展新常态、农业农村发展新要求，不断创新调控引导和扶持方式，各方面工作稳步推进“十二五”规划目标任务全面完成。农机装备结构有新改善。农机总动力达到11.2亿千瓦，较“十一五”末提高了20.4%；大中型拖拉机、插秧机、联合收获机保有量分别达到607.3万台、72.6万台和173.9万台，分别是“十一五”末的1.5倍、2.2倍和1.8倍，大中型拖拉机、高性能机具占比持续提高。农机作业水平有新跨越。农机作业由耕种收环节为主向产前、产中、产后全过程拓展，由种植业向养殖业、农产品初加工等领域延伸。全国农作物耕种收综合机械化率达到63.8%，比“十一五”末提高11.5个百分点；小麦、水稻、玉米三大粮食作物耕种收综合机械化率分别达到93.7%、78.1%、81.2%；棉油糖等主要经济作物机械化取得实质性进展。农业机械化科技创新有新突破。高效、精准、节能型装备研发制造取得重大进展，农机农艺加快融合、成果广泛应用，深松整地、精量播种、化肥深施、秸秆还田与捡拾打捆、粮食烘干等资源节约型、环境友好型、生态保育型技术大范围推广，应用规模分别达到13 537千公顷、42 110千公顷、34 671千公顷、49 939千公顷和10 766万吨，分别是“十一五”末的1.5倍、1.2倍、1.2倍、1.7倍和4倍。适应我国农业生产的农机工业体系基本建立，规模以上农机工业企业主营业务收入达到4 524亿元，较“十一五”末增长73.6%，我国农机制造大国地位更加稳固。农机社会化服务能力有新提升。全国农机化作业服务组织达到18.2万个，比“十一五”末增加1.1万个；农机合作社达到5.7万个，比“十一五”末增加3.5万个，作业服务面积占全部农机作业面积的10.5%。农机流通市场体系更加完善，效率不断提升。农机安全生产有新成效。拖拉机联合收割机上牌率、检验率和驾驶操作人员持证率均超过70%，农机事故死亡人数持续下降。

“十二五”我国农业机械化发展成就斐然，农业生产方式实现了从人畜力为主向机械作业为主的历史性转变，成为农业现代化发展进程中的突出亮点。

二、农业机械化发展环境持续向好

农业机械化是现代农业的重要标志和物质技术基础。推进农业现代化，必须加快农业机械化步伐。展望“十三五”，机械化引领农业生产方式变革的态势更趋显现，农业机械化发展前景更加广阔。

支撑农业现代化的作用越来越显著。现代农机装备已不仅仅是替代人工劳力、减轻劳动强度的生产工具，机械化程度越来越直接地影响着农业生产成本和农民种植意愿，影响着先进农业技术的标准化广泛应用，影响着农业生产经营方式变革，影响着农业投入品减量化使用和废弃物资源化利用，关系到农业结构调整、产业链条延伸、农产品市场竞争力提升和农业可持续发展。农业生产的需求越来越迫切。大力推进农业现代化，构建现代农业产业体系、生产体系、经营体系，加强农业供给侧结构性改革，推动农业产业结构调整，必须强化物质装备和技术支撑。农村人口向非农产业转移、向城镇聚集态势明显，多种形式的适度规模经营步伐加快，促进新型工业化、城镇化发展，实现农业标准化、规模化、专业化、组织化和社会化生产，破解成本地板和价格天花板双重挤压困局，对农业机械化的需求更加迫切。扶持发展的政策越来越有力。《中华人民共和国国民经济和社会发展第十三个五年规划纲要》明确要求加快农业机械化，推进主要作物生产全程机械化。《中国制造2025》将农机装备列为重要领域，推动农业机械化科技创新和农机工业转型升级。《全国农业现代化规划(2016—2020年)》对农业机械化提档升级作出了全面部署。"智能农机装备"纳入了国家重点研发计划。机耕道路、农机具存放设施等列入了国家规划建设内容，扶持农业机械化发展的政策体系更加完善。

从发展环境看，"十三五"时期农业机械化持续向好的基本面没有改变，工作的着力点更加明确，发展的条件更为有利，但发展不平衡、不协调、不可持续的问题仍然突出。主要粮食作物生产机械化发展较快，棉油糖等经济作物生产关键环节以及畜牧业、渔业、农产品初加工等领域发展较慢。北方平原和旱田地区发展较快，南方水田地区特别是西南丘陵山区发展较慢。农机装备技术存在诸多短板甚至空白，高端产品供给不足，一些高能耗老旧农机仍在超期服役。农业机械化公共服务能力仍显不足，农机社会化服务质量效益有待提升。农机作业、维修、存放等基础设施建设依然滞后，农机流通服务网络还不够健全。面对扑面而来的信息化浪潮，农业机械化各领域准备还不够充分。这些问题制约着农业机械化功能作用的充分发挥，亟须在优化结构、增强动力、补齐短板、创新机制上取得重大进展。

综合判断，我国农业机械化发展仍处于大有作为的重要战略机遇期，必须紧紧围绕全面建成小康社会和现代农业建设目标要求，向全程、全面发展提档，向高质、高效转型升级。

第二章　指导思想、基本原则与发展目标

一、指导思想

全面贯彻落实党的"十八大"和十八届三中、四中、五中、六中全会精神，深入贯彻习近平总书记系列重要讲话精神，紧紧围绕"四个全面"战略布局和"四化同步"战略部署，牢固树立创新、协调、绿色、开放、共享的发展理念，适应经济发展新常态，把握现代农业新要求，着眼农业机械化发展短板和滞后区域，以提质增效转方式、稳粮增收可持续为主线，以供给侧结构性改革为切入点，以农机农艺融合、机械化与多种形式适度规模经营融合、机械化信息化融合为路径，推动农机装备、服务组织和作业水平向数量质量效益并重转型升级，促进农业机械化全程、全面、高质、高效发展，为全面推进农业现代化提供坚实支撑。

二、基本原则

——坚持农民主体地位。切实尊重亿万农民市场主体地位，支持、引导和提升农户购机用机积极性，着力培育壮大新型经营主体，大力激发农民和农业生产经营组织发展农业机械化的创新、创业、创造活力，让农民成为农业机械化的自觉参与者和真正受益者。

——坚持供需两端发力。准确把握新时期农业机械化发展的主要矛盾和矛盾的主要方面，立足充分发挥市场配置资源的决定性作用和更好发挥政府作用，推进农机装备、技术和服务供给侧结构性改革，努力引导和倡导农业机械化需求转型升级。

——坚持科技创新驱动。立足"三农"发展大局，围绕实施藏粮于地、藏粮于技和创新驱动发展战略，着力推进以增加有效供给为重点的农机装备和农业机械化科技创新，为农业机械化发展提供有效支撑。

——坚持分类梯度发展。尊重地区差异，引导各地聚焦主要作物、关键环节，探索适合当地的农业机械化发展模式，促进区域协调共进。着眼精准扶贫攻坚，加大扶持力度，推进革命老区、民族地区、边疆地区和贫困地区的农业机械化发展。

——坚持协同合作推进。积极争取有关部门的支持配合，建立健全农业机械化主管部门、企事业单位、新型农业经营主体和广大农民群众有效合作机制，充分发挥各方面发展农业机械化的积极作用。

三、发展目标

到2020年，主要农作物生产全程机械化、种养加全面机械化取得显著进展，区域协调共进的农业机械化发展新格局基本形成，有条件的地区率先基本实现农业机械化。

——农机装备水平全面提升。农机装备总量稳步增长，结构持续改善。80马力以上拖拉机保有量达到100万台以上，增长30%左右。乘坐式插秧机、自走式玉米联合收获机保有量达到30万台和40万台以上，分别增长25%和30%左右。高效植保机械、高性能经济作物联合收获机、粮食烘干设备、秸秆还田机等保有量显著增长。

——农机作业水平全面提升。全国农作物耕种收综合机械化率达到70%左右，小麦、水稻、玉米三大粮食作物耕种收综合机械化率均达到并稳定在80%以上。粮食主产区年度深耕深松整地面积达到30%左右。畜牧业、渔业、农产品初加工、果茶桑、设施农业机械化有显著进展，农用航空作业面积明显增长。农机作业质量效率全面提高。

——农业机械化科技水平全面提升。粮棉油糖等大宗作物全程机械化生产模式基本形成。大型拖拉机、复式作业机具、大型高效联合收获机等高端农业装备质量性能明显提升。精准施肥施药、节水灌溉、秸秆处理、残膜回收、农业废弃物利用和资源化处理等机械化技术广泛应用。农机精准作业能力显著增强。

——农机社会化服务水平全面提升。农机合作社建设更加规范，新型农机经营和服务组织不断发展壮大，作业服务面积进一步扩大，机械化支撑适度规模经营的作用显著增强。农机销售、作业、维修、租赁等社会化服务更加便捷高效。

——农机安全生产水平全面提升。拖拉机和联合收割机上牌率、检验率、驾驶操作人员持证率均达到75%以上。农机事故死亡人数下降10%以上。安全生产管理服务手段更趋现代化。

"十三五"农业机械化主要指标

类别	指标	单位	2015 年基期值	2020 年预期值
重要农机装备保有量	80 马力以上拖拉机	万台	78.4	100
	乘坐式插秧机	万台	24.2	30
	自走式玉米联合收获机	万台	31.3	40
	马铃薯收获机	万台	6.0	10
	花生收获机	万台	14.3	20
	牧草收获机	万台	17.9	25
	秸秆还田机	万台	81.1	100
	谷物烘干机	万台	6.9	10
	机动植保机械	万台	618.9	700
农作物耕种收综合机械化率及大宗作物生产关键环节机械化率	耕种收综合机械化率	%	63.8	70
	水稻种植机械化率	%	42.3	≥50
	玉米收获机械化率	%	64.2	≥80
	马铃薯种植机械化率	%	25.2	≥40
	马铃薯收获机械化率	%	24.5	≥40
	油菜种植机械化率	%	22.0	≥40
	油菜收获机械化率	%	29.4	≥50
	大豆种植机械化率	%	64.6	≥80
	大豆收获机械化率	%	58.7	≥70
	花生种植机械化率	%	41.9	≥60
	花生收获机械化率	%	30.2	≥50
	棉花采摘机械化率	%	18.8	≥30
	甘蔗收获机械化率	%	—	≥10

第三章 主要任务

坚持目标导向和问题导向，集聚资源强科技、兴主体、推全程，集中力量补短板、抓薄弱、保安全，全面促进农业机械化提档升级。

一、加快农业机械化科技创新步伐

坚持创新驱动，以支撑农业机械化供给侧结构性改革为主要目标，聚集优势资源、强化创新基础、推进联合协同、提升创新能力、主攻薄弱环节、推进集成配套，增强先进适用、安全可靠、绿色环保、智能高效机械化技术的有效供给，切实改变不同程度存在的"无机可用""无好机用" "有机难用"局面。紧盯薄弱环节和空白领域，加快大型拖拉机、高效联合收获机、复式作业机具、一机多用产品等中高端、多功能农机装备研发应用，加大丘陵山地适用机械、设施园艺机械、草牧业关键机械科技攻关，提升农机装备信息收集、智能决策和精准作业能力。

二、推进主要农作物生产全程机械化

坚持突出重点，以粮棉油糖等主要农作物及饲草料为对象，推进作物品种、栽培技术和机械装备集成配套和生产全过程各环节机械化技术配套，大力推进主要农作物生产全程机械化。聚焦粮食主产区，巩固提高深松整地、精少量播种、水稻机械化育插秧、玉米机收、马铃薯机种与机收、大豆机收等环节机械化作业水平，解决高效植保、中耕施肥、节水灌溉、烘干、秸秆处理等薄弱环节机械应用难题，加快构建标准化、区域化、规模化的全程机械化生产模式。在全国建成一批主要农作物生产全程机械化示范县(场)，推进有条件的省份和垦区率先基本实现全程机械化，支持粮改饲试点省份率先实现饲草料主要品种生产机械化。

三、协调各产业各区域农业机械化发展

坚持问题导向，着力解决各产业各区域间农业机械化发展不平衡，以及机械增长与效率效益不协调问题。着眼不同区域，发展大马力、高性能、复式农业机械与发展中小马力、轻便型、智能型、经济型农业机械兼顾，提高农机装备供给全面性；在重点发展主要农作物生产机械化的同时，协调推进畜禽水产养殖机械化、挤奶机械化、牧草生产加工贮运机械化、果茶桑生产现代化、设施农业自动化、重要农产品初加工机械化，提高农机作业服务领域的全面性。加强区域农机作业需求分析，促进局部地区季节性农机作业供需平衡，控制基本饱和的农业机械适度发展，提高农机装备利用率。发展畜产品优势区饲草料生产机械化，加快丘陵山区特色作物生产机械化。

四、扩大绿色环保机械化技术推广应用

坚持生态优先，充分挖掘农业机械化推进农业可持续发展的潜力。紧紧围绕"一控两减三基本"的目标，加快深松整地、保护性耕作、精准施药、化肥深施、节水灌溉、秸秆机械化还田收贮、残膜机械化回收利用、病死畜禽无害化处理及畜禽粪便资源化利用等机械化技术的推广应用，积极发展农用航空。大力推广环保节能型农业动力装备，加快淘汰能耗高、污染重、性能低的老旧机械。积极引导农机手加强机具保养和使用管理，提高农民接受和应用资源节约型、环境友好型、生态保育型机械化技术的积极性和自觉性。

五、巩固提高农机社会化服务质量效益

坚持改革创新，推进农机社会化服务，促进农业生产性服务业发展。培育壮大农机合作社、农机作业公司等农机经营服务主体，鼓励引导农机合作社在服务内容上向综合化拓展，在组织管理上向规范化发展，在市场竞争中向品牌化提升。引导农机合作社通过多种形式开展便捷的社会化服务，带动先进农业技术推广应用和适度规模经营发展。支持培养农机作业能手、维修能手、经营能手，扩大农业机械化就业创业空间。加快提高农业机械化公共服务能力，合力促进农机作业市场、维修市场、流通市场发展壮大。大力推进农机具存放设施建设。

六、保障农业机械化安全发展

坚持安全第一，牢固树立安全生产红线意识，健全完善法规标准，以农机合作社、家庭农场、农机大户、维修点为主体，全面落实安全生产责任。进一步夯实"政府负责、农机主抓、部门协作、群众参与"的农机安全生产长效机制，以"创建平安农机、推进农业现代化"为主题，继续创建"平安农机"示范县（市）500个以上，开展"平安农机"示范乡、示范村、示范社、示范岗位标兵和安全生产标兵创建活动。积极改善农机监理机构装备服务条件，提高农机安全生产公共服务质量。深化农机推广鉴定制度改革，强化鉴定针对性、创新性、规范性和开放性。加强在用特定农机产品质量调查，进一步推进农业机械化标准体系建设，完善拖拉机驾驶培训学校管理及农机维修管理制度。

第四章　区域发展重点

按照因地制宜、突出重点、经济有效、节约资源、保护环境、保障安全的要求，紧密结合农业产业结构调整，推进农业机械化区域均衡协调发展。

一、华北平原地区

主要涉及京、津、冀、鲁、豫5省（市）。重点巩固提高小麦生产全程机械化质量效益，全面实现玉米生产全程机械化。扩大深松整地、保护性耕作、高效植保、中耕施肥、节水灌溉、秸秆还田收贮、粮食烘干等机械化技术应用面积。加大花生、马铃薯种植与收获机械化示范和推广力度。探索棉花机械收获有效途径。大力发展设施农业、畜牧业机械化，稳步发展农用航空。加快老旧农机报废更新。

二、东北地区

主要涉及蒙、辽、吉、黑4省（区）。重点提升水稻、玉米、马铃薯、大豆等粮食作物生产全程机械化质量效益。加强黑土地保护，大力推进深松整地、保护性耕作、高效植保、玉米籽粒收获、秸秆还田收贮、粮食烘干等机械化技术应用。加快发展设施农业、畜禽养殖、挤奶、牧草生产加工、草原畜牧业机械化，积极发展农用航空。大范围应用大马力、高性能农业机械和复式作业机具，提高大型农业机械使用效率，加快老旧农机报废更新。

三、长江中下游地区

主要涉及沪、苏、浙、皖、赣、鄂、湘7省（市）。重点推进水稻、油菜生产全程机械化。普及水稻种植、产后烘干机械化技术，加快油菜种植与收获机械化技术推广，推进高效植保、秸秆还田收贮、育苗移栽等机械化技术应用。巩固提升小麦生产全程机械化质量效益。大力发展设施蔬菜、饲草料与畜禽水产养殖机械化，加快引进、消化、吸收园艺作物育苗、种植、采摘机械，稳步发展农用航空。研发、推广新型植保机械和秸秆收贮加工机械，大力发展高性能联合收获机械，加快老旧农机报废更新。

四、南方低缓丘陵区

主要涉及闽、粤、桂、琼4省（区）。重点推进水稻、马铃薯、油菜、花生、甘蔗生产全程机械化。普及水稻种植、产后烘干机械化，推进马铃薯、油菜、花生种植与收获机械化技术，突破甘蔗收获机械化"瓶颈"制约。发展设施蔬菜与畜禽水产养殖机械化，加快引进、消化、吸收园艺作物育苗、种植、采摘机械，因地制宜发展果茶桑、牧草生产机械化，推广应用小型秸秆收贮加工机械。

五、西南丘陵山区

主要涉及渝、川、贵、云、藏5省（区、市）。推进丘陵山区主要粮油作物生产全程机械化和特色作物生产机械化。加快应用水稻育插秧、油菜播种与收获、产后烘干、秸秆还田收贮机械化技术，提高农产品产地初加工能力。积极推进马铃薯、青稞种植收获与甘蔗收获机械化技术。大力发展畜禽养殖业、果茶桑、草牧业和设施农业机械化，推进种养循环农业机械化发展。积极开展机耕道和机电排灌等农田基础设施建设，解决好农机下田"最后一公里"问题。推广轻便、耐用、低耗中小型耕种收机械和植保机械。推进藏区农牧业机械化实现新跨越。

六、黄土高原及西北地区

主要涉及晋、陕、甘、青、宁、新6省（区）。重点加快玉米、马铃薯、棉花等作物生产全程机械化，积极推进苹果、梨、枣等林果业生产机械化，发展苜蓿等草业生产机械化。进一步提高设施农业生产水平。发展大马力、高性能农业机械，加大抗旱节水机械设备推广应用力度，扩大农用航空作业面积。

第五章　重大行动计划

围绕发展目标和主要任务，以急需、关键、引领、薄弱环节和区域为重点，中央和地方同向用力，深入实施若干重大计划。

一、农业机械化科技创新驱动计划

创新需求引导方式，通过发布科技规划、制定公布需求目录、提出项目建议等形式，为农业机械化科技创新提供遵循和指导。贯彻落实《中国制造2025》，实施《农机装备发展行动方案（2016—2025）》，加快高效、节本、绿色、智能农机产品和关键零部件的创制，提升产品的可靠性，完善农业机械化生产技术体系，全面提高农机产品供给体系的质量和效率。积极争取现代农业产业技术体系增加农机功能研究室和岗位科学家数量。贯彻实施《农业科技创新能力条件建设规划（2016—2020年》，建设农业机械化重点实验室、科学观测站和科研基地。开展农机新产品补贴试点，促进科技创新成果加快转化。充分发挥国内农机制造品牌企业在创新中的主体作用和引领作用，组建一批产学研推有机结合的科技创新联盟。加强农业机械化科技创新战略咨询专家组及专业组的建设。围绕实施"一带一路"

战略,引导和支持农机企业及产品走出去。

二、主要农作物生产全程机械化推进计划

全面贯彻落实《农业部关于开展主要农作物生产全程机械化推进行动的意见》,建设500个左右率先基本实现生产全程机械化的示范县。加大政策扶持,对主要农作物生产全程机械化关键环节机具购置实行敞开补贴。加强示范引导,实施主要农作物生产全程机械化示范创建项目。以中央财政资金引导各级财政和社会资本加大投入。构建主要农作物生产全程机械化评价指标体系,鼓励、支持、引导有条件的地区推进整乡、整县、整省全程机械化。推进全国现代农业示范区和大型国有垦区率先实现主要农作物生产全程机械化。加强绩效考核和监督检查,确保主要农作物生产全程机械化推进工作取得实效。

三、丘陵山区农业机械化发展跨越计划

围绕改善农机应用条件、强化机具供给和活化作业服务机制,开展丘陵山区农业机械化发展扶持政策的研究和创设,支持引导丘陵山区省份农业机械化取得跨越式发展。结合建设高标准农田,加大土地平整力度,打掉田埂、连片耕种,解决土地细碎化问题,配套建设机耕道、生产路、农机下田坡道等田间基础设施,方便农机作业,提高机械化水平和生产效率。积极争取各级财政投入和科技计划项目,支持丘陵山区农业机械化科技创新,鼓励引导农机制造企业加强丘陵山区适用机具研发供给,有效解决无机可用问题。创新丘陵山区农机社会化服务机制,积极发展农机合作社等经营服务组织,提高丘陵山区农机作业组织化水平,引领多种形式适度规模经营发展。

四、农业机械化技术推广能力提升计划

深入贯彻落实《农业技术推广法》,以推广机构公益化、推广主体多元化、推广重点全程化、推广领域全面化、推广技术集成化、推广服务多样化为基本要求,推进机制创新,转变推广方式,强化体系支撑,优化服务供给,全面提升农业机械化技术推广创新、转化、支撑、服务能力。推动落实法律法规对技术推广投入保障和机构、队伍、条件、制度建设的规定,夯实公益推广基础。支持鼓励农机企业、科研单位、农机合作社等多元主体投身农业机械化技术推广,构建公益性推广与经营性推广协作互补的机制。创新农业机械化技术推广"田间日"等体验式、参与式推广新方式,探索技术推广的多种实现形式。制定技术验证工作办法,建立验证信息服务平台,推进技术验证工作规范化、制度化和信息公开,提高技术推广效能。

五、新型农机经营和服务主体成长计划

完善农机经营服务主体的管理服务方式,创建一批集农业生产与农机服务于一体的机械化家庭农场、农机合作社和农机作业公司,建设一批保障能力强、节能减排技术应用到位的农机维修服务示范点。制定农机合作社规范化建设指南,开展农机合作社示范创建活动,打造一批有完善装备设施、有良好运行机制、有健全管理制度、有较大服务规模、有显著综合效益的"五有"型合作社。引导社会资本投资建设多功能农机综合服务中心。健全新型职业农机手教育培训体系,大规模培训农机合作社理事长、农机手和维修工等农机实用人才。

六、农机作业保障条件增强计划

配合实施高标准农田建设工程,推动开展机耕道、机具存放设施建设,基本实现8亿亩高标准农田农机作业无障碍。建设区域农机安全应急救援中心,提高快速救援、维修和作业实时监测能力,切实保障农忙季节跨区作业机具安全有序流动、故障及时解除和事故有效处理等。探索建设集农机作业信息获取、作业计量、远程监管、应急指挥等于一体的农机作业安全监控平台。推动建设国家农业机械试验鉴定中心,持续改善农业机械试验鉴定条件。开展农垦农机标准化农场创建活动,建设农垦标准化机务区,提高农垦农机示范带动能力。

七、机械化信息化融合促进计划

实施"互联网+"农业机械化,促进信息化与农机装备、作业生产、管理服务深度融合。支持在大中型拖拉机、联合收获机、深松机等重点机具上装配智能信息装备,鼓励农机制造品牌企业加快基于北斗系统的农机作业和工况监测终端研制集成与应用步伐。开展农机精准耕作示范,推广自动驾驶、变量作业系统,倡导农机制造流通品牌骨干企业建立机械化信息化融合示范农场。着力推进农业机械化大数据应用,提升农机试验鉴定、技术推广、安全监理信息化建设水平。着眼提高农机社会化服务的效率效益,支持鼓励农机管理部门、生产流通企业、社会服务组织、农机合作社开展市场供需对接、机具调度、服务保障等方面的信息化服务平台建设。

第六章　保障措施

一、加强组织领导

各级农业机械化主管部门要把规划的实施列入重要议事日程,做好本规划与各省农业机械化规划的衔接,制定具体措施,明确实施要求,组织调动全系统力量,确保规划任务落到实处。加强与有关部门的沟通协调,积极争取支持,为规划实施创造有利条件。着力培养农业机械化科技领军人才、技术推广人才、管理人才、企业家人才和高技能人才,强化规划实施的人才支撑。开展相关法律法规制度修订完善工作,强化规划实施的法治保障。加强农业机械化软科学研究,为规划实施提供理论支撑。

二、健全政策体系

优化农机购置补贴政策,加快实现重点机具购置敞开补贴,扩大老旧农机报废更新补贴试点,实施农机新产品补贴和大型农机具金融租赁等试点,加大农机深松整地作业补助力度。推进"智能农机装备"研发专项各个分项目加快启动实施,积极争取国家和地方科技研发计划项目支持,提高农业机械化投入中支持科技创新的比重,积极探索农业机械化科研和成果转化的投融资渠道。围绕"一控两减三基本"目标任务,加大对农业机械化新技术示范推广的支持力度,促进绿色农业机械化技术的推广应用。配合开展重大发展建设规划编制等工作,谋划实施若干重大工程项目。利用好高标准农田建设等支持政策,推进机耕道、机具存放等基础设施建设。推动健全农机具抵押贷款、担保贷款、贷款贴息、保险补助等便民利民政策保障体系,降低农机经营风险。

三、强化监测评估

开展统计普查,完善农业机械化统计指标体系和水平评价指标体系,加强对规划主要指标进展情况的动态监测。委托第三方机构开展规划实施评估,及时发现解决规划实施过程中的问题,适时完善规划目标任务。加强调查研究,及时总结推广好做法、好经验,发挥好典型引领作用。

四、营造良好氛围

围绕规划重要目标、主要任务、行动计划的实施情况,及时发布相关信息,组织跟踪报道。充分利用广播电视、互联网、微信微博等现代信息传播媒介，大力宣传规划实施工作的成效和经验，提高农业机械化发展的显示度、认可度和影响力，引导各有关方面积极参与规划的实施，营造有利于农业机械化发展的良好氛围。

农业部办公厅关于做好2016年农机安全监理工作的通知

农办机〔2016〕1号

各省、自治区、直辖市及计划单列市农机（农业、农牧）局（厅、委、办）新疆生产建设兵团农业局，黑龙江省农垦总局：

为深入贯彻落实习近平总书记、李克强总理关于安全生产的重要指示批示精神和国务院近期召开的全国安全生产电视电话会议精神，切实加强农机安全生产监督管理，保障人民群众生命财产安全，现就做好2016年农机安全监理工作通知如下。

一、进一步提高对农机安全工作重要性的认识

2016年是“十三五”开局之年，也是推进结构性改革的攻坚之年，做好农机安全工作对保障人民群众生命财产安全，促进农业机械化安全发展，巩固发展农业农村好形势意义重大。今年农机安全监理工作思路是：认真贯彻落实党的“十八大”和党的十八届三中、四中、五中全会精神和中央领导关于安全生产的重要指示批示精神，牢固树立安全生产红线意识；坚持简政放权、放管结合，坚持落实责任、依法治理，坚持改革创新、加强完善，坚持服务群众、提高水平；完善安全生产管理制度，加强农机安全监管规范化、信息化建设，深入开展“平安农机”创建活动，积极调动农村社会力量参与和监督农机安全生产，努力提高农民机手安全意识和生产技能，坚决遏制农机重特大事故发生，推动全国农机安全生产形势持续稳定向好，为“十三五”农村经济社会发展开好局、起好步提供有力支撑。

二、认真落实农机安全监管惠农政策

全面贯彻落实对小微企业（含个体工商户）免征农机监理行政事业性收费政策；积极争取财政支持，努力把免征范围扩大到所有农民和合作社，积极推行免费实地安全检验。鼓励各地将农机保险纳入政策性农业保险，因地制宜开展农机保险保费补贴，积极探索适合农业农村特点的农机保险办法，依法开展农机互助保险、相互保险等。将农机培训纳入新型职业农民培育工程，加大对农机驾驶操作人员培训的支持力度，提高农业机械的安全使用和操作水平。继续推广反光标识、安全防护罩、动力自动切离等安全生产技术，开展防护性能提升试点，推进国家强制性安全标准的落实。

三、精心编制农机安全生产“十三五”规划

各地要以《中共中央关于制定国民经济和社会发展第十三个五年规划的建议》为指导，紧密围绕全面建成小康社会总目标，牢固树立并切实贯彻创新、协调、绿色、开放、共享的发展理念，精心编制农机安全生产“十三五”规划，争取将农机安全生产纳入地方经济社会发展总体规划。要以改革创新的精神，求真务实的工作态度，坚持问题导向，立足现实基础、当前发展和长远需要，深入调查研究，科学谋划好本地农机安全生产工作的总体思路、主要目标、任务举措、重点工程等，做到因地制宜、实事求是、尽力而为，使规划具有战略性、前瞻性、针对性和指导性，推动“十三五”本地区农机安全工作再上新台阶。

四、深入推进农机安全监督管理法治化

深入贯彻落实新修订的《安全生产法》和《农业机械安全监督管理条例》，推动制订完善本地区农机安全生产地方法规和有关农机安全地方标准、操作规程，做到有法可依、有章可循。按照“党政同责、一岗双责、失职追责”的要求，健全农机安全生产责任体系，严格落实安全生产监管责任，层层签订安全生产责任书，传导安全生产压力，将安全生产责任和任务逐级逐项落实到位、落实到底。进一步强化各类农机合作社、作业服务组织、农机维修点等生产经营单位和农机手的安全生产主体责任，引导其加强安全培训、加大安全投入、建立健全安全制度，做到安全自查、隐患自除、责任自负。进一步巩固牌证治理和“打非治违”专项行动成果，严格依法行政，坚决制止超标准、超范围发放农机牌证，加强对伪造变造牌证、无牌作业、无证操作、农田场院违法载人等违法行为的行政执法工作。

五、深入开展“平安农机”创建活动

各地要认真总结“十二五”“平安农机”创建活动工作成效，以“创建平安农机，推进农业现代化”为主题，研究制定“十三五”“平安农机”创建活动工作方案，会同安监等部门深入开展“平安农机”示范县、乡（镇）、村、户（合作社、协会、作业公司）和示范岗位创建活动。大力宣传“平安农机”示范县和农机安全监理岗位标兵的好做法好经验，进一步健全安全生产责任制，完善安全监管网络，强化安全生产措施，巩固“政府负责、农机主抓、部门配合、群众参与”的农机安全监管工作长效机制。积极争取地方政府重视和支持，加大创建活动投入，将创建工作纳入农机化工作考核内容，作为农机安全生产的重要抓手。充分发挥县乡两级政府在创建活动中的作用，推动整合公安、安监、交通以及村级组织等各方面管理资源，确保“平安农机”创建工作的深入持久开展。

六、深入开展农机安全隐患排查治理

积极开展农机安全执法检查和隐患排查整治，组织农机安全执法人员，深入基层开展安全生产大检查。重点检查农机合作社、农机维修点、农机库棚、培训学校、田间场院等重要生产作业场所，农机驾驶人、操作员、维修工等主要人员，春耕生产、“三夏”大忙、水稻双抢、“三秋”作业、秋冬种等主要农业生产环节，拖拉机、联合收割机、微耕机和插秧机等易发生安全事故的农业机械。着重检查农业机械安全警示标志、安全防护装置、夜间反光装置等，排除农机安全隐患，提高农业机械安全性能，强化源头治理，堵塞管理漏洞，有效防范和坚决遏制农机重特大事故发生。加强“春节”“两会”等重要节假日和重大活动

期间的安全工作，安排专人职守，确保信息畅通，及时处置农机安全事故。

七、扎实开展农机事故处理和应急救援

认真贯彻《国务院关于加强应急管理工作的意见》和《农业机械事故处理办法》，切实加强农机事故勘查、认定复核、赔偿调解、事故报告、分析评估和应急救援工作，配备必要的人员和事故勘查车辆、现场勘查设备、警示标志、摄像设备、现场标划用具等装备，提高事故处理和应急救援能力。建立24小时值班制度，严格执行农机事故报告制度，公开事故报告电话，拓宽事故报告渠道，严禁迟报、漏报、谎报或瞒报农机事故。加强与有关部门的协作，及时掌握了解农机道路交通事故情况，对农机事故情况进行分析评估，采取针对性措施减少事故的发生。进一步完善事故应急预案，加强事故处理和应急救援力量，开展应急演练培训，提高业务素质和专业技能。

八、扎实做好农机报废更新补贴试点工作

坚持“农民自愿、国家扶持、方便高效、促进更新”的原则，鼓励开展农业机械报废更新补贴试点，逐步完善政策，稳步扩大试点范围。加强农机报废更新机制研究，建立农机报废更新信息沟通机制，不断完善农机报废更新补贴工作制度，确保农机报废更新工作公平、公正、公开。各试点地区农业机械化主管部门要加强与财政、商务等有关部门的沟通协调和密切配合，共同推进报废更新工作的开展。进一步加大安全性能差、耗油高、可靠性差的农业机械报废淘汰力度，促进农业机械节能降耗，减少农机事故隐患。

九、大力开展农机安全宣传培训

加强农机安全宣传工作，大力宣传党中央、国务院关于加强安全生产工作的方针政策，广泛宣传农机安全监理先进典型、成功经验和显著成效。创新宣传教育方法，以农村学校、驾驶培训机构、农机合作社和农民机手为重点，广泛宣传农机安全法律法规、规章标准和安全知识。拓展安全宣传渠道，深入开展农机“安全生产月”“安全生产咨询日”等群众性安全文化活动，充分利用演讲、展览、征文、书画、歌咏、文艺汇演、移动媒体等群众喜闻乐见的形式，增强宣传实效。鼓励社会各界参与创作更多反映农机安全生产的优秀剧目、图书、影视片、宣传画、音乐作品及公益广告等。通过安全宣传教育培训，普及安全知识，增强农民安全意识，提高安全操作技能，为农机安全生产工作创造良好的社会舆论氛围。

农业部办公厅

二〇一六年一月十二日

农业部办公厅关于严禁违规发放“多功能拖拉机”牌证的通知

农办机〔2016〕3号

福建省农业厅：

党中央国务院高度重视安全生产工作。习近平总书记指出，发展决不能以牺牲人的生命为代价，这必须作为一条不可逾越的红线。必须坚定不移保障安全发展，狠抓安全生产责任制落实。必须强化依法治理，用法治思维和法治手段解决安全生产问题。

核发拖拉机牌证是国家法律赋予农业机械化主管部门及其安全监理机构的重要职责。严格依据法律法规、安全生产强制标准办理拖拉机牌证，是维护道路交通安全和农业生产安全的重要保障，是促进经济社会健康发展和保护人民群众生命财产安全的必然要求。

近年来，国家多次开展“打非治违”专项整治行动。农业部早在2007年就印发通知，开展拖拉机登记和驾驶证申领专项整治工作，近年来又三令五申，严禁给不符合国家安全标准的拖拉机办证上牌，严禁给不按规定检验合格的拖拉机办证上牌，严禁跨行政区域发牌发证。通过整治全国多数省份规范了拖拉机牌证发放工作，你省是目前唯一以“多功能拖拉机”的名义违规发放拖拉机牌证的省份。

所谓“多功能拖拉机”（又称“变型拖拉机”），是企业不按国家强制性标准违规生产的车辆。其不具有农田作业功能，不符合GB7258—2012《机动车运行安全技术条件》和GB16151—2008《农业机械运行安全技术条件》规定的拖拉机运输机组强制安全标准，不具备发放拖拉机牌证的条件。给不符合安全标准的车辆违规发放牌证，严重违反《道路交通安全法》《农业机械安全监督管理条例》等法律法规，严重影响道路交通安全，严重违反依法行政的基本要求，损害国家政令的统一，扰乱了机动车和农业机械的安全监管秩序，增添了安全隐患，必须严格禁止。

为此，经商公安部、国家安全监管总局，责成你厅本着对安全生产高度负责的精神，采取果断措施，立即停止给不符合安全标准的“多功能拖拉机”办理牌照，并积极协助政府协调有关部门做好相关工作，切实维护道路交通和农业生产安全监管秩序，依法做好农机安全监理工作。

请于今年3月15日前将落实情况报农业部农业机械化管理司。

农业部办公厅

二〇一六年二月十六日

农业部办公厅关于 2015 年农机事故情况的通报

农办机〔2016〕4 号

各省、自治区、直辖市及计划单列市农机(农业、农牧)局(厅、委、办),新疆生产建设兵团农业局,黑龙江省农垦总局,广东省农垦总局:

按照《农业机械安全监督管理条例》和《农业机械事故处理办法》规定,现对 2015 年全国农机道路外事故情况、农机道路交通事故情况进行通报。

一、全国农机道路外事故情况及主要特点

2015 年,累计报告在国家等级公路以外的农机事故 1 306 起,死亡 208 人,受伤 427 人,直接经济损失 1 758.7 万元。与上年同期相比,事故起数、死亡人数和受伤人数分别下降了 25.1%、30.7%和 23.2% ,直接经济损失上升了 21.3%。其中:拖拉机事故 514 起、死亡 144 人、受伤 194 人,分别占事故起数、死亡人数和受伤人数的 39.4%、69.2%和 45.4%。联合收割机事故 662 起、死亡 52 人、受伤 181 人,分别占事故起数、死亡人数和受伤人数的 50.7%、25%和 42.4%,占比较上年分别上升了 2.4、8.3、7.7 个百分点。其他农业机械事故 130 起、死亡 12 人、受伤 52 人,分别占事故起数、死亡人数和受伤人数的 9.9%、5.8%和 12.2%。农机安全生产形势总体持续稳定向好。

农机道路外事故的主要特点:

(一)操作失误引发的事故占半数以上。在全国农机道路外事故中,因操作失误引发的事故 847 起、死亡 108 人、受伤 223 人,分别占事故起数、死亡人数和受伤人数的 64.9%、51.9%和 52.2%,三项占比均在半数以上。

(二)无证驾驶人员引发的事故占比较高。在全国农机道路外事故中,因无证驾驶人员引发的事故 403 起、死亡 117 人、受伤 185 人,分别占事故起数、死亡人数和受伤人数的30.9%、56.3%和 43.3%。

(三)未年检农机安全隐患较为突出。在全国农机道路外事故中,有 321 起发生事故的农机未年检,死亡 103 人、受伤 156 人,分别占事故起数、死亡人数和受伤人数的 24.6%、49.5%和 36.5%,事故起数占比较上年提高 0.9 个百分点。

(四)无牌行驶现象有所好转。在全国农机道路外事故中,有 214 起发生事故的农机是无牌行驶,死亡 76 人、受伤 111 人,分别占事故起数、死亡人数和受伤人数的 16.4%、36.5%和 26%,三项占比分别较上年下降了 0.7、1.8 和 1.5 个百分点。

二、农机道路交通事故情况及特点分析

据公安部门提供的资料,2015 年全国接报拖拉机肇事导致人员伤亡的道路交通事故 2 145 起,造成 935 人死亡、2 014 人受伤,直接财产损失 686.5 万元。与 2014 年相比,事故起数减少 297 起,下降 12.2%;死亡人数减少 76 人,下降 7.5%;受伤人数减少 242 人,下降 10.7%;直接财产损失增加 39.8 万元,上升 6.2%。

全国拖拉机导致的事故中,40.9%的肇事拖拉机没有号牌,其中,安徽、江苏、山东、广东、浙江、福建等 6 个省无号牌拖拉机肇事最为突出,占全国总数的 54.3%。

全国拖拉机导致的事故中,32.3%的肇事者没有拖拉机驾驶证,其中,安徽、江苏、广东、福建等 4 个省份无证驾驶拖拉机事故最为突出,占全国总数的 38.1%。

三、2015 年较大以上农业机械事故情况

2015 年较大农业机械事故情况如下:

(一) 2015 年 1 月 25 日 13 时 40 分,驾驶人戴某驾驶四轮拖拉机,沿黑龙江省牡丹江市林口县林口镇城东跨河桥由南向北行驶至距南侧桥端 82 米处,与东侧桥护栏相撞后坠入桥下,造成 2 名乘车人当场死亡、戴某和另 2 名乘车人经抢救无效死亡、车辆损坏的道路交通事故。

(二) 2015 年 2 月 27 日 12 时许,驾驶人罗某驾驶运输型拖拉机,行驶至四川省巴中市平昌县笔山镇金堂村 1 社路口时发生侧翻,造成 4 人当场死亡、1 人受伤、车辆受损的较大道路交通事故。

(三) 2015 年 3 月 16 日 18 时 50 分许,凌某驾驶小型方向盘式拖拉机搭载 12 人沿广西壮族自治区 213 省道由崇左市大新县雷平镇方向往江州区新河镇方向行驶,行至 213 省道 149 公里处,车辆失控驶向左侧车道自翻,造成 4 人死亡及车辆损坏的道路交通事故。

(四) 2015 年 10 月 1 日 11 时 40 分许,韦某驾驶多功能拖拉机行驶至广西壮族自治区柳州市柳江县板江至土博公路 0 公里+900 米路段时,车辆失控侧翻,造成多功能拖拉机后箱里乘员 3 人死亡、1 人受伤、车辆损坏的较大道路交通事故。

(五) 2015 年 11 月 26 日 21 时 40 分许,何某驾驶普通二轮摩托车行驶至四川省 205 省道射洪县广兴镇新场村路段,与前方同方向张某驾驶的大中型拖拉机左侧尾部相撞,造成 3 人死亡,车辆受损的较大道路交通事故。

四、存在问题及下一步工作要求

2015 年,全国大部分地区能够认真落实安全生产责任制,加强事故预防工作力度,提高事故处理工作能力,切实做好事故统计报告工作。但是,仍有个别省份存在统计报告事故不及时、不全面的情况,有的地方未按规定开展农机事故处置应急演练。

各地要认真贯彻落实习近平总书记关于安全生产的重要指示批示精神,狠抓农机安全生产责任制落实,强化安全生产监管执法和应急救援工作,加强基础建设,强化基层监管力量,提升安全保障能力。各地要把农机事故处理、统计报告和分析评估工作作为农机安全监理的一项基础性业务抓好抓实,严格按照规定建立农机事故统计分析评估制度,全面把握事故特征，深入分析事故原因，科学判断事故发生发展趋势，针对问题提出有效工作措施。严禁迟报、漏报、谎报或者瞒报农机事故。要严格按照《农业机械安全监督管理条例》第四十四条等有关规定，积极建立与公安交通部门的信息通报制度，及时、全面、准确了解农机道路交通事故情况。要继续深入开展“平安农机”创建活动，加强农机安全生产隐患排查和治理，努力提高农机上牌率、检验率、持证率“三率”水平，减少农机事故发生，确保农机安全生产形势持续稳定好转。

农业部办公厅

二〇一六年二月十八日

农业部办公厅关于深入开展农机合作社示范创建活动的通知

农办机〔2016〕5 号

各省、自治区、直辖市及计划单列市农机(农业、农牧)局(厅、委、办)，黑龙江省农垦总局：

为贯彻落实农业部等九部委《关于引导和促进农民合作社规范发展的意见》(农经发〔2014〕7 号)和农业部《关于开展主要农作物生产全程机械化推进行动的意见》(农机发〔2015〕1 号)精神，进一步提升农机合作社的发展质量和整体水平，大力推进农机社会化服务，我部决定在全国范围内开展新一轮农机合作社示范创建活动。现将有关事项通知如下：

一、明确创建活动工作目标

《农业部办公厅关于公布全国农机合作社示范社名单的通知》(农办机〔2013〕4 号)公布的 1 022 家示范社建设期限已经结束。当前和今后一个时期，各级农机化主管部门要围绕构建新型农业经营体系的迫切需要及农机合作社多元化创建、多样化扶持、规范化运行、市场化经营、品牌化服务的目标要求，进一步提高农机合作社示范创建标准，拓展创建内容，采取有力措施支持引导区域内农机合作社向“五有”型(有完善的装备设施、有良好的运行机制、有健全的管理制度、有较大的服务规模、有显著的综合效益)农机合作社发展，切实树立可学可比的样板，营造规范办社、比学赶超、争创先进的良好氛围，打造农机合作社升级版，为推进农业机械化和现代农业发展贡献力量。

“十三五”期间，农业部拟组织创建 1 000 个全国农机合作社示范社，其中 2016 年首批推荐认定全国农机合作社示范社 200 个。

二、开展示范社推荐申报

各省级农机化主管部门要根据创建活动的工作目标，结合本地实际，制定具体的创建活动实施方案，积极鼓励“五有”型农机合作社参与创建活动。要按照《全国农机合作社示范社申报条件》(附件 1)和《全国农机合作社示范社推荐名额分配表(2016 年度)》(附件 2)要求，严格把关，择优向农业部等额推荐申报全国农机合作社示范社。于 2016 年 7 月 15 日前，将《全国农机合作社示范社申报表》(附件 3)和《全国农机合作社示范社申报汇总表》(附件 4)的纸质材料和电子版报送农业部农业机械化管理司。

农业部组织对推荐申报的农机合作社进行审核，将符合条件的合作社名单在中国农业机械化信息网进行公示。10 个工作日内若无异议，由农业部公布认定名单，并颁发“全国农机合作社示范社”牌匾。

三、加强创建活动组织领导

(一)明确运行机制。全国农机合作社示范创建活动坚持“部省共建、分级负责、动态管理”的原则。农业部主要负责创建活动的规划部署和协调推进，省级农机化主管部门负责创建活动的组织实施和抽查监测，县级农机化主管部门负责对参与创建活动示范社的指导服务和具体帮扶。

(二)强化政策扶持。各级农机化主管部门要集中力量加强示范创建，农机购置补贴、农机作业补助、农机报废更新补贴试点、农机金融租赁贴息试点等农机化扶持政策优先向示范社倾斜，农机化技术试验示范等农机化项目及技术培训、企社共建、银社对接等活动优先安排示范社作为承接或实施的重要主体。要积极争取发展改革、财政、金融等部门支持，多渠道加大对示范社的投入，采取先建后补、以奖代补、贷款贴息等多种形式，引导支持示范社加大配套机具和基础设施投入，提高服务能力，打造服务品牌，推动农机合作社整体建设和农机社会化服务跃上新台阶。

(三)培养领军人才。加强农机合作社辅导员队伍建设，对示范社开展长期跟踪指导，促进合作社提质增效和转型升级。强化农机合作社示范社理事长和相关职业人才培训，通过政策讲解、技术培训、现场观摩、座谈交流等形式，增强新形势下办社治社兴社的能力，加快培养一批视野宽、技术强、善管理、懂经营的合作社领军人才。鼓励引导大中专毕业生到示范社就业或参与合作社事务，扎根农村创业，为合作社可持续发展提供智力和人才保障。

(四)发挥示范作用。各地要将示范创建与各项农机化重点工作紧密结合起来，把示范社建成技术推广的先行点、服务机制的创新点、经营管理的样板点，引导带动周边农机服务组织健康发展。农业部将在农机专业网站上建立全国示范社网页名片，免费为其赠送农机化有关专业期刊。示范社可免费使用“中国农机合作社”LOGO 标识。各地要加强对示范建设成效的经验总结和宣传推广，营造良好的发展环境。

(五)加强监测管理。全国农机合作社示范社名单实行动态管理，及时调整。各地农机化主管部门要组织示范社定期报送年度的生产经营状况，省级农机化主管部门采取重点抽查等方式加强对示范社的监测管理，每年年底前将示范社监测报告报送农业部农业机械化管理司。已不符合示范社条件的，由省级农机化主管部门提出撤销全国农机合作社示范社称号的建议。

附件：1. 全国农机合作社示范社申报条件

2. 全国农机合作社示范社推荐名额分配表(2016 年度)(略)

3. 全国农机合作社示范社申报表(略)

4. 全国农机合作社示范社申报汇总表(略)

农业部办公厅

二〇一六年三月二十二日

附件 1

全国农机合作社示范社申报条件

一、基本要求

(一)依法登记，运行有效。经工商注册登记，领取《农民专业合作社法人营业执照》，并正常运行两年以上；合作社名称应体现农机化作业、服务特点，营业执照的经营范围须有农机作业服务内容；组织机构代码证、税务登记证齐全，有独立的银行账号。

(二)规模较大，能力较强。入社成员原则上不少于 30 个；近两年年均农机服务面积达到 10 000 亩以上。

(三)遵纪守法，诚信经营。在全国企业信用信息公示系统中，未列入经营异常名录；社会声誉良好，履行农机作业服务合同，未发生过重大经济纠纷和服务质量投诉等情况；农机上牌率、检验率、驾驶人员持证率在本地处于领先水平，没有发生过较大生产安全事故。

二、组织机构

(一)设立成员(代表)大会、理事会、监事会等组织机构，各机构职责明确，公示上墙，切实履职。

(二)成员(代表)大会每年至少召开一次，会议有记录、参会人员有签字，定期公开社务。

(三)设立必要的日常管理部门或岗位(如财务室、生产作业部、维修服务部等)，且职责明确。

三、经营管理

(一)具有合作社章程、机务管理、财务管理等相关制度和作业服务相关标准，并以适当方式张贴公布、严格遵守。有较合理的盈余分配和较紧密的利益联结机制。

(二)实行独立的财务管理和经营成本核算，产权关系明晰，设立成员账户，财务核算规范。日常生产经营活动记载清晰、准确。

(三)合作社农机作业服务实行统一对外业务联系、统一作业调度、统一作业质量标准、统一收费标准、统一维修保养。

(四)组织成员开展或参与安全教育培训、新技术新机具培训每年不少于 2 次。

四、设施装备

(一)有固定的经营场所和较为完善的机库棚和维修间等设施，其中机库棚面积不少于 300 平方米(丘陵山区可适当降低标准)，维修间(含配件库)面积不少于 30 平方米。

(二)拥有农机原值 200 万元以上，大中型或专用特色农机不少于 20 台(套)；有能满足当地主要作物(农业主导产业)全程机械化生产需要的配套机具，其中有一定数量的高性能机具。

(三)合作社场地布局规划合理，场所干净整洁，机具摆放整齐，维修保养到位。

五、综合效益

(一)合作社带动成员增收致富和周边农户节本增效效果明显，成员收入高于县域内非成员农户平均收入 20%以上。

(二)积极通过代耕代种、联耕联种、土地托管、股份合作等形式开展服务，在促进土地流转、发展多种形式土地适度规模经营方面作用突出；热心为周边农民(农机户)开展信息咨询、机具维修、技术指导、抗灾救灾等多种服务。

(三)带头应用先进适用的农机化新技术新机具，在农业生产全程机械化、农机与农艺融合、农机化与信息化融合中起到表率作用。

农业部办公厅关于做好当前农业机械推广鉴定有关工作的通知

农办机〔2016〕6 号

各省、自治区、直辖市及计划单列市农机(农业、农牧)局(厅、委、办)，新疆生产建设兵团农业局，黑龙江省农垦总局，农业部农业机械试验鉴定总站：

为贯彻落实《农业机械推广鉴定实施办法》，顺利推进推广鉴定改革，促进先进适用农业机械推广应用，现将有关事项通知如下。

一、做好农业机械推广鉴定大纲制修订期间的衔接工作

各鉴定机构应根据《农业机械推广鉴定实施办法》的有关规定，加快部、省两级农业机械推广鉴定大纲制修订工作。新大纲颁布实施前，应注意把握以下几点。

(一)关于产品销售量和生产量。申请鉴定的产品，其销售量应满足：中小型农业机械不少于 100 台，大型农业机械(或成套设备)不少于 25 台(套)；其生产量应不少于现行有效部、省级农业机械推广鉴定大纲规定的抽样基数。

(二)关于鉴定依据和内容。鉴定的具体技术依据执行现行有效的部、省级农业机械推广鉴定大纲，其中鉴定内容调整

为：技术要求和性能试验、安全检查、可靠性评价、适用性评价及使用说明书审查等5项内容。

（三）关于有效期满续展。企业提出续展申请的，按《农业机械推广鉴定实施办法》规定进行续展。续展检查的内容为产品一致性和证书、标志使用情况，检查方法仍按照以往获证产品有效期内监督检查相关规定进行。部级鉴定的续展任务原则上由原鉴定机构承担。

2016年1月1日起至新推广鉴定大纲颁布实施之日止，受理的鉴定项目按本通知要求执行。新推广鉴定大纲颁布实施后，受理的鉴定项目依据新大纲进行鉴定；新收费标准发布前，鉴定费用参照现行收费标准进行核算和收取。2015年12月31日之前受理的鉴定项目按原规定办理。

二、明确排放标准升级后证书信息变更原则

农用柴油机、拖拉机以及其他农业机械，因农用柴油机排放标准升级到中国第三阶段而引起的产品信息变化，企业可在现行相关规定允许变化范围内自主变更，无需申报变更和备案。鉴定机构已受理企业变更申请的，不再进行审查确认。如产品型号发生变化，企业应向原受理机构申请办理推广鉴定证书信息变更。

三、加强国家质量监督抽查不合格产品推广鉴定证书管理

获得农业机械推广鉴定证书的农业机械产品，在证书有效期内，国家质量监督抽查或市场质量监督检查不合格且向社会公布的，证书颁发机构自得知公布情况后，应当根据《农业机械试验鉴定办法》第二十七条之规定撤销该产品的农业机械推广鉴定证书并向社会公布，同时告知同级农业机械购置补贴政策实施管理部门。

四、积极主动承担鉴定工作任务

对于符合条件的鉴定申请，各地农业机械化主管部门要指导所属鉴定机构积极受理企业申请，及时分配落实鉴定任务。具有部级鉴定能力的鉴定机构要积极承担部级推广鉴定任务。省级鉴定机构在做好本省企业产品鉴定的同时，要积极受理外省企业的推广鉴定申请；无鉴定能力的，要主动协调，积极帮助企业落实鉴定申请。按《农业机械推广鉴定实施办法》大力开展合作鉴定。

五、其他有关要求

农业机械推广鉴定是促进先进适用农业机械推广应用的重要环节，有利于维护农业机械使用者及生产者、销售者的合法权益，也是实施农业机械购置补贴等政策的重要支撑。推进农业机械推广鉴定与购置补贴改革都是探索性工作，没有现成的经验制度，需要广大干部在实践中勇于探索，不断完善。当前仍处于改革发展的新阶段，还有许多问题急需有关职能部门和广大干部职工大胆探索、抓紧研究解决。一要坚持问题导向，强化依法履职，补短板、强特色，优化服务，提高效能。二要按照我部新修订的《农业机械试验鉴定办法》和《农业机械推广鉴定实施办法》，加快出台相关配套工作制度和推广鉴定大纲并规范实施，切实释放改革红利。三要完善容错纠错机制，把严格管理干部和热情关心干部结合起来，把干部在推进改革中因缺乏经验、先行先试出现的失误和错误，同明知故犯的违纪违法行为区分开来；把上级尚无明确限制的探索性试验中的失误和错误，同上级明令禁止后依然我行我素的违纪违法行为区分开来；把为推动发展的无意过失，同为谋取私利的违纪违法行为区分开来，最大限度地调动广大干部的积极性、主动性、创造性，为干部锐意进取、奋发有为提供良好的条件。

农业部办公厅

二〇一六年三月二十九日

农业部办公厅关于2015年下半年各地农机购置补贴产品经营违规行为查处情况的通报

农办机〔2016〕7号

各省、自治区、直辖市及计划单列市农机（农业、农牧）局（厅、委、办），新疆生产建设兵团农业局，黑龙江省农垦总局，广东省农垦总局：

2015年下半年，各地各级农机化主管部门按照农业部办公厅、财政部办公厅《2015—2017年农业机械购置补贴实施指导意见》（农办财〔2015〕6号）及其他相关规定，组织查处了94家企业在参与农机购置补贴政策实施中的违规行为，取消或暂停了这些企业的产品补贴资格或经销补贴产品的资格，将8家企业及其法定代表人列入农机购置补贴产品经营黑名单，取消了6名购机者若干年内享受农机购置补贴政策的资格。被查处的这些企业和个人，不同程度地存在提供不实归档信息、以非补贴产品冒充补贴产品、提交虚假补贴申请资料等违规情节较重的行为。现集中通报如下。

一、河北省

1. 暂停张家口市强农农机排灌有限公司农机购置补贴产品经销资格。

二、山西省

2. 暂停山东鑫正农业装备有限公司所有产品农机购置补贴资格。

3. 暂停郑州市松海机械制造有限公司所有产品农机购置补贴资格。

4. 取消安阳市豫工农业机械有限公司4PLY3045—B型捡拾压捆机农机购置补贴资格。

5. 取消河北中农博远农业装备有限公司92YG—0.9型捡拾压捆机农机购置补贴资格。

6. 取消沈阳方科机械制造有限公司9YFZ—1800型捡拾压捆机农机购置补贴资格。

7. 取消新乡市花溪机械制造有限公司9YFK—1.4型、9YFK—2.0型捡拾压捆机农机购置补贴资格。

8. 取消中国农业机械化科学研究院呼和浩特分院9YFQ—1.7型、9YFS—2.0型、9GYZ—4.0型捡拾压捆机农机购置补贴资格。

9. 取消福田雷沃国际重工股份有限公司 9YF—1.9 型、9YF—1.5 型捡拾压捆机农机购置补贴资格。

三、内蒙古自治区

10. 暂停敖汉旗振宇农机有限公司、敖汉旗艾力特农机销售有限公司和赤峰华谊农机有限公司等 3 家企业农机购置补贴产品经销资格。

11. 暂停泰安泰山国泰拖拉机制造有限公司所有产品农机购置补贴资格，暂停扎赉特旗阳刚农机配件商店农机购置补贴产品经销资格。

12. 取消辽阳市君鑫农机具制造有限责任公司 JXDY—500 型运料机农机购置补贴资格，暂停巴林左旗金石农机有限责任公司、包头新农鑫农牧业机械有限公司、临河区冠强农机经销部、五原县蒙发农机有限责任公司和正镶白旗鑫泰昌汽贸有限公司等 5 家企业农机购置补贴产品经销资格。

四、辽宁省

13. 暂停山东寿光丰农现代农业机械装备有限公司、山东寿光丰羽大棚设施有限公司、山东鑫正农业装备有限公司和寿光市金棚现代农业设施装备有限公司等 4 家企业所有产品农机购置补贴资格。

14. 暂停辽宁实丰机械有限公司、湖北华伟鹏业农业设施有限公司所有产品农机购置补贴资格。

五、江苏省

15. 暂停常州东风农机集团有限公司 DF1000 型、DF1004 型轮式拖拉机农机购置补贴资格。

16. 暂停淮安荣宇机械有限公司所有旋耕及免耕施肥播种机农机购置补贴资格。

17. 暂停海安苏欣农机有限公司农机购置补贴产品经销资格。

六、安徽省

18. 暂停河北圣和农业机械有限公司 1GQN—200 型、1GQN—230 型旋耕机和 1JQ—165 型、1JQ—172 型、1JQ—180 型秸秆粉碎还田机农机购置补贴资格。

19. 取消宣城市三九茶叶机械制造有限公司 6CLZ—3 型、6CLZ—6 型、6CL—50 型茶叶理条机和 6CH—20 型茶叶烘干机、6CZNL—14 型程控理条机农机购置补贴资格，取消宣城绿源机械制造有限公司 6CST—50 型、6CST—80 型杀青机农机购置补贴资格，取消宣城市高峰茶叶机械制造有限公司 6CL—60—7 型理条机农机购置补贴资格，暂停上述企业其他所有产品农机购置补贴资格。

20. 暂停河南豪丰机械制造有限公司 1GQN—180A 型、1GQN—200A 型旋耕机农机购置补贴资格，暂停江苏沃得农业机械有限公司 4LZ—4.0G 型自走履带式谷物联合收割机农机购置补贴资格，暂停洋马农机（中国）有限公司 4LZ—2.8A 型自走履带式谷物联合收割机农机购置补贴资格，暂停洛阳市博马农业工程机械有限公司博马—854 型轮式拖拉机农机购置补贴资格，暂停南昌旋耕机厂有限责任公司 1GQN—200J 型旋耕机农机购置补贴资格。

将寿县春华农业机械销售有限公司及其法定代表人张有春、安徽省兴田保农机有限公司及其法定代表人陈升霞、安庆市中挺机械有限公司及其法定代表人叶光中、宣城市国顺农机有限公司及其法定代表人王国辉列入农机购置补贴产品经营黑名单。

七、福建省

21. 取消湖南鸿运农业装备科技有限公司 SBZ—018 型除湿粮仓农机购置补贴资格。

22. 取消湖南省通赢机械有限责任公司 SBZ—018 型除湿粮仓农机购置补贴资格。

23. 暂停安徽捷迅光电技术有限公司所有产品农机购置补贴资格。

24. 暂停岳阳碧华粮食机械有限公司所有产品农机购置补贴资格。

25. 暂停青州市世昌机械有限公司所有产品农机购置补贴资格。

26. 暂停合肥美亚光电技术股份有限公司所有产品农机购置补贴资格。

27. 暂停集辰（福建）农林发展有限公司 JCHN—FCW5W 型病死畜禽无害化处理设备农机购置补贴资格。

28. 暂停宁波江北喜达机械制造有限公司 DH—1 型果蔬烘干机农机购置补贴资格。

29. 暂停台州天渔增氧设备科技有限公司增氧机农机购置补贴资格。

30. 暂停耒阳市普京科技发展有限公司所有产品农机购置补贴资格，取消耒阳市普京科技发展有限公司 CY—400 型催芽机农机购置补贴资格。

八、江西省

31. 取消上饶市雄发机械设备有限公司、南昌赣红农机公司余江分公司农机购置补贴产品经销资格；将上饶市雄发机械设备有限公司、南昌赣红农机公司余江分公司及其法定代表人周雄列入农机购置补贴黑名单。

32. 取消浙江绿鑫机电有限公司、山东鑫正农业装备有限公司所有产品农机购置补贴资格。

33. 暂停江西九易农机有限公司、抚州市临川亿鑫农机有限公司、湖口诚信农业机械销售有限责任公司、江西省九江市星子县常发农机经销有限公司、湖口县四方农机销售有限公司和广丰县洋口农机销售有限公司等 6 家企业农机购置补贴产品经销资格。

34. 暂停湘潭湘涟农机制造有限公司所有产品农机购置补贴资格，暂停吉安市顺风农机有限公司农机购置补贴产品经销资格。

35. 暂停广西雄飞机械制造有限责任公司所有产品农机购置补贴资格。

36. 暂停广西汽牛农业机械股份有限公司、湖南迪军机械有限公司所有产品农机购置补贴资格。

37. 暂停浙江四方集团公司 4LZ—1.0 型联合收割机农机购置补贴资格。

38. 暂停盐城万富隆机械制造有限公司所有产品农机购置补贴资格。

九、湖北省

39. 取消湖北金鹏源机电制造有限公司 1GQNM—180 型、1GQNM—230 型旋耕机农机购置补贴资格。

40. 取消浙江枫泽源农业科技有限公司 3WZ—200—6A 型、3WZ—200—6B 型和 3WZ—500—12 型自走式喷杆喷雾机农机购置补贴资格。

41. 取消绥宁县绿州农机制造有限公司 BC430 型割草机农机购置补贴资格。

42. 取消耒阳市普京科技发展有限公司 CY—400 型种子

催芽机农机购置补贴资格。

43. 取消泰安泰山国泰拖拉机制造有限公司泰山—404型、泰山—554型和泰山—604型拖拉机农机购置补贴资格。

44. 取消青州华龙机械科技有限公司所有产品农机购置补贴资格。

45. 暂停山东鑫正农业装备有限公司8DGG—90型滴灌设备、寿光市金棚现代农业设施装备有限公司JRWG—10型滴灌设备农机购置补贴资格。

十、湖南省

46. 取消湖南民兴农业发展有限公司农机购置补贴产品经销资格，将该公司及其法定代表人樊建平列入农机购置补贴产品经营黑名单。

47. 取消山东青州华龙机械科技有限公司所有产品农机购置补贴资格。

十一、广东省

48. 暂停平利县电机制造有限责任公司所有产品农机购置补贴资格。

49. 将五华县华城镇文兴农机作业服务队以及张伟胜等人移送梅州市公安机关，对五华县华城镇文兴农机作业服务队及其成员卢红波、罗春霞、张展祥、雷立贤、张伟胜、张文山等人的农机购置补贴申请，不予批准，五年内不受理相关人（机构）农机购置补贴申请。

50. 暂停宁波江北喜达机械制造有限公司DH—1型果蔬烘干机农机购置补贴资格。

十二、海南省

51. 取消昌江石碌富强农机商行农机购置补贴产品经销资格，将该商行及其法定代表人罗树科列入农机购置补贴产品经营黑名单。

十三、重庆市

52. 暂停建始县茅田农机制造有限责任公司6X—800型魔芋干果清洗机农机购置补贴资格，暂停重庆市义侠农业机械销售有限公司农机购置补贴产品经销资格。

53. 暂停重庆茂松农业机械制造有限责任公司所有产品农机购置补贴资格及农机购置补贴产品经销资格，暂停重庆市元惠机械设备有限责任公司农机购置补贴产品经销资格。

54. 暂停重庆市潼南县双江川艺机械厂有限公司所有产品农机购置补贴资格，暂停丰都县永多汽车有限公司、石柱土家族自治县强农农机销售有限公司、重庆宇羽农机销售有限公司、重庆战歌农机销售有限公司、重庆吉沃农机有限公司和荣昌区西成农机销售有限公司等6家企业农机购置补贴产品经销资格。

55. 暂停山东寿光丰农现代农业机械装备有限公司、山东鑫正农业装备有限公司所有产品农机购置补贴资格。

56. 暂停台州天渔增氧设备科技有限公司所有产品农机购置补贴资格。

十四、贵州省

57. 暂停武汉黄鹤拖拉机制造有限公司所有型号微耕机农机购置补贴资格。

58. 暂停常州常旋机械有限公司所有产品农机购置补贴资格。

59. 暂停浙江枫泽源农业科技有限公司所有产品农机购置补贴资格。

十五、陕西省

60. 暂停汉中市东方机械科研制造有限公司所有产品农机购置补贴资格。

61. 暂停浙江枫泽源农业科技有限公司3WZ—200—6A型、3WZ—200—6B型和3WZ—500—12型自走式喷杆喷雾机农机购置补贴资格。

62. 暂停陕西成泰机械有限公司8DG—80型微灌设备农机购置补贴资格。

十六、甘肃省

63. 暂停甘肃华贸物资有限公司所有产品农机购置补贴资格，暂停秦安县飞达农机有限公司农机购置补贴产品经销资格。

十七、宁夏回族自治区

64. 暂停平罗县金利农机销售有限公司农机购置补贴产品经销资格。

十八、新疆维吾尔自治区

65. 暂停山东一能九信农牧装备有限公司所有产品农机购置补贴资格，取消山东一能九信农牧装备有限公司9ZP—8.0型农机购置补贴资格。

66. 暂停新疆中收农牧机械有限公司所有产品农机购置补贴资格。

各级农机化主管部门要高度重视农机购置补贴违规行为调查处理工作，将农机购置补贴违规行为查处作为确保政策规范实施的重要手段，建立健全机制，拓宽受理渠道，强化信息公开，加大打击力度，坚决维护农机购置补贴政策的严肃性，努力营造诚信守法、规范有序、公平竞争的良好环境。

农业部办公厅

二〇一六年三月二十九日

农业部办公厅关于开展农用植保无人飞机专项统计工作的通知

农办机〔2016〕9号

各省、自治区、直辖市及计划单列市农业（农牧、农村经济）农机厅（局、委）新疆生产建设兵团农业局：

为全面掌握农用植保无人飞机发展情况，根据有关部门统一部署，我部决定开展农用植保无人飞机专项统计工作。现将有关事项通知如下。

农用植保无人飞机是无人驾驶航空器的重要组成部分，是农用航空领域新的热点，在实践推广应用中已表现出明显特点和优势。但作为新生事物，农用植保无人飞机底数不清、标准体系建设滞后、作业规程缺乏、管理机制不健全等问题还比较突出，亟须通过专项统计摸清底数，为后续管理和应用提供数据支撑。

农用植保无人飞机专项统计是一项创新性工作，需各级农机化、种植业（植保）主管部门共同组织开展。一要突出重点。主要统计农用植保无人飞机的拥有量和作业面积，同时可结合实际就其他情况开展调查。二要规范流程。采用全面调查的方法，从乡镇开始统计，由县级进行汇总审核后逐级上报。三要密切协作。各级农机化主管部门侧重于拥有量指标的统计，并对辖区内农用植保无人飞机的主要类型、基本性能、购置价格、购置扶持措施等进行分析；种植业（植保）主管部门侧重于作业量指标的统计，并对辖区内采用植保无人飞机作业的作物种类、作业区地形条件、作业效率与效果、作业成本与收费、作业扶持措施等进行分析。四要加强指导。结合实际开展宣传培训，使基层统计人员了解农用植保无人飞机基本知识，熟悉和掌握统计范围、统计指标及解释、调查分析方法等，保障专项统计工作顺利进行。

今后，农用植保无人飞机专项统计将作为年度常规性工作加以开展，条件成熟后可逐步纳入《农业机械化管理统计报表制度》范围。对专项统计，省级农机化、种植业（主管）要按各自职责分别汇总各地市和全省数据，按要求填写农用植保无人飞机专项统计数据表（见附件），对统计指标、统计方法等提出完善性意见建议，并形成专题分析报告，由省级农机化主管部门牵头，于 2016 年 7 月 30 日前报送我部。

附件：农用植保无人飞机专项统计数据表（略）

农业部办公厅

二〇一六年五月六日

农业部办公厅关于做好 2016 年“三夏”农机跨区作业管理和服务工作的通知

农办机〔2016〕11 号

各省、自治区、直辖市及计划单列市农机（农业、农牧）局（厅、委、办），新疆生产建设兵团农业局，黑龙江省农垦总局：

当前，全国大规模冬小麦跨区机收工作即将全面展开。为有力、有序、有效地组织好今年“三夏”农机跨区作业大会战，努力夺取夏粮丰产丰收和全年农业有个好收成，现将有关要求通知如下。

一、加强组织领导，明确目标任务

稳定粮食生产是今年农业农村经济发展的主要目标，对于实现“十三五”良好开局具有特殊重要的意义。夏粮是全年粮食收获的第一仗。各级农机化主管部门要增强责任感、使命感，将组织好“三夏”农机跨区作业作为当前的重点工作来抓，切实加强组织领导，协调动员各方力量，力争达到以下目标：机具投入总量持续增长，全国投入“三夏”生产的联合收割机达到 60 万台，比上年增加 4 万台以上，其中跨区作业的联合收割机稳定在 29 万台左右。农机作业水平稳中有升，全国冬小麦机收水平超过 92%，黄淮海主产区小麦机收水平稳定在 96%以上，夏玉米机播水平达到 80%，比上年增加 1 个百分点以上。小麦机械化收获作业质量符合相关标准，损失率不超过 3%。粮食主产区的作业机具供需平衡，联合收割机转移顺畅，夏收、夏种有序推进。

二、立足抗灾救灾，及早谋划部署

据中国气象局预计，今年我国农业气象年景总体偏差，汛期降水偏多，涝重于旱。特别是超强厄尔尼诺影响正在逐渐显现，拉尼娜又可能接踵而至，“三夏”期间农业生产可能遭遇“烂场雨”“干热风”等较重灾害。各级农机部门要积极应对，立足抗灾夺丰收，及早做好各项准备，制定应急预案，精心组织农机跨区抢收、抢种作业。要加快农机购置补贴政策执行进度，做好拖拉机、收获机、播种机、秸秆还田机等机具供货，确保补贴机具及时投入“三夏”生产。结合农机年检等工作，组织农机技术骨干进村入户，做好机具检修和安全教育工作。督促农机经销、维修、供油、零配件供应等服务组织，做好物资调剂储备工作。切实规范《跨区作业证》发放管理，并及时上传相关作业证信息。

三、加强信息引导，平衡市场供需

各地要组织开展小麦跨区机收作业市场的调查，尽早做好机具供需、作业进度、作业价格、气象变化等信息的收集、分析、预警，并通过互联网平台、手机短信系统等渠道，有针对性地发布辖区内农机作业服务信息。要推广应用“农机直通车·全国农机化生产信息服务平台”，鼓励农机大户、农机合作社在平台发布信息，引导小麦机收的供需双方签订作业合同，合理安排作业任务，促进联合收割机有序流动。要贯彻落实《农业机械化生产信息报送制度》，加强作业数据信息报送，注重动态信息分析。要组织人员实地督查指导麦收工作，解决出现的机具供需矛盾和困难，做到成熟一片、收获一片、播种一片，不误农时。鼓励各地以优惠的政策、优质的服务，稳定本地机械，吸引外来机械，千方百计满足抢收抢播需要。

四、加快作业进度，提高作业质量

各地要充分发挥农机合作社和农机大户等社会化服务组织市场信息灵、组织能力强、服务质量好等优势，大力推广订单作业、承包作业、“一条龙”作业等服务方式，努力提高小麦跨区机收的组织化程度。要大力推广农机深松整地、机械化秸秆还田等新技术、新机具，有效改善耕地质量，防范焚烧秸秆现象发生。要加强《谷物（小麦）联合收获机械作业质量》和《小麦机械化收获减损技术指导意见》的宣贯力度，引导农户和机手选择适合的收获机具和收获时机，严格控制小麦机收留茬高度，确保小麦机收损失率不超标。要充分发挥农机跨区作业能手、农机合作社示范社的品牌效应，着力打造明星服务队、服务标兵，提高跨区作业的质量效益。要在“三夏”生产中组织扶贫助困活动，为农村留守老人、妇女和贫困家庭提供优质、优惠农机作业服务。

五、做好后勤保障，维护市场秩序

各地农机部门要发挥好牵头协调作用，切实做好小麦跨区的组织调度、信息发布和后勤服务，努力提高机具作业效率。协调设立农机跨区作业接待服务站，通过制定服务手册、发放明白纸等方式，公布小麦主产区值班电话，确保“三夏”期间24小时专人值班，随时为机手和农户提供咨询并解决问题。协调农机生产、维修企业和社会化服务组织加强技术服务，落实“三包”责任，有条件的地方要送修、送配件、送技术到田间地头。协调气象部门加强麦收期间天气监测预报和预警，做好气象服务工作。协调交通运输部门落实跨区作业车辆免费通行政策，保障农业机械顺利转移。协调石油、石化部门加强资源储备，保障麦收作业用油的顺畅供应。

六、广泛开展宣传，营造良好氛围

各地要加强与新闻媒体合作，精心组织策划“三夏”期间农机作业方面的宣传报道，营造良好的跨区作业环境。围绕跨区机收进度、农机深松整地、农机购置补贴、农作物机械化秸秆还田、农机农艺融合、农机信息化等方面，广泛宣传“三夏”农机化工作新亮点、新做法、新成效。要通过宣传报道，反映出农机部门在生产组织管理创新、作业服务方式创新等方面的放管服改革成效，在全社会树立和营造支持农机、关注农机、合力促进农机化发展的良好社会氛围。

农业部办公厅

二〇一六年五月十二日

农业部办公厅关于2015年农业机械质量调查结果的通报

农办机〔2016〕14号

各省、自治区、直辖市农机（农业、农牧）局（厅、委、办），新疆生产建设兵团农业局，黑龙江省农垦总局，有关农机生产企业：

2015年，我部依据《农业机械化促进法》和《农业机械质量调查办法》，对部分在用的大中型轮式拖拉机和自走式玉米收获机产品进行了质量调查。现将有关调查情况通报如下。

一、调查方法

本次调查对象主要从近年销售量较多、市场占有率较高的产品中抽取，其中：拖拉机为2013年销售、用户使用满一年，在保有量较大的河北、吉林、黑龙江、江苏、山东、河南、湖南、新疆等8个省（区）开展；玉米收获机为2014年销售、用户使用满一个作业季节，在保有量较大的河北、内蒙古、吉林、黑龙江、山东等5省（区）开展。调查共涉及39个企业的57个型号产品，调查用户总数1 807户，其中：拖拉机涉及25家企业的32个型号，1 032个用户；玉米收获机涉及18家企业的25个型号，775个用户。调查用户从享受农机购置补贴的人员名单中抽取。

调查采取用户满意度评价的方法进行。评价中，由用户对某型号产品的安全性、可靠性、适用性以及售后服务状况（以下简称“三性一状况”）四项内容分别进行满意度评价打分，经调查人员座谈询问、现场查看、拍照取证后确认，得出不同用户对该型号产品四项内容的单项满意度评价；在此基础上，调查人员按满意度评价方法作出相应型号产品“三性一状况”的单项满意度评价和综合满意度评价。满意度评价分五档：90～100分为很满意、70～90分为满意、60～70分为一般、40～60分为差、40分以下为很差。

二、调查结果

（一）总体评价。从调查情况看，用户对拖拉机和玉米收获机的综合评价均为满意，综合评分分别为84.25分和81.30分；57个型号产品中，拖拉机和玉米收获机各有一个型号综合评价为很满意，共54个型号综合评价为满意，很满意和满意之和占比达98.2%，表明整体质量较好。安全性、可靠性、适用性、售后服务状况4个单项评价中，拖拉机和玉米收获机的4项评价均为满意，单项满意率100%，说明用户对两类产品“三性一状况”总体认可。

（二）重点问题。调查也发现，少数产品还存在一些不容忽视的突出问题。拖拉机主要是：可靠性方面，用户满意度评价相对较低，易出现发动机高温、拉缸，液压系统漏油、不灵敏，传动系统离合器、变速箱、后动力输出轴损坏，电器系统继电器、水温表、喇叭失灵等多种故障；安全性方面，存在安全防护装置、安全警示标识、后反射器、后视镜缺失或安装不牢等问题。玉米收获机主要是：可靠性方面，易发生作业部件运转不畅，机架、割台、变速箱、皮带、链条、轴承损坏，漏水漏油等问题；安全性方面，排气管附近易发生着火、个别产品发动机严重捣缸、机体损坏；适用性方面，存在收获倒伏玉米的适用性较差、损失率高的问题。拖拉机和玉米收获机在售后服务方面存在有共性问题，主要是服务网点少、态度不好、能力不强、不及时、诚信度不高。调查结果详情见附件。

三、有关要求

（一）认真组织整改。问题产品企业对所存在的问题要高度重视，认真查找原因，及时采取有效措施进行整改，整改期3个月。同时要举一反三，加强产品质量管理，增强质量意识，改进技术缺陷，强化安全防护，提高产品经销和售后服务质量。整改情况应及时上报企业所在省（区、市）农机化主管部门申请整改确认。本次调查未涉及的企业，也要高度关注本通报指出的问题，结合实际对可能存在的问题进行筛查，加强企业生产经营管理，不断提高产品和服务质量。

（二）加强整改督导。省级农机化主管部门要针对反映的问题，组织本省农机鉴定机构督导辖区内企业认真做好后续整改工作，并将整改情况及时报我部农业机械化管理司。企业拒不整改或逾期达不到整改要求的，我部将视整改情况，按照有关规定注销该产品的农业机械推广鉴定证书。

（三）强化质量调查。各省级农机化主管部门，要按照《农业机械化促进法》《农业机械质量调查办法》《农业机械试验鉴定办法》等相关法律法规和部门规章的规定，结合推广鉴定证书和标志使用情况及产品一致性的监督管理要求，根据用户投诉情况和农业生产需求，进一步加大农业机械质量调查工作的力度，及时发现问题，敦促企业不断改进产品“三性一状况”，遵规守纪、诚实守信地开展农机产品的生产和经营服务。

附件：1. 大中型轮式拖拉机质量调查结果（略）

2. 玉米收获机械质量调查结果（略）

农业部办公厅

二〇一六年五月二十七日

农业部办公厅关于公布全国首批基本实现主要农作物生产全程机械化示范县（市、区）名单的通知

农办机〔2016〕15号

各省、自治区、直辖市及计划单列市农机（农业、农牧、农村经济）局（厅、委、办），新疆生产建设兵团农业局，黑龙江省农垦总局：

为提升全国主要农作物生产全程机械化水平，加快推进农业现代化，根据《农业部关于开展主要农作物生产全程机械化推进行动的意见》（农机发〔2015〕1号）等文件精神，2015年以来，我部组织开展了全程机械化示范县创建活动。经过县级自评申报、省级农机化主管部门审核推荐，参照《县域主要农作物生产全程机械化考评指标（试行）》，我部确定北京市顺义区等28个县（市、区）为全国首批基本实现主要农作物生产全程机械化示范县（名单详见附件）现予公布。

希望各示范县（市、区）再接再厉，巩固成效，切实发挥好示范带头作用，引领周边地区主要农作物生产全程机械化水平不断提高。希望各级农机化主管部门认真总结全程机械化示范县（市、区）的做法和经验，加强宣传，扩大影响，以点带面，深入开展主要农作物生产全程机械化推进行动，为促进农业现代化建设作出积极贡献。

附件：全国首批基本实现主要农作物生产全程机械化示范县（市、区）名单

农业部办公厅

二〇一六年五月三十日

附件

全国首批基本实现主要农作物生产全程机械化示范县（市、区）名单

1. 北京市顺义区
2. 天津市北辰区
3. 河北省石家庄市赵县
4. 山西省运城市芮城县
5. 内蒙古自治区通辽市科尔沁区
6. 辽宁省沈阳市辽中区
7. 吉林省长春市农安县
8. 黑龙江省齐齐哈尔市克山县
9. 上海市松江区
10. 江苏省常州市金坛区
11. 江苏省苏州市常熟市
12. 浙江省台州市路桥区
13. 安徽省亳州市蒙城县
14. 江西省吉安市新干县
15. 山东省临沂市临沭县
16. 河南省济源市
17. 湖北省荆门市京山县
18. 湖南省岳阳市屈原管理区
19. 广东省珠海市斗门区
20. 四川省成都市崇州市
21. 陕西省渭南市临渭区
22. 甘肃省张掖市山丹县
23. 宁夏回族自治区石嘴山市平罗县
24. 新疆维吾尔自治区塔城地区沙湾县
25. 新疆生产建设兵团第八师一四七团
26. 山东省青岛市胶州市
27. 浙江省宁波市余姚市
28. 黑龙江省农垦八五二农场

农业部办公厅关于成立农业部主要农作物生产全程机械化推进行动专家指导组的通知

农办机〔2016〕16号

各省、自治区、直辖市及计划单列市农机（农业、农牧、农村经济）局（厅、委、办），新疆生产建设兵团农业局，黑龙江省农垦总局，各位专家及所在单位：

为贯彻落实《农业部关于开展主要农作物生产全程机械化推进行动的意见》（农机发〔2015〕1号），充分发挥专家在决策咨询、技术指导、培训交流、验收考核等方面的支撑服务作用，经研究，我部决定成立农业部主要农作物生产全程机械化推进行动专家指导组（以下简称专家指导组）。现将有关事宜通知如下：

一、人员组成

专家指导组组长由罗锡文院士担任，副组长由陈温福院士、陈学庚院士、刘恒新站长担任；专家指导成员由农机化行业和现代农业产业技术体系的有关专家，以及部分省（区、市）农机推广机构专家组成（名单见附件）。

专家指导组按水稻、玉米、小麦、马铃薯、棉花、油菜、花生、大豆、甘蔗等9大作物分别设立专业组，每个专业组分别由5～8位专家组成，实行分工协作的工作机制。

专家指导组成员实行聘任制，聘期5年，并可根据工作需要进行成员调整。

二、主要职责

（一）决策咨询。跟踪分析全国水稻等九大作物全程机械化存在问题和发展趋势，及时提供相关研究报告，提出相关政策措施建议；参与编制与全程机械化相关的发展规划、可研报告、技术规程、作业标准等工作。

（二）技术指导。深入主要农作物优势产区开展专题调研，指导地方创建全程机械化示范县（市、区），探索总结一系列分作物、分区域的全程机械化生产模式。

（三）培训交流。编印主要农作物生产全程机械化技术资料，并承担相关项目管理人员、技术推广人员的培训工作；分作物、分区域组织开展全程机械化技术研讨与交流活动。

（四）验收考核。参与全程机械化示范县（市、区）的项目验收、考核评定等工作。

（五）承办农业部农业机械化管理司委托的其他工作。

三、工作机制

专家指导组在农业部农业机械化管理司指导下开展工作，下设秘书处，设在农业部农业机械化技术开发推广总站。

专家指导组实行组长负责制。组长、副组长负责牵头制定年度工作计划并组织实施。各专业组的组长、秘书长负责制定本小组的年度工作方案、组织专业组成员开展相关活动等。各成员服从组长及专业组安排，结合各自优势开展工作，按时提交相关报告。

专家指导组秘书处在组长、副组长的领导下开展工作，负责起草、编印专家指导组的工作计划、工作总结、调研报告、工作简报等，做好组织会议、调研活动等其他日常工作，协调督促各专业组落实年度工作方案。

各级农机化主管部门、专家指导组成员所在单位，要大力支持专家指导组工作，提供有关便利条件，并将专家指导组成员工作情况纳入本人年度工作绩效考核内容。

附件：农业部主要农作物生产全程机械化推进行动专家指导组成员名单

农业部办公厅

二〇一六年五月三十日

附件

农业部主要农作物生产全程机械化推进行动专家指导组成员名单

组　长	罗锡文	华南农业大学教授，中国工程院院士
副组长	陈温福	沈阳农业大学教授，中国工程院院士
	陈学庚	新疆农垦科学院研究员，中国工程院院士
	刘恒新	农业部农业机械化技术开发推广总站站长，高工
成　员	李安宁	农业部农业机械化技术开发推广总站副站长，高工
	仪坤秀	农业部农业机械试验鉴定总站总工程师，研究员
	陈巧敏	农业部南京农业机械化研究所所长，研究员
	陈　志	中国农业机械工业协会会长，研究员
	刘　宪	中国农业机械化协会会长，研究员
	陈　涛	中国农业机械流通协会副会长，高工
	方宪法	中国农业机械化科学研究院副院长，研究员
秘书长	徐振兴	农业部农业机械化技术开发推广总站处长，研究员

副秘书长　杨敏丽　中国农业大学中国农业机械化发展研究中心主任，教授
专业组成员　王积军　全国农业技术推广服务中心研究员
胡志超　农业部南京农业机械化研究所研究员
吴崇友　农业部南京农业机械化研究所研究员
张文毅　农业部南京农业机械化研究所研究员
金诚谦　农业部南京农业机械化研究所研究员
杨炳南　中国农业机械化科学研究院研究员
李少昆　中国农业科学院作物科学研究所研究员
肖世和　中国农业科学院作物科学研究所研究员
金黎平　中国农业科学院蔬菜花卉研究所研究员
宋国立　中国农业科学院棉花研究所研究员
韩天富　中国农业科学院作物科学研究所研究员
金千瑜　中国水稻研究所研究员
张东兴　中国农业大学教授
李洪文　中国农业大学教授
宋建农　中国农业大学教授
廖庆喜　华中农业大学教授
区颖刚　华南农业大学教授
朱瑞祥　西北农林科技大学教授
尚书旗　青岛农业大学教授
张　华　福建农林大学研究员
路战远　内蒙古农牧业科学院研究员
万书波　山东省农业科学院研究员
姜明海　黑龙江省农业机械工程科学研究院研究员
张宝乾　天津市农业机械推广总站研究员
史家益　河北省农业机械化技术推广服务总站研究员
程国彦　内蒙古农牧业机械技术推广站研究员
于　君　辽宁省农业机械化技术推广总站研究员
郑铁志　吉林省农业机械化管理中心研究员
李宪义　黑龙江省农委农机局高工
陈　实　黑龙江省农机化技术推广总站研究员
陈新华　江苏省农业机械技术推广站研究员
江洪银　安徽省农业机械管理局研究员
郭颖林　安徽省农业机械技术推广总站高工
窦乐智　山东省农业机械技术推广站研究员
陈传强　山东省农业机械技术推广站研究员
夏　放　河南省农业机械技术推广站研究员
马　勇　河南省农业机械技术推广站研究员
王再虎　湖北省农机局高工
汤绍武　湖南省农业机械管理局高工
吴文科　湖南省农业机械化技术推广站研究员
刘胜敏　广东省农业机械化技术推广总站研究员
陈世凡　广西壮族自治区农业机械化技术推广总站研究员
熊志刚　重庆市农业机械化技术推广总站研究员
任丹华　四川省农机化技术推广总站研究员
尹明玉　云南省农业机械推广站研究员
上官永　陕西省农业机械管理局高工
张陆海　甘肃省农业机械化技术推广总站研究员
张山鹰　新疆维吾尔自治区农牧业机械化技术推广总站研究员
麻　平　新疆生产建设兵团农机技术推广总站高工

9个专业组分工安排：

1.水稻专业组。组长由罗锡文兼任，成员为陈温福、金千瑜、宋建农、汤绍武、熊志刚、陈实、张文毅（兼本组秘书长）

2. 玉米专业组。组长由张东兴担任，成员为李少昆、江洪银、郑铁志、窦乐智、于君、张宝乾（兼本组秘书长）

3. 小麦专业组。组长由李洪文担任，成员为肖世和、朱瑞祥、上官永、夏放、郭颖林、陈新华（兼本组秘书长）

4. 马铃薯专业组。组长由杨炳南担任，成员为金黎平、张陆海、任丹华、程国彦（兼本组秘书长）

5. 棉花专业组。组长由陈学庚兼任，成员为宋国立、张山鹰、麻平、陈传强（兼本组秘书长）

6. 油菜专业组。组长由吴崇友担任，成员为王积军、廖庆喜、王再虎、吴文科（兼本组秘书长）

7. 花生专业组。组长由胡志超担任，成员为尚书旗、万书波、史家益、马勇（兼本组秘书长）

8. 大豆专业组。组长由李宪义担任，成员为韩天富、路战远、姜明海、金诚谦（兼本组秘书长）

9. 甘蔗专业组。组长由区颖刚担任，成员为张华、陈世凡、尹明玉、刘胜敏（兼本组秘书长）

农业部办公厅关于2016年上半年农机事故情况的通报

农办机〔2016〕18号

各省、自治区、直辖市及计划单列市农机（农业、农牧）局（厅、委、办），新疆生产建设兵团农业局，黑龙江省农垦总局，广东省农垦总局：

按照《农业机械安全监督管理条例》和《农业机械事故处理办法》规定，现对2016年上半年全国农机道路外事故情况、农机道路交通事故情况进行通报。

一、全国农机道路外事故情况及主要特点

2016年1—6月，累计报告在国家等级公路以外的农机事故328起，死亡30人，受伤114人，直接经济损失337.38万元。与上年同期相比，事故起数、死亡人数、受伤人数和直接经济损失同时实现“四下降”，下降比率分别为31.9%、23.1%、30.9%和19.5%，全国农机安全生产形势总体持续稳定向好。其中：拖拉机事故156起、死亡18人、受伤59人，分别占事故起数、死亡人数和受伤人数的47.6%、60%和51.8%。联合收割机事故148起、死亡7人、受伤46人，分别占事故起数、死亡人数和受伤人数的45.1%、23.3%和40.4%。其他农业机械事故24起、死亡5人、受伤9人，分别占事故起数、死亡人数和受伤人数的7.3%、16.7%和7.8%。

农机道路外事故的主要特点：

（一）操作失误引发的事故占比较高。在全国农机道路外事故中，因操作失误引发的事故191起、死亡9人、受伤63人，分别占事故起数、死亡人数和受伤人数的58.2%、30%和55.3%，事故起数和受伤人数占比均超过50%。

（二）未年检和无证驾驶引发的死亡事故占比仍较高。在全国农机道路外事故中，未年检农机引发的事故90起、死亡23人、受伤46人，分别占事故起数、死亡人数和受伤人数的27.4%、76.7%和40.4%；驾驶操作人员无证驾驶引发的事故118起、死亡21人、受伤50人，分别占事故起数、死亡人数和受伤人数的36%、70%和43.9%。未年检和无证驾驶引发的死亡事故占比均超过70%。

（三）无牌行驶现象有所好转。在全国农机道路外事故中，无牌行驶引发的事故55起、死亡16人、受伤29人，分别占事故起数、死亡人数和受伤人数的16.8%、53.3%和25.4%。三项占比分别较上年同期下降了0.6、5.7和1.9个百分点。

二、农机道路交通事故情况及特点分析

据公安部门提供的资料，2016年1—6月，全国共接报拖拉机肇事导致人员伤亡的道路交通事故917起，造成370人死亡、892人受伤，直接财产损失372.3万元。与上年同期相比，事故起数减少85起，下降8.5%；死亡人数减少62人，下降14.4%；受伤人数减少82人，下降8.4%；直接财产损失增加83.7万元，上升29%。其中，导致较大以上道路交通事故7起，同比增加4起；未导致重大道路交通事故，同比持平。

全国拖拉机导致的道路交通事故中，39.8%的肇事拖拉机没有号牌，其中，安徽、江苏、广东、山东、贵州、浙江等6个省无号牌拖拉机肇事最为突出，占全国总数的59.2%。

全国拖拉机导致的道路交通事故中，27.3%的肇事者没有拖拉机驾驶证，其中，安徽、江苏、贵州、浙江、广东、云南、山东等7个省份无证驾驶拖拉机事故最为突出，占全国总数的62.2%，贵州同比增幅较大。

三、2016年上半年较大以上农业机械事故情况

据公安部门提供的资料，2016年上半年较大以上农业机械道路交通事故7起，具体情况如下：

（一）2016年1月2日20时50分，安徽省宿州市驾驶人刘某驾驶手扶拖拉机，沿101省道行驶至转弯处，与静止车辆碰撞，造成3人死亡的道路交通事故。

（二）2016年1月27日12时许，浙江省杭州市驾驶人张某驾驶大型轮式拖拉机，途经大江东区江东大道与新湾大道路口，与大客车发生碰撞，造成拖拉机驾驶员及2名搭乘人员共3人死亡的道路交通事故。

（三）2016年3月6日8时40分许，安徽省安庆市驾驶人杨某驾驶大型轮式拖拉机，沿206国道（烟灿线公路）行驶至1 203公里+500米路段，未按规定会车，与运动车辆碰撞，造成3人死亡1人受伤的道路交通事故。

（四）2016年4月5日23时10分许，内蒙古自治区乌海市驾驶人张某驾驶大型轮式拖拉机，行驶至110国道1 080公里+800米处，与运动车辆发生碰撞，造成3人死亡2人受伤的道路交通事故。

（五）2016年4月8日12时35分，广东省清远市驾驶人何某驾驶大型轮式拖拉机，行驶至259省道19公里+600米处，与运动车辆发生碰撞，造成3人死亡6人受伤的道路交通事故。

（六）2016年4月17日13时05分，江西省宜春市驾驶人刘某驾驶小型轮式拖拉机，行驶至320国道（沪瑞线）978公里＋600米处，与运动车辆发生碰撞，造成3人死亡的道路交通事故。

（七）2016年5月2日8时10分许，江西省抚州市驾驶人陈某驾驶小型轮式拖拉机，行驶至石门街—宁都线213公里＋900米处，与运动车辆发生碰撞，造成4人死亡的道路交通事故。

四、存在问题及下一步工作要求

2016年上半年，全国大部分地区认真落实安全生产责任制，加强农机安全生产宣传教育，开展农机事故应急处置演练，大力排查农机安全隐患，做好事故预防和处理，提高农机事故统计报告工作水平，总体工作有力有效。但是，仍有个别地区存在统计报告事故不及时、不全面的情况，有的地方未按规定开展农机事故处置应急演练，有的地方存在“安全生产月”活动走过场，监理工作统计不认真等问题，个别地方违规超标准发放拖拉机牌证。对此必须高度重视，认真研究解决。

农机安全监理工作是农机化发展的安全保障，农机事故统计分析是科学研判农机安全生产形势的重要参考。各地要认真贯彻落实习近平总书记关于安全生产的重要指示批示精神和7月20日全国安全生产电视电话会议要求，牢固树立安全生产“红线意识”，狠抓农机安全生产责任制落实，强化安全生产监管执法和应急救援工作。要严格按照规定建立农机事故统计分析评估制度，严禁迟报、漏报、谎报或者瞒报农机事故，全面把握事故特征，深入分析事故原因，科学判断事故发生发展趋势，针对问题提出有效工作措施。要严格按照《农业机械安全监督管理条例》第四十四条等有关规定，积极建立与公安交通部门的信息通报制度，及时、全面、准确了解农机道路交通事故情况。要继续深入开展创建“平安农机”活动和农机安全生产“打非治违”专项整治，加强隐患排查和治理，努力提高农机上牌率、检验率、持证率“三率”水平，减少农机事故发生，确保农机安全生产形势持续稳定向好。

农业部办公厅

二〇一六年八月十六日

农业部办公厅关于做好2016年“三秋”机械化生产工作的通知

农办机〔2016〕19号

各省、自治区、直辖市及计划单列市农机（农业、农牧）局（厅、委、办），新疆生产建设兵团农业局，黑龙江省农垦总局：

为贯彻落实农业部党组关于“提质增效转方式、稳粮增收可持续”的部署，高质量、高效率地组织做好今年秋收、秋种、秋整地机械化生产，现将有关要求通知如下。

一、明确目标，切实加强组织领导

“三秋”生产事关全年粮食生产大局和明年粮油生产基础。各级农机化主管部门要把“三秋”机械化生产作为当前农机化工作的重要任务，切实加强组织领导，制定工作方案，细化目标任务，强化责任落实。今年全国“三秋”机械化生产的目标是：紧紧围绕重点作物、关键环节和主要产区，突出抓好水稻和玉米机收、冬小麦机播、冬油菜机播、农机深松整地、秸秆机械化还田等农机化新技术，努力推进作业机具稳步增长、作业水平不断提高、作业市场稳定有序。力争全国投入“三秋”生产的各类农业机械达到2 900万台（套），玉米机收水平超过68%，中晚稻机收水平超过80%，小麦机播水平超过86%，马铃薯、花生、大豆、棉花、甘蔗等主要农作物生产全程机械化水平进一步提高。

二、提前谋划，抓好机具人员准备

受厄尔尼诺和拉尼娜等天气现象影响，全国部分地区的秋粮收获期可能有所推迟，北方秋季降水可能偏多，易引发秋汛。各地要提前研判形势，立足抗灾夺丰收，及早制订机械化抢收抢种工作预案，努力加快秋收冬种进度，不误农时。要加快今年农机购置补贴资金实施进度，结合农业结构调整的需要，鼓励农民购置玉米、大豆、牧草和青饲料收获机、水稻联合收割机、深松机、大中型拖拉机、秸秆还田机和谷物烘干机等重点机具，尽快在“三秋”机械化生产中发挥作用。要积极协调农机供应商、柴油供油点备足备好农机零配件和油料，满足“三秋”机械化生产需要。要组织农机技术人员深入生产一线，开展技术培训和安全教育，提高农机手的操作技能和安全生产意识。要指导农机手提前检修、保养作业机具，努力提高农机具完好率、出勤率和作业效率，保障“三秋”机械化生产顺利进行。

三、科学调度，组织开展跨区作业

各地要密切关注天气变化和“三秋”生产进度，及时为农机手和农户提供机具供需等信息服务，加强机具的组织调度。要积极引导农机合作社等服务组织开展订单作业，努力提高“三秋”机械化生产的组织化程度。要在组织好水稻、玉米跨区机收的基础上，大力推动秋季农机跨区作业向深松整地、机耕机播、秸秆还田等领域拓展。要结合当地实际，组织发布“三秋”机械化生产要点和作业标准，严格控制粮食机收损失率不超标，努力提高“三秋”机械化生产的作业质量。

四、多措并举，积极推进深松整地

深松整地是“三秋”机械化生产的重要内容，各地要认真贯彻国务院《政府工作报告》的部署，创新举措，强化责任，积极作为，保质保量完成今年深松整地的目标任务。要推动农机购置补贴政策向深松机具倾斜，力争做到敞开补贴、应补尽补。要积极开展农机深松作业补助试点，切实提高农民参与深松作业的积极性。补助试点地区要坚持人工抽查与信息化监测手段并举，鼓励安装使用信息化远程监测设备，强化农机深松作业质量全程监管，确保补助资金安全。要加大技术服务和培训推广力度，通过举办现场会、培训班等形式，全面展示深松技术在稳产增产等方面的效果，不断提高农民开展农机深松作业的自觉性。

五、强化宣传，营造良好工作氛围

各地要加强与新闻媒体合作，精心组织策划“三秋”机械化生产宣传报道,围绕农机深松整地、农机跨区作业、机械化秸秆还田、全程机械化、农机购置补贴、保护性耕作、农机农艺融合、农机抗灾救灾等方面,广泛宣传农机化工作新亮点、新做法、新成效,为“三秋”机械化生产营造良好的舆论氛围。要认真执行《农业机械化生产信息报送制度》和考核办法,切实做好“三秋”机械化生产进度统计和信息报送工作,及时反映各地工作动态和成效。“三秋”生产结束后,要向农业部农业机械化管理司报送今年“三秋”机械化生产工作总结。

农业部办公厅

二〇一六年九月十四日

农业部办公厅关于公布2017年拖拉机检验合格标志式样的通知

农办机〔2016〕21号

各省、自治区、直辖市及计划单列市农机(农业、农牧)局(厅、委、办),新疆生产建设兵团农业局,黑龙江省农垦总局,广东省农垦总局,农业部农业机械化技术开发推广总站(农业部农机监理总站):

根据《拖拉机联合收割机牌证制发监督管理办法》,现将2017年全国拖拉机检验合格标志式样予以公布。请各省、自治区、直辖市农机安全监理机构统一与定点生产企业联系定制,并严格按照《拖拉机登记规定》和《拖拉机登记工作规范》予以核发。各地要按季度将定制、核发情况报送农业部农机监理总站。农业部农机监理总站、各地农机管理部门要做好监督工作。

附件:2017年拖拉机检验合格标志式样(略)

农业部办公厅

二〇一六年十月十六日

农业部办公厅关于印发主要农作物生产全程机械化示范县评价指标体系(试行)和评价办法(试行)的通知

农办机〔2016〕22号

各省、自治区、直辖市及计划单列市农机(农业、农牧、农村经济)局(厅、委、办),新疆生产建设兵团农业局:

根据《农业部关于开展主要农作物生产全程机械化推进行动的意见》(农机发〔2015〕1号)要求,我部研究制定了《主要农作物生产全程机械化示范县评价指标体系(试行)》和《主要农作物生产全程机械化示范县评价办法(试行)》,现印发你们,请结合本地实际,认真贯彻执行。

本指标体系和评价办法,旨在为科学评价县域主要农作物生产全程机械化水平提供参考依据,通过以评促建,带动提高全国主要农作物生产全程机械化水平,力争到2020年建成500个左右基本实现全程机械化的示范县。

各地在试行过程中,有何问题或建议,请及时向我部农业机械化管理司反映。

农业部办公厅

二〇一六年十月十八日

主要农作物生产全程机械化示范县评价指标体系(试行)

1 评价范围

根据《国民经济和社会发展第十三个五年规划纲要》等规划和《农业部关于开展主要农作物生产全程机械化推进行动的意见》(农机发〔2015〕1号)要求,为科学评价县域主要农作物生产全程机械化水平,指导全国主要农作物生产全程机械化示范县建设,制定本评价指标体系。

1.1 主要农作物评价种类

在水稻、玉米、小麦、马铃薯、棉花、油菜、花生、大豆、甘蔗九大作物内,按县域种植面积由大到小,一般选取不超过3种作物纳入评价。其中:单季种植面积≥25%县域耕地面积的作物必须纳入考评;单季种植面积10万亩及以上的作物原则上应纳入考评。

1.2 评价的生产环节

主要农作物评价生产环节指耕整地、种植、收获、植保、烘干、秸秆处理六个主要机械化生产环节。其中，马铃薯、棉花、甘蔗、油菜、大豆、花生六种作物不参与烘干机械化生产环节评价。因区域地理气候条件特殊，申请谷物产地烘干机械化生产环节不纳入评价的县，需由县级农机主管部门提出申请，由省级农机化主管部门审核后出具证明函。

2 评价指标

主要农作物生产全程机械化水平评价设置机械化作业水平、技术支撑能力和组织保障能力3个一级评价指标，10个二级评价指标，从定量与定性两个方面进行综合评价。具体指标详见主要农作物生产全程机械化示范县评价指标表(试行)。

定量指标包括机械化作业水平1个一级指标，4个二级指标，为达标评价。

定性指标包括设置技术支撑能力和组织保障能力2个一级指标，6个二级评价指标，为赋值评价。

3 示范县合格标准

县域主要农作物生产全程机械化作业水平定量指标应全部达标，其中丘陵县及山区县各项定量指标达标值可相应降低10个百分点。具体丘陵县及山区县名单，依据国家统计局农村社会经济调查司编写、中国统计出版社出版的《中国县(市)社会经济统计年鉴2012》确定。

县域主要农作物生产全程机械化技术支撑能力和组织保障能力定性指标评价得分累加达到80分以上。

主要农作物生产全程机械化示范县评价指标表(试行)

一级指标	二级指标	
一、机械化作业水平	1.主要农作物耕种收综合机械化率	
	水稻耕种收综合机械化率≥85%	其中：种植机械化率≥50%
	小麦耕种收综合机械化率≥95%	—
	玉米耕种收综合机械化率≥85%	其中：收获机械化率≥65%
	油菜耕种收综合机械化率≥70%	其中：机种、机收率≥50%
	大豆耕种收综合机械化率≥85%	其中：收获机械化率≥70%
	花生耕种收综合机械化率≥70%	其中：机种、机收率≥50%
	马铃薯耕种收综合机械化率≥70%	其中：机种、机收率≥50%
	棉花耕种收综合机械化率≥70%	其中：机种、机收率≥50%
	甘蔗耕种收综合机械化率≥70%	其中：机种、机收率≥50%
	2.高效植保机械化能力≥60%	
	3.谷物产地烘干机械化能力≥40%	
	4.秸秆处理机械化水平≥80%	
二、技术支撑能力	5.农机装备配备科学合理，可满足辖区内主要农作物生产全程机械化需要(25分)	
	6.农机合作社等农机服务组织的作业服务能力强，农机社会化服务有效覆盖(20分)	
	7.全程机械化技术路线清晰可行，形成可复制、可推广的生产模式(15分)	
三、组织保障能力	8.政府高度重视，部门密切配合，出台相关措施，推动机制高效(20分)	
	9.技术示范推广和培训宣传有力，效果显著(10分)	
	10.农机化公共服务机构健全，工作责任机制明确，形成合力(10分)	

4 指标解释与计算

4.1 单项农作物耕种收综合机械化率A

$$A=0.4A1+0.3A2+0.3A3$$

4.1.1 耕整地机械化率A1

$$A1=100\%\times S_{jg}/S_{yg}$$

式中：S_{jg}——机耕面积(公顷)，指利用拖拉机等动力机械带动作业机械耕整过的单项农作物面积，其面积不能重复统计；

S_{yg}——单项农作物应耕地面积(公顷)。

4.1.2 种植机械化率A2

$$A2=100\%\times S_{jz}/S_{zz}$$

式中：S_{jz}——机械化种植面积(公顷)，指使用各种播、栽机械实际种植的单项农作物面积；

S_{zz}——单项农作物总种植面积(公顷)。

4.1.3 收获机械化率A3

$$A3=100\%\times S_{js}/S_{zz}$$

式中：S_{js}——机收面积(公顷)，指使用各类收获机实际收获的单项农作物的面积；

S_{zz}——单项农作物总种植面积(公顷)。

4.2 高效植保机械化能力 B

高效植保机械化能力是指县域内高效植保机械可以提供的最大服务面积与单季主要农作物最大种植面积的比值。高效植保机械是指有动力运载的,且作业效率在 2 公顷/小时、农药利用率达 40%以上的植保机械。现有植保机械中除机动背负式植保机械外,大部分可定义为高效植保机械。

高效植保机械化能力 B:按作业效率 2 公顷/小时台套,一天工作 8 小时,一次机械植保作业 3 天内完成进行计算。

$$B=100\%\times2\times8\times3\times N_{jb}/S_{yb}$$

式中:N_{jb}——辖区内高效植保机械保有量(台套);

S_{yb}——当季纳入考核的主要农作物总种植面积(公顷)。

4.3 谷物产地烘干机械化能力 C

谷物产地烘干机械化能力是指县域内除收储体系外保有的谷物烘干机最大服务能力与单季水稻、玉米、小麦三种作物最大总产量的比值。

$$C=100\%\times P_{hg}\times W_{cd}/W$$

式中:P_{hg}——谷物烘干机每年烘干总批次,总批次由各省确定,并提供依据;

W_{cd}——辖区内除收储体系外所保有的谷物烘干机械总吨位(万吨);

W——纳入评价的主要农作物单季最大总产量(万吨)。

4.4 秸秆处理机械化水平 D

秸秆处理机械化水平是指辖区内纳入评价的主要农作物秸秆机械化处理面积与纳入评价的主要农作物总种植面积的比值。

$$D=100\%\times S_{jj}/S_{qz}$$

式中:S_{jj}——秸秆机械化处理面积(公顷),包含秸秆机械化还田面积和机械化秸秆捡拾打捆面积,其面积不重复统计。

S_{qz}——主要农作物总种植面积(公顷)。

4.5 农机装备配备科学合理,可满足辖区内主要农作物生产全程机械化需要

县域相关农机装备保有量、单机作业量与主要农作物种植面积、机械作业面积等相匹配;大中拖占比、高性能农业机械占比较高。大中型拖拉机是指功率在 14.7 千瓦及以上的拖拉机,其中:大型拖拉机功率 73.5 千瓦及以上,中型拖拉机功率 14.7～73.5 千瓦。高性能农业机械是指相对于传统农业机械在功率、节能、效率、复式作业功能、作业质量、自动化程度等方面有较大提高的农业机械。

4.6 农机合作社等农机服务组织的作业服务能力强,农机社会化服务有效覆盖

农机作业社会化服务体系健全,拥有多家规模较大、管理规范、具备全程机械化服务能力的农机合作社(农机作业公司),作业服务面积逐步提高。农机合作社等服务组织数量及服务覆盖能力,能有效满足主要农作物机械化生产需求。

4.7 全程机械化技术路线清晰可行,形成可复制、可推广的生产模式

主要农作物生产有成熟的技术路径与种植模式,并有机具种类与数量配套方案,有具体的机械化作业规程,农机农艺融合度较高;种植大户和广大农民认可,生产模式被广泛应用。

4.8 政府高度重视,部门密切配合,出台相关措施,推动机制高效

地方政府重视和支持全程机械化工作,把推进全程机械化纳入本地农业现代化发展的重要考核内容,发布政府文件、成立领导小组,出台推进措施,建立有考核督查机制;有效协调有关职能部门以及农业系统各相关单位形成工作合力,将全程机械化工作纳入部门和乡镇绩效考核,形成高效的推动机制;安排专项财政资金支出,加大主要农作物生产全程机械化的投入力度。

4.9 技术示范推广和培训宣传有力,效果显著

有全程机械化示范基地,积极开展新技术试验示范,及时召开技术推广现场会,加快先进适用农机化装备和技术推广;以种植大户、农民(农机)合作社、家庭农场为重点,开展形式多样的新技术新技能培训;充分利用多种媒体,开展主题突出、形式多样的宣传报道,及时采集发布农机化生产技术和作业供需信息,宣传全程机械化建设成果、工作动态,营造推进全程机械化的良好氛围。

4.10 农机化公共服务机构健全,工作责任机制明确,形成合力

农机化主管部门与农机推广、监理等机构健全,职能清晰,形成分工协作推进全程机械化的工作机制;农机化主管部门及时制定创建全程机械化示范县的具体实施方案,有明确的时间表、任务图及保障措施;成立全程机械化技术指导小组,有效开展决策咨询、技术指导、培训交流等工作。

主要农作物生产全程机械化示范县评价办法(试行)

一、评价目标

贯彻落实《农业部关于开展主要农作物生产全程机械化推进行动的意见》(农机发〔2015〕1 号),科学评价县域主要农作物生产全程机械化水平,力争到 2020 年建成 500 个左右基本实现全程机械化示范县。通过以评促建,典型引路,带动提高全国主要农作物生产全程机械化水平。

二、评价对象

县级行政区。

三、评价组织

农业部农机化管理司组建主要农作物生产全程机械化示范县评价领导小组,负责评价的组织领导。依托农业部主要农作物生产全程机械化推进行动专家指导组,成立示范县评价专家组,负责对申报县进行材料审核和现场测评,形成综合评价结果,提交领导小组审定。农业部原则上每年第三季度组织一次集中审核,并发布审定结果。

四、评价程序

(1)县级自评申报。申报县按照《主要农作物生产全程机械化示范县评价指标体系(试行)》评价范围和要求进行自愿申报,填报自评表,撰写自评分析报告。自评表与自评报告数据均须提供相关证明材料,报送县级人民政府签署意见,报请省

级农机主管部门审核。

（2）省级初评推荐。省级农机化主管部门对申报材料进行初审，并实地考核初评后，将推荐申报示范县材料报送农业部农机化管理司。

（3）部级审核复评。评价专家组通过审核材料、分析数据、按一定比例实地抽查验证等方式，对申报县进行评价，形成综合评价结果，提交评价领导小组进行复评，确定全国主要农作物生产全程机械化示范县名单（公示稿）。

（4）公示发布结果。农业部农机化管理司通过中国农机化信息网等公示拟确定的全国主要农作物生产全程机械化示范县名单，公示无异议后，以农业部办公厅文件发布。

五、申报材料要求

（1）《主要农作物生产全程机械化示范县评价指标体系》中机械化作业水平为达标评价，由申报县采用最近一个年度的统计数据，按附表1和附表2填报数据，提交自评报告和证明材料。

（2）技术支撑能力与组织保障能力为赋分评价，由申报县按照附表3、附表4填报数据，提交自评报告和证明材料。

申报材料要求内容齐全，数据可靠、合理。其中，自评报告须按照自评表所列内容逐项给出自评值和赋分的依据说明和证明材料清单，并按顺序提供证明材料。

（3）按顺序装订提交以下材料：申报材料目录；县域主要农作物生产全程机械化水平自评报告，附县级人民政府签署的意见，省级农机化主管部门的审核意见；县域主要农作物生产全程机械化自评表（见附表1）；县域主要农作物机械化生产情况表（见附表2）；主要农作物机械化装备情况表（见附表3），附近3年购机补贴主要装备清单等相关证明材料（可只附打印版首页，并提交电子版全文）；农机服务组织情况表（见附表4），附3个以上农机服务组织出具的开展作业服务情况等证明材料；政府及部门促进全程机械化发展的相关文件；主要作物生产全程机械化技术路线等相关技术文件，附3个以上规模种植户出具的对该技术路线的应用评价情况等证明材料；全程机械化技术推广、培训、宣传等情况，附培训通知、培训名册、媒体宣传等相关证明材料；其他材料。

附表：1. 县域主要农作物生产全程机械化自评表（略）

2. 县域主要农作物机械化生产情况表（略）

3. 县域主要农作物机械化装备情况表（略）

4. 县域农机服务组织情况表（略）

农业部办公厅关于公布2016年全国农机合作社示范社名单的通知

农办机〔2016〕23号

各省、自治区、直辖市及计划单列市农机（农业、农牧）局（厅、委、办），黑龙江省农垦总局：

在全国创建农机合作社示范社，是推动构建新型农业经营体系，引领打造农机合作社升级版，加快提升农机社会化服务质量水平的重要举措。根据《农业部办公厅关于深入开展农机合作社示范创建活动的通知》（农办机〔2016〕5号），在各省级农机化主管部门推荐基础上，经审核与公示，现确定北京兴农天力农机服务专业合作社等203个合作社为全国农机合作社示范社（名单详见附件）。

全国农机合作社示范社建设总体上实行部省共建、分级负责、动态管理的机制。各地农机化主管部门要强化对示范社的政策扶持，加大合作社经营管理领军人才培养力度，加强合作社发展典型经验宣传，有效发挥示范社样板带动作用，引导支持示范社加大配套机具和基础设施投入，提高服务能力，打造服务品牌，推动农机合作社整体建设和农机社会化服务跃上新台阶。全国农机合作社示范社名单实行动态管理、及时调整，各地农机化主管部门要组织示范社定期报送年度生产经营状况，省级农机化主管部门应采取重点抽查等方式加强对示范社的监测管理，每年年底前将示范社监测报告报送我部农业机械化管理司。

附件：全国农机合作社示范社名单（2016年）（略）

农业部办公厅

二〇一六年十月十八日

农业部办公厅关于印发《农业机械试验鉴定机构部级鉴定能力认定实施细则》的通知

农办机〔2016〕24号

各省、自治区、直辖市及计划单列市农机（农业、农牧）局（厅、委、办），新疆生产建设兵团农业局，黑龙江省农垦总局，农业部农业机械试验鉴定总站：

根据《农业机械试验鉴定办法》（农业部令2015年第2号）和《农业机械推广鉴定实施办法》（农业部公告第2331号），我部制定了《农业机械试验鉴定机构部级鉴定能力认定实施细则》，现印发你们，请遵照执行。

农业部办公厅

二〇一六年十一月三十日

农业机械试验鉴定机构部级鉴定能力认定实施细则

第一章　总　则

第一条　为了规范农业机械试验鉴定机构部级鉴定能力认定工作，依据《农业机械试验鉴定办法》和《农业机械推广鉴定实施办法》有关规定，制定本细则。

第二条　本细则所称的部级鉴定能力，是指农业机械试验鉴定（以下简称“农机鉴定”）机构依据农业部农机鉴定大纲，开展部级推广鉴定、选型鉴定和专项鉴定，对农业机械做出技术评价，并向社会出具鉴定数据和结果的能力。

本细则所称的认定，是指农业部对农机鉴定机构是否具备部级鉴定能力所实施的评价和认可活动。

第三条　农机鉴定机构部级鉴定能力认定（以下简称能力认定）工作由农业部农业机械化管理司主管，相关工作委托农业部农机鉴定总站具体实施。

第四条　能力认定工作坚持公开、公平、公正、科学的原则，统筹规划、合理布局，接受行业和社会监督。

第五条　能力认定工作不向申请机构收取任何费用。

第二章　申请、受理

第六条　能力认定申请由农机鉴定机构自愿提出，应当符合下列条件：

（一）具有独立法人资格的不以营利为目的的公益性事业单位；

（二）省级以上农业机械化行政主管部门所属的农机鉴定机构；

（三）通过国家规定的相应的检验检测机构计量认证（资质认定）；

（四）具有相关产品的鉴定经历。

第七条　申请能力认定的农机鉴定机构应提交下列书面材料，并对其真实性负责。

（一）农机鉴定机构鉴定能力认定申请书（附件1）；

（二）事业单位法人证书复印件；

（三）计量认证（资质认定）证书及其附件复印件；

（四）农机鉴定项目所用仪器设备及其检定/校准情况一览表；

（五）农机鉴定工作人员一览表；

（六）申请项目相应全项鉴定报告复印件；

（七）现行有效的省级鉴定能力认定文件；

（八）其他相关能力证明文件。

以上材料汇编成册，一式3份。同时，提交质量手册和程序文件各一套。

第八条　农业部农业机械化管理司负责受理申请，组织对申请机构的条件和申请材料的完整性予以审查，并一次性告知申请机构需要补正的内容。对符合规定和能力规划布局的，下达能力认定现场考评任务，确定考评组，对申请机构进行现场考评。经审查确认不予受理的，向申请机构说明理由。

第九条　能力认定的有效期为5年。获得认定的机构需新增项目或认定有效期满需重新认定，应提出扩项或重新认定申请。重新认定申请应在认定有效期满前6个月提出。

第三章　考评内容和方法

第十条　考评组由不少于2人组成。考评组成员的专业构成应当与申请项目相适应。考评组组长应当熟悉推广鉴定工作和计量认证（资质认定）评审相关规定。

考评组应当独立开展考评活动，并对考评结论负责。

第十一条　考评组组长接受任务后应制定现场考评计划，并按计划组织实施。现场考评一般应当在1～3个工作日以内完成。

第十二条　现场考评的主要内容包括：资质核查、质量管理体系审查以及仪器设备、设施环境和人员条件考评。

考评项目分为关键项和非关键项，具体按《农业机械试验鉴定机构部级鉴定能力认定综合考评表》（附件2）执行。

第十三条　考评组现场核查申请机构所提交计量认证（资质认证）文件是否与申请提供的材料一致。

第十四条　申请机构应当建立与鉴定工作相适应的质量管理体系，并能对农机鉴定的规范实施和工作质量进行有效控制。

第十五条　申请机构应当具备固定的工作场所，其工作环境应当保证鉴定数据和结果的准确；仪器设备和设施应满足相关农机产品鉴定大纲的要求，关键仪器设备和设施配备率、在用仪器设备检定/校准符合率和完好率均为100%。

第十六条　申请机构应当具有与其从事的鉴定工作相适应的农机鉴定员和管理人员。从事农机鉴定工作的农机鉴定员应具备胜任本岗位工作的业务能力，需经农机鉴定专业培训、考核合格。具有相应农机鉴定工作经历的农机鉴定员比例不得低于该机构从事鉴定工作人员总数的50%。

第十七条　申请机构应具有申请认定能力相关产品的鉴定报告、鉴定记录和鉴定档案。

第十八条　考评可通过调阅文件资料、核查记录、座谈提问、检查关键仪器设备和设施设备情况、现场试验等方式进行。

第十九条　现场考评中发现申请资料严重失实时，考评组应当终止审查。

第二十条　考评人员应当遵循客观、公正、保密的原则，科学严谨，廉洁自律，按照本细则规定，实施现场考评，填写考评记录。

第二十一条　现场考评结论分为“通过”“不通过”和“基本通过，需整改后确认”三种。考评项目全部“符合”，则现场考评结论为“通过”；关键项出现“不符合”，则现场考评结论为“不通过”；非关键项出现“不符合”，则现场考评结论为“基本通过，需整改后确认”。

第二十二条　现场考评为“基本通过，需整改确认”的，被考评机构对不符合项提出整改措施，并在1个月内将整改情况报考评组。

第二十三条　考评组根据现场考评结果，在现场考评结束后10个工作日内提交考评报告。对需整改的，考评组长在收到整改材料10个工作日内对整改情况进行确认，提交确认结果。考评报告内容包括申请机构基本信息、考评过程、推荐认定的能力范围、考评结论、整改确认结果等，并附考评记录和其他相关见证材料。

第二十四条 农业部农机鉴定总站对能力认定考评报告进行审查，并提出能力认定建议报农业部农业机械化管理司。

第二十五条 农业部公告批准农机鉴定机构鉴定能力的认定结果。公告内容包括：通过认定的机构名称、鉴定范围、机构地址、联系方式和有效期等。

第四章 监督管理

第二十六条 通过认定的农机鉴定机构应当于每年12月底前，向农业部农业机械化管理司报送年度农机鉴定工作总结。

第二十七条 通过认定的农机鉴定机构有下列情形之一的，由农业部取消相应的鉴定能力认定，并予公告：

（一）不按规定进行鉴定、伪造鉴定结果或者出具虚假证明的；

（二）认定条件发生重大变化，不符合本办法规定，在规定期限内整改未达到要求的；

（三）申请终止的；

（四）其他应当取消的情形。

被取消鉴定能力认定的农机鉴定机构，3年后方可申请重新认定。

第二十八条 农机鉴定机构名称、鉴定范围、机构地址联系方式等发生变化时，应于变更后一个月内向农业部农机鉴定总站提出变更申请，农业部农机鉴定总站对变更情况审核确认后，报农业部农业机械化管理司，农业部公告变更结果。

第二十九条 农机鉴定机构授权签字人发生变更的，应及时向农业部农机鉴定总站提交《授权签字人申请表》(附件3)。农业部农机鉴定总站应当依据授权签字人的审批条件，组织对变更的授权签字人进行考核确认。授权签字人的变更考核应自收到申请之日起2个月内完成。

第三十条 批准认定机构的计量认证（资质认定）证书失效，其被批准的能力认定同时终止。

第五章 附 则

第三十一条 本办法由农业部负责解释。

第三十二条 本办法自印发之日起施行，《农业机械试验鉴定机构部级鉴定能力认定实施细则（试行）》(农办机〔2006〕27号)同时废止。

附件：1. 农业机械试验鉴定机构鉴定能力认定申请书（略）
2. 农业机械试验鉴定机构部级鉴定能力认定综合考评表（略）
3. 授权签字人申请表（略）

农业部办公厅关于印发《2016年度各省（区、市）主要粮食作物耕种收综合机械化率发展指标》的函

农办机函〔2016〕4号

各省、自治区、直辖市人民政府办公厅，新疆生产建设兵团办公厅：

根据国家发展改革委、中央编办、农业部、国家粮食局等13个部门和单位联合印发的《关于开展2016年度粮食安全省长责任制考核工作的通知》(发改粮食〔2016〕1426号）精神，我部牵头负责第9项指标“主要粮食作物耕种收综合机械化率”的考核工作。在汇总分析2011—2015年各省（区、市）小麦、水稻、玉米耕种收综合机械化率发展趋势的基础上，经征求意见和专家评议，我部提出了“2016年度各省主要粮食作物耕种收综合机械化率发展指标”（详见附件），现予印发。请各省（区、市）人民政府相关部门据此开展自查评分，达到指标要求的，产区得2.5分，非产区得1.5分，否则不得分。

各省（区、市）应认真落实粮食安全省长责任制，强化对农业机械化工作的组织领导，不断加大扶持力度，聚焦薄弱环节，明确主攻方向，培育壮大农机社会化服务体系，积极推广先进适用农机化新技术新机具，努力提升主要粮食作物耕种收综合机械化率。

附件：2016年度各省（区、市）主要粮食作物耕种收综合机械化率发展指标

农业部办公厅

二〇一六年八月十五日

附件

2016年度各省(区、市)主要粮食作物耕种收综合机械化率发展指标

地 区	粮食作物	发展指标
北 京	小麦	99.9%
	玉米	91.0%
天 津	小麦	100.0%
	玉米	96.2%
河 北	小麦	99.1%
	玉米	87.5%
山 西	小麦	88.8%
	玉米	79.5%
内蒙古	小麦	96.5%
	玉米	84.0%
辽 宁	水稻	90.0%
	玉米	80.1%
吉 林	水稻	89.7%
	玉米	85.7%
黑龙江	水稻	97.8%
	玉米	95.6%
上 海	小麦	77.5%
	水稻	87.1%
江 苏	小麦	91.5%
	水稻	90.5%
	玉米	76.2%
浙 江	水稻	73.5%
安 徽	小麦	95.8%
	水稻	82.0%
	玉米	78.3%
福 建	水稻	58.0%
江 西	水稻	73.0%
山 东	小麦	98.0%
	水稻	83.9%
	玉米	92.3%
河 南	小麦	98.7%
	水稻	73.0%
	玉米	90.4%
湖 北	小麦	83.9%
	水稻	83.0%
	玉米	40.0%
湖 南	水稻	70.5%
广 东	水稻	69.0%
广 西	水稻	73.9%
海 南	水稻	58.5%
重 庆	水稻	60.2%
	玉米	36.1%
四 川	小麦	66.1%
	水稻	65.2%
	玉米	31.6%
贵 州	小麦	17.9%
	水稻	48.6%
	玉米	15.6%
云 南	小麦	46.7%
	水稻	49.2%
	玉米	36.9%
西 藏	小麦	63.3%
甘 肃	小麦	82.1%
	玉米	49.8%
陕 西	小麦	87.9%
	水稻	56.6%
	玉米	73.0%
青 海	小麦	79.3%
	玉米	57.0%
宁 夏	小麦	91.0%
	水稻	97.8%
	玉米	85.5%
新 疆	小麦	98.1%
	玉米	88.0%
新疆兵团	小麦	100.0%
	玉米	100.0%

地方性法规、规章及文件

天津市农业机械局　天津市财政局 关于优化农机购置补贴程序的通知

津农机计〔2016〕109 号

有关区农机中心、财政局，滨海新区农委：

为进一步优化管理模式，创新公正便民服务措施，根据《农业部财政部 2015—2017 年农机购置补贴实施指导意见》精神，围绕现阶段“缩范围、控定额、促敞开”的农机购置补贴政策新思路，经研究，决定按照《市农机局市财政局关于印发天津市 2015—2017 年农业机械购置补贴实施方案的通知》（津农机计〔2015〕35 号）的总体原则，自 10 月份起在全市范围内实行“自主购机、带机审核、定额补贴、区级结算、直补到卡”的新型农机购置补贴操作程序，具体程序和事项如下：

一、实施时间和范围

自 2016 年 10 月 8 日起，在全市范围内统一实施。

二、补贴操作程序

可概括为“自主购机、带机审核、定额补贴、区级结算、直补到卡”。

（一）自主购机。拟申请补贴的购机者可在我市任意一家农机生产企业自主确定的经销企业自主购机，也可通过生产企业直销等方式购机。经销企业（生产企业）需向购机者出具购机发票、售后服务凭证和产品合格证书。发票上需注明购机者姓名或名称、身份证号（组织机构代码证号或工商营业执照号）、所购机具名称、生产企业、型号、实际销售价格等信息。

（二）带机审核。拟申请补贴的购机者，须持本人身份证或由法定代表人（或由组织出具授权书指派的具体办事人员）持组织机构代码证（或工商营业执照），本人惠农一卡通银行卡或开户行银行账号，购机发票原件及复印件，到相关区农机部门提出补贴审核申请。同时，要提供本人或家庭（组织）长期使用的、真实可靠的联系电话，配合区农机部门拍摄人机合影，扫描上传身份证（组织机构代码证或工商营业执照）和发票原件。

其中：申请个人（组织）的户籍（营业执照注册地）在购机补贴实施区范围内的，到所在区农机部门提出购机申请。不在购机补贴实施区范围内的个人，需提供其从事农业生产所在地乡镇农业主管部门出具的“直接从事农业生产经营证明材料”，到出具证明材料所在地农机部门提出申请；不在购机补贴实施区范围内的组织，需提供其从事农业生产所在地区级农业主管部门出具的“直接从事农业生产经营证明材料”，到出具证明材料所在地农机部门提出申请。

区农机部门审核上述要件合规性，对拟申请补贴的购机者所购机具进行核实。其中，对无法移动或移动较为困难的产品，审核时间、地点和方式由区农机部门根据本地实际确定。

区农机部门负责将审核通过的相关补贴信息录入“天津农机购置补贴辅助管理系统”（对于只使用市财政资金进行补贴的产品，采取与使用中央财政资金进行补贴的产品相同格式电子文本进行电子录入），打印生成《农机购机补贴资金申请表》（附件），并通过区农机部门办公场所和区农机补贴信息公开专栏网站两个途径同时进行公示，公示期 7 天。同时，为所购机具喷涂“国家补贴机具”字样标识和机具编号，拍摄人机合影、铭牌照片，在发票上加盖“购机补贴申请已受理”字样印章。

（三）定额补贴。区农机部门对公示期满后无疑义的补贴申请进行审核汇总，按月向区财政局提交定额补贴申请汇总表。

（四）区级结算，直补到卡。区财政局对区农机部门提交的补贴申请汇总表核实后，通过银行系统将补贴款直接拨付购机者银行卡或账户。

三、其他

（一）按照责权一致的原则，拟申请补贴的购机者应对自主购机行为和购买机具的真实性和完整性负责，承担相应责任和义务。

（二）拟申请补贴的购机者购置拖拉机或联合收割机的，按照有关规定及时办理牌证。

（三）出现补贴产品退货情况时，购机者及经销企业（生产企业）必须主动向区农机部门说明相关情况，办理补贴注销作废手续。补贴款尚未拨付的，区农机部门立即终止拨付手续；补贴款已经拨付的，购机者需要按照实际情况向区财政局退还补贴款。

（四）当年未能申请办理购机补贴手续的，转年不得申请办理，购机行为（时间）以发票日期为准。

（五）《市农机局市财政局关于印发天津市 2015—2017 年农业机械购置补贴实施方案的通知》中附件 5《天津市 2015—2017 年农机购置补贴操作程序》自 2016 年 9 月 30 日停止执行。

附件：农机购置补贴资金申请表（略）

农业部办公厅

二〇一六年九月八日

山西省人民政府办公厅关于推进电动农机发展的实施意见

晋政办发〔2016〕94 号

各市、县人民政府，省人民政府各委、办、厅、局：

为贯彻落实《山西省人民政府关于 2016 年新实施强农惠农富农补贴政策的通知》（晋政发〔2016〕10 号）、《山西省人民政府办公厅关于加快推进电动汽车产业发展和推广应用的实施意见》（晋政办发〔2015〕115 号），切实推进我省电动农机的发展，结合我省实际，经省人民政府同意，现提出如下实施意见。

一、总体要求

（一）重要意义。

推进电动农机发展是省政府的一项重要战略决策，是延伸电动汽车产业链，拓展电动汽车在农用领域应用的具体措施。电动农机的研发应用对实现全省农业创新发展、转型发展、绿色发展具有重要意义。发展电动农机能够减少农业机械使用柴油带来的污染排放，降低能源消耗，改善环境质量，提升农产品品质；可以充分利用我省的电力资源优势，促进能源消费结构逐步优化；有利于推动我省农机装备制造业的转型升级，培育新的经济增长点。

（二）指导思想。

深入贯彻落实我省发展电动农机的战略部署，立足我省农业机械化的实际，借鉴电动汽车产业发展和推广应用的经验，构建“煤—电—农机”产业链；做好顶层设计，明确发展思路，强化推进措施，创优发展环境，加快电动农机研发、制造和推广进度；有计划、分步骤、逐步扩大电动农机的应用规模，将我省打造成研究开发、试验示范、推广应用电动农机的领先省份，形成经济社会发展的新亮点。

（三）发展目标。

1. 产品研发。以技术创新为抓手，结合现代农业和农业机械化的发展要求，研发以电池或电力为动力的农机新产品，同时对传统农机产品进行创新设计，到 2018 年，研制开发出 5～10 个电动农机新产品。

2. 产业规模。依托我省装备制造企业，采取引进、合作与自主开发生产等方式，培育一批电动农机骨干企业。到 2018 年，全省电动农机生产能力达到 5 万台件以上。

3. 市场应用。通过示范引导、完善配套、政策扶持，推动电动农机市场有序发展。到 2018 年，电动农机在农业生产、农产品加工、贮运等各领域得到广泛应用。

二、发展思路与推进方法

（一）研发思路。

电动农机属于新技术产品，在国内外尚处于研制开发阶段，根据我省农业机械化发展实际和新产品的研发规律，采取先易后难、先小后大、循序渐进的方式，坚持农机与农艺融合、兼顾适用可行的原则，先行开展小型电动农机的研发使用，在取得一定经验和技术储备的基础上，再开展较大功率电动农机的研发。

（二）推进方式。

为了积极稳妥推广电动农机产品，逐步扩大应用范围，要按照边研究试验、边生产考核、边示范推广的方式梯次进行。首先在全省选择部分县开展试点示范，优先选择全省农机化综合示范县、乡、村和示范社（合作社）、场（家庭农场）、户（农机大户）承担试点任务。采取试点示范先行、购机考核同步、奖补资金到户的方式推进。

（三）奖补办法。

1. 奖补产品范围：省内企业新研发生产的以电池或电力为主要动力的丘陵山区小型电动农业机械、果园电动机械、设施农业电动农机、电动收获机械、电动农用植保机械、电动拖拉机、电动农用运输机械、电动农产品加工、贮藏机械等。

2. 奖补产品名录确定：由生产企业提出申请，经专家评审，向社会公示后由省农机局公布。为有效推进电动农机的发展，在满足使用要求的前提下，奖补产品的准入门槛不宜过高，即按照企业标准生产，出厂时经本企业检验合格的产品，即可申请列入奖补名录。

3. 奖补对象选择：选择农机应用水准较高、能承担试验考核任务的农业生产经营组织和农机户。奖补对象的选择要按照公开、公正、择优的原则确定。

4. 产品的奖补和奖补额度：试点县可根据当地实际需求，从奖补产品名录中选择部分或全部产品作为本县的奖补范围，供奖补对象选购。产品奖补额度根据不同型号机具试验考核内容和市场接受程度来确定。具体的奖补额度随奖补产品名录一同公布。

三、重点任务及部门分工

（一）推进产业发展。

积极推进电动农机产业发展。鼓励国内外企业来我省设立电动农机生产基地，在立项、备案、土地、水电等方面给予政策倾斜。加大招商引资、引技、引智力度，推动国内外知名企业与省内企业合作。培育壮大省内骨干电动农机生产企业，全面带动电动农机产业发展。（牵头单位：省农机局，配合单位：省经信委、省发展改革委、省国土资源厅、省商务厅）

（二）构建创新体系。

将电动农机研发纳入我省新能源汽车产业创新范围，鼓励企业以技术创新为核心，加强与国内外研发机构、高新技术企业的交流合作，引进和培育技术研发团队，突破关键技术瓶颈。建设电动农机实验室和检测中心。（牵头单位：省科技厅，配合单位：省质监局、省农机局）

（三）制定奖补方案。

由省农机局和省财政厅联合制定《2016 年山西省电动农机奖补工作实施方案》，并指导各市、县做好奖补政策的实施，

认真做好资金的分配、调整和兑付工作。(牵头单位:省农机局、省财政厅)

(四)保证产品质量。

支持电动农机生产企业加快自主知识产权的技术创新成果转化,逐步将企业标准提升为地方标准、行业标准、国家标准。加强监督指导,帮助企业提高产品质量。(牵头单位:省科技厅、省质监局)

(五)建设配套设施。

鼓励相关部门和社会资本在电动农机集中停放场所,建设电动农机充电设施及电动农机维修保养网点。(牵头单位:省农机局、省电力公司)

(六)扩大市场应用。

各地要把电动农机的示范应用列入政府工作重要议程,切实作为一项节能减排、绿色发展,推进农业现代化建设的重点工作来抓。要优化资源配置、整合项目资金、集中技术力量,通过实施电动农机奖补政策,建设电动农机示范点,加大电动农机宣传,加强技术培训等措施,不断扩大电动农机的应用范围。(牵头单位:省农机局,配合单位:省财政厅、省农业厅)

四、保障措施

(一)加强组织协调。

加强电动农机产业发展和推广应用部门协调,及时解决电动农机产业发展和推广应用过程中的相关问题。各市、县人民政府及省直有关部门要参照电动汽车的相关政策,加快推进电动农机产业发展和推广应用,对工作业绩突出的单位和个人给予表彰奖励。(牵头单位:各市、县人民政府,各有关部门)

(二)加大财政投入。

加大财政投入力度,对购买我省企业生产的电动农机新产品的农户和从事农业生产的经营组织给予奖补。各级农机部门在编制各类项目资金计划时要重点考虑电动农机的试点示范和推广应用。(牵头单位:省财政厅,配合单位:省农机局)

在省级科技重大项目、重点研发计划、科技成果转化专项三类计划中加大对电动农机研发的支持力度,增加资金并予以持续支持,加大对省内生产企业和科研院所研发电动农机新产品的支持力度。(牵头单位:省科技厅)

(三)金融市场助力。

充分发挥产业投资基金作用,积极引导、带动金融机构和社会资本参与电动农机产业发展和推广应用。(牵头单位:省财政厅)

金融机构要加大对电动农机产业发展和推广应用的信贷支持,鼓励各类投融资公司以股权投资、融资租赁等形式参与电动农机的推广应用工作。支持企业在规范的互联网金融平台融资,用足用好公司债、企业债、私募债等融资工具。(牵头单位:省金融办)

(四)加强宣传,营造良好氛围。

充分发挥舆论导向作用,利用报纸、电视、网络、等媒体,通过组织展(演)示会、发放宣传资料等方式,普及电动农机知识,宣传电动农机对发展绿色农业节能减排的重要意义,落实国家及省出台的相关政策措施,提高公众对电动农机的认知度和接受度,营造有利于电动农机推广应用的良好氛围。(牵头单位:省新闻出版广电局,配合单位:省农机局)

农业部办公厅

二〇一六年六月二十七日

山西省人民政府办公厅关于做好农机深松整地工作的通知

晋政办发〔2016〕95号

各市、县人民政府,省人民政府各委、办、厅、局:

开展农机深松整地,是改善耕地质量、提高农业综合生产能力和促进农业可持续发展的重要举措。党中央、国务院高度重视农机深松整地工作,已连续三年列入《政府工作报告》年度重点工作任务,作为量化指标督查考核。为切实做好2016年及"十三五"期间全省农机深松整地的目标任务,经省人民政府同意,现就有关工作通知如下:

一、明确任务目标,狠抓责任落实

根据《全国农机深松整地作业实施规划(2016—2020年)》的总体要求和农机深松整地作业任务,明确提出2016—2020年全省农机深松整地作业任务(见附件1),各市、县要按照"三年深松轮作一次"的原则,编制当地农机深松整地作业五年发展规划和年度实施计划,将作业任务逐级分解下达,落实到田间地块、人员、机车。同时,要建立并有效运行"一级对一级负责"工作责任制,明确和落实市、县、乡(镇)各级政府完成农机深松整地作业任务的主体责任,确保各年度目标任务保质保量按时完成。

二、建立考核督查机制,开展创先争优活动

根据国务院《政府工作报告》中量化指标督查工作要求,从每年5月起,全省启动农机深松整地作业进度月报和作业集中期周报制度。各市、县要每月按时向省农机局报送《农机深松整地作业进度统计表》(见附件2);从9月份开始到秋季深松作业基本结束,每周报送作业进度以及相关工作动态。我省将制定和实行农机深松整地工作考核办法,将作业进度、动态上报、情况反映、技术创新、典型经验总结等作为农机深松整地工作量化考核的主要计分项目,组织开展创先争优活动,及时汇总各地农机深松整地工作进展情况,排队打分,鼓励先进,鞭策后进。省农机局要定期向省政府报送各市农机深松整地进度情况,对完成任务较好的市、县予以表扬。

三、优先保证机具补贴,加强农机装备支撑

各地要充分发挥农业机械购置补贴政策的引导作用,精准惠农,将深松整地作业机械作为中央和地方财政资金的补贴重点,优先满足农民购置大马力拖拉机、深松机、联合整地机等作业机具的需求,力争做到应补尽补、敞开补贴,加大补贴支持力度，切实提高深松整地作业机具装备水平。

四、持续开展深松作业补助，强化示范带动效应

按照农业部、财政部《2015—2017 年农业机械购置补贴实施指导意见》(农办财〔2015〕6 号)的精神，我省被纳入全国农机深松整地作业实施规划的补助试点省份，补助所需资金可以从农机购置补贴资金中统筹解决，以确保深松作业补助资金需要。省财政每年对农机深松整地作业试点进行补助；各市、县要根据所承担的农机深松整地任务投入作业补助资金，并保障农机深松整地工作经费，要依据“先作业后补助、先公示后兑现”的原则实施。深松作业补助面积较大的地区，可参照招投标等公开方式，择优确定装备实力较强、经营管理规范、社会信誉度高的农机合作社等农业生产经营组织承担深松作业任务。要严格补助资金发放管理，建立健全各项规章制度，妥善留存补助资金发放明细表，以备审计和查验。要做好项目区的示范工作，强化辐射作用，持续调动农民积极性，加快农机深松技术的推广应用。

五、运用物联网新技术，强化作业质量监控

各地要结合土壤类型、耕作制度等实际情况，因地制宜选择合适的农机深松整地作业模式和技术路线，加强技术培训和技术指导，不断强化农机手操作技能和质量意识，促进深松整地作业质量提高。深松作业补助项目区要结合作业合同、人工抽查，积极采用物联网等现代信息技术手段对深松作业面积、作业深度等进行远程实时监测，切实提高监管工作效率，降低行政成本，保证作业质量，避免虚报作业面积等违规行为发生。2016 年每市选择 2～3 个承担农机深松整地补助任务较大的县，作为远程实施监测作业面积和质量的试点县，先行先试，为大面积应用积累经验，全面完成农业部提出的“深松作业任务 300 万亩以上的省份，今年力争实施信息化远程监测的作业面积占实际补助面积的 20%以上”工作任务。

六、加强组织领导，创新服务模式

农机深松整地是国务院对地方政府农业工作两项量化考核指标之一。各市、县要高度重视，成立以政府分管负责人牵头的领导机构，做好各项组织、协调和服务工作。要创新生产和服务模式，充分发挥农机大户、农机合作社等农机服务组织的作用，强化拖拉机和深松机的统一调配，提高深松作业装备的使用效率，争取成方连片作业，整乡整村推进。要充分利用新闻媒介或组织现场演示会、培训班等形式，及时总结宣传深松整地作业的好经验、好做法以及产生的经济效益、社会效益，为推进农机深松整地工作营造良好的舆论氛围。

附件：1. 2016—2020 年全省农机深松整地作业任务表(略)
2. 农机深松整地作业进度统计表(略)

山西省人民政府办公厅
二〇一六年六月二十七日

吉林省人民政府办公厅关于开展全省粮食生产全程机械化整体推进行动的实施意见

吉政办发〔2016〕65 号

各市(州)人民政府，长白山管委会，各县(市)人民政府，省政府各厅委办、各直属单位：

为加快发展现代农业，提高粮食综合生产能力和市场竞争力，促进农业提质增效，力争到 2020 年基本实现全省粮食生产作业现代化，经省政府同意，现就开展全省粮食生产全程机械化整体推进行动，提出如下实施意见。

一、充分认识开展粮食生产全程机械化整体推进行动的重要意义

当前，我省城镇化进程和农村劳动力转移步伐日益加快，农业资源偏紧和生态环境约束因素日益加剧，粮食生产成本和市场价格挤压矛盾日益凸显，粮食生产进入转变发展方式、提升发展能力、提高发展效益的关键时期。从省情出发，加快发展现代农业，必须将粮食生产现代化放在优先发展的重要位置。粮食生产全程机械化是粮食生产现代化的重要物质基础。发展粮食生产全程机械化，有利于充分发挥农业机械集成技术，集约生产，推动规模经营；有利于加快促进粮食生产集成、节本、提质、增效；有利于加快促进农业发展方式转变，不断提高粮食综合生产能力和市场竞争力；有利于加快农业现代化建设。各地、各相关部门要从我省加快发展现代农业的总体要求出发，充分认识推进粮食生产全程机械化的重要意义，突出重点，明确任务落实责任，确保完成推进行动各项目标任务。

二、总体思路、基本原则与发展目标

(一)总体思路

贯彻创新、协调、绿色、开放、共享的发展理念，以提高粮食综合生产能力、发展效益农业为中心，以实现粮食生产现代化为主线，以提升全程机械化水平为目标，实施全省粮食生产全程机械化整体推进行动，打造农业机械化发展升级版，加快推进农业生产现代化。

(二)基本原则

1. 统筹规划，整体推进。采取全省 30 个粮食主产县(市、区)整县(市、区)推进、非粮食主产县(市、区)重点产粮乡镇整体跟进的方式，围绕突破薄弱环节，突出工作重点，典型引路，由点及面，全面推进。

2. 因地制宜，分类指导。根据不同地区的优势作物、经济条件、生产规模、机械化水平等因素，推动农机化技术集成，优选适宜的技术路线和装备，形成具有区域特色的全程机械化生产模式。

3. 机艺融合，协同发展。以先进适用的农机装备为载体，以绿色增产增效农艺技术为依托，结合采用信息化技术和农田基本建设等工程技术，加强农机、农艺等多部门联合攻关、协同配合，推进农机农艺融合、农机化与信息化技术融合。

4. 政府引导，多方参与。以政府扶持为引导，以农机社会化服务组织、农业生产规模经营者为主体，吸引银行金融、农机企业和科研、推广、教育等部门参与，汇聚多方力量，增加资金投入，形成合力推进全程机械化的运行格局。

（三）发展目标

2016 年在全省全面启动实施粮食生产全程机械化整体推进行动，到 2019 年基本完成建设任务并进行检查评估，2020 年进一步巩固完善、全面提高和总结验收。到 2020 年年底，力争全省农作物耕种收综合机械化水平达到 90%以上，其中玉米、水稻耕种收综合机械化水平达到 93%以上，植保机械化能力达到 60%以上，机械化烘干处理能力达到 60%以上，秸秆机械化处理水平达到 80%以上。全省 30 个粮食主产县力争达到《粮食生产全程机械化整体推进行动任务目标》（见附件 1）要求。

三、主要任务

（一）突出两大作物种类。以水稻、玉米等主要农作物为重点作物。

（二）聚焦六个生产环节。以提高耕整地、种植、植保、收获、烘干、秸秆处理等主要环节机械化水平为重点。

（三）明确一个主攻方向。提升水稻、玉米生产全程机械化水平，重点是全面提高保护性耕作、深松整地、免耕播种、精量播种、水稻机械化育（插）秧、机械化收获和秸秆处理等环节机械化作业水平，着力解决高效植保、烘干、秸秆处理等薄弱环节的机械应用难题。

（四）探索一系列全程机械化生产模式。根据全省主要粮食作物优势产区、种植模式和全程机械化特点，确立推进全程机械化主要内容，分作物、分区域，总结形成适宜区域发展的全程机械化生产模式。

（五）探索形成全程机械化整体推进机制。探索形成政府扶持引导、农民主体运行、多方参与合作、技术装备支撑、农机农艺融合促进、市场化方式推进的工作机制。探索建立健全运行有效、统一规范、公开透明、市场化运作的区域化农机服务机制。建成一批率先实现全程机械化新型经营主体，创建一批全程机械化生产示范区和示范县，发展一批推进粮食生产全程机械化社会服务组织。

四、推进措施

（一）加快提升全程机械化生产装备水平

1. 加快提升农机装备能力和水平。在全省实施敞开普惠的农机购置补贴政策，实行“自主购机、敞开补贴、县级结算、直补到卡”的补贴操作方式，按照惠民公平、便民高效的原则组织实施补贴工作。补贴资金实行全省总量控制，动态调剂管理，据实结算兑付。年度补贴资金连续滚动使用，实施敞开式普惠补贴，满足购机需求。省级资金一方面用于新型农业生产经营主体建设机具累加补贴，另一方面与国家资金捆绑使用扩大规模。

2. 将农机购置补贴政策向实现全程机械化目标倾斜。发挥补贴政策导向作用，将补贴重点向全程机械化所需主要机械装备和关键环节、薄弱环节所需机具及装备技术聚焦，加快弥补全程机械化“短板”和“薄弱点”，加快农机装备结构优化升级，促进农机装备结构由小型向大型、由低端向高端、由单功能向多功能调整发展。

3. 深化农机购置补贴工作改革，施行简政放权高效务实的补贴工作机制。实施补贴资金市场化分配改革，补贴金额根据当地农机购买情况据实分配；实施补贴申领兑付方式改革，凡是按照补贴政策购置农机，自主申请后均可据实享受补贴；实施补贴操作权责改革，补贴由当地农机、财政部门全权办理；实施补贴机具省域购置制度改革，允许补贴对象通过生产企业直销方式购机。

（二）大力培育全程机械化新型经营主体

1. 多元化发展全程机械化新型农业经营主体。鼓励引导广大农民通过农机化生产和耕地、劳动、技术等要素合作，发展机械化新型农业经营主体。鼓励社会工商资本和农业企业、专业大户、家庭农场、农民合作社等新型农业经营组织，发挥资本、技术、装备等优势，依法领办创办机械化农业生产经营组织。鼓励支持农村集体经济组织发挥组织管理优势，引导组织本集体经济组织成员，建立实行现代企业管理制度的新型农业经营主体，以整屯整村成建制的组织形式推进机械化规模经营。

2. 扶持全程机械化新型经营主体农机装备建设。按照“一乡一合作社”的布局和自愿建设、政策引导、资金扶持及民办、民管、民受益的原则，在全省 30 个粮食主产县（市、区）每个乡（镇、街道），平均扶持建设一个全程机械化新型农业经营主体。增加省级农机化建设资金规模，扶持农机化新型农业经营主体开展农机装备建设，补助用于农机装备建设和机具库棚建设，推动农机装备升级换代。机具补助建设资金总体上按中央财政农机补贴资金、省级财政资金、新型主体自筹资金 3∶3∶4 的投入比例安排，平均享受补贴的农机装备投资额度 350 万元；库棚建设资金按照建设面积，实施定额补助。同时，按照区域布局、梯次推进、均衡发展的原则，在非粮食主产县（市、区）重点产粮乡镇逐步推进。

3. 鼓励支持全程机械化新型农业经营主体发挥引领带动作用。组织开展全程机械化新型农业经营主体示范推广活动，广泛吸引和鼓励支持周边广大农户参与到其生产经营活动之中，解决土地碎片化和产出能力低下等问题。鼓励扶持全程机械化新型农业经营主体以机械化生产方式开展代耕代种、联耕联种、土地托管和联户经营、合作经营，扩大全程机械化生产经营面积。各地要与省扶持政策相结合，按照土地总体规划，在建设用地中，合理安排用于建设单位开展机具库棚建设的年度计划指标。

（三）创建全程机械化示范区

1. 开展全程机械化示范区建设。全省粮食主产县（市、区），按照“一乡一个示范区”的布局，创建全程机械化示范区。每个示范区面积不低于 3 000 亩。示范区建设要与新型农业经营主体农机装备建设、高标准农田建设、科技示范推广等项目相衔接相结合，集成优势，结成合力，共同发展。

2. 实施项目带动战略建设示范区。建立项目首要投放机制，整合集成相关项目和建设资金，向示范区打捆投放。建立形成示范区为项目建设搭建平台、项目建设助力示范区发展的互动互利的运行机制。推动一批建设项目在示范区集成示范。将农机化建设项目向示范区组装安排，开展粮食全程机械化生产示范。将农业技术、标准化生产、农产品加工、种子等建设项目向示范区组装安排，开展农机农艺融合技术示范。将保护性耕作、高效植保、秸秆综合利用、土壤质量保护、环境修复治理等建设项目向示范区组装安排，开展绿色高产高效农业技术示范。将土地整理、农业开发、农田水利等建设项目向示范区组装安排，开展适合机械化作业的高标准农田建设示范。将农业信息化、市场开发等建设项目向示范区组装安排，开展“信息化＋农机化”生产经营示范。将农田防护林、农业生态环境保护、休闲农业等建设项目向示范区组装安排，开展绿色休闲农机农事体验田建设。

（四）探索形成全程机械化生产模式

探索总结全程机械化的技术路径、技术模式、机具配套、操作规程及推广方式，建立推进农机农艺相协调的合作推进机制，集成示范全程机械化生产模式和配套机械装备。

1.以玉米种植为主的粮食主产县（市、区）：集成示范推广以大型收获机与技术为核心的全程机械化生产模式，重点是与大马力拖拉机配套的深松整地、免耕精量播种、高速高效精量播种、高效精准施药、秸秆还田、保护性耕作和机械化烘干等机械化技术作业模式。

2.以水稻种植为主的粮食主产县（市、区）：集成示范推广以规模化、标准化、智能化育秧和机插秧为核心的实施规模经营的全程机械化生产模式，重点推广规模化生产的集中育秧、乘坐式高性能插秧机、大型机械化烘干设备与技术为主，集成示范秸秆还田耕整地、高效植保、大中型联合收获及秸秆处理等机械化技术作业模式；部分适宜地区示范钵体苗机械化移栽技术。

3.鼓励和支持集成示范推广大豆、马铃薯等农作物全程机械化作业技术模式和技术装备；积极探索和总结大豆、马铃薯等作物轮作全程机械化技术路径和作业模式。

（五）加快发展农机社会化服务

1.加强农机社会化服务体系建设。加快培育发展多元化的农机社会化服务组织，大力推进跨区作业、订单作业、托管服务、租赁经营等农机社会化服务，对实施全程机械化的薄弱点、薄弱区域和薄弱环节，提供优质农机社会化服务，切实提高全程机械化实施程度。

2.发展培育农机作业服务市场。加快推进农机化与信息化融合发展，建设全省统一的农机作业动态信息监测与服务平台，及时采集和发布农机作业供需信息，大力提升农机社会化服务能力和服务水平。引导银行金融、工商社会资本和“互联网＋”等资本和产业要素投向农机作业服务和农机作业服务市场建设，推进农机作业服务向市场化、专业化、规模化、产业化方向发展。

3.加强农机化基础建设。支持农机合作社和农机大户兴建农机具库棚，不断加强机耕道路和农机维修网点建设，切实推动解决农机“住房难、行路难、看病难”等问题，努力改善全程机械化发展条件。

4.加强农机安全生产。切实加强农机安全监理技术装备建设，不断提高农机安全监理能力和水平。健全完善农机安全监理工作制度机制，不断深化农机安全监理工作。全面推进“平安农机”创建活动，为推进全程机械化安全生产护航。

（六）建立和完善工作推进机制

1.建立省、市（州）、县（市、区）和部门责任联动工作机制。采取省级主导、市级推进、县级主体、部门组织实施的方式，开展全程机械化整体推进行动。省级主导，就是省政府相关部门出台政策和措施，支持和指导市县组织开展全程机械化整体推进工作。市级推进，就是市（州）政府对县（市、区）工作给予政策支持，进行组织推进、协调落实、督导检查，确保全面完成建设任务。县级主体，就是县级政府是承担本地区推进全程机械化各项工作任务的责任主体，负责将各项支持政策和项目资金统筹落实到推进粮食生产全程机械化整体行动中，保障如期实现各项目标。部门组织实施，就是各级政府相关部门按照职责分工，负责承担和完成推进粮食生产全程机械化的相关工作和任务。

2.制定和落实省级支持政策和措施。

（1）加强政策扶持引导。优先在粮食主产县（市、区）开展农业信贷担保业务，通过农业信贷担保方式为全程机械化新型经营主体农机装备建设贷款提供信用担保和风险补偿。积极推动开展农机金融租赁、农机抵押贷款等金融业务创新，着力解决全程机械化新型经营主体在农机装备建设中的“融资难”“融资贵”问题。

（2）强化技术支持。优先在粮食主产县（市、区）集成推广先进适用的农机化技术，形成适合实际的全程机械化生产模式。每年全省示范推广保护性耕作作业补贴面积400万亩，高标准农机深松作业补贴面积600万亩。

（3）强化基础建设支持。整合省级相关涉农项目资金，优先向粮食主产县（市、区）投放，从着力解决全程机械化发展条件问题入手，开展农田基础建设，为农机规模化作业创造条件。

3.落实和完善市、县级支持政策和措施。

（1）建立支持全程机械化发展的财政等各项支持政策。建立健全市（州）、县（市、区）政府支持实施全程机械化的扶持政策与配套机制，制定支持全程机械化的资金倾斜措施并切实落实，保障必要工作经费。

（2）建立项目资金统筹投放机制。县（市、区）政府要建立推进全程机械化项目资金统筹规划、打捆投放的管理运行机制。对省级下达的相关建设项目和资金，重点在县级进行整合，并按照“管理渠道不改变、使用用途不改变、责任主体不改变、政绩业绩主体不改变、形成成果共享共用”的原则，对项目资金进行统筹安排，确保各项项目建设措施落实到位。各市（州）政府要落实责任，整合力量，推动创建主要粮食作物生产全程机械化示范区、示范县（市、区）。

五、组织保障

（一）强化组织领导。开展粮食生产全程机械化整体推进行动，是事关全省农业农村经济社会发展的重要战略任务。各地政府要切实加强组织领导，把推动行动列入重要日程，纳入农业现代化发展规划，切实抓实抓好。要建立政府主要领导亲自抓，分管领导具体抓，相关部门各尽其职、各负其责、齐抓共管的组织领导体系。要搞好统筹规划，制定具体实施方案，明确发展目标，落实工作任务，构建上下联动、多方协作、合力推进的工作责任机制。各级农机化主管部门要及时调度、汇总工作情况，为指导和推进工作提供依据。

（二）强化扶持推进。全省各级农机（农业）、财政、发展改革、国土资源、科技、水利、粮食、农业综合开发、环保、林业等有关部门，要积极参与粮食生产全程机械化整体推进行动，有关农业基本建设、农业开发、土地整理、重大技术和农机购置补贴、农机作业补助、农业技术示范等项目资金要向推进行动的实施区域倾斜。要落实有关农机化发展的税费减免措施，强化对农机户、农机服务组织的金融支持和信贷服务，积极探索发展农机金融租赁服务。要进一步加强农机试验鉴定、技术推广、安全监理、质量监督、教育培训、信息宣传等农机化公共服务能力建设，确保推进行动顺利实施。

（三）强化技术支撑。省农委要组织成立全程机械化推进行动专家指导组，按作物设立由农机化行业和农业产业技术体系有关专家组成的专业组，开展决策咨询、技术指导、培训交流、验收考核等工作。各地要充分发挥各级农技、农机推广机构和生产企业、科研院校、农民专业合作社等社会组织的作用，分作物、分区域总结推广粮食生产全程机械化模式。

（四）强化绩效考核。要制定科学的工作评价考核机制，把推进粮食生产全程机械化纳入全省农业现代化发展的重要考核内容，建立主要粮食作物生产全程机械化评价体系，以县（市、区）为单位进行绩效考核。要将粮食生产全程机械化行动评价考核与县域经济发展考核、产粮大县奖补和县级政府绩效考核挂钩。省农委要会同相关部门，根据省政府部署，统一组织对各县（市、区）全程机械化实现情况进行检查验收。

（五）强化宣传引导。各地要及时总结推进工作中的好做法、好经验、好典型，通过组织召开现场观摩活动、开设网络宣传专栏等多种形式，集中发布推进全程机械化技术成果、工作进展等，加强交流学习借鉴。充分利用广播、电视、报刊、网络等多种媒体，开展主题突出、形式多样的宣传报道，为全程机械化推进行动营造良好舆论氛围。

附件：1.粮食生产全程机械化整体推进行动任务目标（略）

2.全省30个粮食主产县（市、区）名单（略）

吉林省人民政府办公厅

二〇一六年八月十七日

江苏省人民政府办公厅关于加快推进粮食生产全程机械化的意见

苏政办发〔2016〕24号

各市、县（市、区）人民政府，省各委办厅局，省各直属单位：

推进粮食生产全程机械化，是提升农业综合生产能力、加速农业现代化进程、促进农民增收的重要举措。习近平总书记2014年年底视察江苏时，要求我省加快建设现代农业，力争在全国率先实现农业现代化，并突出强调要推进农业机械化，加快提高物质装备和技术水平。2015年年底，农业部将我省确定为全国粮食生产全程机械化整体推进示范省。为深入贯彻习近平总书记重要讲话精神，落实好粮食生产全程机械化整省推进试点要求，全面提升农业机械化水平，推动现代农业建设迈上新台阶，经省人民政府同意，现就加快推进粮食生产全程机械化提出如下意见。

一、准确把握推进粮食生产全程机械化的总体要求

（一）指导思想。认真贯彻中央关于加强现代农业建设的决策部署，按照“藏粮于地、藏粮于技”的战略要求，遵循“政府引导、装备支撑、技术引领、服务保障、协同推进”的指导原则，以水稻、小麦、玉米三大作物为主要对象，以耕整地、种植、植保、收获、烘干、秸秆处理为重点环节，加快推进农机科技创新，培育壮大农机服务市场主体，重点突破机械化种植、粮食产地烘干和高效植保等薄弱环节，促进农机与农艺相融合、经营与管理相协调，全面提升粮食生产全程机械化水平，切实增强粮食综合生产能力和市场竞争力。

（二）目标任务。到2020年，全省粮食生产全程机械化水平达到80%以上，基本实现全程机械化。其中，水稻、小麦、玉米三大作物生产的耕整地、种植、植保、收获、烘干、秸秆处理六大生产环节机械化水平分别达到95%、80%、90%、95%、70%、80%以上，粮食生产机械化植保防治、秸秆处理和烘干水平大幅提升。

二、加快推广粮食生产全程机械化装备和技术

（三）着力提高水稻机械化种植水平。水稻主推毯状秧苗机插技术，选择适宜地区开展钵苗机插等机械化种植技术试验。加快示范推广机插水稻集中育供秧，加大机械化育秧流水线推广力度，年增集中育供秧面积1.5万亩以上。到2020年，全省集中育供秧面积超过22万亩、比重达到75%。

（四）恢复提升小麦机播水平。小麦主推机条播技术，根据小麦品种、播期、秸秆还田方式、土壤条件及配套农艺技术的差异，合理选择作业模式和配套机具，加强稻秸秆机械化还田与小麦机条播技术的集成应用，加快小麦种植复式、联合作业机械推广步伐。到2020年，全省小麦机播水平达到85%。

（五）加快玉米机播机收推广步伐。按照标准化、规模化种植要求，因地制宜确定玉米机械化收获技术路线和适宜机型，大力推广麦茬玉米免耕精量施肥播种等机械化技术，加大专用自走式玉米联合收获机推广力度。到2020年，全省玉米收获机保有量达到1.5万台，机收水平达到85%。

（六）扎实推进秸秆综合利用。把机械化还田作为稻麦秸秆综合利用主渠道，按照“夏季还田为主，秋季适度还田”的要求，重点推广大马力拖拉机和配套机械，扩大机械粉碎还田、旋耕灭茬播种的面积，满足农艺要求，提升还田效果。积极拓展秸秆能源化、原料化、饲料化等多种利用方式，加快示范推广秸秆捡拾打捆、固化成型、编织加工、青贮等机械与技术，提高秸秆处理机械化水平。到2020年，全省秸秆处理机械化水平达到80%以上。

（七）提高粮食烘干能力。坚持收储烘干与产地烘干协调推进，科学布点区域性烘干中心，重点推广节能、环保型的低温循环式烘干机，发展先进适用烘干技术，加快建立机械化烘干示范基地。按照“500亩左右粮田配一台烘干机”的要求，在产地合理规划配置烘干装备，逐步提高粮食干燥处理机械化水平。到2020年，全省粮食产地机械化烘干能力达到50%，总能力达到70%以上。

（八）增强高效植保机械服务能力。积极开展绿色防控与统防统治融合示范创建活动，重点发展高效植保、精准施肥机械化技术，加快推广高地隙喷杆喷雾机等先进适用的植保机械，逐渐淘汰老旧、低效的喷雾机，不断优化农机装备结构。到2020年，全省高效植保机械化水平达到60%以上。

三、积极开展粮食生产全程机械化示范创建

（九）培育新型服务主体。积极培育农机大户、农机合作社和家庭农场等新型经营服务主体，全省每年扶持培育200个新型农机经营服务主体开展全程机械化作业，促进生产性服务业发展。扎实推进新型职业农民培育工程，开展农机职业技能获证奖补工作，着力培养一批农机操作能手。深入开展省级农机合作社示范社创建活动，每年选拔培育一批依法运行、民主管理、设施配套、服务高效的农机合作社，通过合作经营、土地股份、统一服务等形式，推进订单式、托管式、联耕联种等农机社会化服务，发展农业适度规模经营。到2020年，力争农机合作社作业服务面积占全省农机作业面积的70%以上，发挥粮食生产全程机械化示范创建主力军作用。

（十）创建农机化示范基地。实施粮食生产全程机械化示范创建行动，全省每年建设10个以上粮食生产全程机械化示范县（市、区）。到2020年，全省80%以上的县（市）和涉农区基本实现粮食生产全程机械化。通过示范创建，探索总结全程机械化的技术路径、技术模式、机具配套、操作规程及服务方式，形成可复制推广的典型，加大示范推广力度，辐射带动周边地区不断提高主要农作物生产全程机械化水平。

（十一）健全技术支撑体系。加快建立新型农机化技术推广服务体系，落实农业机械化技术推广机构人员编制和工作经费，加强基层推广机构设施条件建设，确保农机技术推广工作有序开展。加大技术人员、农机手、种粮大户的培训力度，切实提高技术开发、示范应用、技术培训和农机管理能力。成立粮食生产全程机械化整体推进技术专家组，邀请涉农领域相关专家，开展决策咨询、技术指导、培训交流、验收考核等工作。围绕粮食生产全程机械化的薄弱环节，加强农机产学研合作，开展联合攻关，着力研制适合农业生产需要的农机装备，为突破农业机械化发展技术瓶颈提供智力支撑。

四、制定和落实促进粮食生产全程机械化的扶持政策

（十二）加大财政支持力度。省级财政加大投入力度，积极支持粮食生产全程机械化示范创建工作。各市、县也要根据实际需要，加大粮食生产全程机械化的资金投入。积极发挥农机购置补贴等政策的导向作用，围绕粮食种植、产地烘干、高效植保机械化等薄弱环节，建立完善农机作业补助补偿政策，引导鼓励社会资金投入支持粮食生产全程机械化。

（十三）强化金融保险扶持。积极构建金融支农协作新机制，通过设立基金、财政贴息等措施，将新型农机经营与服务主体融资贷款纳入农业担保体系。积极开展农机合作社示范社信用评级工作，鼓励金融机构向其提供贷款、融资担保服务，逐步解决农机经营主体“贷款难”“贷款贵”问题。鼓励支持保险机构创新农机综合保险试点，适度提高保费财政补贴，规范理赔操作方式，为农民和机手提供多险种、高保障的保险服务。

（十四）加强基础设施建设。将粮食生产全程机械化创建作为高标准农田建设的重要内容，积极推动农田水利基础设施建设和土地整理，促进农村土地承包经营权有序流转，为规模化的农机作业服务创造条件。支持农机合作社、农机大户兴建农机具库棚，加大农村机耕道路、桥梁建设力度，加强农机维修网点等配套设施建设。落实粮食生产经营组织粮食烘干用电享受农业用电，以及农机库棚、维修场所和烘干配套设施用地等政策，充分调动农业生产经营组织应用粮食生产机械化技术的积极性。

五、切实加强组织保障

（十五）强化组织领导。各级人民政府要把加快推进粮食生产全程机械化纳入重要议事日程，列入农业现代化建设考核内容，建立协调推进机构，加强组织领导，明确工作责任，采取有效措施，推动工作落实。各级农机部门要结合本地实际，认真研究提出粮食生产全程机械化的工作方案。发展改革、财政、农业、农机、水利、国土资源、粮食等部门要各司其职、强化配合，形成协调联动、合力推进的工作机制。

（十六）强化绩效考核。各地要结合本地粮食生产全程机械化发展实际，制定科学的绩效考核评价机制，加强监测评价，及时掌握进度，主攻薄弱环节，确保按期实现发展目标。省农机局要会同有关部门加强对粮食生产全程机械化整体示范建设项目的绩效跟踪、中期检查和考核验收，对考核合格的县（市、区）予以通报表彰。

（十七）强化宣传引导。各地要加强调研，及时总结创建工作中好的经验做法，以点带面、典型引路，不断提高粮食生产全程机械化整体推进水平。充分利用广播、电视、报刊等传统媒体和微信、微博等新媒体，以群众喜闻乐见的形式，广泛宣传粮食生产全程机械化的重大意义、主要内容、技术路线等，集中发布推进粮食生产全程机械化的技术成果、工作成效，营造全社会关注支持粮食生产全程机械化的良好氛围。

江苏省人民政府办公厅

二〇一六年三月十七日

江苏省农业机械管理局　江苏省财政厅 中国保险监督管理委员会江苏监管局 关于进一步推进农机保险工作的通知

苏农机法〔2016〕18 号

各设区市、县(市)农机主管部门、财政局,各有关保险机构:

为进一步贯彻落实好《农业保险条例》和省委、省政府关于做好农业保险工作的有关精神,更好地发挥保险对促进农机安全生产,提升农机化发展水平的积极作用,现将有关工作通知如下:

一、充分认识开展农机保险的重要意义

农机保险是农业保险的重要组成部分,政府通过给予保费补贴引导农民积极参加保险,有助于农机事故后快速恢复生产生活,防止农民因农机事故而致贫返贫;有助于进一步提高农民保险意识,促进保险业服务农村经济发展;有助于提高农机管理水平,增强农民安全生产意识,促进农机化事业持续健康发展。各设区市、县(市)农机主管部门、财政局要进一步提高认识,充分把握农机保险的意义作用,加强部门协作,合力推进工作开展。各有关保险机构要进一步增强工作责任心,合理保障农机保险所需的人力及经费,认真做好承保理赔等具体工作,确保农机保险规范有序开展。

二、调整完善农机保险保费补贴政策

从 2017 年起,财政给予保费补贴的农机保险险种统一为:农业机械综合保险和上道路行驶的拖拉机交强险。省级财政对苏北地区农机保险补贴比例为 50%,对苏中地区补贴比例为 30%,对苏南地区补贴比例为 20%,各设区市、县根据本地实际,确定本级财政补贴比例。鼓励地方探索实施对水稻插秧机、粮食烘干机等其他农业机械保险给予保费补贴。

农业机械综合保险的保费标准及保险金额/责任限额按省农险办《关于印发〈江苏省农业机械综合保险条款费率(试行)〉的通知》(苏农险办〔2015〕8 号)文件执行(具体见表 1);上道路行驶的拖拉机交强险保费标准和保险金额/责任限额按省政府金融办、江苏保监局和省农机局印发的《关于切实做好拖拉机交强险工作的通知》(苏金融办发〔2009〕34 号)文件执行(具体见表 2)。

表 1　江苏省农业机械综合保险费率表

序号	农机种类	保险金额/责任限额			保费
		农业机械损失保险	第三者责任保险	操作人员责任保险	
1	大中型拖拉机(额定功率≥14.7 千瓦)	5 万元	20 万元	20 万元	500 元
2	小型方向盘式拖拉机(额定功率<14.7 千瓦)	—	20 万元	20 万元	400 元
3	手扶式拖拉机	—	20 万元	20 万元	400 元
4	方向盘自走式联合收割机	5 万元	20 万元	20 万元	500 元
5	操纵杆自走式联合收割机	5 万元	20 万元	20 万元	500 元

表 2　上道路行驶的拖拉机交强险费率表

序号	农机种类	保险金额/责任限额	保费
1	兼用型拖拉机(额定功率≤14.7 千瓦)	按条款执行	105 元
2	兼用型拖拉机(额定功率>14.7 千瓦)	按条款执行	155 元
3	运输型拖拉机(额定功率≤14.7 千瓦)	按条款执行	700 元
4	运输型拖拉机(额定功率>14.7 千瓦)	按条款执行	910 元

三、切实规范农机保险操作实务

(一)经办机构管理。农机保险经办机构由设区市农机管理部门会同有关部门按政府采购法规定的方式择优确定。农机保险经办机构应与农机管理部门签订服务协议,协议内容包括服务期间、服务内容、双方责任、违约责任及处理方式等。

(二)补贴方式。财政给予保费补贴的农机保险采取"差额投保"方式进行。投保时,在保险单中载明财政补贴、投保人承担的保费比例和具体金额。投保人只需缴纳自己应承担的部分,财政补贴资金由保险经办机构向当地财政部门申领。

(三)补贴资金申领支付。财政补贴资金由农机保险经办机构每半年向当地财政部门申请核算一次。每年 7 月、次年 1 月,农机保险经办机构编制农机保险财政补贴资金核算表、农机保险投保清单、理赔清单送农机管理部门核对后，送同级财政部门审核。各地财政部门要按照政策规定，在审核确认后，及时、足额将保费补贴资金支付到农机保险经办机构。

(四)理赔管理。发生保险事故时，农机保险经办机构接到报案后应及时通知农机管理部门，按各自职责进行现场勘察、责任认定、定损理赔。保险事故理赔完成后，农机保险经办机构应将事故及理赔具体情况告知农机管理部门。

四、工作要求

(一)加强工作协调。各级农机管理部门要加强对农机保险工作的组织实施，确保政策落到实处。财政部门要积极做好补贴资金管理，及时审核拨付补贴资金，定期开展补贴资金监督检查和绩效评价，严肃查处骗取、套取保费补贴行为。保险监督管理部门要发挥职能优势，指导保险经办机构优化承保理赔服务，加强监督检查，进一步规范市场行为。农机保险经办机构要抓好农机保险工作实施，规范承保理赔程序，稳步扩大农机保险覆盖面。

(二)加强宣传引导。农机保险涉及广大农民的切身利益，政策性强。各地要加大宣传投入，拓宽宣传渠道，丰富宣传方式，加强政策和保险知识宣传，积极提高农民的风险防范意识，引导农民积极参加农机保险。

(三)加强绩效考核。各级农机管理部门和保险经办机构要加强农机事故、投保、理赔等数据统计工作，分析农机事故发生规律和保险风险。省财政厅、省农机局定期对保费补贴资金进行监督检查，对保费补贴资金的使用绩效进行评价。对于农机保险经办机构提供虚假材料骗取保费补贴资金的，将依法追回并按有关规定予以处理、处罚。

(四)加强探索创新。探索完善适应农村、农业生产和农机化发展特点的农机保险投保理赔程序、方法和标准，鼓励保险经办机构利用信息化手段优化流程，简化手续。探索运用江苏农险网和“农乐宝”微信服务平台，为参保机手提供更加快捷便利的信息查询服务。有条件的地区农机保险经办机构可以与农机维修企业签订定点维修协议，对配件价格、维修工时等进行约定，探索农机财产损失理赔的示范化流程、标准。

江苏省农业机械管理局　江苏省财政厅
中国保险监督管理委员会江苏监管局
二〇一六年十二月八日

浙江省人民政府办公厅关于加快推进农业领域“机器换人”的意见

浙政办发〔2016〕19号

各市、县(市、区)人民政府，省政府直属各单位：

为加快提升农业设施装备水平，提高农业劳动生产率，促进农业发展方式转变，根据《国务院办公厅关于加快转变农业发展方式的意见》(国办发〔2015〕59号)精神，经省政府同意，现就加快推进农业领域“机器换人”提出如下意见：

一、总体要求

认真贯彻省委、省政府关于推进“四换三名”的决策部署，以提高农业全产业链机械化、设施化水平和劳动生产率为目标，以“稳增长、调结构、提质量”为主线，以深化改革和科技创新为动力，以社会化服务为纽带，坚持“立足应用、面向市场，重点突破、整体推进，创新驱动、人才为本，政府引导、依法促进”的原则，加大政策支持和引导力度，加快先进适用农业设施装备的研发和推广应用，着力提高农业设施装备的应用覆盖率、渗透力和适用性、通用性、共用性，为农业现代化提供更有力的支撑。到2020年，全省新增农机装备50万台(套)，农机总动力达2 400万千瓦，设施农业面积达400万亩，农业设施装备结构进一步优化，农业主导产业、产业链各环节农业设施装备应用水平明显提升，农业设施装备信息化、智能化水平不断提高，主要粮食作物耕种收综合机械化水平达75%以上，茶叶生产(名优茶采摘除外)基本实现机械化。

二、发展重点

(一)重点推广农业设施装备。粮油生产领域重点推广水稻栽植，油菜栽植、收获，马铃薯等旱粮作物播种、收获，粮食烘干、加工等机械和设施设备。主导产业领域重点推广茶园中耕和茶叶自动化采收、加工，畜牧水产养殖喂料、环境控制，蔬菜瓜果播种、育苗和栽植，食用菌灭菌、接种，花卉苗木育苗、栽培，植树造林、森林抚育和采伐，农产品运输、冷链、加工等机械和设施设备；适合丘陵山区应用的农业机械设备，钢架大棚、玻璃温室等设施设备。生态农业领域重点推广农业废弃物和病死动物资源化利用、无害化处理机械设备，喷滴灌、农用无人机等节水节肥节药机械和设施设备，一体化复式作业机械设备。智慧农业领域重点推广农业智能控制系统、农业自动化生产加工流水线等自动化、智能化装备。

(二)重点推进区域。实施农业领域“机器换人”示范工程，加强粮食生产功能区、现代农业园区、农业产业集聚区、特色农业强镇等的农业设施装备推广应用，全面提高农业生产机械化、设施化水平。围绕农业生产方式转型，全面扩大产业链各环节农业设施装备推广应用，强化农机社会化服务体系建设，带动农业设施装备整体水平提升，建设一批农业领域“机器换人”示范区。加大对以淳安等26县为重点的丘陵山区和海岛地区特色产业设施装备建设的支持力度，努力缩小与平原地区的差距。

(三)重点发展对象。引导农民专业合作社、家庭农场、种粮大户、农业企业等经营主体广泛应用经济实用的农业设施装备；引导农机专业合作社、农机作业企业、植保服务组织等主体，推广应用通用型、大中型、中高端农机装备，开展农机作业服务。

三、推动农业设施装备科技进步

(一)培育科技创新主体。鼓励有条件的农业设施装备企业加大研发投入，建设企业研究院、重点实验室、院士工作站等研发机构，引进高科技人才。鼓励符合条件的企业申报认定高新技术企业和科技型企业，申请创新强省专项资金、工业与信息化财政专项资金等，并在科技企业扶持、企业技术改造等方面给予倾斜。整合企业、教学科研单位、推广部门等的科研资源，加强农业机械研究院所建设，建立健全以企业为主导的农业设施装备产学研推协同创新机制。

（二）加强农机装备科研开发。建立农机产品需求与科研导向目录制度，有效引导科研开发重点和方向。加大关键共性技术和前沿核心技术攻关力度，鼓励技术引进消化吸收再创新，加快研究开发一批适合现代农业发展的农机装备新产品。农机装备新产品的研发纳入省科技专项，并在科技项目安排上给予倾斜。农机科研开发按规定享受税收优惠政策，农机企业开展研发活动中实际发生的研发费用，未形成无形资产计入当期损益的，在按规定据实扣除的基础上，按照本年度实际发生额的 50%，从本年度应纳税所得额中扣除；形成无形资产的，按照无形资产成本的 150%，在税前摊销。加强知识产权保护，激发生产主体科技创新的积极性。

（三）强化科技成果转化。探索建立农业设施装备科技成果信息发布和交易制度，鼓励教学科研单位采取转让、许可或者作价投资等方式，向企业或者其他组织转移科技成果，促进科技成果转化与产业化。加强对农业设施装备制造业发展的规划指导，支持农业设施装备企业加强技术改造。支持农业设施装备制造高新园区和产业集聚区建设。对我省企业研发生产的具有自主知识产权的农机产品，实施首台（套）奖励。

四、加快农业设施装备推广应用

（一）大力推广先进适用农业设施装备。完善农机购置补贴政策，大力推广应用农业生产需要的农业设施装备。积极开展新产品示范推广，支持农业经营主体引进和试验示范我省紧缺的新产品，普及应用先进适用农业设施装备。加大动力机械配套机具推广力度，着力改善机具配套比例，提高利用率。积极探索互联网、物联网等现代信息技术应用，大力推进智慧农机建设，推动农业设施装备升级换代。

（二）完善农机农艺融合机制。建立健全农机和农艺科技协作攻关机制，推进农机农艺融合示范区建设，加强农机农艺技术集成研究，探索建立科学合理、相互适应的农机作业规范和农艺标准，逐步形成良机良种良法配套、农机农艺融合的技术体系。适应新品种应用、农作制度创新和新型种养模式，有针对性地推广一批适应性强的农机装备。

（三）改善农机作业条件。加强土地整理和标准农田建设，积极推进土地流转，鼓励有条件的地方根据农民意愿统一连片整理耕地，尽量减少田埂，有序引导推行统一品种和种植模式，提高农业规模化、标准化水平。加强机耕道路和林区道路建设和维护，将机耕道路和林区道路纳入农业综合开发、农田水利建设、高标准农田建设、农村土地综合整治工程，统一规划实施。

五、提升农机社会化服务能力

（一）培育壮大农机服务主体。大力培育农机专业合作社以及农机作业、销售、维修、租赁企业等服务主体。根据区域实际，合理优化布局，引导建设一批集农机作业、销售、维修、培训等多功能的综合服务中心。支持农机产销企业加强售后服务能力建设，依法承担农机产品售后维修等服务责任。鼓励粮食收储企业建设粮食烘干中心，开展湿谷收购业务。粮食烘干机械和农业服务业中的农产品初加工用电执行农业生产用电价格。严格落实设施农用地政策，保障农机存放、维修等场所建设用地。

（二）创新农机服务机制。积极推行跨区作业、合同作业、订单作业，鼓励农机产销企业、服务主体与农业经营主体建立稳定服务机制，开展农机全程社会化服务。运输跨区作业联合收割机、插秧机的车辆，继续免收过桥过路费。积极发展农机具租赁、中介服务，推行社企共建发展农机社会化服务新模式。探索“互联网＋农机服务”模式，加强农机服务信息化平台建设，促进供需双方有机对接。因地制宜开展政府购买服务试点，鼓励政府购买某种或多种农机服务项目。鼓励发展连锁经营、物流配送、电子商务等现代流通方式，提高农机流通效率。

（三）培育农机高技能人才。加强农机职业技能培训和鉴定，加快培育一批农机经营管理、驾驶操作、维修保养等高技能人才。农机高技能人才纳入新型职业农民培育工程和定向培养计划。鼓励高等院校加强农机类相关学科建设，合理设置农机类相关专业，开展农机学历教育和职业技能教育。

六、加强农机行业管理

（一）加强农机安全管理。深化平安农机建设，完善警农协作执法机制，探索建立道路外农机安全巡查制度，依法开展农机牌证管理、安全检验、打非治违、隐患查治等工作。农机免费实地安全检验纳入政府购买服务范围。大力推进农机报废更新，适时将联合收割机、水稻插秧机、粮食烘干机等纳入报废补偿范围，促进农机节能减排和安全发展。加大农机安全监理基础设施和装备建设投入，建立全省统一的农机管理信息化平台，健全大型农机牌证管理制度。

（二）加强农机质量管理。加强农机产品质量调查和安全鉴定，探索建立农机产品红黄牌制度，严把农机产品质量关。改革农机推广鉴定办法，创造条件引入社会第三方机构开展农机新产品鉴定。加强农机服务行业管理，完善农机产品质量、作业质量、维修质量标准体系，切实规范农机销售、作业、维修等服务行为。严厉打击制售假冒伪劣农机产品行为，及时处理农机质量投诉，切实维护购机农户合法权益。

七、加强政策支持和组织保障

（一）加强组织领导。各地要把农业领域“机器换人”作为推进农业现代化的重要抓手，切实加强组织领导，建立健全政府主导、部门协同、社会力量参与的工作协调机制。有关部门要科学编制农业机械化发展“十三五”规划，进一步完善农机行业管理制度和公共服务办法。

（二）加大财政支持力度。省财政统筹现有资金渠道，积极支持农业领域“机器换人”示范工程建设，农机新产品购置和引进示范，农机社会化服务体系、农机综合服务中心、平安农机、农机管理服务设施建设，以及农机科技创新、机械化作业服务等。省级有关部门要研究制定农机新产品补贴办法，逐步将适合现代农业发展的农机新产品纳入补贴范围。各地要安排资金，加大对农业领域“机器换人”的支持力度。

（三）落实税费优惠政策。从事农业机耕、排灌、病虫害防治以及相关技术培训业务，免征营业税；从事农机推广、农机作业和维修等服务业项目的所得，免征企业所得税；批发和零售农机，免征增值税。落实国家支持小微企业税收政策，自 2015 年 10 月 1 日起至 2017 年 12 月 31 日，对年应纳税所得额 30 万元以下的农机小型微利企业，其所得减按 50% 计入应纳税所得额，按 20% 的税率缴纳企业所得税。农机企业经申请认定为高新技术企业的，减按15%的税率征收企业所得税。

（四）加强金融服务。鼓励金融机构创新金融产品和服务方式，加大对农机购置、农机新产品研发、农机企业技术改造、农机服务基础设施建设等的信贷支持力度，因地制宜推行农机抵押贷款、信用贷款、综合保险、融资租赁等业务。推进农机政策性保险工作。

（五）加强队伍建设。进一步完善农业机械化技术推广、安全监理、质量监督、教育培训、信息宣传等公共服务体系，改善服务条件，提高服务能力。加强农业机械化队伍建设，稳定乡镇农机员队伍，进一步充实人员力量，优化队伍结构。开展农机员知识更新培训和学历提升教育，努力提高依法行政能力和指导服务水平。

浙江省人民政府办公厅

二〇一六年二月十七日

安徽省人民政府办公厅关于印发推进农机农艺农信融合发展实施方案的通知

皖政办〔2016〕58号

各市、县人民政府，省政府各部门、各直属机构：

《推进农机农艺农信融合发展实施方案》已经省政府同意，现印发给你们，请认真组织实施。

安徽省人民政府办公厅

二〇一六年十月十二日

推进农机农艺农信融合发展实施方案

为认真贯彻落实《中共安徽省委、安徽省人民政府关于落实发展新理念加快农业现代化实现全面小康目标的实施意见》（皖发〔2016〕1号），深入推进农机农艺农信融合发展，助力农业现代化推进工程，制定本实施方案。

一、总体要求

（一）指导思想

全面贯彻党的“十八大”和党的十八届三中、四中、五中全会精神，深入贯彻习近平总书记系列重要讲话特别是视察安徽重要讲话精神，牢固树立创新、协调、绿色、开放、共享的发展理念，认真落实推进农业发展方式转变、农业供给侧结构性改革和“互联网＋”等一系列重大战略部署，围绕农业现代化推进工程和现代生态农业产业化建设，以提升农业物质装备水平、完善农业生产技术体系、创建示范应用平台为重点，突破重点作物的薄弱环节和技术瓶颈，创新农机农艺一体化生产模式，加快农机信息化应用，促进农机农艺农信融合发展，推动农业大省向现代农业强省跨越。

（二）基本原则

坚持全行业覆盖推进与全程服务拓展融合。农业服务由粮食作物向油菜、茶叶、园艺、林业、畜牧、水产等农林牧渔业全行业服务推进。农机服务由耕种收向秸秆利用、高效植保、高效施肥、节水灌溉、烘干分级以及农产品初加工延伸。

坚持农机服务主体与农业生产主体融合。尊重农民意愿，强化利益联结，鼓励农机服务组织融入现代农业产业化联合体，开展订单作业、一站式服务。

坚持农机生产与应用主体融合。引导农机生产企业与农机合作社在互惠互利的基础上开展“社企共建”，优势互补，共同发展。

坚持公益性服务与经营性服务融合。通过政府购买公益性服务、基层农技人员为经营性组织提供服务等多种形式，激发公益性服务队伍活力，提高经营性组织服务能力。

坚持信息化与农业现代化融合。发挥互联网在农业生产要素配置中的优化和集成作用，推动互联网创新成果与农业生产、经营、管理、服务各领域深度融合。

（三）主要目标

到2020年，农机装备集成化、智能化水平显著提升，农机农艺一体化生产模式不断完善，农机信息化应用水平快速提高，农机农艺农信融合的总体格局基本形成。力争建成30个主要农作物生产全程机械化示范县，15个“互联网＋”农机技术应用示范县，50个省级“互联网＋”农机合作社示范社，深松（耕）整地等重点项目农机作业在线监测率达到100%。全省农机总动力达到7 000万千瓦，主要农作物耕种收综合机械化水平达到80%以上。

二、重点任务

（一）提升农机装备能力。发挥国家和地方科研项目的导向作用，重点支持农机农艺农信融合重大课题研究，每年形成1～2项具有自主知识产权和重大影响的科研成果。落实《中国制造2025安徽篇》农机装备发展计划，推进芜湖现代农业机械产业集聚发展基地建设，加强关键技术攻关。适应农业绿色发展和规模化、精准化、设施化等要求，通过试验示范、政策扶持，推广应用大型动力机械、多功能一体化复式作业机械、高效植保机械、高效施肥机械、秸秆综合利用机械、粮食烘干机械、水稻种植机械、玉米大豆免耕播种机械、油菜轻简化栽培和收获机械以及林果茶园管理与采收、储运、保鲜机械，实现农机装备全程服务与全行业覆盖。（省农委、省发展改革委、省科技

厅、省经济和信息化委等负责)

(二)完善农机农艺相互适应的生产技术体系。开展农机农艺关键技术集成、适用机具组装配套研究,提高农机产品及技术的先进性、适用性、可靠性。主攻重点作物、关键环节机械化,制定完善小麦一水稻、小麦一玉米(大豆)、油菜一水稻、双季稻等不同种植模式和农林牧渔结合、种养加一体的全程机械化技术路线、作业规范和机具配套方案,促进生物、工程、信息、环境技术集成化,推动适度规模经营。(省农委、安徽农业大学、省农业科学院等负责)

(三)打造农机农艺农信融合示范应用平台。按照主要农业乡镇基本实现全覆盖的目标,到 2020 年,规划建设 1 000 个集农业技术推广应用、农资产品展示展销、农机作业信息发布、农机维修保养存放、农机人员培训管理于一体的综合性全程农事服务中心,健全工厂化育秧、粮食烘干和植保服务等功能,强化技术物化、品牌经营与质量安全、产权交易、融资保险等服务,加强信息综合服务平台建设。可选派基层农业、农机部门技术人员共同入驻服务,打造公益性与经营性结合、管理与服务并重,规模适度、功能齐全、保障有力的示范应用平台,打通农业综合服务"最后一公里"。(省农委等负责)

(四)实施农机精准作业示范工程。建成一批"互联网+"农机示范基地,加快基于"北斗系统"的农机作业远程监控、指挥调度等信息技术应用,搭建区域性农机精准作业运行维护平台。通过"互联网+"农机合作社示范创建,争取实现全省10 000台以上大型农机加装智能终端并纳入平台系统,作业服务面积 1 000 万亩以上。推广"农机直通车·全国农机化生产信息服务平台"及手机 APP 应用,服务农民、机手 30 万人以上。(省农委、省经济和信息化委、省科技厅等负责)

(五)探索发展多样化农机产品电子商务模式。建设高效互动对接的农机 O2O 电商公共服务平台,为农民提供农机产品选购、补贴办理、报废更新等在线服务,实现农机用户、经销商、生产企业及管理部门之间信息互通互联,全程可视,提高农机产品流通管理效率,降低流通成本,提升售后服务能力。(省农委、省商务厅等负责)

三、保障措施

(一)加强组织领导。各地要把推进农机农艺农信融合发展摆上重要议事日程,出台配套政策措施,营造良好发展环境。各级农业(农机)部门要与相关部门建立协作推进机制,加强指导服务,强化督促检查,确保各项任务落到实处。

(二)加强政策扶持。完善农机购置补贴政策,对农艺适应性强、信息化程度高的农机具实行敞开补贴,对综合性全程农事服务中心购置的适用机具,优先给予农机购置补贴,继续实施农机报废更新补贴。在高标准农田建设中强化机耕路建设。国土资源、农业部门按照设施农业用地管理政策,落实农机大院建设用地。粮食部门要加强仓储和烘干等能力建设。政策性农业信贷担保机构要为符合条件的农机合作社等农业社会化服务组织提供信贷担保。鼓励各地开展农机具商业保险。发展改革、科技、经济和信息化、水利等部门要按照各自职责,落实扶持政策。

(三)加强主体培育。开展农民(农机)合作社示范社创建、农机企业与农机合作社"社企共建""互联网+"农机合作社示范建设,培育农机农艺农信融合的市场主体。发挥农机生产企业和农业产业化龙头企业的资金、市场、人才、技术等优势,联合家庭农场、农民(农机)合作社开展技术示范、品牌培育、信用合作和市场开拓,培育壮大一批利益联结、运行规范、经济效益好、带动性强的现代农业产业化联合体。

(四)加强培训宣传。充分利用新型职业农民培育等现有培训资源,动员企业等社会力量广泛参与,以农民(农机)合作社、家庭农场等新型经营主体为重点,培训一批掌握农艺技术、农机操作和信息化应用的全能型农机手。强化舆论宣传,营造良好氛围,形成政府引导、市场运作、上下联动、多方参与的工作格局。

福建省农业厅　福建省财政厅关于做好省级特色农业机械购置补贴市场化改革试点工作的通知

闽农计〔2016〕217 号

各市、县(区)农机管理局(站)、财政局,福州市农业局,平潭综合实验区农村发展局、财政金融局,各有关单位:

《农业部办公厅财政部办公厅关于印发 2014 年农业机械购置补贴实施指导意见的通知》(农办财〔2014〕6 号)、《农业部办公厅财政部办公厅关于印发 2015—2017 年农业机械购置补贴实施指导意见的通知》(农办财〔2015〕6 号)提出选择个别省份开展补贴产品市场化改革试点。经争取,农业部确定在我省先行开展试点工作。为此,我省 2015 年 8 月印发《福建省农业厅福建省财政厅关于对部分特色农业机械实行补贴的通知》(闽农计〔2015〕171 号),对部分特色农业机械实行省级补贴,并对 4 个品目试行市场化改革,取得明显成效。为进一步贯彻《中共福建省委 福建省人民政府关于落实发展新理念建设特色现代农业实现全面小康目标的实施意见》(闽委发〔2016〕1 号),在总结部分特色农业机械省级补贴和 4 个品目市场化改革试点工作基础上,决定进一步扩大范围,开展省级特色农业机械购置补贴市场化改革试点工作。现将有关事项通知如下:

一、试点品目范围

(一)对 2015 年列入省级农机购置补贴资金补贴范围的 7

个品目试行市场化改革，具体为：割灌机、乌龙茶做青机、挖坑机、山地果（茶）园轨道搬运机、山地田园作业（管理）机、油锯、食用菌生产机械（翻堆机、装袋机、混合机）。

（二）对2015年试行市场化改革的电烤笋烘干机、农用航空器2个品目继续试行市场化改革。2015年试行市场化改革的种子烘干机、种子清选机，已调整到中央资金补贴机具种类范围，不再试行市场化改革。

（三）对2016年新列入省级农机购置补贴资金补贴范围的10个品目试行市场化改革，具体为：履带自走式起垄机、自走式铺膜机、干坚果脱壳机、水果热缩膜机、水果输送机、液压榨油机、紧压茶压制机、紫菜收割机、插拔桩机、生物质成型燃料果蔬烘干机。

二、试点品目产品资质条件

列入市场化改革试点品目范围内的农机产品，不需要获得部级或省级有效的农机推广鉴定证书，但应取得法律授权的第三方质量认可和产品定型证明文件。

三、试点品目补贴额

（一）2015年列入省级农机购置补贴资金补贴范围的7个品目，未发现补贴额偏高等问题，继续按《福建省农业厅福建省财政厅关于对部分特色农业机械实行补贴的通知》（闽农计〔2015〕171号）中补贴额进行补贴（详见附件1）。

（二）2015年试行市场化改革的电烤笋烘干机、农用航空器2个品目，电烤笋烘干机未发现补贴额偏高等问题，按现行补贴额进行补贴；农用航空器存在补贴额偏高问题，根据省农业厅农机购置补贴工作领导小组研究精神，按重新调整后补贴额进行补贴（详见附件2）。

（三）2016年新列入省级农机购置补贴资金补贴范围的10个品目，根据省农业厅农机购置补贴工作领导小组研究精神，按省级农机购置补贴机具补贴额一览表（2016年新增）进行补贴（详见附件3）。

四、试点期限

试点期限1年。试点期限结束后，将对试点情况进行评估，并对试点的品目范围、试点产品的补贴额等进行适当调整。

五、其他相关事项

（一）自本通知下达之日起（以机打发票日期为准），购买列入省级特色农业机械购置补贴市场化改革试点的产品，可按有关规定办理补贴申请。

（二）根据《国务院办公厅关于进一步做好盘活财政存量资金工作的通知》（国办发〔2014〕70号）、《财政部关于推进地方盘活存量资金有关事项的通知》（财预〔2015〕15号），相关县级财政部门可以按程序将以前年度未使用完毕的中央补贴资金统筹用于省级补贴，并将调剂情况及时向省级财政、农业部门报备。

附件：1. 割灌机等7个品目补贴额一览表（2016年）（略）
2. 电烤笋烘干机、农用航空器补贴额一览表（2016年）（略）
3. 省级农机购置补贴机具补贴额一览表（2016年新增）（略）

福建省农业厅　福建省财政厅
二〇一六年十月十四日

福建省农业厅　福建省财政厅关于印发《福建省2016年农机新产品购置补贴试点方案》的通知

闽农计〔2016〕243号

各市、县（区）农机管理局（站、中心）、财政局，福州市农业局，有关单位：

根据《农业部办公厅 财政部办公厅关于浙江等3省2016年农机新产品购置补贴试点方案的意见》（农办财〔2016〕65号），福建省农业厅、福建省财政厅研究制定了《福建省2016年农机新产品购置补贴试点方案》。现予印发，请认真执行。

福建省农业厅　福建省财政厅
二〇一六年十一月二十一日

福建省2016年农机新产品购置补贴试点方案

根据农业部办公厅、财政部办公厅《2015—2017年农业机械购置补贴实施指导意见》和《农业部办公厅 财政部办公厅关于浙江等3省2016年农机新产品购置补贴试点方案的意见》，为鼓励农机生产企业加强研发创新，引导市场主体使用先进适用农业机械，充分发挥农机购置补贴资金导向作用，本着鼓励创新、农业急需、风险可控、公平公开的原则，制定本试点方案。

一、试点品目和试点品目产品资质

（一）食用菌料装瓶（袋）机、有机废弃物干式厌氧发酵装置等2个品目列入我省2016年农机新产品购置补贴试点品目。

（二）列入农机新产品购置补贴试点的农业机械应满足以下资质条件：

1. 符合农业部发布的中华人民共和国农业行业标准《农业机械分类》（NY/T 1640—2015）；

2. 技术较为先进，适合我省农业生产需要；

3. 应取得法律授权的第三方质量认可和产品定型证明文件。

4. 有机废弃物干式厌氧发酵装置的建造材质应使用不锈钢与高密度聚乙烯板，且装置处理出来的物料中，粪大肠菌群数、蛔虫卵死亡率应达到有机肥标准，重金属总铜、总锌数应达到复混肥标准。

获得国家有关发明专利的产品优先考虑。

二、试点区域及试点品目补贴额一览表

（一）食用菌料装瓶（袋）机：在 2015 年度食用菌生产 1 000 万袋以上的古田、屏南、尤溪、闽清、邵武等 5 个县（市）开展试点。

（二）有机废弃物干式厌氧发酵装置：在 2015 年度全省生猪出栏头数排名前 20 位及活鸡（肉鸡、蛋鸡）、活鸭（肉鸭、蛋鸭）、奶牛出栏头数前 5 位的县（市、区）非禁养区规模养殖场开展试点，共 30 个县（市、区）。详见附件 1。

（三）试点品目补贴额一览表详见附件 2。

三、资金规模和试点期限

（一）资金规模：不超过 2016 年度中央财政农机购置补贴资金总规模的 10%，即 1 480 万元。中央财政农机购置补贴资金使用完毕的，可使用历年财政农机购置补贴结转资金或省级财政补贴资金。

（二）试点期限：截至 2017 年 3 月底。

四、补贴申请

符合条件的购机者按照《2015—2017 年福建省农业机械购置补贴实施意见》有关规定自本通知下达之日起（以机打发票日期为准）可申请补贴。申请有机废弃物干式厌氧发酵装置的，应提供当地农业（畜牧）部门提供的规模养殖场备案证明材料。

五、试点风险防控与处置措施

（一）建立试点评估和绩效管理机制。试点结束后，省农业厅、省财政厅将对试点品目开展评估，视评估情况决定是否继续开展试点，并视情况对试点机具补贴额一览表进行适当调整。同时，将新产品补贴试点工作执行情况、事中事后监管和风险防控等，列入试点县（市、区）农机购置补贴延伸绩效考核内容。

（二）明确试点企业主体责任。试点品目产品产销企业应当严格遵守国家的法律法规及农机购置补贴政策的有关规定，规范生产和经营行为，对产品质量和服务承担主体责任。

试点品目产品补贴资格或经销资格被暂停、取消所引起的纠纷和经济损失，由产销企业自行承担。

（三）强化试点品目监管。建立健全省、市、县三级风险警示、防控和处理机制，依法依规查处违法违规行为。对发现列入试点品目的农机产品质量不稳定、用户投诉较多或售后服务不到位的，各级农机部门可按有关规定要求，采取暂停审核、约谈告诫、限期整改、暂停或取消产品补贴资格、列入黑名单等措施。各级财政部门要加强对试点品目资金使用的监督检查，提高资金使用效率，确保资金安全。

（四）注重总结与提升。新产品补贴试点工作结束后 10 个工作日内，试点县（市、区）农机、财政部门应将本年度新产品补贴试点实施情况总结分别报送省农业厅、省财政厅。

附件：1. 福建省 2016 年农机新产品购置补贴试点区域（略）

2. 福建省 2016 年农机新产品购置补贴试点机具补贴额一览表（略）

江西省农业机械化管理局关于规范农机购置补贴产品配套发动机标志标识的通知

赣农机综〔2016〕7 号

各有关农机生产企业：

为加强农机购置补贴产品监管，保障购机者利益和财政资金安全，现就规范农机购置补贴产品配套发动机标志标识事项通知如下：

一、发动机铭牌

1. 铭牌内容。铭牌至少包括以下标注内容：生产企业、产品型号、标定功率（12 小时标定功率）、出厂编号及制造年月等信息。

2. 铭牌印制。铭牌内容可以采用打码机打印，也可以采用其他方式印制，字迹要求清晰和排列整齐、经久耐用不易去除、不易褪色，不允许采用手写方式标注铭牌内容，不允许文字、符号之间有断缺和模糊不清。

3. 铭牌材质。铭牌一般采用金属材质。

4. 铭牌固定。铭牌必须安装在发动机的显著位置上，要求固定可靠，不易脱落或更换。提倡铆接。

二、发动机出厂编号

1. 出厂编号的编制。发动机必须有唯一的出厂编号，编号方式由企业按国家相关规定自主编制。

2. 出厂编号的打印。出厂编号必须打印在发动机易见、易拓印、不易锈蚀和不易损坏的固定位置上，编号两端必须有起止标记，起止标记可以是“—”“☆”“△”“∽”。钢印打印深度不得少于 0.2 毫米，以保证拓印清晰。

三、发动机合格证

1. 发动机必须有合格证，其式样由发动机生产企业自行确定。

2. 合格证上标注的内容至少有：产品型号、出厂编号及制造年月等。

3. 合格证上必须加盖检验章（或公章）等信息，检验章必须体现生产企业名称。

4. 合格证上所有内容均为打印字体，不允许手工填写。

四、其他要求

1. 在铭牌、合格证及补贴辅助系统中，生产企业提供同一台发动机的型号必须完全一致；在铭牌、合格证、机体钢印及补贴辅助系统中，生产企业提供同一台发动机的出厂编号必须完全一致。

2. 请各生产企业随机提供 2 套整机出厂编号和发动机出厂编号的拓印膜。

3. 各农机生产企业请按上述要求配套发动机。凡配套发动机标志标识不符合上述要求，造成购机者无法申请补贴，所引起的纠纷和经济损失由农机生产企业自行承担。

江西省农业机械化管理局

二〇一六年二月一日

河南省农业机械管理局 河南省财政厅关于印发《河南省 2016 年农用航空器示范工作实施方案》和《河南省 2016 年农业机械购置累加补贴方案》的通知

豫农机计文〔2016〕103 号

各省辖市、有关县(市)农机局、财政局：

根据《河南省 2015—2017 年农业机械购置补贴实施指导意见》(豫农机计文〔2015〕17 号)和《河南省农业机械管理局 河南省财政厅关于进一步做好 2016 年农机购置补贴工作的通知》(豫农机计文〔2016〕39 号)精神，2016 年我省选择农用航空器进行示范推广。同时，为了进一步推动我省农业关键、薄弱环节机械化发展，决定对农民购置秸秆捡拾压捆机、粮食烘干机、水稻插秧机、深松机和大马力国Ⅲ标准拖拉机实行省级财政累加补贴政策。现将《河南省 2016 年农业机械购置累加补贴方案》和《河南省 2016 年农用航空器示范工作实施方案》印发给你们，请认真组织实施。

附件：1. 河南省 2016 年农业机械购置累加补贴方案

2. 河南省 2016 年农用航空器示范工作实施方案

河南省农业机械管理局 河南省财政厅

二〇一六年十月十七日

附件 1

河南省 2016 年农业机械购置累加补贴方案

为进一步推进我省主要农作物生产全程机械化，2016 年，我省对农民购置秸秆捡拾压捆机(含压捆机，以下简称秸秆捡拾压捆机)、粮食烘干机、水稻插秧机、深松机和《非道路移动机械用柴油机排气污染物排放限值及测量方法(中国第三、四阶段)》(GB20891—2014)第三阶段标准的 100 马力以上(含 100 马力)拖拉机(以下简称大马力国Ⅲ标准拖拉机)实行省级财政累加补贴政策，特制订本方案。

一、指导思想

深入贯彻落实“四个全面”战略布局，以促进我省农业机械化、农机工业和农业规模化经营发展为主要目标，以优化农机装备结构，加快薄弱环节突破，确保粮食品质为主要任务。大力推广先进适用、技术成熟、安全可靠、节能环保、服务到位的秸秆捡拾压捆机、粮食烘干机、水稻插秧机、深松机和大马力国Ⅲ标准拖拉机。最大限度发挥累加补贴政策的引导效应，进一步调动农民购买和使用秸秆捡拾压捆机、粮食烘干机、水稻插秧机、深松机和大马力国Ⅲ标准拖拉机的积极性，推进我省农机化协调发展。

二、主要目标

(一)提高农机装备技术含量，增强农业综合生产能力。

(二)突破机械化薄弱环节制约，协调提升机械化水平。

(三)减轻不利天气对农业生产的影响，确保粮食品质，推进农业规模化经营。

(四)促进农作物秸秆利用机械化技术推广，有效节约秸秆资源。

(五)进一步调动农民购买和使用秸秆捡拾压捆机、粮食烘干机、水稻插秧机、深松机和大马力国Ⅲ标准拖拉机的积极性。

三、实施范围

根据各地农业发展和农民购机需求，以及农机购置补贴政策实施情况，充分发挥累加补贴政策的引导效应，秸秆捡拾压捆机、粮食烘干机、水稻插秧机、深松机和大马力国Ⅲ标准拖拉机累加补贴政策覆盖范围按《河南省 2015—2017 年农业机械购置补贴实施指导意见》(豫农机计文〔2015〕17 号)执行。

四、累加补贴对象、范围、标准、数量和时限

(一)累加补贴补对象。省域内直接从事农业生产的个人和农业生产经营组织。在申请补贴对象较多而补贴资金不足时，要按照公平公正公开的原则确定。

(二)累加补贴范围。综合考虑我省农业和农业机械化发展方向和需求，累加补贴范围为购机对象购买的且列入我省补贴范围的秸秆捡拾压捆机、粮食烘干机、水稻插秧机、深松机和大马力国Ⅲ标准拖拉机。

(三)累加补贴标准。累加补贴额度以《河南省 2015—2017 年农机购置补贴机具补贴额一览表(2016 年调整)》规定的定额补贴标准为基础，秸秆捡拾压捆机累加2/3、粮食烘干机械累加1倍、水稻插秧机累加2/3，深松机累加2/3、大马力国Ⅲ标准拖拉机累加1/3。资金统一精确到十位。

（四）累加补贴时限。2016年度。

五、操作实施要求

（一）按时衔接操作。累加补贴政策要与农机购置补贴政策紧密结合，必须在按规定完成农机购置补贴程序的基础上，办理累加补贴登记核实手续。

（二）累加补贴机具登记、核实。县级农机管理部门要根据农机购置补贴实施结果，认真审核补贴档案材料，对已经获国家农机购置补贴的累加补贴对象进行登记，填写《××年农业机械累加补贴登记核实表》（附表1）。县级农机购置补贴领导小组要组织对登记的累加补贴机具进行验收并将验收结果进行公示。验收合格后，由累加补贴对象签字盖章（或手印），县级农机购置补贴领导小组提出验收意见。累加补贴对象和生产企业及经销商要积极配合县级农机购置补贴领导小组组织的累加补贴机具验收，否则经县级农机购置补贴领导小组研究决定，将取消购机者累加补贴资格和生产企业及经销商销售补贴产品资格。

（三）累加补贴资金支付。累加补贴资金实行"一卡通（一折通）"支付。县级农机部门根据登记核实汇总表，提出累加补贴资金支付意见，由主要负责人签字并加盖公章，连同购置登记核实表一份（原件）报同级财政部门并对提供资料的准确性、合规性负责；县级财政部门根据农机部门提供的支付意见，将累加补贴资金拨付至购机者账户。各省辖市要及时汇总所辖县区登记核实汇总表，一式两份原件，一份留本级建档备查，另一份于12月30日前报省农机局（省直管县直接报送）。

六、工作措施

各地要严格按照河南省农业机械管理局、河南省财政厅印发的《河南省2015—2017年农业机械购置补贴实施指导意见》（豫农机计文〔2015〕17号）和《关于进一步做好2016年农机购置补贴工作的通知》（豫农机计文〔2016〕39号）要求，加强领导，密切配合，积极引导，科学调控，规范操作，严肃纪律，加强监管确保秸秆捡拾压捆机、粮食烘干机、水稻插秧机、深松机和大马力国Ⅲ标准拖拉机补贴工作顺利实施，为农业发展作出新贡献。

附表：1. ××年农业机械累加补贴登记核实表（略）

2. ××年农业机械累加补贴信息统计表（略）

附件2

河南省2016年农用航空器示范工作实施方案

长期以来由于各地种植模式繁杂，农作物生长期的病虫害防治尚处于半人工操作，不仅费工费时，劳动强度大，而且对人体危害大、药效利用率低，为解决农作物植保过程中的上述问题，经研究，决定在全省范围内对农用航空器进行示范工作。为做好示范工作，制定本实施方案。

一、指导思想

以转变农业发展方式，突破农作物植保技术制约，保障农业规模化经营推进为主要任务，充分调动新型农业经营组织购买和使用农用航空器的积极性，重点支持农民专业合作社、家庭农场等新型农业经营主体，提升物质装备水平。通过示范工作，提升病虫害统防统治机械化水平，减轻病虫害对农业生产的影响，确保粮食品质，促进农用航空器技术成熟，加快高效植保机械化发展。

二、示范规模

各县（市、区）可根据资金额度自行确定示范规模。

三、示范机具确定

由各县自主确定，机具提供企业必须符合以下条件：

1. 具有合法生产经营许可证。

2. 提供机具有产品合格证。

3. 已在我省销售5户以上，并提供用户证明。

4. 提供经备案的产品企业标准。

5. 生产企业需要提供以下承诺：

（1）企业对用户进行免费培训，应有相应培训计划、教材，培训应包含理论培训及实践培训，并保证培训人员能够独立完成农用航空器的操作，取得农用航空器操作员资格证书。

（2）保证产品质量。电动农用航空器应至少配10组电池。

（3）严格执行国家三包规定，切实履行售后服务承诺。

（4）及时妥善处置突发安全生产事故。为每一架售出的农用航空器投保机身险和第三者责任险。

四、示范机具补助标准

按农用航空器的动力分为油动和电动2个类别，以药液箱容量分档进行省级定额补助。电动型药液箱容量5≤升＜10，每台补助24 000元；电动型药液箱容量10≤升≤15，每台补助49 600元。油动型药液箱容量10≤升≤15，每台补助72 800元。

五、补助对象

补助对象为直接从事农业生产的经营组织，重点补助农民专业合作社、家庭农场等新型农业经营组织。

六、示范内容

1. 先进性。对农用航空器植保作业成本，生产率指标进行试验记录。

2. 适用性。对农用航空器植保作业效果进行试验记录。

3. 可靠性。对农用航空器植保无故障作业时间和故障情况进行试验记录。

各地要据实填写附件1～6，项目实施结束后，连同示范总结一并报省农机推广站，省农机推广站负责组织验收总结工作。

七、有关要求

1. 补助机具登记、核实。县级农机管理部门要根据农用航空器示范结果，认真审核补助档案材料，对补助对象进行登记，填写《××年农用航空器登记核实表》（附表5）。县级农机管理部门要组织对登记的农用航空器进行逐架验收，做到"见人、见机、见票"和"人机合影、签字确认"，验收合格后，由补助对象签字盖章（或手印），县级农机管理部门提出验收意见。补助对象和生产企业必须积极配合县级农机管理部门组织的补助机具验收，否则经县级农机管理部门研究决定取消购机者补助资格。

2.补助资金支付。补助资金实行“一卡通(一折通)”支付。县级农机部门根据登记核实汇总表,提出补助资金支付意见,由主要负责人签字并加盖公章,连同购置登记核实表一份(原件)报同级财政部门并对提供资料的准确性、合规性负责;财政部门根据农机部门提供的支付意见,将补助资金拨付至购机对象法人账户。各省辖市要及时汇总所辖县区登记核实汇总表,一式两份原件,一份留本级建档备查,另一份于12月30日前报省农机局(省直管县直接报送)。

3.加强部门合作。县级农机部门要主动与有关部门加强配合,在县级农机购置补贴工作领导小组组织下,做好方案制定、购机对象审定等工作,并动态关注产品质量、价格、服务,对出现的情况及时处置,并报省农机局调整完善。

附表:1.生产率检测表(略)

2.载荷及药剂用量记录表(略)

3.故障情况记录表(略)

4.生产成本记录表(略)

5.××年农用航空器登记核实表(略)

6.××年农用航空器信息统计表(略)

湖南省人民政府办公厅关于加快推进农业机械化的通知

湘政办发〔2016〕40号

各市州、县市区人民政府,省政府各厅委,各直属机构:

农业机械化是发展现代农业的重要载体和手段。为加快农业现代化进程,经省人民政府同意,现就加快推进农业机械化有关问题通知如下:

一、总体要求

(一)指导思想。深入贯彻党的“十八大”和党的十八届三中、四中、五中全会精神,全面落实创新、协调、绿色、开放、共享发展理念,把加快推进农业机械化作为当前和今后一个时期我省农业现代化的重要举措,坚持走市场主导、政府扶持、社会化服务、农机农艺深度融合的农业机械化发展道路,着力推进技术创新、组织创新和制度创新,着力促进农机、农艺、农业经营方式协调发展,着力加强农机社会化服务体系建设,着力提高农机创新能力和制造水平,尽快实现水稻、油菜等主要粮食作物生产全程机械化,大力推进经济作物、林果业、养殖业和农产品初加工关键环节机械化。

(二)发展目标。到2020年,全省农机总动力达到7 000万千瓦。水稻、油菜、油茶、玉米、棉花、蔬菜、烟叶、茶叶、薯类等主要农作物综合机械化水平达到55%以上,其中水稻耕种收综合机械化水平达到75%以上,水稻栽植机械化水平达到50%以上;油菜生产综合机械化水平达到60%以上。养殖业、林果业生产机械化水平逐年提升。全省耕地机耕道通达率达60%以上。农机公共服务体系基本健全。

二、工作重点

(一)加速推进水稻油菜生产全程机械化。大力提升水稻育插、植保和谷物烘干机械化作业能力,持续提高水稻机耕机收水平,全面加速推进水稻生产全程机械化。以推广机械化高密度直播为突破口,大力推进油菜生产灭茬整地、育播、收获、烘干、加工全程机械化。以深翻耕、水田旋耕施石灰等农机作业手段,开展保护性耕作和重金属污染耕地修复治理,改良土壤,培肥地力。加大种植模式改革和品种改良力度,促进农机农艺深度融合。鼓励支持农机大户、农机合作社适度规模经营或季节性土地流转,走规模化、专业化、标准化、市场化发展路子,加快构建水稻油菜生产机械化服务产业链。

(二)积极推进经济作物和林果业生产机械化。提升经济作物和林果对机械作业的适应性,加大生产、收储、加工等关键环节机械化推广力度,逐年加快经济作物和林果业生产机械化进程。鼓励支持林下垦复、林果采收机械研发和示范推广,重点推进开沟覆土、挖穴、旋耕、除草、施肥、植保、采收、运输、贮藏、保鲜等机械化作业,大力推广保护性耕作、旱作节水、设施农业、农村节能减排等农业机械化技术,促进薄弱环节机械化技术突破和发展。

(三)着力提升养殖生产机械化。加大对现有规模养殖场设施标准化改造提升力度,科学规划设计新建规模养殖场。在自动投喂、防疫设施、粪污处理、控温控湿、无害化处理和池塘清淤等方面,积极推广应用先进农机设备,不断提升养殖业机械化、自动化、智能化水平。加大养殖业环保、节水机械的研制,着力控制大型畜禽养殖场对周边环境的污染。根据南方草地特点,加强饲草种植、收割、加工、储藏等环节机械装备的研发与应用,大力发展轻型、便捷、高效农机化技术。

(四)扎实推进设施农业和农业废弃物综合利用机械化。因地制宜推广钢架大棚、连栋温室、节水灌溉、二氧化碳增施、臭氧消毒杀菌、温光自动控制等设施和技术,重点推广特色果蔬、茶叶、珍稀药材、苗木花卉等设施化栽培技术,提高设施农业的机械化装备水平。逐步推行农作物秸秆还田和收集压缩成型等机械化综合利用。

(五)加快提升先进适用农机研发和制造能力。加强高等院校农机相关学科、专业建设,重点培养农机高端创新型、技术技能型、经营管理型人才。省重大科研专项、首台套专项、高技术设备引进专项、涉农科研专项、工业园区建设资金、贸易促进和展览展销专项补助等要向农机项目倾斜。建设农机装备创新研发平台,有计划支持研发一批技术先进、性能可靠的农机装备。强化企业市场主体地位,支持农机企业战略合作和跨行业、跨区域兼并重组,培育一批核心竞争力强的企业集团。支持湖南农机产业园和长沙、衡阳、益阳、双峰、汨罗等"一园五区"建设。建立省级农机商贸服务平台,进一步拓展海外市场,推动湘产农机走出去。

三、支持措施

(一)持续实施“千社”工程。通过优先安排购机补贴资金、加大财政扶持、强化信贷支持、吸纳社会投资、创新体制机制等方式，把现代农机合作社打造成最具实力最有活力的农业新型经营主体。按照《湖南省人民政府关于实施两个"百千万"工程加快现代农业建设的意见》(湘政发〔2014〕5 号)要求，持续实施"农机千社扶持工程"，到 2020 年，全省财政扶持建设 5 000 家现代农机合作社。

(二)加强公共服务能力建设。稳定省市县农机管理队伍，健全以技术推广、质量监督、试验鉴定、农机标准、安全监理、教育培训、信息宣传和农机维修为主要内容的农机公共服务体系，重点支持建设县级(区域)综合服务平台。加强乡镇农业技术推广服务体系建设，严格按照中央关于乡镇农业技术推广服务机构"一个衔接""两个全覆盖"的要求，配齐必要的人员、办公场所和设备，安排必需的工作经费；加强农机服务人员业务培训，提升服务能力。依托互联网、物联网技术，建设全省农业机械化信息服务平台。

(三)努力夯实基础设施。将农业机械化基础设施建设纳入国民经济和社会发展规划。实施土地整治、新增千亿斤粮食产能工程、标准农田建设、农业综合开发等项目时，要按照标准建设好机耕道。经济林建设、退耕还林、石漠化综合治理、菜篮子工程、畜牧业发展专项、现代农业示范区建设等专项资金，要倾斜支持相应领域机械化生产。落实支持设施农业发展的用地政策，设施农业生产中所必需的大型农机具临时存放场所、从事规模化粮食生产所必需的大型农机具临时存放及维修保养场所等用地，在按有关规定合理控制规模的情况下，按设施农用地管理，不需办理农用地转用审批手续。

(四)着力强化安全监管。认真贯彻实施《安全生产法》和《农业机械安全监督管理条例》，按照安全生产属地管理和"党政同责、一岗双责"要求，强化农机安全生产责任制和监管体系。落实村级农机安全员制度。大力支持和推进平安农机建设。保障农机安全检测、事故应急救援、驾驶考试等所必需的设备。推广应用农业机械反光贴等农机安全技术。有条件的要推行全面免费监理。鼓励发展农机安全互助保险。

(五)加大财政金融支持力度。各级财政要将农业机械化发展资金列入财政预算，加大财政投入力度，整合相关资金，集中支持农业生产重点、薄弱环节机械化技术推广和农业机械化公共基础设施建设。规范实施国家农机购置补贴政策，有条件的地方可对农业机械化关键环节实行机具累加补贴和作业补贴。逐步推行财政资金购买农机作业服务。引导农机大户、农机合作社积极利用农业信贷担保等融资工具，为其购买农机具提供贷款信用担保。金融部门要降低信贷门槛，创新农机信贷产品，为农业机械化发展提供信贷支持。

四、组织领导

(一)加强领导协调。各级人民政府要统一思想，提高认识，将加快推进农业机械化列入重要议事日程，加强组织领导和统筹协调，细化量化农业机械化主要发展指标。要结合本地实际制定具体实施方案，明确领导分工，层层分解任务，加强督查督导，建立评估体系和通报制度，确保工作实效。

(二)落实工作责任。建立部门协调联动机制，研究解决农业机械化发展中存在的突出问题和困难。农业部门要认真做好规划编制、政策实施、监督管理、鉴定推广、安全生产、科研培训、产业发展等工作。发改、财政、经信、国土资源、科技、林业、金融等有关部门单位要按照职责分工，密切配合，形成推进农业机械化和农机产业发展的工作合力。

湖南省人民政府办公厅

二〇一六年五月二十四日

湖南省农业机械管理局关于新进补贴机具实行现场演示评价制度的通知

湘农机产发〔2016〕18 号

各市州、县市区农机局，有关农机生产企业：

为规范实施购机补贴政策，准确掌握新进补贴机具的基本构造和功能，经研究，决定对新进补贴机具实行现场演示评价制度。现将有关事项通知如下：

一、凡在我省年度补贴品目范围内，上年度未在我省归档，或已在我省归档但无补贴记录，或在我省有补贴违规行为记录但尚未被取消补贴资格的，全部属于新进补贴机具。新进补贴机具须先进行现场演示评价后再依程序进行归档。

二、新进补贴机具生产企业申报产品归档前，先向我局报备后再选择我省 2 个县市区进行现场演示。生产企业应按承担现场演示任务的县市区农机局要求，提供机具的相关资料和附件，对所提供的演示机具安全性、真实性负全部责任，并自行承担演示费用。

三、生产企业所选定的县市区农机局主持现场演示。现场演示一般要由一名局领导牵头，组织相关人员在当地适合地点公开进行。机具的所有功能均须现场演示，未作现场演示的功能不得作出评价。主持方须详细记录演示情况，对所演示的机具作出客观公正评价，并根据记录及演示评价情况撰写现场演示评价报告，填写《湖南省农业机械购置补贴新进补贴机具演示评价表》，评价报告主要包括新进补贴机具基本情况，现场演示情况，演示评价综述，有关证明材料附件等。召开评价会时，机具生产企业相关人员应当回避。主持演示的县市区农机局对评价意见负责，且不得向企业收取现场演示费用。

四、主持现场演示评价的县市区农机局要主动将机具演示评价任务向所在市州农机局报备。市州农机局对演示过程进行监督，汇总现场演示评价报告和《湖南省农业机械购置补贴新进补贴机具演示评价表》，并以正式文件报送省局。

联系方式：湖南省农机局产业办，张果，0731－85066278。

附件：1. 湖南省农业机械购置补贴新进补贴机具演示评价表(略)

2. 现场演示评价报告(样式)(略)

湖南省农业机械管理局

二〇一六年四月十三日

湖南省农业委员会　湖南省财政厅关于实施洞庭湖区农业机械化提升工程的通知

湘农联〔2016〕265 号

各有关市、县市区农机局、财政局：

为加快推进我省农业现代化步伐，省人民政府决定于 2016—2017 年在洞庭湖区实施农业机械化提升工程。省农委、省财政厅共同研究制定了实施方案，经报请省人民政府同意，现发布实施，并就有关事项通知如下。

一、切实提高思想认识

农业机械化是农业现代化的显著标志和重要途径，加快实现农业机械化是各级党委政府及相关部门的重要责任。省人民政府办公厅《关于加快推进农业机械化的通知》（湘政办发〔2016〕40 号）明确要求，各级人民政府和有关部门要统一思想，提高认识，将加快推进农业机械化列入重要议事日程。洞庭湖区素称"鱼米之乡""天下粮仓"，农业基础雄厚，比较优势突出，担负着长江流域生态安全和国家粮食安全的重大责任。省人民政府决定实施洞庭湖区农业机械化提升工程，是充分发挥财政资金引导作用，集中力量重点突破我省农业现代化瓶颈的战略措施，是洞庭湖区率先实现农业机械化的难得机遇，各相关市县政府和有关部门一定要高度重视，采取切实有力措施组织好、配套好、落实好省人民政府战略部署，想尽千方百计把农业机械化提高到一个新水平。

二、具体明确建设内容

（一）实施范围：岳阳、益阳、常德三市所辖县市区（含农垦管理区）和长沙市望城区。

（二）实施期限：发文之日起至 2017 年年底。

（三）主要建设内容：①结合我省农机"千社"工程实施，扶持建设 1 000 家现代农机合作社，并奖励 150 家示范社，让农机合作社作业服务基本覆盖本区域的主要粮油作物生产。②通过竞争择优扶持建设 9 个粮油生产全程机械化示范县区，使之成为我省率先实现粮油生产全程机械化样板，同时全面推行"以机代牛"，解决血吸虫防治相关问题。③对部分先进适用农机具实行财政奖补，加快先进适用农机具的推广应用，推动我省农业现代化和农机产业加速发展。

（四）奖补标准：扶持建设现代农机合作社仍按"千社"工程补助标准，对每个合作社省财政补助 15 万元、市县财政补助 15 万元。评选 150 家示范社，各奖励 10 万元农机具。扶持建设 9 个粮油生产全程机械化示范县市区，省财政给每个示范县市区投入 1 000 万元，每个示范农垦管理区投入 500 万元（其中对已获农业部认定的"全国首批基本实现主要农作物生产机械化示范区"的屈原管理区按照指标体系考核合格后奖励 200 万元）。

三、全面落实职责任务

相关市县区人民政府是实施好洞庭湖区农业机械化提升工程的责任主体，要成立以政府领导为组长的农业机械化提升工程领导小组，明确责任分工，研究配套政策、抓好组织落实。要结合本地实际制定具体实施方案，细化量化主要发展指标，将农业机械化提升工程的具体责任落到实处。要增加财政预算，确保市县财政奖补资金及时拨补到位。要整合涉农资金，并设法带动社会资本投入，确保三项建设全面达标。要严格按照项目资金绩效管理要求开展绩效评价，评价结果与资金安排有机结合，以绩效考核促责任落实，确保财政资金使用发挥最好效益，确保项目精准、高效、廉洁实施。要加强对项目实施的审计和监督检查，项目资金实行专款专用，专账核算，严禁挤占挪用。对改变资金用途，挤占、挪用、滞留资金的，责令限期改正，并依照有关规定给予相应的处理处罚，严格追究责任。

附件：1. 现代农机合作社建设项目实施方案
2. 现代农机合作社示范社评选奖励方案
3. 粮油生产全程机械化示范县创建实施方案
4. 先进适用农机产品购置奖补实施方案

湖南省农业委员会　湖南省财政厅
二〇一六年十一月二十日

附件 1

现代农机合作社建设项目实施方案

一、目标任务

结合我省农机"千社"工程，在前期洞庭湖区已扶持建设 546 家现代农机合作社的基础上，本次扶持建设 454 家，在洞庭湖区扶持建设现代农机合作社共 1 000 家。农机合作社作业服务基本覆盖本区域内主要粮油作物生产。

二、内容及补助标准

按照主要农作物生产全程机械化要求，新购农机具总额不低于 100 万元。新购及已有机具需覆盖但不限于水稻、油菜生产机耕、机插（播）、机收、机械植保、机械转运、机械烘干六个环节。中央财政农机购置补贴按现行政策予以补贴，省市县财政按照以奖代投方式进行补助，其中省财政补助每社 15 万元，市、县（市区）财政补助每社 15 万元；其余部分由合作社自筹。

三、申报条件

申请财政扶持建设的农机合作社应当符合以下条件：（1）已

经工商注册登记;(2)配备满足生产必需的农机装备,其中:截至申请日两年内新购置100万元以上农机购置补贴范围的农机具;(3)水稻、油菜生产机耕、机插(播)、机收、机械植保、机械转运、机械烘干等环节农机具齐全;(4)入社户数不少于5户,其中80%以上为当地农户;(5)经营土地在500亩以上(扶贫开发工作重点县条件可放宽为:经营土地400亩以上),其中集中连片经营300亩以上;(6)有固定的经营场所,有800平方米以上农机停放场地,扶贫开发工作重点县可放宽至500平方米以上。已有机库棚和配套设施者优先。(7)符合平安农机示范社创建标准。

此前已获"千社工程"扶持建设资金的现代农机合作社不得再次申报。

四、申报审核及资金拨付

(一)省农机局、省财政厅根据各地土地面积、建设能力等因素,预拨部分补助资金到各县市区。

(二)农机合作社自主采购农机,按我省农机购置补贴规定办理购机补贴。

(三)农机合作社自主申请,并填报《现代农机合作社建设项目申报书》(申报书格式载于湖南省农业机械化信息网下载中心),由当地村委会和乡镇政府签署意见后,向县市区农机局申报。申报时须提交合作社营业执照,组织机构代码证,法人身份证明,入社成员名单,土地入社、托管或租赁协议及明细表,经营场所土地使用证和佐证图片等。

(四)县市区农机局会同财政局对申报材料进行审核,实地调查核实申报者资质条件,按项目建设内容要求核实合作社购机情况,公示7天,公示期满无异议的经县市区政府主管领导同意后,由县市区农机局和财政局联合行文上报市农机局、财政局。

(五)市级农机局、财政局对县市区上报的农机合作社进行审核并公示7天,公示名单数量原则上不得超过省里下达的建设任务数。公示期满无异议后,最终确定《现代农机合作社扶持建设名单》,由市农机局、财政局联合行文发布,并报省农机局、省财政厅。

(六)市里发文公布后,各县市区应在7个工作日内将各级补助资金拨付到位,并将资金拨付凭证上报省财政厅。

五、保障措施

(一)落实相关责任。省负责制定合作社建设实施方案,落实省级扶持资金,组织检查指导;市负责辖区内申报合作社的审核与名单公布,落实市扶持资金,并组织检查督促;县市区负责组织合作社申报初审、农机装备验收,并承担体制机制建设及对合作社的经常性管理服务工作,落实县级扶持资金。

(二)加强指导服务。要积极向农民群众作好宣传,鼓励符合条件的农机合作社申报。要加强对现代农机合作社的指导服务,帮助完善相关制度和运作机制,健全民主管理、集体决策机制和利益同享、风险共担机制,激励合作社向设施完备、功能齐全、特色明显、效益良好的方向发展。

(三)严肃工作纪律。各地要严格按照规定程序操作,严禁弄虚作假。如发现违规操作,将全额追回财政补贴资金,并由当地政府和司法机关追究相关人员的行政和法律责任。

附件2

现代农机合作社示范社评选奖励方案

一、目标任务

在洞庭湖区已获财政扶持建设的现代农机合作社中,评选150家经营服务规模大、综合盈利能力强、内部管理规范、示范引领作用明显的现代农机合作社,由省财政每家奖补10万元。通过示范社的评选与示范带动,使洞庭湖区的现代农机合作社建设水平进一步提升,集中经营规模平均增长30%、作业服务面积增长20%、综合盈利水平提升10%以上。2016年、2017年分别评选50家和100家。

二、评选条件

(一)基本要求

1.依法登记,财政扶持。合作社需经工商注册登记并正常运行一年以上。申报的农机合作社需是财政扶持建设的现代农机合作社。

2.管理有序,遵纪守法。具有合作社章程、机务管理、财务管理等相关制度和作业服务相关标准,并严格遵守。在国家企业信用信息公示系统中,未列入经营异常名录;社会声誉良好,履行农机作业服务合同,未发生重大经济纠纷和服务质量投诉等情况。农机上牌率、检验率、驾驶人员持证率高,未发生过较大生产安全事故。

(二)示范要求

1.配备高端农机装备。农机保有量原值200万元以上,且能满足水稻、油菜全程机械化生产需要。大马力拖拉机、联合收割机、高速插秧机等高端装备不少于20台套,其中高速插秧机不少于3台,谷物烘干机不少于2组。

2.具备较大经营规模和较强作业服务能力。集中经营土地1 000亩以上,年均农机作业服务10 000亩以上。有固定的经营场所,有较为完善的机库棚和维修间等设施,其中机库棚面积不少于1 000平方米,维修间(含配件库)面积不少于50平方米。合作社场地布局规划合理,场所干净整洁,机具摆放整齐,维修保养到位。

3.社会带动作用突出。合作社带头应用先进适用的农机化新技术新机具,在农业生产全程机械化、农机与农艺融合等方面起到表率作用;合作社生产的专业化、商品化、标准化程度较高,对周边带动能力强;热心为周边农户提供信息咨询、机具维修、技术指导、抗灾救灾等服务,在当地享有良好的社会声誉,公众评价认可度较高。合作社带动成员和周边农户节本增效、增收致富效果明显。

4.经济效益显著。合作社年收入达到200万元以上,成员收入高于县域内非成员农户平均收入20%以上。

5.可持续发展能力较强。实行统一对外业务联系、统一作业调度、统一作业质量标准、统一收费标准、统一维修保养。有较合理的盈余分配机制和较紧密的利益联结机制,有一定的经济及发展积累,具备较强的可持续发展能力。

三、申报评选奖励程序

(一)达到申报条件的农机合作社自愿申报并填写《现代农机合作社示范社申报书》(申报书格式载于湖南省农业机械化

信息网下载中心)，由当地村委会和乡镇政府签署意见后，向县市区农机局申报。

(二)县市区农机局初审申报材料，汇总后上报市农机局。市农机局按照现代农机合作社示范社申报条件和要求，择优汇总向省农机局推荐申报。

(三)省农机局、省财政厅组织对市推荐的合作社实地核验，综合评审，择优确定示范社初选名单，在湖南省农业机械化信息网公示7天。公示无异议后，省农机局公布示范社名单。各县市区农机局据此通知示范社自主采购所需农机具，按我省农机购置补贴要求办理购机补贴手续。

(四)经省农机局公布的示范社凭总额大于10万元的购机发票到所在县财政部门领取奖励资金。

四、保障措施

(一)加强宣传发动。各级农机部门要着力做好宣传工作，向符合条件的农机合作社广泛宣传奖励政策；鼓励符合条件的现代农机合作社申报。

(二)强化政策扶持。各级农机部门要着力加强示范合作社创建，农机购置补贴、农机作业补助、农机报废更新补贴、农机租赁金融贴息等农机化扶持政策优先向示范社倾斜，农机化技术试验示范等农机化项目及技术培训、企社共建、银社对接等活动优先安排示范社，引导支持示范社加大配套机具和基础设施投入，提高服务能力，打造服务品牌，推动现代农机合作社整体建设和农机社会化服务跃上新台阶。

(三)发挥示范作用。各地要将示范创建与各项农机化重点工作紧密结合起来，加强对示范建设成效的经验总结，把示范社建成技术推广的先行点、服务机制的创新点、经营管理的样板点，营造良好的发展环境，带动周边农机服务组织更好更快发展。

附件3

粮油生产全程机械化示范县创建实施方案

一、目标任务

在洞庭湖区域内通过竞争择优选定6县3区(含已获农业部“全国首批基本实现主要农作物生产机械化示范区”的屈原管理区)，参照“全国主要农作物生产全程机械化示范县”标准，结合我省血吸虫防治工作有关实际，创建粮油生产全程机械化示范县(区)。通过开展创建行动，大力提升农机化作业水平、技术支撑能力、组织保障能力和血吸虫病防治水平，实现机耕道通达率达到60%以上，油菜耕种收综合机械化水平提升至70%以上，水稻耕种收综合机械化水平提升至80%以上，以机代牛达到100%等目标。

二、建设内容

按照创建标准，找准本地农业机械化短板，自主制定方案，整县推进；加大血防重点乡镇及省道、县道沿线地带等区域创建力度，带动全县农机化水平快速提升。

1. 开展稻油生产全程机械化示范。加强基础设施建设，大幅提升机耕道建设水平和通达率；抓好先进适用农机推广，不断提高水稻油菜生产耕、种、收、植保、烘干、秸秆处理等环节机械化水平，实现全程机械化，全面实现以机代牛。

2. 形成主要农作物全程机械化生产模式。以耕整地、种植、植保、收获、烘干、秸秆处理等主要生产环节机械化技术为重点，形成适合全域推广的稻油全程机械化生产模式(包括生产流程、技术规范、服务方式、机具配套等)，示范带动周边地区粮油生产全程机械化水平提高。

3. 培育壮大农机社会化服务组织。通过作业补助、累加补贴、技术指导等方式，鼓励引导现代农机合作社等新型农业经营主体承担区域内农机作业任务，发展适度规模经营。

三、考核指标

考核评价指标见附件(略)，分定量考核及定性考核，定量考核内容要求全部达标，定性考核获80分以上方为合格。

四、资金额度及使用范围

(一)资金额度

省财政安排每个示范县市区1 000万元、每个示范农垦管理区500万元作为引导资金(对屈原管理区，按照指标体系考核合格后奖励200万元)，预先分拨到县市区，鼓励整合相关涉农资金，带动社会资本投入，推动示范创建。

(二)使用范围

1. 省级财政资金主要用于作业补助、机具累加补贴、基础设施建设、技术指导、培训宣传等方面。其中，作业补助主要用于对水稻油菜生产薄弱环节机械化作业的补贴；累加补贴用于对已获国家农机购置补贴的水稻油菜全程机械化生产机具实施累加补贴；基础设施建设方面主要用于新建、维护机耕道、机库棚及农机维修网点建设；技术指导经费主要用于对比试验、数据采集、监测分析、机具租赁、相关模式和规范研究制定以及项目总结；培训宣传经费主要用于对技术骨干、农机手的技术培训，以及示范宣传展示。

2. 按照地方债资金使用办法进行管理，使用范围不得超出地方债管理办法规定。

五、申报条件

1. 县市区人民政府对农机化工作重视，农机化管理和技术推广机构健全，土地流转、规模化经营发展快，农业机械化基础较好，农机社会化服务程度较高。

2. 具有一批实力较强，集土地规模经营、农机作业服务于一体的农机合作社，能完成示范区域的作业任务。其中，现代农机合作社作业覆盖率30%以上。

3. 2015年水稻生产耕种收综合机械化水平达到70%以上且高于所在市平均水平；油菜生产耕种收综合机械化在所在市处于领先水平。

六、申报审定程序

1. 县市区政府申报。具备申报资格的县市区，结合自身实际，编制申报材料，以人民政府正式文件向所在市人民政府申报(申报书格式载于湖南省农业机械化信息网下载中心)。

2. 市政府审核推荐。各市人民政府择优向省财政厅、省农机局推荐。推荐材料应包括以下几项基本材料：

(1)县市区人民政府申请文件、市人民政府推荐文件；

(2)县市区申报材料，申报材料包括发展稻油生产全程机械化的必要性和可行性、发展基础、发展计划、发展优势、预期目标、组织保障措施等方面的要求和承诺。

(3)县市区申报材料真实性及配套资金承诺书。

3.省择优选定。省财政厅、省农机局组织召开专家评审会,由参与申报的县市区政府负责人对本县的申报材料进行竞争性汇报,专家进行评审打分,按得分情况由高到低排列,形成示范县建议名单。

省财政厅、省农机局对示范县建议名单进行初审,形成初审意见,报省人民政府分管领导审定后进行公示,最终形成省财政扶持的粮油生产全程机械化示范县建设名单并公布。

七、考核验收

由省农机局、省财政厅制订湖南省粮油生产全程机械化示范县考核验收办法并组织考核验收。

附件 4

先进适用农机产品购置奖补实施方案

一、奖补机具范围和条件

(一)大中型粮食(油菜籽)烘干机械。对在我省获得国家农机购置补贴的批处理量大于等于 10 吨的循环式粮食(油菜籽)烘干机和日处理量大于等于 50 吨的连续式粮食(油菜籽)烘干机实施省级财政累加补贴。

(二)特大型粮食(油菜籽)烘干机。对未在我省获得国家农机购置补贴的批处理量大于等于 100 吨的循环式粮食(油菜籽)烘干机和日处理量大于等于 200 吨的连续式粮食(油菜籽)烘干机(以下简称"特大型烘干机")实施省级财政奖励,实行项目管理,走补贴系统程序。

(三)先进适用农机产品。对推动我省粮油生产全程机械化有重大意义的大型自动化育秧设备、遥控飞行植保机、水稻插秧同步精量施肥机三类农机产品实施省级财政补贴,要求产品满足以下条件:

1.在湖南省注册、具有独立法人资格的生产企业在湖南省境内生产。

2.2016 年 12 月 31 日前通过湖南省农机鉴定站或农业部农机鉴定总站的鉴定(包括推广鉴定、选型鉴定、专项鉴定),或通过省级科技成果鉴定。

3.2016 年 12 月 31 日前在我省 2 个县市区现场演示,获得所在市州、县市区农机部门的认可与推荐。

二、奖补标准

(一)大中型粮食(油菜籽)烘干机械

已获国家农机购置补贴的大中型粮食(油菜籽)烘干机械。循环式:10 吨≤批处理量<20 吨的,累加补贴 1.5 万元/台;20 吨≤批处理量<30 吨的,累加补贴 2 万元/台;批处理量≥30 吨的,累加补贴 3 万元/台。连续式:50 吨≤日处理量<100 吨的,累加补贴 2 万元/台;日处理量≥100 吨的,累加补贴 3 万元/台。

(二)特大型烘干机每台奖励 20 万元。

(三)先进适用农机产品补贴标准。原则上按产品平均销售价的 30%测算,由省农机局、省财政厅按照我省新进补贴机具现场演示制度相关程序研究确定。

三、奖补对象

自本方案发布之日起至 2017 年 12 月 31 日,我省购置以上农机产品的直接从事农业生产的个人(含农牧渔民、居民)和农业生产经营组织(含合作社和涉农企业等)。其中,烘干机械的补贴对象限定在洞庭湖区;购置特大型烘干机时间限定在 2016 年 1 月 1 日至 2017 年 12 月 31 日。

四、奖补申办流程

(一)先进适用农机产品申报审批

按照产品现场演示、企业自主申请、市州农机局组织申报、省级研究审定的程序进行产品申报审批。申报指南载于湖南省农业机械化信息网下载中心。

(二)奖补申办程序

1.申请购机。申请奖补人到户口所在地农机购置补贴受理点(以下统称"补贴受理点")将申请信息录入补贴信息系统,打印《申请表》。个人申请奖补同一品目机具 2 台(含 2 台)以上,农业生产经营组织申请奖补同一品目机具 5 台(含 5 台)以上,同一主体年度内享受奖补资金总额 30 万元以上,由县级购置补贴领导小组审定后打印《申请表》。打印《申请表》后 3 日内,申请人可在全省范围内自主选择补贴产品经销商购机。

2.申办奖补。申请奖补人在购机后 5 日内带所购机具(需固定安装的机具安装时由乡镇农机员上门查验,确认真实购机)、本人居民身份证(或组织机构代码证)原件及复印件、《申请表》、购机发票原件及复印件、惠农补贴"一卡通"存折原件及复印件到"补贴受理点"申请办理奖补手续。"补贴受理点"审核资料,受理奖补申请,录入相关信息。

购置特大型烘干机的,填写项目申报表(申报表载于湖南省农业机械化信息网下载中心),直接向县市区农机局申请,县市区农机局录入相关信息。

3.机具核实。各县市区农机局要在申请人购机 3 个月后对省级奖补机具实地逐台复核,确认机具购买真实、符合条件、投入使用,方可结算。申请特大型烘干机购置奖励的,还须经市州农机局验收通过后,方可拨付奖励资金。

其他程序和要求参照《湖南省 2015—2017 年农业机械购置补贴实施方案》《关于调整〈湖南省 2015—2017 年农业机械购置补贴实施方案〉部分内容的通知》相关规定执行。

五、奖补资金拨付

各县市区按照通过审核的申请先后顺序确定奖补对象,审批结算奖补资金。奖补资金用完为止。

各县市区财政先行垫付奖补资金,省财政与县市区财政每半年结算一次。

享受了国家财政农机新产品试点补贴的机具,不重复享受省财政奖补资金。

六、违规行为处置

申报省级奖补资格的产品生产企业,需对申报资料的真实性、有效性负责;取得省级奖补资格的产品生产企业,需对产品经营的真实性、合规性负责,对其授权的经销商负监管责任,对其违规行为负连带责任。对申报资料不实或经营违规的生产企业,取消其产品奖补资格,并依规追回奖补资金;涉嫌违法的,移送司法机关处理。

奖补产品奖补资格或相关经销企业的经销资格被暂停、

取消，所引起的纠纷和经济损失由其生产或经销企业自行承担。

其他违规行为处置参照《湖南省农业机械购置补贴监督管理办法(试行)》《湖南省2015—2017年农业机械购置补贴实施方案》《关于调整〈湖南省2015—2017年农业机械购置补贴实施方案〉部分内容的通知》相关规定执行。

广西壮族自治区人民政府办公厅关于印发广西推进“双高”基地生产全程机械化实施方案(2015—2020年)的通知

桂政办发〔2016〕3号

各市、县人民政府，自治区人民政府各组成部门、各直属机构：

《广西推进“双高”基地生产全程机械化实施方案(2015—2020年)》已经自治区人民政府同意，现印发给你们，请认真组织实施。

广西壮族自治区人民政府办公厅

二〇一六年一月七日

广西推进“双高”基地生产全程机械化实施方案(2015—2020年)

为贯彻落实《国家发展改革委农业部关于印发糖料蔗主产区生产发展规划(2015—2020年)》(发改农经〔2015〕1101号)、《中共广西壮族自治区委员会广西壮族自治区人民政府关于加快转变农业发展方式促进农业农村可持续发展的若干意见》(桂发〔2015〕3号)、《广西壮族自治区人民政府关于促进我区糖业可持续发展的意见》(桂政发〔2013〕36号)精神和自治区有关“双高”基地建设的部署要求，加快“双高”基地生产全程机械化发展，制定本实施方案。

一、总体思路

加大统筹协调、政策支持、财政扶持，突出发挥市场主体作用，树立从选地开始相关主体参与系统谋划推进机械化理念，着力解决阻碍“双高”基地农机服务组织发展及阻碍生产全程机械化发展的基础性、关键性问题，提高农机装备水平和使用效果，努力突破机收瓶颈，加快“双高”基地耕种管收全程机械化发展步伐，有效降低糖料蔗生产成本，提升我区蔗糖产业国际竞争力。

二、工作目标

(一)发展目标

到2020年(即2020/2021年榨季，下同)，打造60个机具配套到位、经营管理水平高、服务质量优、作业面积大的农机作业公司、农机合作社、农机作业服务队等在“双高”基地从事糖料蔗耕种管收全程或专业化机械化服务的示范性农机服务组织；500万亩“双高”基地糖料蔗生产综合机械化水平达到80%，其中机耕、机种、机收水平分别达到98%、85%、50%。机械化中耕培土水平达到70%。

(二)年度目标

2015—2019年“双高”基地糖料蔗生产综合机械化水平年度目标分别达到64%、66%、67%、69%、74%。

三、标准要求

(一)地块

糖料蔗基地地势平坦，交通便利，相对连片面积200亩以上(含200亩，下同)，单幅地块长度大于200米、宽度大于25米、坡度13度以下，实行统一种植和经营管理面积在7.5亩以上；单幅地块长度超过1 000米的，原则上以200～500米长度划分地块；地块内部局部起伏高差应控制在10厘米以内；没有出露石芽、树根、水泥墩柱、电杆等影响农业机械作业的障碍物，适于机械作业特别是高效机收作业。

(二)田间道路

包括田间主干道和工作道路。田间主干道宽度应在4～6米，采用泥结石路面，道路密度不小于30米/公顷；工作道路宽度为3～4米，道路密度要求在40米/公顷以上。田间道路必须满足农机作业地头回转及糖料蔗运输车辆行走要求；路面压实度应满足糖料蔗运输与生产需要，并充分考虑路边排水需要。

(三)水利

输水干管、配水管网工程及喷头、滴灌带、滴灌管、微灌带，水沟、水渠等田间水利设施满足全程机械化作业需要。

(四)蔗种

选用高产高糖、宿根性好、抗倒伏、耐压、易剥叶、种茎种芽好、无病害、适合于机收作业的优良品种。

(五)制糖前处理工艺

应能保证切段式糖料蔗在收获后24小时内加工完毕。卸蔗平台和蔗槽改造应满足切段式糖料蔗机械收获要求。

(六)机耕

深耕深度30厘米以上，深松深度40厘米以上。

(七)机种

种植模式应利于机收作业。等行距种植，行距为1.2米以上；宽窄行种植，宽行距为1.2米以上，窄行距为0.3～0.4米。开沟深度30～50厘米，种植深度25～30厘米。

(八)机械化中耕培土

整行培土高度均匀，高度为8～15厘米。机械培土时植株损伤率≤8%。

（九）机械化植保。

机械化喷雾作业时，要求将药水雾化成 100～300 微米的雾滴，确保雾化均匀，黏着性好；弥雾作业时，应利用高速气流将药水雾化成 75～100 微米的雾滴，确保雾滴细小、飘散性好、分布均匀、覆盖面积大；喷烟或超低（容）量喷雾作业时，应利用高温气流使预热后的烟剂发生热裂变，形成 1～50 微米的烟雾，通过高速气流吹送。

（十）机收。

应根据地块大小和行距选配合适的收获机械开展收获作业。机收时要求宿根破头率≤10%；含杂率，切段式≤10%，整秆式≤5%；总损失率，切段式≤10%，整秆式≤7%。具体指标由制糖企业、种植业主、机收业主等根据实际商定。

（十一）宿根管理。

机械破垄松蔸、行间深松、盖膜、施肥施药和除草时，要求伤蔸率<5%。破垄深度应控制在 12～20 厘米。

四、推进措施

（一）制定完善标准

1.“双高”蔗地标准。一是制定《“双高”蔗地整治规范》。（国土资源厅牵头，自治区农机局、质监局配合）二是制定《“双高”基地机耕道路建设规范》。（国土资源厅牵头，自治区交通运输厅、农机局、质监局配合）三是制定《“双高”蔗地杆线埋设规范》。（自治区工业和信息化委负责，自治区农机局、质监局、新闻出版广电局，南方电网广西公司、中国移动广西公司、中国联通广西公司、中国电信广西公司，广西水利电业集团配合）四是制定《“双高”蔗地水利设施建设技术规范》。（水利厅牵头，自治区农机局、质监局配合）

2. 机械化作业标准。制定《糖料蔗生产农机农艺融合技术规范》《糖料蔗机械宽窄行种植作业技术规范》《糖料蔗机械联合收获作业技术规范》。（自治区农机局牵头，自治区“双高”基地办、农业厅、质监局配合）

3. 甘蔗机械产品标准。制定《甘蔗种植机技术条件》《甘蔗田间收集搬运机技术条件》《自走式中耕机技术条件》。（自治区农机局牵头，自治区质监局配合）

4. 糖料蔗集运机械产品标准。制定《切段式机收糖料蔗集运挂车技术条件》。（自治区工业和信息化委牵头，自治区农机局、质监局配合）

5. 制糖前处理工艺改造标准。制定《切段式机收糖料蔗收储加工规范》《糖料蔗前处理工艺及设备技术规程》。（自治区糖业局牵头，自治区质监局配合）

6. 糖料蔗品种标准。制定《适宜全程机械化糖料蔗品种选育和评定标准》。（农业厅牵头，广西农科院和自治区农机局、质监局配合）

7. 修订原有标准。根据“双高”基地糖料蔗生产机械化发展需要，适时修订《甘蔗种植机作业质量》《甘蔗中耕施肥培土机械作业质量》等标准。（自治区农机局牵头，自治区质监局配合）

（二）强化标准蔗地建设

1. 推进土地流转。培育发展土地股份合作社，对流转面积超过一定规模的合作社，根据其申报情况财政给予适当扶持；开展“小块并大块”，统一规划，统一开展机械化耕种收生产经营；推动土地经营权向制糖企业和其他有条件、有能力的经营主体流转。（农业厅牵头，自治区“双高”基地办、国土资源厅、农机局、财政厅配合）

2. 搞好土地整治。在地质条件允许前提下，通过降坡、填沟，炸石、捡石，清除地面以下 60 厘米范围内的石质等，提高蔗地整治质量，确保农业机械作业顺利开展。“双高”基地应采用捡石机筛捡石块，作业开支纳入土地整治经费。（国土资源厅牵头，自治区“双高”基地办配合）

3. 迁移障碍物。做好规划，开通迁改申报审批“绿色通道”，迁移“双高”基地糖料蔗种植地块内水泥墩柱、电杆等影响农业机械作业的障碍物，保障大型机械顺利通过。（自治区工业和信息化委牵头，自治区新闻出版广电局、广西电网公司、中国铁塔广西分公司、中国移动广西公司、中国联通广西公司、中国电信广西公司，广西水利电业集团配合）

（三）促进农机农艺融合

1. 加快推广适宜机收蔗种和标准化种植。一是加强良种繁育基地建设，加快适宜机收品种的引进、研发、试验、选育、示范及推广应用。鼓励糖料蔗种植业主就近自建基地，繁育适宜机械作业的自用蔗种。（农业厅牵头，广西农科院、科技厅、财政厅配合）二是推行蔗地标准化种植。在连片地块内推行统一的种植时间、种植行距、下种量、田间管理等标准化种植模式，满足机械连片收获要求。（农业厅牵头，自治区“双高”基地办、广西农科院配合）

2. 推进机械植保作业。推广使用喷杆式喷雾机、风送式喷雾机、遥控飞机喷雾机等高效植保机械，开展病虫草害统防统治。通过政府购买服务方式，扶持专业植保服务组织开展“双高”基地遥控飞机喷雾机植保社会化服务。（农业厅牵头，民航广西空管分局和自治区“双高”基地办、农机局配合）

3. 推进机械中耕培土。加快推广应用大中型中耕施肥培土机，引进高地隙拖拉机、高机架中耕施肥培土机，提高培土质量，改善机收作业条件。（自治区农机局牵头，自治区“双高”基地办、农业厅、财政厅配合）

4. 加强宿根蔗管理。将宿根蔗机械行间深松作业纳入深松整地作业补助范围，促进高效宿根蔗破垄施肥盖膜，蔗叶还田、蔗叶收集打捆、残膜回收等农业机械的示范推广，引导种植业主在收获后及时开展机械破垄松蔸、机械行间深松作业，改善蔗地质量，确保宿根蔗产量。（自治区农机局牵头，自治区“双高”基地办、农业厅、财政厅配合）

（四）强化全程机械化示范

1. 建设甘蔗生产全程机械化示范基地。依托农机服务组织等市场主体，在糖料蔗主产县（市、区）建设一批“双高”基地糖料蔗生产全程机械化示范基地，每个示范基地服务范围 2 万亩，其中核心区 2 000 亩，辐射带动 3 万亩。每个基地培育 1 个示范性农机服务组织，配备 70 台套左右农机具，建设 1 个全程机械化区域服务中心。着重开展品种优选、种植模式、机具配套方案试验示范，探讨农机作业信息化、基础设施、实用人才队伍建设方法，研究总结糖料蔗机械化生产经营管理成功模式，为糖料蔗生产全程机械化发展提供可复制、借鉴的样板。区域服务中心具备机械保管、维修保养、配件存放、技术培训、机具改进、新机具新技术试用试验等功能。自治区于 2016—2018 年重点扶持崇左市、来宾市、南宁市、柳州市建设区域服务中心试点，每市 2 个，自治区财政补助每个区域服务中心 300 万元，主要用于区域服务中心的机棚机库建设、维修及培训基地建设补助，开展高效机械化模式试验示范。(自治区农机局牵头，自治区财政厅、“双高”基地办、国土资源厅、农业厅、糖业局和广西农科院配合)

2.推进现代装备信息化试验示范。财政支持购置设备开展现代农机装备信息化试验示范。一是开展深松整地信息化试点。2016—2018年给“双高”基地作业的深松机和深耕犁配备一定数量深松整地监测仪。二是扩大糖料蔗机械作业信息化试点。2016—2020年给“双高”基地糖料蔗收获机、种植机配备一定数量的农业用北斗终端(含移动基站)。(自治区农机局牵头，财政厅配合)

3.强化管理与技术培训。2016—2020年，依托全程机械化示范基地，每年培训“双高”基地生产全程机械化规划、管理、技术人员和机手、维修人员等共3 200人。符合新型职业农民教育培训条件的，由农业厅等部门纳入教育培训工程进行培训。(农业厅牵头，自治区农机局、“双高”基地办、国土资源厅、水利厅、糖业局、财政厅配合)

(五)保障糖料蔗进厂和加工顺畅

1.改造升级制糖前处理工艺设备。加强规划指导，加快制糖企业卸蔗平台、蔗槽等前处理工艺及设备的升级改造，形成高效卸蔗系统和高效清选系统，利于机收糖料蔗进厂压榨。制糖企业建设糖料蔗自卸平台、升级改造蔗槽等，自治区整合国家有关资金和工业产业发展专项资金给予适当补助。(自治区工业和信息化委牵头，自治区糖业局、财政厅配合)

2.开通绿色通道。督促制糖企业改进、优化糖料蔗信息管理系统，及时优先发放充足蔗票，确保切段式糖料蔗在收获后24小时内加工完毕。(自治区糖业局牵头，自治区公安厅交警总队、交通运输厅、农机局配合)

3.指导、协调地方研究商定糖料蔗扣杂办法。指导、协调制糖企业、种植业主、机收业主等根据不同季节、天气、湿度等实际商定扣杂率及其执行办法。(自治区糖业局牵头，自治区农业厅、农机局配合)

4.发展高效切段式糖料蔗集运模式。一是探索、完善田间收集搬运机→公路集运箱或集运挂车(15～30吨)→大马力拖拉机或汽车车头牵引→制糖企业等切段式糖料蔗集运模式。(自治区糖业局牵头，自治区工业和信息化委、农机局、交通运输厅、公安厅交警总队、“双高”基地办配合)二是实行切段式机收糖料蔗运输补助。鼓励制糖企业、种植业主给予补助，有条件的市、县(市、区)财政也可适当扶持。(自治区糖业局牵头，自治区农机局、“双高”基地办配合)三是探索用于运输切段式机收糖料蔗的公路集运挂车和改装运输车辆，榨季期间在糖料蔗地头至制糖企业之间运行的办法。(自治区糖业局牵头，自治区公安厅交警总队、交通运输厅、工业和信息化委、农机局配合)

(六)加快机械研发与试验鉴定

1.争取中央资金支持大中型甘蔗收获机研发。一是组织区内农机生产企业、研发机构做好项目申报，争取列入“十三五”国家重点研发计划专项等相关项目支持，重点研发、熟化、升级大中型糖料蔗收获机。(科技厅牵头，自治区发展改革委、工业和信息化委配合)二是争取国家“糖料蔗机械研发联合体”研发资金支持。(自治区工业和信息化委牵头，自治区发展改革委、农机局和广西农科院配合)

2.自治区扶持开展适用机械研发。2015—2020年每年安排一定资金，重点支持智能化预切式甘蔗种植机、联合收获机和捡石机、集运挂车研发，支持一批中、小型甘蔗种植、中耕培土、收获、收集搬运机械等技术升级与中试试验、示范。(科技厅牵头，自治区农机局、广西农科院、财政厅配合)

3.建设大型糖料蔗机械试验检测鉴定基地。建设规模2 100亩(其中征用100亩用于建设糖料蔗机械检验场、租用2 000亩用于种植糖料蔗)，作为公益性大型糖料蔗机械试用、试验和检测基地，加快糖料蔗机械检测鉴定。建设期为2016—2018年。(自治区农机局牵头，自治区发展改革委、国土资源厅、财政厅、农业厅、质监局和广西农科院配合)

4.解决鉴定机构糖料蔗机械检验鉴定资质。加快新研发生产的糖料蔗机械产品标准制定和检验鉴定机构资质认定工作，保障新研发生产的糖料蔗机械尽快批量生产、投入使用。(自治区质监局牵头，自治区农机局配合)

(七)强化扶持引导吸引社会资本进入

1.扶持农机服务组织发展。国家和自治区级示范社评比向以糖料蔗生产机械化为主业的农机专业合作社倾斜；对入选国家和自治区级示范社的，优先安排合作社农用设施用地，优先安排财政扶持、奖补资金。根据“双高”基地发展需要，提高农机服务组织购买享受农机购置补贴机具数量和补贴资金额。(自治区财政厅、农机局牵头，农业厅、国土资源厅配合)

2.鼓励制糖企业开展全程机械化服务。推动制糖企业作为全程机械化的实施主体，做好全程机械化规划，搞好相关环节组织、协调。鼓励制糖企业成立、控股、参股农机服务组织。制糖企业成立的农机作业服务队视同农机服务组织，享受有关优惠政策。(自治区糖业局牵头，自治区农机局配合)

3.强化农机购置补贴与补助支持。一是农机购置补贴资金向糖料蔗机械倾斜，向农机服务组织倾斜。中央和自治区、市、县农机购置补贴资金优先满足糖料蔗机械购置需要。实行农机服务组织规模购置糖料蔗机械预先报告制度，便于自治区统筹预拨补贴资金。二是自治区财政每年增加农机购置补贴与补助资金，满足“双高”基地糖料蔗机械自治区购置补贴与补助资金需要。三是改进补贴与补助措施。市、县(市、区)可对糖料蔗机械进行累加补贴、补助。改善补贴流程，加快农机购置补贴资金兑付。开展在购机地和主要作业地申办糖料蔗机械购置补贴试点。(自治区农机局牵头，财政厅配合)

4.提高售后服务质量。指导糖料蔗机械生产、销售企业在“双高”基地范围内加大维修点设置密度，提高零部件储备水平。加强在用农机质量监管，对糖料蔗机械持续开展质量调查，对发现的问题要及时全面公开，督促厂商整改。农机质量投诉监督机构对糖料蔗机械质量投诉要实时响应、优先处理、全程跟踪、及时办结。(自治区农机局牵头，自治区工商局、质监局、工业和信息化委配合)

(八)建立合作共赢平台。

1.建立O2O信息平台。依托广西农机化信息网建立广西“双高”基地机械化O2O信息平台，为“双高”基地建设业主与农机服务组织提供机械作业、农机人才供求等信息提供公益性发布平台。(自治区农机局牵头，自治区“双高”基地办配合)

2.举办供需交流会。利用广西“双高”基地机械化O2O信息平台，每年举办线下广西“双高”基地建设与农机化服务供需双向交流会，提高基地建设业主与农机服务组织的合作水平，促进农机人才有序流动，推进“双高”基地机械化发展。(自治区农机局牵头，自治区“双高”基地办配合)

五、组织领导

（一）加强统筹协调

全程机械化是一项复杂的系统工程，是“双高”基地建设的龙头，是从根本上降低糖料蔗生产成本、提高我区蔗糖产业国际竞争力的关键，是衡量“双高”基地建设成果的重要标尺。糖料蔗主产区市、县（市、区）人民政府要高度重视“双高”基地生产全程机械化工作，及时研究、解决推进过程中出现的重大问题。各级“双高”基地建设领导小组及其办公室要切实履行职责，主动工作，深入调研，系统思维谋划全程机械化工作，下大力气协调解决全程机械化发展中出现的困难、问题，推动“双高”基地机械化持续健康快速发展。

（二）明确责任分工

区直有关部门要按照本方案分工，履职尽责，细化办法措施，合力推进“双高”基地糖料蔗生产全程机械化。自治区和糖料蔗主产区市、县（市、区）农机化管理部门要把“双高”基地生产全程机械化工作作为重中之重的工作任务，做好各级人民政府和“双高”领导小组及其办公室的参谋，加强与有关部门的沟通联系，集中人力、物力和财力扎实有效开展各项具体工作。为加强工作沟通、联系，区直有关部门要指定 1 名处级干部作为推进“双高”基地糖料蔗生产全程机械化工作联络员，于 2016 年 1 月底前将联络员名单报送自治区“双高”基地办、农机局。

六、保障措施

（一）实行绩效考评

本方案所列工作作为“双高”基地建设绩效考评的重要内容，由自治区“双高”基地办细化考评细则，在实施期内逐年对糖料蔗主产市人民政府和区直有关部门进行考核。自治区“双高”基地办要会同自治区农机局、统计局完善全程机械化统计体系，强化工作推进。自治区“双高”基地办、农机局要在每年 8 月向自治区人民政府提交榨季“双高”基地糖料蔗生产全程机械化发展情况报告，总结发展情况、措施落实情况、存在困难问题，提出对策建议。

（二）配套支持政策

自治区财政农机购置贷款贴息资金向农机服务组织倾斜。继续开展农业部支持广西购置糖料蔗收获机金融租赁试点。农机服务组织等市场主体建设区域性服务中心用地，视同设施农业配套设施用地，按照《国土资源部农业部关于进一步支持设施农业健康发展的通知》（国土资发〔2014〕127 号）有关规定办理用地审批手续。

（三）加强项目管理

区直有关部门要制定、完善资金项目管理办法；强化检查、督促、指导，确保项目按时按质按量完成；强化统筹推进，提高项目资金使用效益。

（四）加大宣传力度

及时总结、推广高效全程机械化模式。大力宣传“双高”基地糖料蔗生产全程机械化建设的好经验、好做法，营造全程机械化发展良好氛围。

附件：广西 500 万亩“双高”基地全程机械化发展年度目标表（略）

甘肃省农牧厅关于印发《甘肃省扶持发展一乡一农机专业合作社建设试点方案》的通知

甘农牧发〔2016〕37 号

定西市农机局：

为进一步转变农业发展方式，提高农机社会化服务水平，着力构建新型农机社会化服务体系，加快推进我省农业机械化进程。经研究决定，2016 年在定西市 7 县区开展扶持发展一乡一农机专业合作社建设试点，特制定《甘肃省扶持发展一乡一农机专业合作社建设试点方案》，现予印发，请遵照执行。

附件：甘肃省扶持发展一乡一农机专业合作社建设试点方案

甘肃省农牧厅

二〇一六年二月十九日

附件

甘肃省扶持发展一乡一农机专业合作社建设试点方案

为加快我省农业机械化进程，解决农机作业社会化、组织化水平低和效益低的问题，充分发挥农机在农业生产中的节本增效增收作用，探索农机助推精准扶贫路径。经研究决定，2016 年在定西市开展扶持发展一乡一农机专业合作社（以下简称“一乡一社”）建设试点，特制定本方案。

一、指导思想

以破解“谁来种地、怎么种地”为目标，以农业特色产业发展和农民需求为根本，坚持“因地制宜、多元创办、政府扶持、市场运作”的原则，充分利用农机购置补贴政策，大力发展农机社会化经营服务组织，实现农业生产节本增效，助推精准扶贫。

二、试点范围和目标

从2016年开始，利用1～2年时间，在定西市7县区119个乡镇，每个乡镇扶持建设一个有完善的基础设施、有良好的运行机制、有健全的财务管理制度、有较大的作业服务范围、有显著的综合效益的“五有”农机专业合作社。2016年年底前119个乡镇全部成立农机专业合作社，并配齐扶持的农机具；2017年年底前建成所有的机具库棚。对目前已有多个农机专业合作社的乡镇，优先选择扶持1个服务主导产业突出、社会化服务带动能力强的农机专业合作社。

三、试点内容

（一）农机装备购置及扶持政策。每个农机专业合作社可购置40～95马力的拖拉机、马铃薯播种机、收获机、中药材挖掘机、深松机、起垄覆膜播种机、残膜捡拾机、收获机等。对当年购置的以上农业机械，在中央财政补贴的基础上，利用省级财政资金给予中央财政补贴额等额的累加补贴，每个合作社省级累加补贴资金不超过7.4万元。

（二）机具库棚建设及扶持政策。每个农机专业合作社应建设200平方米以上带有办公、维修间的标准化机具库棚，建设标准不低于400元/平方米，通过市、县农机部门验收合格后，按照省、市、县各补贴2万元给予扶持；对已有标准化机具库棚的农机专业合作社，不再对机具库棚进行补贴。机具库棚建设用地按照国土资源部、农业部的有关规定执行。

（三）农机手培训及扶持政策。新组建的农机专业合作社可选派有文化、会经营、懂技术的农村能人3名参加农机驾驶操作及维修技术的培训，取得拖拉机、联合收割机驾驶证后，给予每人2 000元的补助。

（四）合作社理事长的选配。鼓励农机大户、农村能人、农村集体组织法人、工商企业、金融租赁者创办农机专业合作社，担任理事长。

（五）规范发展的要求。要有农机专业合作社组建章程；依法登记注册；实施年度报告制度；要明确产权关系；要有完善协调运转的组织机构（成员、代表大会、理事会、监事会）；要有健全的财务管理制度和收益分配制度；建立成员账户和管理档案；要定期公开社务；坚持诚信经营、守法经营，推进农机服务、经营理念品牌化；稳妥开展信用合作；推进信息化建设，实施“互联网＋技术”在农机专业合作社的应用，推进管理方式信息化。

（六）服务经营范围。负责组织本乡及跨区农机作业服务、农机维修服务、农机手培训、农机新技术新机具推广应用、农机项目实施、农机安全生产监管等。

四、申报条件及程序

（一）申报条件。申请扶持的农机专业合作社应当取得当地工商营业执照，有固定经营场所，具备一定农机作业服务能力。具体标准由试点县根据当地农机化基础和农机专业合作社发展现状确定。

（二）申报程序：

1.申报。农机专业合作社填写《甘肃省扶持发展一乡一农机专业合作社建设试点申报表》，经乡镇政府审核后，向县级农机主管部门申报。申报时需提交合作社营业执照、法人身份证明等材料。

2.初审。县级农机主管部门会同财政部门对农机专业合作社情况进行初审，符合条件者按照农机购置补贴程序进行公示。对公示无异议的联合上报市级农机主管部门和财政部门。

3.审定。市级农机主管部门会同财政部门审核县级申报材料，确定拟扶持的农机专业合作社名单，上报省农机局备查。

4.资金兑付。拟扶持的农机专业合作社，县级农机部门按照农机购置补贴程序办理购机补贴、机具库棚补贴、农机手培训补贴。

五、保障措施

（一）高度重视。定西市县区农机部门要对扶持发展“一乡一社”试点工作高度重视，认真组织实施，并协调将此项工作纳入各级政府年度目标任务考核内容。省上将派工作组督促落实此项工作。

（二）加强监管。各县区财政、农机部门要严格按照规定程序操作，严禁弄虚作假，坚决打击以农机专业合作社名义进行倒卖农机的违法违规行为。重点监管和了解农机专业合作社扶持后的农机作业服务情况。

（三）协调财政金融支持。定西市及各县区农机部门要协调财政落实好机具库棚建设补贴资金，并将“一乡一社”试点纳入各级政府财政贴息贷款项目，给予重点扶持；协调金融、保险机构，为农机专业合作社提供金融保险服务。

甘肃省人民代表大会常务委员会公告

第 43 号

《甘肃省人民代表大会常务委员会关于修改〈甘肃省农业机械管理条例〉的决定》已由甘肃省第十二届人民代表大会常务委员会第二十五次会议于 2016 年 7 月 29 日通过，现予公布，自公布之日起施行。

甘肃省人民代表大会常务委员会

二〇一六年七月二十九日

甘肃省人民代表大会常务委员会关于修改《甘肃省农业机械管理条例》的决定

甘肃省第十二届人民代表大会常务委员会第二十五次会议决定对《甘肃省农业机械管理条例》作如下修改：

一、将第三条修改为："本条例所称农业机械，是指用于农业生产及其产品初加工等相关农事活动的机械、设备。"

二、将第六条修改为："县级以上农业机械化主管部门负责本行政区域内的农业机械管理工作。其主要职责是：

(一)贯彻实施国家和本省有关农业机械化发展的法律、法规和方针政策；组织实施农业机械化发展规划。

(二)负责农业机械安全、作业质量、维修等方面的监督管理工作。

(三)组织实施农业机械报废、淘汰和回收工作。

(四)组织农业机械化科研、技术推广、教育培训、社会化服务、信息化建设等工作。

(五)法律、法规规定的其他职责。

乡镇农业机械管理服务机构，负责本乡镇农业机械管理和农业机械先进机具及使用技术的宣传、示范和推广等服务工作。"

三、增加一条，作为第七条："质量监督部门负责农业机械产品质量监督管理工作，加强对农业机械生产者、销售者的管理，确保农业机械产品质量。

工商行政管理部门负责农业机械产品流通环节的管理工作，加强对农业机械产品市场的监督管理，维护农机消费者的合法权益。

工业主管部门负责农业机械工业产业政策、规划的组织实施，加强对农业机械生产的行业管理。

林业、农垦、水利、公安、交通等有关部门和单位，按照各自职责，做好农业机械管理工作。"

四、第十三条修改为第十四条："农业机械生产者应当具备与所生产的农业机械相适应的生产条件，依据产品标准进行生产，对产品进行严格检验。在产品显著位置设置永久性铭牌，注明产品的基本信息，并在危险部位设置安全防护装置。

国家实行生产许可证管理的农业机械产品，农业机械生产者应当取得生产许可证后方可生产；国家实行强制性产品认证的农业机械产品，未经认证不得生产。"

五、第十五条修改为第十六条："农业机械生产者和销售者，应当对其生产、销售的产品质量负责。农业机械销售者应当做好售后服务，在质量保证期内，依法履行修理、更换、退货义务。因产品质量问题给用户造成损失的，由农业机械销售者先予赔偿后，依法追偿。"

六、第十七条修改为第十八条："农业机械维修经营者应当依法办理工商注册登记后，取得县级农业机械化主管部门颁发的《农业机械维修技术合格证》，方可从事农业机械维修经营活动。

农业机械维修经营者应当接受县级农业机械化主管部门、工商行政管理部门对其从业资格、维修人员资格、维修质量、维修设备和检测仪器技术状态以及安全生产情况的监督检查。"

七、第二十一条修改为第二十二条："省人民政府支持推广的农业机械产品目录，由省农业机械化主管部门会同省财政和发展与改革部门确定公布。推广目录可以根据发展需要适时调整。

列入推广目录的产品应当通过农业机械鉴定机构的先进性、适用性、安全性和可靠性鉴定。"

八、第二十二条修改为第二十三条："省农业机械鉴定机构可以根据农业机械生产者或者销售者的申请，对其定型生产或者销售的农业机械产品进行推广、选型、专项鉴定，作出技术评价。

对符合推广鉴定条件的，由省农业机械鉴定机构按国家有关规定，核发农业机械推广鉴定证书，并予以公告。

对取得农业机械推广鉴定证书的产品，纳入国家促进农业机械化技术推广的财政补贴、优惠信贷、政府采购等政策支持的范围。"

九、第二十七条修改为第二十八条："农业机械作业服务实行有偿原则，服务收费标准按双方签订的作业合同或者协议约定的价格执行。

农业机械经营者依法自主经营,任何单位和个人不得违法收费、罚款和摊派。”

十、第二十八条修改为第二十九条:“各级人民政府及其有关部门应当支持农业机械跨行政区域作业。跨区作业的联合收割机、运输联合收割机(包括插秧机)的车辆,凭省农业机械化和交通主管部门共同签发的通行证,免缴车辆通行费。

农业机械跨区作业的,由作业地的农业机械管理机构负责协调和安全监督管理工作。”

十一、第三十一条修改为第三十二条:“拖拉机、联合收割机经县级农业机械监理机构登记后,方可使用。其登记的条件、程序依照国家有关规定执行。

拖拉机、联合收割机应当按规定接受年度安全技术检验。经安全技术检验达到国家规定的强制报废标准的,由发证机关收回牌证,不得继续使用。

拖拉机、联合收割机登记证书、号牌、行驶证、驾驶证、操作证、检验合格标志,由省农业机械监理机构按照国家规定式样统一定制。”

十二、第三十二条修改为第三十三条:“拖拉机、联合收割机有下列情形之一的,应当按规定到县级农业机械监理机构办理相应的变更登记:

(一)所有权发生转移的;

(二)登记内容变更的;

(三)用作抵押的;

(四)报废的。”

十三、第三十三条修改为第三十四条:“拖拉机、联合收割机驾驶、操作人应当按照国家规定,经县级农业机械监理机构考试合格后,取得相应类别的驾驶证、操作证。

县级农业机械监理机构依法定期对驾驶证、操作证进行审验。”

十四、增加一条,作为第三十五条:“拖拉机、联合收割机免征号牌(含号牌架、固定封装置)费、行驶证费、登记证费、驾驶证(操作证)费、安全技术检验费,所需经费由各级财政部门保障。”

十五、第三十四条修改为第三十六条:“农业机械监理机构应当对可能危及人身财产安全的农业机械加强安全监督检查,对操作人员进行安全教育,落实安全生产责任。

县级农业机械监理机构应当定期对除拖拉机、联合收割机以外的其他可能危及人身财产安全的农业机械进行免费实地安全检验,建立安全监督管理档案。在安全检验中发现农业机械存在事故隐患的,应当告知其所有人停止使用并及时排除隐患。”

十六、第三十五条修改为第三十七条:“农业机械驾驶、操作人不得改装、拆卸农业机械安全防护装置,不得使用失效的农业机械安全防护装置。作业前,应当对农业机械进行安全查验;作业时,应当遵守国家和本省规定的农业机械安全操作规程,不得违章驾驶、操作。”

十七、第三十六条修改为第三十八条:“农业机械在道路以外发生的事故,由县级农业机械监理机构按照有关规定处理;造成人身伤亡的,由农业机械监理机构会同公安机关处理。

农业机械发生事故后,当事人及有关人员应当立即采取抢救措施,保护现场,并及时报告当地农业机械监理机构或者公安机关。”

十八、增加一条,作为第四十条:“市(州)、县(市、区)人民政府应当向直接从事农业机械作业的农民和农业生产经营组织发放燃油补贴。

从事规模化粮食生产的农机社会化服务组织,搭建大型农业机械存放库棚,按照农用配套设施用地使用要求,办理相关手续。”

十九、删去第四十条、第四十一条。

二十、第四十四条修改为第四十五条:“违反本条例的其他行为,法律法规已有处罚规定的,从其规定。”

二十一、将条例中的“农业机械行政主管部门”统一修改为“农业机械化主管部门”。

本决定自公布之日起施行。

《甘肃省农业机械管理条例》根据本决定作相应修改后,重新公布。

甘肃省农业机械管理条例

(2006 年 9 月 28 日省十届人大常委会第二十四次会议通过,根据 2010 年 9 月 26 日省十一届人大常委会第十七次会议通过的《甘肃省人民代表大会大会常务委员会关于修改部分地方性法规的决定》第一次修正,根据 2016 年 7 月 29 日省十二届人大常委会第二十五次会议通过的《关于修改〈甘肃省农业机械管理条例〉的决定》第二次修正)

第一章 总 则

第一条 为规范农业机械管理,维护农业机械生产者、经营者和使用者的合法权益,加快发展农业机械化,促进农业和农村经济的发展,根据有关法律、法规,结合本省实际,制定本条例。

第二条 凡在本省行政区域内从事农业机械科研、教育、生产、经营、鉴定、推广、维修和使用等活动的单位和个人,应当遵守本条例。

第三条 本条例所称农业机械,是指用于农业生产及其产品初加工等相关农事活动的机械、设备。

第四条 农业机械的管理应当遵循方便群众、提高效率、确保安全和有利于推广农业机械新技术、提高农业机械社会化服务水平的原则。

第五条 县级以上人民政府应当将农业机械化工作纳入国民经济和社会发展规划,增加农业机械化投入,扶持农业机械的科研、生产和推广。

鼓励省内外企事业单位和个人采取独资、合资、合伙、股份制和股份合作制等投资方式,在本省从事农业机械的科研、生产、销售和维修。

第六条 县级以上农业机械化主管部门负责本行政区域内的农业机械管理工作。其主要职责是:

(一)贯彻实施国家和本省有关农业机械化发展的法律、法规和方针政策;组织实施农业机械化发展规划。

(二)负责农业机械安全、作业质量、维修等方面的监督管理工作。

(三)组织实施农业机械报废、淘汰和回收工作。

(四)组织农业机械化科研、技术推广、教育培训、社会化服务、信息化建设等工作。

(五)法律、法规规定的其他职责。

乡镇农业机械管理服务机构,负责本乡镇农村机械管理和农村机械先进机具及使用技术的宣传、示范和推广等服务工作。

第七条 质量监督部门负责农业机械产品质量监督管理工作,加强对农业机械生产者、销售者的管理,确保农业机械产品质量。

工商行政管理部门负责农业机械产品流通环节的管理工作,加强对农业机械产品市场的监督管理,维护农机消费者的合法权益。

工业主管部门负责农业机械工业产业政策、规划的组织实施,加强对农业机械生产的行业管理。

林业、农垦、水利、公安、交通等有关部门和单位,按照各自职责,做好农业机械管理工作。

第二章 科研开发和教育培训

第八条 各级人民政府应当支持农业机械科研单位研究、开发、引进先进适用的农业机械、关键零配件和技术。

各级人民政府应当引导和扶持农业机械生产企业根据本地农业生产和农村经济发展的实际需要,开发先进、适用的农业机械产品。

第九条 鼓励和支持科研单位和科研人员,以科研开发、科研成果转让和科研成果投资入股等方式促进农业机械科研成果的转化。

第十条 各级人民政府应当加强各级各类农业机械和农机技术院校的教学设施和教师队伍建设,为农业机械化发展培养合格的专业人才。

第十一条 县级以上农业机械化主管部门应当根据当地农业生产需求,会同有关部门制定农业机械技术培训计划,采取轮训、短期培训等形式,开展农业机械驾驶、操作、维修和管理人员的培训活动。

第十二条 从事拖拉机驾驶培训的机构,应当按照国家规定的条件、程序取得省农业机械化主管部门颁发的《中华人民共和国拖拉机驾驶培训许可证》。

第十三条 县级以上农业机械化主管部门应当按照国家职业资格证书制度的规定,组织开展农业机械行业特有工种从业人员职业技能鉴定工作。

第三章 质量监督

第十四条 农业机械生产者应当具备与所生产的农业机械相适应的生产条件,依据产品标准进行生产,对产品进行严格检验。在产品显著位置设置永久性铭牌,注明产品的基本信息,并在危险部位设置安全防护装置。

国家实行生产许可证管理的农业机械产品,农业机械生产者应当取得生产许可证后方可生产;国家实行强制性产品认证的农业机械产品,未经认证不得生产。

第十五条 农业机械销售者,应当执行进货检查验收制度。对实行生产许可证、强制性产品认证、推广鉴定证书和售前报验制度的农业机械产品,销售者应当在供货方提供有关证明后进货。

第十六条 农业机械生产者和销售者,应当对其生产、销售的产品质量负责。农业机械销售者应当做好售后服务,在质量保证期内,依法履行修理、更换、退货义务。因产品质量问题给用户造成损失的,由农业机械销售者先予赔偿后,依法追偿。

第十七条 禁止生产、销售下列农业机械产品:

(一)国家明令淘汰的;

(二)假冒伪劣的;

(三)利用维修零配件和报废机具的部件拼装的;

(四)无产品检验合格证或者不符合国家技术规范强制性要求的。

第十八条 农业机械维修经营者应当依法办理工商注册登记后,取得县级农业机械化主管部门颁发的《农业机械维修技术合格证》,方可从事农业机械维修经营活动。

农业机械维修经营者应当接受县级农业机械化主管部门、工商行政管理部门对其从业资格、维修人员资格、维修质量、维修设备和检测仪器技术状态以及安全生产情况的监督检查。

第十九条 省农业机械化主管部门应当根据农业机械使用者的投诉情况和农业生产的实际需要,组织对在用的特定种类农业机械产品的适用性、安全性、可靠性和售后服务状况进行调查,并公布调查结果。

县级以上农业机械化主管部门应当设置监督信箱,公布监督电话,受理农业机械使用者对产品质量、维修质量、作业质量及服务方面的举报或者投诉,并进行调查处理,或者提出意见,移送有关部门处理。

第四章 技术推广

第二十条 县级以上人民政府应当加强农业机械化技术推广体系建设,建立农业机械化示范基地,稳定农业机械化技术推广机构,保障工作经费。

县级以上农业机械化主管部门应当制定农业机械及新技术的推广和试验、示范计划。

第二十一条 农业机械化技术推广机构具体实施农业机械及新技术推广计划,承担公共所需的关键性技术的推广和示范工作,以农业机械化示范基地为依托,为农民和农业生产经营组织提供公益性农业机械化技术推广、培训等服务,引导农民和农业生产经营组织使用先进适用的农业机械,完善服务功能。

第二十二条 省人民政府支持推广的农业机械产品目录,由省农业机械化主管部门会同省财政和发展与改革部门确定公布。推广目录可以根据发展需要适时调整。

列入推广目录的产品应当通过农业机械鉴定机构的先进性、适用性、安全性和可靠性鉴定。

第二十三条 省农业机械鉴定机构可以根据农业机械生产者或者销售者的申请,对其定型生产或者销售的农业机械产品进行推广、选型、专项鉴定,作出技术评价。

对符合推广鉴定条件的,由省农业机械鉴定机构按国家有关规定,核发农业机械推广鉴定证书,并予以公告。

对取得农业机械推广鉴定证书的产品,纳入国家促进农业机械化技术推广的财政补贴、优惠信贷、政府采购等政策支持的范围。

第二十四条 农民和农业生产经营组织购买国家支持推广的农业机械,各级财政部门应当安排专项资金给予补贴或者采用贴息方式,支持金融机构提供贷款。

从事农业机械生产作业服务的收入，按照国家规定给予税收优惠。

第五章 社会化服务

第二十五条 各级人民政府应当发展和完善农业机械化服务体系，引导和鼓励发展多种经济成分和经营形式的农业机械社会化服务组织。

第二十六条 农业机械服务组织应当根据农民、农业生产经营组织的需求，提供农业机械示范推广、实用技术培训、维修、信息、中介等社会化服务。

第二十七条 从事农业机械作业服务的农业机械经营者和使用者应当执行国家和本省规定的作业质量标准；国家和本省没有制定标准的，应当按照双方签定的作业合同或者协议约定的标准执行。

第二十八条 农业机械作业服务实行有偿原则，服务收费标准按双方签订的作业合同或者协议约定的价格执行。

农业机械经营者依法自主经营，任何单位和个人不得违法收费、罚款和摊派。

第二十九条 各级人民政府及其有关部门应当支持农业机械跨行政区域作业。跨区作业的联合收割机、运输联合收割机(包括插秧机)的车辆，凭省农业机械化和交通主管部门共同签发的通行证，免缴车辆通行费。

农业机械跨区作业的，由作业地的农业机械管理机构负责协调和安全监督管理工作。

第三十条 各级人民政府在本地发生严重自然灾害时，可以统一调集农业机械参加抢险救灾，并按规定给予经济补偿。

第六章 安全监理

第三十一条 农业机械监理机构负责农业机械的登记，安全技术检验，驾驶、操作人考核，村镇、田间、场院作业中的安全检查。

农业机械监理人员在执行公务时，应当佩戴统一标志持证上岗。

第三十二条 拖拉机、联合收割机经县级农业机械监理机构登记后，方可使用。其登记的条件、程序依照国家有关规定执行。

拖拉机、联合收割机应当按规定接受年度安全技术检验。经安全技术检验达到国家规定的强制报废标准的，由发证机关收回牌证，不得继续使用。

拖拉机、联合收割机登记证书、号牌、行驶证、驾驶证、操作证、检验合格标志，由省农业机械监理机构按照国家规定式样统一定制。

第三十三条 拖拉机、联合收割机有下列情形之一的，应当按规定到县级农业机械监理机构办理相应的变更登记：

(一)所有权发生转移的；

(二)登记内容变更的；

(三)用作抵押的；

(四)报废的。

第三十四条 拖拉机、联合收割机驾驶、操作人应当按照国家规定，经县级农业机械监理机构考试合格后，取得相应类别的驾驶证、操作证。

县级农业机械监理机构依法定期对驾驶证、操作证进行审验。

第三十五条 拖拉机、联合收割机免征号牌(含号牌架、固定封装置)费、行驶证费、登记证费、驾驶证(操作证)费、安全技术检验费，所需经费由各级财政部门保障。

第三十六条 农业机械监理机构应当对可能危及人身财产安全的农业机械加强安全监督检查，对操作人员进行安全教育，落实安全生产责任。

县级农业机械监理机构应当定期对除拖拉机、联合收割机以外的其他可能危及人身财产安全的农业机械进行免费实地安全检验，建立安全监督管理档案。在安全检验中发现农业机械存在事故隐患的，应当告知其所有人停止使用并及时排除隐患。

第三十七条 农业机械驾驶、操作人不得改装、拆卸农业机械安全防护装置，不得使用失效的农业机械安全防护装置。作业前，应当对农业机械进行安全查验；作业时，应当遵守国家和本省规定的农业机械安全操作规程，不得违章驾驶、操作。

第三十八条 农业机械在道路以外发生的事故，由县级农业机械监理机构按照有关规定处理；造成人身伤亡的，由农业机械监理机构会同公安机关处理。

农业机械发生事故后，当事人及有关人员应当立即采取抢救措施，保护现场，并及时报告当地农业机械监理机构或者公安机关。

第三十九条 拖拉机、联合收割机及其他自走式农业机械上道路行驶时，其驾驶人应当遵守道路交通安全法律、法规的规定，接受公安机关交通管理人员的监督检查。发生事故后由公安机关处理。

第四十条 市(州)、县(市、区)人民政府应当向直接从事农业机械作业的农民和农业生产经营组织发放燃油补贴。

从事规模化粮食生产的农机社会化服务组织，搭建大型农业机械存放库棚，按照农用配套设施用地使用要求，办理相关手续。

第七章 法律责任

第四十一条 未取得培训许可擅自从事拖拉机驾驶培训业务的，由县级以上农业机械化主管部门责令停办，有违法所得的，处违法所得三倍以下罚款，但最高不超过三万元；无违法所得的，处一万元以下罚款。

第四十二条 伪造、冒用、转让或者使用过期的农业机械推广鉴定证书和标志的，由县级以上农业机械化主管部门责令停止违法行为，有违法所得的，处违法所得二倍以下罚款，但最高不超过三万元；无违法所得的，处一万元以下罚款。

第四十三条 生产或者销售未取得生产许可证的农业机械产品，由质量监督部门责令改正，处五万元以上二十万元以下的罚款；有违法所得的，没收违法所得。

第四十四条 农业机械管理及监理人员滥用职权、玩忽职守、徇私舞弊的，由其主管部门依法给予行政处分；构成犯罪的，依法追究刑事责任。

第四十五条 违反本条例的其他行为，法律法规已有处罚规定的，从其规定。

第八章 附 则

第四十六条 本条例自2006年12月1日起施行。1999年12月5日省九届人大常委会第十三次会议通过，2004年6月4日省十届人大常委会第十次会议修正的《甘肃省农机管理条例》同时废止。

索 引

说 明

一、本索引采用主题分析索引方法，依据汉语拼音字母顺序排列，同音字按声调排列。
二、类目用黑体字。数字表示内容所在页码或参见页码，数字后字母表示从左到右内容所在栏别。
三、除标题外，机构与负责人、大事记栏目内容不作索引。

D

F

G

H

J

K

L

M

T